현실총서 34

麻科會通

丁若鏞 저／金南一·安相佑·丁海廉 역주

現代實學社

2009년

『마과회통(麻科會通)』과 의학자 정다산(丁茶山)

안상우(安相佑)
(한국한의학연구원)

1. 조청의학(朝淸醫學) 회통(會通)한 여유당(與猶堂) 마진의안(麻疹醫案)

우리 나라 역사상 가장 많은 문헌 기록을 보이는 전염병은 아마도 두창(痘瘡)과 마진(麻疹)일 것이다. 중세 이전이야 남은 기록이 많지 않아 얘기하기 어렵지만, 조선 초기 『창진집(瘡疹集)』을 필두로 최근세에 이르기까지 끈질긴 투쟁을 계속해온 대상 중의 하나였다. 역대 명의들도 이 병을 치료하느라 무진 애를 썼을 것으로 보이며, 명의 허준(許浚)도 『동의보감(東醫寶鑑)』이 나오자마자 또 다시 『신찬벽온방(新纂辟瘟方)』과 『벽역신방(辟疫神方)』을 펴내야 했다.

조선 후기 대표적 실학자인 다산(茶山) 정약용(丁若鏞: 1762~1836) 역시 이 병의 퇴치에 골몰해야 했다. 『마과회통(麻科會通)』은 12권으로 되어 있으며, 정약용의 저술 모음집인 『여유당전서(與猶堂全書)』 제7집에 실려 있다. 전서는 1938년 저자의 외현손(外玄孫)인 김성원(金誠源)이 편집하고 정인보(鄭寅普)·안재홍(安在鴻) 등 당대 저명한 학자들이 교정한 것이지만 일제 강점기의 어려운 여건 속에서 이루어진 탓인지 명성에 걸맞지 않게 오자가 많은 편이다.

저자가 이 책을 집필한 것은 나이 36세 때인 1797년으로 보이는데, 황해도 곡산부사(谷山府使)로 부임한 그해 겨울 당시 황해감사(李義駿)에게 보낸 편지에 초고본을 규장각에서 활자(生生字)로 간행하려고 교정중이라고 밝혔다. 한편 서문(序文)은 작성 시기가 1798년 맹동(孟冬)으로 되어 있는 것으로 보아 초고를 쓴 이후에도 1년 넘게 꼼꼼하게 교정을 보았을 것으로 여겨진다.

한국의학사상(韓國醫學史上) 본격적인 마진(痲疹) 전문서로 손꼽히는 이 책은 8개의 대편(大篇)으로 구성되어 있다. 즉, 원증편(原證篇), 인증편(因證篇), 비슷한 증세의 구별(辨似篇), 자이편(資異篇), 우리 나라 풍습(我俗篇), 나의 소견(吾見篇), 합제편(合劑篇), 본초편(本草篇) 등으로 나뉘어 있고 각각의 대편 아래 다시 10여 절씩의 상론(詳論)이 들어 있다. 대문호답게 저술의 편제를 완정(完整)하게 갖추어놓았는데, 자서(自序) 다음에 곧바로 팔편 총목록(八篇總目)의 머리에 적다(題語)가 달려 있다. 제어는 앞서 열거한 8편의 취지를 밝힌 것으로, 알기 쉽게 바꿔 말하자면, 원인, 증상, 감별 진단, 두창 치법, 동의 치법, 다산의론, 방제, 본초의 순서로 꾸며져 있어 이해하기 쉽다. 그러나 무엇보다도 가장 주목해야 할 내용은 우리 나라 풍습, 나의 소견에 실려 있다. 먼저 우리 나라 풍습에는 동의학에서 본격적인 약론(藥論)과 의안(醫案)을 수록한 점에서 높이 평가되어야 하며, 나의 소견은 의사로서 저자의 임상의학적 견해를 진솔하게 담고 있다는 점에서 매우 독창적인 기술이라고 할 수 있다.

이 책의 첫머리 '가려 뽑아 인용한 의서 목록과 저자'를 보면 장중경(張仲景)의 상한론(傷寒論)으로부터 시작하여 중국 명청(明淸)대의 소아두창, 마진, 종두서가 망라되어 있으며, 아울러 조선의 문헌 5종을 포함하여 무려 63종이 수록되어 있다. 조선 의서로는 허준의 『벽역신방(辟疫神方)』, 임서봉(任瑞鳳)의 『임신방(壬申方)』, 이헌길(李獻吉)의 『을미신전(乙未新詮)』, 조정준(趙廷俊)의 『급유방(及幼方)』, 이경화(李景華)의 『광제비급(廣濟秘及)』이 대표적인데, 이들 모두 가장 한국적인 의료 현실이 반영된 책으로 손꼽을 수 있다. 이외에도 우리 나라 풍습에는 이익(李瀷)의 『성호사설(星湖僿說)』, 속방(俗方), 해방(海方), 홍씨(洪氏), 패방(浿方), 비급(秘笈), 목재(木齋) 이삼환(李森煥) 등 당시 참고하였던 동의 처방이 수록되어 있다. 또 독자적인 의안(醫案)을 수록한 것은 특징적이라 할 수 있지만, 조정준의 『급유방』에서 선별하여 채록한 5례만 들어간 점은 매우 아쉬운 감이 있다. 이외에도 나의 소견에는 『지봉유설(芝峯類說)』, 『국조보감(國朝寶鑑)』 등의 여러 조선 문헌을 참고하였다.

아울러 임상의학자로서의 다산의 견해가 가장 돋보이는 부분은 나의 소견으로 옛날 의사(古醫)에서는 역대 의가들을 준엄하게 평가하는 입장에 서 있다. 평범한 의사(俗醫)에서는 운기(運氣)에만 의존하는 구태의연한 용의(庸醫)들의 습속을 비판하였고, 홍역의 주기 연도에서는 우리 나라 광해군 5년(1613)부터 시작하여 역대 임금의 재위연간에 크게 유행한 돌림병(疹疫)을 정리해 놓았는데, 앞서 옛날 의사와 더불어 그의 의학사적 시각이 극명하게 드러나는 부분으로 평가된다. 혹자는 이 책을 다산이 중국으로부터 종두법을 배워 『종두방(種痘方)』을 쓰기 이전에 정리한 전구(前驅)적인 작품쯤으로 설명하였다. 하지만 자이편(資異篇)의 두창 치법은 열독(熱毒)이 잠복했다가 발출(發出)한다는 측면에서 치법상 참조하기 위한 것일 뿐이며, 두(痘)와 진(疹)을 엄격하게 구분하고 있으므로 이같은 논의는 몹시 피상적인 것일 뿐이다.

이 책의 남본(藍本)은 『마진방』 즉 '몽수(蒙叟)'라고 이헌길(李獻吉)의 아호로 출전을 표기한 『을미신전(乙未新詮)』이다. 다산이 이헌길을 떠받들게 된 인연은 후술하는 이헌길의 마진기방(이하 '다산 선생 목숨 구한 코주부의 홍역 비방' 재편)에 소개되어 있다.

2. 다산의 의학 스승, 몽수 이헌길

몽수 이헌길(1738~1784)과 다산 정약용(1762~1836)의 의학적 사승(師承) 관계에 대해서는 최진우의 논고에 소상하게 밝혀져 있다. 다산은 2살 때 완두창(豌豆瘡)을 앓았는데, 다행히 치료가 잘 되어 흉터가 남지 않았다. 다만 오른쪽 눈썹 위에 흔적이 남아 눈썹이 세 갈래로 나뉘어졌기 때문에 스스로 호를 삼미자(三眉子)라 하였다고 한다. 그는 이 외에도 사암(俟庵), 자하도인(紫霞道人), 태수(苔叟), 철마산초(鐵馬山樵), 여유당

(與猶堂), 사의재(四宜齋) 등 많은 호를 사용했지만 다산(茶山)이란 호는 나중에 강진의 다산초당에서 귀양을 산 뒤에 다른 사람들이 붙여준 것이다. 10세 이전의 시집으로 『삼미자집(三眉子集)』을 남겼다고 하니 학업의 첫출발부터 자신이 앓았던 신병(身病)과 무관하지 않았음을 알 수 있다.

특히 그가 1797년 36세의 나이로 곡산부사(谷山府使)에 재직하면서 『마과회통(麻科會通)』(12권)을 집필할 수 있었던 결정적인 동기는 어려서 자신의 홍역을 치료해 주었던 이헌길과의 만남이 계기가 되었다. 그는 『마과회통』 서문에서 몽수의 마진방을 연구해 다섯 번이나 초고를 고친 끝에 완성할 수 있었다고 밝혔으며, 이헌길의 업적을 기리고자 「몽수전(蒙叟傳)」을 지어 헌정하였다. 이 글은 조선의 의가 인물에 대한 본격적인 의인전(醫人傳)으로 손꼽을 수 있으며, 저자가 의학에 관한 한 이헌길을 스승처럼 여기고 있다는 사실을 보여주고 있다. 훗날 다산의 의술은 온 나라 안에서 인정받을 정도로 뛰어난 것이어서 순조와 익종의 병환에 소환되어 탕제를 처방하라는 부름을 받기도 했다.

정약용이 평생 사숙하며 마음으로 존경해 마지않던 학문적 스승은 성호(星湖) 이익(李瀷)이었는데, 안산에 있던 이익의 옛집과 묘소가 다산의 선산에서 멀지 않은 곳에 있었다. 그는 성호의 후손인 이가환(李家煥), 이철환(李嚞煥)과 같은 남인 계열의 선배 학자들과 어울렸는데, 이들은 이헌길과도 섬사시회(剡社詩會)에서 함께 어울리며 교유하였다.

재미있는 일화도 전한다. 의약에 밝았던 다산이 갑자기 유행병이 돌기 시작하자 중국에서 칙사가 올 것이라 예상하고 만반의 준비를 갖추게 하였다고 한다. 그는 중국에 전염병이 돌아 황제가 죽었으니, 곧 칙사가 올 것이라 미리 짐작하고 대비책을 취한 것이다. 자찬묘지명(自撰墓誌銘)에는 "돌림병이 서쪽에서 왔으며, 노인들이 죽는 것을 보고 알았다."고 적어놓았다. 예부터 역병이 주로 서북으로부터 역로(驛路)를 따라 남하(南下)하는 경우가 많았기 때문에 마을 어귀에 돌장승을 세우고 '진서대장군(鎭西大將軍)'이라는 이름을 새겨넣곤 하였다.

아름답지 못한 의학사의 뒷얘기도 전한다. 1794년 33세의 나이에는 부친의 3년상을 끝내자마자 홍문관 교리로 제수되었다가 곧바로 암행어사가 되어 경기지방을 시찰하게 되었다. 이 때 삭녕군수를 지냈던 강명길(康命吉)도 적발되어 혹독한 비판을 받게 된다. 그의 죄상은 "노년기의 탐욕이 끝이 없고, 야비하고 인색함이 매우 극심한 자로서 백성의 소송사건이나 관청의 사무에는 머리를 가로저으면서 관여하지 않고, …… 군수직을 마치고 퇴임하던 귀향길의 짐이 어찌나 많은지 운반하기 어려울 정도였습니다."라는 것이었다. 강명길은 어의 출신으로 정조 임금의 신임을 받아 권세가 있었지만 젊은 다산의 혹독한 비평의 칼날을 피할 수 없었다.

일찍이 그는 28세에 전시(殿試)에서 장원급제하고 이듬해에는 예문관 검열이 되었지만 얼마 되지 않아 해미로 귀양길을 떠나게 되었다. 이것이 첫번째 유배 길이었는데, 10일 만에 해배(解配)되어 돌아오는 길에 피부병을 치료하고자 온양에 들러 온천욕을 했다는 기록이 있음으로, 젊어서도 잔병이 많았던 모양이다. 게다가 그는 6남 4녀를 낳아 그 중 4남 2녀를 학질로 인한 낙태, 역질과 마마 등으로 잃어버렸다. 그는 대학자이기에 앞서 청춘의 대부분을 귀양살이와 신병으로 고통을 겪으면서도 이 모든 난관을 뛰어넘는 실천적 의인의 이상형을 구현하였다.

『마과회통』의 「이몽수전(李蒙叟傳)」을 보면, 자를 몽수(蒙叟) 혹은 몽수(夢叟)라고 하는 이헌길의 소전(小傳)이 실려 있다. 그는 공정왕(恭靖王: 定宗)의 별자(別子) 덕천군(德泉君) 후생(厚生)의 후손인데 의술을 익힌 탓에 을미년(영조 51년, 1775) 한양을 휩쓴 홍역을 길가에서 마주하고 자신의 몸을 던져 백성을 구하였다. 다산이 전하는 그의 생김새를 그려보면 "사람이 몹시 여위어 광대뼈가 툭 튀어나온데다 코주부이지만 남과 더불어 말하기를 즐겨하여 항상 웃는 얼굴로 말이 끊이지 않아 자못 들을 만하였다. ……"고 하였다. 또 어릴 적부터 총명하여 기억력이 비상하였으며, 밤낮으로 돌림병을 다스리느라 잠을 자지 못하여 눈이 침침하였는데도 응수에 착오가 없고 정신력이 남보다 또렷하였다고 전한다.

이헌길에 대한 의학적 평가에 있어서 『마과회통』의 나의 소견의 옛날 의사에는 "마지기(馬之騏)의 치법을 위주로 하고 만전(萬全)의 치진법(治疹法)을 참고하였는데, 앞사람이 이뤄놓은 방법(前人成法)에서 바뀐 것이 없지만 오직 회충에 대한 의론(醫論) 한가지는 전인 미발(前人未發)의 공이 있어 동국(東國) 진가(疹家)의 조종(祖宗)이다"고 평하였다. 그러나 무엇보다도 이 책은 정약용이 『마과회통』을 집필하는 데 없어서는 안될 조본(祖本)이 되었다는 점에서도 그 실용적 가치를 짐작해 볼 수 있다.

이헌길은 보수적인 주자학 일변도의 학계 풍토에 반기를 들어 이단(異端)으로 몰렸던 백호(白湖) 윤휴(尹鑴)를 존경하였으며, 당시 서학(西學)에 정통했던 이철환(李嚞煥)을 스승으로 모셨던 만큼 구습(舊習)에 얽매이지 않고 새로운 치법을 찾는 데 주력하였던 것으로 보인다. 이규경(李圭景)의 『오주연문장전산고(五洲衍文長箋散稿)』 마진변증설(麻疹辨證說)에도 이헌길의 비방 이피삼육탕(二皮三肉湯)이 전하는데, 고련근피(苦楝根皮) 3돈, 진피(陳皮)·산사육(山查肉) 각 2돈, 목과(木果) 5편, 오매(烏梅) 5조각 그리고 천초(川椒) 2알과 사군자육(使君子肉) 1돈을 달여 먹는 처방으로 특히 효험이 좋아 많은 인명을 구했다고 적어놓았다.

현재 사본으로 전하는 『몽수마진방』이 있다 하나 구해 보기 어렵고, 지금 흔히 볼 수 있는 것은 『소아의방(小兒醫方)』의 작자 몽암(夢庵) 최규헌(崔奎憲)이 1912년 이헌길의 유문을 모아 석판으로 인쇄하여 전한 것이다. 그런데 가만히 살펴보니, 이 석인본은 『마과회통』의 원문에 인용된 '몽수왈(蒙叟曰)'한 유문을 발췌하여 집록한 데 불과하다. 필자가 얼핏 대조해 보아도 드문드문 빠뜨린 곳도 있어 원작과는 자못 차이가 있으리라 짐작된다. 이 판본에 붙어 있는 서문은 다산의 『마과회통』에 붙어 있는 것을 그대로 옮겨 놓은 데 불과하다.

따라서 정약용이 인용한 이헌길의 '마진방'은 『마과회통』의 가려 뽑아 인용한 의서 목록과 저자에 올라 있는 것처럼 『을미신전』이 원서명인 것으로 여겨진다. 하지만 이 책은 원작이 전하지 않고 있으며, 민간에 전승된 『몽수마진방』 역시 동일 모본에서 비롯된 이종본이 아닐까 짐작하고 있다.

이헌길은 의론 입방(醫論立方)에 운기(運氣)를 위주로 논증(論證)하였는데, 해마다 운기가 바뀌어 옛 처방만을 고집한다면 살인하고 말 것이라고 강조하면서 항상 말하기를 12년 뒤에 마진이 다시 일어날 것이라고 하였다. 또 "내가 죽은 뒤에 내 처방으로 홍역을 치료하지 못할 것이다"라고 예언하였는데 과연 그의 말대로 두진(痘疹)이 창궐하였으며 그가 보았던 수많은 중국 책이 쓸모없게 돼버렸다. 이몽수와 정다산, 조선 의학의 풍운아와 조선 실학의 거봉으로 불리는 두 사람은 사제간으로 이어진 학맥과 질병 치료로 맺어진 기막힌 인연으로 연결되어 있다.

3. 유배지에서 집필한 다산 의학론

다산 정약용은 우리 역사에 보기 드문 의학 비평가이자 몸소 환자를 돌보는 데 주저하지 않았던 실천적인 임상의학자였다. 그는 생전에 경학과 시문, 박물학 전반에 걸친 방대한 저술을 남겼으며, 그의 원고는 1936년 안재홍(安在鴻)과 정인보(鄭寅普)에 의해 『여유당전서(與猶堂全書)』로 정리되어 간행되었다. 이 중에는 『마과회통』 『의령(醫零)』과 같은 마진 전문서나 의학평론집이 들어 있다. 하지만 그가 평소 겪은 임상경험을 담은 의방서는 전하지 않는다. 그는 생전에 많은 의서를 집필했다고 하고 세간에는 속칭 '丁茶山秘方'이라고 이름 붙인 처방서가 적지 않게 통용되고 있지만 실제 그가 남긴 저술인지는 확실하지 않다.

다만 위의 『여유당전서』 시문집(詩文集)에는 그가 직접 지었다고 밝힌 의방서의 서문이 1편 수록되어 있다. 바로 「촌병혹치(村病或治)」란 이름의 책이다. 저자는 경상도 장기(長鬐)에 유배된 지 수개월 뒤, 아들로부터 의서(醫書) 수십 권과 약초 한 상자를 받게 된다. 적소(謫所)에는 서적이 전혀 없으므로 이 책만 볼 수밖에 없었고, 병이 들었을 때도 결국 이 약으로 치료하였다고 술회하였다. 아마도 이 책과 약들은 국문(鞫問)

을 받아 피폐해진 아버지의 건강을 염려하고 의술에 대한 지적 열망을 잘 알고 있었을 큰아들 학연(學淵)의 사려 깊은 행동이었을 것이다.

　책을 집필하게 된 동기는 다음과 같다. 객관(客館)에서 사람 접대하는 일을 하는 관인(館人)의 아들이 청하기를, "장기의 풍속은 병이 들면 무당을 시켜 푸닥거리만 하고, 그래도 효험이 없으면 뱀을 먹고, 뱀을 먹어도 효험이 없으면 체념하고 죽어갈 뿐입니다. 공이 보신 의서로 궁벽한 이 고장에 은혜를 베풀지 않습니까."라고 하는 말에 갖고 있는 책 중에서 비교적 간편한 몇가지 처방을 뽑아 기록하고, 겸하여 『본초(本草)』에서 주치(主治) 약재를 가려 뽑아서 해당 각 병목(病目)의 끝에 붙여서 의서를 지었다고 밝혀놓았다. 특히 그는 시골 사람들의 어려운 살림 형편을 고려하여 군약(君藥)과 신약(臣藥) 외에 좌사(佐使)하는 약재 4~5가지를 과감히 줄여 간소한 방제를 소개하였으며, 먼 곳에서 생산되거나 희귀한 약재로 시골 사람들이 이름을 모르는 것은 아예 기록하지 않았다.

　이 책은 모두 합하여 40여 장이라 했으니 매우 간략한 핸드북 기능을 했으리라 보인다. 책 이름에서 '촌(村)'이란 변방이라는 것이고, '혹(或)'이란 의심스러움이 있기 때문인 것이다. 그렇지만 그는 은근히 자신의 책에 대한 자부심도 있어 "참으로 잘만 쓰면 인명을 살릴 수 있을 것이니, 약성(藥性)과 기미(氣味)를 구별하지 아니하고 차고 더운 약을 뒤섞어 늘어놓았을 뿐, 서로 약성이 맞지 않아 효험을 보지 못하는 것보다는 차라리 낫지 않겠는가."라고 단언하였다.

　그는 또 이렇게 유배객의 신분에서 급히 저술한 것이라 소략하다고 생각할지 모르지만 몇 가지 주된 약만을 간추렸으니, 오히려 그 효과가 온전하고 신속할 것이라고 하였다. 하지만 간략하게 하려면 반드시 먼저 폭넓게 고찰해야 하는데, 뽑아 적은 책이 수십 권에 그쳤다는 점이 한스럽다고 술회하였다. 또한 "훗날 내가 다행히 귀양에서 풀려 돌아가게 되면 널리 참고하여, 그때는 '혹(或)'이라는 이름을 고칠 수 있을 것이다."라는 말로 끝을 맺고 있다.

본문은 전혀 남아 있지 않아 그 내용을 짐작하기 어려우나 상편은 주병(酒病)으로 끝맺고, 하편은 색병(色病)으로 마감하였다고 했으니 다분히 평소의 건강을 돌보기 위한 수양서의 성격도 구비했을 것으로 보인다. 그가 장기에 유배된 것은 1801년 3월 9일로 대략 그해 여름에 집필했던 것으로 보인다. 10월에 황사영백서(黃嗣永帛書) 사건에 연루되어 서울로 압송되어 조사를 받고 강진(康津)으로 이배(移配)되었으며, 그 와중에 「이아술(爾雅述)」「기해방례변(己亥邦禮辨)」 같은 많은 책을 분실했다고 한다. 이 책 「촌병혹치(村病或治)」 역시 같은 사연으로 분실된 것으로 여겨지는데, 유배객으로 떠도는 신세임에도 불구하고 많은 의학론을 펼치고 직접 인술을 펼쳤던 의학자로서의 다산의 삶이 『마과회통(麻科會通)』 번역을 계기로 새롭게 조명되기를 기대해 본다.

차 례

『마과회통(麻科會通)』과 의학자 정다산(丁茶山)／안상우 · 3
『마과회통』 서문／정약용(丁若鏞) · 26
1. 『마과회통』 8편 총목록 머리에 적다 · 28
2. 『마진심법(麻疹心法)』 서문／만전(萬全) · 30
3. 『마진휘편(麻疹彙編)』 서문／조진미(趙進美) · 31
4. 섭상항(聶尙恒)의 『치진대법(治疹大法)』 발문／적량(翟良) · 32
5. 『마진전(麻疹詮)』 서문／장개빈(張介賓) · 33
6. 가려 뽑아 인용한 의서 목록과 저자 · 34

제1편 제목을 펼친다

1-1. 만전(萬全)의 쇄금부(碎金賦) 39
1-2. 옹중인(翁仲仁)의 변의부(辨疑賦) 43
1-3. 황렴(黃廉)의 서강월조(西江月調) 45
1-4. 만전(萬全)의 진독증치가(疹毒證治歌) 묶음 49
1-5. 황렴(黃廉)의 진독증치가(疹毒證治歌) 묶음 53
1-6. 송(宋)·원(元)의 의종서론(醫宗緖論) 55
1-7. 설기(薛己)의 홍역 치료 개요(槪要) 61

제2편 원증(原證)

2-1. 명위(名謂) 63
2-2. 병인(病因) 67
2-3. 오운육기(五運六氣) 75
2-4. 치료법 79
2-5. 계절에 따른 치료법 88

2-6. 약을 쓸 때의 경계 94
2-7. 맥도(脈度) 100
2-8. 날짜와 시기 104
2-9. 초열(初熱) 108
2-10. 발진(發疹)이 돋아나옴 114
2-11. 출험(出險) 120
2-12. 모양과 빛깔 128
2-13. 발진을 거둠 138
2-14. 열의 조짐 141
2-15. 남아 있는 병인(病因) 145
2-16. 부인(婦人) 151
2-17. 금기(禁忌) 155

제3편 인증(因證)

3-1. 땀(汗) 160
3-2. 피(血) 163
3-3. 갈증(渴症) 166
3-4. 음식(食) 171
3-5. 기침과 숨가쁨 174
3-6. 목안과 울대 184
3-7. 구토(嘔吐) 188
3-8. 배아픔 191
3-9. 번조(煩躁)와 헛소리, 미친 듯이 날뛰고 경련이 이는 병세 193
3-10. 대변·소변 197
3-11. 설사(泄瀉) 200
3-12. 이질(痢疾) 206
3-13. 감질병(疳瘵) 215

3-14. 악성 종기 220
3-15. 회충(蛔蟲) 225
3-16. 별개의 증상 231

제4편 비슷한 증세의 구별

4-1. 반진 총론(斑疹總論) 235
4-2. 상한병(傷寒病)의 얼룩점 236
4-3. 급성열성전염병의 얼룩점 240
4-4. 내장의 다침(內傷)으로 인한 얼룩점 242
4-5. 홍역 243
4-6. 두드러기(癮疹) 247
4-7. 단진(丹疹) 249
4-8. 소진(瘙疹) 251
4-9. 조두진(罩痘疹) 252
4-10. 운두진(雲頭疹) 255
4-11. 부스럼딱지・뽀루지・땀띠(瘄 痤 痱) 256
4-12. 수두(水痘) 256

제5편 자이(資異)

5-1. 천연두 병독의 열 259
5-2. 천연두의 허증과 실증 261
5-3. 천연두 치료법 264
5-4. 천연두 구슬진이 잘 내돋지 못함 270
5-5. 천연두의 피가 섞인 땀과 갈증 272
5-6. 천연두의 기침과 숨참 275
5-7. 천연두의 목안 278

5-8. 천연두의 가려움 281

5-9. 천연두의 번조・헛소리・경련 284

5-10. 천연두로 말미암은 배아픔 287

5-11. 천연두와 대변・소변 289

5-12. 천연두의 곪는 증세 292

5-13. 천연두의 부풀고 부음 295

5-14. 천연두와 별개의 증상 297

5-15. 천연두와 부인 300

5-16. 천연두와 회충 304

붙임: 대과(大科) 여러 책에서 회충병 증세 치료법을 뽑아 적다 306

제6편 우리 나라 풍습

6-1. 병을 미리 흩어지게 함 316

6-2. 원증(原證) 317

6-3. 인증(因證) 321

6-4. 약을 논함 326

6-5. 술의 약효 평론 328

6-6. 음식의 경계 330

6-7. 똥물 치료 331

6-8. 병력서 333

6-9. 여러 가지 학설 335

제7편 나의 소견

7-1. 옛날 의사 339

7-2. 평범한 의사 345

7-3. 오운육기(五運六氣) 346

7-4. 홍역의 주기 연도 348

7-5. 명칭의 분별 351

7-6. 미리 준비함 354

7-7. 증상을 논함 355

7-8. 회충병 357

7-9. 성질이 찬 약 358

7-10. 잡론(雜論) 360

제8편 합제(合劑) 상

1-1 승마갈근탕(升麻葛根湯) ① 363
1-2 승마갈근탕 ② 364
1-3 계지갈근탕(桂枝葛根湯) 364
1-4 왕씨갈근탕(王氏葛根湯) 364
1-5 정전갈근탕(樗前葛根湯) 365
1-6 승갈작약탕(升葛芍藥湯) 365
1-7 칠물승마환(七物升麻丸) 365
1-8 삼소음(蔘蘇飮) 365
1-9 소갈탕(蘇葛湯) 366
1-10 시갈전(柴葛煎) 366
2-1 시귀음(柴歸飮) 366
2-2 투사전(透邪煎) 367
2-3 소사음(疎邪飮) 367
2-4 수독전(搜毒煎) 368
2-5 성성산(惺惺散) 368
2-6 통성산(通聖散) 368
2-7 방풍통성산(防風通聖散) 369
2-8 방풍발표탕(防風發表湯) 369
2-9 선독발표탕(宣毒發表湯) 370

2-10 화독청표탕(化毒淸表湯) 370
3-1 황련해독탕(黃連解毒湯) ① 370
3-2 황련해독탕 ② 371
3-3 방풍해독탕(防風解毒湯) 371
3-4 계지해독탕(桂枝解毒湯) 372
3-5 승마해독탕(升麻解毒湯) 372
3-6 서각해독탕(犀角解毒湯) ① 372
3-7 서각해독탕 ② 372
3-8 화반해독탕(化斑解毒湯) 373
3-9 백호해독탕(白虎解毒湯) 373
3-10 가미해독탕(加味解毒湯) 373
4-1 현삼해독탕(玄蔘解毒湯) 373
4-2 경악해독탕(景岳解毒湯) 373
4-3 인삼패독산(人蔘敗毒散) 374
4-4 형방패독산(荊防敗毒散) 374
4-5 이씨패독산(李氏敗毒散) 375
4-6 가미패독산(加味敗毒散) 375
4-7 청위패독탕(淸胃敗毒湯) 375
4-8 소독음(消毒飮) 375

4-9 소독산(消毒散) 376
4-10 주씨소독음(朱氏消毒飲) 376
5-1 삼미소독음(三味消毒飲) 376
5-2 사미소독음(四味消毒飲) 376
5-3 육미소독음(六味消毒飲) 377
5-4 사백소독산(瀉白消毒散) 377
5-5 내탁소독탕(內托消毒湯) 377
5-6 청폐소독탕(淸肺消毒湯) 378
5-7 청폐소독화담탕(淸肺消毒化痰湯) 378
5-8 마황탕(麻黃湯) ① 378
5-9 마황탕 ② 379
5-10 마황산(麻黃散) 379
6-1 백호탕(白虎湯) 379
6-2 인삼백호탕(人蔘白虎湯) ① 380
6-3 인삼백호탕(人蔘白虎湯) ② 381
6-4 오호탕(五虎湯) 381
6-5 망호탕(䖝虎湯) 381
6-6 화반탕(化斑湯) ① 382
6-7 화반탕 ② 382
6-8 양혈화반탕(養血化斑湯) 382
6-9 해독쾌반탕(解毒快斑湯) 382
6-10 승마투반탕(升麻透斑湯) 382
7-1 황금탕(黃芩湯) ① 383
7-2 황금탕 ② 383
7-3 황금탕 ③ 383
7-4 황금반하탕(黃芩半夏湯) 384
7-5 백출황금탕(白朮黃芩湯) 384

7-6 가미황금탕(加味黃芩湯) 384
7-7 비전황금탕(秘傳黃芩湯) 384
7-8 황금작약탕(黃芩芍藥湯) 385
7-9 황련탕(黃連湯) 385
7-10 가씨황련탕(賈氏黃連湯) 385
8-1 황련행인탕(黃連杏仁湯) ① 385
8-2 황련행인탕 ② 386
8-3 황련지모탕(黃連知母湯) 386
8-4 향련환(香連丸) 386
8-5 황련맥문탕(黃連麥門湯) 387
8-6 대연교음(大連翹飲) 387
8-7 하간양격산(河間涼膈散) 388
8-8 동원양격산(東垣涼膈散) 388
8-9 가미양격산(加味涼膈散) 388
8-10 인삼청격산(人蔘淸膈散) 389
9-1 청폐산(淸肺散) 389
9-2 청폐음(淸肺飲) ① 389
9-3 청폐음 ② 390
9-4 청폐탕(淸肺湯) 390
9-5 문동청폐탕(門冬淸肺湯) 390
9-6 맥문동청폐음(麥門冬淸肺飲) 391
9-7 맥동청폐음(麥冬淸肺飲) 391
9-8 청폐감길탕(淸肺甘桔湯) 391
9-9 청금강화탕(淸金降火湯) 391
9-10 사백산(瀉白散) 392
10-1 죽여석고탕(竹茹石膏湯) 392
10-2 죽엽석고탕(竹葉石膏湯) 393
10-3 삼황석고가정엽탕(三黃石膏加檉

葉湯) 393
10-4 삼황환(三黃丸) 393
10-5 대시호탕(大柴胡湯) 394
10-6 소시호탕(小柴胡湯) 394
10-7 가미소시호탕(加味小柴胡湯) 395
10-8 시평탕(柴平湯) 395
10-9 시령탕(柴苓湯) 395
10-10 시호귤피탕(柴胡橘皮湯) 395
11-1 사물탕(四物湯) 396
11-2 금출사물탕(芩朮四物湯) 396
11-3 시호사물탕(柴胡四物湯) 397
11-4 가미사물탕(加味四物湯) 397
11-5 지황탕(地黃湯) 397
11-6 생지황탕(生地黃湯) 397
11-7 생지황산(生地黃散) 397
11-8 연교생지음(連翹生地飮) 398
11-9 현삼지황탕(玄蔘地黃湯) 398
11-10 육미지황환(六味地黃丸) 398
12-1 서각지황탕(犀角地黃湯) 399
12-2 생서지황탕(生犀地黃湯) 400
12-3 당귀육황탕(當歸六黃湯) 400
12-4 당귀양혈탕(當歸養血湯) 400
12-5 익영탕(益榮湯) 400
12-6 양영탕(養榮湯) 401
12-7 양혈양영전(涼血養榮煎) 401
12-8 활혈산(活血散) 401
12-9 정원음(貞元飮) 401
12-10 육물전(六物煎) 402

제8편 합제(合劑) 중

13-1 대청탕(大靑湯) ① 403
13-2 대청탕 ② 403
13-3 산치자탕(山梔子湯) 403
13-4 금치사백산(芩梔瀉白散) 403
13-5 가미금불초산(加味金沸草散) 404
13-6 쌍해산(雙解散) 404
13-7 왕씨쌍해산(王氏雙解散) 405
13-8 왕씨원해산(王氏元解散) 405
13-9 맹씨모시탕(孟氏募施湯) 406
13-10 운양귀작탕(鄆陽歸芍湯) 406
14-1 갈근맥문산(葛根麥門散) 407
14-2 시호맥문산(柴胡麥門散) 408
14-3 승마택사탕(升麻澤瀉湯) 408
14-4 전호지각탕(前胡枳殼湯) 408
14-5 연석서여환(連石薯蕷丸) 409
14-6 사간서점자탕(射干鼠粘子湯) 409
14-7 방작감초탕(防芍甘草湯) 410
14-8 형방감초탕(荊防甘草湯) 410
14-9 가미지골피산(加味地骨皮散) 410
14-10 가미소요산(加味逍遙散) 410
15-1 사령탕(四苓湯) 410
15-2 가미사령산(加味四苓散) 411

15-3 왕씨사령산(王氏四苓散) 411
15-4 오령산(五苓散) 411
15-5 가미오령산(加味五苓散) 412
15-6 왕씨오령산(王氏五苓散) 412
15-7 위령탕(胃苓湯) 413
15-8 저령탕(豬苓湯) 413
15-9 사군자탕(四君子湯) 413
15-10 오군자전(五君子煎) 414
16-1 육군자탕(六君子湯) 414
16-2 삼령백출산(蔘苓白朮散) 414
16-3 보중익기탕(補中益氣湯) 415
16-4 십전대보탕(十全大補湯) 415
16-5 팔진탕(八珍湯) 416
16-6 육기음(六氣飮) 416
16-7 전씨이공산(錢氏異功散) 416
16-8 전씨아교산(錢氏阿膠散) 416
16-9 금궤당귀산(金匱當歸散) 417
16-10 고태음(固胎飮) 417
17-1 귀비탕(歸脾湯) 417
17-2 양비탕(養脾湯) 418
17-3 평위산(平胃散) 418
17-4 청위음(淸胃飮) 419
17-5 조위산(調胃散) 419
17-6 온위음(溫胃飮) 419
17-7 위관전(胃關煎) 420
17-8 양진고(養眞膏) 420
17-9 진인양장탕(眞人養臟湯) 420
17-10 조원건비보폐탕(調元健脾補肺湯) 421
18-1 조중탕(調中湯) 421
18-2 화중탕(和中湯) 421
18-3 이중탕(理中湯) 422
18-4 가미이중탕(加味理中湯) 422
18-5 정중탕(定中湯) 422
18-6 투반화중탕(透斑和中湯) 423
18-7 조원탕(調元湯) 423
18-8 내탁산(內托散) 423
18-9 탁리산(托裏散) 423
18-10 승해산(升解散) 424
19-1 해독화체탕(解毒化滯湯) 424
19-2 청열도체탕(淸熱導滯湯) 424
19-3 개울도기탕(開鬱導氣湯) 425
19-4 서각해독화담청화환(犀角解毒化痰淸火丸) 425
19-5 해독도적산(解毒導赤散) 425
19-6 도적산(導赤散) 425
19-7 소무비산(小無比散) 426
19-8 대무비산(大無比散) 426
19-9 선풍산(宣風散) 427
19-10 청양음(淸揚飮) 427
20-1 삼요탕(三拗湯) 427
20-2 사순음(四順飮) 428
20-3 팔정산(八正散) 428
20-4 육일산(六一散) 429
20-5 이선탕(二仙湯) 430
20-6 이모산(二母散) 430

20-7 이망산(二望散) 430
20-8 십선탕(十仙湯) 430
20-9 십선산(十宣散) 430
20-10 오적산(五積散) 431
21-1 감길탕(甘桔湯) 431
21-2 길경탕(桔梗湯) 432
21-3 감길우방탕(甘桔牛旁湯) 432
21-4 전씨감로음(錢氏甘露飮) 432
21-5 서래감로음(西來甘露飮) 433
21-6 호수주(胡荽酒) 433
21-7 아다산(兒茶散) 434
21-8 녹두음(菉豆飮) 434
21-9 모화탕(茅花湯) 434
21-10 초매탕(椒梅湯) 434
22-1 강활산(羌活散) 435
22-2 강국산(羌菊散) 435
22-3 오피탕(五皮湯) 435
22-4 세심산(洗心散) 436
22-5 왕씨소풍산(王氏疎風散) 436
22-6 비전별갑탕(秘傳鱉甲湯) 436
22-7 대노회환(大蘆薈丸) 436
22-8 노회비아환(蘆薈肥兒丸) 437
22-9 건비비아환(健脾肥兒丸) 437
22-10 청열제감환(淸熱除疳丸) 438
23-1 소독보영단(消毒保嬰丹) 438
23-2 대천선화환(代天宣化丸) 438
23-3 우황청심환(牛黃淸心丸) 439
23-4 황련안신환(黃連安神丸) 439

23-5 안신환(安神丸) 440
23-6 소합환(蘇合丸) 440
23-7 포룡환(抱龍丸) ① 441
23-8 포룡환 ② 441
23-9 사청환(瀉靑丸) 442
23-10 비급환(備急丸) 442
24-1 탈명단(奪命丹) 442
24-2 온경환(溫驚丸) 442
24-3 두구환(豆蔲丸) 442
24-4 화닉환(化䘌丸) ① 443
24-5 화닉환 ② 443
24-6 화충환(化蟲丸) ① 444
24-7 화충환 ② 444
24-8 독조단(獨棗丹) 444
24-9 퇴화단(退火丹) 444
24-10 옥약시(玉鑰匙) 445
25-1 웅황산(雄黃散) 445
25-2 문합산(文蛤散) 446
25-3 면견산(綿繭散) 446
25-4 상아산(象牙散) 446
25-5 영양각산(羚羊角散) 446
25-6 황룡산(黃龍散) 446
25-7 용붕산(龍朋散) 447
25-8 마명산(馬鳴散) 447
25-9 생기산(生肌散) 447
25-10 구고산(捄苦散) 447
26-1 삼두음(三豆飮) 447
26-2 이피삼육탕(二皮三肉湯) 448

26-3 저미고(豬尾膏) 448
26-4 무가산(無價散) 448
26-5 활룡산(活龍散) 449
26-6 지연조법(紙撚照法) 449
26-7 고련계자법(苦楝鷄子法) 449
26-8 작인중황법(作人中黃法) 450
26-9 저포도법(猪胞導法) 450
26-10 담도법(膽導法) 450

제8편 합제(合劑) 하

27-1 양독승마탕(陽毒升麻湯) 451
27-2 현삼승마탕(玄蔘升麻湯) 451
27-3 승마별갑탕(升麻鱉甲湯) 452
27-4 승마육합탕(升麻六合湯) 452
27-5 석고육합탕(石膏六合湯) 452
27-6 석고탕(石膏湯) 452
27-7 삼황석고탕(三黃石膏湯) 453
27-8 승기탕(承氣湯) 453
27-9 소승기탕(小承氣湯) 453
27-10 조위승기탕(調胃承氣湯) 454
28-1 조중탕(調中湯) 454
28-2 조중익기탕(調中益氣湯) 454
28-3 황기건중탕(黃芪建中湯) 455
28-4 치자인탕(梔子仁湯) 455
28-5 치자대청탕(梔子大青湯) 455
28-6 대청사물탕(大青四物湯) 456
28-7 흑고(黑膏) 456
28-8 소반청대음(消斑青黛飲) 456
28-9 서각소독음(犀角消毒飲) 457
28-10 가미패독산(加味敗毒散) 457
29-1 소원해독탕(溯源解毒湯) 457
29-2 해독방풍탕(解毒防風湯) 457
29-3 오약순기음(烏藥順氣飲) 458
29-4 갈근귤피탕(葛根橘皮湯) 458
29-5 황련귤피탕(黃連橘皮湯) 458
29-6 인삼강활산(人蔘羌活散) 459
29-7 가미강활산(加味羌活散) 459
29-8 전호감초탕(前胡甘草湯) 459
29-9 활명음(活命飲) 459
29-10 사심산(瀉心散) 460
30-1 청기산(淸肌散) 460
30-2 소풍산(消風散) 460
30-3 발독산(拔毒散) 461
30-4 삼활산(蔘滑散) 461
30-5 맥탕산(麥湯散) 461
30-6 호마산(胡麻散) 462
30-7 지실주(枳實酒) 462
30-8 삼선산(三仙散) 462
30-9 누로탕(漏蘆湯) ① 462
30-10 누로탕 ② 463
31-1 옥분산(玉粉散) 463
31-2 영초단(靈草丹) 463

31-3 창이환(蒼耳丸) 464
31-4 남엽산(藍葉散) 464
31-5 갈근탕(葛根湯) 464
31-6 패포산(敗蒲散) 464
31-7 탑기환(塌氣丸) 465
31-8 용뇌고(龍腦膏) 465
31-9 우리고(牛李膏) 465
31-10 온분박법(溫粉撲法) 465
32-1 진씨이공산(陳氏異功散) 466
32-2 구미이공전(九味異功煎) 466
32-3 진씨목향산(陳氏木香散) 466
32-4 목향대안환(木香大安丸) 467
32-5 목향빈랑환(木香檳榔丸) 467
32-6 정향비적환(丁香脾積丸) 468
32-7 육미회양음(六味回陽飮) 468
32-8 온중익기탕(溫中益氣湯) 468
32-9 삼사화위산(蔘砂和胃散) 469
32-10 인삼맥문산(人蔘麥門散) 469
33-1 양비환(養脾丸) 469
33-2 익황산(益黃散) 469
33-3 온장환(溫臟丸) 470
33-4 이음전(理陰煎) 470
33-5 양중전(養中煎) 470
33-6 삼강음(蔘薑飮) 471
33-7 삼류탕(蔘柳湯) 471
33-8 맥전산(麥煎散) 471
33-9 이진탕(二陳湯) 472
33-10 치련이진탕(梔連二陳湯) 472

34-1 해독탁리산(解毒托裏散) 473
34-2 양혈해독탕(涼血解毒湯) 473
34-3 양혈지황탕(涼血地黃湯) 473
34-4 당귀양심탕(當歸養心湯) 474
34-5 감초사심탕(甘草瀉心湯) 474
34-6 용담사간탕(龍膽瀉肝湯) 474
34-7 사간산(瀉肝散) 475
34-8 세간명목산(洗肝明目散) 475
34-9 인삼청폐음(人蔘淸肺飮) 475
34-10 감길청금산(甘桔淸金散) 476
35-1 도인승기탕(桃仁承氣湯) 476
35-2 도적통기탕(導赤通氣湯) 476
35-3 계지대황탕(桂枝大黃湯) 476
35-4 강활산울탕(羌活散鬱散) 477
35-5 강활구고산(羌活救苦散) 477
35-6 삼령오피산(蔘苓五皮散) 477
35-7 조변백상환(棗變百祥丸) 478
35-8 아위적괴환(阿魏積塊丸) 478
35-9 황련음닉환(黃連陰䘌丸) 478
35-10 풍씨천화산(馮氏天花散) 478
36-1 밀몽화산(密蒙花散) 479
36-2 유화산(柳花散) 479
36-3 소해산(蘇解散) 479
36-4 소요산(逍遙散) 480
36-5 안태산(安胎散) 480
36-6 조태산(罩胎散) 480
36-7 여성산(如聖散) 480
36-8 흑신산(黑神散) 481

36-9 자초음(紫草飮) 481
36-10 귤피탕(橘皮湯) 481
37-1 우선단(遇仙丹) 481
37-2 십선산(十宣散) 482
37-3 백순환(百順丸) 482
37-4 만응환(萬應丸) 482
37-5 묘응환(妙應丸) 483
37-6 배독산(排毒散) 483
37-7 발독고(拔毒膏) 483
37-8 추신음(抽薪飮) 484
37-9 진피산(秦皮散) 484
37-10 오매환(烏梅丸) 484
38-1 고련탕(苦楝湯) 485
38-2 무이산(蕪荑散) 485
38-3 안충산(安蟲散) 486
38-4 화충산(化蟲散) 486
38-5 추충환(追蟲丸) 486
38-6 엽충환(獵蟲丸) 487
38-7 소충전(掃蟲煎) 487
38-8 웅황태산(雄黃兌散) 487
38-9 차아산(搽牙散) 488
38-10 취구단(吹口丹) 488
39-1 태을신명단(太乙神明丹) 488
39-2 가미승마탕(加味升麻湯) 488
39-3 승마소독탕(升麻消毒湯) 489
39-4 시갈계지탕(柴葛桂枝湯) 489
39-5 궁지향소산(芎芷香蘇散) 489
39-6 현삼양격산(玄蔘涼膈散) 489

39-7 가미사백산(加味瀉白散) 490
39-8 가감사백산(加減瀉白散) 490
39-9 천금맥문탕(千金麥門湯) 490
39-10 청금음(淸金飮) 490
40-1 희진사물탕(稀疹四物湯) 490
40-2 창름산(倉廩散) 490
40-3 생맥산(生脈散) 491
40-4 십신탕(十神湯) 491
40-5 우황사심탕(牛黃瀉心湯) 491
40-6 우황고(牛黃膏) 491
40-7 모근탕(茅根湯) 491
40-8 저백환(樗白丸) 491
40-9 이경환(利驚丸) 492
40-10 천을환(天乙丸) 492

합제 보유

41-1 형방해독산(荊防解毒散) 493
41-2 청기화독음(淸氣化毒飮) 493
41-3 양격소독음(涼膈消毒飮) 493
41-4 가감양격산(加減涼膈散) 493
41-5 시호청열음(柴胡淸熱飮) 493
41-6 금련연교탕(芩連連翹湯) 493
41-7 청금영소탕(淸金寧嗽湯) 494
41-8 마행석감탕(麻杏石甘湯) 494
41-9 가미평위산(加味平胃散) 494
41-10 이각황룡산(二角黃龍散) 494
42-1 탈갑산(脫甲散) 494
42-2 학정단(鶴頂丹) 494

42-3 신보환(神保丸) 495
42-4 발회산(髮灰散) 495
42-5 이황즙(二黃汁) 495
42-6 총훈법(葱薰法) 495

마과회통 보유(補遺) 1
1. 엽계(葉桂)의 『임증지남의안(臨證指南醫案)』『유과요략(幼科要略)』 497
2. 『사진의안(痧疹醫案)』 500
3. 강관(江瓘)의 『명의유안(名醫類案)』 503

마과회통 보유 2
종두심법요지(種痘心法要旨) 506

부록
의령(醫零)········ 정약용(丁若鏞)·528
의학(醫學)에 대하여········ 정약용(丁若鏞)·562
종두법(種痘法)에 대하여········정약용(丁若鏞)·563
맥(脈)과 오장육부의 관계········정약용(丁若鏞)·566
이헌길(李獻吉)의 인술(仁術)········정약용(丁若鏞)·570
한의학상(漢醫學上)으로 본 다산 의학의 특색········조헌영(趙憲泳)·573
『마과회통』 인명·서명 해설 577
『마과회통』 처방 약재 해설 596
찾아보기 614

일러두기

1. 이 『마과회통(麻科會通)』 역주본은 다산(茶山) 정약용(丁若鏞)이 1797년 곡산부사로 있으면서 편찬 저술한 홍역과 천연두에 관한 전서(全書)를 번역 주석한 것이다.

2. 이 『마과회통』은 『여유당전서(與猶堂全書)』 제7집 의학집(醫學集)에 실린 판본을 대본으로 삼고, 국립도서관 소장 조선총독부 도서 필사본과 고도서 필사본 두 종류를 참조하여 바로잡았는데, 틀리거나 빠진 글자가 모두 684자나 되었다.

3. 규장각도서에 소장되어 있는 이헌길(李獻吉)의 『마진기방(麻疹奇方)』 필사본(圭齋藏板)도 참조하였다.(圭齋는 南秉哲의 호이다.)

4. 합제(合劑)의 명칭이나 약재(藥材)의 명칭은 한방(韓方)이나 한약재(韓藥材) 표기대로 사용하고 우리말로 번역하지 않았다. 다만 약재의 명칭은 부록으로 '마과회통 처방 약재 해설'을 만들어 우리말 이름으로 안내해 참고토록 했다.

5. 『마과회통』에 나오는 의사(醫師)의 인명이나 의서(醫書)의 서명을 해설해 부록으로 실어 참고하도록 했다.

6. 합제편의 약재 질량의 단위는 미터법에 따라 g으로 환산해 놓았다.

7. 병 증세에 대한 용어는 그 뜻을 알기 쉽도록 풀어 번역해 놓았는데 이 때엔 재편집 『동의학사전(東醫學事典)』(과학백과사전종합출판사, 까치, 1990)을 주로 참조했다.

8. 중국 인민위생출판사(人民衛生出版社)의 『중의대사전(中醫大辭典)』(1995)도 참고했다.

9. 제8편 합제(合劑)에서 다산은 천간지지와 이십팔수를 결합한 분류법을 썼으나 여기서는 숫자만을 써서 현대인이 알기 쉽게 표시했다.(예컨대 甲三은 1-3으로 角一은 23-1로 표시했다.)

10. '『마과회통』 총목록'에는 '제8편 본초편'이 있다고 했으나 『여유당전서』와 필사본에는 다 빠져 있다.

『마과회통』서문

중국 송(宋)나라 때 문정공(文正公) 범중엄(范仲淹)이 "내가 책을 읽고 도(道)를 배우는 것은 반드시 천하의 인명을 살리기 위함이다. 그렇지 않으면 황제(黃帝)의 의서(醫書)를 읽어서 의약(醫藥)의 오묘한 이치를 깊이 연구하는 것 또한 사람을 살리는 방법이다."라고 하였으니, 옛사람의 인자하고도 넓은 마음씀이 이와 같았다.

근세(近世)에 몽수(蒙叟) 이헌길(李獻吉)이란 이가 있었다. 그 사람은 뜻이 뛰어났으나 공명을 이루지 못하여 사람을 살리려 하나 할 수 없었다. 그래서 홍역[麻疹]에 관한 책을 홀로 탐구하여 수많은 어린아이를 살렸으니, 나도 그 중의 한 사람이다.

내가 이미 몽수(蒙叟)로 말미암아 살아났기 때문에 마음속으로 그 은혜를 갚고자 하였으나 어떻게 할 만한 일이 없었다. 이리하여 몽수의 책을 가져다가 그 근원을 찾고 그 근본을 탐구한 다음, 중국의 홍역에 관한 책 수십 종을 얻어서 이리저리 찾아내어 조례(條例)를 자세히 갖추었으나, 다만 그 책의 내용이 모두 산만하게 뒤섞여 나와서 조사하고 찾기에 불편하였다. 그리고 홍역은 그 병의 속도가 매우 빠르고 열이 대단하므로 순식간에 목숨이 왔다갔다 시각을 다투니, 세월을 두고 치료할 수 있는 다른 병과는 다르다. 이에 잘게 나누어 유별로 모아, 눈썹처럼 정연하고 손바닥을 보듯 쉽게 하여 병든 집에서 책을 펴면 처방을 얻되 찾기에 번거롭지 않도록 하였다. 이를 무릇 다섯 차례 초고를 바꾼 뒤에 책이 비로소 이루어졌으니, 아아, 몽수가 아직까지 살아 있다면 아마 빙긋이 웃으며 흡족하게 생각할 것이다.

아아, 병든 사람에게 의원이 없은 지 오래되었다. 모든 병이 다 그렇지만, 홍역이 더욱 심한 것은 어째서인가. 의원이 의원을 업으로 삼는 것은 이익을 위해서다. 홍역은 대개 수십년 만에 한번 발생하니, 이 홍역 치료를 업으로 해서 무슨 이익되는 것이 있겠는가. 업으로 삼으면 기대할 만한 이익이 없다고 하여 하지 아니하며, 환자를 만나서는 약으로 치료하지 못하는 것이 또한 부끄러운 일인데, 더구나 억측으로 약을 써서 사람을 일찍 죽게 하는 것은 아아, 차마 못할 일이다.

  홍역에 대한 처방은 등잔불이나 삿갓과 같아서, 깜깜한 밤이나 비가 올 때에는 등잔불이나 삿갓을 급급히 불러 찾다가, 아침이 되거나 비가 개면 까맣게 잊어버리니, 이것은 우리 사람의 뜻이 모자라서 그런 것이다.

  가령 우리들이 내년에 전란(戰亂)이 있을 것을 안다면, 반드시 가정에서는 무기를 수선하고, 읍에서는 성곽을 완전하게 쌓을 것이니, 전란이 어찌 사람을 다 죽일 수 있겠는가. 사람을 더 무섭게 살상하는 어떤 홍역이라 하더라도 사람들이 또한 태연히 여기고 두려워하지 않는다면 내가 이 책을 만든 것이 몽수(蒙叟)를 저버리지 않을 뿐만 아니라, 참으로 범중엄(范仲淹)에게도 부끄럽지 아니할 것이다. 다만 내가 본디 의약(醫藥)에 어두워서 취할 것과 버릴 것을 잘 가려내지 못하여, 소오줌이나 말똥과 같은 가치없는 것도 모두 수록함을 면치 못하였다. 궁벽한 시골 사람이 진실로 병의 증상을 살피지 않고 이 책을 함부로 믿고서 그대로 강하고 독한 약제를 투여한다면 실패하지 않는 경우가 없지 않을 것이니, 이 또한 내가 크게 두려워하는 바이다.

  정조 22년(1798) 첫겨울 소내(苕溪) 정약용이 적는다.

1. 『마과회통』 8편 총목록 머리에 적다

　생각건대, 병의 본(本)과 표(標)는 의원이 마땅히 신중해야 하는바 홍역의 독기가 퍼지고 열이 나는 것, 발진이 나오고 사라지는 것이 위태롭거나 순조로운 것, 모양과 빛깔이 엷거나 짙은 것, 이러한 것들이 마진(홍역)이 되는 것인데 이를 원증편(原證篇)으로 만들었다.
　양열(陽熱)이 몰려 독이 생긴 것을 물리치려면 이상하고 괴이함이 백 가지로 나오게 되는데, 구역질, 목소리가 나오지 않는 것, 코피, 감창(疳瘡), 옹종(癰腫) 등 여러 가지 병이 서로 원인이 되어 발병하게 되므로 치료함에 각기 규칙이 있으니 이를 인증편(因證篇)으로 만들었다.
　홍역의 발진과 비슷하나 홍역이 아닌 것은, 실은 그 어긋남이 많은데, 반점, 두드러기, 땀띠, 양독(陽毒)으로 인한 발진, 내사(嬭痧) 등은 분명히 분별되지 않아서 안개 속에서 꽃을 보는 것 같으니 이를 변사편(辨似篇)으로 만들었다.
　두창은 비록 홍역의 발진과 비록 같은 종류는 아니지만 이치를 살펴서 치료함을 베풀고 나머지 병독을 누름은 그 치료법이 둘이 아니므로 마땅히 서로 기름지게 도움이 되므로 이를 자이편(資異篇)으로 만들었다.
　우리 나라 우매한 풍속에서 처방약을 뒤섞어 베풀었는데, 산은 흙을 사양하지 않듯이 미친 말도 성인은 가려서 쓴다. 이에 몽수(蒙叟) 이헌길(李獻吉)이 남긴 처방을 주워 모아 다시 더하여 아속편(我俗篇)으로 만들었다.
　여러 의사들이 세운 이론의 정밀하고 엉성함, 순수하고 잡스러움을 이미 오래 되었어도 조사하고 살펴 뜻에 어긋나거나 합치됨을 감히 내 의견을 적어 필요로 하는 사람이 잡아 가려 쓰도록 한 것은 오견편(吾見篇)으로 만들었다.
　하나의 처방이 여러 차례 보여 조사해 살피기에 불편하므로 같은 종류로 분류하고 모아 정돈하여 갑·을로 차례를 표시하고 갑·을(甲乙)로 표시하기에 넘치는 것은 28수의 각·항(角亢)으로 이를 이어 서로 끌어당겨 잇닿게 하여 합제편(合劑篇)으로 만들었다.

  약의 성질은 차기도 하고 따뜻하기도 하며, 보하기도 하고 사하기도 하며, 평하기도 하고 독성이 있기도 하다. 병을 분별하여 다스림에 있어 의서의 해당 서적이 제멋대로 두서가 없어 쉽사리 모두 읽을 수 없기에 그 주치(主治)를 뽑아내고 어지러워져 흘림을 없앤 것은 이를 본초편(本草篇)으로 만들었다.

2. 『마진심법(麻疹心法)』 서문

    대저 큰 돌림병의 일정치 않은 기운인 사람의 반진(斑疹)을 밝히기 위해서 옛사람은 두진(痘疹) 두 글자에 처음부터 끝까지 주의를 돌렸으며 천연두를 중시하되 아울러 나누어 구별하지 않았다. 홍역은 어떤 물건이 되기에 어찌 두 가지 증세를 한 가지 증세로 돌아가게 할 수 있겠는가. 생각건대, 당시에는 천연두를 중시하고 홍역은 중시하지 않았기 때문에 이와 같이 소홀히 여겨 후세 사람으로 하여금 본원의 법을 깨달아 얻지 못하게 했기 때문에 치료하는 일을 그르침이 이따금 있었던 것이다.

    지금 우리 집안에 4대 동안 전해 내려온 천연두와 홍역 치료법과 오늘날 체험해 얻어 이해한 법을 가지고 다음에 조목조목 실어 이 병에 따라 일정하게 쓰면 그르침이 없을 것이다. 감히 조금치도 숨겨놓음이 있으리오. 하늘이 이를 내려다보고 있으니 말이다.

만전(萬全)이 기록한다.

3. 『마진휘편(痲疹彙編)』 서문

『마진휘편(痲疹彙編)』 1권은 한단(邯鄲) 사람 마씨(馬氏: 馬之騏)의 책으로 적선생(翟先生: 翟良)이 손수 정한 것이다. 마씨는 이름난 집안의 아들로 어려서는 무사(武士)를 좇아 천부장(千夫長)이 되었으나 뜻을 얻지 못해 이를 버리고 의학(醫學)으로 돌아와 자못 깨달음이 있었는데, 더욱이 두진(痘疹)에 뛰어났다.

우리 아버지가 한단의 현령이 된 이듬해 나의 나이가 겨우 7세였는데, 천연두를 앓아 그 증세가 매우 위독했다. 그런데 마씨가 몇 첩의 약제로 병을 고쳐 주었다. 마씨는 머리털이 어지럽게 흩어지고 희었던 것이다.

신묘년(1651)에 내가 복건안찰사로 귀임하는 길을 빌릴 때 한단에서 서로 헤어진 지가 25년이나 되었는데 마씨는 아직도 건강하고 탈이 없어 나와 더불어 손을 잡고 옛날 일을 말했다. 나는 그 집에서 하룻밤 머물게 되었다. 마씨는 사람이 너그러운 장자(長者)이며 도인술(導引術)이 있어 체내의 묵은 공기를 내쉬고 신선한 공기를 들이마심은 듣지 못했다.

그가 삶을 지키고 뛰어넘어 80, 90세에 오른 것은 진실로 덕망이 높은 효력과 더불어 아무래도 의술이 있는 집안의 말에서 깨달은 바가 있을 것인데, 은밀히 하고 다른 사람에게 촘촘히 알리지 않았을 터이다. 그러나 내가 그것을 두드려도 아직 말을 다하지 않을 것이다.

적량 선생도 지금 또한 70세가 넘었는데도 씩씩하기가 50세쯤의 사람 같으니, 마씨에게 얻은 바를 대개 알 수 있는 것이다.

1658년 초여름 온퇴(韞退) 조진미(趙進美)가 쓴다.

4. 섭상항(聶尙恒)의 『치진대법(治疹大法)』 발문

마진(痲疹: 홍역)의 달라진 형태는 천연두 증세에 버금가지 않는다. 구오(久吾) 섭상항의 다만 세 가지 방문만 써도 누구나 그가 법을 세움에 소홀하다고 의심하지 않을 것이다. 병을 마주쳐 그 마땅한 시기를 구별할 줄 모르고 왕성하게 하지 않으려고만 한다. 왕성하면 얼룩지고 얼룩지면 헷갈려서 가려내기가 어렵다. 따라서 공효를 거둠이 도리어 적다. 비유하자면, 내게 정병(精兵) 3천 명이 있어 피곤한 군사 100만 명을 대항할 수 있다면 숫자만 많음이 귀하지 않은 것이다. 의원이라고 어찌 이와 다르겠는가.

위의 세 가지 약방문의 뜻을 살펴보면, 약의 종류는 한도가 있으나 신묘한 작용은 끝이 없다. 병의 기틀을 법도대로 치료함은 이미 다 한데 뭉뚱그렸으니 이것은 참으로 홍역을 치료하는 요점을 잡고 뛰어남을 다투는 강령(綱領)인 것이다. 뒤의 학자들은 그 방문이 간단하여 소홀하다고 말라. 마씨의 『마진휘편』과 합쳐 읽고 조목을 나누어 자세하게 분석하면 홍역의 한 증세는 반 이상 깨달은 것이다.

적량(翟良)이 쓴다.

5. 『마진전(麻疹詮)』 서문

경악(景岳) 장개빈(張介賓)이 말하건대 "천연두와 홍역은 원래 한 가지 종류가 아니다. 비록 천연두의 달라진 상태는 증세가 많으나 홍역의 아물게 하고 거두어들임은 조금 쉽다. 그러나 홍역이 심한 경우는 그 형세가 흉악하고 위태로움이 또한 천연두보다 줄어들지 않아 가장 두려운 것이 된다." 하였다. 대체로 홍역의 병독이 천연두의 병독과는 본디 다름이 없는 것이다. 다만 옛사람은 천연두를 중시하고 홍역을 소홀히 여겨 자세히 밝혀지지 않음이 많다. 따라서 후세 사람으로 하여금 본받을 바가 없도록 했다.

내가 실로 이를 한탄하여 스스로 나전(羅田) 만전(萬全)이 판각한 『마진심법(麻疹心法)』을 보니, 그 이치가 두루 미치고 치료법이 자세하여 내 마음을 위로한다. 이제 모두 그 뜻에 따라 이를 여기에 갖추어 서술했다. 비록 그 가운데 조금이나마 증세를 헤아려 충고한 대목이 있을 터이나, 이는 그 자세한 듯하나 의심스러운 것과 자세하지 못한 것을 자세히 깨닫게 함에 지나지 않는 것이니, 이 다음에 홍역을 앓는 자가 다행스럽게도 길을 잃고 헤매지 않는 지침을 얻음은 또한 만전의 공적이 적지 않음을 볼 수 있을 것이다.

장개빈이 쓴다.

6. 가려 뽑아 인용한 의서 목록과 저자

1. 장중경(張仲景)의 『상한론(傷寒論)』
성명은 장기(張機)로 중국 한(漢)나라 광무(光武) 때 사람으로 자가 '중경'이다.

2. 유수진(劉守眞)의 『원병식(原病式)』
성명은 유완소(劉完素)이며 중국 금(金)나라 하간(河間) 사람으로 자가 '수진'이다.

3. 전중양(錢仲陽)의 『소아직결(小兒直訣)』
성명은 전을(錢乙)로 중국 송(宋)나라 신종(神宗) 때 사람이다.

4. 양사영(楊士瀛)의 『인재직지방(仁齋直指方)』
자는 등보(登甫), 호가 '인재'이다. 중국 송나라 회안(懷安) 사람이다.

5. 이고(李杲)의 『동원십서(東垣十書)』
자는 명지(明之), 호가 동원노인(東垣老人)이다. 중국 금(金)나라 사람이다.

6. 장결고(張潔古)의 『반론(斑論)』
성명은 장원소(張元素)로 자가 '결고'이다. 중국 금(金)나라 사람이다.

7. 왕해장(王海藏)의 『반론췌영(斑論萃英)』
성명은 왕호고(王好古)로 자가 '해장'이다. 중국 원(元)나라 사람이다.

8. 진문중(陳文中)의 『소아방(小兒方)』
자는 문수(文秀)로 중국 송(宋)나라 사람이다.

9. 주굉(朱肱)의 『남양활인서(南陽活人書)』
호는 무구자(無求子)로 중국 송나라 호주(湖州) 사람이다.

10. 주진형(朱震亨)의 『국방발휘(局方發揮)』
자는 언수(彦修), 호는 단계(丹溪)이다. 중국 원(元)나라 사람이다.

11. 위달재(危達齋)의 『구선방(臞仙方)』
성명은 위역림(危亦林)으로 자가 '달재'이다. 중국 원(元)나라 사람이

다. 원제는 '구선활인심방'이다.(이 항목은 잘못인 듯하다. '구선'은 주권(朱權)의 자호이다.-역자)

12. 우단(虞摶)의 『의학정전(醫學正傳)』

자는 천민(天民)으로 중국 명(明)나라 사람이다.

13. 방광(方廣)의 『단계심법부여(丹溪心法附餘)』

자는 약지(約之), 호는 고암(古菴)이다. 중국 명(明)나라 사람이다.

14. 한무(韓懋)의 『한씨의통(韓氏醫通)』

호는 비하도인(飛霞道人)으로 중국 명나라 노주(瀘州) 사람이다.

15. 이천(李梴)의 『의학입문(醫學入門)』

자는 건재(健齋)로 중국 명나라 남풍(南豐) 사람이다.

16. 공신(龔信)의 『만병회춘(萬病回春)』

자는 서지(瑞芝)로 중국 명나라 사람이다. 또 『고금의감(古今醫鑑)』을 저술했다.

17. 오동원(吳東園)의 『두진방(痘疹方)』

18. 설기(薛己)의 『보영촬요(保嬰撮要)』

호는 입재(立齋), 자는 신보(新甫)이다. 중국 명나라 오군(吳郡) 사람이다.

19. 유방(劉昉)의 『유유신서(幼幼新書)』

자는 방명(方明)으로 중국 남송 조양(潮陽) 사람이다.

20. 왕빈호(王賓湖)의 『유과유췌(幼科類萃)』

21. 서용선(徐用宣)의 『수진소아방(袖珍小兒方)』

호는 동고(東皐)로 중국 명나라 구주(衢州) 사람이다.

22. 구평(寇平)의 『전유심감(全幼心鑑)』

중국 명(明)나라 사람이다.

23. 탕형(湯衡)의 『영해보감(嬰孩寶鑑)』

할아버지의 이름이 민망(民望)으로 중국 남송 동양(東陽) 사람이다.

24. 고무(高武)의 『두진정종(痘疹正宗)』

호는 매고(梅孤)로 중국 명나라 은(鄞) 사람이다.

25. 왕석산(汪石山)의 『두치이변(痘治理辨)』

성명은 왕기(汪機), 자는 성지(省之), '석산선생'으로 불렸다. 중국 명나라 기문(祁門) 사람이다.

26. 위직(魏直)의 『박애심감(博愛心鑑)』

중국 명(明)나라 사람이다.

27. 이언문(李言聞)의 『두진증치(痘疹證治)』

자는 자욱(子郁), 호는 월지(月池)로, 중국 명나라 기주(蘄州) 사람이다.

28. 문인규(聞人規)의 『팔십일론(八十一論)』

29. 이실(李實)의 『두진연원(痘疹淵源)』

30. 옹중인(翁仲仁)의 『두진금경록(痘疹金鏡錄)』

자는 가덕(嘉德)으로 중국 명나라 상요(上饒) 사람이다.

31. 만국헌(萬菊軒)의 『두진심요(痘疹心要)』

성명은 만광(萬筐), 호가 '국헌'이다. 만전(萬全)의 아버지로 중국 명나라 사람이다.

32. 유동고(俞東皐)의 『두진치언(痘疹巵言)』

33. 만전(萬全)의 『세의심법(世醫心法)』

호는 밀재(密齋)로 중국 명나라 나전(羅田) 사람이다.

34. 조엽(趙燁)의 『두진의안(痘疹醫按)』

호는 희재(熙齋)로 평원(平原) 사람이다.

35. 황렴(黃廉)의 『두진전서(痘疹全書)』

호는 동벽산인(銅壁山人)으로 서구(西丘) 사람이다.

36. 공정현(龔廷賢)의 『보도자항(普渡慈航)』

자는 자재(子才)이다. 중국 명나라 금계(金溪) 사람이다.

37. 도신(涂紳)의 『백대의종(百代醫宗)』

자는 수오(首吾)로 금계(金溪) 사람이다.

38. 정신봉(程晨峰)의 『두진방(痘疹方)』

39. 만표(萬表)의 『제세양방(濟世良方)』

자는 민망(民望), 호는 녹원(鹿園)으로 중국 명나라 사람이다. 원제는

'만씨가초제세양방'이다.

40. 서이정(徐爾貞)의 『의회(醫匯)』
41. 손일규(孫一奎)의 『두진심인(痘疹心印)』
자는 문원(文垣), 호는 동숙(東宿)이다. 중국 명나라 사람으로 『적수현주(赤水玄珠)』란 의서도 저술했다.
42. 이시진(李時珍)의 『본초강목(本草綱目)』
자는 동벽(東璧)으로 중국 명나라 사람이다.
43. 왕긍당(王肯堂)의 『유과준승(幼科準繩)』
자는 우태(宇泰), 호는 손암(損菴)이다. 중국 명나라 사람이다.
44. 묘중순(繆仲醇)의 『사진론(痧疹論)』
성명은 묘희옹(繆希雍), 자가 중순(仲醇)이다. 중국 명나라 상숙(常熟) 사람이다.
45. 마지기(馬之騏)의 『마과휘편(麻科彙編)』
중국 한단(邯鄲) 사람이다.
46. 오학손(吳學損)의 『두진백문(痘疹百問)』
호는 손암(損菴)이다.
47. 적옥화(翟玉華)의 『두과석의(痘科釋意)』
성명은 적량(翟良)으로 자가 '옥화'이다. 『보적서(保赤書)』를 지었다.
48. 주지암(朱之黯)의 『진과치법강(疹科治法綱)』
자는 장유(長孺)이다.
49. 섭상항(聶尚恒)의 『치진대법(治疹大法)』
자는 구오(久吾)로 중국 명나라 청강(淸江) 사람이다.
50. 장개빈(張介賓)의 『마진전(麻疹詮)』
자는 회경(會卿), 호는 경악(景岳)이다. 중국 명나라 산음(山陰) 사람이다.
51. 오겸(吳謙)의 『의종금감(醫宗金鑑)』
중국 청나라 때 건륭제(乾隆帝)가 편찬을 명령했다.
52. 경일진(景日昣)의 『숭애존생서(嵩崖尊生書)』

자는 동양(東陽)으로 중국 청나라 등봉(登封) 사람이다.

53. 맹개석(孟介石)의 『활유심법(活幼心法)』
54. 황광회(黃光會)의 『보적제이서(保赤第二書)』

자는 외암(畏巖)이다.

55. 황보중(皇甫中)의 『마진방(麻疹方)』

자는 운주(雲洲)로 중국 명(明)나라 항주(杭州) 사람이다.

56. 연희요(年希堯)의 『사진방(沙疹方)』

자는 윤공(允恭), 호는 우재주인(偶齋主人)으로 청나라 때 광녕(廣寧) 사람이다.

57. 풍조장(馮兆張)의 『금낭비결(錦囊秘訣)』
58. 정망이(鄭望頤)의 『정씨종두방(鄭氏種痘方)』
59. 허준(許浚)의 『벽역신방(辟疫神方)』

양평군(陽平君)이다.

60. 임서봉(任瑞鳳)의 『임신방(壬申方)』

원제는 『임신진역방(壬申疹疫方)』이다.

61. 이헌길(李獻吉)의 『을미신전(乙未新詮)』

자는 몽수(蒙叟)이다.

62. 조정준(趙廷俊)의 『급유방(及幼方)』

자는 중경(重慶)이다.

63. 이경화(李景華)의 『광제비급(廣濟秘笈)』

자는 여하(汝夏), 호는 풍계(楓溪)이다.

* 그 한 가지 성(姓)에 사람이 많은 경우는 그 대가(大家)를 취하여 그 아무개 성씨로 표시했다. 가령 만전(萬全)·장개빈(張介賓)·주지암(朱之黯)·이천(李梴)·공정현(龔廷賢)·오학손(吳學損)·왕긍당(王肯堂)·황렴(黃廉)·전겸(錢謙: 吳謙의 잘못인 듯―역자) 등은 아무개 씨로만 일컬었고 나머지는 모두 이름과 호를 써서 구별했다.

제1편 제목을 펼친다

1—1 만전(萬全)의 쇄금부(碎金賦)[1]

　발진(發疹)은 군화(君火)에 속하고 기(氣)는 소음(少陰)에 근본하며 그 자식에게 전하는도다. 그러므로 비장(脾臟)·위장(胃臟)의 병증이 되니 그 아내를 헤아리도다. 살갗과 살갗에 난 털에 나누어 나타난 것은 또한 태독(胎毒)에서 피어난 것인데, 염병으로 말미암아 뒤에 이루어진다. 기침과 재채기는 폐(肺)의 세찬 화기가 불려서 번거롭고 답답함이 울음으로 나오는도다. 심장은 간장(肝臟)을 거느리고 맞이하여서 이를 빼앗도다. 그것이 날카로우나 쉽게 억누르고 따라서 이를 물리치도다. 그 날카로움은 이기기 어려우나 초목의 싹을 휘어지게 함 같도다. 도끼는 쓸데없으니, 참으로 불길이 맹렬함을 기다리면 옥돌과 돌이 함께 타버리도다.

　그 빛깔은 얼룩점 같고 만져 보면 자취가 있으며, 그 모양은 두창(천연두)과 비슷하나 보기에는 진액이 없다. 아침에 돋아나왔다가 저녁에 거두어들이는 것은 양(陽)으로부터 나오는 것이며, 저녁에 돋아나왔다가 아침에 거두어들이는 것은 음(陰)으로부터 나오는 것이다. 그 변화를 헤아릴 수 없고, 돋아났다 숨었다 일정함이 없다. 대체로 붉은 것이 예후가 좋고 검은 것을 꺼리는 바이다. 치료함에 있어 서늘함을 좋아하고 따뜻함을 꺼린다. 붉은 것은 붉은 점과 같고 밝고 환히 밝게 드러난 형상이다. 빛깔이 검은 것이 먹을 뿌린 듯하고 열이 울결되어 술취한 듯 어

---

[1] 쇄금부(碎金賦): 정미하고 간단한 시문(詩文)인데, 여기서는 홍역을 진단하고 치료하는 요점을 노래한 것이다.

둠이 심한 경우 서늘함에 가슴 아픔을 누르도다. 못이 나란히 있는 곳에서 불타는 빛을 거두어 괴로운 열을 던져 광명이 계속 이어져 환하게 밝음이 그치지 않음을 좇는다.

　패독산(敗毒散)·방풍산(防風散)으로 개발(開發)함은 관문을 지키는 장수를 베는 장수이고, 해독탕·연교음은 항복하는 적병을 다스려 엎드리게 하는 병사이다.(인삼패독산·방풍통성산·황련해독탕·연교음—원주) 비단이 늘어져 어지럽게 섞임 같은 데에는 화반탕을 복용하여 곱게 거두게 하고, 열이 나고 땀이 나는 증세 같을 경우 양격산을 마셔서 열을 내리게 한다.(화반탕·동원양격산—원주) 목안이 아플 때는 감길탕의 우방자로 기침을 그치게 하고, 다시 능히 깔깔해진 폐를 축축하게 하는 데는 도적산(導赤散)의 작약으로 두근거리는 가슴을 진정시키고 또 심장을 서늘하게 한다.(감길탕·도적산은 일명 火府湯이다.—원주) 변비에는 조원탕(調元湯)으로 대변을 누게 하고 묽은 똥에는 황금탕(黃芩湯)·저령탕(猪苓湯)으로 치료한다.(조원승기탕은 대변을 누게 하고, 황금작약탕·저령탕으로 치료한다.—원주) 큰 갈증으로 횡격막이 탈 때 백호탕(白虎湯)에 과루(瓜蔞)를 없애고, 괴롭고 답답한 병에 이열(裏熱)이 있으면 안신환(安神丸)에 산치자를 더한다.(백호탕·안신환—원주) 사람의 원기를 다스림이 없어도 음양(陰陽)을 마침맞게 조절하게 하고, 원기를 침범하지 않도록 하면 무슨 사법(瀉法)·보법(補法)으로도 다하지 못한다.
　천연두는 구슬진이 남김없이 다 피어나게 되면 흔적이 남지 않고, 홍역은 발진이 모두 나오게 되면 병이 없게 된다. 더러 사기(邪氣)가 몰리고 막히면 머물러 없어지지 않고 또는 정기(正氣)가 손상되면 정기가 지쳐 펴지지 못하게 되어 병독(病毒)이 오장으로 돌아가 네 가지 증세로 변화하게 된다. 병독이 비장·위장으로 돌아들면 설사가 그치지 않게 되며, 이질로 변한다. 병독이 심장·간장으로 돌아가면 가슴이 답답하고 열이 나되 물러가지 않으면서 경풍이나 기침이 나고, 오래 되면 피가 나온다. 병인이 폐에 돌아가면 어금니와 이빨이 문드러지고 헌데가 생긴다. 병독이 신장으로 돌아가 증상이 가벼운 경우에는 종전의 제도를 지켜 행하도록 해 잘 치료할 수 있고 증상이 심한 경우에는 적군을 막으려고만 하여 제멋대로 나쁜 짓을 하게 두면 쳐도 이기지 못한다.

열이 없어지지 않는 경우는 조원탕(調元湯)에 맥문동·지모를 더하고, 기침이 그치지 않는 경우는 아교산(阿膠散)에 행인·지실(枳實)을 더한다. 쥐가 날 때는 포룡환(抱龍丸)과 온경환(溫驚丸)을 아울러 쓰고, 피를 머금었을 때는 오로지 보폐태평환(補肺太平丸)을 쓴다.(호박포룡환, 錢氏溫驚丸, 소아교산, 전씨보폐아교산, 十藥神書 太平丸—원주) 설사에는 이공산(異功散)·저령산(猪苓散)·택사산(澤瀉散)을 쓰고, 빈 속에 크게 나는 설사일 경우 삼령산(蔘苓散)을 쓰고, 대하(帶下)에는 이공산과 당귀작약산을 쓰고, 그쳤다 나왔다 하는 경우 진인탕(眞人湯)을 조금 쓴다.(錢氏異功散·蔘苓白朮散·眞人養臟湯—원주) 다만 잇몸이 붓는 병이 있어 원래 주마아감이란 이름으로 부르는데, 처음에는 냄새가 그치고 살이 썩다가 점점 잇몸 안을 뚫고 피가 나오면 지황환(地黃丸)을 복용하여 열로 입안이 건조함을 다스리고 문흡산(文蛤散)을 겉에 문질러 벌레를 죽인다.(地黃丸·文蛤散—원주) 어금니가 만일 빠져버리고 꺼멓게 썩은 모양을 이룸은 위험한 증세이고 소리가 나지 않거나 목이 잠기는 호혹(狐惑) 증세는 밝히기 어렵다.

발진이 마땅히 나와야 할 때 나오지 않을 때에는 피어나온 처음에는 성성산(惺惺散)을 쓰고 다음에 통성산(通聖散)·탈명단(奪命丹)을 쓰면 고르고 크게 피어남이 있다. 마땅히 거두어야 할 때 거두어지지 않을 때에는 떨어져나갈 처음에 갈근탕(葛根湯)을 쓰고 다음에는 화반탕(化斑湯)·양격산(涼膈散)을 쓰면 크게 떨어져나감에 가장 영험하다.(惺惺散·防風通聖散·奪命丹·升葛湯·化斑湯·河間涼膈散—원주) 발진의 빛깔이 산뜻하고 드물어지면 사물탕(四物湯)에 천궁(川芎)을 없애고 홍화(紅花)·계지를 더해 쓴다. 빛깔이 검붉고 혈분에 사열이 있을 때는 화반탕에 인삼을 없애고 현삼(玄蔘)을 오줌에 적셔 태운 것을 더해 쓴다.(사물탕·화반탕―원주) 탈명단은 반진(斑疹)을 피어나게 하는 성약(聖藥)이고 무가산(無價散)은 전염병을 떨어져나가게 하는 신통한 약이다.(탈명단·무가산―원주) 발진이 나오지 않으며 가슴속이 달아오르면서 답답하면 7일을 잘 넘김이 걱정스럽다. 검은 발진 빛깔이 변하지 않으면서 헛소리를 하며 먹지를 못하고 새로운 열이 나고 몸이 후끈후끈 달아오르고 붉은 피가 섞인 대변이 심하며 숨쉴 때 비린내가 나고 지치고 말라 뼈와 살이 벗어나가고 근육에 경련이 나고 의식이 가물가물하며, 몹시 숨이 차고 어깨가 흔들리며 어린이가 빈혈로 문드러져 누공이 생겨 뺨에 고름이 나며 언청이가 된다. 삼세의 아름답고 교묘한 기술이라 자랑을 멈추라. 숨쉬는 짧은 동안이나마 영혼이 떠돌아 머물기 어렵다.

아무튼 탕제나 환약을 잘못 복용시키는 것은 약을 처방하지 않는 것만 못하다는 것을 어찌 듣지 못했겠으며, 또 특별히 금기 사항을 위반하여 스스로를 반성하는 경우를 보지 못하겠는가. 짜고 신 음식을 먹기 좋아하면 기침이 연달아 이어져 나와서 그치지 않고, 맵고 마르고 더운 것 먹기 좋아하면 뜨거운 열에 구움같이 편안하지 않고, 달디단 음식이 충치를 만든다. 차갑고 익히지 않은 음식을 많이 먹으면 묽은 변이 나오게 된다. 닭고기는 풍(風)을 발생시키는 가축이고 물고기는 화(火)를 동하게 하는 유이다. 닭고기와 물고기를 게걸스레 먹거나 뒤섞어 많이 먹으면 풍진과 열이 모여서 병들 틈을 열어 사기(邪氣)가 오히려 더욱더 심해지고, 반진이 그치지 않게 되어 병인이 도리어 깊이 들어간다. 전염병을 만나 태양경으로 재전(再傳)할 경우 이것은 홍역의 남아 있는 병인이거나 또한 천연두의 남은 증세와 같은 것이다.

내상(內傷)을 분별하려면 모름지기 외부에 나타난 증세를 자세히 살펴야 한다. 눈이 항상 붉고 아픈 것은 청동(靑童: 肝―원주)이 열을 품은 것이고, 비상(鼻常: 鼻―원주)에서 코피가 남은 소녀(素女: 肺―원주)가 섞에 누운 듯이 불편한 것이고, 이빨이 종신토록 아픈 것은 현무(玄武: 腎—원주)가 물이 끓고 있는 솥에서 시달림이고, 간질이 해마다 이어서 발생하는 것은 주작(朱雀: 心—원주)이 숲에 타서 놀람이고, 소변이 잦으며 적은 것은 곧 주도(州都: 膀胱—원주)가 열을 만남이고, 대변이 묽고 더러우며 배가 붓는 것은 반드시 창름(倉廩: 脾—원주)이 불탐을 입음이고, 해수병은 열이 위로 오르는 형상이고 붉은 혹이 붉게 번쩍이는 형상이다. 입술과 혀에 창양(瘡瘍)이 많은 것은 오장이 소속된 얼굴의 일정한 부위에 연기가 남아 없어지지 않음이고, 목구멍이 늘상 부음은 관장하는 곳에 타다 남은 재가 오히려 남아 있기 때문인데, 참으로 그 까닭을 찾아내어 한마디 말로 다할 수 있으리요. 그 근본을 다스리려 하더라도 어찌 하루아침에 잘 다스리겠으리요.

아아! 이 노래를 지어 개구리의 울음을 본받도록 함이나, 말이 비록 촌스럽고 속되나 돌을 쌓아놓은 것 같고, 법은 진귀하게 여겨 소중히 간직해야 하기 때문에 정미하고 간단한 시가라 하겠다.

1—2. 옹중인(翁仲仁)의 변의부(辨疑賦)

* 한 본에는 이제방(李齊芳)이 지었다고 했다.

홍역이 비록 태독(胎毒)을 많이 띠되 계절성을 띠어 기후가 따뜻하고 더워지면 전염이 이루어진다. 그 피어남은 두창과 더불어 서로 비슷하나 그 변화는 두창과 비교하여 가볍지 않다. 먼저는 표증(表證)에서 일어나 나중에는 이증(裏證)으로 돌아간다. 병인이 비장에서 왕성하다 열이 심장으로 흘러 오장육부가 손상되는데 폐장이 더욱 심하고, 처음과 끝의 변화에서 신장은 병이 없다.

처음엔 열이 나는 양상이 상한병(傷寒病)과 비슷함이 있다. 눈까풀이 고단하고 나른하면서 일어나기 어렵고 맑은 콧물이 흐르면서 마르지 않고 기침이 난다. 음식을 적게 먹고 가슴이 답답하고 입안이 마르는 갈증

으로 편안치 않고 사기(邪氣)로 눈으로 보기에 피부 아래가 겉으로 드러
나지 않게 아슴푸레하고 흐릿하나 손으로 더듬으면 근육 사이에 돌이
많이 쌓인 듯하다. 그 모양은 딱지 같고 그 빛깔은 붉은데 돋아난 지 3
일에 차츰 없어져 안정된다. 따라 나왔다 따라 없어지는 물살이 빠르니
빨리 막아야 한다.

홍역 뿌리의 둥지인 부은 데는 발진이 두드러기와 아우르면 살갗은
붉은 것 같고 발진은 더욱 좁은 얼룩으로 무늬비단처럼 밝으며 약을 쓰
지 않아도 낫는다. 그을음같이 검으면 백에 하나도 나음이 없다.

창양의 발진이 이미 나오면 조섭(調攝)하기가 매우 어렵다. 앉거나 누
움에 있어 따뜻이 해야 하고 음식은 싱거워야 마땅하다. 기침할 때 거품
이 섞인 침이 나오고 시고 씀을 견딜 수 없다.(시고 씀을 견딜 수 없음은
기침으로 말미암음을 일컫는 것이다.—원주) 갑자기 천증(喘證)이 생기고 폐에
풍한(風寒)을 받아 심장과 비장에 화기(火氣)가 왕성하고 입과 혀에 창양
이 생기고 폐와 위장에 열이 쌓여 몸속의 체액이 오래도록 마른다. 이와
같이 변화된 병에 있어서는 치료하는 방법이 같지 않다.

땀이 조금 나서 독이 풀리면 열의 기세가 사나움이 적어진다. 대변·
소변이 맑고 고르게 되면 기운이 운행함에 막힘이 없다. 땀구멍과 살갗
이 울체되면 마땅히 장위(腸胃)의 울결된 것을 헤쳐버려야 하니 급히 소
통시키도록 한다. 코피가 나는 경우는 치료를 걱정할 것은 없다. 사열을
좇아 코피 남을 푼다. 저절로 설사가 나는 경우 갑자기 그치게 할 것은
없다. 병인이 오줌으로 나가면 시원스러워진다.

홍역 뒤에 이질이 많음은 열독(熱毒)이 대장으로 옮김이고, 기침이 나
고 목구멍이 아픈은 담(痰)이 심장과 가슴에 엉기기 때문이다. 입이 마르
고 가슴이 답답한 경우 치료법은 진액이 생기도록 하고 혈(血)을 기르도

록 한다. 음식은 적게 먹을 때는 마땅히 위장의 기운을 고르게 한다. 나머지 병증은 일정함이 없어 때에 닥쳐 변통(變通)한다. 이렇게 하면 홍역에 있어서 큰 뜻과 신묘한 작용이 한결같이 마음에 있을 것이다.

1—3. 황렴(黃廉)의 서강월조(西江月調)

반진(斑疹)은 세상에서 마자(麻子) 곧 곰보라 부르는 것으로, 대체로 화열의 기운이 찌는 듯한 무더움으로 말미암아 온몸에 단사(丹砂) 모양의 붉은 점이 퍼진 것이다. 곧 이것은 심비(心脾) 둘이 허한 병증으로 가장 두려운 것은 얼룩점이 생기면 죽음을 기다린다. 붉은 것이 붉은 무늬 같은 것을 진찰해내야 한다. 치료법은 음식물이 맑고 시원해야 하고 맵고 단 것을 금지하는 것을 어겨서는 안된다.

홍역의 발진은 어떻게 기침을 하게 되는가. 다만 폐와 심장에 이어지고 폐경(肺經)에 열을 받아 찌는 듯하고 기침을 일으켜 숨이 가쁨을 이룬다. 치료는 폐의 열을 내리기만 하면 되니, 맵고 단 것을 잘못 씀은 적합하지 않다. 비유하건대, 여드름이 아래에서 찌는 그릇과 같이 다만 기운을 거칠게 하고 화(火)를 따뜻하게 하는 것이다.

홍역의 발진을 어떻게 분별하여 분명히 식별하나. 모양은 상한(傷寒)같으니 이로 말미암아 기침이 나고 붉은 얼룩점이 있고 재채기가 나고 눈 가운데 눈물이 나타나며, 더러 뱃속이 쑤시고 아픔이 보이고 또는 때로 위로는 토하고 아래로 설사함을 서로 겸한다. 홍역은 위로 토하고 아래로 설사하며 모름지기 편안치 않다. 치료하는 요점은 병인을 없애고 열을 흩으면 된다.

홍역과 천연두는 달리 치료하고 두 가지 병을 같은 처방으로 치료하면 안된다. 천연두는 따뜻하게 흩음이 마땅하고 홍역은 서늘하게 함이 마땅하다. 또 요점은 모양이 위에 보이고 만일 풍사와 한사를 받으면 나오지 않는다. 그 사이가 흉악하고 험해 당해내기 어려우면 급히 땀을 내어 사기를 없앰과 더불어 안정시킨다. 몹시 꺼림은 정신이 혼미하거나 정신을 잃고 배가 불러오르고 속이 그득한 느낌을 주는 것이다.

무릇 홍역의 발진이 나오지 않은 경우에는 기후가 어떠한가를 자세히 살펴, 가령 날이 따뜻하고 또 바람이 잔잔할 것 같으면 형방패독산이 알맞고 만일 이 자연의 기후 조건이 돌림병이 유행하기에 좋으면 금련소독음(芩連消毒飮)을 마땅히 많이 써서 심장을 치료하고 관리하여 오래도록 낫지 않는 병을 고친다. 우물 속에 앉아 하늘 살핌을 배우지 말라.

들은 바로는, 형방패독산 이것은 땀을 내어 겉의 사기를 치료하는 영묘한 처방이 되고, 방풍·형개(荊芥)·생지황을 술에 불려 볶고, 황금·황련 두 종류, 길경·인삼·감초·연교·승마·우방자·현삼을 백엽주(柏葉酒)에 불려 볶은 것이 좋고, 죽엽 물로 달임이 마땅하다.

또 금련소독음(芩連消毒飮)은 화사의 열과 병독을 흩어 치료함이 있으니 더욱 좋다. 황금·황련·치자 및 승마·길경·감초는 제어함이 많고, 석고·인삼·지모·연교·우방자·홍화(紅花)를 채용해 쓰고 죽엽은 많이 더함이 중요한데, 이것들은 소아방(小兒方)엔 값이 없다.

만일 이상의 약으로 땀을 내되 겉의 사기가 나오지 않으면, 사람으로 하여금 참으로 두려워하게 하니, 마황(麻黃)을 술과 꿀에 불리고 재웠다 그슬린 것처럼 볶고, 치자·백엽·황금·황련을 한가지로 다시 대황을 술에 불려 볶고 연교·우방자도 서로 적당하고, 석고·선태(蟬蛻)에 홍화를 알맞게 섞으면 되는데 효험이 없으면 목숨이 이 티끌 세상을 떠난다.

만일 발진이 나올 때 검붉음이 보이면 이 얼룩은 예나 지금 모두 불길함이 많으므로 빨리 사람 똥을 찾아 길 동쪽으로 돌아와 불에 태워 성질을 보존하여 취해 쓰되 가루내어 술에 타서 삼킨다. 잠깐 동안에 검은 빛이 붉게 변했다가 전의 검은 빛깔같이 흐릿하게 되면 반드시 한바탕의 봄꿈처럼 목숨이 덧없다.

홍역의 발진이 형체를 나타냈는데 보통으로 열이 나면 다만 화반탕(化斑湯)을 쓰되 석고·감초 및 인삼·길경·연교가 효험이 있다. 만일 병독이 많고 열이 심하면 연교소독음(連翹消毒飮)이 우선이다. 대장에 변비가 맺히면 대황을 보태서 대변을 작고 묽게 하여 몇번 누도록 힘쓴다.

홍역 병독의 종류는 여러 가지이다. 목이 많이 아프고 열의 속성을 띤 사기가 위력으로 핍박하고 다른 병이 없으면 연교감길탕에 사간(射干)·우방자를 많이 더해 약하게 달여 복용하고 밖으로는 십선혈(十宣血)을 사용하면 오묘히 흩어진다. 목에 불고 쉬었다가 갑자기 입을 벌리게 하면 가령 효험을 보여도 부족함이 없으니 소독금련음은 값을 매길 수 없다.

홍역의 발진에 만일 이질 설사가 보이면 미리 먼저 약을 써서 다스려 치료한다. 설사할 때는 오령산에 감초나 활석 한 가지만 더하고 만일 이질이 보이고 붉고 흼이 겸하였으면 향련환(香連丸)이 서로서로 대단히 의지하여 이질이 그치고 변이 됨이 마땅하다. 효험이 없으면 사람으로 하여금 의심하고 꺼리게 한다.

홍역의 기침 소리는 소리와 기운이 빠른데, 허화(虛火)와 실화(實火)를 내리고 폐열을 내려 없애야 하는데 황기·치자·적복령·길경·석고와 일정량의 지모·인삼·지골(地骨)·과루·맥문동·행인·현삼·우방자의 오묘함이 신령하다. 죽엽에 달여서 물리치게 한다.

홍역을 앓고 난 뒤는 모름지기 네 가지 병증을 막아야 하는데 항상 사람이 실수함을 단속하여 이를 치료하지 않으면 온몸에 남아 있는 열이 두루 퍼지고 화사가 다른 곳을 침범하여 괴롭히고 기침 소리가 연달아 나고 어금니와 이빨을 끌어당기고 빈혈증과 아감증이 생기고 이질로 붉고 흰 설사를 막기 어려워져도 갖가지로 치료 방법을 찾아 회복할 논의가 소홀하다. 아무 생각 없이 소아의성(小兒醫聖)이라 드러냈다.

높은 열이 어떻게 심함을 묻는다면, 다만 남은 병증이 체류함으로 말미암음이니, 금화환자시령단(金花丸子是靈丹)으로 치료한다. 치자·황금·황련·용담·울금·웅황으로 병독을 풀고, 등심지골탕(燈心地骨湯)을 삼킨다. 만일 도리어 위장에 약한 열이 끊어지지 않고 연달아 이어지면 성위령산(聖胃苓散)을 모아 마음대로 뽑아 쓴다.

기침이 잦고 그치지 않음은 더러 시고 짠 트림을 막지 못함으로 말미암게 되는데, 또는 화열의 사기가 폐장에 미침으로 말미암으면 더욱 몹시 숨이 차고 가쁘게 된다. 몸이 실(實)하면 정력환(葶藶丸)을 아울러 사용하고 형체가 허약하면 청폐신단(淸肺神丹)을 쓴다. 이와 같이 조섭하여 다스려 평안하게 지키고 물결 가운데로 나아가 험증을 희롱하게 말라.

정력환(葶藶丸)은 폐장의 열을 없앤다. 행인·정력·방기·견우(牽牛)·내복자는 서로 따르고, 조육(棗肉)을 찧어 알약을 만들어 약제에 드러낸다. 청폐신단으로 치밀어오르는 기를 내린다. 말린 진피와 황금·황련·감초·길경·행인을 소금물로 달여 소자(蘇子)에 발라 묽은 풀에 섞어 알약을 만든다.

입과 이빨에 창양이 생겨 썩어 문드러지는 것은 이를 주마아감(走馬牙疳)이라 부른다. 금화환(金花丸) 약간으로 속의 편안함을 구하고 밖으로 제감묘산(除疳妙散)을 쓴다. 먼저 똥통의 흰물을 취하여 불에 말려 흰

색이 소금처럼 되면 동록(銅綠)에 5배하여 잠퇴지(蠶退紙)에 비상 가루를 태워 검은 숯을 만든다.

피가 섞인 대변을 설사할 때 피가 생생하면 황련·백엽·괴화(槐花)·지각·형개수를 같이 더한다. 설사가 멈추고 피가 가까스로 없어지고 이질이 그치면 수유·활석·저근(樗根)·지각·승마·오매의 살을 취해 알약을 만드는 것이 좋다. 피가 섞인 대변과 이질엔 향련환(香連丸)이 설사에 좋다.

네 가지 병과 다시 죽을 병증에 그 때에 다다라 겨를을 얻음과 차도가 다르다. 열이 많고 몸에서 나는 열이 막혀 홍역 같고, 기침이 나고 얼굴이 푸르고 목이 쉬거나 말을 하지 못하고, 주마아감으로 입술과 이의 살이 떨어지고, 이질과 구금(口噤)으로 슬퍼하고 탄식함이 이와 같으면 곧 이는 죽음을 원망할 집이니 소를 타고 말을 물음은 옳지 않다.

1—4. 만전(萬全)의 진독증치가(疹毒證治歌) 묶음

홍역은 태독(胎毒)이 심(心)에서 일어난 것으로서 폐장에 서로 이어 열독이 침로하면 기침이 나고 코 가운데서 맑은 콧물이 흘러나온다. 또 두 눈을 살피면 눈물이 가득 찬다.(黃廉)

홍역은 따뜻한 겨울을 만남이 가장 상서롭지 않다. 백성에겐 전염병으로 말미암아 헌데나 부스럼이 발생함이 많아지고 더러 반진을 만나면 서로 증상을 전하게 된다. 탕제와 알약을 미리 확실히 깨달아 쓸 수 있다.(황렴)

반진(斑疹)은 그 해의 기운을 먼저 분명히 밝혀야 하니, 가벼이 땀을 내거나 설사시켜 상한병에 걸리지 않도록 해야 한다. 사람의 허약과 실

함을 살펴 처방법을 베풀고 사람의 원기를 침범해 수명(壽命)을 다치지 말라.(황렴)

홍역은 맑고 서늘함을 기뻐하고 천연두는 따뜻함을 기뻐하니, 홍역과 천연두를 잘 알면 같이 논하지 않는다. 홍역의 싹과 천연두의 열매는 풀 사람이 없으니, 처음에 삼가고 끝날 때를 염려하되 뜻을 가다듬어 헤아려야 한다.(황렴)

홍역의 병인을 이제까지는 처음 모습이 나올 때 풀어야 하고 병인을 풀어 물리쳐야 근심이 없다고 했다. 뱃속이 잔뜩 부풀어오르고 아픔은 사기(邪氣)가 오히려 숨은 것이라 숨이 가쁘고 정신이 아주 어두우면 목숨이 반드시 끊어져 죽는다.(황렴)

홍역의 발진이 나올 시기가 지났어도 나오지 않는 것은 기세가 오래도록 머물러 시일을 끄는 것이니 병독이 몸 속에 엎드려 나오기가 어려움을 보이면 빨리 피부를 통해 나오도록 하여 느슨하게 쉬도록 해야 한다. 어찌 오장육부가 고통을 겪음을 받아 견디겠는가.(황렴)

열이 성대하게 일어나고 기침소리가 잦고 눈이 부풀어오르고 얼굴이 부어 뜨고 원기가 치밀어오르며, 앉거나 눕기도 편안치 않으면서 가래침과 잠이 적어지는 것은 폐가 타들어가고 폐엽이 들려진 것으로 열사가 훈증하고 있기 때문이다.

화열이 훈증하면 땀이 나서 몸을 적시게 되며 병독의 사기(邪氣)가 아울러 핍박하면 혈이 경맥을 거스른다. 땀을 많이 내서 겉을 보호하면 사기가 좇아 흩어지게 되고 혈이 영음(營陰) 속에서 없어지면 병독이 조금 가벼워진다.

열이 날 때 설사를 함께 하고, 멋대로 다른 곳에서 나와도 모름지기 놀라지 않는다. 태아와 자궁에 병인이 쌓임은 지금 좇아서 풀어내야 위장에 머무른 더러움이 이로부터 맑아진다.

병인의 화사(火邪)가 찌는 듯이 무겁게 하면 원기가 위로 타오르게 되니 목구멍이 이로부터 바로 번거롭고 아프게 된다. 이제까지 천연두와 홍역은 목 아픔이 많았으니 대수롭지 않고 예사로운 인후병으로 보아 넘기지 말라.

홍역의 병인은 불을 살라 불을 둘러쌈 같아 열사(熱邪)는 한잔의 물을 댐도 허락하지 않는다. 목구멍이 건조하고 심(心)은 뜨거운 상태가 되니, 몸속의 체액이 마르고 허해 윗속도 마른다.

홍역의 발진이 일제히 솟아나와도 놀라 당황하지 말라. 눈 깜박하는 사이에 온몸을 붉은 비단으로 치장하며 구슬진이 나올 때처럼 따르고 또 없어지며 얼룩점같이 붉은 곳 틈새엔 창양을 이룬다.(황렴)

두창은 붉은 광채가 나면 가려움증이 침공해 오며, 홍역의 발진은 붉고 선명하면 병독이 거칠어진다. 흰 증상은 혈이 부족한 것으로 오히려 치료할 수 있으나 검은 반점은 나쁜 조짐이니 서로 이르게 하지 말라.

홍역의 발진이 나타났다 숨었다 하는 것은 음양과 합치된다. 따뜻하고 화창하면 나타나고 서늘하면 숨는다. 연달아 나타나고 거두지 않음은 양기가 왕성한 것이며, 몹시 느리게 번갈아 나타남은 음기가 강한 것이다.(황렴)

발진이 온몸에 나타나서 불로 태우는 듯하고 병인의 사기가 막아 매우 급박한 것은 없애기 어렵다. 해기법(解肌法)으로 다만 피부를 따뜻하

게 맡기고 속을 치료해 마땅히 대변과 소변을 조절하도록 한다.(황렴)

발진이 모두 돋아나면 편안해지게 된다. 사기가 다하지 않았을 때에는 원기가 고르지 않게 된다. 열이 무성하며 번조한 증상은 사기가 아직 세찬 것이며, 자주 게우고 설사하는 증상은 병독이 훈증하고 있는 것이다.(황렴)

홍역의 병인과 사기가 남아 있으면 가장 괴롭힘을 짓고 몇 차례 나쁜 절기를 지나면 당황스럽다. 때로 유행하는 돌림병을 일으키는 사기는 서로 같게 전하는데 돌림병 귀신은 혼백을 유혹하여 무덤으로 나아간다.(황렴)

홍역을 앓은 뒤 체류하는 열이 없어지지 않으면 성대하게 일어나 손을 지지고 머리털을 말리며, 살을 없애 뼈가 앙상한 감질병을 이루게 된다. 훌륭한 의사를 만나면 소생할 수 있는 병이다.(황렴)

홍역으로 열이 나서 그침이 없어 정신이 점점 흐릿하다가 갑자기 손발에 경련이 일어나면 경풍 견딤으로 다스린다. 바야흐로 풍간(風癇)과 같이 치료하지 말라. 소변이 마땅히 많아야 병이 일찍 편안해진다.

홍역 병독의 해침이 흘러 잠깐 동안에 창양이 되고 잇몸이 썩어 문드러지면 음식을 먹기가 어렵다. 입술에 헌데가 나서 소리가 나지 않아 여우에 홀린 듯하고 눈물이 뺨으로 새고 목구멍이 뚫리면 아침이나 저녁에 죽는다.(황렴)

홍역의 병인이 점차 오래 끄는 이질을 이루어 밤낮으로 멈추지 않고 급함이 많아도 놀라서 겁을 내고 어쩔 줄 모르다가 우승하겠다는 공을 꾀하지 말라. 입을 다물기를 극력 삼가도 나쁜 병을 이루는 것이다.(황렴)

홍역을 앓은 뒤 끊이지 않고 길게 잇따라 폐기가 위로 치밀어 기침을 하고 온갖 소리가 때때로 갑자기 나와 끝내 쉬지 않으며, 몹시 숨이 차고 또 푸석푸석 눈이 부어오르며 손이 떨리고 머리를 흔들면 황천객이 된다.(황렴)

 홍역을 금기법으로 모름지기 막으려면 소금과 초와 닭과 물고기를 맛보면 안된다. 마음에 따라 하려 함이 없어야 끝내 복이 되니, 재물이 많다고 입맛을 상쾌하게 하려다 재앙이 이루어지게 된다.(황렴)

 발진이 완전히 거두어져 다행스레 건강이 회복되어 음식을 평상시와 같이 들어도 편하지 않음이 없으나 심장과 소장·대장이 비틀 듯이 아프고 갑자기 죽음은 도리어 원기가 부족하고 약해져서 나쁜 사기의 침입을 받은 것이다.(황렴)

 젖먹이가 처음으로 태반 속을 떠나면 온몸의 아롱진 빛깔이 주홍빛 같음은 태 가운데 열독(熱毒)이 살갗 가운데 나타난 것이니, 계절성 돌림병의 반진과 같다고 여기지 말 것이다.(황렴)

 열이 일어나서 성대하며 대변·소변을 서두르고, 살갗이 붉고 비단 같으면 이는 이름이 얼룩점이다. 바야흐로 홍역의 병인으로 무조건 좋아 그렇다고 말하지 말고, 웃으며 당시 사람을 죽인 더러운 무리를 살피라.(황렴)

1—5. 황렴(黃廉)의 진독증치가(疹毒證治歌) 묶음

 모두 31수(首)이다.
 20수는 모두 만전(萬全)의 노래와 크게 같은데, 앞에 '황(黃)'자로 표시해 기록한 것이 이것이다. 여기에는 다만 11수만 기록하는 바이다.

홍역의 발진이 돋아나올 시기가 지나도 돋아나오지 않는 것은 병독이 오히려 몸에 숨은 것이다. 구멍이 막히고 피부가 건조하면 형세가 다급할 수 있다. 시각을 정하고 반드시 반진(斑疹)이 드러나기를 추구하는 데는 마황산(麻黃散)이 영묘한 처방이다.

열이 일어나서 성대하며 기침이 잦고 콧물이 콧구멍에서 흘러나오고 눈물이 많으며, 얼굴이 붓고 눈이 부어오르고 두 뺨이 붉으면, 이것이 크게 유행할 홍역 병인의 조짐이다.

온몸에 열이 나면 땀을 내는 것이 가장 적당하며, 코에서 코피가 흐름은 모름지기 의심할 것 없다. 다만 병인이 그 속을 향함을 알아서 땀을 내게 하되, 피가 섞인 연붉은 빛 땀이 함께 많이 나게 함은 또 의원에게 있다.

열이 일어나서 성대하며 게움과 설사가 아우르고, 더러 때로 대하가 흐르고 창자에서 꾸르륵거리는 소리가 나고 화사(火邪)가 안을 핍박하면 청열해표법으로 치료함이 마땅하되, 그 방법은 계절성을 띠고 돌림을 일으킨 홍역 병인을 찾아 치료함과 거의 가깝다.

화사(火邪)로 기운이 몰려 속이 몹시 답답하고 목안이 아프면 감길우방탕(甘桔牛旁湯)을 쓸 수 있다. 목안에 바람을 불어넣는 데는 오직 십선혈(十宣穴)이 좋으나, 침으로 제어하지 말라, 병이 더 위독해진다.

열이 몹시 나고 갈증을 일으켜도 물을 마심이 적으면 병인을 풀어 진액을 생기게 하는 공효에 견줄 것이 없다. 만일 그렇게 좇아 마셨으나 멈춤을 알지 못하고, 물이 몸 속에 쌓이면 재앙이 되는 괴이한 일이 일어날 것이다.

 발진이 일어남을 심장·폐장에서 먼저 받으면 입이 마르고 기침이 나고 다시 가슴이 답답하다. 사심청폐탕은 신기한 효험이 많으며 치료하는 때를 어기지 않으면 병은 일찍 안정된다.

 붉고 선명한 발진은 온몸에 비단 무늬처럼 돋고, 흰 반진은 피가 적은 것이니 혈을 자양하여야 한다. 검은 얼룩은 반드시 죽는 흉악함이 된다. 병독을 풀고 발진을 없애는 데는 대청탕(大靑湯)을 쓴다.

 발진이 빠르게 돋고 빠르게 거두면 병의 기세가 가볍고, 죽 이어져서 모두 다 돋아나지 않으면 병세가 놀라운 상태이다. 화반해독탕(化斑解毒湯)으로 소멸시키되 나머지 사기로 하여금 병을 깊게 모으지 말라.

 홍역의 병인이 체류하여 높은 열이 지속되고 가슴속이 달아오르며 답답하고 편안치 않으며 때로 경련이 일어나는 데는 음이 허한 것을 보(補)해 열을 흩어버리고 심장과 간장을 다그쳐서 정신과 원기를 서늘하게 하면 살아나게 함을 결단할 수 있다.

 홍역에 꺼려서 금하거나 싫어하는 것에는 물고기와 닭고기가 있으며, 병이 나은 뒤 늘상 6, 7기(期)가 지나도록 소금과 초나 마늘·파·부추·겨자·생강을 먹지 못한다. 모름지기 입을 시원하게 하는 맛은 위태로운 기틀이 된다.

1—6. 송(宋)·원(元)의 의종서론(醫宗緒論)

 장원소(張元素)가 말했다.
 "반진병(斑疹病)은 그 증세가 각기 다르다. 창양으로 근육이 벌겋게 붓는 염증이 몸 밖에서 일어나는 것은 소양경 삼초에 소속된 명문(命門)의 화사인 것이다. 이를 반(斑)이라 한다. 작고 붉은 점이 피부의 가운데로 운행하여 드러나지 않는 것은 소양경 군화(君火)에 소속된 것으로 진(疹)이라 일컫는다."

진문중(陳文中)이 말했다.

"반진병의 증세를 민간에 전하는 말로 진자(疹子)라 한다. 이는 폐장과 위장에 열이 있거나 더러는 계절과 관련된 사기가 일어나는데, 피부에 발생한 것은 모양이 모기와 벼룩이 깨문 것 같다. 모두 빛깔이 붉은 경우 열 명은 살고 한 명이 죽는다. 빛깔이 검은 경우 열 명에 한 명도 살지 못한다."

전을(錢乙)이 말했다.

"태아가 뱃속에 있으며 어미의 더러워진 진액을 먹어 태아의 오장에 들어가고, 먹은 지 10개월에 이르러 윗속에 가득차고 태어날 때에 이르러 입이 깨끗지 않음이 있어도 출산한 어미 손으로 깨끗이 문질러 닦으면 질병이 없다. 민간 풍속에 황련즙으로써 바야흐로 나온 탯줄과 똥과 점액의 더러운 것을 덮어 가려야 두창이 오장에 나오지 않는다. 모든 소아의 병증은 이에 두창에서 나오고 오장에서 증세가 함께 보인다. 하품을 하고 지치고 답답한 것은 간장에 보이고, 때로 놀라 가슴이 두근거림이 일어나는 것은 심장에 보이고, 갑자기 서늘했다가 갑자기 열이 나고 손발이 차가움은 비장에 보이고, 얼굴이 붉고 뺨도 붉으며 재채기를 함은 폐장에 보이고, 다만 신장에는 조짐이 없으니, 창자 아래서는 더러운 것을 먹을 수 없기 때문인 것이다. 또 간장의 수두(水痘)와 폐장의 고름집, 심장의 얼룩, 비장의 발진이 보이고, 다만 신장은 더러운 병인을 먹지 않아 증세가 없다."

왕호고(王好古)가 말했다.

"저 얼룩점(斑)이 병이 됨은 모두 자식이 어미 뱃속에 있을 때 어미가 먹은 더러운 피가 배어들어 쌓여서 병인을 이루기 때문이고, 모두 태음경이 흙에 젖어 몰리고 막혀 풀리지도 통하지 않음은 심화(心火)·상화(相火) 두 화(火)가 일으킨 것이다. 소아의 원기가 이미 왕성하고 또 정기가 왕성하면 사기가 용납될 바가 없다. 더러 참으로 기후에 말미암거나 또는 몸의 겉부위가 다침으로 말미암거나 또는 몸속이 다침으로 말미암고, 얼룩점은 이 때문에 생긴다."

장원소(張元素)가 말했다.
"모든 얼룩점을 드러내는 증세는 스스로 게우고 설사하는 것과 같다. 조심하고 어지럽게 치료하지 말아야 좋은 일이 많고 사기가 위와 아래에서 모두 나온다 이를 것이다. 대체로 두창은 처음과 끝에 모두 설사시킬 수 없다. 분별없이 경솔히 행동하여서 증상이 달라질까 두렵다. 이것은 소양경의 겉이 막힘을 통하게 하여 마땅히 조화시킴을 이르는 것이다. 마땅히 먼저 속에 있는 열독을 풀어 안정시키고 다음에 땀을 적게 내도록 하면 속의 열독이 풀려 안정되는데, 모름지기 오장이 안정되려면 방풍탕(防風湯)이 올바를 것이다. 만일 대변이 막히지 않은 경우는 모름지기 적게 땀을 낼 것이다."

왕호고(王好古)가 말했다.
"옛날 사람 말에, 처음에 하법(下法)을 쓰는 것은 안된다고 했다. 얼룩점이 겉에 드러나지 않았는데 설사를 시키면 사기(邪氣)가 펴지지 못하여 이 맥이 뛰는 상태는 겉에 있으며 속에는 없기 때문인 것이다. 나중에도 하법을 쓰는 것은 안된다. 얼룩점의 독이 이미 밖에 드러나고 안에 병의 뿌리꼭지가 없어 대변이 잘 굳지 않고 온통 내장 장기의 병증이 없는데 설사를 시키면 얼룩점의 기운이 거슬러 빠지기 때문인 것이다. 그 처음과 끝에는 오장육부에 원래 막히어 걸림이 없는 것이다. 만일 온통 내장 장기에 병증이 있고 대변이 굳은 경우에 어찌 설사를 시키지 않겠는가. 후세 사람이 이 한 구절을 고집하여 때에 따라 변통함을 알지 못하면 사람을 그르침이 많다."

주진형(朱震亨)이 말했다.
"여러 빛깔이 뒤섞여 아롱진 홍역의 병독은 폐장과 위장의 열독이다. 살갗에 분홍빛이 피어나 모양이 모기와 벼룩이 문 것 같기 때문에 붉은 얼룩점이라 이른다. 얼룩점은 풍사와 열사가 겹침에 딸려 담(痰)을 끼고 일어나며 속에서부터 겉으로 일어나니, 통성산(通聖散)으로 속을 휴양시켜서 조금 나는 땀을 흩어지게 함이 마땅하고 절대로 설사를 시키면 안 된다. 홍역에 딸린 열과 담이 폐장에 있으면 청폐탕으로 열을 내리고 담을 더러 풀어 흩어나가게 하면 즙 또한 설사시킬 수 있는 것이다.
얼룩점이 생기는 것은 위장의 열로 말미암아 수소음심경의 화사를 도와 수태음폐경에 들어가는 것이다. 붉은 점이 얼룩 같음이 살갗과 살갗 털 사이에 생긴다.
홍역의 병독엔 마땅히 갈근맥문산(葛根麥門散)을 쓴다."

전을(錢乙)이 말했다.
"얼룩점의 병증이 처음 일어날 때는 감기나 폐렴과 비슷하고, 열이 난지 5, 6일 또는 7, 8일 만에 얼룩점이 나오고, 더러 아침엔 서늘했다가 오후에 열이 나거나, 오후엔 열이 나다가 밤에 서늘해지고, 또는 기침과 설사를 하고 먹지도 않고 얼굴이 붉고 눈빛이 물 같고 눈곱이 생기며, 또는 재채기를 하고 가래침을 흘리고, 또는 열로 목이 마르고 헛구역질이 나며, 또는 대변은 급하나 소변이 막힌다."

유완소(劉完素)가 말했다.
"소아의 높은 열이 지속되고 정신이 몹시 희미해지는 감기・풍열・두창・식상(食傷)의 병이 모두 서로 같아 잘 분별하여 식별할 수 없으니, 때로 승마갈근탕(升麻葛根湯)・성성산(惺惺散)・소시호탕(小柴胡湯)을 복용하면 매우 효험이 있다. 대체로 이 몇 가지 약물은 여러 가지 병증을 다 치료하는 것을 이루지 못한다 함은 잘못인 것이다. 다만 식상에는 대변에 신맛과 냄새가 나고 소화가 되지 않고 먹기를 겁내며 더러 게우기도 하니 설사를 시킴이 마땅하다."

왕호고(王好古)가 말했다.

"가령 5일 동안 속에 있으며, 여러 가지 병과 반진을 잘 분별할 수 없는 경우 반진을 만들어 의심할 수는 없으니 반드시 모름지기 발산시켜야 한다. 다만 각기 그 손상된 바를 따라 마땅히 보고 이를 치료한다. 만일 억지로 발산시키면 그 변화함이 너무 많아 이루 셀 수가 없을 것이다."

이고(李杲)가 말했다.

"무릇 나오지 않으며 경련을 일으키는 경우 이는 외부에 말미암아 감촉된 병증으로 풍사와 한사가 겹쳐 안으로 심장의 열이 병증을 일으켜 지은 것이다. 마땅히 찻가루(茶粉)를 써서 설사를 시키고 서각지황탕(犀角地黃湯)을 써서 병인을 푼다. 만일 불쾌하게 나오며 변이 맑고 스스로 조절하면 그 병인이 겉에 있고 속에 있지 않음을 알아 약하게 땀을 내어 겉에 있는 사기를 없앰에는 마땅히 승마갈근탕을 쓴다. 만일 푸르게 마르고 검은빛을 머금고 몸에 큰 열이 나지 않고 대변·소변이 막히면 이는 열이 속에 있으므로 대황탕(大黃湯)을 달여 먹고 선풍산(宣風散)으로 설사를 시킨다. 만일 몸의 겉에 크게 열이 왕성한 경우는 해표약으로 땀을 내어도 흩을 수 없고 설사를 시킬 수 없다."

왕호고(王好古)가 말했다.

"이미 얼룩점 증세가 드러나고 빠르지 않게 나오면 화독탕(化毒湯)을 쓰고, 몹시 많이 나오면 서각지황탕(犀角地黃湯)과 지골피서점자탕(地骨皮鼠粘子湯)을 쓴다. 목구멍이 순조롭지 않으면 길경탕(桔梗湯)·감초탕

(甘草湯)·서점자탕(鼠粘子湯)을 쓰고, 가슴이 답답한 경우는 길경탕·감초탕·치자탕을 쓰고, 폐장이 순조롭지 않으면 자초용(紫草茸)·감초탕·지각탕을 쓰고, 태양경이 빠르지 않게 나오면 형개탕·감초탕·방풍탕을 쓰고, 양명경(陽明經)에 빠르지 않게 나오면 승마탕에 자초탕(紫草湯)을 더한다. 소양경에 빠르지 않게 나오면 연교탕(連翹湯)·방풍탕(防風湯)을 쓰고, 팔다리에 빠르지 않게 나오면 방풍작약탕(防風芍藥湯)·감초탕(甘草湯)을 쓴다.

이고(李杲)가 말했다.

"반진이 이미 나왔어도 소변이 순조롭지 않은 데는 팔정산(八正散)을 쓰고, 남은 병인이 흩어지지 않고 다시 몸에 열이 나고 헌데나 부스럼 따위가 있는 데는 마땅히 찻가루를 쓰거나 해독환(解毒丸)으로 열을 내린다. 창진(瘡疹)이 나왔으나 말소리가 나오지 않는 경우는 형체와 기(氣)가 함께 병든 것이다. 마땅히 그 폐장의 정기를 시원하게 해야 하니 팔풍탕(八風湯)이 적당하고 더불어 양격산(涼膈散)에서 망초·대황을 뺀 처방도 또한 괜찮다. 반진 뒤에 풍사와 열사가 겹친 병인으로 각막이 흐려지고 백막이나 적막이 생기며, 어지러우면서 정신이 우울하고 얼굴이 달아오르고 앞머리가 아프며 눈이 가려지는 데는 사청환(瀉靑丸)을 써서 설사를 시킨다."

왕호고(王好古)가 말했다.

"옛날 사람 말에, 따뜻하게 덮어 바람이 통하지 않도록 하였으나 그 얼룩점이 나오지 않음은 더러 몸 겉이 서늘해져서 오한(惡寒)이 나고 또는 날씨가 추워져 차가움을 싫어한 것이다. 얼룩점이 만일 이미 나오고 몸에 열이 나고 날씨가 더우면 반드시 덮어서 바람이 통하도록 하지 않는다."(두진이 여름에 있을 때는 얼룩점이 비록 나오지 않아도 또한 이 방법을 쓰지 않는다.―원주)

1—7 설기(薛己)의 홍역 치료 개요(槪要)

설기(薛己)가 말했다.

"얼룩점 증세가 처음 일어나고 만일 몸에 열이 나고 가슴이 답답하며 입안이 마르고 갈증이 나는 경우엔 승마탕(升麻湯)을 쓰고, 저절로 땀이 나고 가슴이 답답하며 입안이 마르고 갈증이 나는 경우엔 화반탕(化斑湯)을 쓰고, 가슴이 답답하고 열이 나며 설사하는 경우엔 백호창출탕(白虎蒼朮湯)을 쓰고, 열이 왕성하고 헛소리를 하는 경우엔 도적산(導赤散)을 쓰고, 기침이 그치지 않으면 생지황산(生地黃散)을 쓰고, 피를 게우고 코피가 나며 더러 대변·소변에 피가 섞여 나오는 경우엔 서각탕(犀角湯)을 쓰고, 목구멍 사이가 아픔을 일으키면 감길탕(甘桔湯)·방풍탕(防風湯)을 쓰고, 목안이 붓고 아프면 현삼승마탕(玄蔘升麻湯)을 쓰고, 아침엔 열이 내렸다가 오후엔 열이 나고, 오후엔 열이 나다가 밤엔 열이 내리는 경우엔 소시호탕(小柴胡湯)을 쓰고, 숨이 차고 기침이 그치지 않으면 시호탕(柴胡湯)·오미자탕(五味子湯)을 쓰고, 소변이 순조롭지 않으면 시령탕(柴苓湯)을 쓰고, 열이 왕성하고 헛구역에는 해독탕(解毒湯)을 쓰고, 음식에 체하여 게우고 더러 배가 몹시 불러오르고 속이 그득한 감이 나며 설사가 나면 평위산(平胃散)을 쓰고, 대변이 막히고 나오지 않으면 지실을 더한다. 음식이 소화되고 나서도 더러 게우게 되면 사군자탕(四君子湯)을 쓰고, 대변이 굳어 나오지 않고 더러 숨이 가쁘고 가득찬 경우는 먼저 전호지각탕(前胡枳殼湯)을 써서 설사를 시키고, 그러고 나서 춘택탕(春澤湯)을 쓴다. 병이 나은 뒤에도 열독(熱毒)이 없어지지 않으면 갈근탕·황련탕(黃連湯)을 쓰고, 남은 병인이 창양을 이루면 사간탕(射干湯)·서점자탕(鼠粘子湯)·소독음(消毒飮)을 쓰고, 또 천연두를 겸하고서 나옴이 있는 경우는 그 형세가 가장 빠르고 이에 그 피를 탄 형세로 병을 앓게 되는 것이다. 만일 대변이 딱딱하면 청량음(淸涼飮)을 써서 조금쯤 설사를 하게 하면 얼룩점이 물러난다. 인삼·백출·백복령·감초·당귀·황기는 그 원기(元氣)를 굳힌다. 팔다리와 몸이 아프면 활명음(活命

飮)을 써서 한번 복용하여 그 병인의 기운을 줄이고 계속 탁리약(托裡藥)을 써서 치료한다.

살펴보건대, 치료의 기본이 되는 논의에서 더러 천연두 증세에 관계되거나 또는 얼룩점이 섞여 나옴을 치료하는 데 소용되는 약방문(藥方文)을 모두 채택하여 수록하지 않았다. 설기(薛己)가 논한 약방문을 합제편(合劑篇)에 싣지 않은 것은 또한 별도로 채택하지 않았다.

제2편 원증(原證)[1]

2—1. 명위(名謂)

공씨(龔氏)[2]가 말했다.

"마(麻)는 곧 홍역이다. 살갗에 발진이 나와 삼씨 같은 꽃봉오리를 이루고, 구슬진이 마마처럼 돋아 낟알을 이루는데 모두 그 모양을 상징하여 붙인 명칭이다."

마씨(馬氏)[3]가 말했다.

"홍역을 세상에서 부르는 이름은 '강창(糠瘡)' 또는 '부창(麩瘡)'이다." (왕호고가 이르기를, 북방 사람은 '강창'이라 일컫고 남방 사람은 '부창'이라 일컫는다.―원주)

손씨(孫氏)[4]가 말했다.

"마진(麻疹: 홍역)을 서쪽 오절(吳浙) 지방에서는 '조자(瘄子)'라 부르고, 고소(姑蘇) 지방에서는 '사자(沙子)'라 부르고, 또 오(吳) 지방에서는 '진자(疹子)'라 부르고, 신안(新安) 지방에서는 '마(麻)'라고 부른다."

---

1) 원증(原證): 국내외 모든 사전에 '原證'이란 어휘가 나오지 않아 다산이 생각한 확실한 뜻을 알 수가 없다. 그러나 짐작건대 '홍역과 천연두의 근본이 되는 병세'가 아닐까 싶다.
2) 공씨(龔氏): 공신(龔信)과 그 아들 공정현(龔廷賢) 두 사람 가운데 어느 한 사람인데, 공신은 '龔信'으로 표시했으니 '공씨'로 표시한 경우는 '공정현'일 것이다.(서장 6절 참조)
3) 마씨(馬氏): 마지기(馬之騏)를 일컫는 것이다.
4) 손씨(孫氏): 손일규(孫一奎)를 일컫는 것이다.

장씨(張氏)5)가 말했다.

"홍역은 하늘과 땅 사이의 사나운 악기(惡氣)인 올바르지 않은 기운이기에 '진(疹)'이라 하는 것이다. 그러나 그 명칭은 다름이 있다. 소송(蘇松) 지방에서는 '사자(沙子)'라 부르고, 절강(浙江) 지방에서는 '초자(醋子)'라 부르고, 양자강 오른편 호광(湖廣) 지방에서는 '마(麻)'라 부르고, 산협(山陝) 지방에서는 '부창(膚瘡)' '강창(糠瘡)' '적창(赤瘡)'이라 부르고, 북직(北直) 지방에서는 '진자(疹子)'라 불러 명칭이 비록 같지 않으나 그 병세는 하나이다."

왕씨(王氏)6)가 말했다.

"홍역은 부맥이 작으면서 처음에 구슬진이 따라나왔다가 곧 거두어지고 고름집이 맺히지 않고 옛날의 이른바 마(麻: 마진)로 문인규(聞人規)의 이른바 '부진(膚疹)'이 이것이다. 앞서 이른바 비장의 발진과 더불어 같지 않다. 소아에게 한두 차례 나옴이 있는데, 가볍게 나오며 날짜가 적은 경우는 '내진자(奶疹子)'라 부르고, 조금 무겁게 나오며 날짜가 조금 많은 경우는 '정진자(正疹子)'라 부르고, 또 천연두에 앞서 나오는 것을 '내진자'라 부르고, 천연두의 뒤에 나오는 것을 '정진자'라 부른다."

대씨(戴氏)7)가 말했다.

"얼룩점 빛깔이 있으나 피부에 돋은 알갱이가 없는 경우는 얼룩점인 것이다. 부맥이 작고 알갱이가 있어 돋아나왔다가 곧 거두어들이고 거두고 또 돋아나오는 경우는 홍역인 것이다."

---

5) 장씨(張氏): 장개빈(張介賓)을 일컫는 것이다.
6) 왕씨(王氏): 왕씨에는 왕호고(王好古)・왕긍당(王肯堂)・왕빈호(王賓湖) 등이 있는데, 여기에 말한 왕씨는 왕긍당(王肯堂)일 것이다.
7) 대씨(戴氏): 중국 명(明)나라 초기의 의사인 대사공(戴思恭)을 일컬음인 듯하다.

이씨(李氏)[8]가 말했다.

"얼룩점의 붉은 자취가 비단 무늬 같거나 더러 모기가 문 자취 같고 열이 아주 심하고 발진이 좁쌀 같고 약간 붉고 살갗에 흐릿하며 가려움증을 일으키지 않고 붓는 아픔이 온통 없고 삼씨 같은 발진이 가장 작고 흐릿하며 정수리가 평온하고 막히지 않으며 손가락에 곧 맑은 물이 있다. 천연두는 많이 홍역을 끼고 같이 나오고, 홍역도 또한 많이 천연두를 끼고 같이 나온다. 그러므로 두진(痘疹)·마진(麻疹)이라 부른다."

장개빈(張介賓)이 말했다.

"천연두와 홍역에 딸린 병증에는 네 종류가 있는데, 두(痘)·진(疹)·마(麻)·반(斑)이라 말한다. 두(痘: 痘瘡)는 살갗에 구슬진이 앞뒤로 이어져 끊이지 않고 차차로 나오되 작다가 커지고, 더러 드물기도 하고 촘촘하기도 하며, 부위에 알갱이가 있는 것으로 분별한다. 진(疹: 홍역)은 살갗에 발진이 일제히 나오되 큰 것은 소자(蘇子: 차조기씨) 같고, 다음 것은 개자(芥子: 겨자씨) 같고, 작은 것은 누에알같이 알갱이를 이루고 조각을 이루는 것이 이것이다. 마(麻: 홍역)는 가장 잘게 부서져 모기가 문 자취같이 흐릿한 것이 이것이다. 반(斑: 얼룩점)은 알갱이가 없고 다만 붉거나 보랏빛으로 조각을 이루어 구름 같고 비단 같은 것이 이것이다. 대체로 진(疹)과 마(麻)·반(斑)은 같은 종류로 곧 상한병 때 반진이 생기는 무리이다. 그러나 두(痘)는 본디 그 종류가 아닌 것이다."(이씨와 장씨 두 의가의 말을 살피건대, 正疹으로써 疹이라 하고, 斑疹으로써 麻라 하였다.—원주)

장개빈(張介賓)이 말했다.

"마(麻: 홍역)는 또한 홍역의 종류이며 곧 반진(斑疹)인 것이다. 다만 정진(正疹)은 열이 5, 6일 동안 나기에 이르고 나서 일제히 솟아나오고, 나오고 나서 모든 알갱이마다 창양을 이룬다. 홍역이 아닌 것 같으면서

---

8) 이씨(李氏): 이언문(李言聞)·이실(李實)·이시진(李時珍) 이천(李梴) 등 명나라 때 네 의사 가운데 이천을 가리키는 듯하다.

피부가 붉게 조각을 이루는 것이다."(제4편 辨似에 자세하다.—원주)

채씨(蔡氏)9)가 말했다.
"사(痧)나 진(疹)은 모두 마진(麻疹)의 다른 이름이다. 다만 사(痧)는 물을 함유하고 있으나 진(疹)은 물이 없는 것이다."

오씨(吳氏)10)가 말했다.
"먼저 홍역을 앓은 뒤 천연두를 앓는 것을 진개두(疹蓋痘)라 이름하는데 반드시 치료하기 어렵다. 먼저 천연두를 앓고 뒤에 홍역을 앓는 것을 두개진(痘蓋疹)이라 이름하며 이 창양은 치료할 수 있다. 이를 알고 있지 않으면 안된다."

허준(許浚)이 말했다.
"살갗에 발진이 돋음을 우리 나라 풍속에서는 홍역(紅疫)이라 일렀는데 또한 '독역(毒疫)'이라 일컫기도 한다. 그 병은 몹시 사납고 격렬함을 드러내 실로 예사로운 유행성 급성전염병과 달라 일반 백성들이 고통스러워하여 '당독역(唐毒疫)'이라 부른다. 대체로 병이 사나운 것을 '당(唐)'이라 일컫는데 당학(唐瘧)·당창(唐瘡)과 같은 따위가 이것이다."(살피건대, 허준이 正疹으로써 唐毒疫을 만들었으나 지금 풍속에서는 斑疹으로 당독역을 삼았다.—원주)

발진에서 맨먼저 알갱이가 더러 좁쌀같이 온몸에 두루 가득차고 따라 나왔다가 따라 없어지고 또는 없어졌다가 또 나오고, 또는 먼저 머리에 백장(白漿)을 이고 헐어서 해져 창양을 만든다."(살피건대 白漿이란 正疹이 아니다.—원주)

---

9) 채씨(蔡氏): 중국 명(明)나라 때 의사인 채유번(蔡維藩)을 일컫는 듯하다.
10) 오씨(吳氏): 중국의 의사인 오동원(吳東園)·오학손(吳學損)·오겸(吳謙) 가운데 오학손이다.

2—2. 병인(病因)

만씨(萬氏)[11]가 말했다.

"천연두와 홍역은 모두 태독(胎毒)으로 일어나는 것으로 '독(毒)'이란 화사(火邪)인 것이다. 그러므로 천연두의 발진은 크고 부어오른 형태인데 이는 소양삼초경의 화사로 양도(陽道)가 늘 가득차기 때문에 크게 부어오르는 것이다. 홍역의 발진은 작으며 부서져 빽빽한 경우는 소음 심경에 열이 많아 음도(陰道)가 늘 부족하기 때문에 작고 빽빽하다. 삼초는 음식의 도로이고, 비장·위장은 음식을 받아들임을 주관하니, 천연두를 다스림에는 오로지 비장·위장을 위주로 한다. 심장·폐장은 양에 속하므로 위에 자리하는데, 심장에 열이 왕성하면 폐장이 그 열을 받는다. 홍역을 치료하는 데는 오로지 폐장을 위주로 한다. 그 기침을 살펴보자면 폐엽이 마르고 들렸기 때문이다. 맑은 콧물이 흐르는 것은 코는 폐장의 구멍이 되고 화(火)는 폐장을 녹이기 때문에 콧물이 저절로 흐르는 것이다. 눈에서 눈물이 나오는 것은 폐장의 열이 간장에 옮겨지고 간장의 구멍은 눈에 있는 까닭이다. 더러 손으로 눈썹과 눈, 입술과 코 및 얼굴을 두드림은 폐장의 열이 있는 병세인 것이다."

황씨(黃氏)[12]의 설도 같다.

마지기(馬之騏)가 말했다.

"갓난아이의 홍역은 진실로 천연두 증세와 더불어 크게 서로 같지 않다. 곧 반진(斑疹)·두드러기와 더불어 또한 서로 같지 않다. 대체로 홍역은 이에 심장·폐장과 육부(六腑)에 열독(熱毒)이 쌓여 비장과 폐장의 두 경맥에서 일어나고 쌓인 열로 말미암아 풍사와 한사를 받고 더러 음식에 다치고 계절의 기후가 따뜻함에 닿아 심장에 열이 크게 지나쳐 불

---

[11] 만씨(萬氏): 중국 명나라 때 의사인 만광(萬筐)·만전(萬全)·만표(萬表) 가운데 한 사람을 가리키는데, 『두진심요(痘疹心要)』를 지은 만전을 가리킨다.
[12] 황씨(黃氏): 황렴(黃廉)을 가리킨다.

에 굽듯 폐가 뜨겁고, 폐는 살갗과 털을 주장하기 때문에 그 사기가 살갗 위에 일어나 미세한 발진이 되어 나오고, 모양은 모기와 벼룩에 물린 것 같고 얼룩점마다 붉은 빛이다. 붉은 얼룩점은 몸의 모습을 바꾸는데, 심하면 부음이 겹치고 둥글고 잔 알갱이가 있어 곧바로 나오고 곧바로 없어졌다가 또 나온다.

공정현(龔廷賢)이 말했다.
"무릇 태독은 하나이다. 천연두는 오장(五臟)에서 나오고, 오장은 음(陰)에 딸리고 음은 피를 주관하기 때문에 천연두는 모양이 있으며 액체가 있다. 그 증세는 한사와 열사를 갖추고 있다. 홍역은 육부(六腑)에서 나오고, 육부는 양(陽)에 속하고 양은 기를 주관하기 때문에 홍역은 모양이 있으나 액체가 없다. 그 증세는 사기가 성한 열이 많으나 한사가 없는 것이다."
마지기의 설도 같다.

이천(李梴)이 말했다.
"홍역의 병인은 육부와 장위(腸胃)의 열로 말미암아 폐가 무더워져 외인에 감촉되어 속이 다치고 아울러 천연두 병세가 더불어 일어나면 표증은 같은 듯하나 내장 장기에 사기가 성한 병증은 다르다."

전씨(錢氏)[13]가 말했다.
"홍역의 발진은 또한 갓난아이의 선천적인 병인으로 육부에 잠복하고 있다가 천지의 양의 속성을 가진 사기와 화기가 왕성한 기후에 감촉되어 폐장·비장으로부터 나온다."

서씨(徐氏)[14]가 말했다.

---

13) 전씨(錢氏): '전씨'로 표시된 것은 다산이 '오겸(吳謙)'을 '전겸(錢謙)'으로 잘못 알고 '전씨'로 표시한 듯하다. 이하 '전씨'로 나오는 것 또한 그럴 것 같다.

"천연두는 몸의 속인 오장에서 나오기 때문에 무거운 증세이고, 홍역은 몸의 겉인 육부에서 나오기 때문에 가벼운 증세이다."

문인씨(聞人氏)[15]가 말했다.
"육부는 양에 속하므로 열이 있으면 쉽게 나온다. 이렇기에 살갗에 발진이 돋아 한번 나오면 곧 살갗 위에 두루 가득차는데 땀띠·헌데와 작은 여드름같이 보이다가 문득 없어짐은 그 받는 원기가 적기 때문인 것이다. 대체로 갑자기 높은 열이 나는 증상이 문득 나오는 경우 살갗에 발진이 돋고, 오랫동안 열이 나면서 어렵게 나오는 경우는 천연두인 것이다."

섭씨(聶氏)[16]가 말했다.
"홍역과 천연두는 모두 태독이 병인인데, 천연두는 오장에서 나오고, 오장은 음에 속하고 음은 잠복함을 주장하여 그 병인이 깊어서 흩어버리기는 어렵다. 홍역은 육부에서 나오고 육부는 양에 속하고 양은 발산함을 주관하여 그 병인이 얕아서 쉽게 흩어진다. 오장은 음에 속해 원기가 허하고 속이 찬 증상이 많기 때문에 천연두는 성질이 더운 보약으로 허하고 찬 증상을 치료함이 좋고, 육부는 양에 속해 사기가 왕성한 열이 많기 때문에 홍역에는 열을 풀어 흩음이 마땅하다. 그러나 홍역이 비록 육부에 속하나 그 양열이 몰려 생긴 병인의 원기가 위로 폐장을 뜨겁게 하고, 폐장은 살갗과 털을 주장하여 실제로 그 병인을 받아 이로써 열이 일어나는 처음에 비록 추위에 다친 듯하며 폐장에 증세가 보임이 홀로 많고 기침과 재채기가 나고 멀건 콧물이 흐르고 눈꺼풀이 붓고 눈물이 가득 괴고 얼굴이 붓고 뺨이 붉은 것이 홍역이다.

---

14) 서씨(徐氏): 중국 명(明)나라 때의 의사 서용선(徐用宣)을 가리킨다.
15) 문인씨(聞人氏): 중국 송(宋)나라 때 의사 문인규(聞人規)를 가리킨다.
16) 섭씨(聶氏): 중국 명(明)나라 때 의사 섭상항(聶尙恒)을 가리킨다.

적씨(翟氏)17)가 말했다.

"홍역과 천연두는 모두 태독이 병인으로 발생하는 것이다. 다만 받는 바의 가볍고 깊음에 다름이 있고, 일어나는 바가 오장과 육부의 다름이 있다. 대체로 천연두는 오장에서 나오고, 홍역은 육부에서 나온다. 오장은 음중에 딸려 이에 쌓임을 아래에서 받게 되어 그 받는 병인이 가장 깊고, 육부는 양증에 딸렸으며 전하여 보내는 곳이 되어 그 받는 병인이 도리어 얕기 때문에 천연두의 처음과 끝은 늘 20일로 한정이 된다. 홍역의 쇠함과 성함은 1개월의 시일뿐이다.

손씨(孫氏)18)가 말했다.

"옛날 사람이 천연두는 오장에서 나온다고 일컬었는데 어느 장기를 가리킴은 알지 못하겠다. 홍역은 육부에서 나온다고 했는데 어느 장기를 일러 가리킴인지 알지 못하겠다. 또 발진은 심장·폐장에서 나오기 때문에 콧물이 흐르고 기침이 난다고 함은 이는 모두 근거가 없는 추측의 상투적인 문장이다. 그리고 정확하고 깊이 안 일정한 견해도 있지 않은 것이다. 이미 홍역의 발진이 육부에서 나온다고 말했는데 심장과 폐장은 홀로 장기가 아니겠는가. 『황제내경(黃帝內經)』을 살피건대, '코는 폐장의 문으로 자연의 공기를 통하고 양증의 병인을 올리고 외과 질병의 병인을 일으킴에 영향을 주고받는다.' 했는데, 대개 심장과 폐장은 위치가 높고 횡경막 위에 있으며 또 폐장은 털구멍을 주장하여 병인이 구멍을 좇아 나가는데 이는 폐장에서 간섭하나 폐장에서 나감은 아닌 것이다. 천연두와 홍역을 아는 요체는, 모두 명문(命門)의 음양의 신(腎)에서 나오는 것이다.

장개빈(張介賓)이 말했다.

"옛사람이 이르기를, '천연두는 속의 오장으로부터 나와 그 병인이 깊

---

17) 적씨(翟氏): 중국 명(明)나라 때 의사 적량(翟良)을 가리킨다.
18) 손씨(孫氏): 중국 명(明)나라 때 의사 손일규(孫一奎)를 가리킨다.

기 때문에 열이 오래도록 나면서 빠져나오기 어려워 병세가 무겁다. 홍역은 겉의 육부로부터 나와 그 병인이 얕기 때문에 갑자기 높은 열이 나도 쉽게 나와서 병세가 가볍다.' 했으나 내가 이 설을 생각하건대 반드시 그렇지 않을 것이다. 대체로 천연두와 홍역은 모두 오장과 육부에서 나오고 겉과 속이 있지 않고 서로 통하는 것이 아니다. 다만 육부에서 나오는 것이 천연두로 또한 병세가 가볍다. 오장에서 나오는 것이 홍역이고 또한 병세가 무거운 까닭이다. 무릇 이 홍역은 반드시 열이 일어나 5, 6일에 이른 다음에 발진이 나오니 쉽다고 말할 수 없다. 또 홍역은 폐경(肺經)에 딸림이 많은데 어찌 폐경이 오장이 아니겠는가?"

손일규(孫一奎)가 말했다.

"태어난 처음에는 태독의 음화가 생명의 문인 신(腎)의 사이에 잠복하고, 신은 우주 만물을 낳는 본원의 이치를 갖추어 오장육부에 말미암아 생겨나는 것이다. 사기의 화가 잠복하여 발생하지 않다가 반드시 계절성을 띠고 일어나는 전염병을 기다려 한번 달구어지고, 그런 다음에 이것이 제거되는데 백 세라도 벗어나지 못한다. 거의 또한 태어난 뒤 한번의 재난인 것이다. 가령 태독이 아니라도 어찌 일생 동안 다만 한 차례만 발생함을 얻으리요. 자연의 전염성을 띤 사기가 한번 움직이면 내려준 병인이 감촉됨에 따라 일어나는데 양증으로 감촉되면 홍역으로 나오고 음증으로 감촉되면 천연두로 나온다. 양증은 부맥이 얕기 때문에 발진이 쉽게 나오고 쉽게 거둔다. 음증은 엉김이 깊기 때문에 구슬진이 나오기 어렵고 헌데딱지가 앉기 어렵다. 음증·양증의 두 재난의 병인이 다 나오면 거의 안정됨에 가깝다. 내가 늘 말하기를 '사람의 살갗에 홍역이 돋고 천연두가 돋음은 누에가 허물을 벗고 한잠·두잠·석잠을 자는 것과 같다.'고 하는 것이다."

장개빈(張介賓)이 말했다.

"홍역 발진은 비록 천연두의 구슬진과 비교할 것이 아니다. 그러나 또한 태독이 비장과 폐장에 쌓임에 말미암기 때문에 살갗의 털과 근육의 사이에 발생한다. 다만 한때에 전염되고 크고 작음이 서로 같으면 큰돌림을 일으키는 전염성 사기에 말미암아 일어나는 것이다. 이것의 그 근원이 비록 속에서 일어나나 병세는 겉에 딸림이 많기 때문에 그 속의 선천적인 병인이 되면 천연두 증세와 더불어 같고, 겉에 사기가 있으면 상한(傷寒)과 더불어 비슷한 병인이 되는 것이다. 총괄하면, 심화(心火)·상화(相火) 이화(二火)로 말미암아 태음경이 불에 굽는 듯하면서 비장과 폐장이 그 열을 받는 것이다."

적량(翟良)이 말했다.
"천연두는 오장에서 나오고 오장은 음에 속하는 까닭으로 천연두는 음을 타고 났다고 말하는 것이다. 그러나 비록 음을 타고 났어도 반드시 양에서 이루어진다. 홍역의 발진은 육부에서 나오고 육부는 양에 속하는 까닭으로 발진은 양을 타고 났다고 말하는 것이다. 그러나 비록 양을 타고 났어도 반드시 음에서 이루어진다. 대체로 양은 기를 주관하고 기가 왕성하면 천연두는 쉽게 성공한다. 음은 피를 주관하고 피가 왕성하면 홍역은 쉽게 이루어진다. 천연두에는 알갱이가 있고 고름이 있고 또 헌데딱지가 맺힘은 이것이 음을 타고 나고 음기가 무겁고 흐려져서 이와 같아진 것이다. 만일 꼭대기가 뽀족하고 고름이 희고 능히 꼭대기를 일으키고 능히 액체가 흘러들어 고름이 거두어지고 헌데딱지가 앉으며 또 원기가 그 피를 거느려 쫓으면 성공하는 것이기에 음을 타고 났으나 양에서 이루어짐이 아니겠는가. 홍역에는 작디작은 알갱이가 있어 뽀족하면서 길지 않고 고름이 없고 또 헌데딱지가 맺히지 않는데, 이것이 양을 타고 난 것이니, 양기는 가볍고 맑아 그런 것이다. 만일 알갱이가 불그스름하고 윤기가 돌아 산뜻하고 아름답고 짙은 자줏빛이 아니고 바싹 마르지 않도록 하고 또 피가 그 원기에 붙어 따르게 하면 성공할 것이기에 양을 타고 났으나 음에서 이루어짐이 아니겠는가."

손일규(孫一奎)가 말했다.

"음은 피를 주관하기 때문에 천연두는 모양이 있으며 고름과 헌데딱지를 만들고, 양은 기를 주관하기 때문에 홍역의 발진은 빛깔이 있으면서 고름과 헌데딱지가 생기지 않는다. 그러나 천연두가 비록 음에서 나오나 실제로는 양에서 이루어져 원기로써 굳어지게 되는 것이다. 홍역이 비록 양에서 나오나 실제로는 음에 의지하여 피로써 갖추게 되는 것이다. 무엇으로 그것을 알겠는가. 천연두는 원기가 행하지 않으면 피가 붙지 않는데 어찌 헌데딱지를 맺겠으며, 홍역은 피가 관통하지 않으면 원기가 의지함을 잃는데 어찌 능히 거두리요. 이것이 음양의 오르고 내리는 이치로 한번 열면 반드시 한번 닫는 것이다. 피가 원기에 붙고 원기가 피에 의지하고 음은 양에 뿌리가 있고 양은 음에 뿌리를 두어 음·양이 서로 그 뿌리가 되는 것이다."

적량(翟良)이 말했다.

"더러 두창(痘瘡: 천연두)을 일컫는 자는 어미 피가 병인이라 한다. 음기(陰氣)는 무겁고 흐리기 때문에 허중을 크게 머금어 이미 고름을 짓고 또 다시 헌데딱지를 맺음이다. 음기의 길은 아버지에게 받은 것이 아니나 홍역은 부정(父精)이 병인이다. 기운이 가볍고 맑기 때문에 다만 알갱이를 맺고 고름을 짓지 않고 또 헌데딱지를 맺지 않음이 양기의 길이다. 부인에게 태어남이 있어도 이미 아비에게 기운을 받아 어미에게서 모양을 이룬 것이 천연두와 홍역의 병인이니 모두 부모가 끼쳤다. 천연두를 오로지 어미의 책임이라는 것은 또한 치우친 것이다.

묘씨(繆氏)19)가 말했다.

"홍역이란 수태음폐경과 족양명위경 두 경맥의 화사와 열사가 피어나서 병이 된 것이다. 진문중(陳文中)이 말하기를 '큰 돌림병의 계절과 관련된 사기는 열이 위장에 쌓이고 위장은 근육을 주관하기 때문에 온몸

---

19) 묘씨(繆氏): 중국 명(明)나라 때 의사 묘희옹(繆希雍)을 가리킨다.

에 두루 돋아나는데 소아가 많이 해당하고 큰 사람도 또한 때로 발생이 있으니, 거의 계절과 관련된 급성열성 전염병 따위인 것이다.'라고 했다."

왕긍당(王肯堂)이 말했다.
"홍역이 처음 나올 때는 전부 상풍(傷風) 따위처럼 열이 나고 기침이 나며, 코가 막히고 얼굴이 붓고 눈물과 침이 끈적끈적하면 전부 수태음 폐경 병세로 끝에 설사와 이질을 나타내는 경우가 있고, 한번 일으키고 곧 설사와 이질을 겸하는 경우가 있으면 폐장이 대장과 더불어 서로 표증과 이증이 되어 겉과 속이 함께 병든 것이다."

장개빈(張介賓)이 말했다.
"홍역의 발진은 천연두 구슬진의 끝에 나는 병인데, 오직 비경과 폐경의 두 경맥이 병세를 받는 것이다. 속으로 수족태음경에 응하고 겉으로 살갗털과 근육에 합하는데 이것은 모두 상서롭지 못하고 사나운 사기인 것이다. 다만 발진이 구슬진 앞에 있는 경우는 구슬진 뒤에 반드시 다시 발진이 돋는다. 다만 구슬진 뒤에 발진이 돋아나온 경우는 바야흐로 거두어들이게 된다."
경씨(景氏)[20]의 설도 같다.(다만 이르기를 "비장은 근육을 주관하고 폐장은 살갗털을 주관한다."고 했다.―원주)

허준(許浚)이 말했다.
"독역(毒疫)은 곧 홍역인 것이다. 『황제내경』에 이르기를, '살갗이 가렵고 아픈 것은 심장에 사기가 왕성함에 따르고,' 또 말하기를 '사기가 폐장에 있으면 살갗이 아프다.'고 했다."

몽수(蒙叟) 이헌길(李獻吉)[21]이 말했다.

---
20) 경씨(景氏): 중국 청(淸)나라 때 의사 경일진(景日眕)을 가리킨다.

"홍역은 소음경에서 나와 먼저 심경와 폐경 두 경맥을 침범하는데, 심경은 화(火)에 속하기 때문에 발진의 빛깔이 붉게 되고, 폐경은 살갗을 주관하기 때문에 발진이 살갗에서 일어나고, 폐는 폐기를 주관하기 때문에 기침을 하게 하고, 코는 폐에 속하므로 멀건 콧물이 나오게 하고, 비장은 폐장의 어미가 되기 때문에 폐의 열을 옮겨서 눈이 붉고 눈물을 흘리게 한다. 눈이 흰 것은 폐장에 속하기 때문이다. 재채기 또한 폐의 사기를 뿜어내는 것이다.

2—3. 오운육기(五運六氣)

만전(萬全)이 말했다.

"살갗에 생긴 얼룩점과 돋은 발진의 병인은 모두 화사에 말미암는데, 『황제내경』에 말하기를 '운기 말마디에 무년(戊年)의 해는 화운(火運)이 통솔한다.' 그 병은 창양(瘡瘍)이기 때문에 더러 심경·폐경이 위에 있는 운기를 만나고, 또는 오운을 관장하는 해로 폐와 금(金)에 제약을 받아 감촉되어 일어나는 경우가 많이 있다."

허준(許浚)이 말했다.

"하늘과 땅 사이의 육기는, 무년(戊年)·계년(癸年)의 해는 화운(火運)이 위에 있는 운기를 통솔하고, 자년(子年)·오년(午年)의 해는 소음과 군화(君火)가 위에 있는 운기를 통솔하고, 인년(寅年)·신년(申年)의 해는 소양(少陽)과 상화(相火)가 위에 있는 운기를 통솔하는데, 이상과 같은 해에는 천연두와 얼룩점과 홍역 등 세 종류의 병이 많이 있어 서로 섞여 유행한다. 『황제내경』에 말하기를 '화운(火運)의 해에는 큰 더위가 유행하여 백성의 병인 몸에 열이 많이 나는 병과 살갗이 아프고 침음창(浸淫瘡)이 된다.' 침음창이란 피부 질병인 것이다. 또 말하기를 '소음이 이

---

21) 몽수(蒙叟) 이헌길(李獻吉): 조선 영조·정조 때 의사로 『마진기방(痲疹奇方)』을 저술했다. 다산이 「몽수전」을 썼다.(부록 참조)

르는 곳엔 살갗에 얼룩점과 발진을 만들어 저 소음이 이르는 곳인 경우엔 심장에 열이 왕성하다가 남은 열이 크게 무년·계년에 유행하는 해를 말한다.' 사람에 있어서는 심장이 이를 주관하는데, 심장에 열이 왕성하기가 지나치면 제압하여 이미 이기더라도 폐장을 태워 녹인다. 대개 폐장은 살갗털을 주관하기 때문에 붉은 얼룩점이 벼룩이 문 것 같은 모양이 살갗 사이에 보이고, 더러 몸에 두루 좁쌀같이 생겨나며 빛깔은 붉고 가렵고 아픔이 그침이 없이 뻗어 양명경인 위장에 미치는 것이다. 또 말하기를 '폐장은 살갗을 주관하고, 위장은 근육을 주관하며, 폐장·위장은 함께 금(金)에 딸려, 이에 심장의 열이 금을 타기 때문에 열의 병인은 살갗과 근육의 부분에서 일어나는 것이다.' 금년에 악성 전염병이 성행하는 것은 대개 계년(癸年)은 오운의 화운(火運)에 딸렸기 때문인 것이다."

『성호사설(星湖僿說)』에 말했다.
"천간지지(天干地支)는 번갈아들어 닥치고 오운육기는 각기 다르니, 홍역은 진실로 일률적으로 논할 수 없을 것이다. 태세가 목(木)이고 사람의 오장의 간장은 목에 딸려 이 해에는 반드시 태아의 열독이 생겨 간장에 갈무려 있다가 오운을 만나 감촉되어 일어나 불같이 나무를 태우는 것이다. 그 병세는 많이 비장의 음양·기혈이 다 부족해 앓게 됨이 많다. 목(木)이 왕성하면 토(土)를 이긴다. 가령 소아의 경풍(驚風)은 간의 기능에 토가 들어간 것이다. 살갗은 폐장에 딸리고 폐장은 금이고 폐장은 간장을 써서 부리며, 목의 해에 안에 기가 몰려 있으면 가래가 되어 기침과 숨참이 급하니 이것이 가장 큰 병환이다."

이헌길(李獻吉)이 말했다.
"금년(건륭 을미: 1775년)과 경술년(1730년)·임신년(1752년)은 오운육기가 같지 않고, 을년(乙年)은 종혁(從革)의 해로 금운(金運)이 통솔하는 해이니, 양기가 왕성하게 유행함이 부족하기 때문에 사람들의 병은 기침이 나고 숨이 가쁘고 콧물이 나고 재채기가 나고 피똥을 설사하며 더러 어깨와 등이 어지럽고 무겁게 된다. 삼기(三氣)의 운기가 주관하지 아니하는 하지(夏至) 전후 30일 동안의 사람의 병은 가슴과 배가 불러 오르며 그득하고, 사기(四氣)가 주관하는 추분 전 60일 동안의 사람의 병은 땀구멍과 살갗의 열로 명치와 배가 불러 오르고 몸이 붓기 때문에 살갗에 발진이 돋을 때 눈꺼풀이 부어 곪고 가슴과 배가 불러 오르고 그득참이 심하게 되는 것이다."

만전(萬全)이 말했다.

"봄은 따뜻하고 여름은 덥고 가을은 서늘하고 겨울은 차다. 이것이 네 계절의 정기(正氣)인 것이다. 겨울이 마땅히 차야 하나 도리어 따뜻하면 양기(陽氣)로 갑자기 물 같은 설사를 하고 화사를 일찍 유행하게 하여 사람이 감촉된 경우 봄이 오게 되면 반드시 옴이 발생한다. 살갗에 구슬진과 발진이 돋지 않는 경우는 반드시 감촉되어 나와도 비록 선천적인 병인이라 말하나 큰돌림의 전염병인 것이다. 그러므로 한때에 전염되고 크고 작으나 서로 같다. 다만 구슬진과 발진이 돋는 것이 보이면 마땅히 먼저 소독보영단(消毒保嬰丹: 23-1)을 먼저 복용하고, 대천선화환(代天宣化丸: 23-2)으로 미리 병인을 풀도록 한다. 병인을 제거할 수 있어야 매우 심하게 되지 않을 것이다.

만전(萬全)이 말했다.

"천연두와 홍역과 전염병의 병인은 그 해의 오운과 병에 걸리는 변고로 말미암아 약으로 땀내게 하기 어려우면 사람의 힘이 미치는 일을 다하지 못하고 또 하늘의 운수에 맡길 수만도 없는 것이다. 이에 옛날 처방을 조사하여 보고 한무(韓懋)의 『한씨의통(韓氏醫通)』에서 오온단(五瘟丹)을 얻으니, 오운으로써 주관을 삼았는데, 기뻐하며 말하기를 '이 오온단은 병인을 없애는 신통한 약'이니 방문에 의거하여 마련하고 합쳐 사람에게 주어 팔도록 하였다. 다만 오온단을 먹는 자는 빨리 소통시키지 않음이 없어 사람들이 모두 대천선화환(代天宣化丸: 23-2)이 신통하다 말했다."

주씨(朱氏)22)가 말했다.
"다만 한때 전염이 보이면, 마땅히 먼저 삼두탕(三豆湯: 26-1)을 먹어 미리 병인을 푼다."

만표(萬表)23)가 말했다.
"탈갑산(脫甲散: 42-1)은 홍역을 치료하고 바야흐로 원기가 허약함을 운행시킨다."

손일규(孫一奎)가 말했다.
"홍역의 발진과 천연두의 구슬진이 일어나도 온화하다 일컬을 것 같으면 이것은 선천성 병인이 계절성을 띠고 일으키는 돌림을 빌리지 않음이다. 아무튼 돌림을 일으키는 해에 군현과 시골 마을, 물가 고을, 접경 지역이 모두 그렇지 않음이 없으며, 심지어 산 자와 죽은 자가 실제로 감촉된 바가 가볍고 무거움에 말미암지 타고난 바 원기의 두터움과 엷음이 간섭함은 아닌 것이다."

황렴(黃廉)이 말했다.
"겨울이 따뜻하면 양기가 일어나 설사가 지나치게 빠르고 봄이 되면 반드시 홍역과 천연두의 병이 일어나는데, 이를 치료하는 방법은 전염병과 더불어 같다."

『성호사설』에 말했다.

---

22) 주씨(朱氏): 주씨 의사로 거론한 사람은 주굉(朱肱)·주지암(朱之黯)·주진형(朱震亨) 등 세 사람인데, 여기의 주씨는 주지암을 가리킨다.
23) 만표(萬表): 중국 명나라 때 유학과 의학에 통달한 무신이다.

"홍역이란 병이 비록 옛날에도 있었는데 그 병이 두루 크게 기세가 강성하게 유행하기는 현종 9년(1668: 戊申)에 비롯하여 숙종 6년(1680: 庚申)·숙종 18년(1692: 壬申)을 거쳤으니, 반드시 1기(紀)에 한번 기세가 강성하였다. 1기란 세성(歲星)인 목성(木星)이 12년에 한번 하늘을 도는 것이다. 다시 14년을 지난 병술년(1706년)·정해년(1707년)이 엇걸릴 때에 크게 각지에 유행하고 12년이 지난 무술년(1718년)·기해년(1719년)이 엇걸릴 때 또 유행하고, 10년이 지난 기유년(1729년)·경술년(1730년)이 엇걸릴 때 또 크게 유행하고, 이 뒤로 1기(12년)를 한도로 빠뜨렸다. 22년을 지난 임신년(1752년)에 또 크게 유행하여 죽은 자가 수없이 많았는데, 그 사이가 더러 더디고 또는 빠르고 또는 빠진 것은 오성(五星)의 운행이 더디고 빠르거나 순역(順逆)이 있어서 오운육기를 만나되 강하고 약하거나 느리고 급함이 있기 때문에 그런 것이다."

2—4. 치료법

만전(萬全)이 말했다.

"홍역의 발진은 맑고 시원함을 좋아하되 따뜻함을 싫어하고, 천연두의 구슬진은 따뜻함을 좋아하되 시원함을 싫어한다. 이것이 진실로 큰 법이다. 그러나 발진이 처음 나올 때는 또한 모름지기 날씨가 화창하고 따뜻하면 쉽게 돋아오는 것인데, 싹이 피어날 처음에 다만 다 돋아나올 수만 있으면 홍역의 병인이 문득 흩어지고, 만일 천연두의 구슬진의 싹이 아니면 꽃이 피고 꽃이 피어 열매를 맺은 뒤라야 병인이 흩어질 것이다. 구슬진이 잘 발육되었을 때 만일 몹시 따뜻하고 뜨거우면 도리어 썩어 문드러져 거두지 못하며, 이런 천연두의 뒤도 또한 맑고 시원함을 좋아할 것이다. 그러므로 천연두와 홍역을 치료하는 경우는 지나친 열이 없어야 하고 지나친 차가움이 없어야 하며 반드시 따뜻함과 시원함이 적당해야 하고, 음양의 기를 화평하게 해야 적합하게 되는 것이다."

마지기(馬之騏)가 말했다.

"홍역은 사기가 왕성해 나타난 열의 병이 되고 열에 딸린 담과 더불어 폐장에 있으며 그것이 일어나는 것이다. 풍사나 열사가 겸한 담 때문에 많이 일어난다. 치료하는 방법은 마땅히 폐장에 생긴 화를 맑히고 담을 내려가게 해야 하니 풀어 흩어버림을 위주로 한다. 다만 적절한 때 땀을 내어 겉에 있는 사기를 없애 잘 돌아나오게 함이 훌륭하다. 땀이 나면 곧 나으며 또 내려보낼 수도 있다. 그러므로 처음 열이 날 때 먼저 땀을 내어 겉에 있는 사기를 없앰이 마땅하며, 다음에는 오줌을 잘 나가게 하고, 다음에는 혈분의 열을 내리고, 다음에는 혈을 보한다. 대개 겉에 있는 사기를 없애면 풍사와 열사가 흩어지고, 오줌을 잘 나가게 하면 폐장이 맑아지고, 혈분에 있는 열을 내리면 심장에 있는 열이 배설되어 폐장이 열을 받게 되는 것을 피할 수 있다. 화를 제어하면 병세는 저절로 가벼워진다. 그러나 홍역은 양증의 열에 딸려 음증의 혈이 그 애태움을 받음이 심하면 혈분이 허손함을 받아 피의 정기가 부족해지기 때문에 음이 허한 것을 보하고 혈이 허한 것을 보하면 그 열이 저절로 없어지는데 이른바 음을 길러 양을 물러가게 하는 뜻인 것이다.

만전(萬全)이 말했다.

"천연두는 마땅히 외사가 속으로 들어가 열이 되어 위장에 몰린 것이라 허약해진 몸을 추세워 건강하게 하는 약제를 씀이 옳다. 홍역은 외사가 속으로 들어가 열이 위장에 몰림을 꺼려 다만 풀어 흩어버릴 뿐이다. 다만 처음으로 열이 겉에 일어날 때는 대략 서로 비슷한데 이미 나온 뒤에는 천연두는 보기약으로 기허증을 치료하여 피를 생기게 함이 마땅하고, 홍역은 음이 허한 것을 보하고 양을 제압함이 마땅하다. 대체로 홍역의 열이 심하면 음분(陰分)이 그 애태움을 받아서 피가 많이 부족해지고 음에 속한 폐장이 이김을 받기 때문에 그 치료는 화를 없애고 음이 허한 것을 보함을 주로 삼아야 하나 그 기가 조금 움직이면 할 수 없다. 만일 바싹 마르고 뜨거운 약제는 처음과 끝에 모두 크게 꺼린다.

세상에선 천연두 병세를 무겁다고 알고 있으면서 홍역이 사람을 죽임이 더욱 심함은 알지 못한다. 처방서는 엉성함이 많으며 갖추어지지 않아 참으로 한심스러운 것이다.

마지기(馬之騏)가 말했다.
"홍역은 시종 마땅히 심장의 화사를 설사시키고 폐장의 열을 내려 풍사와 열사를 흩어버리고 음의 허한 것을 보하고 혈이 허한 것도 보함을 주로 하되 기를 조금이라도 동하게 해서는 안된다. 통성산(通聖散: 2-6)이 마땅하며 속이 변화하면 쓴다. 인삼·백출·반하 같은 바짝 마르고 뜨거운 약제는 모두 쓸 수 없다. 대체로 홍역의 표증은 음에 속하나 본증은 양에 속한다. 진실로 홍역이 낫지 않았는데 가볍게 바짝 마르고 뜨거운 약제를 쓰면 잇몸이 붓고 문드러짐을 많이 이룬다. 원기와 혈분이 허약하면 또한 반드시 홍역이 나은 뒤를 기다려 바야흐로 허약함을 보하고 혈을 보하며 비장과 위장을 조화롭게 하는 약제를 써야 이에 만에 하나도 잃지 않고, 이렇게 하지 않으면 병인의 기운이 막혀서 갑자기 뜻밖의 재난이 생기니 삼가지 않을 수 없다."

황렴(黃廉)이 말했다.
"홍역은 다만 발진의 싹이 일어나면 병독이 풀리고, 천연두는 반드시 발진이 심해지면 병독이 풀린다. 따라서 홍역을 치료하는 경우는 처음을 조심함이 귀하며, 천연두를 치료하는 경우는 끝을 조심함이 귀하니, 마음을 조화롭게 써야 다른 사람의 생명을 죽임에 보탬이 없는 것이다."

옹씨(翁氏)[24]가 말했다.
"천연두는 바깥을 좇아 풀어야 하고, 홍역은 속을 좇아 풀어야 마땅하다. 홍역의 일어남은 가벼워서 쉽게 풀어지나 만일 풀어지지 않는 경우가 있으면 이에 겉의 사기가 속으로 들어가 열이 되어 위장에 모이게

---

24) 옹씨(翁氏): 중국 명(明)나라 때 의사인 옹중인(翁仲仁)을 가리킨다.

되고, 그리고 겉과 가운데 풍사와 한사가 왕성해진 것이다. 그 열로 혈분이 많이 부족해졌으니 그 치료에는 먼저 땀을 내어서 겉에 있는 사기를 없애 기를 잘 돌게 하고 그러고 나서 음이 허한 것을 보하고 혈이 허한 것도 보한다. 무릇 맥박이 뛰게 하는 바싹 마르고 뜨거운 약제는 쓸 수가 없다."

이천(李梴)이 말했다.
"홍역에 섞인 병증은 천연두의 병인과 크게 같다. 다만 처음과 나중의 약제는 성질이 서늘한 것이 마땅하다. 그러나 허약해졌으면 보해야 하고, 사기가 왕성해졌으면 설사시키는 것이 의사가 살리는 방법이다. 그러므로 홍역을 치료함에 또한 혈이 부족함이 있으면 사물탕(四物湯)을 쓰고, 원기가 부족하거나 약해짐이 있으면 사군자탕(四君子湯)을 쓴다. 날씨가 차서 차가움에 다쳤으면 비장·위장의 양기 부족으로 생긴 내장 장기의 한증을 다스리는 가운데나 속을 치료하는 약도 또한 한때의 임시적인 방편인 것이다."

장개빈(張介賓)의 설도 같다.

묘희옹(繆希雍)이 말했다.
"홍역은 병세에 따라 치료를 베풀기가 적당치 않다. 다만 마땅히 근본을 치료해야 하고, 근본이란 수태음폐경과 족양명위경의 두 경의 사열인 것이다. 그 사열을 풀어버리면 여러 가지 증세는 저절로 물러날 것이다. 그 병세는 종류가 많은데 기침·재채기와 눈속에서 눈물이 나고 설사를 하고 가래가 많고 열이 나고 가슴이 답답하며 입안이 마르고 갈증이 심하면 초조하고 어지러우며 목이 아프고 입술이 마르고 정신이 어두운 것이 그 조짐인 것이다. 치료하는 법은 맑고 시원하게 하고 땀을 내어 겉에 있는 사기를 없애는 방법을 주로 삼음이 마땅하다. 경(經)에 말하기를 '홍역의 치료에 중요함은 맑고 시원함이라' 약제는 성질이 찬 약으로 살갗의 열을 새어나가게 해 내리고, 맛이 맵고 성질이 찬 약으로 기분

(氣分)의 사열을 없애고, 맛이 달고 성질이 찬 약으로 폐음이 허해진 것을 치료하고, 맛이 쓰고 성질이 찬 약으로 속의 사열을 없애 올라가 일어나게 한다. 다만 신 맛의 약제는 수렴함을 싫어하고 매운 맛의 약제는 사열을 없애기에 가장 적당하다. 성질이 더운 보약을 잘못 베풀면 재난이 발꿈치를 돌리지 않아서 일어난다. 매운 맛의 사열을 없애는 약제로 가령 형개수(형개수 등 21味는 아래 藥戒에 자세하다.—원주)는 기가 몰리거나 맺힌 것을 헤치게 함을 싫어하고, 성질이 더운 보약으로 허한 증세를 치료하나 신 맛의 약제는 수렴하여 조사와 열사를 내리게 하나(………) 맛이 맵고 성질이 더운 약제는 기가 몰리거나 맺힌 것을 헤치는데, 청피(靑皮: 청피 등 33味는 아래 2-6 藥戒에 자세하다.—원주) 같은 것이다."

섭상항(聶尙恒)이 말했다.
"홍역은 평범하게 보아넘길 수가 없고, 약을 씀에도 순서를 잃으면 안 된다. 또 지나치게 겉에 땀을 내어 위장과 대장의 열을 없앨 수 없으니, 겉에 땀을 내어 위장과 대장의 열을 너무 지나치게 없애면 위장의 원기가 전염병을 일으키는 사기를 받아 다쳐 겉에 있는 사기를 밖으로 내보낼 수 없어 도리어 병인이 머물러 폐장을 공격하니, 마땅히 한사와 열사, 허증과 실증을 분별하기에 힘쓰고, 얕음과 깊음을 살펴서 이를 치료한다. 대체로 처음 열이 일어날 때 반드시 마땅히 땀을 내어서 겉에 있는 사기를 없애 모양을 보고 곧 마땅히 맑고 시원하게 그 약을 쓴다. 신 맛의 약제는 수렴하기를 가장 싫어하며, 성질이 더운 보약은 조사와 열사를 겹치게 한다. 옛말에 이르기를 '홍역 치료의 요체는 맑고 시원하게 함이고, 천연두 치료의 요체는 따뜻하게 함이다.' 했는데, 맑고 시원함이란 폐에 생긴 여러 가지 열증을 성질이 차거나 서늘한 약으로 치료하는 것이고, 따뜻함이란 성질이 더운 보약으로 허한 증세를 치료하여 액체가 생기게 하는 것이다."

전씨(錢氏)가 말했다.

"모든 홍역은 투명하게 나옴이 귀중하니, 마땅히 먼저 겉에 땀을 내어 사기를 없애는 약을 써서 병인이 다 겉의 살갗에서 사기를 내보내게 함인데, 만일 지나치게 성질이 차거나 서늘한 약을 써서 병인의 열이 엉겨 숨으면 반드시 투명하게 잘 나올 수 없어 병인의 전염성 사기가 속으로 들어가서 위중한 상태를 이룸이 많고, 숨이 차서 헐떡이며 정신이 흐리멍덩해지며 죽는다. 만일 벌써 투명하게 나온 경우에 이르면 또 당연히 맑게 설사하는 종류를 써서 속에 남아 있는 열이 없도록 하고, 홍역에서 벗어난 뒤의 여러 증세와 또 홍역은 양증에 딸렸으나 음증의 다침도 나누어 받아 피가 많이 줄어듦을 당했기 때문에 홍역이 없어진 뒤는 모름지기 혈이 허약한 것을 보하는 것을 주로 해야 아주 완전하게 지킬 수 있다. 이것이 첫머리와 끝의 홍역을 치료하는 큰 방법이니, 모름지기 주의해 치료하여 처음과 나중을 조금이라도 소홀히 해서는 안된다. 천연두에 비교해 보면 비록 조금 증세가 가벼우나 변화가 빠름은 눈 깜박이는 사이에 있는 것이다."

장개빈(張介賓)이 말했다.

"피부나 점막 표면에 생긴 얼룩점과 살갗에 돋은 발진 따위는 모두 열의 속성을 가진 사기에 딸렸는데, 치료법은 다만 맛이 맵고 성질이 서늘한 약으로 땀을 내서 순조롭게 할 뿐이다. 곧 만일 게우고 설사를 하면 또한 결코 성질이 더운 보약으로 허한 병세를 치료할 수 없다. 가령 두구·건강(乾姜) 따위는 모두 가볍게 쓰지 말고, 처음 일어났을 때는 더욱 크게 땀을 내면 안된다. 다만 승갈탕(升葛湯: 승마갈근탕)이 마땅하다. 투사전(透邪煎: 2-2) 따위도 약간 땀을 내어 겉에 있는 사기를 치료하기 때문에 마땅히 짐작해서 쓰고 한결로 반드시 취할 수 없는 것이다."

왕긍당(王肯堂)이 말했다.

"만전(萬全)이 일컬은 '심장에 열이 왕성하면 폐장이 이것을 받아 홍역이 치료된다' 함은 오로지 폐장을 주로 삼은 말이다.(앞의 2-2. 病因에 자세하다.―원주) 이미 이 심장의 열이 폐장을 다스려 곧 이 병이 전해지는 사기로 그 병세가 마땅히 위중한데 어떻게 도리어 천연두보다 가벼우리요. 내가 늘 홍역을 치료함에 있어 다만 병세를 보고 사백산(瀉白散: 5-4)으로 약의 용량을 많이 더하거나 줄여 약을 지어 준다. 곧 대단히 위급하고 곤란한 병세라도 낫지 않음이 없는 것이다. 그 다른 때 의사가 맛이 쓰고 성질이 찬 약으로 화사를 내리고 맛이 맵고 성질이 따뜻한 약으로 땀을 내어 겉에 있는 사기를 없앤다. 그러나 위급해져서 죽으려는 위태로움이 너무 많음을 이루 헤아릴 수 없는 것이니, 어찌 그 심장의 열이 폐장을 다스리게 됨이 있을 것이리요."

맹씨(孟氏)25)가 말했다.

"무릇 홍역을 만나면 네 계절에 구애되지 않고 모두 먹어 홍역을 치료할 수 있는 중요한 처방이 맹씨모시탕(孟氏募施湯: 13-9)이다. 여러 해 경험한 바로는 약재의 수량과 분량이 같고 절대로 더하거나 줄이지 말고 처방에 맞추어야 어려운 처지에 있는 자에게 도움을 베푸는 공덕이 끝이 없다.(지금 이름은 맹씨모시탕이다.―원주)

이헌길(李獻吉)이 말했다.

"열이 일어날 때 맛이 맵고 성질이 따뜻한 약제를 쓰지 않음은 그 양이 열을 도움이 두려운 것이다. 성질이 찬 약제를 쓰지 않음은 그 열이 숨음이 두려운 것이다. 모름지기 성질이 평하고 서늘한 땀을 내어서 겉에 있는 사기를 없애는 약제를 씀을 주로 한다. 승갈탕(升葛湯)에 파를 더한 처방이 처음에 통용되는 처방으로 삼는다. 효험이 없으면 마황을 더하고, 효험이 없으면 비로소 사물(四物)을 써서 혈분에 사열이 왕성함을 치료하되 효험이 없으면 다시 병인을 없애는 약제를 쓰고, 그래도 효험이 없으면 또 정엽을 배합한 마황탕(麻黃湯: 5-9)을 쓴다. 무릇 이러한 모든 경우엔 땀을 내어서 겉에 있는 사기를 없앰에 힘써야 할 것이

---

25) 맹씨(孟氏): 중국 청(淸)나라 때 의사 맹하(孟河)를 가리킨다.

다. 홍역을 치료하는 의사는 오직 땀을 내어서 겉에 있는 사기를 없앰에 힘써서 열로 말미암은 병인이 속으로 들어가서 위중한 상태에 빠짐을 벗어나게 해야 한다. 발진이 이미 돋아나오면 반드시 폐장에 윤기가 있게 하고 화사를 내리게 하여 폐엽이 말라 시듦이 적지 않게 해야만 하며, 심장의 피가 윤기가 있으면 저절로 역증(逆症)이 없어진다.

『성호사설』에 말했다.

"홍역을 치료하는 경우 다만 풍사와 한사를 조심하여 살갗을 성글게 열어 살갗에 발진이 빨리 투명하게 돋아나오도록 함이 이에 절반이 넘는다. 더러 인삼을 쓰면 효험이 있다거나 또는 야건(野乾)을 쓰면 효험이 있다고 말하나 그 이치는 구명하기 어렵다. 더러 이르기를 '발진하여 살갗에 열이 왕성할 때 돼지 똥물을 재발리 써서 그 열이 물러나면 겉에 일어났어도 병듦이 없다. 이를 시험해 보니 정말 그랬었다.'(이 말은 『藥泉集』에 있다.—원주) 내가 또 생각해 보건대, 양기의 열이 왕성하여 겉으로 발산되지 못하면 반드시 음으로 돌아가니, 그 장기를 보한 다음에야 열이 권세를 부리지 않기 때문에 인삼의 공력이 됨은 오장의 병과 더불어 같은 것이다."

마지기(馬之騏)가 말했다.

"홍역이 비록 비장·폐장의 두 경맥에서 일어나도 그 근원이 얕아서 쉽게 돋아나와 천연두와 비교해 쉽사리 한다 그러나 갑자기 변괴히여 병세가 가장 위급하게 되고 처음 돋은 뒤로부터 1, 2일 및 나은 뒤 한 달 남짓이나 허약한 경우는 100일 동안 모두 그것이 쉽다고 소홀히 하면 안된다. 경(經)에 이르기를 '천연두의 앞과 홍역의 뒤를 헤아려 알아야 한다.'고 했다."

서용선(徐用宣)이 말했다.

"천연두는 어렵고 홍역은 쉽다는 설은 속담(俗談)일 뿐이다. 그 위장의 기능이 원래 허약하고 병인이 깊이 몸속으로 들어감이 있고 또 더러 설사와 이질로 말미암아 일어나면 편안치 않음이 있고, 또는 일어나도 드러나지 않거나 따라 나타났다가 따라 숨고 오래 되면 병을 일으키는 요인이 차차 위장에 들어가 반드시 설사가 그치지 않고 나오며 다시 숨고 숨이 참을 더하면 반드시 위급한 것이다. 모든 이와 같은 경우를 또 어찌 쉽다고 말할 수 있으리요. 다만 발진이 돋아나옴이 있으나 만일 허약함이 보이면 급히 마땅히 먼저 비장과 위장을 보하며, 그것이 나오려고 하다가 나오지 않음이 있으면 급히 마땅히 내탁법을 쓰고 땀을 내어서 겉에 있는 사기를 없애서 돕는다. 또 발진의 처음과 끝에는 함께 설사를 시키면 안된다. 천연두 병세와 더불어 한가지로 같은 것이다."

이헌길(李獻吉)이 말했다.
"비장・위장이란 창고와 같이 받아들이고 내보내는 관아이고 오장육부가 모두 근본으로 삼고 있으며 또한 오행(五行) 가운데서 토(土)가 왕성함을 보내는 이치가 있어 잘 비장・위장을 조절하면 심장의 열과 폐장의 열을 함께 치료할 수 있는 길이 있다. 처음 열이 일어날 때가 만일 추운 겨울이면 성질이 차가운 약제를 쓰지 말라. 혈을 통솔하는 비장의 기능을 다친다. 만일 무더운 여름 달을 만나면 성질이 뜨거운 약제를 쓰지 말라. 이는 위장의 열을 증가시킨다."

마지기(馬之騏)가 말했다.
"홍역에는 사기가 성할 때 나타나는 열이 많으나 춥지 않기 때문에 비록 추운 겨울을 만나도 또한 무겁게 옷을 더해 입으면 안된다. 그러면 열이 지나쳐 병인이 목구멍으로 들어가 그 목소리가 나지 않게 할까 두렵다. 홍역의 발진이 돋아나오지 않고 증상이 달라진 병세를 이룸이 있으면 해침이 작지 않다. 또한 한사에 의해 생긴 병증과 같은 경우 몸이 떨림이 있고 이에 열이 대단히 생겨나서 음증이 도리어 추움을 지을 뿐이니, 모두 한사에 의한 병증으로 삼아 치료하면 안된다."

2—5. 계절에 따른 치료법

만전(萬全)이 말했다.

"홍역은 봄·여름에는 순조롭게 하고, 가을·겨울에는 경과가 좋지 않게 한다. 홍역의 발진은 족태음비경과 수태음폐경 두 경맥에서 나오는데 한번 풍사와 한사를 만나면 형세가 반드시 돋아나오기 어렵고, 치료를 잘못하면 증상이 달라짐이 많기 때문에 가을·겨울에는 경과가 좋지 않을 뿐이다."

만전(萬全)이 말했다.

"홍역을 치료하는 경우는 마땅히 계절에 따른 춥고 따뜻함을 살펴 약제를 써서 발진을 일으킨다. 만일 기후가 크게 추울 때는 계지갈근탕(桂枝葛根湯: 1—3)으로 일으키고, 크게 더울 때는 승마갈근탕(升麻葛根湯: 1—1)과 인삼백호탕(人蔘白虎湯: 6—2—①)을 합쳐서 일으킨다. 기후가 춥지 않고 덥지도 않으면 형방패독산(荊防敗毒散: 4—4)으로 일으킨다."

"크게 추우면 더러 마황탕(麻黃湯: 5—8—①)을 쓴다."

황렴(黃廉)이 말했다.

"홍역은 상한(傷寒)과 더불어 서로 비슷하니 반드시 먼저 그 해 기후를 밝혀 계절에 따른 치료법과 같이 한다. 따뜻하면 맛이 맵고 성질이 서늘한 약으로 발진이 돋게 하는데 방풍해독탕(防風解毒湯: 3—3)이 이 약이다. 따뜻하고 더우면 맛이 맵고 성질이 찬 약으로 발진이 돋게 하는데 황련해독탕(黃連解毒湯: 3—2—②)이 이 약이다. 몹시 추울 때는 맛이 맵고 성질이 따뜻하고 더운 약으로 발진이 돋게 하는데 계지해독탕(桂枝解毒湯: 3—4)이 이 약이다. 추운 때에 따뜻하면 맛이 맵고 성질이 평한 약으로 발진이 돋게 하는데 승마해독탕(升麻解毒湯: 3—5)이 이 약이다. 잘못 상한병을 만들어 함부로 땀을 설사하게 하면 안되며 도리어 사람의 원기를 무너뜨리는 것이다. 경(經)에 이르기를 '반드시 먼저 기후를 살펴야 사람의 원기를 무너뜨림이 없다.' 함은 이것을 이른 것이다. 또 중요한 것은 사람의 정기와 사기가 왕성하고 약함을 살펴 만일 아래의 육부에 막히고 맺혀(한 곳에는 대변이 변비로 딱딱하게 맺힘이라 했다.—원주) 가슴이 답답하고 열이 몹시 나는 경우(한 판본엔 '發不出' 3자가 있다.—원주) 대황(大黃)을 술에 불려 볶은 것으로 약간 설사시키고 게우거나 설사함이 그치지 않으면 인삼과 당귀(손일규는 본디 '參芍'으로 만들었다.—원주) 따위로 보한다. 경(經)에 이르기를 '사기가 왕성한 것을 더 왕성하게 함이 없고 허한 것을 더 허하게 함이 없고 부족함을 덜고 보함에 남음이 있으면 사람의 생명을 일찍 죽이는 것이다.' 능히 이 경우를 알아야 뛰어난 의사라 일컫는다."

　손일규는의 설도 같다.

　왕긍당(王肯堂)이 말했다.

　"옛사람이 계절에 따른 치료법에 맞는 약(곧 황씨의 네 가지 방풍해독탕·황련해독탕·계지해독탕·승마해독탕—원주)이라 비록 말했고 때에 따라 마땅히 통제한다 했으나 또한 이에 얽매일 것은 없다. 만일 겨울달에 또한 승마와 계지가 적당치 않음이 있으나 석고(石膏)는 적당한 경우 바로 맥상과 병 증세에 마땅함을 주로 할 뿐이다. 만일 옛것을 지킴에 얽매여 변통할 줄 알지 못하면 반드시 잃음이 있고 다음의 두 처방문의 타당함을 씀만 같지 못한 것이다.(곧 사백산·금비초산의 두 처방—원주) 대체로 폐경에 양열이 몰려 생긴 병인을 땀을 내어 겉에 있는 사기를 없앰에 주가 있는 경우에 처음을 다스리는 것이다. 병을 앓고 난 뒤에 원기와 혈을 보하고 조섭하는 경우는 나중을 다스리는 것이다. 그 사이에 더러 풍사를 겸하거나 또는 담을 겸하거나 또는 음식에 비위가 다친 경우 모두 적당히 증세에 따른 약제를 더하고 그 증세가 달라짐이 있으면 곧 병세에 따른 약제를 쓰되, 요점은 어지럽지 않게 탕제를 지어 준다면 아이가 무사하다."

이헌길(李獻吉)이 말했다.

"날씨가 따뜻하면(4월·8월—원주) 방풍해독탕(防風解毒湯: 3-3)을 쓰고 가을 서늘해진 뒤부터 입동(立冬) 전엔 승갈탕(升葛湯)과 더불어 균등하게 쓰고, 크게 열이 나면 비전해독탕(秘傳解毒湯: 3-2, 합제편에는 황련해독탕으로 나온다.—역자)이 마땅하고, 열이 많은 경우에는 비록 겨울철이라도 이를 쓴다.(아주 심한 열이 아니면 이를 쓰지 않아도 또한 괜찮다.—원주) 추운 겨울에는 날씨가 몹시 차서 5~6일에 이르러도 발진이 돋아나지 않는 경우에는 계지갈근탕(桂枝葛根湯: 1-3)이 마땅하고, 추운 겨울철에 한기(汗氣)가 적은 경우에는 승갈탕(升葛湯)에 마황을 더하고, 발진이 몹시 더딘 경우에는 시호·계지를 더하고 또 사물(四物)을 넣으면 좋게 된다. 승갈탕은 성질이 평하고 순해 해침이 없어 이른바 네 계절에 모두 쓰는 처방인 것이다."

섭상항(聶尙恒)이 말했다.

"홍역의 치료법은 다만 그 독을 발산시키는 데에 있고 밖에 다 돋아나오게 하되 비록 붉게 부어오름이 심하고 모양이 옻독에 의한 피부병 같아도 또한 염려하지 않는다. 그 발진이 이미 밖에 돋아나오면 곧 병인이 속으로 들어가 위중해짐을 벗어날 수 있고 천연두의 반드시 그 거두어 맺는 것을 돌보는 것과 같지 않은 것이다. 이 증세에 만일 치료하는 법을 얻으면 열에 열이 온전할 수 있다 그러나 치료하는 방법이 적당함을 잃으면 사람을 죽임도 또한 손바닥 뒤집기처럼 쉽다. 대개 홍역에서 크게 꺼리는 바는 병을 앓는 집에서 그 금지하는 것을 위반하면 사람을 죽이기에 이르고 의사가 그 금지하는 것을 위반하면 또한 사람을 죽이기에 이르는 것이다. 그 금지하는 것은 같지 않은데, 모두 그 병인을 막아버려 땀이 나올 수 없는 것이다. 지금 네 가지 큰 금지 사항을 뒤에 기록하니 사람으로 하여금 위반하지 말도록 하라.

(1) 마늘·파·생강 등 매운 채소와 비린내 나는 고기나 물고기와 날

제2편 원증(原證) 91

음식과 찬 음식, 바람과 추위를 금지한다.(뒤의 2-17 금기에 자세하다.-원주)

　(2) 처음 열이 일어날 때 갑자기 성질이 차거나 서늘한 약을 씀을 금지한다. 이런 약제를 쓰면 병인이 엉겨(금지할 것은 '驟' 한 글자에 있다.—원주) 갑자기 전염병을 일으키는 사기를 억눌러 저지하여 나올 수 없도록 하면 병인이 속으로 들어가 위중한 상태의 병을 이룬다. 그리고 옛사람이 일컬은 날씨가 더우면 마땅히 맛이 맵고 성질이 서늘한 약제를 써서 발진을 일으킴에는 황련해독탕(黃連解毒湯: 3-2-②) 따위가 마땅하다. 찌는 듯한 무더운 기운의 날씨를 알지 못하고 어찌 성질이 차고 서늘한 약제로 잘 땀내게 하리요. 지금 갑자기 성질이 차고 서늘한 약제로는 겉의 열을 떠나게 하기에는 모자랄까 두렵다. 그러나 위장이나 폐장에 있는 사열을 알맞게 막아 나갈 수 없도록 하는 것이다. 일찍이 한 아이가 경련을 일으킬 때 잘못 성질이 서늘한 약을 써서 죽음을 보았다.(다음 5-9 '驚搐'에 자세하다.—원주) 이것은 성질이 서늘한 약제를 써서 병인이 엉겨 해친 것임을 알 수 있다. 지금 날씨가 무더움을 따라서 갑자기 성질이 차고 서늘한 약제를 쓰는 것이 어찌 이치에 맞으리요.

　(3) 처음 열이 일어날 때 잘못 맛이 맵고 성질이 뜨거운 약제를 씀을 금지한다. 이런 약제를 쓰면 병인을 증가시키는데(금지한 것은 '誤' 한 글자에 있다.—원주) 가령 계지·마황·강활·창출·정향·육계·사인 따위가 병독을 막아서 가리도록 하여 나가지 못하게 하면 또한 병독이 속으로 들어가서 위중한 병을 이룬다. 곧 홍역이 처음 일어날 때 네 팔다리가 차게 되는 것은 화(火)가 극도에 이르러 수(水)와 같게 되기 때문에 함부로 성질이 뜨거운 약을 쓰면 안된다. 홍역이 나타나면 자연스레 차차 고르게 된다. 그리고 옛사람이 일컬은 날씨가 몹시 추우면 마땅히 맛이 맵고 성질이 뜨거운 약제를 씀에는 계지탕(桂枝湯: 3-4) 따위로 일으키게 함이 마땅하다. 날씨가 몹시 추움을 알지 못하면 다만 마땅히 따뜻한 방안에 놓아두고 조심스레 풍사와 한사를 피함이 좋을 것이다. 또 날씨가 비록 추워도 사람 몸의 급성 열병의 병인이 반드시 줄어들지 않는

데, 맛이 맵고 성질이 뜨거운 약제를 많이 쓰는 것이 어찌 이치에 맞으리오.

(4) 설사를 멎게 하는 보법을 씀을 금지한다.(다음에 나오는 3-12 이질에 자세하다.―원주)

적량(翟良)이 말했다.

"천연두는 원기로써 혈분의 사열을 내쫓음으로써 성공하고, 홍역은 혈분의 사열이 원기를 따르면 성공할 수 있는데, 추우면 원기가 다치고 뜨거우면 혈분의 사열이 다친다고 일컫는 까닭이다. 천연두는 따뜻함이 적당하고 홍역은 맑고 시원하게 함이 적당한데 이것이 일반적인 치료법인 것이다. 홍역이 날씨가 몹시 추운 때에 발생하면 성질이 시원한 약제를 베풀되 또한 마땅히 어림쳐서 헤아려 쓰고, 천연두가 날씨가 무더운 때 발생하면 성질이 따뜻한 약제를 베풀되 어찌 가볍게 쓸 수 있겠는가?"

이헌길(李獻吉)이 말했다.

"열이 일어난 처음에 성질이 차가운 약제를 지나치게 쓰면 반드시 실패하는데, 서늘한 약제를 쓰는 경우에도 또한 실패를 많이 당한다. 그러나 계절에 따라 치료할 방법에는 겨울과 여름의 구별이 있는데, 서늘함을 만나 실패하는 경우는 비록 계절이 겨울에 있으며 반드시 여름철에 있지 않은데도 어찌 겨울철에 치료해야 할 방법에서 실패함을 만나샜는가? 그리고 이에 도리어 뜨거운 여름철에 치료할 방법에서 의심하고 머뭇거려 두려워하겠는가. 겨울은 차가운 기운이 겉을 핍박하는데 성질이 차가운 약제로 병독이 속으로 들어가 무거운 상태로 빠지게 하여 겉과 속이 함께 차가워 발진이 시원스레 나오지 않음은 더러 계절에 따라 치료할 방법을 어겨 실패한 것이다. 그러나 만일 왕성한 열을 만나면 다만 성질이 서늘한 약을 먹은 다음에야 땀을 내어서 겉에 있는 사기를 없앨 수 있을 것이다."

만전(萬全)이 말했다.

"본 고을 호도송(胡道松)은 유복자(遺腹子)이다. 나이 4세로 6월 사이에 홍역에 걸렸는데 의사 감대문(甘大文)이 치료한 지 3일에도 살갗에 발진이 돋지 않고 가슴속이 달아오르면서 답답하고 편안치 못해 뒹구름이 심하자 감대문이 또 형방패독산(荊防敗毒散: 4-4)을 만들기에 내가 이를 말리며 말하기를 '이 형방패독산은 모두 땀을 내서 겉에 있는 사기를 내보내는 약이라 몸 안팎의 병인을 없애는 데에 씀이 없고, 더구나 기후가 크게 뜨겁고 또 계절에 따라 해야 할 치료 방법에 맞는 약제가 없고 한두 가지가 안에 있어서 양기는 더욱 지나치고 음기는 더욱 해치니 음기와 양기가 고르지 않게 된다. 이것이 홍역의 발진이 나오지 않는 까닭인 것이다. 이에 동원양격산(東垣凉膈散: 8-8)에 현삼·승마를 더하여 만들어 한번 먹으니 발진이 돋아나오고 3일 만에 편안해졌다."

이헌길(李獻吉)이 말했다.

"사람의 타고난 기질과 성품은 많은 부분이 서로 같지 않아 더운 여름에도 열이 적은 자가 있고 추운 겨울철에도 열이 많은 자가 있다. 열이 많은 자는 겨울철에도 성질이 따뜻한 약제를 쓰지 말고, 열이 적은 자는 더운 여름철이라도 성질이 서늘한 약제에 오로지 책임지우지 말아야 할 것이다.

땀을 내어서 겉에 있는 사기를 없애는 약제는 겨울과 여름이 비록 다른 경우가 있으나 열을 치료하는 약제는 그 사람의 타고난 기질과 성품 및 열의 기세에 따라 마땅히 변통함이 있어야 한다. 석고는 비록 성질이 찬 기운이 있으나 높은 열이 심한 경우에는 네 계절을 거리끼지 않고 쓰되 다만 분량을 많고 적게 씀이 다르다."

이헌길(李獻吉)이 말했다.

"더러 이르기를, 7월에 가을 바람을 만나면 천연두의 조짐이 아주 달라 약의 처방 방법 또한 다르다. 그러나 폐장의 원기는 늘 음력 8월에 왕성하다. 그러나 7월은 무더운 나머지 폐장의 정기가 오히려 왕성하지 못하고 또 삼복 더위를 당했으니 의사는 모름지기 이치를 살펴 폐장을 보해 더위를 치료하고 급히 힘써야 할 경우는 맥문동·향유 따위를 쓰되 처서 전후에 이르러서도 또한 그렇다. 만일 백로가 지난 뒤는 이런 성질이 서늘한 약제를 비로소 차차 줄임이 마땅할 것이다.

석고·대황은 비록 성질이 몹시 찬 약제라 이르나 이런 때를 당해서는 석고가 아니면 비장·위장의 열을 다스리기 어렵고, 대황이 아니면 가슴이 막힘을 통해 마른 것을 녹일 수 없기에 헤아려 넣을 수 있다. 가을 뒤에는 함부로 쓸 수 없고, 또 타고난 기질과 성품이 각기 달라 온통 없앨 수 없는 것이다."

이헌길(李獻吉)이 말했다.

"더운 여름철은 홍역을 치료하기가 더욱 어렵다. ① 날씨가 찌는 듯이 무더워 홍역의 발진 증세 외에 다시 더위병이 덧붙는다. ② 사는 곳이 불편한데 한데서 거처하면 풍사를 받고 창문을 닫으면 더위먹는다. ③ 음식이 불편한데 나물과 과일, 비린내 나는 물고기와 고기 등 그 때에 먹는 음식이 모두 크게 금지하는 것이다. ④ 약을 쓰기가 불편한데 처음 열이 일어났을 때 맛이 맵고 성질이 따뜻한 약제를 쓰면 아마 그 열을 돕겠고, 성질이 찬 약제를 쓰면 그 열이 숨을까 두려운 것이다. 그러므로 약제를 쓸 때 속이 고르게 땀을 내어서 겉에 있는 사기를 없앰을 주로 함에는 승갈탕(升葛湯)이 좋을 깃이나."

2—6. 약을 쓸 때의 경계

묘희옹(繆希雍)이 말했다.

"성질이 찬 약으로 열을 내림이 마땅한데, 맛이 맵고 성질이 차고, 맛이 달고 성질이 차고, 맛이 쓰고 성질이 차고, 맛이 매워 땀을 내는 약제로는 형개수·건갈·서점자·서하류·석고·마황(씀에는 모름지기 끓는 물에 잠깐 담갔다가 건져내 마디를 없앤다. 겨울철엔 좌약이 되고 다만 한 제만 쓴다.—원주)이 이것이다. 성질이 맑고 서늘한 약으로 근육의 온열 사기를 내보내는 약으로는 죽엽·현삼·청대·박하·선태·괄루근이 이것이다. 맛이 달고 성질이 찬 약으로는 맥문동·사탕수수즙·생감초가 이것이다. 맛이 쓰고 성질이 찬 약으로는 황금·황벽·패모·황련·연교·지모가 이것이다. 병세의 가볍고 무거움에 따라 약제의 크고 작음을 제압하는데 중간 정도 병세면 이미 너무 지나치게 쓰지 말 것이다. 저 홍역의 발진 같으면 문득 모름지기 빨리 앞의 약제로 땀을 내어 겉에 있는 사기를 없애면 열에 하나도 잃지 않는다. 가령 병이 무거운데 약이 가벼워 더러 치료한 뒤에 더러 잘못 성질이 따뜻하고 뜨거운 약제를 넣으면 열의 속성을 가진 사기가 속으로 들어가서 위중한 상태에 빠져 가슴이 달아오면서 답답하며 정신이 어지럽고 희미해지면 약으로 치료할 수는 없을 것이다."

묘희옹(繆希雍)이 말했다.
"어떤 병세에 써서는 안되는 약으로 기가 몰리고 맺힘을 헤치는 데는 성질이 따뜻한 약으로 보해서 시큰시큰 아픔을 거두고, 조사와 열사가 겹친 병은 맛이 맵고 성질이 따뜻한 약으로 설사시킨다. 기가 몰리고 맺힌 것을 헤침에는 청피·지각·지실·후박·빈랑을 쓰고, 성질이 따뜻한 보약은 인삼·황기·창출·백출(聶尙恒이 말하기를, 陽氣가 발동해 올라 위로 솟구친다고 했다.—원주)이다. 시큰시큰 아픔을 거두는 약제는 오미자·오매·백작약·석류이고, 살갗이 시큰거리고 조사와 열사에 의해 생긴 병에는 관계·정향·목향·반하·남성(섭상항이 말하기를, 성질이 바싹 마르고 뜨거운 약제는 양기를 올려 쓸 수가 없다고 했다.—원주)·마늘(크고 작은—원주)·오수유·호초·생강을 쓴다. 화료물(火料物)을 설사시키게 함에는 현명분·망초·대황·파두·견우를 쓴다.(위장의 기능을 보호하려면 이것을 근본으로 마땅히 급히 할 것이다.—원주) 맛이 맵고 성질이 따뜻한 약제는 백지·당귀·자소·세신·천궁이다."

마지기(馬之騏)가 말했다.

"인삼·백출·반하는 모두 바싹 마르고 뜨거운 약이라 모두 쓸 수가 없다. 곧 승마는 양기가 발동해 올라 위로 솟구치게 하니 또한 많이 쓸 수가 없다."(위의 2-4. 치료법에 자세하다.—원주)

왕긍당(王肯堂)이 말했다.

"대체로 홍역의 발진이 돋아나오려 하거나 이미 돋아나왔을 때는 비록 날씨가 차도 계지를 쓰지 말고, 비록 사기가 약해도 인삼·백출을 쓰지 말고, 비록 게우거나 가래가 있어도 반하·남성을 쓰지 말라."

장개빈(張介賓)이 말했다.

"홍역에 비록 게우고 설사해도 두구·건강 따위는 모두 가볍게 쓰지 말라."(위의 2-4. 치료법에 자세하다.—원주)

섭상항(聶尙恒)이 말했다.

"맛이 맵고 성질이 뜨거운 약제는 계지·마황·강활·창출·정향·육계·사인 따위인데 함부로 넣을 수 없다."(위의 2-5. 계절에 따른 치료법에 자세하다.—원주)

이헌길(李獻吉)이 말했다.

"승마는 돌림을 일으키는 사기를 없애고, 폐장을 울리고 비장을 휘두름을 없앤다. 갈근은 근육을 풀어 다스리고 또 위장의 열을 치료하고 또 머리 아픔을 치료한다. 홍역의 증세는 양명경에서 많이 일어나기 때문에 갈근으로 발진이 돋아나오게 한 다음이나 또한 이에 따른 병증이 많이 따름에 쓴다. 백작약은 장위(腸胃)의 열을 치료해 혈을 고르게 하고, 감초는 화사를 내리게 하여 위장을 다스리는데 이것이 승갈탕(升葛湯)이 홍역을 치료하는 제일의 처방이 되는 까닭인 것이다."

더러 말하기를 "감초는 맛이 달아 쉽게 회충을 움직인다 하나 거의 그렇지 않을 것이다. 감초는 위장을 돕고 화사를 내리게 하여 폐장을 윤기 있게 하고 달거리의 부조를 치료하는 공이 있어 홍역을 치료하는 경우 내버릴 수 없다. 또 지금 오운(五運)의 해(乙未년은 金運이다.―원주)라 폐장에 윤기가 부족하여 심장에 열이 크게 왕성하고 돌림병의 기운이 또 아주 왕성한 여름이라 만일 감초가 아니면 어떻게 목구멍을 통해서 폐경을 윤기 있게 할 것인가."

이헌길(李獻吉)이 말했다.

"맥문동은 폐장의 열을 치료하여 폐장을 축축하게 하고 심장의 열을 치료하여 더위병을 치료하는 공효가 있다. 금년의 홍역을 치료하는 경우 마땅히 먼저 쓸 것이다. 길경은 맛이 매워 폐장의 열을 치료하고, 목구멍에 맺힘을 잘 열고, 상초(上焦)의 화사를 잘 치료하여 배에 있어 노나 두레박틀의 공효와 같이 비교하기 때문에 또한 이를 많이 쓴다. 현삼은 목구멍에 맺힘을 열기 때문에 목이 아픈 데에는 늘 곱절을 넣는다. 우방자는 성질이 서늘하여 화사를 흩고 또 홍역의 병인을 치료한다.

이헌길(李獻吉)이 말했다.

"석고·대황은 성질과 기운이 몹시 차서 무더운 계절에는 석고가 아니면 비장·위장의 열을 치료하기 어렵고, 대황이 아니면 대장·소장의 마른 것을 눅여 통하게 하지 못하나 가을 뒤엔 비록 함부로 쓸 수 없다. 만일 타고난 기질과 성품이 씩씩하고 왕성하거나 열이 심한 경우 및 대변이 굳어 통하지 못하는 경우는 석고·대황을 마땅히 형세에 따라 헤아려 쓰되 계절에 구애받지 말 것이다."

섭상항(聶尙恒)이 말했다.

"능수버들은 일명 서하류(西河柳)로 곧 소아의 홍역에 효력이 뛰어난 약인 것이다. 겨울철엔 나뭇가지를 쓰고 봄·여름엔 싹과 잎을 취하되 늘 3.75g을 써서 달여 먹는다. 나이와 힘이 큰 경우는 1차에 많이 먹어도 괜찮다. 비장의 열을 잘 치료하고 몸 겉이나 속에 있는 병인을 없애고 땀을 내게 해서 겉에 있는 사기를 없앤다."

"왕긍당이 말했다. '정(檉)의 다른 이름은 서하류이고 또 한 이름은 수사류(垂絲柳)인데 푸르게 무성할 때는 잎새를 따서 햇볕에 말려 가루내어 늘 3.75g~7.5g을 먹되 모근(茅根: 띠뿌리)을 달인 물에 타서 삼킨다. (황해도 사람은 능수버들이라 이른다.—원주)

이헌길(李獻吉)이 말했다.

"정(檉) 곧 위성류(渭城柳: 살피건대 이것은 우리 나라에서 일컫는 명칭인 것이다.—원주)는 그 성질이 발산을 아주 잘 시키고 또 병독을 잘 이끌어 내보낸다. 천연두에 또한 이를 써서 목욕을 시킨다. 많이 쓰면 몸 속의 체액을 설사시킬까 두렵다. 만일 땀이 적게 나오는 경우가 있으면 갈근 따위 같은 것도 오히려 함부로 쓰지 않는데 하물며 버드나무 잎새이겠는가. 비록 7~8일에 이르러도 그것이 스스로 나오기를 기다리고 버드나무 잎새를 쓰지 말라. 만일 땀 기운이 너무 적고 살갗털이 메말라 7~8일에 이르러도 홍역의 발진이 나오지 않은 뒤에 바야흐로 버드나무 잎새를 쓴다."

섭상항(聶尙恒)이 말했다.

"홍역과 천연두의 위태로운 증세나 경과가 나빠진 병세는 처음엔 모양을 나타내기 어렵거나 돋아 나와서도 쾌하고 순조롭지 않은 찬 겨울철일 것 같으면 원유(芫荽) 또는 자소를 쓰되 마땅히 사기그릇을 써서 장차 이 종류의 가슴에 기운이 막히고 잘 통하지 않을 때 물로 달여 먹고 방 가운데 매우 적은 향기를 취하면 발진을 잘 도와 쉽게 나타나게 한다. 지금 어리석은 풍속은 분명치 않아도 물을 동이에 가득차게 해서 끓여 장차 소아를 크게 씻겨 목욕시킨 다음 잇따라 옷을 더 씌움에 기대나 유익함이 없을 뿐 아니라 또한 해침이 있어 도리어 사열 기운이 속으로 들어감을 이루어 소아가 혼미하고 불안하게 만들어 말하기도 어렵게 된다. 더구나 홍역과 천연두의 모양을 보이면 곧 물에 담금이 마땅치 않음을 아는 경우 이를 조심한다. 처음 일어남이 매우 적은데 손발을 씻음은 더러 괜찮으니 그 속과 겉을 통하여 이를 뜻만 취할 뿐이다."

섭상항(聶尙恒)이 말했다.

"소아의 홍역과 천연두가 처음 일어나면 요즘 사람은 순탕(笋湯)을 많이 먹어 땀을 내어 겉에 있는 사기를 없앰을 도모하고 다만 적게 써도 괜찮음을 알지 못한다. 조금 달여 써도 살과 살갗의 드러남을 이끌게 하여 그 쉽게 돋아나옴을 취할 것이다. 만일 적당함을 잃고 지나치게 쓰면 도리어 원기의 다침을 받게 하여 비장의 정기가 훼손되어 소화를 시킬 수 없어 병인의 사기가 마르게 되어 게우고 설사를 일으켜 땀이 나오고 가슴이 답답하고 물을 마실 때 늘상 내몰아 흩어지게 하고 젖어 가렵고 입안이 허는 병을 앓게 된다. 약 안에 순첨(笋尖)을 이끌어 씀은 더욱 금지할 것이다. 지금 습관적으로 폐단이 된 순탕을 씀에 있어 경계할 점을 특별히 가려낸다."

묘희옹(繆希雍)이 말했다.

"고귀하고 권세 있는 집에서 소아를 손바닥의 구슬같이 아끼는 경우 늘상 보면 소아가 가래가 많아 괴로워하고 어지럽고 혼미하면 문득 광중(廣中)에서 무역해온 소합향환(蘇合香丸)·포룡환(抱龍丸)·우황환(牛黃丸) 등의 환약을 쓰는데, 그 약품 가운데는 이미 대체로 용맹하고 재빠름이 없지 않고 맛이 맵고 성질이 사나워 침범할 바가 있을까 두려우니 엄중히 경계함이 마땅하다."

이헌길(李獻吉)이 말했다.

"승갈탕(升葛湯)에 파와 자소를 넣는 경우는 처음 열이 날 때부터 모두 쓸 수 있다. 맥문동을 넣는 경우 또한 여름 감기를 치료하기 때문에 비록 홍역이 아니라도 또한 쓸 수 있다. 마황에 이르러서는 모름지기 3~4일에 이르러 홍역 증세가 분명해진 뒤에 바야흐로 의심하지 않고 쓸 수 있다.

마황은 네 계절에 씀을 구애받지 않으나 맥문동은 가을 뒤로부터 절반을 줄여 쓴다. 여러 가지 약이 모두 그렇다."

2-7. 맥도(脈度)
* 길흉(吉凶)을 덧붙인다.

만전(萬全)이 말했다.

"모든 홍역의 발진이 돋아나옴은 열이 일어나면서부터 완전히 거두어지기에 이르기까지 다만 오른손 한 손가락으로 맥을 짚어 보아 맥의 뜀이 크고(洪大) 힘이 있으면 비록 다른 증세가 있어도 또한 해를 끼치지 않는다. 이는 살고 죽음을 정하는 중요한 방법인 것이다."

"장개빈(張介賓)이 말했다. '이를 살펴보건대, 곧 양증에는 양맥을 얻는다는 뜻인데, 만일 작고 부드러워(細軟) 힘이 없으면 양증에 음맥을 얻은 것이다. 원기가 이미 약한데 어찌 이 사기의 병인을 잘 이기겠는가. 이것이 곧 편안하고 위태로운 기본인 것이기 때문에 모든 홍역에 음맥을 얻는 경우는 곧 마땅히 음증이 됨을 알아서 빨리 원기와 신기를 구원하여 마땅히 상한(傷寒)에서 성질이 따뜻한 약으로 보탁법을 씀을 참작한다. 만일 홍역으로 맥이 잡히고 양증의 병인이 되었으면 대개 성질이 시원하고 찬 약을 쓰면 반드시 벗어나지 못할 것이다.'"

장개빈(張介賓)이 말했다.

"처음 돋아나온 빛깔이 붉은 경우는 병독이 왕성한 것이다. 다만 오른손 한 손가락으로 짚어 보아 가볍고 무거움을 취하고 모두 힘이 있으면 마땅히 병세에 따라 조섭한다. 만일 오른손 한 손가락으로 짚어 보아 힘이 없는 경우는 치료하기 어려운 것이다."(다음 2-12. 모양과 빛깔에 자세

하다.—원주)

"홍역 뒤에 이질로 손가락을 깨무는 경우 오른손 한 손가락으로 짚어 보아 차차 일어나면 바야흐로 살 수 있다."(다음 3-12. 이질에 자세하다.—원주)

이헌길(李獻吉)이 말했다.

"홍역의 발진이 돋아나올 때 맥이 크고 잦고(洪數) 힘이 있고 몸이 따뜻하고 발이 따뜻한 경우는 쉽게 살고, 맥이 잠기고 적으며(沈少) 힘이 없고 머리에 열이 나고 발이 차고 원기가 허약한 경우는 치료하기 어렵다."

정씨(程氏: 程晨峰)26)가 말했다.

"홍역은 하루 이틀 안에 발진이 곧 돋아나온 경우는 가볍고, 만일 처음 일으킬 때 게우고 설사를 엇걸려 짓는 경우는 순조롭고, 헛구역과 갑자기 게우고 설사하는 경우는 경과가 좋지 않고, 돋아나오려다 나오지 않는 경우는 위태로워 죽음이 곧 이르른다."

만전(萬全)이 말했다.

"홍역에는 가볍고 무거운 증세와 치료하지 못하는 세 증세가 있다. 더러 열이 났다가 또한 물러가고 5~6일 뒤에 발진이 돋아나오는 경우는 가볍고, 발진이 드러나 3일 만에 차차 없어지는 경우는 가볍고, 엷고 붉게 머리와 얼굴을 눅여 주고 깨끗함이 많을 경우는 가볍다. 머리와 얼굴에 발진이 돋아나오지 않는 경우는 무겁고, 붉은 자색이 어둡고 건조한 경우는 무겁고, 목구멍이 붓고 아파 음식을 먹지 못하는 경우는 무겁고, 바람을 쐬어 일찍 없어진 경우는 무겁고, 열이 대장으로 옮아 이질로 변한 경우는 무겁다. 검고 어둡고 건조해 한번 돋아나왔다 곧 없어진 경우는 치료하지 못하고, 콧바람이 나고 입을 벌리고 눈을 크게 부릅뜨고 정

---

26) 정씨(程氏): 『두진방(痘疹方)』 저자인 정신봉(程晨峰)을 가리키는 듯하다.

신이 없는 경우는 치료하지 못하고, 콧물이 맑고 똥이 검은 경우는 치료하지 못하고, 숨이 차고 심(心)에 앞서 들이마시는 경우 치료하지 못한다."

손일규(孫一奎)의 설도 같다.(翁仲仁이 말하기를, 홍역 뒤에 잇몸이 벌겋게 붓고 헐어 아픈 병증으로 썩어 문드러지면 치료하지 못한다.―원주)

마지기(馬之騏)가 말했다.
"얼룩이 붉고 생기가 보이고 따라 나왔다가 따라 없어지는 경우는 순조롭다. 살갗 속에 숨어 엎드려 발진이 돋아나오나 시원치 않은 경우는 위험한 증상이고, 열이 일어나고 숨이 차고 빠른 경우는 위험한 증상이고, 얼굴이 먼저 푸르고 검은 경우는 위험한 증상이고, 더러 자주색을 띠거나 또는 갑자기 일어나지 않는 경우는 위험한 증상이다."(모두 다음의 2-12. 모양과 빛깔에 자세하다.―원주)

손일규(孫一奎)가 말했다.
"홍역의 발진이 머리로부터 발에 이르기까지 일제히 돋아나오게 되고 머리와 얼굴에 더욱 많으면 좋게 된다."

이천(李梴)이 말했다.
"발진이 머리와 얼굴, 가슴과 배에 촘촘하고 빽빽하며 목구멍에 모여 휘감을 경우는 경과가 좋지 않고, 발진이 나오지 않으면서 숨이 가쁜 경우는 목숨을 해친다."

만표(萬表)가 말했다.
"발진이 한번 돋아나오고 곧 없어지는 경우는 좋지 못한 위험한 증상이고 푸른 똥이 나올 경우는 치료하지 못한다."

적량(翟良)이 말했다.

"천연두의 구슬진은 드물게 돋음이 귀한데, 드물게 돋으면 병독이 가볍다. 홍역의 발진은 빽빽히 돋음이 좋은데, 빽빽히 돋으면 그 병독이 다 없어진다.(馮兆張이 이르기를, 천연두는 음에 속하기 때문에 머리와 얼굴에 드물고 성긴 경우가 좋게 되고, 홍역은 양에 속하기 때문에 머리와 얼굴에 많이 보이고 알갱이를 이룬 경우 낫게 된다.—원주)

섭상항(聶尙恒)이 말했다.

"몸뚱이에서 땀이 조금 나고 축축하게 돋아나옴은 가장 증상이 가볍고, 만일 숨이 차고 코가 마르고 게우고 놀라 날뛰는 경우는 증세가 가장 위중하다. 처음 보일 때 옴 같고 쌀 끝 같으며 거듭 돋은 뒤 붉은 빛깔 조각을 이룬 경우는 증상이 가볍고, 자주색인 경우는 좋지 못한 위중한 증상이고, 검은 빛깔인 경우는 경과가 좋지 않은 증상이다."

도씨(涂氏: 涂紳)[27]가 말했다.

"발진이 처음 일어나 게우고 설사함을 주고받으며 일으킬 경우는 순조롭게 되고, 건곽란일 경우는 경과가 좋지 않은 증상이다."

전씨(錢氏)가 말했다.

"홍역의 발진이 돋아나올 때 가볍고 무거운 증세의 구분이 있는데, 때에 다다라서 모름지기 자세히 살핌이 중요하다. 만일 원기와 피가 편안하고 평소에 다른 병증이 없는 경우는 비록 계절과 관련된 사기에 감염되어도 바로 잘 사기를 억제하기 때문에 열이 일어남이 고르고 더디며 땀이 조금만 나와도 정신과 기운이 맑고 상쾌하며 대변·소변이 고르게 되고, 얼룩점이 보이면 두루 통하여 막힌 데가 없어 흩어지고, 빠르지도 않고 느리지도 않아 가볍게 되어 쉽게 치료할 것이다. 만일 평소에 풍사와 한사가 겹치고 먹은 것이 체하면 표증과 이증이 한데 뒤섞여 한번 양경에 침범한 사기에 감촉되어 화기가 왕성한 기운이 안과 밖에서 합

---

[27] 도씨(涂氏): 『백대의종(百代醫宗)』을 저술한 도신(涂紳)을 가리킨다.

쳐 일어나고 바로 사기를 억제할 수 없으면 반드시 열이 몹시 나고 땀이 없어 가슴속이 달아오르고 답답하며 입이 마르고 생명 활동 기능이 맑지 않고 대변이 막히고 오줌이 잘 나오지 않으며 얼룩점이 보여도 두루 통하여 거두어 흩을 수 없고 더러 몹시 급하면, 무거운 증세가 되어 치료하기 어려운 경우인 것이다."

풍씨(馮氏)[28]가 말했다.

"머리와 얼굴에 먼저 보이고 다음 두 턱에 드러나 돋아나오고 곧 발에 이른다. 모양은 겨자 같고 빛깔은 복숭아꽃 같다. 2, 3번에 일제히 드러남을 지으면 생명 활동의 기능이 편안해 숨쉬고 마시고 먹음도 편안하고 대변·소변도 고르게 되는 경우는 순조로운 증세인 것이다. 머리와 얼굴에 발진이 드러나고 알갱이가 살지고 담홍색이 많고 마른 것을 눅여 주어 3일 만에 차차 없어지는 경우는 가볍다. 두 턱에 드러내기 어려운 경우는 증세가 무겁고, 두 턱에 자줏빛 구름같이 조각을 이룬 경우는 증세가 무겁다.

2—8. 날짜와 시기

만전(萬全)이 말했다.

"홍역이 돋았다 없어짐은 일반적으로 육시(六時)로 표준을 삼는다. 가령 자시(子時) 뒤에 돋아나오면 오시(午時) 뒤에 곧 거두고 오시 뒤에 돋아나오면 자시 뒤에 곧 거두는데, 이는 양기가 생겨나서 음기에서 이루어지고 음기가 생겨나서 양기에서 이루어진다는 조화의 자연스런 숫자인 것이다."

황렴(黃廉)과 손일규(孫一奎)의 설도 같다.

마지기(馬之騏)가 말했다.

---

[28] 풍씨(馮氏): 중국 청(淸)나라 때 의사 풍조장(馮兆張)을 가리킨다.

"홍역의 발진이 돋아나오지 않았을 때 열이 일어나서 게우고 설사함이 한데 뒤섞이고 3일 안에 나오며 귀 뒤와 목 위, 허리와 넓적다리나 정강이에 먼저 돋아나오되 하루 3차례 나오고 이틀 만에 거듭 6차례 나오고, 따라 나왔다 따라 없어지며 3, 4일 만에 바야흐로 거두는 경우는 순조로운 증세인 것이다."

이헌길(李獻吉)의 설도 같다.

섭상항(聶尙恒)이 말했다.

"홍역의 증세는 하루 3차례 돋아나오고 3일 동안에 9차례 돋아나오면 순조롭게 된다.

이천(李梴)이 말했다.

"홍역의 얼룩점은 5~6일에 바야흐로 돋아나오고 모양은 삼씨와 같고 온몸에 두루 빈 곳이 없으며, 처음 열이 난 3일 만에 발진이 돋아나와 부풀고 3일 만에 함께 나왔다가 없어지고, 없어졌다가 또 나오고, 돋아나왔다 없어지기를 하루 밤낮쯤(24시간) 한다."

장개빈(張介賓)이 말했다.

"홍역은 열이 난 지 5~6일에 이른 뒤에 일제히 솟아나온다. 홍역의 발진이 돋아나옴은 3~4일에 구애받지 않으며, 또한 더러 6일 만에 처음 나오기도 하며, 나왔다가 없어짐이 하루 밤낮쯤(24시간) 한다. 세상 풍속에서 일컬은 1일에 3차례 나오고 3일 동안 9차례 나온다고 하는 것이다.(다음 제4편 비슷한 증세의 구별에 자세하다.─원주)

경씨(景氏)29)가 말했다.

"열이 크게 일어나서 5~6일이 지난 뒤에 붉은 얼룩점이 온몸에 돋아 삼(麻) 같고 말(藻) 같은데 세상에선 1일에 3차례 나오고 3일 동안 9차례

---

29) 경씨(景氏): 중국 청(淸)나라 때 의사 경일진(景日昣)을 가리킨다.

나온다고 일컫는다."

전씨(錢氏)가 말했다.
"몸에 열이 2~3일 동안 나거나 더러 4~5일 동안 난 뒤에 처음으로 얼룩점이 살갗 위에 보인다."

만전(萬全)이 말했다.
"홍역의 발진이 돋아나올 징조는 처음 열이 나고 1일에서 다음날 닭이 울 때에 이르러 그 열이 곧 그친다. 그치고 나서 손·발 바닥과 가슴에 약한 열이 남아 있고 차차 기침이 나고 멀건 콧물이 흐르고, 더러 뱃속에 아픔이 일어나 먹는 음식이 차차 줄어든다. 신시(申時: 오후 3~5시)·유시(酉時: 오후 5~7시) 사이에 이르면 그 열이 다시 오고, 이와 같은 경우가 4일이 되면 손을 써서 가득히 머리털을 누르고 그 끝에서 몹시 열이 나고 그 얼굴 위에는 열이 조금 2~3분 줄어들며 기침 소리를 연달아 내고 얼굴이 마르고 뺨이 붉고 눈 속에 눈물이 많고 재채기가 자주 일어나며 더러 갑자기 콧속에서 피가 나온다. 5일에 이르면 그 열이 밤낮을 가리지 않고, 6일 이른 시각에 그 발진이 두 뺨 아래에 돋아나옴이 있고 촘촘한 붉은 얼룩점이 오시(午時: 오전 11~오후 1시)에 이르러 두 손과 등·허리 아래에 이르고 온몸에도 빽빽이 함께 붉은 얼룩점이 미친다. 7일에는 두루 널리 치켜들어 발진이 미친다. 그 콧속에선 맑은 콧물이 흐르지 않고 재채기 또한 운행하지 않고 7일 늦게서는 두 뺨과 얼굴빛이 점차 연해진다. 이것이 발진이 돋아나오는 중요한 법을 징험한 것이다."

만전(萬全)이 말했다.
"대개 홍역은 열이 난 지 6일이면 발진이 돋아나오니, 일정한 규칙인 것이다. 만일 의사가 식견이 없어 약을 씀이 너무 일러 원기를 해쳐 없애면 발진이 돋아나올 때에 이르러 변화되어 해침이 많은 것이다. 더러 기침이 변하여 숨찬 증세가 되고 또는 돋아나온 지 1~2일에 곧 숨어버리고, 또는 큰 설사를 일으키고, 또는 눈을 감으면서 숨이 차면 이는 의사가 약을 씀이 적당치 않아 해친 것이다. 우리 집안의 치료법은 일정하게 5일 안에 약을 씀에 있지 않고 반드시 발진이 나타나기를 기다려 바야흐로 천천히 겉에 이루어지면 약을 쓰되 또한 차례가 있다. 무릇 한 약제를 반드시 만들어 10여 차례 먹고, 더구나 발진이 살갗 사이에 있어서 만일 1차례 약을 먹일 때 약의 성질이 너무 빨리 재촉하는 것이면 늘 헛소리를 하고 가슴이 답답함을 이루기 때문에 마땅히 조심해야 한다."

장개빈(張介賓)이 말했다. "이를 살피건대, 진실로 만전의 마음 깊이 깨달은 방법인 것이다. 그러나 의사에는 위아래가 있고 약에도 마땅하거나 부적합함이 있으니, 다만 참으로 확실하게 나타남이 있고 참으로 돋아나서 부적합함이 없게 하려면, 발진이 돋아나오기 전에 더러 병인을 풀거나 또는 보하면 반드시 그 병인이 숨어 없어지는 경우가 있다. 이미 돋아나온 이후에 또한 반드시 훌륭히 치료하는 방법이 있다. 그러나 위급하여 이렇게 치료하지 못할 경우 이는 훌륭하거나 좋지 않음에 있고 더러 이르거나 이르지 않음을 꺼리지 않는다. 항상 보면 평범한 무리의 의사가 잘못 치료하는 경우가 많은데, 이는 참으로 약을 알맞게 먹일 줄 모르는 의사인 것이다."

만전(萬全)이 말했다.
"모든 홍역의 열은 5~6일에 반드시 발진이 돋아나온다. 의사가 약을 써도 잘 흩어 없앨 수 없음을 보고, 부모는 약이 효험이 없는 줄 알고, 의사가 열과 기침을 없앨 수 없음을 보고, 더러 다른 증세로 이를 치료하는 줄 알고, 주인집에서 또 더러 의사를 바꾼다. 이것이 세상에서 홍역을 잘못 치료하는 경우가 많은 까닭이다."

경일진(景日昣)의 설도 같다.

마지기(馬之騏)가 말했다.

"열이 일어나 1~2일 만에 발진이 돋아나오는 경우와 5~6일 만에 돋아나오는 경우와 7~8일 만에 돋아나오는 경우가 있다."

왕긍당(王肯堂)이 말했다.

"홍역은 열이 일어난 지 10일에 이르러 발진이 처음 보이는 경우도 있다.

홍역의 열이 일어남은 많게는 11~12일에 이르고 적어도 또한 5~7일에 이른다."

이헌길(李獻吉)이 말했다.

"홍역에 처음 열이 나고 발진이 나오고 발진을 거둠이 각기 3일씩이고 모두 9일에 결말을 짓는 경우는 순조롭고, 그 위중한 경우는 이 기한에 얽매이지 않는다.

발진이 6~7일이 지나도 잘 돋아나오지 않는 경우는 위중하다. 만일 땀이 있으나 몸의 원기가 평소와 같고 가슴속이 달아오르며 답답하지 않은 경우는 비록 8~9일, 더러 10여 일에 이르러 점점 발진이 돋아나와도 모두 지장이 없다."

2—9. 초열(初熱)

만전(萬全)이 말했다.

"홍역의 증세는 그 처음 열이 일어날 때는 상한(傷寒)과 더불어 서로 비슷하다. 다만 홍역은 얼굴과 뺨이 붉고 기침과 재채기가 나며 멀건 콧물이 흐르고 눈 가운데서 눈물이 흘러나오고 하품을 하고 꾸벅꾸벅 존다. 더러 게우고 설사하며 또는 손으로 눈썹과 눈, 얼굴과 코를 두드리는 데는 마땅히 승마갈근탕(升麻葛根湯: 1—1)을 쓴다. 상한병으로 여기고 함부로 땀을 내고 설사함을 쓰면 안될 것이다. 땀을 내면 그 열이 보태져 코피가 나오게 되고, 가래에 피가 섞여 나오게 되고, 입안이 헐어 목구멍이 아프게 되고, 눈이 붉게 되어 아프고, 가슴속이 달아오르면서 답답하게 되고, 대변·소변이 통하여 내려가지 않게 된다. 하법(下法)을 쓰면 그 속이 허약해지니 설사를 하거나 내려가는 것이 막히게 된다. 『내경(內經)』에 말하기를 '반드시 먼저 그 해의 오운육기를 살피고 사람의 원기를 정벌함이 없어야 한다' 함은 함부로 땀을 내고 설사시키면 안된다는 말인 것이다."

공정현(龔廷賢)과 황렴(黃廉)·손일규(孫一奎)의 설도 같다.

마지기(馬之騏)가 말했다.

"홍역이 처음 일어날 때는 대개 상한병과 비슷하나 그러나 상한병과 멀리 다르다. 대개 그 추움이 더해지고 높은 열이 나고, 머리가 아프고 눈 언저리가 붉고 눈도 충혈되어 붉고 뺨도 붉고, 몸뚱이가 아픈 것이 이것과 대략 비슷한 것이다. 홍역의 실체는 그 화사의 열이 몹시 왕성하고, 기침과 재채기가 많고, 멀건 콧물이 흐르고, 눈빛이 물과 같고, 눈꺼풀이 붓고, 목자에 눈곱이 끼고 눈물이 가득 괴고, 속이 메스꺼워 헛구역이 나고, 항상 물을 마시고 싶고, 더러 느침을 흘리고 게우고 설사하며, 음식을 먹으려 하지 않고, 대변이 급하나 소변이 잘 나오지 않으면 모두 열로 말미암아 이루어진 까닭이나 상한과 멀리 다르게 됨이다. 병증의 조짐이 분명치 않고 비슷함이 의심될 때 다만 일정한 시간에 열이 느껴지면 곧 승마갈근탕(升麻葛根湯: 1-1)에 자소·총백 한 뿌리를 더함이 마땅하다. 더러 삼소음(蔘蘇飮: 1-8)에 인삼·반하·진피를 없애고, 배가 아프면 또한 진피를 쓰고 사인(砂仁)을 더한다. 이불을 덮어 겉에서 약간의 땀을 얻고 머리에서부터 발까지 바야흐로 차차 줄면 옷을 벗겨 살갗에 막힘이 없이 잘 통하게 하여 땀구멍과 살갗이 막힘없이 열려야 스스로 병인의 머묾이 없어지면서 발진이 쉽게 돋아나온다. 만일 돋아나오지 않음이 있어도 또한 겉에 거듭 땀을 내게 해서는 안된다.

만전(萬全)이 말했다.

"처음 열이 난 증세에 또 얼굴이 붓고 눈꺼풀도 붓고 토하고 마음이 안타깝고 잠시 서늘하다 금방 뜨겁고, 손발이 조금 차며, 밤에 드러누우면 놀란 듯이 가슴이 두근거리는 경우 이는 곧 홍역의 발진이 돋아나올 조짐이다. 문득 병인을 풀어 없애고 사기를 흩는 등의 약이 마땅하며 속에 머물러 있지 않게 해야만 거의 다른 앓음이 없다. 또 모든 이 발진 증세는 반드시 그 얼굴이 붉고 가운뎃손가락이 차거나 기침이 많다. 또 반드시 큰 열이 난 5~6일 뒤에 붉은 얼룩점이 온몸에 보이는데 이것이 그 천연두나 상한병과 더불어 다름이 있는 것이다."

만전(萬全)이 말했다.

"홍역의 처음에 열이 일어남은 상한병과 더불어 서로 비슷하다. 가령 손발이 조금 약간 차고 추위를 느끼고 찬 것을 싫어하나 땀이 없으며, 얼굴빛이 검푸르며 아픔이 흩어지지 않고 왼편 이마에 푸른 무늬가 있는 경우는 상한의 열인 것이다. 손발이 조금 약간 따뜻하고 열이 일어나고 땀이 있고 얼굴이 붉게 빛나는 경우는 상풍(傷風)의 열인 것이다. 모두 성성산(惺惺散: 2-5)으로 땀을 내어 겉에 있는 사기를 없앰이 마땅하다. 눈꺼풀이 부은 것이나 오른뺨에 푸른 힘줄이 있고 열이 머리와 이마·복부에 가장 심하게 일어나고, 더러 구토와 복통을 겸한 경우는 음식에 다친 열인 것이다. 비급환(備急丸: 23-10)으로 설사시킨다. 얼굴빛이 푸르게 붉고 이마 한가운데 무늬가 있고, 손바닥 가운데 땀이 있고, 때로 놀람과 슬픔을 일으키고, 손의 낙맥(絡脈)이 미약하게 움직이면서 열이 일어나는 경우 이것은 열에 놀란 증세이다. 사청환(瀉青丸: 23-9)·우황청심환(牛黃淸心丸: 23-3)을 주약으로 삼는다. 몸의 열이 배나 더하고 잘 먹으나 입술이 붉고 뺨도 붉으며 대변이 딱딱하고 소변이 잘 나오지 않고 겨드랑이 아래 땀이 나는 경우 이는 풍사와 열사가 겹친 것이다. 선풍산(宣風散: 19-9)을 주약으로 삼는다. 이상과 같은 여러 가지 열을 오래도록 없애지 않아 안과 밖에서 감촉되어 일어나면 홍역의 병인이 쌓여 또한 능히 사이를 타고 나온다."(이 문단을 살펴보건대, 곧 홍역을 분별하여 아는 것이고 홍역을 치료하는 것은 아니다.―원주)

주지암(朱之黯)이 말했다. "앞의 약은 바로 짐작해 씀이 마땅하고 함부로 쓰거나 지나치게 쓰면 안될 것이다."

만전(萬全)이 말했다.

"모든 홍역은 처음 열이 나서 진짜와 비슷한 사이라도 모두 경솔하게 약을 쓰면 안된다. 만일 다른 병세가 있으면 반드시 5일 동안 기다려 뺨 아래의 발진을 보고 바야흐로 겉의 사기를 위로 끌어올리는 약제를 쓸 수 있다. 기침이 많고 연달아 재채기를 뿜어내고, 더러 코피를 흘리고 음식을 먹음이 줄어들고 시원한 물 마시기를 좋아하는 데는 다만 음식으로 조섭함이 마땅하고, 밀가루 음식과 파·마늘 등 매운 채소와 비린내 나는 고기와 생선을 경계한다."

맹하(孟河)가 말했다.

"홍역이 처음 일어나 열이 나고 발진이 보이지 않을 때 2~3일이나 더러 4~5일 안에 또는 어머니의 사창이나 풍진과 관계 되면 모두 방풍발표탕(防風發表湯: 2−8)을 달여 먹음이 마땅하다. 이 약은 땀을 내서 겉의 풍사를 없애고 열을 내리는 성질이 찬 약이다."

섭상항(聶尙恒)이 말했다.

"홍역의 한가지가 처음 일어나 눈이 희고 붉은 빛깔이 되고 소리가 나오지 않고 입술이 붓고 갈증을 일으키고 허리가 아프고 배가 불러오고 사람이 지켜야 할 예의가 맑지 않고 입과 코에서 피가 나오고 가슴이 답답하고 어지러워서 미친 듯이 소리지르고 편안치 않음은, 이는 막혀서 나가지 않은 데에 관계되어 폐증(閉症)이라 부르며 가장 치료하기 어렵다. 약을 먹은 뒤에 만일 잘 나타나 나오는 경우 더러 살 수 있다. 코 안에서 피가 흐르는 경우 병인이 무겁고, 입 안에 피가 나오는 경우 병인이 더욱 무겁다. 처음 일어나서 손발의 가운데 만일 화사와 열사가 보통이 아닌 경우도 병인이 또한 무겁다."

허준(許浚)이 말했다.

"홍역의 처음 증세는 머리가 아프고 몸이 쑤시고 추위를 느끼고 찬 것을 싫어하며 높은 열이 지속되며, 머리와 얼굴과 몸뚱이가 붉게 붓고 가렵고 아프며, 온몸에 헌데나 부스럼이 나고, 정신이 희미하고 어지러우며 가슴속이 달아오면서 답답하여 헛소리를 하고 심하면 미친 듯이 날뛰고 더러 목구멍이 붓고 아프며 막힌다."

만전(萬全)이 말했다.

"한사와 열사가 함께 일어나 머리가 아프고 등이 뻣뻣할 경우는 승마갈근탕(升麻葛根湯: 1-1)에 강활·방풍·연교를 더한다. 머리와 목과 얼굴이 부은 경우는 승마갈근탕(1-1)에 우방자·형개를 더한다.(景本에는 또 백지·방풍을 더했다.—원주) 만일 맥이 굳세고 화사가 왕성하고 실열로 갈증이 나는 경우 마땅히 성질이 시원한 약으로 그 화사를 내리려면 백호탕(白虎湯: 6-1)을 더하거나 줄여서 쓴다. 저절로 땀이 나고 가슴이 답답하여 입안이 마르고 갈증이 나며, 기가 몰려 통하지 못해 맥이 빠른 경우는 화반탕(化斑湯: 6-6)을 쓴다."

이천(李梴)이 말했다.

"홍역의 발진이 처음 일어나면 승마갈근탕(1-1)에 파와 자소를 더해 살갗에 땀을 내서 사기를 내보낸다. 절대로 크게 땀냄을 금지할 것이다. 얼룩점이 붉지 않은 경우도 또한 마땅히 쓴다. 이는 곧 홍역 초기의 효험이 신통한 약방문인 것이다."

공정현(龔廷賢)의 설도 같다.

"더러 소갈탕(蘇葛湯: 1-9)을 씀도 또한 좋다. 더러 가미패독산(加味敗毒散: 4-6)으로 겉에 땀을 낸 뒤 몸이 서늘하면 붉은 흔적이 저절로

없어진다.(살피건대, 이것은 斑疹을 가리킨 듯하다.—원주)

왕긍당(王肯堂)이 말했다.

"홍역의 열이 일어난 처음에는 얼굴이 부석부석하고 뺨이 붉은데,(萬全의 설과 같다.—원주) 가벼운 경우에는 사백소독산(瀉白消毒散: 5-4)으로써 주약으로 삼고,(瀉白散에 三味消毒散을 합한다.—원주) 증상이 무거운 경우는 가미금불초산(加味金沸草散: 13-5)으로써 주약을 삼는다. 설사나 이질을 겸한 경우는 승마갈근탕(升麻葛根湯: 1-1)을 합하되 백지(白芷)로써 갈근을 대신한다. 이 처방은 내가 처음으로 세운 치료법인데 이를 쓰면 효험이 반드시 있는 것이다. 곧 매우 위태로운 병세에도 지킴을 잃지 않으면 끝내 반드시 구제한다. 늘 여러 가지 책과 정한 바 처방 따위를 보면 모두 맛이 쓰고 성질이 차거나 맛이 맵고 성질이 서늘한 약제로 땀을 내어 겉에 있는 사기를 없애고 증세에 따라서나 경과에 따라 약을 씀을 다하지 않으면 아마 죄를 물어 처벌함이 있어야 지나친 실수가 없으리니, 쓰는 자는 자세히 알아야 한다."

장개빈(張介賓)이 말했다.

"홍역의 열이 처음 일어나면 옛법에서는 승갈탕(升葛湯)을 써서 겉에 있는 병인의 사기를 땀을 내어 없앴으나, 내가 만든 투사전(透邪煎: 2-2)으로 이를 대신하면 더욱 좋다. 더러 시귀음(柴歸飮: 2-1)도 또한 묘약이다. 다만 살갗에 막힘이 없이 잘 통하고 주리(腠理)를 막힘이 없게 잘 열도록 하면 홍역의 병인이 쉽게 나간다."

"홍역과 창양으로 몸의 겉과 속에 함께 열이 있으면 마땅히 병인을 흩어 없애고 음이 허한 것을 보함에는 시갈전(柴葛煎: 1-10)을 먹음이 좋다. 처음 열이 일어나면 모든 혈분의 기운이 강하고 왕성하여 신음을 보하여 도울 수 없는 경우 홀로 사기를 푸는 데 마땅한 소사음(疎邪飮: 2-3)을 써서 승갈탕(升葛湯)·소갈탕(蘇葛湯) 등의 처방을 대신함이 가장 타당하다."

114

이헌길(李獻吉)이 말했다.

"처음 열이 일어날 때는 모름지기 승갈탕(升葛湯)을 쓰고, 그러나 만일 설사를 하고 배가 아프고 경련을 일으키는 경우는 지나치게 쓰지 말라."(『痲疹奇方』을 살피건대, 이는 東垣 李杲의 경계인 것이다.—원주)

또 말했다.

"승갈탕에 마땅히 맥문동을 더하고, 추분날 이후는 육부의 기운이 차차로 왕성해지고 더운 열이 또한 물러가니 맥문동을 반으로 줄여도 괜찮다. 허약해서 땀이 나는 경우는 파와 자소를 없애고, 또 무릇 속이 메스껍고 게우며, 물을 계속 들이켜고 느침을 흘리고 설사를 하며, 더러 소변이 잘 나오지 않고 곱똥과 피고름이 섞인 대변의 이질은 모두 열사에 의해 생긴 병증인 것이니, 조심하고 성질이 뜨거운 약을 쓰지 말라."

장개빈(張介賓)이 말했다.

"홍역에 찬 기운이 병을 일으키는 사기로 된 상한병이 있어 머리와 몸뚱이가 아프고 목과 등이 오그라들고, 추위를 느끼고 찬 것을 싫어하고 구토하고 복부가 아프며 찬 기운이 지나치게 왕성한 병세에는 마땅히 오적산(五積散: 20-10)으로 따뜻하게 하여 찬 기운의 사기를 흩어 없앤다.(살피건대, 오적산은 조사와 열사가 겹쳐서 홍역을 치료하는 경우에 마땅한 것이 아니다.—원주)

2—10. 발진(發疹)이 돋아나옴

만전(萬全)이 말했다.

"천연두의 구슬진은 다 일어나야 머물지 않게 되고, 홍역의 발진은 다 돋아나와야 병이 없다. 사기가 울체되어 막히면 머물러 사라지지 않게 되고, 정기가 다치면 피곤함이 펴지지 않게 되니 병독이 오장으로 돌아가 변하여 네 가지 병세가 있게 된다. 비장으로 돌아가면 설사가 그치지 않고, 심장으로 돌아가면 가슴이 답답하며 열이 나서 물러가지 않아 경련을 일으키고, 폐장으로 돌아가면 기침이 나고 피가 나오고, 신장으로 돌아가면 잇몸이 문드러지며 몸이 여윈다."

만전(萬全)이 말했다.
"천연두의 구슬진은 3~4차례 나옴이 귀하며 고르게 나왔다 일컫고, 홍역의 발진은 일제히 솟아나옴이 귀하며 다 나왔다 일컫는다. 홍역은 다만 발진이 돋아나옴을 얻음이 중요하고 문득 가볍게 줄어들고, 불로써 비추어 보면 온몸이 붉게 칠한 모양같이 되면 이것이 장차 돋아나올 조짐인데, 돋아나온 모양이 작고 빽빽하기가 천연두와 더불어 빽빽한 것이 서로 비슷하다. 다만 홍역은 따라 나왔다가 따라 없어지니 천연두가 점차 자라 커지는 것과 같지 않다. 나온 모양은 산뜻하고 밝은 홍색으로 상한병의 반진과 서로 비슷하다. 다만 발진은 알알이 창양을 이루고 반진의 살갗이 붉게 조각을 이룸과 같지는 않고 모기와 벼룩에 물린 자죽과 같은 것이다."

만전(萬全)이 말했다.
"홍역의 발진은 다만 잘 돋아나올 수 없음이 두려운데, 만일 다 돋아나오면 병인이 문득 풀려 없어지기 때문에 홍역을 치료하는 경우 열이 일어날 때에 마땅히 계절에 따라 치료해야 할 방법인 춥고 더움을 살펴 헤아려서 치료한다. 몹시 춥거나 뜨겁고, 춥지도 뜨겁지도 않을 때 각기 계절에 따라 치료해야 할 방법에 맞는 약을 쓰고,(앞의 2-5. 계절에 따른 치료법에 자세하다.—원주) 만일 한 약제로 다 돋아나오지 않으면 거듭 본 약제를 이끌어 발진케 하고 겉에는 호수주(胡荽酒: 21-6)를 쓴다. 또 저마잠주(苧麻蘸酒)로 온몸을 두드려 빨리 돋아나오도록 하고, 만일 3~4차례 짓고 다시 나오지 않고 복부 가운데가 더 부풀고 아프며 숨이 차고 정신이 흐리멍덩하고 마음이 답답하여 헛소리를 하는 경우는 죽을 병세인 것이다."

장개빈(張介賓)이 말했다. "이를 살펴보건대, 만전(萬全)의 치료법은 대단히 계절에 따른 제도의 마땅함을 잘 얻어 이미 땀을 내어서 겉에 있는 사기를 없애는 뜻을 다했다. 그러나 땀을 내어 겉에 있는 사기를 없애는 뜻은 또한 가장 쉽지 않으니, 곧 만일 영위(營衛)가 부족하여서 발진이 잘 돋아나올 수 없는 경우는 그 병세가 매우 많다. 만일 헛되이 돋아나오게 함만 알고 이를 자보함을 알지 못하면 영위에 허약함이 있는 경우 다만 잘 돋아나지 않을 뿐만이 아니다. 그러나 또 필시 그 병의 근원을 궁구하여 이것이 아마도 비장과 위장에 있거나 또는 혈기(血氣)에 있으면 반드시 그 생명 활동의 기능을 얻어 거의 구제함이 있겠다. 가령 상한병의 삼표법(三表法)은 실제로 또한 이에 관계됨이 있다."

황렴(黃廉)이 말했다.

"홍역의 발진이 일어나면 마땅히 계절에 따라 해야 할 치료 방법에 맞는 약을 써도(앞의 2-5 계절에 따른 치료법에 자세하다.—원주) 만일 발진이 오래 끌고 돋아나오지 않고 털구멍이 다 막혀 살갗이 메마르고 병인의 사기가 속에 몰려서 몹시 답답한 데에는 급히 마황산(麻黃散: 5-10)으로써 일어나게 한다."

손일규(孫一奎)가 말했다.

"계절에 따라 해야 할 치료 방법에 맞는 약을 써서 땀을 내어 겉에 있는 사기를 없애서 발진이 따라 보이면 좋은 증상이다. 만일 발진이 돋아나오지 않으면 거듭 발산시켜야 하니, 가령 가미마황산(加味麻黃散: 5-10) 따위를 쓰고 겉에는 호수주(胡荽酒: 21-6) 술지게미로 후끈 달도록 문지른다. 만일 더디고 오래 끌며 돋아나오지 않으면 복부가 부풀고 숨이 차서 어지럽고 답답하고 가슴속이 달아오며 편안치 않아 버둥거리면서 죽는다."

왕긍당(王肯堂)이 말했다.

"홍역의 발진으로 열이 일어날 때는 마땅히 해당 계절의 주요 기후의 춥고 따뜻함을 살펴서 계절에 따른 치료법에 맞는 약을 헤아려 치료한다.(萬全의 말과 같다.—원주) 가령 전염성의 운기를 아울렀으면 인삼패독산(人蔘敗毒散: 4-3)으로 발진이 일어나게 한다."

주지암(朱之黯)의 설도 같다.(다만 李氏敗毒散[4-5]을 쓴다.—원주)

장개빈(張介賓)이 말했다.
"발진 처음에 붉은 얼룩점이 보이고 1일에서 3일에 이르면 마땅히 승마투반탕(升麻透斑湯: 6-10)을 먹는다."

맹하(孟河)가 말했다.
"홍역의 발진이 벌써 모양을 드러낸 1~2일 안에는 마땅히 해독쾌반탕(解毒快斑湯: 6-9)을 먹는다."

섭상항(聶尙恒)이 말했다.
"홍역의 발진이 처음 열이 일어나서 돋아나오려 하다 돋아나오지 않는 경우는 마땅히 선독발표탕(宣毒發表湯: 2-9)을 쓴다."
적량(翟良)이 말했다. "이 처방은 겉에 있는 풍사를 없애고 성질이 찬 약으로 겉을 열어 열을 내리고 원기를 너그럽게 해 병독을 통하여 나가게 하나 한 순수한 맛이 없으면 안되니 대단히 짐작하여 헤아린다. 홀로 승갈탕(升葛湯)을 쓸 경우 힘은 크나 세차지 않아 널리 쓰되 이것저것 섞지 않는 것이 참으로 효과가 신통한 처방인 것이니 의사는 꼼꼼한 마음으로 살필 것이다."
전씨(錢氏)의 설(다음 2-14. 열의 조짐에 자세하다.—원주)

옹중인(翁仲仁)이 말했다.
"열이 일어나고 기침이 날 때 쾌하게 나오지 않음이 있을 경우는 마황탕(麻黃湯: 5-8) ①과 강활탕(羌活湯: 35-4)·소독음(消毒飮: 4-8)을 써서 땀을 내어 겉에 있는 사기를 없애 병인을 풀고 겉에는 호수주(胡荽酒: 21-6) 술지게미로 후끈 달게 문지른다."

손일규(孫一奎)가 말했다.
"홍역의 발진이 일어나지 않고 살갗에 숨어 있으면 매화(梅花) 37.5g, 사과(絲瓜) 18.75g, 도인·감초·진사 각각 7.5g을 늘 1.875g씩 삼소음(蔘蘇飮: 1-8)에 넣어 먹는다.

이헌길(李獻吉)이 말했다.
"올해의 홍역의 발진은 머리와 얼굴에는 쉽게 돋아나오나 허리 아래는 끝내 빠르게 돋아나오지 않아 더러 10여 일에 이르고, 기침이 나고 가슴속이 달아오면서 답답하고 편안치 않고, 회충 등의 증세가 포개어 발생함이 많기에 이르면 치료하기 어렵다.
머리와 얼굴에 돋아나오고 팔다리에 돋아나옴이 빠르지 않은 경우 방풍(防風)으로 일어나게 할 수 있다. 소독산(消毒散: 4-9)에 방풍을 곱절을 넣고, 더러는 승갈탕(升葛湯)에 방풍을 넣고, 태양 좌우(얼굴 부위—원주)에 돋아나옴이 빠르지 않은 경우는 형방감초탕(荊防甘草湯: 14-8)을 주약으로 삼는다. 양명 좌우(눈 아래 코 곁—원주)에 돋아나옴이 빠르지 않은 경우 승갈탕(升葛湯)에 시호를 넣어 주약으로 삼는다. 팔다리에 돋아나옴이 빠르지 않은 경우 땀이 있고 없고를 따짐이 없이 방작감초탕(防芍甘草湯: 14-7)이 더욱 신비하고 이상한 효험이 있다.(이『痲疹奇方』의 말을 살펴보건대, 王好古의 斑論인 것이다. 다만 본문에 陽明에 돋아나옴이 빠르지 않은 경우는 升痲紫草湯을 주약으로 삼는다.—원주)
한 책에 이르기를 "무릎 이하에 돋아나오지 않는 경우는 방작감초탕(防芍甘草湯: 14-7)을 쓴다."

이헌길이 말했다.
"발진이 돋아나왔으나 온몸에 잘 드러나지 않았을 경우 소독산(消毒

散: 4-9)이 마땅하고 또한 목구멍을 치료함에는 마씨소독음(馬氏消毒飮: 4-8)이 마땅하다. 약제를 배합하기에 적합치 않으면 쓸 수가 없다. 만일 풍사·한사·서사·열사에 감촉되어 일어난 빌미를 겸했으면 주씨소독음(朱氏消毒飮: 4-10)으로 치료할 수 있고, 모두 가을·겨울이라도 다름이 없으니 없애면 안된다.

열이 몹시 왕성하면서 발진이 돋아나오지 않는 경우는 승갈탕(升葛湯)에 백호탕(白虎湯: 6-1)을 합하고 현삼 5.625g을 더한다."(이름은 升葛化斑湯이라 이른다.—원주)

조씨(趙氏)30)가 말했다.
"임구현(臨朐縣)의 한 소아가 홍역에 걸렸는데 발진이 드러나지 않아 내가 형방패독산(荊防敗毒散: 4-4)을 써서 치료하자 발진이 일어나 드러나자 나왔다."

묘희옹(繆希雍)이 말했다.
"만일 평상시에 홍역이 일어나 발진이 돋아나오지 않고 숨찬 기침으로 부대껴 안타깝게 괴로워하고 어지러운 데는 독성산(獨聖散: 곧 서하류 잎을 바람에 말려 가루낸 것 15g—원주)을 물에 타서 한번에 먹으면 그 자리에서 다스려진다."
장유(長孺) 급암(汲黯)이 말했다. "독성산은 신비스런 처방인 것이다."

공신(龔信)이 말했다.
"홍역에는 총백탕(葱白湯)을 쓰면 그 발진이 저절로 돋아나온다."
섭상항(聶尙恒)이 말했다. "총백(葱白)을 먹으면 스스로 경련이 일어나는 증세가 없다."

연씨(年氏)31)가 말했다.

---

30) 조씨(趙氏): 중국의 의사 조엽(趙燁)을 가리킨다.

"홍역의 발진이 일어나 머리와 얼굴에 드러나지 않고 눈자위가 부어오르고 숨이 차서 목숨이 눈 깜박할 사이에 있는 경우는 총훈법(葱薰法: 42-6)을 쓰면 곧 병이 완전히 낫는다."

만전(萬全)이 말했다.
"홍역의 증세는 폐장에 속하니 기침이 많으면 급작스럽게 발진이 돋아나오는데 기침을 얻는 경우 돋아나오고, 숨이 참을 얻는 경우 들어가며, 들어가면 빛깔이 희어지면서 병인이 다 나오지 않는다."(다음 3-5. 기침과 숨가쁨에 자세하다.―원주)

묘희옹(繆希雍)이 말했다.
"천연두 뒤에 홍역이 보이는 경우엔 삼류탕(蔘柳湯: 33-7)이 마땅하며 이것이 주약처방인 것이다."
이헌길(李獻吉)이 말했다. "소아가 올 봄에 천연두를 지났는데 또 홍역을 앓는 경우 처음 열이 날 때 승갈탕(升葛湯)에 파와 자소를 더하고, 발진이 몹시 더디게 돋아나와 발진이 분명치 않으며 몸 위에 땀 기운이 대단히 적은 경우는 양영탕(養榮湯: 12-6)을 승갈탕과 번갈아 먹는다. 더러 합해서 먹기도 한다. 천연두에 걸림이 가벼운 경우는 승갈(升葛)을 곱절을 넣고, 위태로운 경우는 사물(四物)을 곱절을 넣으면 만에 하나도 치료를 잃음이 없다.(양영탕 속에 곱절을 넣음을 말한다.―원주)
*한 처방에 천연두 뒤에 앓는 홍역엔 승갈탕(升葛湯)에 방풍·형개수를 더하고, 열이 몹시 나고 목이 마른 경우 인삼백호탕(人蔘白虎湯)과 더불어 서로 사이에 먹는다.―원주

2―11. 출험(出險)[32]

---

31) 연씨(年氏): 중국 청(淸)나라 때 관리이자 의학자인 연희요(年希堯)를 일컫는다.
32) 출험(出險): 위험한 증상으로 돋아나오는 발진.

만전(萬全)이 말했다.

"모든 홍역의 발진에서 다만 다 돋아나옴이 중요한데 다 나오면 병독의 사기가 풀어 흩어져 원기가 화평해진다. 만일 무성하게 열이 일어나 마음이 안타깝고 괴로우며 편안치 않은 것이 뱀같이 재에 있고 지렁이 같이 티끌에 있는 것 같으나, 더러 게우고 또는 물 같은 설사를 하면 이는 병인의 사기가 막혀 도리어 다 나가지 못해 가슴이 답답하고 열이 나는 경우인데 황련해독탕(黃連解毒湯: 3-1)을 쓰고, 게우고 설사하는 경우에는 시호귤피탕(柴胡橘皮湯: 10-10)에 아울러 겉에는 호수주(胡荽酒: 21-6)를 쓰고, 저마잠주(苧麻蘸酒)로써 온몸을 두드려 발진이 다 나오기를 기다리면 가슴이 답답하고 열이 남이 스스로 떠나가고 게움과 설사도 저절로 그친다."

마지기(馬之騏)가 말했다.

"홍역의 발진이 돋아나오지 않았을 때 열이 일어나고 건곽란으로 몸뚱이에서 몹시 열이 왕성하고 발진이 나오려 하다 나오지 않고 살갗과 살에 숨어 엎드리고 일어 돋아나오나 빠르지 않은 경우 증상이 좋지 못하다. 마땅히 승갈탕(升葛湯)에 마황(麻黃)을 더하면 곧 돋아나온다."

이헌길(李獻吉)의 설도 같다.(또 이르기를, 홍역의 발진이 돋아나옴이 빠르지 않고 아울러 병인의 사기가 있는 경우 化斑湯이 마땅하다.─원주)

마지기(馬之騏)가 말했다.

"몸뚱이에 몹시 열이 왕성하고 발진이 숨어 엎드려 돋아나오지 않고, 더러 자주색을 띠나 분명치 않고 또는 도드라지지 않으나 근육은 한가지로 평안하고, 또는 1~2일에 나아가 없어지고 가슴이 답답하고 기침이 나고 이질로 설사하는 경우는 병의 경과가 좋지 않으니, 빨리 마땅히 땀을 내서 겉에 있는 사기를 밖으로 내보내되 급작스러우면 마황탕(麻黃湯: 5-8) ①을 써서 발진이 일어나게 하고, 호수주(胡荽酒: 21-6)를 겉에 문지른다. 느리면 승갈탕(升葛湯)에 석고·황금을 더해 써서 풀어 없앤다."

이헌길(李獻吉)의 설도 같다.(또 이르기를, 비록 발진이 일어났으나 분명치 않고 잇따라 없어지는 경우 마땅히 麻黃湯으로써 땀을 내어서 겉의 사기를 없앤다.—원주)

만전(萬全)이 말했다.

"열이 일어난 6~7일 뒤에 이것이 홍역의 발진이 분명한데 물러나서 돋아나옴이 보이지 않으면 이것은 살갗이 굳고 두텁고 살결이 빽빽하여 막힌 것이고, 더러는 풍사와 한사가 겹쳐 미친 것으로 일찍 게우고 설사시킴이 있어 이에 잠복한 것이다. 재빨리 병인을 밖으로 몰아내 속으로 들어가지 못하게 하고, 땀을 내어서 겉의 사기를 없애는 약제인 마황탕(麻黃湯: 5-8) ①을 쓰되, 행인을 없애고 선태·승마를 더한다. 겉에는 호수주(胡荽酒: 21-6)와 저마잠주로써 문지른다."

"만일 꾸준히 옷을 갈아 입지 않은 경우 병인이 속에 잠복함이 심하면서 돋아나오지 않은 데는 하간양격산(河間涼膈散: 8-7)에 우방자를 더하여 주약으로 삼고 땀을 내어 풀어 없애는데, 거듭 돋아나오지 않은 경우는 죽을 병증인 것이다."

묘희옹(繆希雍)이 말했다.

"겨울에 날씨가 몹시 추워 홍역의 병인이 속에 몰려 있고 드러나 돋아나올 수 없는 경우는 정전갈근탕(樫前葛根湯: 1-5)에 마황을 더한다."(다음 3-5. 기침과 숨가쁨에 자세하다.—원주)

왕긍당(王肯堂)이 말했다.

"열이 일어난 6~7일에 도리어 발진이 돋아나옴이 보이지 않음은 곧 잠복한 것이다.(萬全의 설과 같다.—원주) 마땅히 마황탕(麻黃湯: 5-9) ②에 정엽산(樫葉散)을 조절하여 발진이 일어나게 한다. 겉에는 호수주(胡荽

酒: 21-6)를 쓴다. 만일 한결같이 잠복하고 돋아나오지 않으면 칠물승마환(七物升麻丸: 1-7)으로써 땀을 낸다. 만일 가슴이 답답하고 열이 왕성하여 뱀이 재에 있음 같고 병인이 막혀 나가지 않은 데는(萬全의 설도 같다.―원주) 함께 대소무비산(大小無比散: 19-7, 19-8)을 쓸 수 있다. 시호귤피탕(柴胡橘皮湯: 10-10)을 아울러 먹는다."

이헌길(李獻吉)이 말했다.

"처음 열이 일어난 4~5일에 승마갈근탕·마황탕·사물탕 등을 써도 오히려 돋아나오지 않는 경우 및 머리와 얼굴에 붉은 얼룩점이 돋아나오고 목 아래 땀이 없는 경우는 모두 소독산(消毒散: 4-9)이 마땅하다. 만일 가슴이 부대끼고 안타깝게 괴로워하고 뱃속이 꾸불꾸불한 경우 이것은 회충인 것이다. 먼저 황금탕(黃芩湯: 7-3) ③을 쓰고 이어 소독산(消毒散: 4-9)을 쓰면 바야흐로 발진이 일어남을 얻는다.

만일 6~7일에 능히 발진이 일어나지 않는 경우는 위험한 증세이다. 만일 열이 왕성하면서 얼굴에 얼룩점이 겨우 나타나고 목 아래 얼룩점과 땀이 없고, 더러 온몸에 소름이 끼치고 가슴속이 달아오면서 답답하여 죽으려 하듯 몸을 자리에 붙이지 못하고 위태로우면 마땅히 마황탕(麻黃湯: 5-9) ②에 정엽가루 3.75g~7.5g을 조절하여 섞어 먹는다. 몸 겉에는 호수주(胡荽酒: 21-6)를 뿜으면 1첩으로 곧 효험이 있다. 비록 8~9일에 이르러 땀이 있으면서 가슴속이 달아오면서도 답답함이 심하지 않고 몸의 기운이 평소와 같은 경우는 모름지기 쓰지 않는다.

시골에 사는 경우 더러 모근탕(茅根湯)에 다스려 넣거나 정엽 또한 좋다.

이 때 회충 증세를 잘 분별하지 못하면 반드시 실패한다.

마황정엽산(麻黃檉葉散: 5-9)을 써도 오히려 돋아나오지 않는 경우 몹시 위태로우니, 마땅히 칠물승마환(七物升麻丸: 1-7)을 쓴다. 그러나 다만 팔다리에 큰 열이 나고 대변이 통하지 않은 뒤에 먹으며 약간 순조로우면 헤아려 한다."

만전(萬全)이 말했다.

"홍역의 발진이 이미 돋아나왔다가 다시 없어졌는데 풍사와 한사가 겹친 경우 만일 일찍 병인을 다스리지 않으면 반드시 병독이 속으로 들어가 가려움증을 일으켜 죽게 된다. 빨리 승마탕(升麻湯: 1－1)에 형개・우방자・감초를 더해 쓴다.(곧 삼미소독음이다.—원주) 따뜻이 먹으면 발진이 다시 돋아나와서 편안해진다.

만일 우물쭈물하며 돋아나오지 않는 경우는 곧 풍사와 한사가 겹쳐 밖을 묶어 살갗이 빽빽이 닫힌 것이다. 마땅히 형방패독산(荊防敗毒散: 4－4)을 주약으로 삼아 치료한다."

마지기(馬之騏)가 말했다.

"땀을 내어서 겉에 있는 사기를 없앤 뒤에 홍역의 발진이 바로 돋아나올 때를 당해 우연히 큰 바람과 큰 추위를 만나 더러 속을 다쳐 싸늘함이 생겨 홍역의 발진이 살갗 안에 어슴푸레하게 숨어 때로 있고 때로 돋아나오려 하다 돋아나오지 않고 사물의 그림자가 움직임 같은 것을 영진(影疹)이라 이르는데, 빨리 승갈탕(升葛湯)・화반탕(化斑湯: 6－7)을 씀이 마땅하고, 더러 활혈산(活血散: 12－8)으로 치료하면 그 홍역의 발진이 오래지 않아 곧 돋아나온다. 만일 소변이 나오지 않고 열이 몹시 나는 데는 마땅히 사령탕(四苓湯: 15－1)에 치자・목통을 더한다. 만일 빨리 치료하지 않으면 살갗이 닫히고 막혀 병인의 사기가 몰리고 막혀 풀리거나 통하지 않고, 더러 한 조각은 희고 한 조각은 붉고 한 조각은 자주색이 되어 숨이 차고 뱃속이 그득 부풀고 배아픔이 반복되면 어지럽게 변화하여 위태로워 죽음이 즉시 이른다."

마지기(馬之騏)가 말했다.

"만일 발진이 돋아나온 1일에 없어짐은 곧 풍사와 한사가 겹쳐 이르게 되어 갑자기 다 없어진 것이니 빨리 마땅히 소독음(消毒飮: 4－8)으로 치료한다. 만일 빨리 치료하지 않으면 병인의 사기가 속으로 들어가 위중한 증세에 빠지고 가려움증으로 살갗이 문드러져 죽는다."

공정현(龔廷賢)의 설도 같다.(다만 이르기를, 치료하지 않으면 위장이 썩어 문드러져 죽는다.―원주)

옹중인(翁仲仁)이 말했다.

"바람에 일찍 없어짐을 보이고 맑고 시원하지 않은 경우는 마땅히 소독음(消毒飮: 4-8)에 땀을 내어서 겉에 있는 사기를 없애는 약을 더한다. 비록 다시 돌아나오지 않아도 또한 낫기에 이른다."

손일규(孫一奎)가 말했다.

"발진이 돋아나오다 바람을 쐬어 없어진 경우는 빨리 소독음(消毒飮: 5-1)에 승마탕(升麻湯: 1-1)을 합해 따뜻이 먹으면 다시 발진이 돋아나와서 편안해진다."

전씨(錢氏)가 말했다.

"홍역 발진의 모양이 나타난 3일 뒤 차차 없어지고 빠르지도 않고 느리지도 않으면 비로소 병이 없어지게 된다. 만일 1~2일에 발진이 곧 거두어 없어지면 이는 몹시 빠르게 되어 조섭을 삼가지 않기 때문에 더러 풍사와 한사가 겹쳐 이르게 되고, 또는 사기에 더럽히고 부딪쳐 병인을 일으켜서 도리어 속으로 들어가서 위중한 상태에 빠지는데, 가벼우면 가슴이 답답하며 입안이 마르고 갈증이 나며 헛소리를 하며 날뛰고, 무거우면 정신이 혼미하고 어지러운데 빨리 마땅히 형방해독산(荊防解毒散: 41-1)을 먹고 겉에는 호수주(胡荽酒: 21-6)를 쓰고, 따뜻한 옷을 입혀 발진이 돋아나와 드러나도록 하면 바야흐로 목숨을 지킴에 근심이 없다."

공정현이 말했다.

"홍역의 발진이 이미 돋아나왔다 다시 없어지거나 더러 돋아나오되 다 나오지 않고, 마음이 흐리멍덩하고 울음을 그치지 않으면 몹시 위급하며 죽음이 잠깐 동안에 있게 된다. 더러 이질로 설사를 하고 배가 아픈 데는 이선탕(二仙湯: 20-5)을 쓸 수 있다. 언릉(鄢陵) 유맹문(劉孟門)이 전한 것이다."

이헌길(李獻吉)이 말했다.
"홍역의 발진이 돋아나온 1일에 도리어 없어지거나 더러 이미 나타난 3일에 바람을 쐬고 몸에 땀 기운이 없으면서 도리어 찬 기운이 있는 경우는 모두 마씨(馬氏) 소독음(消毒飮: 4-8)이 마땅하다. 만일 바람을 쐬지 않았는데도 심한 경우에는 승갈탕(升葛湯)에서 승마를 없애고 총백·맥문동을 더해 쓴다."

『성호사설(星湖僿說)』에 말했다.
"발진이 잠시 보이다가 문득 숨는 경우는 금은화(金銀花)를 물에 달여 쓰되 용뇌 0.0375g, 진사 1.125g을 타서 따뜻하게 먹으면 갑자기 땀이 번지르르 스스로 흘러 온몸에 발진이 드러난다."

마지기(馬之騏)가 말했다.
"홍역의 발진이 돋아나오지 않았을 때 열이 일어나고 숨이 찬 경우는 위험한 증세로, 마땅히 삼요탕(三拗湯: 20-1)에 불에 달군 석고와 찻잎을 더하면 그 이름이 오호탕(五虎湯: 6-4)인데, 이를 가지고 치료한다."
이헌길(李獻吉)의 설도 같다.

만전(萬全)이 말했다.
"감대문(甘大文)은 늘상 나를 좇아 의술을 배웠는데, 그 큰아들이 열이 일어난 3일에 돋아나오지 않고 몸은 서늘하며 정신이 고달프고 안절부절 못하므로 내가 말하기를 '발진의 병인이 밖으로 나오지 못하는데 다만 속을 서늘하게 하면 양열이 몰린 병인이 속으로 들어가 위중한 상태로 빠지기 때문에 가슴에 열이 몰려서 안절부절 못하는 것이다. 만일 빨리 치료하지 않으면 이 큰아들은 목숨을 지키기 어렵다.' 하고 곧 갈근탕(葛根湯: 1-1) ①을 쓰되 마황·석고를 더해 일어나게 하니, 한번 먹자 발진이 다 돋아나왔는데 흰 빛깔로 붉은 빛이 아니었다. 내가 말하기를 '이 아이는 피가 허약한 것이다.' 하고, 사물탕(四物湯)을 쓰되 방풍을 더하니 다만 약 한 봉지로 다 붉어진 것이다."

묘희옹(繆希雍)이 말했다.
"하소군(賀少君)이 홍역병이 들었는데, 집안 사람이 알지 못하고 오히려 고기 반찬과 밥을 주었다. 내가 그를 보고 놀라 말하기를 '이는 홍역이 몹시 무거운 증세인 경우인데 어찌 쉽게 이를 보는가.' 하고 망호탕(蝱虎湯: 6-5)을 바치게 하여 약 2봉지로 발진이 다 나타나고 전신이 모두 붉었다. 연달아 4봉지를 바치자 발진이 비록 다 돋아났으나 가슴속이 달아오면서 답답하고 편안치 않음이 그치지 않아 형세가 도리어 목숨을 보전할 수 없었는데, 거듭 대제(大劑)인 삼황석고가정엽탕(三黃石膏加檉葉湯: 10-3)을 바치니, 가슴속이 달아오면서 답답하고 편안치 않음이 안정되면서 병이 나았다."

이헌길(李獻吉)이 말했다.
"홍역의 발진이 돋아나오나 빠르지 못하고 즉시 거두어들이면 병인이 속으로 들어가서 위중한 상태이다. 눈이 감기고 배가 몹시 불러오르면서 속이 그득하고 가슴이 볼록하고 더러 반몸이나 또는 온몸이 푸른 자주색으로 썩어 문드러지고 헛소리를 하고 가래가 끓고 숨이 찬 증세에는 왕씨쌍해산(王氏雙解散: 13-7)이 마땅하고, 더러 약가루로써 썩어 문드러진 곳에 바른다.
요사이 여러 번 홍역 앓는 집을 보니, 열이 일어난 처음 5~6일에 가슴이 대단히 부대끼고 안타깝게 괴로워하고 회충이 또 훼방을 놓으면 그 돋아나옴이 반드시 더디고, 더러 이미 돋아나왔다가 사기가 속으로 들어간다. 만일 이런 경우는 먼저 회충을 치료하고 다음에 땀을 내어서 겉에 있는 사기를 없애는 약제를 쓰면 약의 효력이 쉽게 소통되어서 실패함을 이루지 않을 것이다."

장개빈(張介賓)이 말했다.
"발진과 창양에 피와 원기가 충분치 못함에는 마땅히 육물전(六物煎: 12-10)을 쓰면 신통한 효험이 난다.
발진과 창양은 원기가 허약하고 추위에 거꾸로 빠져 이를 악물고 떠는 데에는 육기음(六氣飮: 16-6)이 마땅하다."(살펴보건대, 육기음은 홍역에 마땅히 쓸 바가 크게 아니다.―원주)

2-12. 모양과 빛깔

만전(萬全)이 말했다.
"모든 홍역의 발진이 처음 돋아나옴을 살피는 법은 귀 뒤와 목 위와 허리와 넓적다리 정강이에 많으니, 먼저 그 정수리를 보아 뾰족하나 길지 않고 그 모양이 작으면서 고르고 깨끗한 경우는 좋은 것이다.
홍역과 천연두의 빛깔은 똑같은 등급으로 기준할 수는 없다. 천연두의 구슬진은 담담하게 몹시 붉고 겉의 빛깔이 엷고 쉽게 파열되고 반드시 피부 가려움이 생긴다. 홍역은 통홍(通紅)을 좋아하고,(翟良의 痘科釋意에는 '鮮紅'이라 했다.―원주) 발진이 심장의 붉은 피에서 일어나니 발진은 심장의 바른 빛깔인 것이다."
적량(翟良)의 설도 같다.

전씨(錢氏)가 말했다.
"모양은 삼씨알 같고 빛깔은 복사꽃 같고 사이에 구슬진 종류가 있는 경우 이것이 홍역의 처음 일어나는 형상인 것이다. 모양은 뾰족한데 성글고 드물다가 차차 촘촘하고 빽빽해지고 알갱이가 있으나 뿌리가 없고 은미한 무리가 일어나서 뜨나 물이 생기지 않는다. 이 홍역의 발진이 모양을 나타낸 뒤는 천연두의 구슬진과 크게 다른 것이다."

마지기(馬之騏)가 말했다.

"홍역의 발진이 돋아나오지 않았을 때 열이 일어나고 번갈아 게우거나 설사하며 얼룩점이 붉게 활발히 드러내는데 모양은 작고 밝고 깨끗하며 꼭대기는 뾰족하고 길지 않은데 따라 나오고 따라 없어지는 경우는 순조로운 병세인 것이다. 치료하지 않아도 저절로 낫는다.

처음 발진이 일어남에 붉고 흰 경우는 살고 검은 보랏빛인 경우는 죽는다. 대개 붉은 발진은 양증에 딸려서 맑고 차가움을 만나서 없어진다. 흰 발진은 음증에 딸려서 따뜻함을 만나서 줄어들기 때문에 모두 살 수 있다. 만일 발진이 검은 보랏빛인 경우는 몸속에 열이 심해서 피가 맺혀 저절로 살 수가 없는 이치이다."

경일진(景日昣)이 말했다.

"발진이 성글게 돋는 경우는 먼저는 붉고 뒤에는 옅어지게 된다. 성글고 빽빽함이 고르지 않은 경우는 먼저는 붉고 뒤에는 검다.(이것이 疹初見圖이다.—원주) 엷은 홍색으로 밝고 깨끗한 경우는 발진이 따라 나왔다 따라 사라지게 된다. 빛깔이 무리지고 어두운 경우는 시간을 끌어도 고치지 못한다."(이것이 疹次見圖이다.—원주)

이천(李梴)이 말했다.

"홍역의 발진에 붉고 희고 노르께한 빛깔이 같지 않음이 있고 곧 붉은 빛이 생동함이 중요하다. 가장 꺼림은 검은 빛깔로 떨어짐이다."

만전(萬全)이 말했다.

"만일 발진 빛깔이 엷은 흰빛인 경우는 심장의 피가 부족한 것이다.

양혈화반탕(養血化斑湯: 6-8)을 주약으로 삼는다.

더러 사물탕(四物湯)에 방풍을 더한다. 감대문(甘大文)의 의안(醫案)에 있다."(앞의 2-11. 出險에 자세하다.―원주)

마지기(馬之騏)가 말했다.

"만일 손으로써 발진을 더듬어 볼 때 빛깔이 희다가 손을 떼면 곧 붉어지는 경우는 피가 허약하므로 마땅히 양영탕(養榮湯: 12-6)을 주약으로 쓴다."

이헌길(李獻吉)의 설도 같다.

황렴(黃廉)이 말했다.

"발진의 빛깔이 흰 경우는 피가 부족한 것이다. 익영탕(益榮湯: 12-5)을 주약으로 쓴다."

장개빈(張介賓)이 말했다.

"발진이 처음 돋아나올 때 붉은 빛깔을 나타내지 않으면 열이 일어남이 도리어 심해 더러 머리와 몸통이 아프고 가슴속이 달아오면서 답답하고 편안치 않은 경우는 승마갈근탕(升麻葛根湯: 1-1)을 쓰거나 더러 투사전(透邪煎: 2-2)을 쓴다."

전씨(錢氏)가 말했다.

"홍역은 발진의 모양을 나타냄이 귀하다. 막힌 데 없이 두루 돋아나온 뒤 작고 빽빽이 붉고 축축하면 좋게 된 것이고, 두루 돋아나오지 않은 경우가 있으면 모름지기 까닭을 살펴 만일 풍사나 한사에 막혔으면 반드시 몸에 열이 있고 땀이 없으며 머리가 아프고 더러움을 게우고, 발진 빛깔이 엷게 붉으며 어두운 증세에는 마땅히 승갈탕(升葛湯)을 쓰되 자소엽(紫蘇葉)·천궁·우방자를 더한다.

또 원기가 허약함이 있어 병인을 밖으로 잘 내보낼 수 없는 경우는 얼굴빛이 희고 몸에 약간 열이 있고 정신이 피로하고 나른하다. 발진 빛깔이 희면서 붉지 않은 경우는 인삼패독산(人蔘敗毒散: 4-3)을 주약으로 쓴다."

맹하(孟河)가 말했다.
"한 가지 병을 앓고 난 뒤 야위고 허약함이 있어 입술이 희고 원기가 허약한데 계절과 관련된 사기에 감촉되어 홍역의 발진이 돋아나온 경우에는 마땅히 가미소요산(加味逍遙散: 14-10)을 먹는다. 더러 몸뚱이가 허약하고 야위어 발진이 흰빛으로 돋아나오고 조금 붉고 살아 움직이는 경우도 함께 먹을 수 있다."

만전(萬全)이 말했다.
"빛깔이 크게 붉은 불꽃 같거나 더러 희미한 자줏빛인 경우는 피에 사열이 있는 것이다. 더러 열이 몹시 심한 경우엔 모두 마땅히 대청탕(大靑湯: 13-1) ①을 주약으로 쓴다. 더러 사물탕(四物湯)에서 천궁을 없애고 시호·황금·건갈·홍화·우방자·연교를 더하여 쓴다. 혈분에 사열이 왕성한데 음이 허약함을 보하자 열이 저절로 없어짐은 이른바 음을 보하면 양이 물러나는 뜻이다. 또한 다섯이 죽고 하나가 사는 증세인 것이다.
빛깔이 붉고 촘촘하고 빽빽하며 몸이 아프고 가슴속이 달아오면서 답답하고 편안치 않은 경우는 승마갈근탕(升麻葛根湯: 1-1)에 자초·연교를 더하여 쓴다."

마지기(馬之騏)가 말했다.
"바로 빛깔이 붉게 돋아나온 경우 화사가 왕성('火盛'이 한 판본에는 '火化'라고 했다.—원주)한 것인데, 마땅히 화반탕(化斑湯: 6-7) ②를 주약으로 쓴다. 더러 인삼백호탕(人蔘白虎湯: 6-3) ②를 쓴다."

손일규(孫一奎)의 설도 같다.

섭상항(聶尙恒)이 말했다.

"홍역의 발진이 이미 돋아나왔으나 붉게 부음이 몹시 심한 경우는 마땅히 화독청표탕(化毒淸表湯: 2-10)을 쓴다."

적량(翟良)이 말했다. "이 처방은 진실로 화사를 설사시키고 양을 억누르고 음을 보하나 그러나 곧 겉을 소통시켜 병인을 내보내는 성질을 겸한 것이다. 세찬 힘이 비록 버썩 왕성하다 일컬으나 다만 밖으로 돋아나오게 함을 구한다. 대개 홍역에서 발진이 다 돋아나오면 병인이 다 없어지나 두려운 것은 차고 서늘함이 몹시 지나쳐 엉기는 재난의 병인이 속으로 들어가 위중한 상태에 빠지는 것이다. 살펴보고 순수한 황련해독탕(黃連解毒湯: 3-1) ①을 쓴다. 백호탕(白虎湯: 6-1)을 합칠 경우는 이리저리 옮김이 활발하고 한 갈래 기틀이 변화함이 크게 같지 않음이 있으므로 쓰는 자는 자세히 알아야 한다."

장개빈(張介賓)이 말했다.

"모든 발진이 처음 돋아나올 때 빛깔이 붉은 경우는 병인이 왕성한 기세인 것이다. 다만 대변이 순조롭고 기침이 많고 오른손 한 손가락 맥상이 가볍고 무거움을 취하여 모두 힘이 있고 비록 기세가 막히지 않았어도 다만 증세에 따라 조섭함이 마땅하다. 만일 기침이 적고 오른손 한 손가락 맥상이 힘이 없고 비록 3일 뒤에 그 온몸의 발진의 창양을 거두고 자줏빛으로 변하게 되면 살갗 사이에 막히고 맺힘이다. 만일 풀어 없애고 설사시키는 약을 쓰면 그 빛깔이 점차 붉은 빛깔로 변화하며 기침이 많아지고 눈물이 흐르며 자못 음식을 먹을 생각이 나면 살아난다. 만일 1~2봉지로 변화하지 않는 경우에는 치료하기 어려운 것이다."

경일진(景日昣)의 설도 같다.

주지암(朱之黯)이 말했다.

"발진의 빛깔이 짙은 검붉은 빛깔이나 자줏빛·붉은빛이면 마땅히 대청탕(大靑湯: 13-1, 13-2) ①②와 현삼해독탕(玄蔘解毒湯: 4-1)을 뽑아 쓴다."(天水散을 씀은 마지기의 법과 같다.—원주)

전씨(錢氏)가 말했다.

"병인의 열이 몰리고 막혀 풀리지도 통하지도 않으면 반드시 얼굴이 붉고 몸에서 열이 나며 헛소리를 하고, 가슴이 답답하고 입안이 말라 갈증이 나며, 발진의 빛깔에 붉은 자줏빛이 어둡게 머무른 데는 마땅히 삼황석고탕(三黃石膏湯: 27-7)을 쓴다.

장개빈(張介賓)이 말했다.

"발진과 창양에 피가 부족하고 혈분의 사열이 안으로 향하고 열로 갈증이 나고 더러 빛깔이 말라 일어나지 않고, 대변이 굳고 소변이 붉음에 미치며 모든 양기가 왕성하고 음기가 허약한 등의 증세에는 마땅히 양혈양영전(涼血養榮煎: 12-7)을 쓴다.

발진과 창양의 양열이 몰려 생긴 병인이 버썩 왕성하고 짙은 자줏빛이며 살갗에 윤기도 없고 가슴이 답답하고 열이 나며 대변이 맺힌 순전히 양의 성질만 가진 병증에는 마땅히 수독전(搜毒煎: 2-4)을 쓴다."

마지기(馬之騏)가 말했다.

"발진의 자줏빛이 밝지 않고 더러 뾰족하게 돋아나오지 않은 데는 마땅히 마황탕(麻黃湯: 5-8) ①을 쓴다.(위의 2-11. 出險에 자세하다.—원주)

빛깔이 붉은 자줏빛이고 마른 재와 같이 마르고 어두워 크게 갈증이 나서 물 마시기를 그치지 않아 곧 화사가 왕성한 병인이 세찬 데는 마땅히 육일산(六一散: 20-4)으로 풀어 없앤다. 더러 사물탕(四物湯)에서 지황을 없애고 홍화(紅花)·황금을 넣어 드린다. 또는 황련맥문탕(黃連麥門湯: 8-5)도 또한 좋다. 높은 열이 물러가지 않는 데는 시호·황금·승마·갈근·우방자·현삼을 더한다."

공정현(龔廷賢)과 이헌길(李獻吉)의 설도 같다.(사물탕에 생지황을 쓴다.—

원주)

손일규(孫一奎)가 말했다.
"발진이 붉은 자줏빛으로 마르고 어두운 데는 마땅히 사물탕(四物湯: 옹중인 『痘疹金鏡錄』에는 생지황을 썼다.―원주)에 시호·황금·건갈·홍화·우방자·연교 따위를 더한다. 음을 보하고 피가 부족함을 보하면 열은 저절로 없어진다."(이는 곧 만전의 법이다.―원주)

마지기(馬之騏)가 말했다.
"발진 빛깔이 검보랏빛이면 곧 속과 겉에 열이 몹시 나서 피가 맺히는 경우는 좋지 않은 증상이니, 반드시 모름지기 빨리 땀을 내어 겉에 있는 사기를 밖으로 내보냄에는 마땅히 갈근맥문산(葛根麥門散: 14-1)과 생지황산(生地黃散: 11-7)이나 승갈탕(升葛湯)을 쓰고, 더러 형방패독산(荊防敗毒散: 4-4)에 치인(梔仁)을 더하고, 또는 쌍해산(雙解散: 13-6)을 쓰되 가래가 있으면 행인(杏仁)을 더하고, 땀이 없으면 마황을 더한다.
만일 발진의 그 빛깔이 변화해 검은 경우는 마땅히 황련행인탕(黃連杏仁湯: 8-2) ②를 주약으로 쓰고, 더러 산치자탕(山梔子湯: 13-3)이나 화반탕(化斑湯: 6-7) ②를 써서 빨리 풀어 없애야 한다. 치료가 늦으면 생명을 구함에 미치지 못한다."
이헌길(李獻吉)이 말했다. "마지기(馬之騏)의 갈근맥문산(葛根麥門散: 인삼이 없는 것은 황련행인탕―원주)·황련행인탕(黃連杏仁湯)·생지황산(生地黃散)이 모두 좋다. 이 세 가지 약은 여름이나 가을도 다름이 없으나 또한 회충병과 더불어 서로 살펴 치료한 다음에야 아마 사람 죽임을 모면할 것이다. 생지황산은 또한 여러 빛깔이 섞여 아롱진 발진과 몸에 열이 나서 입이 마르고 기침이 나며 가슴이 답답한 증상을 치료한다."

만전(萬全)이 말했다.
"발진이 만일 검은 빛깔이면 양열이 몰려서 병인이 더욱 심해져 열

명이 죽고 한 명만 사는 병세이니, 밝게 살펴서 치료를 베풀지 않을 수 없을 것이다."
　손일규의 설도 같다.

　황렴(黃廉)이 말했다.
"발진이 검은 반점인 경우 열 명이 죽고 한 명만 살아나니, 빨리 대청탕(大靑湯: 13-2) ②를 써서 풀어 없앤다."
　이헌길(李獻吉)의 설도 같다.

　오학손(吳學損)이 말했다.
"몸에 열이 크게 왕성해 입이 마르고 숨이 차고 기침이 나고 몸에 발진이 돋아나와 하나같이 검은 점 같고 검은 빛깔이 큰 점과 작은 점이 하나로 같지 않은데, 만일 사람이 지켜야 할 예의가 산뜻하고 음식을 얻어 마시려 하며, 대변이 딱딱하게 맺힌 경우는 빨리 화사를 내림이 마땅하며, 담을 맑히고 폐장을 맑혀 겉과 속을 소통시켜 혈분의 사열을 서늘하게 풀어 저절로 편안함을 얻는 데는 마땅히 인삼청폐음(人蔘淸肺飮: 34-9)에 황금·황련·당귀·생지황 등의 약제를 더해 쓰고, 더러 사물탕(四物湯)에 병인을 푸는 성질이 서늘한 약으로 치료한다. 만일 사람이 지켜야 할 예의의 인사를 차리지 못하도록 정신이 혼미하고 가래가 끓고 숨이 차고 숨쉼이 빠르며 음식을 먹을 생각이 없고, 대변을 설사하고 살갗 빛깔이 어두컴컴하면 다시 구제하지 못한다."(살피건대, 이는 본디 천연두 처방에 관계되는데, 의심컨대 천연두에 홍역을 낀 것을 논한 경우이다.―원주)

　이헌길(李獻吉)이 말했다.
"검은 자줏빛인 경우 승갈탕(升葛湯)에 화반탕(化斑湯: 6-7) ②를 합쳐서 쓴다. 검은 경우 전염성을 띤 사기가 크게 왕성한 것이다.
　발진 빛깔이 검은 자줏빛에 설사가 심한 경우가 아울러 있으면 황련행인탕(黃連杏仁湯: 8-2) ②에 후박·감초를 더해 쓴다."

마지기(馬之騏)가 말했다.
"발진이 돋아나오지 않았을 때 열이 일어나 얼굴이 먼저 검푸르면 곧 병인의 사기가 심장을 치는 경우로 경과가 좋지 않은 증세인데 마땅히 내탁산(內托散: 18-8)과 내탁소독탕(內托消毒湯: 5-5)으로써 풀어 없앤다. 그렇지 않으면 반드시 죽는다."

이헌길(李獻吉)이 말했다. "만일 이럴 경우 더디게 치료하면 위태로운데 마땅히 내탁소독탕(內托消毒湯: 5-5)을 쓰되 네 계절에 구애받지 말라.(한 처방에는 내탁산에 다만 형개·방풍·승마 각기 2.625g을 더했다.―원주) 다만 금년(乙未·1775)의 홍역 증세는 열이 일어난 2~3일에 얼굴이 푸르고 가슴에 열이 몰려 답답한 경우는 모두 회충병인 것이다. 회충병을 잘못 진단하여 병인의 사기로 삼아서 이 약을 쓰면 반드시 실패한다. 모름지기 먼저 상회황금탕(上蛔黃芩湯: 7-4)을 먼저 복용하여 회충을 몰아내고 그 움직임과 조용함을 살펴 바야흐로 내탁(內托)의 약제를 쓴다."

"한 의서에는 발진이 돋아나올 때 얼굴에 푸른 빛깔이 있으면서 가슴 사이가 부대끼며 안타깝게 괴롭고 오줌을 누지 못하고 게우는 경우는 모두 회충병인 것이다.(黃芩湯을 쓴다.―원주) 심한 경우는 정중탕(定中湯: 18-5)을 쓴다."

이헌길(李獻吉)이 말했다.
"발진이 처음 돋아나올 때 및 이미 돋아나온 뒤 얼굴 부위 경계에 갑자기 검은 자줏빛 기운(더러 푸른 자줏빛 기운이나 또는 검푸른 기운―원주)이 생기는데, 이것은 검은 자줏빛 발진과 같지 않다. 검은 자줏빛 발진인 경우 얼굴 부위나 팔다리와 몸을 논할 것 없이 그 알갱이는 검은 자줏빛인 것이다. 검은 자줏빛 기운인 경우 오직 얼굴 부위와 두 광대뼈 및 코·입술 사이에 푸른 기운이 있음을 일컫는 것이다. 검은 자줏빛 발진인 경우 양열이 몰려 병인을 이룬 것을 치료하는 방법은 위에 보였다.

검은 자줏빛 기운인 경우 모두 묵은 회충이 재앙을 만드는 것이다. 빨리 상회황금탕(上蛔黃芩湯: 7-4)을 쓰고, 또 검은 자줏빛 발진인 경우 나타난 얼룩점과 때로 얼룩점이 먼저는 검은 자줏빛이다가 뒤에 잇따라 온몸 가득히 검푸르다. 검은 자줏빛 기운인 경우 얼굴 부위 경계에 연기 같음이 있으면서 더러 발진이 이미 돋아나온 것이 갑자기 없어지고, 또는 얼룩점의 빛깔이 좋은 것이 갑자기 변화하면 이로써 그것이 회충병이 됨을 분별하는 것이다."

황렴(黃廉)이 말했다.
"발진이 온몸에 돋아나와 비단 무늬 같은 경우 화반탕(化斑湯: 6-6)①을 주약으로 쓴다."
이헌길(李獻吉)이 말했다. "발진 빛깔이 문드러져 두드러기 같고 발진이 비단 무늬 같고 더러 흰 고름물이 나며 마르지 않고 비린 냄새가 나며 심장과 가슴이 답답하고 괴로우며 맑은 물을 게우고 몸뚱이가 따뜻하며 건장한 경우 마땅히 왕긍당(王肯堂)의 황련지모탕(黃連知母湯: 8-3)을 쓴다."

마지기(馬之騏)가 말했다.
"홍역의 발진이 바르게 돋아나오다 갑자기 붉은 발진을 일으키는 경우 이름을 협반(夾斑)이라 하는데, 마땅히 소시호탕(小柴胡湯: 10-6)에 당귀·생지황을 더해 쓴다.
발진이 단독(丹毒)을 겸했을 경우 마땅히 하간양격산(河間涼膈散: 8-7)에 당귀·생지황을 더해 쓴다."

만전(萬全)이 말했다.
"발진 빛깔이 붉으며 기침이 많은 경우는 마땅히 발진이 드러난다."
(다음 3-12. 이질에 자세하다.―원주)

손일규(孫一奎)가 말했다.

"발진 빛깔이 붉은 자줏빛이며 설사하는 경우는 좋고, 발진 빛깔이 희끄무레하면서 변을 설사하는 경우는 불길하다.(다음 3-11. 설사에 자세하다.—원주)

발진 빛깔이 메마른 경우는 마땅히 서래감로음(西來甘露飮: 21-5)을 쓴다."(다음 2-14. 열의 조짐에 자세하다.—원주)

2—13. 발진을 거둠

만전(萬全)이 말했다.

"홍역의 발진이 돋아나오고 거둠은 육시(六時)로 표준을 삼는다.(위의 2-8. 날짜와 시기에 자세하다.—원주) 무릇 이렇게 빠르게 돋아나왔다가 빠르게 거두는 경우는 증세가 가볍다. 만일 한번 돋아나와 3~4일 동안 이어지고 거두어들이지 않는 경우 곧 양독이 아주 심한 것이다. 마땅히 대청탕(大靑湯: 13-1) ①에 더러 형개·우방자·감초·현삼·석고·길경을 써 주약으로 삼는다."

마지기(馬之騏)가 말했다.

"발진이 따라 돋아나왔다가 따라 없어지고 3~4일 만에 바야흐로 거두는 경우는 순조로운 증세인 것이다. 이미 돋아나온 지 3일이 지나도 능히 거두어 떨어지지 않으면 이에 속에 피가 부족해져서 열이 남이 있는 경우인데 마땅히 사물탕(四物湯)으로 치료한다. 만일 피가 나는 병증이 있으면 서각즙(犀角汁)을 더해 땀을 낸다."

이헌길(李獻吉)의 설도 같다.

전씨(錢氏)가 말했다.

"홍역의 발진을 당해서 막히고 엉긴 것을 헤쳐 흩어지게 해도 흩어지지 않는 경우는 속에 피가 부족해져서 열이 살갗 겉에 있는 것이다. 그 증세는 밀물같이 일정한 시간에 열이 나고 가슴이 답답하고 입안이 마르고 갈증이 나고 목이 마르면 모두 성질이 차고 서늘한 약제를 순수하게 쓰면 안되며 시호사물탕(柴胡四物湯: 11-3)으로 치료하여 혈분을 부드럽고 맑게 하여 나머지 열을 다 없애야 발진이 곧 없어진다."

옹중인(翁仲仁)이 말했다.
"홍역의 발진이 돋아나와 3일이 되어도 없어지지 않는 것은 속에 사기가 왕성한 열이 있는 것이니 마땅히 사물탕(四物湯)에 열을 식히고 오줌을 잘 나가게 하는 약제를 더해 쓴다."

황렴(黃廉)이 말했다.
"홍역의 발진이 돋아나온 3~4일에 거두어들이지 않는 경우 이 병인의 화사가 몹시 심한 것이다. 모름지기 화반해독탕(化斑解毒湯: 3-8)을 써서 병인을 밖으로 나가게 하여 속에 나머지 화사가 없어야 뒤에 발생하는 재앙을 모면할 것이다."

공신(龔信)이 말했다.
"발진이 돋아나온 지 3일이 지나도 거두어들이지 않고 속에 사기가 왕성한 열이 있는 데에는 서각지황탕(犀角地黃湯: 12-1)을 써서 땀을 내어 푼다."

손일규(孫一奎)가 말했다.
"발진이 돋아나온 3~4일에 거두어들이지 않는 경우는 이 병인의 화사가 크게 왕성하나 밖으로 다 발산시키지 못하고 속에 화사가 남아 있기 때문인데, 모름지기 화반탕(化斑湯: 6-6) ①과 삼미소독음(三味消毒飮: 5-1)에 현삼·석고·길경을 더해 치료한다."

경일진(景日畛)이 말했다.

"머리와 이마 위에서 발진이 점차 거두어들이나 몸 위에 촘촘하고 빽빽한 경우는 마땅히 승해산(升解散: 18-10)으로 겉과 중간을 둘로 나누어 치료함이 좋을 것이다."

또 말했다. "반진을 일찍 거두어들이는 경우도 승해산(升解散: 18-10)을 쓴다."

설씨(薛氏)33)가 말했다.

"한 소아가 7일 동안 머리가 아프고 열이 남이 없어지지 않았는데, 이것은 겉의 사기가 풀리지 않은 경우로 갈근맥문동탕(葛根麥門冬湯: 14-1)을 쓰면 한 봉지로 모두 풀리고 두 봉지로 병이 낫는다.

한 소아가 한 달 남짓 추움이 더하고 없어지지 않고 높은 열이 계속되어 머리가 아프고 팔다리와 몸이 오그라들면 이것은 겉에 있는 사기가 풀리지 않은 것인데, 인삼패독산(人蔘敗毒散: 4-3)을 쓰면 한 봉지로 겉에 있는 사기가 물러가고 두번째로 성성산(惺惺散: 2-5)을 쓰면 병이 낫는다."

장개빈(張介賓)이 말했다.

"무릇 발진이 돋아나와 2~3일에 이르면 반드시 두 코가 함께 마르고 완전히 거두어들임을 기다려 보고 전염성 사기가 가벼운 경우 맑은 콧물이 곧 흘러나오고 음식을 먹을 생각이 난다. 이럴 때는 반드시 약을 먹지 않아도 된다. 만일 맑은 콧물이 나옴이 더디고 음식을 먹을 생각이 나지 않으면 모름지기 폐장을 맑게 하고 병인을 풀어내어 반드시 맑은 콧물이 흘러나오면 바야흐로 약을 쓰지 않는다."

이헌길(李獻吉)이 말했다.

"발진을 거두어들일 때에 얼굴 부위와 손발 사이에 푸른 빛깔이 많고

---

33) 설씨(薛氏): 중국 명(明)나라 때 어의인 설기(薛己)를 가리키는데 많은 의서를 저술했다.

코가 막히고 숨이 차서 어깨를 들먹거리고 힘들게 숨을 쉬고 숨이 가쁘고 가슴이 답답하고 혀가 뻣뻣하고 굳어져 헛소리를 하는 경우는 먼저 황련해독탕(黃連解毒湯: 3-1) ①을 먹고 진사익원산(辰砂益元散: 20-4)으로 조절하고 다음에 해독백호탕(解毒白虎湯: 3-9)을 먹는다."

2-14. 열의 조짐

전씨(錢氏)가 말했다.

"홍역의 발진은 열이 아니면 돋아나오지 않기 때문에 돋아나오려 할 때 몸에 먼저 열이 나는 것이다. 겉과 속에 사기가 없는 경우 열이 반드시 평이하고 완만하고 전염성 사기가 약하고 느리게 움직이면 쉽게 돋아나오며 쉽게 드러난다. 만일 풍사와 한사, 식상으로 인한 열 등 여러 병세를 겸하면 그 열이 반드시 높고 오래도록 왕성하다. 전염성 사기가 몰리고 막히면 돋아나오기 어려우며 드러내기도 어렵다. 선독발표탕(宣毒發表湯: 2-9)으로써 치료하고, 더러 서로 뒤섞인 병세가 있어도 또한 이 처방에 비추어 병세에 따라 약제를 더하거나 줄여 치료한다."

만전(萬全)이 말했다.

"홍역의 발진은 열이 아니면 돋아나오지 않고, 모든 발진이 돋아나오려 하면 온몸에 열이 일어나 더러 가슴이 달아오면서 답답하며 편안치 않고, 또는 어지럼증이 생기고 또는 몸뚱이와 팔다리가 오그라들고, 이미 발진이 돋아나옴에 미치면 몸이 문득 서늘하고 여러 가지 병세가 다 풀리는데, 이는 한 층의 발진이 따라서 곧 거두는 경우로 몹시 가벼운 것이다. 가령 발진이 이미 돋아나왔으나 열이 몹시 나고 줄지 않는 것은 이는 병인이 막아 저지한 경우인 것이다. 마땅히 대청탕(大靑湯: 13-1) ①로 그 병인을 푼다."

묘희옹(繆希雍)이 말했다.

"모든 열의 기세가 왕성한 경우는 곧 백호탕(白虎湯: 6-2)에서 인삼을 없애고 서하류를 더해 쓴다. 승마를 씀을 금지하며 이를 먹으면 반드시 숨이 차다."

마지기(馬之騏)가 말했다.
"발진이 바르게 돋아나올 때는 몸에 오히려 큰 열이 나는데 마땅히 승갈탕(升葛湯)에 황금·지골피를 더해 치료한다.
발진이 벌써 돋아나왔을 때 발진 빛깔이 바르나 몸에 큰 열이 점점 더하면 마땅히 승갈탕과 백호탕(白虎湯: 6-1)에 우방자·현삼을 배를 더해 쓴다.
발진이 벌써 없어져 떨어지고 따로 다른 병세가 없고 다만 나머지 열이 없어지지 않은 데에는 마땅히 황련해독탕(黃連解毒湯: 3-1) ①에 익원산(益元散: 20-4)을 조절하여 치료한다."
이헌길(李獻吉)의 설도 같다.(발진 빛깔이 바른 경우는 빛깔이 붉고 생기가 있어야 바르고 좋다고 말한다.―원주)

마지기(馬之騏)가 말했다.
"총괄하면, 홍역의 발진 앞뒤에 뜨거운 열이 물러나지 않고 마시고 먹으려 하지 않는 등의 병세는 모두 피가 부족하고 혈분에 사열이 있는 경우로 마땅히 사물탕에 병세를 살펴 음이 허약함을 보하고 혈이 허한 것을 보하는 약제를 더하거나 줄이고, 갈증이 나면 맥문동·서각즙을 더하고, 기침이 나면 과루인을 더하고, 가래가 끓으면 패모·진피를 더해 쓴다."
공정현(龔廷賢)의 설도 같다.

마지기(馬之騏)가 말했다.
"속에 사기가 왕성한 열이 많은 데에는 마땅히 사물탕(四物湯)에 황금·황련·방풍·연교를 더하여 그 속을 서늘하게 해서 그 양증을 물러나게 한다.

　무릇 땀이 드러나지 않고 뜨거운 열이 물러나지 않는 데에는 사물탕에 자소엽·갈근·백지 등을 배로 더해 치료를 돕고, 크게 땀을 내기에 당하면 병이 씻은 듯이 물러간다."

　손일규(孫一奎)가 말했다.
　"발진이 돋아나온 뒤에 저절로 열이 물러가고, 만일 온몸에 이미 무성하게 돋아나왔으나 오히려 가슴이 답답하고 열이 나고 자주 구역질을 일으키는 경우는 이 병인이 아직 다하지 않고 폐장과 위장 사이에 쌓여 막힌 것인데 마땅히 화반탕(化斑湯: 6-6) ①을 쓴다. 만일 대변이 굳어져 작은 데에는 대황을 더해 약간 설사를 시킨다."

　왕긍당이 말했다.
　"발진이 돋아나온 뒤에 열이 일어나 물러가지 않고 마시고 먹으려 하지 않는 데에는 마땅히 가미지골피산(加味地骨皮散: 14-9)에 대소무비산(大小無比散: 19-7, 19-8) 1.875g이나 2.625g을 배합하여 또한 숨참이 그치지 않는 병을 치료한다."

　이헌길(李獻吉)이 말했다.
　"발진이 돋아나온 뒤 높은 열이 지속되는 데에는 해독백호탕(解毒白虎湯: 3-9)을 연달아 3~4첩을 쓴다. 이 약은 열이 적은 경우는 비록 여름에도 반드시 쓰지 않고, 열이 몹시 나는 경우는 비록 겨울에도 또한 쓸 수 있다. 열이 왕성하고 갈증이 몹시 나면서 빛깔이 지나치게 붉은 경우는 마땅히 화반탕(化斑湯: 6-7) ②를 연달아 3~4 봉지 쓴다."

　전씨(錢氏)가 말했다.
　"홍역의 발진은 열이 아니면 돋아나오지 않고 만일 이미 돋아나와 드러나면 그 열이 마땅히 줄어든다. 만일 계속해 큰 열이 나는 경우는 이 병인이 왕성하여 막힌 것이다. 마땅히 화독청표탕(化毒淸表湯: 2-10)을 써서 치료한다.

발진이 벌써 없어져 떨어졌으나 몸에 열이 나는 경우 이 나머지 열이 근육 겉에 머문 것이다. 마땅히 시호청열음(柴胡淸熱飮: 41-5)으로 치료한다."

만전(萬全)이 말했다.

"발진을 거두어들인 뒤에 몸에 체온보다 약간 높은 열이 있는 경우 이것은 피가 부족해서 나는 열인 것이다. 모름지기 치료하지 않아도 혈기가 막힘이 없어짐을 기다리면 그 열은 저절로 물러간다. 만일 열의 기세가 매우 심하고 더러 날이 오래도 줄지 않는 데에는 마땅히 시호맥문산(柴胡麥門散: 14-2)을 쓴다. 심하면 황련해독탕(黃連解毒湯: 3-1) ①에 더러 인삼백호탕(人蔘白虎湯: 6-2) ①을 합쳐 시호맥문산과 더불어 서로 사이를 두고 먹는다."

왕긍당이 말했다.

"발진이 처음 일어날 때 설사를 많이 해도 괜찮으나 다만 나은 뒤에 가장 꺼림은 열이 겹침이다. 이것을 조섭하여 치료하지 않을 경우 대개 발진의 열이 일어남이 많게는 11~12일에 이르고 적어도 5~7일에 내려가지 않는다. 열이 오래 되면 원기가 허약해져 발진이 돋아나오기를 더하고 마시고 먹으려 하지 않으며, 다시 열이 겹치고 음기와 양기가 줄어서 다 없어져 죽지 않기를 어떻게 기다리랴. 그러므로 거듭 열이 나는 경우 반드시 크게 기혈(氣血)을 보함이 좋을 것이다. 내가 보건대, 갑자기 평상시같이 되어서 죽는 경우가 자주 있었다."

장개빈(張介賓)이 말했다.

"얼굴에 기미가 난 뒤 몸의 열이 없어지지 않는 경우 승마탕(升麻湯: 1-1) ①에 더러 승마를 없애고 황련·황금을 더하되 각기 술에 불려 볶아서 쓴다."

경일진(景日昣)의 설도 같다.(다만 승마·작약을 함께 없앤다.―원주)

이헌길(李獻吉)이 말했다.

"발진이 없어진 때 열이 물러가지 않고 갈증이 멈추지 않는 경우 인삼백호탕(人蔘白虎湯: 6-2) ①을 쓰고, 인삼이 없을 경우 녹두음(菉豆飮: 21-8)에 목통·죽엽을 더해 쓴다.

발진이 없어진 뒤에 열이 물러가지 않는 경우 사물탕(四物湯)을 쓰고, 큰 열이 있는 경우 승갈탕(升葛湯)에 황련·지골피를 더해 쓴다."

만전(萬全)이 말했다.

"한사와 열사가 왕래하며 학질 같은 데에는 소시호탕(小柴胡湯: 10-6)을 쓰되 만일 해소를 겸했을 때는 인삼을 없앤다."

공정현(龔廷賢)이 말했다.

"발진이 벌써 돋아나오고 한사와 열사로 학질 같은 데에는 마땅히 시령탕(柴苓湯: 10-9)을 쓴다."

손일규(孫一奎)가 말했다.

"가슴이 답답하고 열이 나고 입이 마르고 기침이 나며 발진 빛깔이 메마르고, 더러 헛소리를 하고 숨이 차며 드러누워 자기가 편안치 않은 데에는 마땅히 서래감로음(西來甘露飮: 21-5)을 쓴다."

2-15. 남아 있는 병인(病因)
붙임: 거듭 돋아나옴

만전(萬全)이 말했다.

"발진이 돋아나오려 하다가 돋아나오지 않을 때에는 마땅히 일찍 땀을 내어 겉에 있는 사기를 없애서 그 병독을 풀면 나머지 재앙이 없다. 만일 미리 풀어 다 돋아나오게 하지 않아 병인을 이루어 속에 쌓이면, 더러 높은 열이 지속되는 날이 오래고 메마르고 여위거나 또는 경풍을 이루고, 또는 설사와 이질이 되고, 또는 기침과 피가 나오며 숨이 가쁘고, 또는 감질에 헌데를 일으켜 죽는다. 이것이 비록 한때 전염병을 일으키는 사기에 감염됨이나 사람의 일에 최선을 다하지 아니하였기 때문인 것이다."

만전이 말했다.

"발진이 이미 거두어들임이 있으나 나머지 병독이 다하지 않은지 3일 이상에 이르러 또 다시 돋아나옴을 일으키거나 발진이 5~6차에 이르고 그치지 않는 경우는 열이 일어날 때 풍한을 피하지 못해서 사기가 근육 사이에 막혀 헤쳐 흩어지지 않은 것이니 비록 일찍이 풀어 흩어도 끝내 통하지 않음에 딸릴 뿐이다. 만일 여러 병세가 아울러 섞이면 또한 마땅히 병세에 따라 치료한다."

마지기(馬之騏)가 말했다.

"발진이 벌써 거두어 기혈이 고르고 충만된 뒤 며칠 만에 오히려 남은 열이 다하지 않음이 있어 다시 거듭 열이 일어나 낮과 밤에 물러나지 않고 가슴속이 달아오면서 답답하고, 헛소리를 하며 미쳐 날뛰고, 피가 나며, 또 놀라서 경련을 일으킴이 많고, 거듭 한번 돋아나온 발진이 전에 비해 간략하고 적음은 이는 곧 심장에 있는 피가 줄어 흩어지고 남은 병인의 열이 심한 것이니, 먼저 피가 남을 치료하되 빨리 서각지황탕(犀角地黃湯: 12-1)과 해독탕(解毒湯: 3-1) ①의 한 봉지를 쓰고, 거듭하여 사물탕(四物湯)에 원지육(遠志肉) 1.125g, 감초 0.75g을 더해 한 봉지를 먹으면 피가 그친다.

만일 헛소리를 하고 미쳐 날뛰고 놀라서 경련을 일으키면 오령산(五苓散: 15-4)을 거듭 달여 진사익원산(辰砂益元散: 20-4)을 조절하여

3.75g을 먹으면 여러 가지 병세가 저절로 없어진다. 무릇 이런 병증을 만나서 피가 병적으로 많아진 경우는 쉽게 치료하고 피가 부족한 경우는 치료하기 어렵다."

이헌길(李獻吉)이 말했다.(원론은 같다.―원주) "이 병세에 만일 피가 남이 없으면 다만 오령산(五苓散: 15-4)을 쓰고, 만일 미처 날뛰거나 헛소리를 하는 등의 병증이 없으면 다만 승갈탕(升葛湯)에 방풍·형개를 더해 쓴다."

황렴(黃廉)이 말했다.
"발진의 병인을 먼저 땀을 내어서 겉에 있는 사기를 없애지 않아 병인이 속에 쌓이면 반드시 뒤에 재앙이 된다. 만일 한때 전염성을 띤 사기가 전파되어 이리저리 전염되고 앞의 병이 있는 경우 남은 사기가 일어나면 뒤에 병든 경우와 병세가 서로 같아 또한 약으로 치료할 수 없게 된다."

공정현(龔廷賢)이 말했다.
"발진이 없어진 뒤 남은 열이 속으로 들어가서 위중한 상태에 빠져 정신이 혼미해서 손으로 옷솔기나 침상 모서리를 더듬거나 만지작거리고 헛소리를 하고 정신이 혼미하고 뜻을 잃은 경우는 죽는다. 만일 열이 가볍고 남은 병인이 없어지지 않았으면 반드시 먼저 여러 기색을 보고 모름지기 미리 방지하되 끝과 처음에는 승갈탕(升葛湯)으로써 주약을 삼고 더러 소독음(消毒飮: 4-8)과 해독탕(解毒湯: 4-1)을 병세에 따라 뽑아 쓴다.

또 십선탕(十仙湯: 20-8)은 발진 뒤의 남은 병인을 치료하고, 가씨황련탕(賈氏黃連湯: 7-10)은 발진 뒤의 섞인 병세를 치료한다."

장개빈(張介賓)이 말했다.
"발진 뒤에 남은 병인이 다하지 않았으면 마땅함에 따라 이를 땀내어 풀고, 만일 머물러 쉬는 날이 오래고 풀리지 않으면 반드시 숨이 차고 기침이 나고 더러 목 속에서 가래 끓는 소리가 나고, 또는 팔다리의 뼈마디에 한사가 왕성해 아프고 저리게 되고, 또는 눈에 광채가 없고 얼굴빛이 푸르고 희고, 또는 콧구멍이 연기 통 같고, 또는 기침 소리가 나오지 않는데, 만일 오른손 한 손가락으로 짚어 보는 맥이 가볍게 뛰고 어지럽게 흩어짐이 모이고, 무겁고 세게 눌러대고 짚어도 뛰는 맥이 전혀 없으면 치료하기 어려운 병세를 이룬 것이다."

만전(萬全)이 말했다.
"발진 뒤에 머리털이 마르고 곧게 뻗치고 여위어 뼈가 앙상한 데에는 마땅히 시호사물탕(柴胡四物湯: 11-3)을 쓴다."(다음 3-13. 감질병에 자세하다.―원주)

허준(許浚)이 말했다.
"무릇 홍역을 앓고 난 뒤에 머리털이 다 빠지고 살갗의 소름이 모두 메말라 떨어져 나가서 몸 껍데기가 바뀐 듯함은 모두 양열이 몰려 병인이 생겨 변화한 것이다. 오행(五行) 가운데 오직 화사가 사물을 변화시킨다. 대개 하늘과 땅 사이에 사람이란 물건도 여름을 지나 몹시 더운 절기에 이르면 옛날에 난 것을 없애고 모양과 빛깔을 새로 변화시키기를 새나 짐승처럼 깃털의 털갈이를 하고 벌레나 뱀처럼 허물과 껍데기를 벗는 따위가 이것이다."

섭상항(聶尙恒)이 말했다.
"만일 발진 초기 때 성질이 차거나 서늘한 약으로 땀을 내어 겉에 있는 사기를 밖으로 내보냄을 잃어 병인이 위장에 쌓임을 이루어 입과 코로 비린 냄새 기운이 나오며 잇몸이 벌겋게 붓고 헐어 아픔이 생기고, 몸의 열이 물러가지 않고 남아 있는 병인이 흘러 대장(大腸)으로 들어가면 이질병을 이룬다. 더러 땀을 내어서 겉에 있는 사기를 없앰이 지나친

제2편 원증(原證) 149

다음에는 원기가 허약해 뼈가 앙상하게 여윔을 견디지 못하고, 몸이 여위는 병증을 이루어 갖가지 괴병이 되니 조심해야 한다. 총괄하건대, 마땅히 병인의 전염성 사기를 드러내 내보내서 깨끗함을 얻으면 곧 다른 병은 없어진다.

　나머지 병인이 흘러들어가게 함에는 마땅히 청열도체탕(淸熱導滯湯: 19-2)을 쓴다."(다음 3-12. 이질에 자세하다.―원주)

　풍조장(馮兆張)이 말했다.

　"발진 뒤에 오랜 열이 물러나지 않고 변화해 기침이 멎지 않고 여위는 병을 이루면 마땅히 빨리 지황과 더불어 신(腎)을 보하는 약제를 쓴다. 비록 어린 아이로 어떻게 신(腎)을 몹시 상했는지 알지 못하겠으나 어린 아이의 음기가 온전치 못하고 만일 타고난 원기가 다시 적음을 참허증이라 이르는데, 더구나 발진이 처음 일어나 혈분이 크게 다치고 나머지 병인으로 오래도록 열이 나면 음을 손상시켜 더욱 부족하게 되니, 만일 수기(水氣)를 키우지 않으면 어찌 능히 양화(陽火)를 억제할 것이겠는가."

　맹하(孟河)가 말했다.

　"홍역 뒤에 얼굴 빛깔이 푸르고 희며 입술이 희고 원기가 약하면 마땅히 조원건비보폐탕(調元健脾補肺湯: 17-10)을 먹고, 아울러 홍역을 치료한 뒤 여위고 허약해 몸이 여위는 병을 이루고 만일 대변이 잘 엉기지 못하고 흰 빛깔로 설사하는 경우는 이 처방에 목향·백출·가자(訶子) 조금씀을 더함이 좋다. 만일 누른 빛깔의 설사에는 술에 불려 볶은 황금과 차전자를 더한다."

　묘희옹(繆希雍)이 말했다.

　"만일 발진 뒤에 원기가 회복되지 않고 비장과 위장이 허약한 데에는 마땅히 백작약(군약)·감초(볶아서 군약)·연육(蓮肉: 신약)·산약(山藥: 신약)・청대(신약)・백편두(신약)・맥문동(신약)・용안육(신약. 지금 이름은 靑蓮國老湯이라 부른다.—원주)을 많이 먹으면 반드시 점차 강건해진다. 경솔히 인삼・백출을 쓰지 말고 조심하라."

왕긍당(王肯堂)이 말했다.
"홍역의 발진과 천연두의 구슬진의 나머지 병인이 다하지 않아 온몸이 붓고 어린이가 느침을 흘리고 기침이 나며 더러 변화하여 급경풍・만경풍을 일으켜 손발에 경련을 일으키고, 눈을 위로 떠 보고, 풍사에 다침이 미치면 머리가 아픈데 모두 마땅히 맥전산(麥煎散: 33-8)을 쓴다.

장개빈(張介賓)이 말했다.
"발진 뒤에 숨이 차고 기침이 나며 말소리가 맑지 않고 마시고 먹을 생각이 없으며 눈이 맑지 않고 입술과 입이 메마르고 혀가 마르는 데에는 마땅히 청폐소독화담탕(淸肺消毒化痰湯: 5-7)을 쓴다."

또 말하기를 "발진과 창양이 완전히 거두어졌으나 마시고 먹기를 생각지 않고, 코가 마르고 콧물이 없는 데에는 마땅히 청폐소독탕(淸肺消毒湯: 5-6)을 쓴다."

맹하(孟河)가 말했다.
"홍역의 증세가 4, 5, 6일 돌아올 때 아직 남아 있는 병인이 폐장과 위장에 머물러 기침이 나고 호흡이 거칠고 겉의 열이 물러나지 않는 경우는 마땅히 청폐음(淸肺飮: 9-3) ②를 쓴다."

전씨(錢氏)가 말했다.
"어린 아이가 발진 뒤에 기침이 나고 배가 몹시 불러오르고 속이 그득하며 숨이 차고, 가슴속이 달아오면서 답답하고 편안치 않으며, 설사를 하고, 목이 쉬거나 말을 하지 못하고, 입술이 검푸른 등의 병세에는 금련연교탕(芩連連翹湯: 41-6)을 쓴다."

이헌길(李獻吉)이 말했다.
"발진이 돋아나옴이 빠르지 않으며 없어지는 경우 배가 몹시 불러오르고 속이 그득하며 음식을 먹지 않고, 복부에 열이 나고 다리가 차며 기침을 하고 숨참이 일어나는 등의 병세에는 마땅히 왕씨갈근탕(王氏葛根湯: 1-4)을 쓴다.
발진이 없어진 경우에 기침이 나고 게우고 설사하며 이질에 걸리고 땀이 지나치고 몸에 열이 나서 먹지 않는 데에는 마땅히 가미해독탕(加味解毒湯: 3-10)을 쓴다."

마지기(馬之騏)가 말했다.
"발진이 이미 보인 3일에 물러간 뒤 만일 풍사를 받은 병세가 있는 데에는 마땅히 소독음(消毒飮: 4-8)을 쓰면 신통한 효험이 있다."

이헌길(李獻吉)이 말했다. "발진 뒤에 바람에 부딪쳐 병이 생긴 경우는 승갈탕(升葛湯)에 소독음(消毒飮: 4-8)을 합쳐 쓰면 치료된다."

만표(萬表)가 말했다.
"학정단(鶴頂丹: 42-2)은 홍역을 치료한 뒤 모든 열이 쌓인 여러 병세에 쓴다."

2—16. 부인(婦人)

마지기(馬之騏)가 말했다.
"임신부의 홍역 발진은 마땅히 태아가 정상적으로 자라도록 해야 하므로 성질이 찬 약으로 열을 내리게 함을 위주로 하는 데에는 마땅히 사물탕(四物湯)에 백출·조금·애엽을 배를 더하여(옹중인 처방에는 또 砂

仁을 더한다.—원주) 먹으면 태아에게 위험이 없으면서 발진이 쉽게 돋아 나온다.

발진이 빨리 돋아나오지 않는 데는 마땅히 백호탕(白虎湯: 6-1)에 승갈탕(升葛湯)을 합치고 현삼·우방자를 배로 더해 치료한다."(이헌길이 이르기를, 발진이 빨리 돋아나오게 하는 데에는 또한 다만 芩朮四物湯을 쓴다.—원주)

공정현(龔廷賢)·손일규(孫一奎)·이헌길(李獻吉)의 설도 같다.(이헌길의 한 책에서 이르기를, 芩朮四物湯·升葛白虎湯을 서로 사이에 먹고, 발진이 없어진 뒤에는 다만 금출사물탕을 쓴다.—원주)

마지기(馬之騏)가 말했다.

"임신 때의 변화가 위로 솟구치는 데에는 빨리 저근·애엽을 달여 쓰고 빈랑을 갈아 먹는다. 두번째는 사물탕(四物湯)을 바친다."

공정현(龔廷賢)·손일규(孫一奎)의 설도 같다.

마지기(馬之騏)가 말했다.

"열이 몹시 나서 태아를 자라게 하는 기가 편안치 못한 데에는 고태음(固胎飮: 16-10) 몇 봉지를 먹고, 만일 또 배아픔이 낫지 않고 허리가 시큰거리면 곧 태아가 반드시 떨어질 기미가 있음을 알고 만일 태아가 떨어지면 곧 산법(産法)으로써 논하여 먼저 크게 보함을 쓰고 다음에 다른 병세의 약을 쓴다. 태아가 비록 움직였으나 임신부는 살 수 있다. 대개 홍역의 발진에는 마땅히 속이 비면 양열이 몰려 병인이 생겨 임신 때의 변화를 따라서 내려가는 것이다."

이헌길(李獻吉)의 설도 같다.

손일규(孫一奎)가 말했다.

"양열이 몰려 병인이 생겨 태아를 뜨겁게 하면 태아는 다침을 많이 받으나 어미의 속이 충실하면 몸에 탈이 없는 것이다. 대개 홍역은 천연두와 더불어 같지 않고 천연두는 마땅히 내장 장기에 사기가 왕성한 병세이기 때문에 태아가 떨어지면서 어미가 죽고, 홍역은 마땅히 내장 장기의 기혈이 허약해서 생긴 병세이기 때문에 태아가 내려가도 어미가 안전하다. 비록 그러나 그 태아가 더불어 가고 어미가 있어도 자식과 어미 둘이 온전히 낫게 되는 것과 어찌 같겠는가."

이헌길(李獻吉)이 말했다.

"임신부는 처음 발진이 돋아나서 발진을 거두기에 이르기까지 마땅히 금출사물탕(芩朮四物湯: 11－2)을 쓴다.

임신부가 더러 발진의 시작과 끝에 잘 치료해도 태아가 떨어지게 되는데, 태아가 이미 떨어졌어도 다만 십전대보탕(十全大補湯: 16－4)을 써야 죽음을 모면할 수 있다.

임신부가 해산한 7일 안에 홍역을 앓는 경우의 치료하는 법은 태아가 떨어짐과 더불어 같다. 다만 센 보약으로 치료할 수는 있으나 열을 다스릴 수는 없다."

이헌길(李獻吉)이 말했다.

"부인이 처음 아플 때 달거리가 마침 온 경우는 병세가 순조로울 것이다. 만일 4~5일에 이르러도 그치지 않는 경우는 마땅히 현삼지황탕(玄蔘地黃湯: 11－9)에 황련해독탕(黃連解毒湯: 3－1) ①을 합쳐서 쓴다. 또는 사물탕(四物湯)에 황련해독탕(3－1)을 합쳐도 또한 좋다.

달거리가 마침 끊어졌는데 발진이 일어난 경우는 사물탕(四物湯)에 승갈탕(升葛湯)을 합쳐 땀을 내어서 겉에 있는 사기를 없앤 뒤에 또한 마땅히 사물탕을 자주 먹는다.

평상시에 피가 부족하고 달거리가 순조롭지 않은 경우는 열이 처음 일어날 때부터 승갈탕에 맥문동과 사물(四物)을 더하고, 발진이 빠르게 돋아나오지 않는 데는 또한 사물에 딸린 것을 쓰되 처음부터 끝까지 사물을 버릴 수 없다."

오학손(吳學損)이 말했다.

"부인이 임신했을 때 목구멍이 아픔을 얻었을 경우(본디 痘方에 매였다.
—원주) 모두 마땅하게 상세히 약을 쓰되 태아를 편안히 치료하려면 화사를 내려 폐장을 맑게 하는 서늘한 약으로 치료하면 저절로 안전하다. 절대로 칼과 침을 쓸 수 없다. 점법이나 가래를 삭이는 약으로 어지럽히고 태아를 자라게 하는 기를 다쳐 움직이게 하는 붕사·사향·용뇌향의 약제로 태아를 해치고 임신부를 무너뜨리면 치료하기 어려워져 어미와 자식을 보전하지 못한다."

이헌길(李獻吉)이 말했다.

"달거리가 갑자기 지날 때 목이 메어 말할 수 없으면서 홍역을 앓는 경우가 있다. 이는 심장이 혈을 주관하고 이에 혀는 심의 싹이니 혈이 없어지면 심기가 허약해지고 심기가 허약해지면 음기가 적어진 소음맥이 영양을 위로 혀에 공급할 수 없기 때문에 갑자기 소리를 잃어 말할 수 없는 것이다. 사물탕(四物湯)에 맥문동을 더해 주약으로 쓴다."

이헌길(李獻吉)이 말했다.

"임신부에게 회충이 움직이는 경우는 금출탕이나 사물탕으로 이를 억제할 수 없다. 회충이 치밀면 황금탕(黃芩湯)에 반하가 있어도 쓸 수가 없으니 마땅히 황백(黃栢) 몇 g을 물에 가라앉혀 즙을 만들고 그리고 오매·모과·산사·사군자(使君子) 따위로 가루를 내어 둥근 알약을 만들어(黃栢汁은 둥근 알약에 섞는다.—원주) 먹는다. 더러 약을 먹을 때에 다스려 섞어 먹으면 마땅히 회충이 움직이는 병이 없다.

태아가 떨어지거나 새로 해산함을 지내고서 홍역을 앓는 경우에 회충이 움직이는 병세가 있으면 잇따라 황금탕(黃芩湯: 7-3, 7-4)과 정중탕(定中湯: 18-5)을 쓴다."

2-17. 금기(禁忌)

만전(萬全)이 말했다.

"모든 홍역과 창양에 땀을 내어서 겉에 있는 사기를 없앤 뒤에 붉은 그림자가 살과 살갗에 돋아나오면(朱本에는 '成片' 2자가 있다.—원주) 모두 풍한과 차고 익히지 않은 음식을 경계해야 하는데,(朱本에는 '瓜果' 2자가 있다.—원주) 만일 한번 침범하면 살갗이 촘촘히 막혀 병인의 기운이 몰리고 막혀 마침내 온몸이 푸른 자줏빛으로 변화하면서 병인이 도리어 속으로 들어가 위중한 상태에 빠져 가슴속이 달아오면서 답답하며 편안치 않고, 배가 아프고 숨이 차고 마음이 안타깝고 어지러운 여러 가지 병세가 일어나서 돋아나오려다가 돋아나오지 않으면 위태로워 곧 죽기에 이르니, 의사와 병든 집에서는 모두 조심하지 않으면 안된다."

만전(萬全)이 말했다.

"홍역과 창양의 병세를 치료함에 있어 오로지 꺼려서 금하거나 싫어하는 경우는 가령 닭고기·생선을 굽고 불에 말린 것이나 소금과 초나 다섯 가지 매운 양념 따위이다. 곧장 49일이 지난 뒤에야 바야흐로 먹을 수 있다. 다만 마땅히 싱겁게 먹음도 입에 대지 않으려 하면 다른 병이 생겨난 것이다. 만일 잘못 닭고기나 생선을 먹으면 몸을 마칠 때까지 살갗에 닭살갗 모양의 알갱이가 일어난다. 더러 큰돌림을 만나 발진이 돋아나올 때나 또 거듭 돋아나올 때 잘못 돼지고기를 먹으면 매년 모든 발진이 돋아나오는 달을 만나면 설사를 함이 많이 있다. 잘못 소금과 초를 먹고 기침병을 이루면 매년 발진이 돋아나오는 달에 반드시 기침이 많다. 잘못 다섯 가지 매운 음식을 먹으면 때없이 열이 나다가 놀라는 병이 많이 생긴다. 이것은 천연두와 홍역을 앓는 집에서는 모두 마땅히 삼가야 할 바인 것이다."

손일규(孫一奎)의 설도 같다.

마지기(馬之騏)가 말했다.

"발진이 이미 겉에 돋아나온 뒤에는 곧 마땅히 풍사와 한사를 삼가서 피하며 날것과 찬 음식을 먹지 말고 술과 고기와 닭고기·물고기, 모든 비린내 나는 고기류와 생강·파·마늘 같은 훈채 등의 사물을 꺼리고 경계한다. 만일 겉으로 풍사와 한사가 침범하고 비린 음식과 찬 음식에 속을 다쳐서 가벼우면 두드러기가 생기고 가래와 기침이 나고 놀라서 경련을 일으킨다. 위중하면 살갗털이 막혀서 병인의 기운이 빠져나가기 어려워 마침내 검붉게 변화하면서 죽는다.

만일 술과 고기, 닭고기와 물고기, 비린 고기나 생강·파·마늘 같은 훈채 등의 사물을 먹으면 병인이 비장·위장으로 들어가 반드시 홍역 뒤 피부에 얕게 헌데가 생겨나 밑으로 흘러 대장에서 설사나 흰 이질 등의 병이 되어 소장에 흘러 들어가면 오줌이 붉어져 잘 나오지 않고 이질이 되어 피똥을 누는 병세가 된다. 세속에서 백리(白痢)는 차가움에 소속되고 혈리(血痢)는 뜨거움에 소속된다고 이르는 것은 틀린 것이다. 경계하고 경계할 것이다."

마지기(馬之騏)가 말했다.

"홍역이 물러난 뒤라도 모름지기 풍사와 한사를 삼가 피하고 습사를 경계하고 닭고기·물고기, 거위나 오리고기 등을 먹기를 꺼리되 그렇지 않으면 일생 기침을 하고 풍창(風瘡)을 앓고 눈을 다쳐 낫는 날이 있지 않으니 모두 마땅히 경계한다.(붓는 것을 없애고 숨찬 것을 진정시킴에는 葶藶이 제일 좋다.—원주)

홍역에 꺼리는 음식은 거위와 오리알이다. 만일 위반하면 눈을 다치고, 금지할 음식은 생강·후추 등 성질이 뜨거운 음식물인데 만일 위반하면 위장의 열이 위로 부딪쳐 입과 입술에 창양이 생기는데, 마땅히 오줌 버케를 볶아 가루를 내어 조금쯤 뿌리면 곧 낫는다.(人中白은 곧 오줌통 위에 붙은 때의 흰 것인 오줌 버케인 것이다.—원주) 금지할 음식은 단맛이 있는 것인데, 만일 위반하면 잇몸이 벌겋게 붓고 허는 아감이 생긴다.

마땅히 독조단(獨棗丹: 24-8)으로 문지른다."

정신봉(程晨峰)이 말했다.

"홍역의 발진이 처음 돋아나올 때 풍한에 상한 따위는 반드시 모름지기 땀을 내어서 겉에 있는 사기를 없애야 한다. 바람과 추위에 노출됨과 생강·파·마늘 등 매운 채소와 비린내 나는 고기와 물고기와 짙은 맛의 음식을 금지하고, 만일 이를 위반하면 어린 아이가 느침을 흘리고 놀라서 팔다리에 경련이 일어나며 반드시 위태롭게 된다."

공정현(龔廷賢)이 말했다.

"홍역의 앞뒤에는 크게 돼지고기·물고기·술·계란 따위 음식을 금지한다. 몸이 마칠 때까지의 해소 기침을 일으킬까 두려운데, 다만 마땅히 늙은 닭의 살코기만 써서 삶아 먹여 맛을 조금 도움은 괜찮을 것이다. 발진이 없어진 뒤도 잇따라 물고기와 비린 음식이나 파·마늘 등의 음식물은 금지한다."

황렴이 말했다.

"홍역을 앓는 집에서 금지해야 할 것은 천연두를 앓는 집에 비해 더욱 심하다. 만일 닭고기·물고기·소금·초와 마늘·파·부추·겨자·생강의 음식물은 반드시 49일 뒤를 기다려야 바야흐로 금지함이 없는 것이다."

섭상항(聶尙恒)이 말했다.

"홍역의 발진이 돋아나올 때 크게 금지해야 할 음식은 생강·파·마늘 등 훈채와 비린 물고기나 고기를 먹거나 날것과 찬것을 먹임이고, 풍사와 한사를 함부로 위반함인데, 모두 능히 살갗을 막게 하여 병인의 기운이 네 곳에 몰리고 속으로 들어가 위중한 상태로 빠지게 된다."

또 말했다. "모름지기 풍사와 한사나 습사(濕邪)를 피한다. 그렇지 않으면 몸이 끝날 때까지 기침이 나고 창양이 낫는 날이 없다."

손일규(孫一奎)가 말했다.
"홍역은 천연두와 비교해 가벼운 듯하다. 그러나 조섭하여 치료함에 마땅함을 잃으면 그 재화가 도리어 발꿈치를 돌리지 못하게 된다. 대체로 천연두는 태독에 말미암아 일어나고, 그 형세가 많고 적으며 가볍고 무거우며 길하고 흉함을 스스로 미리 판단할 수 있다. 홍역의 발진이 돋아나오기에 이르르면 비록 사기를 받아 감촉됨으로 말미암아 일어나지만 그러나 그 가벼운 경우도 무거울 수 있고, 무거운 경우도 가벼울 수 있는데, 모두 조섭하여 치료하는 방법에 달려 있다. 만일 닭고기·물고기·돼지고기·소금·초와 마늘·파·부추·겨자·생강 등의 음식물은 반드시 49일을 기다려 먹거나 더러는 100일 뒤에야 바야흐로 금지함이 없다."

왕긍당(王肯堂)이 말했다.
"이미 겉에 드러난 뒤에는 절대로 풍사와 한사, 찬물이나 오이와 과일 따위를 경계하고, 또 매실·호도·물고기와 벌꿀, 향기로운 채소나 생선 같은 음식물은 잇몸이 붓고 헐어 아픈 병과 회충이 위로 치미는 병이 일어날까 두렵다."

묘희옹(繆希雍)이 말했다.
"홍역에는 막히고 엉겨붙음을 꺼리는데, 불태운 양·소·개·닭·거위 등의 고기 및 기름기·밀가루·물고기·새우 등의 음식을 금지한다."

장개빈(張介賓)이 말했다.
"홍역의 발진으로 처음 열이 일어나고 병세의 조짐이 보여 이것이 발진이 분명하면 문득 마땅히 풍사와 한사를 조심하여 피하고, 생강·파·마늘 등 훈채와 비린 물기기와 고기, 짙은 맛의 음식을 경계한다."

이헌길(李獻吉)이 말했다.

"음식에 금지해야 할 것은 소·돼지·개·닭 등의 고기와 계란·생선·바지라기·홍합, 간장·두부·파·마늘과 모든 날것과 찬것, 오이와 과일, 굳고 딱딱한 음식물이다.

금지하지 않는 음식물은 전복·민어·조기·광어·말린 대구어·해삼 등인데, 모두 짙게 달여 먹는다.(민어·조기는 비록 삶지 않아도 또한 좋다.—원주) 단 간장(곧 된장—원주), 굴조개·소금·콩나물·녹두나물·무우·순무·배추·질경이·동아·가지·박열매는 모두 익히거나 삶아 먹는다."
(배추와 가지는 반드시 먹지 않는다.—원주)

허준(許浚)이 말했다.

"『내경(內經)』에 말하기를 '열울로 간기가 몰려서 오래도록 낫지 않음이 일어나 심하면 번민하고 마음이 괴롭고 생각이 어지러워져 별안간 죽는다.' 하고, 또 말하기를 '소음경이 이르는 곳에 별안간 참혹하게 죽게 됨은 대개 화사가 장(臟)에 들어가기 때문인 것이다.'(장은 심장을 이르는 것이다.—원주) 만일 이 병을 앓는데 술을 마시고 성교를 하는 경우 많이 별안간 죽는다."

이헌길(李獻吉)이 말했다.

"성교를 한 뒤에 발진이 일어난 경우 승갈탕(升葛湯)에 산치자·약전국을 더해 이를 풀고, 발진 때와 같이 발진 뒤에 성교를 할 경우 원기가 실한 경우는 살되 허약한 경우는 치료하기 어렵다."

제3편 인증(因證)

3-1. 땀(汗)

만전(萬全)이 말했다.

"홍역의 발진으로 열이 일어나고 더러 저절로 땀이 나오고 또는 코피가 나는 경우는 모름지기 이를 그치게 하지 않음은 발산의 뜻이기 때문이다. 땀을 내면 병독이 땀을 좇아 흩어진다. 코피가 나는 경우도 병독이 코를 좇아 풀린다. 다만 땀이 크게 지나치게 나면 좋지 않으니, 가령 땀이 몹시 지나친 데에는 인삼백호탕(人蔘白虎湯: 6-2) ①에 황련해독탕(黃連解毒湯: 3-1) ①을 합쳐 주약으로 쓴다."

황렴(黃廉)과 손일규(孫一奎)의 설도 같다.

황렴(黃廉)이 말했다.

"발진이 일어나고 열이 나서 저절로 땀이 나는 것은 땀구멍이 열려 발진의 병독이 빠져나감을 얻는 것이다. 모름지기 갑자기 그치게 하지 말아야 한다. 만일 자한(自汗)이 땀이 많음은 이는 화사가 핍박함이다. 『내경(內經)』에 말하기를 '출혈한 뒤에 땀내는 치료 방법을 쓰면 안되며, 땀을 낸 뒤에 피를 소모시키는 치료 방법을 쓰면 안된다.'고 했으니, 땀을 그치게 하는 데는 황련탕(黃連湯: 7-9)으로써 하고, 피를 그치게 하는 데는 모화탕(茅花湯: 21-9)으로써 한다."

왕긍당(王肯堂)의 설도 같다.

---

* 인증(因證)의 뜻은 ① 비슷한 병세, ② 병세의 원인, ③ 붙좇은 병세 등이 있는데 의학 용어로 정착되어 있지는 않은 듯하다.

손일규(孫一奎)가 말했다.

"열이 일어날 때 땀과 코피를 갑자기 그치게 해서는 안된다. 만일 땀이 크게 많이 나오고 피가 나와 그치지 않는 것은 화사가 몹시 핍박함이 크게 지나쳐서 진액이 함부로 흐르게 되고 피가 함부로 도는 것인데, 빨리 마땅히 당귀육황탕(當歸六黃湯: 12-3)에 밀쭉정이를 더해 땀을 그치게 하고, 모화탕(茅花湯: 21-9)으로써 피를 그치게 한다. 약을 씀이 더디면 땀이 많이 나와서 원기가 허약해지고, 피가 많이 나와서 정신이 흩어져 어지럽고 치료하지 못할 병세가 된다."

마지기(馬之騏)가 말했다.

"홍역의 발진은 땀을 얻어냄이 신묘함이 되고, 참으로 땀이 없으면 안 되며 또한 지나친 땀도 안된다. 만일 처음 열이 날 때 일찍이 약을 쓰지 않고도 겉에 저절로 땀이 많이 일어나 온몸에 물같이 흘러나오면 이것은 땀구멍과 살갗이 열려 안에 있는 병독을 다 설사시켜 땀을 좇아 나간 순조로운 증세인 것이다. 반드시 거듭 땀을 내어 겉에 있는 사기를 없애는 약을 쓰지 않는다. 또한 갑자기 문득 땀을 그치게 해서도 안된다. 만일 땀이 몹시 많이 나오고 그치지 않으면 이에 병인이 왕성해 진액이 함부로 다님을 이룸인데, 마땅히 오배자(五倍子) 11.25g을 써서 가루내어 침에 섞어 떡을 만들어 배꼽 위에 펴서 붙이면 그 땀이 곧 그친다.

이헌길(李獻吉)의 설도 같다.

이헌길(李獻吉)이 말했다.

"모든 발진의 처음부터 끝에 이르도록 약간의 땀만 머리부터 발에 이르기까지 나는 경우는 좋다. 땀이 적은 경우는 땀을 내어서 겉에 있는 사기를 없애는 약을 헤아려 쓰고, 땀이 지나친 경우는 더러 원기가 빠져나가는 것을 근심한다. 가령 마황·자소 따위는 조심하고 다시 쓰지 말라. 갈근은 다른 약제에 비해 비록 나으나 또한 지나치게 쓰지 말라.

처음 열이 일어나면 모두 승갈탕(升葛湯)을 쓴다. 그러나 만일 땀구멍이 처음부터 막히지 않아 밤낮으로 땀이 흐름이 그치지 않는 경우는 다만 고요히 기다림이 마땅하다. 승갈탕은 비록 효력이 비상한 약이나 반드시 쓰지는 않는다.

땀이 많은 경우는 양기가 갑자기 허약해져 반드시 숨이 찬 증세가 일어나니 모름지기 빨리 땀을 그치게 한다.

때때로 크게 땀이 나면 또한 오배자 떡을 붙임이 마땅하다."

장개빈(張介賓)이 말했다.

"처음 열이 일어날 때는 크게 땀내면 안된다. 다만 승갈탕(升葛湯) 종류로 겉에 약간 땀을 냄이 마땅하다."(위의 2-4. 치료법에 자세하다.—원주)

만전(萬全)이 말했다.

"열이 일어나는 처음에는 추위에 다침을 지어 함부로 땀을 설사시키면 안된다."(위의 2-9. 初熱에 자세하다.—원주)

마지기(馬之騏)가 말했다.

"홍역의 발진에는 마땅히 음을 보하고 피를 보한다. 무릇 땀이 드러나지 않고 매우 뜨거운 열이 물러나지 않는 데에는 마땅히 사물탕(四物湯)으로 크게 땀을 얻는다."(위의 2-14. 열의 조짐에 자세하다.—원주)

이헌길(李獻吉)이 말했다.

"처음 발진이 일어날 때 온몸에 땀이 있는 경우는 순조로운 병세인 것이다. 더러 머리 부위에 땀이 나오나 목 아래가 메마른 경우는 이는 병의 경과가 나쁜 것이다. 옛날엔 이 병세가 없다가 금년에 이 병세가 몹시 많은데, 대체로 금년은 폐금(肺金)의 기운이 부족한 해이기 때문에 살갗과 털이 몹시 쭈그러들어 살갗의 근육이 저절로 막히니, 땀을 내는 것이 금년의 급한 일이 되는 까닭인 것이다. 살갗과 근육이 매우 빽빽하여 온몸에 끝내 땀이 날 뜻이 없고 병의 경과가 나빠짐이 몹시 많은 경우는 승갈탕(升葛湯)에 파와 자소를 넣어 쓴다. 오히려 땀이 나지 않으면 다시 마황(마디를 없애고 3.75g, 또는 5.625g—원주)을 더한다. 땀이 나오지 않는 것은 피가 부족한 것으로 비로소 사물(四物)을 더한다.(승갈탕 본디 처방은 약제가 각기 같은 무게이다.—원주)

처음 열이 일어난 3일에 얼룩점이 나타나고 머리와 얼굴에 땀이 있고 몸뚱이엔 땀이 없이 마음속으로 모대기며 안타깝게 괴로워함이 대단히 심한 경우는 비로소 마황을 쓴다."

3—2. 피(血)

만전(萬全)이 말했다.

"홍역의 발진으로 열이 일어나고 코피가 나오면서 모름지기 이것이 그치지 않고, 만일 코피가 몹시 많이 나는 데에는 현삼지황탕(玄蔘地黃湯: 11-9)을 주약으로 쓴다."(앞의 3-1. 땀에 자세하다.—원주)

왕긍당·주지암의 설도 같다.

황렴(黃廉)이 말했다.

"홍역의 발진으로 열이 일어나고 코피가 나오는 경우 모름지기 빨리 이것이 그치지 않을 때 피를 그치게 하는 데에는 모화탕(茅花湯: 21-9)을 쓴다."(앞의 3-1. 땀에 자세하다. 손일규 처방에는 현삼·百草霜을 더했다.—원주)

왕긍당·주지암·손일규(孫一奎)의 설도 같다.

마지기(馬之騏)가 말했다.

"홍역의 발진으로 열이 일어날 때 콧속에서 코피가 나옴은 이 병인이 코를 좇아 풀어내는 것이라 갑자기 그치게 하면 안된다. 만일 피가 몹시 많이 나오면 이는 화열의 사기가 몰려서 생긴 병인이 몹시 왕성하게 핌

박함이 크게 지나쳐 피가 함부로 돌아다님을 이룬 것이다. 마땅히 당귀육황탕(當歸六黃湯: 12－3) 한 봉지면 곧 낫는다."

전씨(錢氏)가 말했다.
"폐는 콧구멍을 통해 열리게 되는데, 열독이 위로 솟구치고 피를 싣고 함부로 돌아다니기 때문에 코피가 난다. 그러나 코피 속엔 겉의 사기를 없애는 뜻이 있어 모름지기 그치게 하지 않는다. 다만 코피가 몹시 지나치면 피가 부족해져서 음기가 없어진다. 만일 코피가 몹시 나는 경우는 발회산(髮灰散: 42－4)을 써서 겉에서 콧속에 불어넣고 서각지황탕(犀角地黃湯: 12－1)을 먹으면 그 피가 저절로 그친다."

마지기(馬之騏)가 말했다.
"처음에 콧구멍 입구에서 피가 나오면 마땅히 승갈탕(升葛湯)에 볶은 치자 열매를 더해 쓴다.
이미 콧구멍 입구에서 피가 나오면 마땅히 황련해독탕(黃連解毒湯: 3－1) ①에 치자 열매와 사내 아이 오줌을 더한다.
발진이 없어져 떨어진 뒤 콧구멍 입구에서 피가 나오는 데는 마땅히 양격산(涼膈散: 8－7)에 치자 열매와 생지황과 사내 아이 오줌을 더한다.(이헌길방은 발진이 없어진 뒤 피가 나오면 잇따라 해독탕을 쓴다. 다만 생지황을 더한다.―원주)
발진이 없어진 뒤 이빨 뿌리가 썩어 문드러지고 코피가 흐르고 아울러 피가 나오는 병세가 됨에는 마땅히 빨리 사물탕(四物湯)에 산인진·목통·서각의 종류를 더해 소변을 누게 하여 피가 아래로 다니게 하고, 겉에는 독조단(獨棗丹: 24－8)을 써서 치료하되 늦출 수 없는 것이다."(3－13. 감질병의 공정현 설을 아울러 보라.―원주)
이헌길(李獻吉)의 설도 같다.

마지기(馬之騏)가 말했다.

"총괄하건대, 홍역의 발진으로 심장에 열이 왕성한데 열이 흩어지지 않으면 기침할 때 가래에 피가 섞여 나오고, 피를 게우며 피가 나와 빈혈이 되거나 더러 눈을 다치게 되니 모두 마땅히 서각지황탕(犀角地黃湯: 12-1)을 주약으로 쓴다. 만일 땀을 내어 겉에 있는 사기를 내보내지 못해 양열이 몰린 병인이 나갈 수 없어 속으로 오장(五臟)에 들어가 위중한 상태에 빠져 눈구석과 눈귀나 귓속에서 피가 나와 그치지 않고, 대변에 피가 섞여 나옴이 그치지 않는 경우는 경과가 나빠 중증 상태로 빠진다. 이에는 마땅히 빨리 승갈탕(升葛湯)에 당귀육황탕(當歸六黃湯: 12-3)을 더해 써서 치료하면 한둘은 치료할 수 있다."

이헌길(李獻吉)의 설도 같다.(여러 의사들의 기침에 피가 섞여 나오는 논의는 다음 3-5. 기침과 숨가쁨에 모두 자세하다.―원주)

공정현(龔廷賢)이 말했다.

"홍역의 발진이 이미 돋아나왔는데 피를 게우고 코피가 나고, 더러는 발진이 촘촘하고 빽빽하며 열이 나서 목이 마르고 결막염에는 마땅히 서각해독탕(犀角解毒湯: 3-6) ①에 볶은 산치자를 사내아이 오줌에 섞어 마신다."

맹하(孟河)가 말했다.

"홍역 병세로 입과 코에서 피가 나오는 데에는 마땅히 서각해독화담청화환(犀角解毒化痰淸火丸: 19-4)을 쓴다."(다음 3-5. 기침과 숨가쁨에 자세하다.―원주)

만전(萬全)이 말했다.

"열이 몹시 나며 코에서 피가 나고 더러 대소변에 피가 섞여 나오며 열이 몹시 나는 경우에는 황련해독탕(黃連解毒湯: 3-1) ①을 쓰고, 피가 몹시 나는 경우에는 서각지황탕(犀角地黃湯: 12-1)을 쓴다.(여러 의사들의 대소변에 피가 섞여 나오는 논의는 다음 3-10. 대변·소변에 자세하다.―원주)

마지기(馬之騏)가 말했다.

"모든 가래 끓는 기침과 피가 나옴이 크게 미치고, 술과 섹스가 몹시 도를 넘은 사람이 폐와 신의 진양(眞陽)이 손상되어 기침이 나고 가래를 게우고 코피를 흘리고 피를 게우고 가래에 피가 섞여 나오고 각혈을 하는 등의 병세가 나타나니 마땅히 맛이 쓰고 성질이 차거나 달고 찬 약을 먹어 피가 생겨나게 하여 화사를 내린다. 인삼과 황기 등 맛이 달고 성질이 따뜻한 약을 쓰면 안된다."

만전(萬全)이 말했다.

"홍역의 발진 뒤에 남은 열이 다 없어지지 않고, 더러 열이 몹시 나면서 피가 나는 경우는 사물탕(四物湯)에 인진·목통·서각을 더해 소변을 잘 누게 하는 이치로써 열기를 내려가게 하면 낫는다. 만일 피가 위에 있는 경우는 천궁을 없앤다."

손일규(孫一奎)가 말했다. "발진 뒤에 피가 나면(原論은 같다.―원주) 더러 서각지황탕(犀角地黃湯: 12-1)에 해독탕(解毒湯: 3-1)을 합쳐서 쓴다."

3—3. 갈증(渴症)

만전(萬全)이 말했다.

"홍역의 발진에 갈증이 나서 물을 마시기를 좋아하면 완전한데, 이는 열의 속성을 가진 사기가 폐장을 태우고 위장을 말려 심장에 열이 왕성함이 속에 지나치기 때문인 것이다. 처음 열이 일어나 목이 마른 경우는 승갈탕(升葛湯)에 천화분·맥문동을 더하고, 목마름이 심한 경우는 인삼백호탕(人蔘白虎湯: 6-2) ①에 황련해독탕(黃連解毒湯: 3-1) ①을 합쳐 주약으로 삼는다.

모든 홍역을 앓는 사람은 발진의 크고 작고를 구애하지 않고 저절로 일어나서 거두기에 이르도록 반드시 시원한 물 마시기를 좋아하는데, 이를 반드시 금하지 않는다. 다만 조금 마심이 마땅하고 많이 마심은 마땅치 않고, 자주 마심은 마땅하고 많은 물을 단번에 마심은 마땅치 않다. 곧 병인의 사기가 따라서 점점 풀어 없어진다."

마지기(馬之騏)가 말했다.

"홍역은 감기와 더불어 같은 열병(熱病)이다. 이 두 가지는 갈증이 반드시 일어난다. 감기는 갈증이 일어나 물을 얻어서 생기고, 홍역은 갈증이 일어나면 또한 물을 마실 수 있다. 다만 많이 마시면 안된다. 만일 홍역으로 갈증이 날 때는 다만 늘상 총백탕(葱白湯)을 마심이 마땅하다. 더러 곡식 지게미와 쌀겨로 끓는 물을 써서 배도록 달여 따뜻해지기를 기다려 먹고 조금 서늘하면 또한 털구멍 가운데서 늘 조금 땀이 날 수 있게 해 윤기가 나면 그 발진이 저절로 돋아나오고 저절로 팔다리가 오그라드는 병세가 없다. 더러 오매(烏梅) 37.5g을 뭉근한 불로 오래 삶아 2종지를 우물물 가운데 담가 식혀 늘 1잔을 써서 시원한 물 1잔과 뒤섞어 천천히 마신다."

왕긍당(王肯堂)이 말했다.

"홍역의 발진 처음에 열이 일어나 목이 마른 경우는 폐장이 마르고 위장이 말라 심장에 열이 왕성해 안을 가로막은 것이다. 앞에 나온 해표약 가운데(곧 瀉白散: 5-4, 金沸草散: 13-5) 석고·천화분을 많이 더하고, 또는 갈근맥문산(葛根麥門散: 14-1)을 쓴다. 발진이 돋아나와 보이고 목이 마른 경우는 인삼백호탕(人蔘白虎湯: 6-2) ①에 천화분·맥문동을 더하고, 목마름이 심한 경우는 백호탕(白虎湯: 6-1)에 황련해독탕(黃連解毒湯: 3-1) ①을 합쳐 주약으로 쓴다. 위장의 열을 느끼고 목마름이 심하면 마땅히 이 처방을(곧 백호해독탕: 3-9) 많이 쓰면 위장이 맑아져 곧 멈추고, 다행히 잇몸이 벌겋게 붓고 헐어 아픈 병증의 해침을 모면하고 곧바로 감질이 이루어지고 나서 위장의 열이 없어지고, 혈분의 왕성한 사열이 없어지면 병인이 풀린다. 이따금 살을 깨물고 후회하여도 소용없으니 인자한 어버이는 마땅히 일찍 이를 치료하고 일시적인 안일만을 일삼지 말라."

주지암의 설도 같다.

만전(萬全)이 말했다.

"발진이 돋아나올 때 기침을 하고 입이 마르고 가슴이 답답한 경우는 이 병인이 심장과 폐장에 있으면서 다 일어나지 않은 것이다. 이런 데에는 사백산(瀉白散: 9-10)에 천화분·연교·현삼·황련을 더해 설사시킨다. 더러 황련행인탕(黃連杏仁湯: 8-2) ②를 쓴다."

손일규(孫一奎)·서용선(徐用宣)의 설도 같다.

황렴이 말했다.

"발진으로 열이 일어나고 목이 마르고, 목마름이 많을 때에는 마땅히 녹두·호마(胡麻)를 써서 볶아 쌀 끓인 물로 마신다. 시원한 물과 더불어 마시면 안된다. 다시 마땅히 진액이 생기고 병인을 풀게 하는 데에는 인삼백호탕(人蔘白虎湯: 6-3) ②를 주약으로 쓴다."

손일규(孫一奎)·주지암·서용선(徐用宣)의 설도 같다.(다만 胡麻를 燈心으로 썼다.—원주)

이헌길(李獻吉)이 말했다. "발진이 순조로운 경우는 가슴이 답답하여 입안이 마르고 목마름이 없는데, 목이 마른 경우는 탕제 이외에 녹두음(菉豆飮: 21-8)을 늘상 먹는 것이 좋다. 그 다음엔 총백탕(葱白湯)을 쓴다. 그러나 땀이 나는 경우는 쓸 수가 없다."

마지기(馬之騏)가 말했다.

"발진이 돋아나오고 빛깔이 자줏빛이고 크게 목이 말라 물 마시기를 멈추지 않는 데에는 마땅히 육일산(六一散: 20-4, 앞의 2-12. 모양과 빛깔에 자세하다.—원주)을 쓴다.

만일 열이 물러가지 않고 목마름이 멈추지 않는 데에는 마땅히 화반탕(化斑湯: 6-7) ②를 몇 봉지 먹어도 또한 해롭지 않다. 목마름이 그치고 열이 줄어들면 먹기를 그치고, 더러 인삼백호탕(人蔘白虎湯: 6-2) ①을 쓰면 그 목마름이 곧 그친다. 높은 열이 크게 나며 물러가지 않고 목마름을 일으키면 인삼백호탕(人蔘白虎湯: 6-2) ①을 주약으로 쓴다."

공정현(龔廷賢)이 말했다.
"발진이 벌써 돋아나오고 헛소리를 하고 가슴이 달아오면서 답답하며 편안치 않고 목마름을 일으키는 경우에는 마땅히 백호해독탕(白虎解毒湯: 3-9)을 쓴다."

주지암(朱之黯)이 말했다.
"발진으로 목이 마른 데에는 다만 마땅히 총백탕(葱白湯)으로 갈증을 보하고 털구멍을 윤기 있게 함이 좋을 것이다."
공신(龔信)의 설도 같다.(곧 마지기의 법이다.—원주)

전씨(錢氏)가 말했다.
"무릇 홍역의 발진이 돋아나오고 가슴이 답답하며 입안이 마르고 갈증이 나는 경우는 이에 병독의 열이 왕성하게 쌓인 것이다. 대개 심장의 열이 어지럽게 되면 가슴에 열이 몰려 답답하고, 위장의 열울이 되면 갈증이 일어남을 당해 돋아나오지 못할 때에는 마땅히 승갈탕(升葛湯)에 맥문동·천화분을 더하여 쓰고, 벌써 돋아나온 경우는 마땅히 백호탕(白虎湯: 6-1)을 쓴다. 발진을 거둔 뒤에 가슴이 답답하여 입안이 마르고 갈증이 나는 경우는 죽엽석고탕(竹葉石膏湯: 10-2)을 쓴다."

허준(許浚)이 말했다.
"전염성 병인(毒疫)으로 가슴이 답답하여 입안이 마르고 갈증이 나는 데에는 마땅히 인삼백호탕(人蔘白虎湯: 6-2) ①과 죽엽석고탕(竹葉石膏

湯: 10-2)을 쓰고, 녹두죽(菉豆粥)과 인동차(忍冬茶)를 마신다."
　이헌길(李獻吉)이 말했다. "발진이 거두어졌을 때에 열이 물러가지 않고 갈증이 그치지 않는 경우는 마땅히 인삼백호탕(人蔘白虎湯: 6-2) ①을 쓴다."(위의 2-14. 열의 조짐에 자세하다.—원주)

　마지기(馬之騏)가 말했다.
　"물을 마심이 지나치게 많으면 안된다. 지나치면 경련병이 두려운 것이다. 대개 열이 몹시 나서 갈증이 나는 경우는 심장인 것이다. 심장에 수기(水氣)가 이미 들어가 비장에 전해 게움과 이질 설사가 되고, 비장이 수기에 다친 데에는 오령산(五苓散: 15-4)을 주약으로 쓴다. 폐장에 전해 숨이 차게 되어 기침이 나고 폐장이 수기에 다친 데는 청폐음(淸肺飮: 9-7, 자세하지 않다.—원주)에 백축말(白丑末: 곧 白牽牛子—원주)을 조금쯤 더해 주약으로 쓴다. 신장에 전해 소변이 되어 나오지 않으면 음낭이 붓고, 간장에 전해 옆구리가 아픈 병증이 되고, 힘줄이 연약해져 팽창한다. 간장과 신장이 물에 다치면 또한 오령산(五苓散: 15-4)에 목통·차전자를 더해 써서 방광의 물을 설사시키면 간장과 신장의 병이 없어진다."

　황렴(黃廉)이 말했다.
　"발진이 일어나 열이 날 때 만일 멋대로 찬물을 마시면 경련병이 두렵기 때문이다. 물이 폐장에 들어가 숨이 차게 되고 기침이 나게 되면 마땅히 정력(葶藶)을 써서 폐장 가운데의 물을 새어나가게 한다. 물이 비장에 들어가 붓게 되고 배가 불러오며 팽팽해졌다 저절로 오줌이 되어 나가고, 물이 위장에 들어가 게우게 되고 딸꾹질이 되면 이를 오줌으로 나가게 하는 데에는 마땅히 저령·택사·복령을 써서 비장·위장의 물을 새어나가게 한다. 물이 심장에 들어가 가슴이 두근거리고 놀라게 되면 마땅히 목통·적복령을 써서 심장 아래의 물을 새어나가게 하고, 물이 간장에 들어가 옆구리가 아픈 병에는 마땅히 원화(芫花)를 써서 간장의 물을 새어나가게 한다. 물이 신장과 방광에 들어가 소변이 잘 나오지 않게 되고 음낭이 부은 데는 차전자·목통을 써서 방광의 물을 새어나가게 한다."

손일규(孫一奎)·주지암의 설도 같다.(다만 물이 심장에 들어가면 적복령·등심을 쓴다.―원주)

3―4. 음식(食)

만전(萬全)이 말했다.

"발진이 돋아나왔을 때 대부분 5~6일 동안 음식을 먹지 못하는데, 이는 위장이 사기의 침범을 받고, 또한 사기가 길러진 바가 되기 때문에 먹지 않아도 해침이 없으나, 절대로 조심하여 치료하지 않으면 안된다. 다만 발진을 치료하기에 마땅함은 발진이 다 돋아나와 병인의 사기가 점차 풀리면 곧 음식을 생각하나 밀가루 음식을 주면 안된다. 비록 죽을 써서 마셔도 매번 다만 조금씩 줌이 옳다.(경일진의 『숭애존생서』에 이르기를, 다만 두 잔이 좋다고 했다.―원주) 원기가 맑고 정신이 상쾌하고 온몸에 열이 나지 않음을 기다려 점점 음식을 더 보태되 다만 조금씩 자주 먹음이 마땅할 것이다."

경일진(景日畛)의 설도 같다.

장개빈(張介賓)이 말했다.

"천연두의 병인은 간장과 신장에 근원하고 중초·하초 이초(二焦)로부터 나오니, 이로써 끝내 음식에 방해가 안되나 그러나 온통 물과 곡물에 의뢰함을 주로 하기에 잘 먹으면 좋고 잘 먹지 못하면 불길하다. 그러므로 천연두를 치료하는 경우는 비장과 위장의 홍역의 병인을 돌아보지 않을 수 없다. 홍역의 병인은 몸 겉의 사기를 풀어 없애지 않아서 속으로 태음경·양명경을 침범하고 병이 상초·중초에 있기 때문에 대체로 잘 먹지 못한다. 그러므로 홍역을 치료하는 경우는 다만 마땅히 화사(火

邪)를 풀어 없어지게 해야 한다. 화사가 흩어지면 스스로 잘 먹는다. 이것이 천연두와 홍역을 치료함에 있어 마땅히 각기 귀중한 것이 이와 같다."

마지기(馬之騏)가 말했다.
"홍역의 발진이 바르게 돋아나올 때 비록 크게 음식을 먹지 않고, 다만 그 빛깔이 붉고 희며 윤기가 있는 경우는 지장이 없다. 대개 양열의 병인이 풀리지 않으면(翁仲仁이 일컬은 속에 열이 쌓인 사기가 왕성한 열—원주) 반드시 먹지 않을 것이다. 만일 며칠 동안 물과 음식을 먹지 않으면 마땅히 위장을 맑게 하고 비장을 보하고 병인을 푸는 것을 주로 하여 병인이 물러가면 저절로 먹고 마심이 평소와 같아지는 데에는 조중탕(調中湯: 18-1)을 쓰되 고본(藁本)을 없애고 황련을 더한다. 저절로 순조로운 경우 대황을 줄이고, 위장이 허약한 경우 설사를 시키지 말라.
발진이 없어진 뒤 먹지 않으면 마땅히 사물탕(四物湯)에 신국・사인・맥아를 더해(萬表의 『濟世良方』에는 맥아가 없다.—원주) 1~2차례 먹으면 저절로 잘 먹는다. 만일 위장의 기능이 허약하면 설사를 시키지 말라."
공정현(龔廷賢)・옹중인(翁仲仁)의 설도 같다.

이헌길(李獻吉)이 말했다.
"음식을 먹지 못하는 경우는 다만 마땅히 녹두음(菉豆飮: 21-8)을 늘상 따뜻이 먹고, 더러 시원하게도 먹는다.
발진 뒤에 음식을 먹지 못하는 경우는 혈분에 사열이 있는 것이다. 사물탕(四物湯)이 마땅한데 갈증이 나면 맥문동을 더하고, 기침이 나면 과루인을 더하고, 가래가 끓면 패모・진피를 더하고, 가슴이 답답하고 열이 몹시 나면 황금・황련을 모두 술에 불려 누렇게 볶아서 더하고 방풍・연교를 더하며, 몸에 땀 기운이 없어 메마르고 윤기가 나지 않으면 갈근・자소엽・백지를 더한다.
한 처방에 이르기를, 발진을 거둔 뒤 음식을 오래도록 먹지 못하는 경우는 사물탕(四物湯)에 사인(砂仁)·맥아·신곡(더하는 경우는 사물과 비교하여 절반을 줄인다.―원주)을 더한다.

먹으려 하다가 속이 메스껍고 가슴이 답답하고 열이 나서 계속 물을 들이켜는 경우는 양격산(涼膈散: 8―7)이 마땅하다."

만전(萬全)이 말했다.

"무릇 발진이 돋아나오기에 앞서 평소 밀가루 음식을 지나치게 쓴 경우나 더러 바르게 돋아나올 때 밀가루 음식을 먹은 경우나 또는 위장의 기능이 점차 열려 곧 밀가루 음식이 생각나더라도 일찍 쓰는 경우는 위장의 열이 화사로 움직임으로 말미암아 멀건 콧물이 오지 못하게 되어 몸뚱이에 열을 만들어 두 눈이 손을 보고 손가락을 깨물고 코를 후비고 입과 입술 살갗이 찢어지고 살갗이 터지고 눈썹이 눈을 찌르는 경우 이는 모두 홍역 뒤에 음식 조절을 잘못한 병인 것이다. 마땅히 폐장을 맑혀 병인을 푸는 데는 음식을 소화시켜 아래로 내려보내 비장·위장의 소화 기능을 하는 약제를 더해 치료한다."(여러 의사의 음식 금지에 대한 논의는 위의 2―17. 禁忌에 자세하다.―원주)

장개빈(張介賓)이 말했다.

"홍역 뒤에 밀가루 음식을 먹음이 몹시 일러 손가락의 손톱을 깨물고 입과 입술이 찢어지고 눈썹이 휘어들고 손을 보고 사람을 깨무는 등의 병에는 마땅히 해독화체탕(解毒化滯湯: 19―1)을 쓴다.

경일진(景日昣)의 설도 같다."

왕긍당(王肯堂)이 말했다.

"홍역의 발진으로 열이 나서 때마침 몹시 후끈후끈 달아오를 때 음식을 먹으면 능히 가벼운 병세가 무거운 병세가 되니 조심하지 않으면 안 된다. 대개 큰 열이 물러나지 않았을 때 음식을 주면 안됨은 감기병과 같다.

주지암의 설도 같다.

이헌길(李獻吉)이 말했다.

"홍역의 뒤에 지나치게 음식을 먹고 병을 일으킨 경우는 신국·맥아를 쓰고, 물고기와 고기를 먹고 병을 일으킨 경우는 산사·초과(草果)를 쓴다.

홍역 뒤에 음식에 다침이 심한 경우는 양비탕(養脾湯: 17-2)을 철저하게 준비할 것이고, 또 해독탕(解毒湯: 3-1) ①에 소합환(蘇合丸: 23-6)을 배합해 급함을 치료할 수 있다.

한 처방에 이르기를, 홍역 뒤에 음식에 다친 데엔 승갈탕(升葛湯)에 소합환(그렇지 않으면 養脾湯·17-2도 또한 괜찮다.—원주)을 배합하여 쓰고, 음식에 다침이 심하지 않은 경우는 죽엽·등심·자소엽을 달여 소합환(23-6) 3개를 배합해 쓴다.

홍역 뒤에 음식에 다쳐 가슴속이 달아오면서 답답하고 편안치 않고 가슴이 답답하여 입안이 마르고 갈증이 나며 몸뚱이에 바림한 열인 경우는 승갈탕(升葛湯)에 신곡·맥아·시호 각각 3.75g을 더한다."

3—5. 기침과 숨가쁨

만전(萬全)이 말했다.

"홍역 증세는 폐장과 비장·위장에 속하고, 폐장이 열의 사기를 받으면 기침이 많고, 기침이 많으면 갑자기 머리와 얼굴에 발진이 돋아나와 모두 팔다리에 미친다. 대장이 열의 사기를 받으면 위로 비장·위장에 이어져 설사를 하게 되는데, 만일 일찍 설사하면 기침이 반드시 줄어드나 변하여 숨찬 병이 된다. 대개 숨이 차고 기침이 나는 두 경우는 모두 폐에 속한다. 그러나 기침은 사기가 왕성한 것이고 숨이 참은 원기가 부족해 허약해짐인데 기침을 얻은 경우는 나오고 숨이 참을 얻은 경우는 들어간다. 들어가면 눈이 감기며 담이 많고 가슴이 가득 차고 배가 불러

올라 팽팽해져 빛깔이 희어지며 병인이 다 나가지 않은 증세면 위태롭다. 이런 발진에는 기침이 남이 마땅하고 숨이 참은 마땅치 않고 가장 마땅치 않음은 설사에 있는 것이다."

만전(萬全)이 말했다.
"홍역의 발진으로 처음 열이 일어날 때 돋아나옴이 보이지 않고 기침이 백가지·열가지 소리로 나며 그치지 않고, 폐기가 위로 치밀어 숨이 가쁘고 얼굴이 뜨고 눈까풀이 부어오르고 때로 눕고 때로 일어난다. 이 열독이 속으로 폐엽을 쪄서 마르게 한 데에는 마땅히 감길탕(甘桔湯: 21-1)에 백호탕(白虎湯: 6-1)을 합하고 우방자·박하를 더해 주약으로 쓴다.
발진이 돋아나올 때 기침이 나고 입이 마르고 가슴이 답답한 경우에는 마땅히 사백산(瀉白散: 9-10)을 쓴다."(앞의 3-3. 갈증에 자세하다.—원주)

마지기(馬之騏)가 말했다.
"발진이 처음 돋아나올 때 기침이 나면 마땅히 승갈탕(升葛湯)에 마황을 더해 쓴다. 만일 열이 일어나고 기침이 난 3~5일에도 돋아나오지 않는 경우는 호수주(胡荽酒: 21-6)로써 문지른다. 더러 볶은 호수자(胡荽子)를 엷은 무명에 싸서 다리미로 뜨겁게 해 몸 위에 올리면 또한 곧 그친다.
벌써 돋아나왔는데 기침이 나는 데에는 마땅히 양격산(涼膈散: 8-7)에 길경·지골피를 더해 쓴다.(이헌길이 이르기를, 양격산은 몸이 씩씩하고 튼튼한 경우에 마땅히 먹는다.—원주) 만일 벌써 돋아나온 3~4일 사이에 열이 일어나고 기침이 나도 소리가 나오지 않음은 곧 열의 사기가 몰려서 생긴 병인이 폐장과 위장 가운데 있음이니, 빨리 마땅히 시원한 물에 아다산(兒茶散: 21-7)을 조절해 몇 차례 쓰면 다행히 열의 속성이 심한 사기가 물러가고 소리가 곧 나온다. 거푸 청금강화탕(淸金降火湯: 9-9)을 먹으면 저절로 낫는다. 만일 기침이 나고 가래가 나오지 않으면 땀을 내어서 겉에 있는 사기를 없앤 뒤 마땅히 과루인・황련・지실・감초를 달여 먹는다.

발진이 돋아나오지 않았을 때 열이 일어나고 숨이 찬 증세에는 마땅히 오호탕(五虎湯: 6－4)을 쓴다."(앞의 2－11. 出險에 자세하다.―원주)

이헌길(李獻吉)의 설도 같다.(어떤 처방에 이르기를, 발진이 처음 돋아나올 때 몸뚱이에 높은 열이 나고 숨이 차고 기침이 나고 이질 설사가 나는 경우에는 마땅히 麻黃湯[5－9]을 쓰고 胡荽酒[21－6]를 뿜는다.―원주)

왕긍당(王肯堂)이 말했다.

"홍역의 발진으로 처음 열이 일어날 때 기침이 나고 백가지・열가지 소리가 나며 그치지 않는 데에는 마땅히 감길탕(甘桔湯: 21－1)・소독음(消毒飮: 5－1)・사백산(瀉白散: 9－10) 등 세 가지 처방을 합해서 쓴다. 처방 안 상백피는 신선한 것을 가려내 많이 쓴다. 열이 왕성하여 가슴이 답답하고 입안이 마르고 갈증이 나는 데는 석고가루・지모・황금・천화분을 더한다."

묘희옹(繆希雍)이 말했다.

"홍역이 처음 일어날 때 반드시 기침이 나는데 마땅히 성질이 찬 약으로 열을 내리고 병인이 드러나도 기침이 그치지 않는 데는 마땅히 청양음(淸揚飮: 19－10)을 쓰되, 기침이 심한 경우에는 석고가루 18.75g, 겨울엔 쌀 1줌을 더하고, 더욱 심하면 황금・황벽・황련을 더해 쓴다.

발진이 일어날 때 숨참이 많음은 열의 속성을 가진 사기가 폐장에 몰리고 막힌 때문인데 숨참을 진정시키는 약을 조심하고 쓰지 말라. 다만 약의 용량을 많게 해서 죽엽석고탕(竹葉石膏湯: 10－2)과 정전갈근탕(樗前葛根湯: 1－5)을 쓰고, 만일 겨울철 추움이 심해 홍역의 병인이 속에 몰려 있으면서 드러나 나올 수 없어 숨이 차고 갈증이 나고 답답하고 어지러우며 가슴속이 달아오면서 답답하고 편안치 않음이 진정되지 않는 경우 마황의 마디를 버리고 더해 끓여 거품을 없애고 꿀과 술로 휘저어 뒤섞어 볶아서 3.75g이나 또는 2.625g~3g을 하루분 한 봉지로 쓰면 선 자리에서 그친다."

전씨(錢氏)가 말했다.
"홍역은 비장·폐장에서 일어나기 때문에 기침이 많다. 심한 경우는 반드시 발진의 처음과 없어짐을 나누어 치료한다. 처음 생길 때 기침이 일어나면 이것은 바람이 병을 일으키는 원인으로 기가 몰려 있는 경우에는 승갈탕(升葛湯)에 전호·길경·자소엽·행인을 더해 치료한다. 발진이 이미 나온 다음 기침이 나오면 곧 폐장에 열이 왕성하게 된 것인데 청금영소탕(淸金寧嗽湯: 41-7)을 주약으로 쓴다.

숨이 차고 나쁜 계절에 홍역이 되는 것을 더욱 꺼린다. 만일 발진이 처음 돋아나와 드러나지 않고 땀이 없고 숨이 가쁜 경우는 이것은 겉에 사기가 왕성하고 기가 몰려 있는 것이다. 그 병인을 없애는 데는 마땅히 마행석감탕(麻杏石甘湯: 41-8)을 써서 발진을 일으킨다. 발진이 벌써 돋아나오고 가슴이 그득하고 숨이 찬 경우는 이 전염병을 일으키는 사기가 속으로 들어가서 폐장을 쳐서 자름을 받는 데는 마땅히 청기화독음(淸氣化毒飮: 41-2)을 써서 열을 치료한다. 만일 늦어져 치료할 때를 잃어 폐엽이 함께 마르면 치료하기 어렵다."

맹하(孟河)가 말했다.
"홍역으로 기침이 나고 숨이 차며 입술이 붉어지며, 열이 속에 맺혀 있어 가슴속이 달아오면서 답답하고 편안치 않고, 더러 입과 코로 피가 나오면 발진의 앞뒤를 구애하지 않고 함께 서각해독화담청화환(犀角解毒化痰淸火丸: 19-4)을 먹음이 마땅하다."

손일규(孫一奎)가 말했다.
"홍역의 발진으로 기침이 나고 숨이 차면 언제나 천연두 문중의 대무비산(大無比散: 19-8)·소무비산(小無比散: 19-7)을 언제나 1.875g~2.625g을, 대인은 3.75g을 먹으면 곧 숨참이 진정되어 잠든다. 잠이 깬 뒤에는 정신이 편안하고 숨이 고르게 되어 낫는다. 여러 번 써서 여러 차례 효험이 있었는데 곧 급성열성 병인이 소변을 좇아 나가기 때문인 것이다."

이헌길(李獻吉)이 말했다.

"기침이 몹시 나는 경우 발진이 돋아나오고 없어지는 앞뒤를 막론하고 마땅히 사백소독산(瀉白消毒散: 5-4)을 쓴다. 부평을 얻을 수 없는 경우는(한 처방에는 발진 뒤의 기침—원주) 사백산(瀉白散: 9-10)이 또한 좋다.(이는 곧 왕궁당의 치료법이다.—원주)

기침이 몹시 나는 경우는 어떤 약을 막론하고 처방대로 따라 먹을 것이나 과루인·상백피를 각기 3.75g을 더 넣으면 병을 좋게 고친다."

만전(萬全)이 말했다.

"기침이 몹시 나는 경우는 이모산(二母散: 20-6)·맥문동탕(麥門冬湯: 14-1)·청폐탕(淸肺湯: 9-4)을 쓴다. 숨이 찬 경우는 소시호탕(小柴胡湯: 10-6)에서 인삼을 없애고 오미자를 더해서 쓴다."

경일진(景日昣)의 설도 같다.

장개빈(張介賓)이 말했다.

"만전(萬全)의 홍역을 치료하는 여러 조목은 모두 대단히 자세하고 마땅하다. 그러나 그 가운데 다만 이질을 설사시키고 여러 가지 숨찬 병을 치료하는 두 증세에 대한 조목은 가장 의심스러움이 많다. 대개 두 증세가 홍역 발진의 병인으로 말미암았으면 진실로 마땅히 그 치료법과 같이함이 마땅하다. 그러나 홍역 발진으로 말미암지 않음이 있는 경우와 (다음 3-12. 이질에 자세하다.—원주) 또 가령 숨이 찬 한 증세는 크게 허증과 실증이 있고 대개 열 가지 숨찬 병에 아홉 가지는 허증인데, 만일 그 근본을 살펴 열의 속성이 더 심한 사기가 아니고, 또 겉의 사기가 아닌

데도 더러 크게 설사하거나 또는 크게 땀이 나서 숨이 참을 이룬 경우는 반드시 모두 원기가 몹시 쇠약해진 조짐이다. 이는 육기음(六氣飮: 16-6)이나 더러 정원음(貞元飮: 12-9)이 아니면 반드시 치료할 수 없다. 무릇 이 두 경우는 모두 자세히 살피지 않을 수 없다. 그러나 어떤 경우는 숨결이 몹시 빠름으로써 숨이 참을 만들면 결코 큰 잘못이다. 또 천연두 총론 가운데 사람으로 말미암아 있는 병세의 원인 분별은 이는 홍역과 더불어 실로 차별이 없이 서로 같은 이치이니 마땅히 참고하여 살펴볼 바이고, 그러므로 홍역의 사기로써 찬동할 수 없고, 다 사열이 왕성하여 생긴 실열이라고 생각한다. 그리하여 진음(眞陰)이 부족하여 생긴 열의 해가 됨을 알지 못한 것이다."

장개빈(張介賓)이 말했다.
"모든 홍역 증세에는 기침이 많은데 이는 갑자기 발진이 돋아나오고 갑자기 들어가는 형세인 것이다. 다만 발진의 병인이 있으면 모름지기 헛기침이 많이 흩어지기 때문에 발진 뒤 10일 안에는 도리어 마땅히 기침이 있으니, 모두 기침이 많다고 보고 기침으로 치료하면 안될 것이니 마땅히 조심해야 한다."

마지기(馬之騏)가 말했다.
"발진이 없어지고 기침이 나는 데에는 마땅히 양격산(涼膈散: 8-7)에 길경·지골피·오미자를 더해 쓴다.
총괄하건대, 홍역의 발진 앞뒤에 기침이 남은 모두 발진의 병인에 매였으니 가볍게 볼 수 없으며, 마땅히 삼소음(蔘蘇飮: 1-8)·사백산(瀉白散: 9-10)이나 더러 방풍통성산(防風通聖散: 2-7)을 먹음이 모두 좋다. 만일 오래 기침이 나고 갑자기 발진 뒤의 풍증을 이루고 더러 목구멍에서 피가 나오면 빨리 맥문동청폐음(麥門冬淸肺飮: 9-6)을 먹음이 마땅하다. 만일 빨리 치료하지 않아 다침이 폐장과 위장에 미치면 숨이 몹시 차고 배가 몹시 불러오르면서 속이 그득해지고 숨이 가쁘고 정신이 가득 혼미하고 입술과 얼굴이 푸르고 희고 붉은 보랏빛으로 마르고 어두 우며 얼굴빛이 바르지 않고 입과 코에서 피가 나오면 치료하기 어렵다."

만전(萬全)이 말했다.
"발진을 거둔 뒤 잔기침이 나는 경우 이는 폐장의 원기가 고르지 않은 것이다. 모름지기 조절하여 치료하지 않아 만일 잔기침이 그치지 않는 경우 이것은 나머지 병인이 다하지 않은 것이다. 청폐음(淸肺飮: 9-2) ①에 생감초·우방자를 더해 주약으로 쓴다."
손일규(孫一奎)가 말했다. "청폐음(9-2)에 소독음(消毒飮: 5-1)을 더해 쓴다."

만전(萬全)이 말했다.
"만일 기침이 더욱더 몹시 나고 숨이 가쁘고 기가 치밀어오름이 일어나면서 길게 잇닿아 이어지고 그치지 않는 경우 이것은 폐장 가운데 열이 잠복되어 폐장이 허약하고 폐엽이 마른 때문에 기침이 나는 것이다. 마땅히 인삼청격산(人蔘淸膈散: 8-10)을 주약으로 쓴다. 몸에 열이 높은 경우는 문동청폐탕(門冬淸肺湯: 9-5)을 주약으로 쓴다."
어떠한 처방에 말했다. "만일 이런 경우에 마땅히 청폐음(淸肺飮: 9-2) ①이나 더러 청폐탕(淸肺湯: 9-4)에 인삼백호탕(人蔘白虎湯: 6-2) ①과 육일산(六一散: 20-4) 따위를 합쳐 주약으로 쓴다."

만전(萬全)이 말했다.
"만일 기침이 오랫동안 그치지 않고 얼굴이 부석부석 뜨고 눈꺼풀이 붓고 숨결이 높고 숨이 몹시 차면서 곧 어깨가 높이 솟고 피가 입과 코에서 나오며, 얼굴빛이 더러 푸르거나 또는 붉고 코가 메마르고 정신이 희미해지고, 머리를 흔들고 손이 흔들리는 경우는 모두 죽을 병세인 것이다."
황렴(黃廉)이 말했다. "이와 같은 경우는 맥문청폐음(麥門淸肺飮: 9-6)

을 주약으로 쓴다."
  손일규(孫一奎)의 설도 같다.(다만 이르기를, 숨이 차며 숨결이 높아서 거북 등 같고 얼굴빛이 더러 희고 또는 메마르고 검다.―원주)

  만전(萬全)이 말했다.
  "만일 몸에서 열이 나고 기침이 몹시 나고 숨이 차고 연달은 소리가 머물지 않음은 이름을 돈소(頓嗽: 백일해)라 한다. 몹시 심하면 음식과 끓인물에 의해 함께 기가 치밀어올라서 기침이 나오며 더러 기침을 하고 피가 나게 되는 것은 열독이 폐장을 타고 오르기 때문이다. 마땅히 문동청폐탕(門冬淸肺湯: 9-5)에 연교를 더하여 많이 먹는다. 더러 청금강화탕(淸金降火湯: 9-9)을 주약으로 쓴다.
  또 폐장의 정기가 본래 부족하여 병인이 다다르게 되어 숨참이 일어나 연달은 소리가 그치지 않고, 다만 기침이 나지 않으며 피가 나오고 음식에 기가 치밀어 오르는 등의 병세인 경우는 마땅히 청폐음(淸肺飮: 9-2) ①을 쓰되 인삼을 배를 더해 치료한다. 폐장에 생긴 여러 가지 열증에 대한 설(說)에 구애받아서 순수하게 폐장의 열을 치료하고 병인을 없애는 약만 쓰면 안될 것이다."
  손일규(孫一奎)의 설도 같다.

  손일규(孫一奎)가 말했다.
  "발진이 물러간 나머지에도 목이 쉬고 소리가 나오지 않고, 더러 기침이 나고 또는 숨이 차고 또는 몸에 열이 물러가지 않고, 날이 오래 되어도 낫지 않는 경우, 이는 급성열성 병인이 폐장에서 다하지 않고 쪼갬을 받은 것으로 마땅히 청금강화탕(淸金降火湯: 9-9)에 죽력·생강즙을 더해 쓴다."

  왕긍당(王肯堂)이 말했다.
  "발진 뒤 잔기침에는 사백산(瀉白散: 9-10)에 삼미소독음(三味消毒飮:

5-1)을 주약으로 쓴다. 만일 기침이 몹시 나고 숨이 몹시 차고 음식에 기가 치미는 경우 마땅히 문동청폐탕(門冬淸肺湯: 9-5)에 비파엽을 더하고, 피가 보이면 모근즙·아교주(阿膠珠)를 더해 주약으로 쓴다."

이헌길(李獻吉)이 말했다. "발진 뒤 기침이 나기 때문에 피가 나오는 데는 마땅히 감길탕(甘桔湯: 21-1)에 석고를 더하고 생모근즙을 조절해 쓴다."(잔기침 및 숨이 차고 기침이 나지 않는 경우는 모두 마땅히 사백산: 9-10을 쓴다.—원주)

묘희옹(繆希雍)이 말했다.
"곧 발진 뒤에 기침이 나도 조심해서 오미자 등 발진을 거두는 약제를 경솔히 쓰지 말라. 다만 패모·감초·박하엽·현삼·길경·맥문동·과루근을 마땅히 써서 나머지 열을 맑게 해 가래에 막힘을 없애면 저절로 낫는다."

경일진(景日昣)이 말했다.
"발진 뒤에 열이 일어나 담이 폐장의 구멍을 막아 숨이 차고 기침이 나고 숨결이 빨라지는 것은 장차 좋지 않은 변고가 될 것이니 마땅히 청폐감길탕(淸肺甘桔湯: 9-8)을 쓴다. 뜨겁게 먹으면 선 자리에서 그치고, 차게 해서 먹으면 효험이 없다. 만일 풀리지 않으면 지모·황금을 더한다."

옹중인(翁仲仁)이 말했다.
"홍역 뒤에 가래가 끓고 기침이 그치지 않는 데에는 사물탕(四物湯)에 이진탕(二陳湯)을 합쳐 과루·길경·오미자를 더하고, 갈증이 나는 데에는 맥문동·지각을 더하고, 숨이 찬 데에는 소자·상피를 더한다."

장개빈(張介賓)이 말했다.
"홍역의 발진 뒤에 숨이 차고 기침이 나는 데에는 마땅히 청폐소독화담탕(淸肺消毒化痰湯: 5-7)을 쓴다."(위의 2-15. 남아 있는 병인에 자세하다.
-원주)

맹하(孟河)가 말했다.
"홍역의 발진 뒤에 기침이 나고 속에 열이 있어 내리지 않아 마음과 정신이 두렵고 어지러우며, 밤에 누워도 편안치 않고, 비장의 기운이 부족하여 더러 옴이 생겨난 데에는 마땅히 양진고(養眞膏: 17-8)를 먹는다."

이헌길(李獻吉)이 말했다.
"발진 뒤에 높은 열이 없어지지 않으면서 숨가쁨이 대단히 심해 입을 벌리고 어깨를 들먹이며 힘들게 숨을 쉬기에 이르고, 더러 기침이 대단히 심하여 잠시도 끊이지 않는 경우는 마땅히 양격산(涼膈散: 8-7)을 쓴다.
발진 뒤에 원기가 훼손되어서 가래 형세가 매우 위급하여 숨이 차고 기침이 나는 경우는 마땅히 가미사물탕(加味四物湯: 11-4)을 쓴다. 담이 대단히 왕성한 경우는 과루인을 곱절을 넣고, 물을 계속 들이켜는 경우는 천화분·오매육·맥문동 목질부 없앤 것 각각 3.75g을 더 넣고, 기침할 때 가래 끓는 소리가 심하지 않은 경우는 패모·진피·과루인을 없앤다.
발진 뒤에 설사를 하고 아울러 숨이 차고 기침이 나는 경우는 황련해독탕(黃連解毒湯: 3-1) ①을 쓴다.(다음 3-11. 설사에 자세하다.—원주)
가미금불초산(加味金沸草散: 13-5)은 홍역을 치료한 뒤 기침이 나는데 신기한 효험이 있다."

만전(萬全)이 말했다.
"융경(隆慶) 2년(1568: 戊辰) 나는 황주(黃州)에 있었는데 주씨(周氏)의 한 소아가 있어 홍역을 앓은 뒤 기침이 나고 목소리가 나오지 않아 내가 감길탕(甘桔湯: 21-1)에 볶은 우방자, 볶은 고금, 천화분으로 가루약을 만들어 더하고 박하엽을 끓인 물에 섞어 다시 달여 한번 끓여서 먹이니 정말로 편안해졌다."

손일규(孫一奎)가 말했다.
"기침이 나고 숨이 찬 데에는 마땅히 서래감로음(西來甘露飮: 21-5)을 쓴다."(앞의 2-14. 열의 조짐에 자세하다.—원주)

마지기(馬之騏)가 말했다.
"부기를 없애고 숨참을 안정시키는 데는 정력(葶藶)이 가장 좋다."

3—6. 목안과 울대(咽喉)
  * 목이 쉼과 말을 못하는 증세를 덧붙임.

만전(萬全)이 말했다.
"홍역으로 목안이 아픔은 또한 평상시의 기후에 곧 병인의 화사가 위로 타올라서 아픈 것이다. 인후병을 만들어 같이 논해서 함부로 침(針)을 써서 찌르지 말라. 인후병은 속으로 옹저를 지어 부었기 때문에 마땅히 침을 찔러 갈라 죽은 피를 없앤다. 홍역과 천연두로 다만 목안이 말라 통증이 생긴 데에는 마땅히 감길탕(甘桔湯: 21-1)에 우방자를 더해 쓰거나 더러 사간서점자탕(射干鼠粘子湯: 14-6)을 조금씩 마시고 다시 옥약시(玉鑰匙: 24-10)를 불어넣는다."
한 처방에 말했다. "목안과 울대가 순조롭지 않은 데에는 감길탕(甘桔湯: 12-1)을 쓰고, 풍사와 열사가 겹쳐 기침이 나는 경우에는 방풍을 더한다."

손일규(孫一奎)가 말했다.
"발진이 돋아나올 때 목안과 울대가 부어 아프면서 음식을 먹을 수 없는 경우에는 이 병인의 화사가 몰림을 걷어올려 위를 태우는 것이다. 마땅히 감길탕(甘桔湯:21-1)에 현삼·우방자·연교를 더해 쓰고,(朱之黯 처방에는 인삼이 있다.—원주) 다시 십전산(十全散: 20-9)과 옥약시(玉鑰匙: 24-10)를 불어넣고, 함부로 침을 찔러 피가 나오게 하면 안될 것이다."

왕궁당(王肯堂)이 말했다.
"홍역의 발진으로 목안이 아파도 인후병을 만들어 함부로 침을 놓지 말고 마땅히 감길탕(甘桔湯: 21-1)에 현삼·우방자·연교를 더해 쓰고, 더러 사간서점자탕(射干鼠粘子湯: 14-6)을 조금씩 마시고, 전씨감로음(錢氏甘露飮: 21-4)도 또한 괜찮다. 이 밖에는 십전산(十全散: 20-9)을 쓰고 옥약시(玉鑰匙: 24-10)를 불어넣는다."
주지암의 설도 같다.(목안이 아픔을 살펴 사간서점자탕이 마땅하고 주지암 처방이 올바른 처방이다.—원주)

황렴(黃廉)이 말했다.
"홍역의 발진으로 목안이 아픈 경우는 병인의 화사가 몰림을 걷어올려 위로 목안과 울대를 태우기 때문에 목안이 부으면서 아픔을 일으킨 것이다. 침을 놓아 피를 없애면 안되며, 마땅히 감길우방탕(甘桔牛旁湯: 21-3)과 십선산(十宣散: 20-9, 곧 十全散—원주)을 쓴다."

마지기(馬之騏)가 말했다.
"홍역의 발진으로 목안이 아픈 데는 마땅히 감길탕(甘桔湯: 21-1)에 현삼을 더하고, 아픔이 심한 경우는 현삼·서점자를 더하고, 더러 길경탕(桔梗湯: 21-2)이나 또는 찬물로 산두근을 갈아 먹는다."

전씨(錢氏)가 말했다.
"홍역의 병인으로 열이 왕성하면 위로 목안과 울대를 공격하게 되니, 가벼우면 부어 아프고, 심하면 끓인 물도 내려가기 어렵다. 가장 염려가 되는 것은 겉에 사기가 몰려 있고 막혀 홍역의 병독이 바깥으로 발산되어 흩어지지 못하여 목안과 울대가 아픈 경우이니 현삼승마탕(玄蔘升麻湯: 27-2)을 주약으로 쓴다. 속에 열이 왕성히 있어 막히고, 더러 발진이 벌써 바깥에 일어나면서 목안과 울대가 아픈 경우는 양격소독음(涼膈消毒飮: 43-3)을 주약으로 쓴다."

맹하(孟河)가 말했다.
"홍역의 발진으로 목안과 울대가 부어 아프면 처음 일어나거나 돌아온 뒤를 막론하고 이 병세인 경우 모두 이망산(二望散: 20-7)을 불어넣을 수 있다."

이헌길(李獻吉)이 말했다.
"목안과 울대가 아픈 데는 마땅히 감로음(甘露飮: 21-4)을 쓴다. 심한 경우는 사간서점자탕(射干鼠粘子湯: 14-6)을 쓴다.
금년의 홍역은 성질이 차거나 서늘한 약으로 폐장의 열을 치료함을 주로 삼되, 처음부터 목안이 아프고 가슴이 답답하고 열이 나는 경우는 감길탕(甘桔湯: 21-1)에 황련해독탕(黃連解毒湯: 3-1) ①을 합치고 맥문동·갈근·서점자를 더한다. 비록 다른 병세가 있어도 모두 괜찮다.
모든 목안과 울대의 약은 모두 한입으로 한번 머금고 느릿느릿 삼킨다."

마지기(馬之騏)가 말했다.
"홍역의 발진으로 목이 쉬어 말을 못하고 소리가 없는 데는 마땅히 길경탕(桔梗湯: 21-2)에 형개·방풍·현삼을 더하고, 더러 아다산(兒茶散: 21-7)이나 또는 찬물로 가자를 갈아서 먹는다.
홍역의 발진을 거둔 뒤 목이 쉬어 말을 못하고 소리가 없는 데는 마땅히 청금강화탕(淸金降火湯: 9-9)을 쓴다. 만일 발진을 거두어 떨어진 8~9일에 목이 쉬어 말을 못하고 소리가 없으면 마땅히 아다산(兒茶散:

21-7)을 먹으면 곧 낫는다."
　이헌길(李獻吉)의 설도 같다.

　마지기(馬之騏)가 말했다.
　"열이 일어난 3~4일에 기침이 나고 목이 쉬어 말을 못하는 데는 마땅히 아다산(兒茶散: 21-7)을 쓴다."(앞의 3-5. 기침과 숨가쁨에 자세하다.—원주)

　전씨(錢氏)가 말했다.
　"목이 쉬어 말을 못하는 경우는 곧 양열이 몰려 생긴 병인이 폐장의 구멍을 닫아 막아서 그런 것이다. 발진 처음에 목이 쉬어 말을 못하는 데는 현삼승마탕(玄蔘升麻湯: 27-2)을 주약으로 쓴다. 발진이 벌써 일어나면서 목이 쉬어 말을 못하는 경우는 가감양격산(加減涼膈散: 41-4)을 주약으로 쓴다. 발진이 없어진 뒤 목이 쉬고 말을 못하는 경우는 아다산(兒茶散: 21-7)을 주약으로 쓴다."

　손일규(孫一奎)가 말했다.
　"발진이 물러간 나머지 목이 쉬고 말이 나오지 않는 데는 마땅히 청금강화탕(淸金降火湯: 9-9)을 쓴다."(앞의 3-5. 기침과 숨가쁨에 자세하다.—원주)

　이헌길(李獻吉)이 말했다.
　"목 울대가 아프고 목이 쉬고 말을 못하는 데는 발진 전후를 막론하고 마땅히 감길탕(甘桔湯: 21-1)을 쓴다. 목이 쉬어 말을 못하는 경우는 형개·방풍·현삼·우방자를 더한다."(한 처방에는 형개·방풍을 더하지 않고 다시 연교를 더한다.—원주)
　한 처방에 말했다. "목이 아픈 경우는 길경탕(桔梗湯: 21-2)에 현삼을 곱절을 더하고, 목이 막힌 경우는 우방자·형개·방풍을 더한다."

3-7. 구토(嘔吐)

만전(萬全)이 말했다.

"홍역의 발진으로 열이 일어나고 게우고 설사함은 순전히 열사에 의한 병증이므로, 한사에 의한 병으로 만들어 논할 수 없다. 이는 곧 열의 속성이 심한 사기가 안에서 상초(上焦)를 핍박하면 게움이 많고, 하초(下焦)를 핍박하면 이질이 많고, 중초를 핍박하면 게움과 이질을 함께 짓는다. 게움과 이질인 경우는 황금탕(黃芩湯: 7-3) ③에 반하 7.5g, 생강 3쪽을 더해 쓴다."(다음 3-12. 이질에 자세하다.―원주)

왕긍당(王肯堂)이 말했다.

"홍역 발진으로 열이 일어나고 게움과 이질이 있으면 한사에 의한 병으로 만들어 논할 수 없다. 열의 속성이 심한 사기가 상초를 핍박하면 게움이 많은데, 마땅히 황금탕(黃芩湯: 7-3)에 모근·노근·비파엽을 더하고, 중초를 핍박하여 게움과 이질이 함께 많으면 마땅히 황금탕(黃芩湯: 7-3)에 노근·모근을 많이 더해 달여서 육일산(六一散: 20-4)을 배합해 쓴다."

주지암(朱之黯)이 말했다.(원론은 같다.―원주) "육일산에 진사 11.25g을 더해 언제나 3.75g을 먹되 박하탕(薄荷湯)에 섞어 내려가게 한다."

황렴(黃廉)이 말했다.

"홍역의 열이 일어날 때 열의 속성이 심한 사기가 속을 핍박하여 위로 가면 게우고, 게움이 많은 경우는 마땅히 죽여석고탕(竹茹石膏湯: 10-1)을 쓴다."(다음 3-12. 이질에 자세하다.―원주)

손일규(孫一奎)의 설도 같다.

마지기(馬之騏)가 말했다.

"홍역 발진으로 구토하는 데는 오령산(五苓散: 15-4)·화반탕(化斑湯: 6-7) ②를 주약으로 쓴다. 여름철에는 오령산에 황련·활석을 더하고, 헛구역에는 오령산에 죽여를 더한다. 총괄하면, 홍역의 발진으로 게우고 설사함에 모두 따뜻하게 하면 안될 것이다."(다음 3-11. 설사에 자세하다.—원주)

묘희옹(繆希雍)이 말했다.
"홍역 발진으로 구토함이 많이 있는 경우는 구토함을 치료하지 말고 다만 홍역의 병인을 새어나가게 하면 게움이 스스로 그친다. 더구나 게우는 가운데 발산시키는 의미가 있다."

전씨(錢氏)가 말했다.
"홍역 발진으로 구토하는 경우는 열의 속성이 심한 사기가 안을 핍박함에 말미암아 위장의 원기가 거꾸로 위로 솟구치는 것이다. 모름지기 죽여석고탕(竹茹石膏湯: 10-1)을 써서 가운데의 열을 내려 고르게 하면 그 게움이 저절로 그친다."

맹하(孟河)가 말했다.
"어떤 홍역과 천연두는 크게 게우고 크게 설사하고 난 뒤에 발진과 구슬진이 보이는 경우는 매우 가볍고, 속이 메스껍고 헛구역이 더불어 나는 경우는 약을 씀이 같지 않다. 겉이 조금 화평하고 위장을 편안하게 함을 주로 하는 데는 마땅히 화중탕(和中湯: 18-2)을 먹는다."

만전(萬全)이 말했다.
"발진이 돋아나오지 않았는데 지렁이가 먼지에 있음 같아 더러 구토하고, 또는 소화되지 않은 물 같은 설사를 하는 데는 마땅히 시호귤피탕(柴胡橘皮湯: 10-10)을 쓴다."(앞의 2-11. 出險에 자세하다.—원주)

손일규(孫一奎)가 말했다.

"발진이 돋아나오면서도 열이 물러가지 않고 자주 구토가 일어나는 데는 마땅히 화반탕(化斑湯: 6-6) ①을 쓴다."(앞의 2-14. 열의 조짐에 자세하다.―원주)

만전(萬全)이 말했다.

"홍역에 음식에 다쳐 게우는 경우는 육군자탕(六君子湯: 16-1)에 곽향·건갈을 더하고 더러 인삼을 줄이거나 없앤다.

열이 몹시 나고 구토하는 경우는 해독탕(解毒湯: 3-1) ①을 쓴다.

소변이 막히고 잘 나가지 않아 구토하는 경우는 사령탕(四苓湯: 15-1)을 쓴다.

발진 뒤 이질이 오래 끌고 구토하고 음식을 잘 먹을 수 없는 경우는 위태롭다."(다음 3-12. 이질에 자세하다.―원주)

이헌길(李獻吉)이 말했다.

"발진으로 게우고 설사함을 함께 일으키는 경우 사령탕(四苓湯: 15-1)에 우방자·가자육을 더하고, 아울러 익원산(益元散: 20-4)에 배합해 쓴다. 또 주씨황금탕(朱氏黃芩湯: 7-3, 한 처방은 비전황금탕·7-7―원주)에 모근·노근즙을 더하고, 각기 10숟갈을 익원산(益元散: 20-4)에 배합하여 쓴다. 만일 회충병으로 말미암은 데는 마땅히 상회황금탕(上蛔黃芩湯: 7-4)에 생강·대추를 더한다."

한 처방에 말했다. "구토하는 경우 발진 앞뒤를 막론하고 마땅히 비전황금탕(秘傳黃芩湯: 7-7)을 쓴다."

이헌길(李獻吉)이 말했다.

"처음 열이 날 때 구토함은 일반적인 증상이다. 심한 경우는 벌써 돋아나온 뒤 구토하게 되는데 오령산(五苓散: 15-4)에 황련·활석을 더한 것을 쓴다. 헛구역인 경우는 오령산(15-4)에 죽여를 더하고, 배가 아픔을 아우른 경우는 오령산(5-4)에 익원산(益元散: 20-4)을 배합한다.

발진 뒤 게우고 설사하며 아울러 미친 듯이 날뛰고 놀라 불안해하면서 팔다리에 경련이 일어나는 경우는 주씨황금탕(朱氏黃芩湯: 7-3)에 진사익원산(辰砂益元散: 20-4)을 배합해 쓴다. 회충이 있는 경우는 도인·애엽 각각 3.75g씩 더한다.

발진 뒤 구토하면 마땅히 왕씨갈근탕(王氏葛根湯: 1-4)을 쓴다."(앞의 2-15. 남아 있는 병인에 자세하다.—원주)

3—8. 배아픔

만전(萬全)이 말했다.

"모든 홍역에 처음 열이 난 1일에서 5~6일에 이르는 사이에 배가 아픈 병세가 많이 있다. 이것은 대장의 열이 살갗 구멍 가운데에 몰렸기 때문에(경일진의 『숭애존생서』에는 비장에 열이 몰렸다고 일렀다.—원주) 배가 아픔을 일으켰다. 모두 음식으로 인해 다쳤다고 알아서 소화제를 써서는 안된다. 또한 손으로 문지르면 해로울 수 있다. 다만 홍역의 병인을 땀을 내어 흩어서 배가 아픔이 저절로 그치게 함이 가장 마땅하니 조심할 것이다."

경일진(景日昣)의 설도 같다.

만전(萬全)이 말했다.

"이질과 설사가 붉고 희며 배가 아픈 경우는 황금작약탕(黃芩芍藥湯: 7-8)에 더러 지각을 더해 쓰고, 몸에서 열이 나고 배가 아픈 경우는 경악해독탕(景岳解毒湯: 4-2)을 쓴다."

마지기(馬之騏)가 말했다.

"뱃속이 답답한 데는 오령산(五苓散: 15-4)에 자소·향부자를 더하고, 열이 왕성하고 배가 아픈 데는 오령산(五苓散: 15-4)을 달여 익원산(益

元散: 20-4)을 배합하고, 더러 물에 산사자를 갈아 먹는다."

전씨(錢氏)가 말했다.
"홍역으로 배가 아픈 경우는 음식으로 체해 엉겨 뭉침으로 말미암아 병인의 기운을 밖으로 드러내 내보낼 수 없기 때문에 때없이 허리를 구부리고 울부짖고 두 눈썹을 찡그리는 데는 모름지기 가미평위산(加味平胃散: 41-9)으로써 치료한다. 체함을 없애고 병인을 흩어지게 하면 아픔은 저절로 없어진다."

공정현(龔廷賢)이 말했다.
"발진이 돋아나왔다 다시 없어지고, 더러 설사와 이질로 배가 아픈 데는 마땅히 이선탕(二仙湯: 20-5)을 쓴다."(앞의 2-11. 出險에 자세하다.―원주)

이헌길(李獻吉)이 말했다.
"배가 아픈 경우는 홍역의 앞뒤를 막론하고 오령산(五苓散: 15-4)에 익원산(益元散: 20-4)을 배합해 쓴다. 구토를 아우른 경우도 또한 같다.
만일 가슴이 모대기며 안타깝고 괴롭고 뱃속이 뒤틀리는 경우는 또 회충병인 것이다.
발진이 없어질 때 설사를 하고 배가 아픈 경우는 오령산(五苓散: 15-4)에 익원산(益元散: 20-4)을 배합해 쓰되, 여름철엔 계피를 없앤다. 또 황련해독탕(黃連解毒湯: 3-1) ①에 오령산(15-4)을 더하면 더욱 좋다. 다시 익원산(20-4)을 합치면 안된다.
발진이 돋아나왔다가 빨리 없어지지 않는 경우 배가 몹시 불러오르면서 속이 그득한 감이 있어 먹지 않는 데는 마땅히 왕씨갈근탕(王氏葛根湯: 1-4)을 쓴다.(앞의 2-15. 남아 있는 병인에 자세하다.―원주)
발진 뒤에 회충이 아랫배에 있어 때때로 배가 아프면서 설사와 이질이 있는 경우 마땅히 개울도기탕(開鬱導氣湯: 19-3)을 쓴다."(다음 3-12.

이질에 자세하다.—원주)

3—9. 번조(煩躁)와 헛소리, 미친 듯이 날뛰고 경련이 이는 병세

만전(萬全)이 말했다.

"홍역으로 처음 열이 나서 가슴이 답답하고 난잡하며, 헛소리를 하고 미친 듯이 날뛰는 경우 승갈탕(升葛湯)에 진사익원산(辰砂益元散: 20-4)을 배합하여 쓴다. 발진이 돋아나오지 않고 가슴이 답답하고 열이 왕성하며 지렁이가 재에 있는 듯한 데에는 마땅히 황련해독탕(黃連解毒湯: 3-1) ①을 쓴다.(앞의 2-11. 出險에 자세하다.—원주)

발진을 거둔 뒤 남아 있는 열이 다하지 않아 밤낮 동안 가슴속이 달아오면서 답답하고 편안치 않아 헛소리를 하고 미친 듯이 날뛰는 경우 진사익원산(辰砂益元散)을 등심탕(燈心湯)에 넣어 먹는다. 더러 사령탕(四苓湯: 15-1)에 등초·황련·황금을 더하고, 물에 간 주사 1.875g을 배합해 주약으로 쓴다."

서용선(徐用宣)의 설도 같다.

마지기(馬之騏)가 말했다.

"발진이 돋아나오지 않았는데 가슴이 달아오면서 답답하고 편안치 않은 데는 마땅히 승갈탕에 자소와 총백 1뿌리를 더해 쓴다.

벌써 돋아나왔는데 가슴이 달아오면서 답답하고 편안치 않은 데는 마땅히 황련해독탕(黃連解毒湯: 3-1) ①에 백호탕(白虎湯: 6-1)을 더해 쓴다.

발진이 없어져 떨어졌어도 가슴이 달아오면서 답답하고 편안치 않은 데는 마땅히 황련해독탕(3-1)에 맥문동·지골피를 더해 쓴다."

공정현(龔廷賢)·이헌길(李獻吉)의 설도 같다.

마지기(馬之騏)가 말했다.

"발진이 처음 돋아나오고 사기가 왕성한 열로 헛소리를 하는 데는 마땅히 승갈탕(升葛湯)에 진사익원산(辰砂益元散: 20-4)을 배합해 쓴다. 벌써 돋아나왔는데 헛소리를 하면 마땅히 황련해독탕(黃連解毒湯: 3-1) ①에 진사익원산(20-4)을 배합해 쓴다. 헛소리를 하고 열이 몹시 나고 정신이 흐릿하며 어둡고 인사를 차리지 못함에는 마땅히 황련해독탕(3-1)을 쓴다.

발진이 없어져 떨어져서도 헛소리를 하는 경우는 나쁜 징조인데 마땅히 등심탕(燈心湯)에 진사익원산(20-4)을 배합해 쓴다."

이헌길(李獻吉)의 설도 같다.

전씨(錢氏)가 말했다.

"헛소리를 하는 한 병세는 곧 병독의 화가 심하여 사기가 크게 왕성한 열로 마음과 정신이 흐릿한 것이다. 발진이 돋아나오지 않았는데 헛소리를 하는 경우는 삼황석고탕(三黃石膏湯: 27-7)을 주약으로 쓴다.(발진이 돋아나오지 않으면 氷毒은 적합하지 않다.—원주) 발진이 벌써 돋아나왔는데도 헛소리를 하는 경우 황련해독탕(黃連解毒湯: 3-1)을 주약으로 쓴다."

이헌길이 말했다.

"발진의 열이 몹시 왕성하고 가슴 사이가 모대기며 안타깝게 괴로워하는 경우와 회충이 더불어 움직여 마음속으로 모대기며 안타깝게 괴로워하는 경우와 이상한 열이 왕성하면서 가슴이 답답한 경우와 비록 벌써 발진이 돋아나와 1~2일이 되어 그 얼룩점이 나타난 경우와 온몸이 붉게 윤기가 있고 회충이 움직여 가슴이 답답한 경우와 전에 돋아나올 발진이 잘 돋지 못해 일정함이 없이 열이 왕성하여 가슴이 답답하고 편안치 않은 데는 마땅히 승갈탕(升葛湯)에 석고·황금 각각 7.5g을 넣어 쓰고, 더러 승갈탕에 백호탕(白虎湯: 6-1)을 합쳐 쓴다. 그 가슴이 답답하고 편안치 않음이 심하지 않은 경우 승갈탕에 다만 자소엽을 넣고, 회충이 움직여 가슴이 답답하고 편안치 않은 데는 마땅히 상회황금탕(上蛔黃芩湯: 7-4)을 쓰고, 심한 경우는 화닉환(化䘌丸: 24-4)을 쓴다."

주지암(朱之黯)이 말했다.
"미쳐서 허튼말을 하고 경련이 일어나는 데는 마땅히 퇴화단(退火丹: 24-9)을 육일산(六一散: 20-4)에 배합해 쓴다."

손일규(孫一奎)가 말했다.
"발진 뒤에 가슴이 달아오면서 답답하고 편안치 않아 헛소리를 하고 미친 듯이 날뛰는 경우 진사오령산(辰砂五苓散: 15-4)에 황금·황련을 더해 치료한다.
서래감로음(西來甘露飮: 21-5)으로 가슴이 답답하고 열이 나는 증세와 헛소리를 하는 병을 치료한다."(앞의 2-14. 열의 조짐에 자세하다.—원주)

이헌길(李獻吉)이 말했다.
"발진으로 갑자기 팔다리에 경련이 일어나는 경우는 열이 심경(心經)에 들어간 것이다. 발진이 돋아나오고 없어진 앞뒤를 막론하고 모두 마땅히 도적산(導赤散: 19-6)을 쓰고, 더러 안신환(安神丸: 23-4)을 쓴다. 그러나 도적산이 더욱 좋다. 만일 경풍(驚風)으로써 치료하면 반드시 죽는다.
발진이 없어질 때 미친 듯이 날뛰면 마땅히 하간양격산(河間涼膈散: 8-7)을 쓴다.
발진이 없어진 뒤 가슴속이 달아오면서 답답하고 편안치 않은 데는 더러 검정콩 2~3홉을 달여 먹고 땀을 낸다.
발진이 없어진 뒤 가슴이 답답하고 모대기면 또 회충 병세가 많은 것이다.
발진 뒤에 게우고 설사하며 아울러 미친 듯이 날뛰고 팔다리에 경련

이 일어나는 경우는 주씨황금탕(朱氏黃芩湯: 7-3)을 쓴다."(앞의 3-7. 구토에 자세하다.—원주)

섭상항(聶尙恒)이 말했다.

"어떤 한 벼슬아치 집에서 어렵사리 한 아들을 얻었다. 이제 막 1세에 홍역으로 열이 일어나고 발진은 그 모양이 나타나지 않으면서 팔다리가 오그라들고 펴지 못하였다. 의사가 급경풍(急驚風)이 됨으로 잘못 알고 성질이 서늘한 약으로 설사를 시켜 마침내 홍역의 병인이 살갗 아래 숨게 하여 발진이 돋아나지 않자 뒤에 의사는 음이 허약함을 보하기를 주로 하여 사물(四物) 등의 약을 썼으나 또한 치료하지 못하고, 마음속으로 모대기며 안타깝게 괴로워하고 목이 쉬고 말을 못하다 10일에 이르러 죽었다."(2-4. 치료법에 아울러 자세하다.—원주)

만전(萬全)이 말했다.

"발진 뒤에 열이 없어지지 않다가 갑자기 팔다리가 오그라들고 펴지 못하는 경우 급경풍(急驚風)과 같이 논할 수 없다. 마땅히 도적산(導赤散: 19-6)에 인삼·맥문동을 더해 더운물로 먹고, 칠미안신환(七味安神丸: 23-5)을 먹은 뒤 소변이 맑은 경우 치료할 수 있고 짧고 작은 경우는 치료하기 어렵다. 만일 가래가 많이 보이면 더러 포룡환(抱龍丸: 23-8) ②를, 또는 사물탕(四物湯)에 맥문동·산조인·담죽엽·감초·용담·황련·복령·진사·석창포 따위로 치료한다. 또는 이 약제를 가루내어 떡으로 쪄 돼지 염통의 피로 둥근 알약을 만들어 먹어도 또한 괜찮다."

손일규(孫一奎)가 말했다.

"발진을 거둔 뒤 몸이 비록 수척해 보이지 않으나 다만 때로 높은 열이 일어나고 가슴속이 달아오면서 답답하고 편안치 않고 팔다리가 오그라들고 힘줄이 당기고 놀라서 가슴이 두근거리고 불안하며 정신을 잃고 어지러운 경우 이는 피가 쇠약해지거나 부족해 남아 있는 병인이 간장

제3편 인증(因證) 197

으로 들어가 심장에 전해짐을 이룬 것이다. 마땅히 피가 허약함을 보하고 정신을 안정시키는 사물탕(四物湯)에 여러 가지 약을 더하여 더러 둥근 알약을 만들어 치료한다."(앞의 만전의 치료법은 다만 복령으로 복신환을 만들고 또 등심을 더했다.―원주)

황렴(黃廉)이 말했다.
"발진 뒤 높은 열로 팔다리가 오그라들고 힘줄이 당기고 가슴속이 달아오면서 답답하고 편안치 않음은 이 열이 심경·비경 두 경에 있는 것이다. 당귀양혈탕(當歸養血湯: 12-4)을 쓰고, 황련안신환(黃連安神丸: 23-4)을 사이에 먹는다."
이헌길(李獻吉)의 설도 같다.

3―10. 대변·소변

만전(萬全)이 말했다.
"발진이 이미 돋아나왔으나 열이 몹시 나고 줄어들지 않고 이 병인이 막아 소변을 시원하게 누게 못하는 경우는 황련해독탕(黃連解毒湯: 3-1)①을 백호탕(白虎湯: 6-1)에 합쳐 쓴다. 더러 대연교탕(大連翹湯: 8-6)으로 속에 땀을 낸다. 대변이 막혀 통하지 않는 경우는 하간양격산(河間涼膈散: 8-7)에 우방자를 더해 쓴다."(앞의 2-14. 열의 조짐에 자세하다.―원주)

만전(萬全)이 말했다.
"발진의 열이 몹시 나고 소변이 붉고 시원하게 나오지 않으며 헛소리를 하고 무서워하며 잘 놀라는 경우는 도적산(導赤散: 19-6)·사령탕(四苓湯: 15-1)에 진사를 더해 쓰고, 여름철에는 익원산(益元散: 20-4)에 진사를 더하고, 소변이 잘 나가지 않거나 구토하는 경우는 사령탕을 쓰고, 2~3일 잘 통해 나가지 않는 경우는 도적산(19-6)을 쓴다.

대변의 변비로 열이 일어나고 몸이 아픈 경우는 대시호탕(大柴胡湯: 10-5)을 쓰고, 배가 몹시 불러오르면서 속이 그득한 듯하고 숨찬 경우는 전호지각탕(前胡枳殼湯: 14-4)을 쓴다."

마지기(馬之騏)가 말했다.
"발진이 제대로 돋아나오지 않고 살갗 안에 은은히 보이고 소변이 잘 나오지 않는 데는 마땅히 사령탕(四苓湯: 15-1)을 쓴다."(앞의 2-11. 出險에 자세하다.—원주)

공정현(龔廷賢)이 말했다.
"홍역의 발진이 벌써 돋아나왔는데 대변·소변이 막힌 데는 방풍통성산(防風通聖散: 2-7)을 먹을 수 있다.
홍역의 발진이 벌써 돋아나왔는데 헛소리를 지르고 소변이 막힌 경우에는 마땅히 도적산(導赤散: 19-6)을 쓴다.
발진이 벌써 돋아나왔는데 소변이 쌀뜨물 같고 더러 나오지 않는 데는 마땅히 사령탕(四苓湯: 15-1)을 쓴다."(다음 3-11. 설사에 자세하다.—원주)

왕긍당(王肯堂)이 말했다.
"발진이 이미 돋아나왔어도 열이 몹시 나서 줄어들지 않고(만전의 설과 같다.—원주) 대변이 나오지 않는 경우 사순청량음(四順淸涼飮: 20-2)을 주약으로 쓴다."
주지암(朱之黯)의 설도 같다.

이헌길(李獻吉)이 말했다.
"소변이 나오지 않고 열이 몹시 나는 경우 발진이 돋아나오거나 없어짐을 막론하고 모두 마땅히 사령탕(四苓湯: 15-1)을 쓴다.
열이 일어난 4~5일에 소변이 나오지 않는 경우 승갈탕(升葛湯)에 도적산(導赤散: 19-6)을 합쳐 쓰거나 더러 승갈탕(升葛湯)에 오령산(五苓散: 15-4)을 합쳐 쓴다. 대변이 나오지 않는 경우는 열이 대장을 막아 발진이 돋아나올 수 없고 열이 몹시 나서 가슴이 답답하고 안타까움을 이루어 건망이 심한 데는 마땅히 승갈탕(升葛湯)에 대황 10여g을 넣어서 일찍이 효험을 보았다. 또 승갈탕에 삼황(三黃: 대황·황련·황금인 것이다. —원주)을 합해도 또한 좋다. 더러 승갈탕에 사순음(四順飮: 20-2)을 합쳐 쓰기도 한다.

대변·소변이 함께 나오지 않는 경우는 승갈탕에 사순음(20-2)을 합쳐 쓴다. 만일 발진이 있다가 없어진 뒤인 경우는 다만 사순음(20-2)만 먹는다."

한 처방에 말했다. "발진 때 대변이 막힌 경우는 사순음(20-2)을 쓰고, 소변이 막힌 경우는 도적산(導赤散: 19-6)을 쓰고, 대변·소변이 함께 막힌 경우 처음과 끝에 마땅히 팔정산(八正散: 20-3)을 쓴다."

마지기(馬之騏)가 말했다.
"홍역의 발진이 처음 돋아나오고 대변에 피가 섞여 나오는 데는 마땅히 승갈탕(升葛湯)에 서각지황탕(犀角地黃湯: 12-1)을 더해 치료한다. 소변이 붉으면 마땅히 승갈탕에 목통을 더해 쓴다.

발진이 벌써 돋아나오고 없어져 떨어짐에 미쳐 대변에 피가 섞여 나오는 데는 마땅히 황련해독탕(黃連解毒湯: 3-1) ①에 서각지황탕(犀角地黃湯: 12-1)을 더해 치료한다. 소변이 붉은 데는 마땅히 황련해독탕(3-1)에 목통을 더해 쓴다.

발진이 없어져 떨어진 뒤 오줌이 붉고 흐린 경우는 마땅히 오령산(五苓散: 15-4)에 차전자·목통을 더해 쓴다."
이헌길(李獻吉)의 설도 같다.

공정현(龔廷賢)이 말했다.
"홍역 발진이 벌써 돋아나왔는데 대변에 피가 섞여 나오고 더러 소변에도 피가 섞여 나오고 또한 소변·대변이 막히거나 잘 나오지 않고 피를 게우고 코피가 나오는 데는 마땅히 서각해독탕(犀角解毒湯: 3-6) ①을 쓴다."

이헌길(李獻吉)이 말했다.
"발진 뒤에 대변에 피가 섞여 나오는 데는 마땅히 사물탕(四物湯)에 황금·황련·지각·형개수를 더해 쓴다."

3—11. 설사(泄瀉)

만전(萬全)이 말했다.
"발진이 돋아나온 1~2일 또는 3~4일에 갑자기 크게 설사를 하고 기침이 많은 경우는 위로 끌어올리거나 겉에 땀을 내게 하는 약을 더해 써서 나누어 순조롭게 치료한다. 만일 설사를 하고 아울러 숨차고 다시 혼미하고 어지러워 머리를 흔드는 경우는 나쁜 증세이다."

만전(萬全)이 말했다.
"발진이 처음 일어날 때 설사를 가장 꺼린다. 그러나 또한 처음과 끝에 설사가 있어도 괜찮은 경우는 타고난 원기의 강하고 약함이 다른 것이다. 만일 설사로 말미암아 기침이 줄고 변하여 숨차게 된 경우는 위태롭다."(앞의 3-5. 기침과 숨가쁨 조목에 자세하다.—원주)

마지기(馬之騏)가 말했다.
"홍역의 발진이 처음 돋아나오고 설사가 나오지 않는 데는 마땅히 승갈탕(升葛湯)에 오령산(五苓散: 15-4)을 더하되 계피를 없앤다. 만일 여름철이면 도리어 바야흐로 사령탕(四苓湯: 15-1)을 달여 익원산(益元散: 20-4)을 배합해 먹는다.
발진이 벌써 나오고 설사하는 데는 마땅히 황련해독탕(黃連解毒湯: 3

－1) ①에 사령탕(15－1)을 더해 쓴다. 더러 인삼백호탕(人蔘白虎湯: 6－2)이 가장 신묘한 처방이다.
 발진이 이미 돋아났는데도 설사하는 데는 마땅히 황련해독탕(3－1)에 도적산(導赤散: 19－6)을 더해 쓴다.
 총괄하건대, 홍역의 발진으로 게우고 설사함은 곧 열의 속성이 더 심한 사기가 속을 핍박한 순수한 열사에 의한 병증이므로 한론(寒論)을 만들지 말고 마땅히 사령탕(四苓湯: 15－1)에 우방자·가자를 더하고 절대로 성질이 따뜻한 약제인 두구·목향·건강 따위를 잘못 쓰면 안된다."
 (이헌길이 이르기를, 벌써 발진이 돋아나오고 설사를 하면 또한 해독도적산[19－5]을 쓴다.—원주)

 마지기(馬之騏)가 말했다.
 "또 모름지기 새로운 증상과 오래된 증상 그리고 한증과 열증을 구별해야 한다. 새로운 설사와 열사가 장과 위에 침범해 생긴 설사는 마땅히 사령탕(四苓湯: 15－1)에 목통을 더하고, 열이 몹시 나고 설사가 맑고 누른 물이면 마땅히 황련해독탕(黃連解毒湯: 3－1) ①에 오령산(五苓散: 15－4)을 합쳐 써서 치료한다. 물이 누르고 흰 설사에는 마땅히 오령산(15－4)에서 약재를 더하거나 줄인다. 설사가 누른 데는 계피를 없애고 목과(木瓜)를 더하고, 설사가 희고 젖을 게우는 데는 마땅히 소합환(蘇合丸: 23－6) 같은 약을 써서 설사를 치료한다. 쌀과 곡물을 소화시키지 못하고 음식에 다친 경우는 마땅히 사령탕(15－1)에 소화제를 더해 쓴다. 다만 오래도록 설사하기에 이르른 데는 바야흐로 마땅히 두구환(豆蔲丸: 24－3)을 더러 오배자·앵속각을 태운 잿물에 배합해 쓰면 설사를 멎게 한다.
 찬 기운이 장위에 침범하여 생긴 설사인 경우에는 마땅히 열 가운데 하나도 없다. 만일 음식에 다침이 있어 냉(冷)이 생긴 데는 할 수 없이 이중탕(理中湯: 18－3)을 한번 먹으면 곧 그친다.
 모든 설사에는 마땅히 맛이 쓰고 성질이 따뜻하거나 맛이 쓰고 성질이 찬 약을 써서 치료하되 인삼·황기 등 맛이 달고 성질이 따뜻한 약은 반드시 설사가 그친 뒤에 쓰고, 비장·위장이 허약하면 바야흐로 인삼·황기 등의 약을 써서 보한다."

손일규(孫一奎)가 말했다.
"발진이 돋아나올 때 절로 설사가 나서 그치지 않고 더러 설사의 물이 드물고 자주 있는 경우는 좋은 병세와 나쁜 병세가 있다. 다만 그 발진을 모름지기 살펴 만일 온몸에 배고 빽빽하게 크게 왕성하고 더러 자줏빛이거나 또는 붉은빛이면 이는 좋은 병세가 된다. 대체로 병인이 대장에 있으니 설사가 아니면 병독이 흩어지지 않으니, 오직 평위산(平胃散: 17-3)을 쓰되 갈근·연교를 더하여 병인을 흩어 없앨 뿐이다. 발진이 한번 일어나 드러나 예정된 날짜에 따라 거두어지면 설사는 저절로 그치게 된다. 만일 발진을 벌써 거두고서도 설사가 더욱 그치지 않는 경우는 위태로운 조짐이다. 그 몸뚱이 열로 발진이 반드시 다 돋아나오지 않으면 거듭 평위산을 쓰되 연교·황련·우방자·목통·택사를 더하고, 나누어 오줌이 잘 나가게 하는 데는 육일산(六一散: 20-4)이 또한 아주 기묘하다. 만일 가자·육두구 등 몸에서 액체 성분이 머물고 빠져나가지 못하게 하는 약제를 쓰면 숨차고 배가 그득하게 불러오르고 가슴이 더 부룩하고 그득한 증세로 변화하면 치료하지 못할 병세이다. 만일 발진 빛깔이 희끄무레하면서 몸에서 열이 나지 않고 입에서 갈증이 나지 않고 대변·소변이 순조롭고 음식을 조금 먹으면 이는 나쁜 증세로 곧 정기가 허약하고 속이 찬 증세가 되니, 바야흐로 성질이 따뜻한 약으로 보하여 더러 오줌이 잘 나오지 않음을 아울러 거두게 할 수 있다."

공정현(龔廷賢)이 말했다.
"발진이 벌써 돋아나오고 설사가 그치지 않는 데는 마땅히 사령탕(四苓湯: 15-1)을 쓰고, 소변이 쌀뜨물 같고 더러 소변이 나오지 않는 경우는 차전자·목통을 더한다."

묘희옹(繆希雍)이 말했다.

"홍역에 설사가 많아도 조심하여 설사를 그치게 하는 약을 쓰지 말고, 승마·황련·감초·건강을 쓰면 설사는 저절로 그친다. 또 홍역을 앓는 집은 설사를 겁내지 말고 양기가 가장 왕성한 열의 속성을 가진 사기를 얻어 흩어낸다. 이것이 또한 겉과 속을 나누어 없애는 뜻인 것이다."

장개빈(張介賓)이 말했다.

"발진 2~3일에 설사를 하면 마땅히 투반화중탕(透斑和中湯: 18-6)을 쓴다."

경일진(景日昣)의 설도 같다.

전씨(錢氏)가 말했다.

"홍역 발진으로 설사를 함은 곧 병인의 열이 옮겨져 위와 장에 들어가 변화하여 일정함을 잃는 것이다. 치료하는 데는 모두 성질이 따뜻하고 뜨거운 여러 가지 약제를 쓰면 안된다. 발진 처음에 설사를 일으키는 경우 승갈탕(升葛湯)에 적복령·저령·택사를 더하여 주약으로 쓴다. 발진이 벌써 돋아나와 설사를 일으키는 경우 황련해독탕(黃連解毒湯: 3-1)①에 적복령·목통을 더해 주약으로 쓴다."

맹하(孟河)가 말했다.

"홍역 뒤 대변이 충실하지 못하고 희게 설사하고 누르게 설사하는 데는 마땅히 조원건비보폐탕(調元健脾補肺湯: 17-10)을 쓴다.(다음 3-13. 감질병에 자세하다.—원주) 홍역 뒤 대변을 설사하고 물이 적고 흰빛인 경우 마땅히 귀비탕(歸脾湯: 17-1)·보중익기탕(補中益氣湯: 16-3)을 쓴다.(다음 3-16. 별개의 증상에 자세하다.—원주)

홍역 뒤 설사를 하면 마땅히 건비비아환(健脾肥兒丸: 22-9)을 먹는다."(다음 3-13. 감질병에 자세하다.—원주)

묘희옹(繆希雍)이 말했다.

"만일 발진 뒤 설사를 하고 대변·소변에 고름과 피가 미침은 모두 오히려 열의 속성을 가진 사열이 속으로 들어갔기 때문인 것이다. 크게 깔깔함을 그치게 함을 꺼리고, 다만 위로 치밀게 하거나 막히고 엉킨 것을 헤치고 흩어지게 하는 약이 마땅하며, 계속 승마·건갈·감초·황련·백작약·백편두·활석을(맑고 깨끗하게 해서 쓴다. ○활석은 다만 피고름이 나오면 더한다.—원주) 많이 먹으면 반드시 저절로 낫는다."

풍조장(馮兆張)의 설도 같다.

서용선(徐用宣)이 말했다.

"발진이 더러 설사로 말미암아 순조롭게 일어났으나 병을 일으키는 요인이 위장으로 들어가 설사가 그치지 않고 위급하면 마땅히 먼저 비장·위장을 보한다."(앞의 2-4. 치료법에 자세하다.—원주)

장개빈(張介賓)이 말했다.

"옛날부터의 처방서에서 모든 실제를 드러냄을 다하지 못해 치료에 씀에 미쳐 마땅치 않은 경우가 간간이 있다. 그러니 다만 설사의 한 병세에 있어서는 더욱 그 제일이 됨은 무엇인가. 대개 옛사람은 설사를 열로 만든 경우가 10에 9인 까닭으로 하간(河間)의 황금작약탕(黃芩芍藥湯: 7-8)을 위주로 많이 써서 치료했다. 그러나 모든 설사에 딸린 병은 가장 많이 비장·위장의 정기가 허약하고 차가움을 알지 못한 것이다. 곧 만일 발진이 돋아나오는 한 병증에서 비록 발진의 병인이 돋아나옴이 있다가 설사하는 경우 과연 사기가 왕성할 때 나타나는 열에 매였으면 설사를 일으킴이 많지 않다. 다만 설사를 이루는 경우는 가장 많이 비장·위장의 허약에 따름인데, 만일 오직 성질이 찬 약으로 열을 없애 병인을 흩어냄만 알면 비장은 반드시 날로 손상되어 점차 집이 샘을 이루고 풋나물빛이 되어 숨결이 몹시 빠르고 먹음을 끊어 치료하지 못하는 병세가 된다. 병이 이에 이름이 어찌 오히려 열 때문인가. 모두 잘못 딸리게 했을 뿐이다. 그러므로 모든 설사를 치료하는 경우 곧 비록 이것이 발진이라도 또한 반드시 그 열의 속성을 가진 사기가 있나 없나를 살펴, 만일 열사에 의한 병증과 열의 속성을 가진 맥이 없으면 곧 마땅히 천연두의 설사 조목의 치료법을 찾아 치료함이 아마도 가장 위태로운 경우에 오히려 그 살아남을 바랄 수 있을 것이다. 그러므로 내가 여러 가지 치료법 이외에 오히려 그 중요한 것을 이처럼 말했다."

만전(萬全)이 말했다.
"몸에 열이 나고 가슴이 답답하여 입안이 마르고 설사를 하는 경우는 시령탕(柴苓湯: 10-9)·사령탕(四苓湯: 15-1)을 쓴다. 만일 열이 몹시 나고 더러 여름철이면 익원산(益元散: 20-4)을 쓴다.
발진이 돋아나오지 않아 지렁이가 먼지에 있는 것 같고 더러 물 같은 설사를 하는 데는 마땅히 시호귤피탕(柴胡橘皮湯:10-10)을 쓴다."(앞의 2-11. 出險에 자세하다.—원주)

장개빈(張介賓)이 말했다.
"만전(萬全)의 홍역 치료의 여러 조문 가운데 다만 설사와 이질, 숨찬 두 증세는 아주 비슷해 가장 옳고 그름을 판별하기 어려움이 많다. 대개 두 병세의 말미암음이 홍역의 병독이 진실로 마땅하면 그 치료는 같은 것이다. 그러나 홍역의 병독에 말미암지 않음이 있는 경우 세속적인 의사와 같이 다만 그 발진만 보고 대략 성질이 차고 서늘한 약을 쓰지 않음이 없는데, 성질이 서늘한 약을 써도 되는 경우와 쓰면 안 되는 경우를 알지 못한다. 그 비장의 기능이 본디 허약함이 있으나 성질이 찬 약을 지나치게 쓰면 더러 음식에 잘못되어 차가움이 생겨 비장·위장이 다치게 되어 설사를 이루는 경우가 많이 있는데 이 한 병세인 것이다. 비록 홍역으로 말미암아 일어났다고 말하나 실제로는 홍역의 병인으로 일어난 병은 아니다. 다만 그것이 별로 열사에 의하여 생긴 병증이 없으나 열사의 맥이 겸함을 살펴 빛깔이 희고 맥이 빠진 경우 모름지기 빨리 비장의 기능을 치료하되, 빨리 성질이 더운 보약으로 치료함에는 마땅히 온위음(溫胃飮: 17-6)·오군자탕(五君子湯: 15-10)·위관전(胃關煎: 17-7) 따위를 주약으로 쓴다. 만일 홍역의 병인이라 고집하여 일컬어 성질이 더운 보약으로 치료하지 않으면 매우 위태롭게 된다. 이것이 의사가 마땅히 알아야 할 근본인 것이다. 또 천연두를 치료하는 이론 가운데 사람으로 말미암은 병세의 원인 분별이 있다."(앞의 3-5. 기침과 숨가쁨에 자세하다.—원주)

이헌길(李獻吉)이 말했다.

"발진이 돋아나올 때 설사와 이질에는 해독탕(解毒湯: 3-1) ①에 지각·백작약을 더해 쓰되 승갈탕(升葛湯)과 더불어 서로 사이에 먹는다. 설사를 하나 이질이 아닌 경우는 승갈탕에 사령(四苓)을 더한다.

발진이 돋아나오지 않으면서 배가 아프고 설사가 나면 염려할 것 없으며, 승갈탕에 마황·자소엽을 더해 치료하고, 발진이 돋아나오면 그친다. 함께 마땅히 마씨(馬氏: 馬之騏)의 법을 쓴다. 쌀과 곡물을 소화시키지 못하는 경우 여러 처방 가운데 모두 산사·목과를 더하나 소화시키지 못하는 병이 없는 경우는 안된다.

게우고 설사를 함이 함께 일어난 경우는 사령탕(四苓湯: 15-1)을 쓴다.(앞의 3-7. 구토에 자세하다.—원주)

발진이 없어진 뒤 설사가 비할 바가 없고 또 아울러 숨차고 기침이 나는 경우는 황련해독탕(黃連解毒湯: 3-1) ①에 양격산(涼膈散: 8-7)을 합쳐 쓰면 대단히 좋다. 또 삼황탕(三黃湯: 10-4)에 익원산(益元散: 20-4)을 배합해 써서 자주 신기한 효험을 보았다."(다음 3-12. 이질에 자세하다.—원주)

3—12. 이질(痢疾)

만전(萬全)이 말했다.

"홍역으로 처음 열이 일어나 게우고 설사함이 순조로우면 이는 열사에 의해 생긴 병증에 저절로 설사가 난 경우이다. 황금탕(黃芩湯: 7-3) ③이 마땅하고, 게우고 설사하는 경우에는 마땅히 황금탕(7-3) ③에 반하·생강을 더해 쓰고, 저절로 설사가 나고 아랫배가 끌어당기는 것같이 아프고 곧 대변이 나올 것 같으나 나오지 않고 뒤가 무직한 데는 마땅히 황련해독탕(黃連解毒湯: 3-1) ①에 익원산(益元散: 20-4)을 합쳐 쓴다."(앞의 3-7. 구토에 자세하다.―원주)

황렴(黃廉)이 말했다.

"홍역의 병인으로 열이 일어날 때 열의 속성이 더 심한 사기가 속을 핍박하여 위로 치밀면 게우고, 아래로 가면 설사하고, 또 심하면 아랫배가 끌어당기는 것같이 아프고 곧 대변이 나올 것 같으나 나오지 않고 뒤가 무직하면서 이질이 된 것이다. 치료법은 홍역에서 이를 찾아야지 게우고 설사하는 이질로 만들어서 치료하면 안된다. 게움이 많은 데는 죽여석고탕(竹茹石膏湯: 10-1)을 쓰고, 저절로 설사가 나면 저령탕(猪苓湯: 15-8)을 쓰고, 이질인 데는 황금탕(黃芩湯: 7-2) ②를 주약으로 쓴다."

손일규(孫一奎)가 말했다.

"열이 일어날 때 열의 속성이 더 심한 사기가 속을 핍박하여 게우는 경우 죽여석고탕(竹茹石膏湯: 10-1)을 쓰고, 설사하는 경우 승마택사탕(升麻澤瀉湯: 14-3)을 쓰고, 이질인 데는 황금작약탕(黃芩芍藥湯: 7-8)에 황련·생지황·목통·인삼·지각을 더하고, 더러 대황을 조금 더해 약간 설사시킨다."

왕긍당(王肯堂)이 말했다.

"열이 일어나고 게우고 설사함은(黃廉의 설과 같다.―원주) 열의 속성이 심한 사기가 하초(下焦)를 핍박하여 설사가 많은 데는 마땅히 준승황금 탕(準繩黃芩湯: 7-7)을 써서 향련환(香連丸: 8-4)을 먹는다. 저절로 설사가 심한 경우와 아랫배가 끌어당기는 것같이 아프고 곧 대변이 나올 것 같으나 나오지 않고 뒤가 무직하면서 이질이 된 데는 마땅히 가미황금탕(加味黃芩湯:7-6)에 육일산(六一散: 20-4)을 배합해 쓴다."

섭상항(聶尙恒)이 말했다.
"홍역의 발진이 돋아나올 때 저절로 설사가 많이 있고 그치지 않는 경우 그 병인 또한 설사로 말미암아서 흩어지는데, 이는 달리 아무 문제가 없다. 만일 설사와 이질이 지나치게 심하면 가미사령산(加味四苓散: 15-2)을 투여하고, 절대로 인삼·백출·가자·두구 등 보제(補劑)·삽제(澁劑)의 약을 써서 빨리 그치게 꾀함을 금지한다. 병세가 위중해지면 배가 몹시 불러오르면서 속이 그득한 감을 주며 숨이 차면서 가슴속이 그득차고 답답하게 되면 치료할 수 없다. 가벼우면 변화하여 오래 끄는 이질이 되어 오래 가도 낫지 않고 그치지 않으니 조심하고 조심하라."

마지기(馬之騏)가 말했다.
"홍역의 발진이 돋아나올 때 설사를 하면 홍역에 이질을 겸했다고 일컬으며, 마땅히 황련해독탕(黃連解毒湯: 3-1) ①에 지각·백작약을 더해 쓴다."
이헌길(李獻吉)의 설도 같다.

전씨(錢氏)가 말했다.
"홍역의 발진으로 이질이 일어남을 홍역에 이질을 겸했다고 일컫는데, 열로 말미암아 병인이 풀리지 않고 대장에 옮긴 것이다. 배가 아픔이 있는데 풀려 하되 더러 붉고 또는 희고 붉고 흼이 서로 겸한 이질인 경우는 다 청열도체탕(淸熱導滯湯: 19-2)을 주약으로 쓴다. 경솔히 삽제(澁劑)의 약을 써서는 안된다."

만전(萬全)이 말했다.

"발진이 나타난 뒤 대변에 피고름이 섞여 나오고 더러 설사로 말미암아 변화하여 피고름이 된 경우나 또는 바로 저절로 설사가 나는 경우도 다만 홍역의 발진이 많이 돋아나오면서 빛깔이 붉음을 살핀다. 또 기침이 많은 경우는 다만 마땅히 겉의 발진이 거둔 뒤를 기다려 바야흐로 마땅히 병인을 풀고 아울러 그 설사를 치료한다.

설사와 이질이 붉고 희며 배가 아픈 경우는 황금작약탕(黃芩芍藥湯: 7-8)을 쓴다."(앞의 3-8. 배아픔에 자세하다.―원주)

이헌길(李獻吉)이 말했다.

"바야흐로 발진이 돋아나올 때의 이질은 해독탕(解毒湯: 3-1) ①에 오령산(五苓散: 15-4)을 더해 쓴다. 발진을 거둘 때는 해독탕(3-1) ①에 도적산(導赤散: 19-6)을 더해 치료한다.

설사와 이질 등의 병세에는 병인을 푸는 도적(導赤)에 소속된 것을 써서 끝내 효험이 나지 않는 경우 삼황환(三黃丸: 10-4)에 익원산(益元散: 20-4)을 배합해서 쓴다. 대체로 홍역의 설사와 이질은 모두 열의 속성이 심한 사기 때문인데 병인을 풀고 심장에 왕성한 열을 설사시키면 소변이 순조로우며 대변이 저절로 그친다. 가을·겨울에도 또한 쓸 수 있다.

이질이 심하면서 뒤가 무직함이 대단한 경우와 나이와 기운이 씩씩하고 왕성한 경우와 발진이 없어진 지 오래지 않아서 이질이 심한 경우에는 마땅히 삼황환(三黃丸: 10-4)을 쓰고, 만일 설사가 많으면서 이질이 적은 경우는 마땅히 해독도적산(解毒導赤散: 19-5)을 쓰고, 만일 나이와 기운이 어리고 허약한 경우에 있어서 발진에 앞서 설사와 이질이 있고 살과 살갗이 몹시 여윈 경우와 발진이 없어짐이 이미 오래나 원기가 몹시 지친 경우 삼황환을 먹을 수 없으니, 마땅히 마씨(馬氏)의 황금탕(黃芩湯:7-1) ①이나 더러 동벽(銅壁) 황렴의 황금탕(7-2) ②를 쓴다. 아랫배가 끌어당기는 것같이 아프고 대변이 나오지 않으며 뒤가 묵직할 경우는 황금탕 ②에 술에 적셔 찐 대황 3.75g을 더해 1첩을 먹어 약간 설사를 시키고(심하지 않은 경우는 더하지 않는다.—원주), 대변에 피가 많이 섞여 나오는 경우는 지유 7.5g을 더한다."

마지기(馬之騏)가 말했다.

"발진이 없어져 떨어진 뒤 이질이 붉고 흰 데는 마땅히 황금탕(黃芩湯: 7-1) ①이나 황련해독탕(黃連解毒湯: 3-1) ① 등의 약제로 치료한다.

발진이 없어져 떨어진 뒤 기름지고 맛좋은 음식을 많이 먹어 오랫동안 끄는 이질이 그치지 않게 되면 이는 기름짐이 쌓여 다침으로 말미암아 병인이 대장에 남아 머물러 있어 빨리 그치지 않은 것이다. 마땅히 먼저 그 병인을 오줌으로 잘 나가게 한 다음 보한다. 먼저 대황·황련·지각·빈랑을 써서 성글게 해 오줌을 나가게 하고, 더러 삼황환(三黃丸: 10-4)에 빈랑·지각을 더해 같이 달여 익원산(益元散: 20-4)을 배합해 먹으면 나을 수 있다. 만일 함부로 몸에서 액체 성분이 빠져나가지 못하게 하는 약제를 써서 한번 먹어서 곧 그치면 몸속에 생긴 열독이 위를 공격하여 그 구토가 일어나 먹지 못하고 입을 벌리지 못하고 말을 하지도 못한 지 2~3일에 병인이 대장을 공격하고 더러 생생한 피가 오줌으로 나오고, 또는 콩물 같은 빗물이 한 방울씩 힘없이 떨어지듯이 오줌이 나오면 마침내 치료하지 못할 병세를 이룬다."

공정현(龔廷賢)이 말했다.

"발진 뒤에 묵 같은 곱과 피고름이 섞인 대변이 나오는 이질에는 황련행인탕(黃連杏仁湯: 8-1) ①을 쓰고 하추(下墜) 같음에는 지각을 더한다."

옹중인(翁仲仁)이 말했다.

"홍역 뒤에 이질과 설사를 하는 경우는 곧 속에 열이 쌓여 대장에 옮겨진 것이다. 마땅히 사령탕(四苓湯: 15-1)에 목통·황금·황련·백작약을 더하여 쓰고, 더러 두구환(豆蔲丸: 24-3)·향련환(香連丸: 8-4) 따위를 쓴다.

육씨(陸氏)[1]가 말했다. "홍역 뒤에 두구환은 크게 마땅한 것이 아니다."(살피건대, 이는 홍역 의사에게 서로 정반대가 되는 이론이다.―원주)

만전(萬全)이 말했다.

"발진 뒤에 이질과 설사를 하면서 오랫동안 그치지 않는 경우를 오래 끄는 이질이라 하는데, 함부로 몸에서 액체 성분이 빠져나가지 못하게 하는 약제를 써서 임시로 공을 이루게 하면 안된다. 마땅히 황금탕(黃芩湯: 7-3) ③에 천수산(天水散: 20-4)을 합쳐 쓰고, 향귤환(香橘丸: 8-4)과 서로 사이에 먹어 치료한다. 만일 구토하여 잘 먹지 못하는 경우는 이를 악문 증세가 많고 다시 대변이 참을 수 없이 자주 나가며 그치지 않고, 더러 생생한 피가 오줌에 나오고 또는 티끌 같은 물인 경우는 모두 죽을 병세인 것이다."

황렴(黃廉)이 말했다.

"발진 전에 일찍이 설사와 이질이 있어도 열독을 푸는 약을 쓰지 않아 발진 뒤에 이르러 변하여 오래 끄는 이질이 되면 묵 같은 곱과 피고름이 섞인 대변을 누는 이질임을 묻지 않고, 다만 아랫배가 끌어당기는 것처럼 아프면서 금새 대변이 나올 것 같다가 나오지 않고, 뒤가 무직하고 낮밤을 가리지 않는 데는 황금탕(黃芩湯: 7-1) ①을 주약으로 쓴다. 유완소(劉完素)가 말하기를 '그 혈분을 보하면 설사가 저절로 그치고 그 기가 다녀서 뒤가 무직한 병세를 없앤다.'고 했는데, 이것은 교훈이 되는 말인 것이다. 만일 건강하고 왕성한 사람으로 속에 열이 몰려 있고 먹은 음식이 정체되어 쌓여 있어도 잘 먹는 경우는 모름지기 삼황환(三

---

1) 육씨(陸氏): 미상.

黃丸:10-4)으로써 약간 설사를 시키고, 만일 달여 먹임이 적당치 않을 경우는 향귤환(香橘丸: 8-4)을 주약으로 쓴다."

손일규(孫一奎)가 말했다.

"발진이 돋아나올 때 일찍이 설사와 이질이 일어나고, 발진이 물러간 뒤 변하여 오래 끄는 이질이 되면 이것은 남아 있는 병인이 대장에 있는 것이다. 모름지기 허증과 실증을 분별하여 치료한다. 실증인 경우는 삼황환(三黃丸:10-4)이 순조로운데 더러 향련환(香連丸: 8-4)을 배합하여 쓰고 뒤에 황금탕(黃芩湯: 7-1) ①을 쓴다. 허약한 경우는 보해야 한다."

왕긍당(王肯堂)이 말했다.

"발진이 돋아나올 때 설사와 이질에 열독을 푸는 약을 쓰지 않으면 발진 뒤에 변하여 오래 끄는 이질이 된다. 묵 같은 곱과 피고름이 섞인 대변을 누는 이질이 낮밤 없이 나옴을 묻지 않고 황금탕(黃芩湯: 7-1) ①로써 향련환(香連丸: 8-4)을 먹는다. 허약한 경우는 인삼을 더하고, 대소변이 술술 나가는 경우는 춘근피(椿根皮)를 함께 둥근알약 안에 더하고 달인 약에 넣지 말라."

주지암(朱之黯)의 설도 같다.(黃芩湯에 잇따라 準繩의 처방을 쓴다.—원주)

맹하(孟河)가 말했다.

"홍역 뒤에 누르고 붉은 빛깔의 설사를 함은 곧 몸속에 열이 잠복해 있는 것인데, 마땅히 가미사령산(加味四苓散: 15-2)에 목통·차전자·황금을 더하여 씀이 괜찮을 것이다.

홍역 뒤에 몸이 여위는 병세로 열이 나서 이질을 이룬 경우는 마땅히 청열도체탕(淸熱導滯湯: 19-2)에서 우방자·연교를 없애고 능아를 더해 쓴다."

묘희옹(繆希雍)이 말했다.

"발진 뒤에 대소변에 피고름이 섞여 나오는 데는 마땅히 승산약(升散藥)을 쓰고,(앞의 3-11. 설사에 자세하다.—원주) 만일 발진 뒤에 설사가 쌓여 머물러 있는 데는 연석서여환(連石薯蕷丸: 14-5)을 쓰고, 또 홍역을 치료한 뒤에 이질이 된 것은 서하류 잎을 보드랍게 가루내어 15g을 사탕물에 배합해 먹는다."

섭상항(聶尙恒)이 말했다.

"병인의 기운이 몸의 깊은 조직을 곪게 함이 있어 이질을 이룬 경우는 마땅히 청열도체탕(淸熱導滯湯: 19-2)을 쓴다."

적량(翟良)이 말했다. "이 처방을 데면데면하게 보아 넘기나 원기를 조절하고 피를 돌게 하고 열을 내려 막힘을 소변으로 내려가게 하는 성질과 맛이 순한 처방에 지나지 않을 뿐이다. 저절로 마음에 거느리고 정신에 모아두지 않아 그 은미한 뜻을 묵묵히 엿보아 그 신묘함을 아는 경우가 드물게 있다. 이는 홍역의 남아 있는 병인을 오줌으로 잘 나가게 하는 처방에 매여 있으나 이질을 치료하는 예사로운 약이 아닌 것이다. 우방자·연교를 써 두 맛이 같지 않으나 많은 약에서 함께 홍역에 본받아 쓴다. 대체로 홍역은 본(本)에 속하고, 이질은 표(標)에 속하니 홍역을 치료하면 이질은 저절로 없어진다. 『내경(內經)』에 말했다. '병을 치료하려면 반드시 병의 근본에서 찾아야 이 치료하는 처방이 있다.' 누가 이 처방을 쉽게 정할 수 있다고 일컬으리요."

장개빈(張介賓)이 말했다.

"발진 뒤에 이질이 일어나고 또 손을 관찰하면 손톱을 깨물고 입술과 살갗이 찢어지고 사람을 깨무는 등의 병세가 있는데, 마땅히 병인을 풀어 없애 대변이나 소변을 잘 누게 하는 약으로 나누어 치료한다. 만일 진한 침이 나와 붉고 흼이 서로 겸한 경우는 병인을 풀어 없애는 약을 씀이 요점이다.

만일 낮과 밤으로 3, 5, 10 차례나 있고, 더러 점점 기침이 많고 오른손 한 손가락 맥이 점점 일어나고 멀건 콧물이 다시 나오는 경우는 바야흐로 살기 바랄 수 있다.

만일 이질이 검은빛으로 변하고 더러 맥이 때로 겨우 한번씩 힘없이 뛰고, 빛깔이 더러 푸른 채소빛 같고, 똥구멍이 통 같으며 숨이 차고 목소리가 나오지 않고 음식을 먹지 않고 오후에 뺨이 붉으면 모두 치료하지 못한다."

만전(萬全)이 말했다.

"융경(隆慶) 기사년(1569) 내가 운양(鄖陽)에 있었는데, 양거인(楊擧人)의 한 아들이 있어 홍역을 앓고 난 뒤 이질로 생생한 피를 설사했다. 내가 한 처방을 주어 조절해 다스려 안정되었다. 이 때 부중(府中)에서 발진이 돋아나와 다만 이질로 피가 나온 경우는 양거인이 그 처방을 주어 모두 효험이 있었다."(지금 이름은 鄖陽歸芍湯[13-10]이다.—원주)

이헌길(李獻吉)이 말했다.

"발진이 없어진 뒤의 이질과 묵 같은 곱과 피고름이 섞인 대변을 누는 이질을 막론하고 황련해독탕(黃連解毒湯: 3-1) ①에 볶은 황금, 술에 씻은 당귀, 천궁·청피·지각·빈랑·감초를 더하여 쓰되 더러 빈랑에 배합해 먹는다. 또는 다만 백작약 7.5g, 황금 3.75g을 더하기도 한다.

발진 뒤 설사가 나서 오랫동안 그치지 않고 피고름이 나오는 데는 마땅히 승갈작약탕(升葛芍藥湯: 1-6)을 쓴다. 똥오줌에 피가 많은 경우 황련해독탕(3-1) ①에 육일산(六一散: 20-4)을 배합해 쓴다.

발진 뒤 회충이 아랫배에 있을 때 때로 배가 아프고 설사를 하고 이질인 경우는 마땅히 개울도기탕(開鬱導氣湯: 19-3)을 적백리나 습리를 막론하고 모두 쓸 수 있다.

회충과 이질이 심한 경우는 초매탕(椒梅湯: 21-10)을 쓴다."

3—13. 감질병(疳瘡)

만전(萬全)이 말했다.

"발진 뒤 남아 있는 병인이 위장에 들어가 오랫동안 흩어지지 않으면 이빨과 잇몸이 검게 문드러지고 살이 썩어 피가 나오고 냄새가 사람에게 맞부딪치게 되는데 이를 주마아감이라 이름한다. 마명산(馬鳴散: 25－8)을 주약으로 쓴다. 심한 경우 빨리 인중백·노회·사군자(使君子)·용담초·황련·오령지를 물에 담가 떡으로 쪄서 둥근 알약을 만들어 끓인 물로 먹어 위장의 염증을 맑게 한다. 만일 얼굴과 뺨이 붓고, 입 둘레가 검푸르고 뺨에 눈물이 새고 이빨이 빠지고 입술이 헤어지고 코가 무너지는 경우는 죽을 병세인 것이다.

만일 입술과 입에 창양이 많고 그 소리가 잠기고 나오지 않는 경우 목안과 울대가 헐었다 말하는데 화닉환(化䘌丸: 24－4)을 주약으로 쓴다. 다시 가슴속이 달아오면서 답답하고 편안치 않고 정신이 희미하고 소리를 내지 못하는 경우는 죽을 병세인 것이다."

마지기(馬之騏)가 말했다.

"발진의 앞뒤에 제멋대로 달고 맛있는 음식을 많이 먹어 습과 열이 겹쳐 회충이 움직여 주마아감이 되어 위아래 턱뼈와 그 부위 살갗이 부어 아프고 이빨이 빠지고, 더러 얼굴과 뺨이 붓고, 잎 둘레가 검푸르고 입술이 헤어지고 코가 무너지고, 위장이 문드러지며 감질로 헌데가 생겨 빛깔이 흰 경우는 모두 치료하지 못하는 위중한 상태에 빠진 것이다.

홍역이 나은 뒤 이빨뿌리가 헤어져 문드러지고 살이 썩고 피가 나오고 냄새가 사람에게 맞부딪치는 경우는 모두 홍역 뒤 병인을 풀고 오줌을 잘 나가게 하여 습열을 없애는 약제를 먹지 않아 남아 있는 병인이 돌아다니고 열이 물러나지 않고 살갗에 쌓였다가 위장 속으로 들어가 오래도록 흩어지지 않았기 때문에 이 증세를 일으킨 것이다. 마땅히 청위음(淸胃飮: 17－4)·양격산(凉膈散: 8－7)·독조단(獨棗丹: 24－8) 등의 약제로 치료하여 위장의 열이 화사로 된 것을 물러가게 해야 큰 병이 없을 것이다."

입술과 입에 헌데가 많아서 몹시 가렵고 한결로 상한병이나 궤양병 같은데 만일 빨리 치료하지 않아 위아래 입술이 함께 벌레가 먹은 듯이 썩어 문드러지고 정신이 희미해지고 소리가 나오지 않기에 미쳐서 마침내 치료하지 못할 병세가 되면 마땅히 빨리 화충환(化蟲丸: 24-6, 24-7) ① ②를 써서 치료하고, 웅황산(雄黃散: 25-1)으로 문지르면 나을 수 있다."

옹중인(翁仲仁)이 말했다.
"홍역 뒤에 잇몸이 벌겋게 붓고 아픈 경우는 청위음(淸胃飮: 17-4)에 감길탕(甘桔湯: 21-1)을 합치고 우방자·형개·현삼을 더해 쓴다. 위장이 문드러진 경우는 치료하지 못한다."

공정현(龔廷賢)이 말했다.
"홍역이 물러난 뒤 만일 이뿌리가 썩어 문드러지고 코피가 막히지 않고 아울러 피가 부족한 증세에는 빨리 사물탕(四物湯)에 인진·목통·생서각 따위를 더해 소변을 잘 나가게 하여 열이 내려가게 한다. 만일 감질로 생긴 헌데 빛깔이 흰 경우 위장이 문드러지게 되면 치료하지 못할 증세인 것이다."(앞의 3-2. 피[血]의 마지기 설에 자세하다.—원주)

황렴(黃廉)이 말했다.
"홍역의 병인 뒤에 잇몸이 검게 문드러지고 때때로 피가 나오고 숨이 차면 주마감이라 이름하는데 문합산(文蛤散: 25-2)을 주약으로 쓴다. 화닉환(化䘌丸: 24-5) ②와 웅황산(雄黃散: 25-1)도 모두 괜찮다."

손일규(孫一奎)가 말했다.
"홍역의 병인이 위장으로 들어가 주마감을 이루어 두 뺨에 전해져 붓고, 오래 되어 위아래 턱뼈와 그 부위 살갗이 붓고 언청이가 되고 코가 꺼지고 아감이 생겨 이빨이 거멓게 되거나 궤양증 등 위태로운 병세인 데엔 겉에 문합산(文蛤散: 25-2)·웅황산(雄黃散: 25-1)을 써서 바르고, 속에는 노회환(蘆薈丸)을 쓴다.(곧 위의 만전의 人中白 등 6종—원주) 더러 삶을 얻는 경우가 있으나 다만 많이 보이지 않는다."

묘희옹(繆希雍)이 말했다.
"홍역 뒤에 잇몸이 벌겋게 붓는 아감이 가장 위태로운데, 모름지기 속과 겉에서 아울러 치료함이 좋다. 속으로 생서지황탕(生犀地黃湯: 12-2)을 먹고 겉에는 황룡산(黃龍散: 25-6)을 써서 치료한다. 때가 늦으면 치료할 수 없다.

또 용붕산(龍朋散: 25-7)으로 홍역 뒤에 입속이 허는 병을 치료한다."
풍조장(馮兆張)이 말했다.(원론은 같다.—원주) "또 만일 비장의 기능이 허약하여 속이 찬 증상으로 하초의 간장과 신장이 허약해서 생긴 화사를 살펴 받아들이지 못해 잇몸이 벌겋게 붓고 입안이 허는 병증인 경우 마땅히 비장·위장을 덥혀 찬 기운을 없애는 이중탕 따위를 쓰면 화사가 저절로 물러가 머물러 쉰다. 모두 맥에 기대 약을 씀이 마땅하고, 홍역의 열이 몰려 생긴 병인으로 삼아 논의를 정하지 말라. 대체로 여러 가지 병은 처음에 같음이 있다가 끝에 달라져 멀리 달라진 것이다."

주지암(朱之黯)이 말했다.
"주마감엔 마땅히 인중백을 벌겋게 달군 것 3.75g과 황벽을 거멓게 볶은 것 11.25g을 가루내어 조금 입속에 넣는다."

이헌길(李獻吉)이 말했다.
"홍역 앞뒤에 입술 위아래 및 잇몸이 갑자기 썩어 문드러지는 경우는 회충병이 오래 되어 생긴 것이다. 이 때 정신이 몹시 희미해지고 정신을 잃어 인사를 차리지 못하는 데에는 마땅히 빨리 화닉환(化䘌丸: 24-4)을 쓰되 두번째 쌀 씻은 물에 소금을 조금쯤 넣어 한번 끓여 먹는다. 기침이 지나치면 또 면견산(綿繭散: 25-3)이나 더러 독조단(獨棗丹: 24-8)으로 자주자주 갈아 붙인다. 만일 시간을 헛되이 보내고 치료하지 않으면 이빨이 빠지기에 이른다. 입술이 검은 경우 치료하기 어렵다.

이 때 청위음(淸胃飮: 17-4) 또는 양격산(涼膈散: 8-7)을 화닉환(24-4)과 더불어 서로 사이에 먹으면 더욱 오묘하다.

잇몸과 입술·혀가 썩어 문드러지고 목 가운데 이른 경우는 안으로 감로음(甘露飮: 21-4)을 먹고 밖에 상아산(象牙散: 25-4)을 써서 바른다. 비록 입술과 어금니가 문드러져 떨어지고 부서지고 나서는 효과를 꾸짖을 수도 없다.

발진 뒤에 입이 마르는데 만일 일찍 치료하지 않으면 반드시 위아래 턱뼈와 그 부위 살갗이 붓고 아프고 어금니가 떨어져나가기에 이른다. 만일 가래가 더하고 숨이 차면 이 병인이 비장과 위장을 친 것이다. 왕씨원해산(王氏元解散: 13-8)이 마땅하다."

풍조장(馮兆張)이 말했다.

"홍역 뒤에 잇몸이 벌겋게 붓고 헐어 아픈 병은 다섯이 있는데, 코가 문드러짐을 치료하지 않은 경우, 밖에서 생겨 안으로 들어간 것을 치료하지 않은 경우, 피고름이 없다고 치료하지 않은 경우, 잇몸이 흰빛인데 치료하지 않아 위장이 문드러지게 된 것이다. 어금니가 떨어져나간 것을 치료하지 않아 신기가 거의 없어져서 병이 위중해지게 된 것은 치료하지 못한다."

만전(萬全)이 말했다.

"홍역 뒤에 열이 물러가지 않으면서 머리털이 마르고 머리가 뻣뻣이 서고 살이 없어지고 뼈가 앙상하게 드러나고 점점 몸이 여위고 몸의 정기가 기혈이 허약해져 뼛속이 후끈후끈 달아오르고 괴로운 병인 경우에는 마땅히 시호사물탕(柴胡四物湯: 11-3)을 주약으로 쓴다. 더러 노회비아환(蘆薈肥兒丸: 22-8)에 당귀·연교를 더해 치료한다. 치료가 늦어지면 병세가 변하여 잠들게 되면 눈동자가 드러나고 입과 코의 기운이 차고 팔다리가 싸늘해지면 마침내 만경풍(慢驚風)이 되어 더 무겁고, 근육의 경련이 일어나면 치료하지 못할 증세이다."

이헌길(李獻吉)이 말했다.(원론은 같다.—원주) "또 초씨시호사물탕(楚氏柴胡四物湯: 11-3)으로 남아 있는 열을 아울러 치료한다."

황렴(黃廉)이 말했다.

"홍역의 발진이 이미 거두어졌으나 그 병인이 흩어지지 않아 열의 속성이 더 심한 사기가 몰림을 걷어올려 온몸에 열이 일어나고 낮밤 내내 물러가지 않고 머리털이 윤기가 없고 까슬까슬하고 살갗이 파리하고 해쓱하고 점점 감질병을 이룬 데에는 청열제감환(清熱除疳丸: 22-10)을 주약으로 쓴다. 만일 일찍 치료하지 않아 변하여 만경풍(慢驚風: 만전의 설과 같다.—원주)이 되면 치료하지 못하는 경우가 많다."

주지암(朱之黯)의 설도 같다.

손일규(孫一奎)가 말했다.

"발진은 벌써 거두어갔으나 온몸에 도리어 열이 일어나서 낮과 밤 내내 물러가지 않음은 이 병인이 다 흩어지지 않아 열의 속성이 더 심한 사기가 근육 사이에 몰려 있는 것이다. 오래 되면 허로병으로 뼛속이 후끈후끈 달아오르고 괴로운 병증이 되니(만전의 설과 같다.—원주) 마땅히 노회비아환(蘆薈肥兒丸: 22-8)에 용담초·당귀·연교 등을 더해 쓴다. 치료함이 더디면 치료하지 못한다."(만전의 설과 같다.—원주)

맹하(孟河)가 말했다.

"홍역 뒤에 얼굴빛이 푸르고 희며 입술이 연하고 원기가 허약한 데에는 마땅히 조원건비보폐탕(調元健脾補肺湯: 17-10)을 먹고, 아울러 홍역 뒤에 야위고 허약해진 병을 이룸을 치료한다. 만일 대변이 충실하지 못하고 흰빛깔의 설사인 경우는 이 처방에 목향·백출·가자를 조금쯤 더 함이 괜찮다. 가령 누른 빛깔의 설사에는 술에 불려 볶은 황금과 차전자를 더한다."

맹하(孟河)가 말했다.
"홍역 뒤에 조섭을 잃어 몸이 야위고 원기가 허약해져 더러 몸이 여위는 병을 이루고 또는 설사병이 난 데에는 마땅히 건비비아환(健脾肥兒丸: 22-9)을 먹는다.
홍역 뒤에 입안이 허는 병증과 잇몸이 벌겋게 붓고 헐어 아픈 병증 등을 앓는 데에는 마땅히 청위패독탕(淸胃敗毒湯: 4-7)을 먹고, 만일 몸이 허약하면 백출을 더하고, 또 입안이 헐고 잇몸이 벌겋게 붓고 헐면 찻잎으로 문질러 지나감을 따르고, 구고산(捄苦散:25-10)으로 병든 곳을 바르고, 부유한 집에서는 우황 0.75g을 갈아 넣으면 그 효험이 더욱 빠르다."

손일규(孫一奎)가 말했다.
"정효산(程曉山)의 아들이 겨우 7세에 홍역에 걸린 지 1개월 남짓에 열이 옛날과 같이 일어나며 기침이 나고 소리가 나오지 않고 살이 여위어 뼈가 앙상하게 드러나고 머리털이 다 빠져 대머리가 되어 많은 의사들이 손을 묶고 있었다. 내가 말하기를 '이 몸이 여위는 병증의 원인은 홍역 뒤에 허약해져서 열이 일어남인데 대노회환(大蘆薈丸:22-7)으로 치료한다'고 했다."

3-14. 악성 종기
  * 종창(腫脹)을 붙인다.

만전(萬全)이 말했다.
"모든 발진이 돋아나오기에 앞서 더러 위장의 열이 화사로 전변됨이 있고 발진이 돋아나온 뒤에 이르러 남아 있는 병인이 흩어지지 않아 이 양열이 몰려 병인이 생겨 잇몸 아래위에 거두어졌기 때문에 입술과 입에 모두 창양이 생긴다. 이런 병세를 만남이 있으면 날마다 두번째 씻은 쌀뜨물을 따뜻하게 해서 10여 차례 씻고 빨리 병인을 흩어지게 하는 약을 써서 치료한다. 만일 더러 치료하기를 잃으면 많이 주마아감으로 변하는 것이다."

경일진(景日昣)이 말했다.
"홍역 뒤의 열로 입과 혀에 창양이 생기고 목구멍 가운데와 잇몸에서 피가 나오고 멀건 침을 계속 흘려 더러움을 짓는 데는 마땅히 서각해독탕(犀角解毒湯: 3-7) ②를 쓴다."
이헌길(李獻吉)이 말했다. "입과 혀에 창양이 생김은 감질이 아닌 것이다. 마땅히 세심산(洗心散: 22-4)을 쓴다."

이헌길(李獻吉)이 말했다.
"홍역 뒤에 심장·위장의 열로 목구멍이 아프고 입과 혀에 창양이 생기고 열의 기운이 위쪽으로 공격해 잇몸이 부어 아프고 이빨이 흔들리는 등의 증세에는 또한 마땅히 감로음(甘露飮: 21-4)을 쓴다. 더러 감로음(21-4)을 쓰되 기침을 머금었으면 청폐음(淸肺飮: 9-2)으로 삼켜 내려가게 함이 또한 좋다."

마지기(馬之騏)가 말했다.
"홍역이 물러간 뒤에도 바람을 쐬면 안된다. 만일 바람에 드러남이 몹시 일러 한번 부었다 곧 없어져도 반드시 몸이 여위고 근육이 누렇게 되고 병을 헤살놓아 날로 마풍창(痲風瘡)이 발생하기에 이를까 두렵다. 만일 마풍창이 있으면 마땅히 대연교음(大連翹飮: 8-6)에 우방자·방풍·금은화를 더해 쓰고, 문드러진 곳에 생기산(生肌散: 25-9)을 바른다.

이헌길(李獻吉)이 말했다.

"발진 돋아나옴이 빠르지 않고 돋아나온 즉시 거두어들이고 온몸이 푸른 보랏빛으로 썩어 문드러진 데에는 마땅히 왕씨쌍해산(王氏雙解散: 13-7)을 쓴다.(앞의 2-11. 出險에 자세하다.—원주)

만일 감질로 생긴 헌데가 상부에 없고 다만 하부가 썩어 문드러진 경우 반드시 그 사람이 홍역을 앓을 때 바람을 쐼이 크게 일러 헌데가 나서 문드러짐을 마풍창이라 하고, 마땅히 마지기(馬之騏)의 처방을 써서 독을 없애고 화를 내리게 한다."

만전이 말했다.

"홍역의 남아 있는 병인이 다하지 않아 변하여 큰 종기와 헌데가 생기는 경우 승마탕(升麻湯: 1-1) ①에 방풍·형개·우방자를 더해 쓴다."
경일진(景日昣)의 설도 같다.(다만 백작약·적작약을 함께 쓴다.—원주)

풍조장(馮兆張)이 말했다.

"천연두를 앓고 나서 곪는 병이 많이 뼈마디 사이에서 발생한다. 홍역 뒤의 남아 있는 병독이 입과 눈 안에 많이 있음은 무엇인가. 대체로 천연두의 남아 있는 병독은 많이 간장·신장에 머무르고, 홍역의 남아 있는 병인은 많이 폐장·위장에 머무른다. 육부(六腑)의 병인은 양증이 되어 왕성하게 위로 겉을 넘어 얕아지고, 오장(五臟)의 병인은 음증이 되어 아래로 잠겨 속에 머물러서 깊이 모여 숨는다. 음증·양증이 이미 다르고 골수와 살갗도 길이 다르기 때문인 것이다."

손일규(孫一奎)가 말했다.

"홍역이 물러간 뒤에 남아 있는 열이 다하지 않음이 있어 더러 곪는 병인을 일으켜 팔다리 마디가 아픈 경우는 강활산(羌活散: 22-1)을 써 조금 땀을 내고 조금 설사시킨다."

마지기(馬之騏)가 말했다.

"홍역의 발진이 없어진 뒤 옴과 눈병이 생긴 데에는 마땅히 황련해독탕(黃連解毒湯: 3-1) ①을 더하거나 줄여 치료한다."

묘희옹(繆希雍)이 말했다.

"홍역 뒤에 창양이 생김이 그치지 않음은 남아 있는 열이 다하지 않았기 때문이다. 마땅히 연교생지음(連翹生地飮: 11-8)을 쓴다.

홍역 뒤에 입안이 허는 병증엔 마땅히 용붕산(龍朋散: 25-7)을 쓴다."(앞의 3-13. 감질병에 자세하다.―원주)

주지암(朱之黯)이 말했다.

"홍역 뒤에 헌데의 병인이 막힌 데에는 마땅히 울금퇴화단(鬱金退火丹: 24-9)에 육일산(六一散: 20-4)을 배합해 설사시킨다."

맹하(孟河)가 말했다.

"홍역 뒤에 비장이 허약해 더러 옴이 생긴 데에는 마땅히 양진고(養眞膏: 17-8)를 먹는다."(앞의 3-5. 기침과 숨가쁨에 자세하다.―원주)

이헌길(李獻吉)이 말했다.

"홍역 뒤에 온몸에 창양이 생기고 열이 물러가지 않는 경우에는 마땅히 소풍산(疎風散: 22-5)을 쓴다.

홍역 뒤에 팔다리가 붓는 증세가 생겨 힘줄과 뼈가 다친 경우에는 마땅히 왕씨오령산(王氏五苓散: 15-6)을 쓰고, 홍역 뒤에 콧구멍에 창양이나 더러 코안이 말라 검어지고 또는 멀건 콧물이 나오는 경우는 마땅히 금치사백산(芩梔瀉白散: 13-4)을 쓴다.

홍역 뒤 몸뚱이가 곪아 부어오른 데에는 마땅히 해독탁리산(解毒托裏散: 34-1)을 쓴다."

이헌길(李獻吉)이 말했다.

"홍역 뒤에 배가 몹시 불러오르면서 속이 그득한 감이 있고, 팔다리에 붓는 등의 증세가 있으면 마땅히 목향대안환(木香大安丸: 32-4)을 자기 그릇에서 배합해 가루 5순가락과 석웅황 3.75g을 먹는다. 더러 둥근 알약을 만들어 먹기도 한다. 숨이 차면 위령탕(胃苓湯: 15-7)이나 더러 오피탕(五皮湯: 22-3)을 합쳐 달여 쓴다.

배가 몹시 불러오르면서 속이 그득한 감이 있는 증세에는 마땅히 위령탕(15-7)을 쓰고 붓는 증세에는 마땅히 오피탕(22-3)을 쓴다. 두 가지 병세가 아울러 일어나면 두 처방을 합쳐서 달여 쓴다.(한 처방에 이르기를, 홍역 뒤 배가 몹시 불러오르면서 속이 그득한 데에는 마땅히 위령탕·오피탕을 쓰고 또한 오령산도 쓴다.—원주)

홍역 뒤에 얼굴과 눈이 허약해 붓고 온몸이 붓기에 이르면 마땅히 가미오령산(加味五苓散: 15-5)을 쓰고, 숨이 차면 상백피를 더한다."(또 2-15. 남아 있는 병인을 볼 것—원주)

이헌길(李獻吉)이 말했다.

"홍역 뒤 음낭이 붓는 데는 왕씨사령산(王氏四苓散: 15-3)이 가장 신효한데 여러 차례 시험했다. 만일 효험이 없는 경우는 궐음경 습열이 간담에 몰려서 생긴 병증인 것이다. 마땅히 가미소시호탕(加味小柴胡湯: 10-7)을 쓰되 또 석연(石燕)을 식초에 담가 갈아 즙을 붙인다. 또 무우씨 껍데기, 호리병박 뿌리를 같은 무게로 달여 부어오른 곳을 씻는다.

음낭이 붓고 소변이 잘 나오지 않는 데는 마땅히 오령산(五苓散: 15-4)에 목통·차전자를 더해 쓴다."(한 처방에 이르기를, 얼굴 부위 및 아래 부분에 부은 기운이 있으면 모두 마땅히 오령산에 목통·차전자를 더한다.—원주)

이헌길(李獻吉)이 말했다.

"홍역 뒤에 남아 있는 열이 다 물러가지 않고 얼굴 부위 및 몸 위에 드문드문 다시 발진이 돋아나오고, 또 더러 천연두같이 구슬진에 고름이 차는 등의 병세엔 마땅히 황련해독탕(黃連解毒湯: 3-1) ①에 맥문동·지골피를 더해 쓴다."

마지기(馬之騏)가 말했다.
"부은 증세를 삭여 없애는 데는 정력(꽃다지씨)이 가장 좋다."

3-15. 회충(蛔蟲)

만전(萬全)이 말했다.
"회충이 움직여 만일 게우고 설사함이 뒤따름은 반드시 장위(腸胃)에 열의 속성을 가진 사기가 위로 솟구쳐 그런 것이다. 만일 음식 냄새를 맡아도 회충이 나오게 되면 이 병세는 정기가 허약하고 속이 찬 증세를 겸했으니 함부로 설사시키지 말라.(이것은 천연두 뒤의 남아 있는 병독으로 疹毒證治歌括의 문장이다.—원주) 이 병인은 간장에 있는 것이다. 천연두 뒤에 더러 회충으로 게우고 또는 회충으로 설사하는 경우는 모두 양열이 몰려 병독이 생겨 속으로 들어간 것이다. 열이 위장에 있으면 회충으로 게우고 열이 대장·소장에 있으면 회충으로 설사한다. 회충으로 설사하는 경우는 황금탕(黃芩湯: 7-3) ③에 도인·애엽을 더하고, 게우는 경우는 황금반하탕(黃芩半夏湯: 7-4)에 오매·천초를 더한다. 만일 게우거나 설사하지 않고 다만 음식을 알고 곧 회충으로 게우는 경우 이는 위장이 오래도록 허약하고 회충이 먹은 바가 없기 때문에 그 냄새를 알고 곧 게우고, 먹고 나서도 쉽게 배고픈 데에는 마땅히 이중탕환(理中湯丸: 18-3)에 오매육·황련·천초를 더해 주약으로 쓴다."

만전(萬全)이 말했다.
"목구멍과 음부·항문이 허는 병세와 목이 쉬고 말을 하지 못하고, 목이 잠기고 입술과 입에 창양이 생기면 참으로 잇몸과 이뿌리가 썩어 문드러짐을 의심할 수 있고, 입술 아래의 헌데와 숨쉴 때 냄새가 나고 피가 나오면 병 이름이 주마감인데(이것 또한 천연두 뒤의 노래에 문장이 모여 있다.―원주) 이 병인은 신장에 있는 것이다. 천연두를 앓은 뒤 게우고 설사하며 회충이 나오는 경우 이는 기생충 독이 열이 되어 후끈후끈하면서 나오면 회충에 의한 궐증이 된 것인데 만일 게우고 설사시키지 않아 속으로 오장육부를 좀먹는 경우는 궤양이 된다. 궤양의 증세에는 그 사람이 잠자기를 좋아하고, 말없이 먹으려 하지 않고, 윗입술에 창양이 있고, 기생충이 그 항문을 침식한다. 아랫입술에 창양이 있으면 회충이 그 오장을 침식해 그 소리가 나지 않고 목이 잠기고 위아래가 일정하지 않기 때문에 이름이 호혹(狐惑)인 것이다. 이는 홍역 뒤에 더욱 많은 가장 나쁜 조짐으로 화닉환(化䘌丸: 24-4) ①을 주약으로 쓴다."

왕긍당(王肯堂)이 말했다.

"목구멍과 음부·항문이 허는 병세는 홍역 뒤에 더욱 많은데 화닉환(化䘌丸: 24-4) ①을 주약으로 쓴다. 만일 대변이 엉겨 뭉친 경우에는 도인승기탕(桃仁承氣湯: 35-1)에 괴자(槐子)를 더해 설사시킨다."

이헌길(李獻吉)이 말했다.

"회충병은 열이 있으면 반드시 동한다. 흉격에 상충하여 회충을 게우는 경우는 위장에 열이 있는 병증인 것이다. 아랫배가 뒤틀리고 찌르듯이 아프고 그리고 회충을 설사하는 경우는 대장열증인 것이다. 처음에 땀을 잘 내어 겉에 있는 사기를 없애고 장위를 맑고 시원하게 하면 회충은 저절로 움직이지 않는다. 그러나 평범한 의사는 이 이치를 알지 못해 회충이 움직인 뒤에 바야흐로 회충을 죽이는 약이나 회충을 안정시키는 약제로 사군자·오매·산사 따위를 써서 급함을 치료하려 하나 또한 어렵다.

회충이 움직이면 홍역의 발진이 더욱 온몸에 가득차게 되고 붉고 윤기 있게 되는데, 한때 숨어 엎드린다. 만일 더러운 냄새가 치밀어올라서 속으로 들어가는 경우가 그러하니 삼가서 바람에 다친 병으로 치료하지 말라. 회충이 만일 위로 부딪치면 빨리 황금반하탕(黃芩半夏湯: 7-4)을 쓰고, 회충이 아랫배에 있으면 황금탕(黃芩湯:7-3) ③을 주약으로 쓰고, 아울러 웅황가루 3.75g을 배합해 자기로 가루를 물에서 갈아 4~5순갈 먹는다. 회충이 왕성하면서 나이가 서른 안팎인 경우 7.5g을 쓴다. 한 처방에는 또 매실 3개와 생강 3.75g을 더한다.

   대체로 이 두 황금탕(7-3, 7-4)은 다만 회충만 치료함이 아니고 위장의 열도 아울러 치료하기 때문에 홍역의 처음 열이 일어날 때부터 벌써 회충병이 있는 경우는 다른 약을 쓰지 말고 다만 이 두 약만으로 발진이 돋아나오고 발진을 거둘 때까지 쓴다. 대개 백작약은 맛이 시고 성질이 차서 간기가 지나치게 왕성한 것을 억제하고 그리고 회충은 간장의 경맥에서 나오는 병독이기 때문에 백작약을 처방의 근본으로 삼는다. 자감초는 위장의 기운을 온전히 보하고 황금은 삼초(三焦)의 열을 잘 다스려 비록 회충을 죽이는 성질은 없으나 도리어 회충을 거두어 안정시키는 공이 있고, 도인·애엽은 원래 회충을 치료하는 약이다.

   두 황금탕(7-3, 7-4)을 썼으나 회충이 오히려 훼방을 놓는 경우는 마땅히 화닉환(化䘌丸: 24-4) ①을 쓴다. 이 화닉환은 위에 있는 회충병과 아래에 있는 회충병 및 회충병이 오래 되어 생긴 감질 등의 증세에 참으로 회충을 잘 치료하는 효력이 몹시 좋은 약인 것이다. 그러나 그것으로 홍역의 열을 아울러 치료하기에 이르고, 이 화닉환에 비록 황련 37.5g이 있으나 끝내 두 황금탕의 마땅한 약제만 같지 못하기 때문에 회충병이 특히 심한 뒤에야 바야흐로 이 화닉환을 써서 오로지 치료한다."(만일 둥근 알약을 만들 겨를이 없으면 마땅히 탕약을 만들어 먹는다.—원주)

   이헌길(李獻吉)이 말했다.

   "회충병과 더불어 일어나는 열은 분별하기 어렵지 않다. 처음 열이 나면서 가슴이 답답한 경우는 회충병인 것이다. 얼굴빛이 갑자기 변하는 경우는 회충병인 것이다. 발진이 돋아나오려다가 갑자기 빠져 숨어버리는 경우는 회충병인 것이다. 뱃속이 뒤틀리는 경우는 회충병인 것이다.

갑자기 숨이 찬도 회충병인 것이다. 갑자기 기침이 남도 회충병인 것이다. 발진이 벌써 없어졌으나 갑자기 몸에 열이 남도 회충병인 것이다. 갑자기 얼굴빛이 푸름도 회충병인 것이다. 갑자기 가슴이 달아오면서 답답하고 편안치 않음도 회충병인 것이다. 이는 모두 속의 열로 회충이 움직여 이루어진 것이다. 만일 발진을 거두어들임이 이미 오래 되어 열이 물러가고 몸이 시원해진 뒤 갑자기 이런 여러 증세가 일어난 경우 이는 속이 허약해 그런 것이다. 대체로 열인 경우 비록 병발하는 딴 증세가 생김은 그 일어남이 차례가 있으나 다만 회충병이 일어남은 차례가 없기 때문에 '홀연'(갑자기) 두 글자로써 요점을 삼았다.

회충병으로 말미암은 증세에는 가래, 기침, 숨참, 헛소리, 답답함, 광증, 설사, 이질, 두통, 인후병, 게움, 한열 왕래, 부어오름, 다리 아픔 등이 있다. 이런 여러 가지 증세는 더러 옛날 처방에 보이나 헤아릴 수 없는 경우인 것이다. 회충병에도 열로 인한 회충병, 냉증으로 인한 회충병이 있다. 열로 인한 경우는 실증에 속하고 냉증으로 인한 경우는 허증에 속한다."

이헌길(李獻吉)이 말했다.

"요즈음 보니, 무릎 위쪽에 발진이 돋아나와 붉게 생기가 돌면서 따뜻하고 윤기가 있고 무릎 아래쪽에 그 차가움이 쇠 같은 경우 이는 곧 회충이 움직여서 원기와 피가 통하지 않는 것이다. 만일 이런 경우는 마땅히 황금반하탕(黃芩半夏湯: 7-4)으로 회충을 다스리고 이어서 방작감초탕(防芍甘草湯: 14-7)을 먹어 발진을 돋게 한다.

또 어떤 사람은 허리 위쪽에 발진이 돋아나오고 허리 아래쪽은 썩어 문드러져 죽었다. 실로 이상한 증세인 것이다. 조용히 생각해 보건대, 팔다리는 모두 비장에 속하는데, 위장의 열이 왕성하여 피가 막혀 썩어 문드러진다는 그 이치를 용납함이 있겠는가. 그러나 만일 회충이 만든 재앙이 아니면 그 재앙이 어찌 이와 같이 사납고 빠르겠는가? 회충이 장위(腸胃)에서 먹으면 반드시 회충병이 오래 되어 감질을 이루어 아래위 입술과 뺨·콧마루가 썩어 문드러짐을 이루어 죽음은 이 또한 그 종류인 것이다. 만일 이런 경우는 마땅히 왕인우(王仁宇)의 왕씨쌍해산(王氏雙解散: 13-7)으로 치료한다.

두 입술은 비장·위장에 속하는데 회충이 비장·위장을 좀먹으면 두 입술이 문드러지고, 간장에 딸린 경락에 침범하면 코와 뺨이 문드러지고, 신장의 경락에 침범하면 두 다리가 문드러지는데, 이는 반드시 그런 이치인 것이다. 만일 아래쪽의 다리 부위에 문드러짐이 있으면 위쪽에는 반드시 감질로 생긴 헌데가 있다. 이와 같은 경우엔 마땅히 화닉환(化䘌丸: 24-4)·독조단(獨棗丹: 24-8)을 쓴다. 흩어져 문드러진 곳에서도 삶을 얻을 수 있다."

이헌길(李獻吉)이 말했다.
"얼굴 부위 경계에 갑자기 검보랏빛 기운이 있으면 이는 늙은 회충이 만든 재앙인 것이다.(위의 2-12. 모양과 빛깔에 자세하다.―원주)

회충이 가슴 위에 있으면 그 해침이 더욱 빠르고 이상한 증세가 잇닿아 나온다. 폐장은 높은 곳에 있으며 오로지 숨길을 주관하는데 회충이 만일 위로 부딪쳐 그 숨길을 막으면 숨쉼이 통하지 않을 뿐만 아니라 팔다리와 온몸의 기운이 흘러 통하지 않아 팔다리가 싸늘하게 되고 빛깔이 변하게 되고 돋아나왔던 것이 갑자기 없어지게 되고 또 목구멍에서 음식을 막거나 함께 거스름을 나타내어 게우게 되고 속이 메스껍게 된다. 홍역을 치료하는 자는 마땅히 가장 여기에 마음을 쓸 것이다. 만일 회충이 아래에 있는 경우에 이르러 더러 배아픔을 일으키고 설사를 일으키고 아랫입술에 감질로 헌데가 생기고, 또는 팔다리 끝에 발진이 돋아나옴이 늦어지는 등의 증세는 위태롭고 급하다. 그러나 위에 있는 경우는 모두 오히려 진행이 느린 것이다. 세상에서 회충이 열증이 됨을 진실로 믿지 않으니, 어찌 열을 다스리고 회충병을 치료하는 약제를 서로 사이에 먹으리요."

이헌길(李獻吉)이 말했다.

"발진이 돋아나올 때 가슴 사이가 마음이 번거롭고 답답하고 정강이와 발이 함께 찬 경우는 회충병인 것이다. 마땅히 자주 문지르고 황금반하탕(黃芩半夏湯: 7-4)을 쓴다.

처음에 황금탕(黃芩湯: 7-3) ③을 쓰면 회충이 또 물러나 배꼽 아래 숨어 문득 설사와 이질을 일으키는 경우가 10에 9인 것이다. 만일 홍역 뒤를 잘 치료하지 않고 원기가 또 설사와 이질에 깎이면 또한 죽기에 이른다. 마땅히 빨리 개울도기탕(開鬱導氣湯: 19-3)이나 더러는 초매탕(椒梅湯:21-10)을 쓴다."

이헌길(李獻吉)이 말했다.

"산사·목과·사군자의 무리는 비록 회충병을 치료한다 말하나 위장이나 폐장에 실열이 몹시 왕성하면 회충이 소굴에서 편안치 않게 되니 마땅히 먼저 열을 쳐야 하는데 무엇을 써서 회충병을 다스리겠는가. 위장이나 폐장에 실열이 몹시 왕성하고 걷히지 않으면서 이것이 잦은 경우 비록 매번 먹어도 유익함이 없다. 그러므로 화닉환(化䘌丸: 24-4) ①에 황련으로써 군약을 삼는다. 황금탕(黃芩湯: 7-3) 또한 맛이 시고 성질이 찬 것으로써(곧 황금·백작약─원주) 군약을 삼는다.

회충의 기세가 몹시 빨라 황금탕으로 능히 제압할 바 없는 경우에는 마땅히 정중탕(定中湯: 18-5)을 쓰고, 소아로 잘 마시지 못하는 경우도 더욱 신묘하니 마땅히 반으로 줄여 쓴다.

화충환(化蟲丸: 24-6) ①도 또한 회충병을 치료하는 효험 있는 처방이다."

이헌길(李獻吉)이 말했다.

"회충병에 만일 게우지도 않고 설사도 하지 않으며 다만 밥냄새를 깨달으면 즉시 게워내는 경우는 위장이 허약한 것이다. 마땅히 가미이중탕(加味理中湯: 18-4)을 쓴다.

발진이 없어지기 전에는 열에 의한 회충의 증상이 열에 여덟 아홉이니 황금탕(黃芩湯: 7－2, 7－3)으로 치료할 수 있다. 만일 발진이 없어짐이 이미 오래 되었으나 회충이 움직이는 경우 및 성질이 찬 약제를 많이 먹은 뒤 회충이 왕성한 경우는 황금탕을 쓸 수 없고, 정중탕이나 화닉환 따위도 또한 신기한 효험이 없고, 다만 가미이중탕(加味理中湯: 18－4)이 마땅하다. 만일 남아 있는 열이 아직 있으면 황금탕(7－2, 7－3)만 못하다.

회충병을 치료하는 처방은 여름에 이중탕(理中湯: 18－3)을 쓰는 경우 1천이나 1백 사람 가운데 겨우 한둘이 있었으나 지금은 절반 이상이 이중탕(18－3)을 쓰니, 이 처방은 실로 변통이 끝이 없는 것이다. 비록 인삼을 씀이 없는 경우도 가끔 효험을 얻는다. 만일 인삼을 얻어 늘 1.875g을 넣으면 그 효험이 더욱 신기하다."(이 조목은 이에 10월 15일 뒤에 지은 것이다.—원주)

이헌길(李獻吉)이 말했다.

"게우고 설사하고 아울러 미쳐 날뛰며 경련을 겸하면서 회충병이 있는 경우는 마땅히 주씨황금탕(朱氏黃芩湯: 7－3)을 쓴다."(앞의 3－7. 구토에 자세하다.—원주)

* 또 제6편 우리 나라 풍습(我俗)을 볼 것이다.

3—16. 별개의 증상
중악(中惡)·눈병·학질·입술 부르튬·이빨을 갊

만전(萬全)이 말했다.

"홍역이 물러간 뒤에 음식을 평소와 같이 먹고 움직이고 멈춤이 예전 같다가 곧 갑자기 명치 아래가 비트는 것처럼 몹시 아프고 온몸에서 땀이 물같이 나오는 경우 이는 원기가 허약함으로 말미암아 음과 혈의 보함을 잃어서 전염병의 기운이 올라타면 바로 사기를 능히 이기지 못하고 사기가 속과 겉에 숨어 만일 병이 없어도 벌써 속의 정기와 기혈이 훼손되었기 때문에 우연히 전염병의 사기에 맞힌 바 되고, 한번 맞혀서 죽음을 중악(中惡)이라 일컫는데, 이는 아침에 일어나면 저녁에 죽는 병이다."

황렴(黃廉)의 설도 같다.

손일규(孫一奎)가 말했다.
"홍역 뒤에 중악(中惡)이 생기면 곧 아침에 일어나면 저녁에 죽는 병인데 간혹 소합환(蘇合丸: 23-6)을 쓰면 소생하는 경우가 있다."

왕긍당(王肯堂)이 말했다.
"홍역 뒤에 중악(中惡)이 생기면(만전의 설과 같다.—원주) 간혹 인삼탕(人蔘湯)에 소합환(23-6)을 갈아 쓰면 소생하는 경우가 있다."
이헌길(李獻吉)이 말했다. "홍역 뒤 전염병의 병인이 오장육부에 머물러 맺혀 갑자기 정신을 잃고 기운이 막혀 바야흐로 죽게 됨을 중악(中惡)이라 일컫는데, 빨리 인삼탕(人蔘湯)에 소합환(23-6) 3알을 배합해 먹는다."

마지기(馬之騏)가 말했다.
"홍역 뒤의 눈병에는 마땅히 황련해독탕(黃連解毒湯: 3-1) ①을 쓴다."(앞의 3-14. 악성 종기에 자세하다.—원주)
이헌길(李獻吉)의 설도 같다.

맹하(孟河)가 말했다.
"홍역 앞뒤의 병으로 눈이 붉어지는 경우 마땅히 생지황·국화·결명자·질려·당귀미·시호·홍화 등을 쓴다. 모두 증세에 따라 한 가지를 더하거나 줄인다. 홍역 뒤에 얼굴빛이 푸르고 희며 뼈가 앙상하여 원기를 견디지 못하고 간장·비장이 손상되어 피가 적어 가슴이나 배에 막힌 느낌을 이루고 눈이 감기고 밝음을 바라보기를 겁내고 병난 듯하나 병나지 않은 데는 마땅히 건비비아환(健脾肥兒丸: 22-9)을 먹거나 또는 팔진탕(八珍湯: 16-5)·육미지황탕(六味地黃湯: 11-10)·육미지황환(六味地黃丸: 11-10)을 먹어야 아마 점차 나을 수 있다. 화사를 없애고 겉에 있는 풍사를 없앰이 모든 눈병을 치료하는 약이 된다. 절대 함부로 약을 쓰지 맒이 홍역 뒤만 이와 같을 뿐 아니라 모든 소아의 병을 앓고 난 뒤 조섭을 잘못해 감질과 가슴이나 배에 막힌 감을 느끼고 눈병을 이룬 경우는 함께 마땅히 이와 같다. 의사는 피가 부족함을 보충하여 치료하고 비장을 든든하게 함을 주로 한다. 만일 대변을 설사하고 물이 드물고 흰빛인 경우는 귀비탕(歸脾湯: 17-1)·보중익기탕(補中益氣湯: 16-3)을 쓴다. 모두 병의 증세에 따라 약을 쓸 때 중요한 약인 것이다."

장개빈(張介賓)이 말했다.

"홍역 뒤에 남아 있는 병인이 없어지지 않고 위로 눈을 공격하여 빛에 대한 심한 자극을 받기를 꺼리고 각막에 생긴 예가 흰구름이나 안개처럼 흐려지고 눈곱이 끼고 눈물이 많고 붉게 부어 막힌 데에는 마땅히 영양각산(羚羊角散: 25-5)을 쓰고, 또 홍역의 열이 위를 공격하여 눈의 각막이 흐려짐이 생기고 아울러 갑자기 붉고 빛에 대한 심한 자극을 받기를 꺼리는 데에는 마땅히 강국산(羌菊散: 22-2)을 쓴다."

묘희옹(繆希雍)이 말했다.

"홍역 뒤의 학질에는 마땅히 비전별갑탕(秘傳鼈甲湯: 22-6)을 쓰고, 또 이 처방에 시호·패모·죽엽을 없애고 백작약 5.625g, 쌀 씨눈 18.75g을 더하여 오로지 비장을 보하여 위장의 소화기능을 돕고 입맛을 돋운다."(뒤의 처방 이름은 養脾開胃飮이라 부른다.—원주)

이헌길(李獻吉)이 말했다.

"홍역 뒤의 학질은 마땅히 시평탕(柴平湯: 10-8) 1~2첩을 써서 효험

이 없는 경우에는 마땅히 비전별갑탕(22-6)을 쓴다."(또 2-14. 열의 조짐을 볼 것—원주)

이헌길(李獻吉)이 말했다.
"홍역 뒤에 두 입술이 잔뜩 부은 경우는 회충병인 것이다. 기미가 매우 급하면 마땅히 화닉환(化䘌丸: 24-4) ①을 쓴다."

이헌길이 말했다.
"홍역 뒤에 이빨을 갈고 눈알이 돌아가지 않아 곧추 보고 위로 치뜨는 경우 도적산(導赤散: 19-6)에 우방자를 더해 쓴다."
*또 제6편 우리 나라 풍습을 볼 것.

제4편 비슷한 증세의 구별

4—1. 반진 총론(斑疹總論)

이천(李梴)이 말했다.

"추위에 다쳐 얼룩점이 일어나는 것을 양중의 병인이라 이르고, 봄의 따뜻할 때 일어나는 얼룩점을 온열의 병인이라 이르고, 여름의 뜨거울 때 일어나는 얼룩점을 양열이 몰려 생긴 병인이라 이르고, 계절성을 띠고 일어나는 얼룩점을 전염성 병인이라 일컫는다. 이름은 비록 같지 않으나 같이 열사에 의해 생긴 병증으로 귀납되는데 모두 심장에 열이 왕성하여 폐장에 들어갔기 때문에 붉은 얼룩점이 살갗과 살갗털 사이에 나타나게 된다. 가벼운 것은 모기가 문 자취 같고 다만 손발에 있으며 먼저는 붉고 뒤에는 누르다. 위중한 것은 비단 무늬 같은 것이 가슴과 배에 있어 일어나고 먼저는 홍색이고 뒤에는 붉은 빛이다. 모두 땀을 내기를 금지하고 거듭 맛이 매운 약으로 겉에 있는 사기를 내보내고 맛이 쓴 약으로 속에 있는 사열을 없애도록 한다. 심하면 살갗의 얼룩점이 문드러질 것이다."

만전(萬全)이 말했다.

"태아가 병인을 받음이 심장에 있으면 얼룩점이 되고, 비장에 있으면 발진이 되고, 간장에 있으면 수두(水痘)가 되고, 폐장에 있으면 고름과 구슬진이 된다. 다만 병인을 받음이 심한 경우 네 가지 병을 다 갖추고, 병인을 받음이 작은 경우 평생 다만 한 병만 나타난다."

장개빈(張介賓)이 말했다.

"살갗에 돋는 얼룩점이나 발진 따위는 가벼우면 모기가 문 자취 같은 모양으로 더러 살갗 사이에서 겹쳐서 부어오르면 이름을 두드러기(癮疹)라 부르는데, 무거운 경우는 구슬점같이 붉은 무리이고 더러 조각조각 비단 무늬 같으면 이름을 반진(斑疹)이라 부른다. 대체로 빛깔이 붉은 경우는 상서롭고 빛깔이 검은 경우는 흉하다. 그 병세가 추위에 다친 것 같이 열이 일어나 무릇 3~4일에 돋아나오고 7~8일에 얼굴에 기미가 나는 것이다."

이천(李梴)이 말했다.
"모든 살갗에 돋은 얼룩점이나 발진이 붉은 빛이고 몸이 따뜻하고 가슴과 배로부터 팔다리로 흩어진 경우는 상서롭고, 검은 빛이고 몸이 서늘하고 팔다리로부터 가슴과 배로 들어가는 경우는 죽는다."

공정현(龔廷賢)이 말했다.
"얼룩점이 붉은 빛으로 일어남은 위장에 열이 있어 된 것이고, 검보랏빛은 위장이 문드러져 된 것이기 때문에 붉은 얼룩점은 가볍고 검은 얼룩점은 위중한 병세가 된다. 대체로 산뜻하고 밝은 붉은 빛인 경우는 상서롭고 검보랏빛 얼룩점이 문드러진 경우는 죽는다."

4—2. 상한병(傷寒病)의 얼룩점
* 두드러기와 통한다.

마지기(馬之騏)가 말했다.
"추위에 다쳐 일어난 얼룩점과 두드러기를 지금 풍속에서는 상한곡서(傷寒穀黍)의 병이라 이르고, 또 홍안상한(紅眼傷寒)의 병이라 일컫는다. 빛깔이 있는 얼룩점이고 둥글고 잔 알갱이가 없는 경우는 반진이 살갗에 숨었다 말하고, 피어나면 가려움이 많으며 두드러기라 말한다. 풍사와 열사에 딸리고 담을 끼고 일어나며 그것이 일어남은 상한병과 유사한데 곧 담으로 열이 나는 병으로 겉에서 일어나는 것이다.(밖으로부터 일어남을 말한다.―원주) 또한 속으로부터 또는 겉에서 일어나는 경우도 있다. 그 병은 양증으로 열이 심한 병인과 허한증에 속하는 얼룩점 같지 않음이 있다. 양맥이 부맥(浮脈)으로 빠르고 보통 이상으로 크게 뜀은 속과 겉에 열이 몰려 몹시 크면 얼굴에 붉음이 심하고 어지럽고 혀가 말리고 황흑색이다. 코에 검댕이 낌 같고 가슴이 답답하고 편안치 않아 팔다리를 가만두지 못하고 미쳐서 헛소리를 하기를 귀신을 본 것처럼 하고 오줌을 자주 많이 누고 편안치 않고 얼룩점이 피어나되 문드러짐은 이름을 양독(陽毒)이라 하고, 음맥이 침·세·복·지(沈細伏遲)로 나타나고 눈이 아프고 입이 푸르고 검으며 목구멍이 순조롭지 않고 몸뚱이가 무겁고 등어리가 굳어 돌리지 못하고 팔다리가 싸늘하면 전염병을 일으키는 사기가 심장을 공격하여 아랫배가 급하게 아프며 헛구역이 나고 몸에 얼룩점이 일어나면 이름을 음독발반이나 습독이라 하는데 이는 모두 양열이 몰려 병인을 이룬 것이다."

마지기(馬之騏)가 말했다.
"풍사와 열사가 겹쳐 얼룩점이 피어나고 담을 겸하였으며 속으로부터 밖으로 피어나는 경우 마땅히 통성산(通聖散: 2-6)으로 약간 땀을 내어 흩어지게 한다. 얼룩점이 피어남이 상한병과 같은 경우는 담으로 열이 나는 병으로 겉에서 일어나면 마땅히 승갈탕(升葛湯)으로 약간 땀을 내어 흩어지게 한다.
얼룩점이 피어남이 속에 속하는 경우는 위장의 열로 말미암아 화사를 도와 폐로 들어가기 때문에 붉은 얼룩점이 얼룩같이 살갖털 사이에 돋아나오는데 마땅히 백호탕(白虎湯: 6-1)·사심산(瀉心散: 29-10)·조위승기탕(調胃承氣湯: 27-10)을 장점에 좇아 뽑아 쓴다."(살펴보건대, 이는 곧 朱震亨의 原論이다.―원주)

마지기(馬之騏)가 말했다.

"상한병이 계절에 해당하는 기후로 열이 나면서 살갗에 붉은 반점이 생기는 병독이 나는데 위장이 그득찬 사람이 잘못 더운 성질의 약물을 잘못 먹고 더러 풍사·서사가 더해진 데에는 마땅히 양독승마탕(陽毒升麻湯: 27-1)을 쓴다.

위장이 문드러지고 얼룩점이 피어남은 양기가 가장 왕성하고 위장에 열이 몰려 윗배가 그득한데 더러 설사를 못하고 또는 가지를 못함이 너무 이른 때문에 빚어진 일로 마땅히 화반탕(化斑湯: 6-7) ②와 석고탕(石膏湯: 27-6)을 쓴다.

허한증에 속하는 얼룩점과 습이 몰려 생긴 병인에는 마땅히 황련귤피탕(黃連橘皮湯: 29-5)·조중탕(調中湯: 28-1)·승마별갑탕(升麻鱉甲湯: 27-3)·흑고(黑膏: 28-7)를 쓴다.

상한병 때 계절과 관련된 사기로 습이 몰려서 생긴 병인으로 얼룩점이 피어난 데는 마땅히 현삼승마탕(玄蔘升麻湯: 27-2)을 쓰고, 위중하면 형방패독산(荊防敗毒散: 4-4)을 쓴다.

계절과 관련된 사기로 일어난 얼룩점엔 마땅히 석고탕(石膏湯: 27-6)을 쓴다."

마지기(馬之騏)가 말했다.

"모든 상한병에 땀이 드러나지 않으면 자소엽·갈근·백지 등의 약을 배로 더해 도와, 마땅히 큰 땀을 얻으면 병이 쓸어낸 듯이 없어진다.

모든 상한병에 계절과 관련된 사기로 크게 병들고 열이 물러난 뒤에는 먼저 인삼·황기 등 맛이 달고 성질이 따뜻한 약을 먹어 원기를 북돋우고 따라서 곧 혈이 허약함을 보하고 진액을 생기게 하는 약을 쓴다."

공신(龔信)이 말했다.

"상한병과 삼양병이 깊으면 반드시 변하여 양증으로 열이 심하여 살갗에 붉은 얼룩점이 피고 더러 땀과 설사에 잃음이 있는데 또한 본디 양에 속한 병세로 잘못 열약을 써서 양열이 몰려 생긴 병인이 깊이 들어가 미쳐 날뛰게 됨이 일어나 얼굴이 붉고 눈이 빨개지고 몸에 누른 얼룩점이 일어난다. 더러 누르고 붉은 오줌이 나오고 6가지 맥상이 매우 크면 이름을 양독발반(陽毒發斑)이라 한다."

이천(李梴)이 말했다.
"양열이 몰려 생긴 병인으로 얼룩점이 일어나 붉고 윤기가 나며 틈이 성기면 일어난 5~6일에 저절로 낫는다. 만일 음경맥이 보이면서 검은 얼룩점이 빽빽히 조각을 이루고 몸이 서늘하면 6~7일에 죽는다. 먼저 붉고 뒤에 검고 과일과 같아지는 경우도 또한 죽는다.
양열이 몰려 생긴 병인으로 얼룩점이 일어난 데에는 마땅히 인삼백호탕(人蔘白虎湯: 6-2) ①과 삼황석고탕(三黃石膏湯: 27-7)·소반청대음(消斑靑黛飮: 28-8)·갈근탕(葛根湯: 31-5)을 쓴다."

주굉(朱肱)이 말했다.
"음증으로 얼룩점이 일어나 가슴과 등 및 손발에 돋아나오고 또한 드문드문하면서 조금 붉은데 만일 열이 일어난다고 성질이 서늘한 약제를 쓰면 크게 잘못이다. 이는 뿌리 없어 지킴을 잃은 화사가 가슴속에 모여 위로 다만 폐장을 태우고 살갗에 전해져 얼룩점이 되었다. 다만 모기·벼룩·이가 문 모양 같으나 비단 무늬가 아닌 것이다. 마땅히 조중탕(調中湯: 28-1)·승마별갑탕(升麻鱉甲湯: 27-3) 따위를 쓰면 그 얼룩점이 저절로 물러간다."

이천(李梴)이 말했다.
"임신부가 상한병으로 얼룩점이 일어난 데에는 마땅히 치자대청탕(梔子大靑湯: 28-5)을 쓴다."

마지기(馬之騏)가 말했다.

"임신했을 때 상한병으로 설사한 뒤 낫지 않고 지나가고 습이 몰려서 생긴 병인으로 얼룩점이 일어나 비단 무늬 같은 경우는 마땅히 승마육합탕(升麻六合湯: 27-4)을 쓴다.

임신했을 때 상한병으로 몸에 열이 나고 크게 목이 마르고, 열이 나서 몸이 후끈후끈 달아오르면서 가슴에 열이 몰려 답답한 경우는 마땅히 석고육합탕(石膏六合湯: 27-5)을 쓴다.

4-3. 급성열성 전염병(瘟疫)의 얼룩점
  * 두드러기와 통한다.

마지기(馬之騏)가 말했다.

"급성열성 전염병에 설사시킴이 몹시 일러 뜨거운 기운이 올라 위장에 들어가서 더러 내려감이 크게 느려 뜨거운 기운이 위장 가운데 몰리고, 더러 잘못 성질이 뜨거운 약을 지나치게 많이 먹어 위장의 기능이 심한 열로 속을 다쳐 열사에 의해 생긴 병증에 미쳐 진음이 부족하여 생긴 화사가 비장과 폐장 사이에 왕성하면 모두 얼룩점을 일으키고 이를 두드러기라 하는데, 또한 모두 양열이 몰려 생긴 병인으로 빚어진 것이다.

급성열성 전염병으로 얼룩점이 일어나 두드러기가 생겨 아프고 가려운 데는 마땅히 대청사물탕(大靑四物湯: 28-6)・서각소독음(犀角消毒飲: 28-9)・해독방풍탕(解毒防風湯: 29-2)・가미강활산(加味羌活散: 29-7)・소풍산(消風散: 30-2)・갈근귤피탕(葛根橘皮湯: 29-4)을 쓴다."

마지기(馬之騏)가 말했다.

"계절성 돌림병으로 헌데가 생기고 목구멍이 막힘은 또한 오장육부에 열이 쌓여 생긴 병인으로 빚어지는데, 대체로 처음에 붉은 얼룩점이 일어나는 경우는 살아남이 많고, 처음에 검은 얼룩점이 일어나는 경우는 많이 죽는다.

여섯 가지 맥상이 매우 큰 경우는 양증의 병인인 것인데 마땅히 땀을 내어서 풀어 없앤다. 만일 땀을 낼 기회를 놓치면 사기가 오장육부에 전해 들어가 병인의 열이 속에 있으며 흩어져 없어지지 않아 미친 듯이 날뛰고 헛소리를 하기에 이르고, 만일 귀신을 본 것처럼 얼굴이 붉고 가슴속이 달아오르면서 답답하여 팔다리를 가만두지 못하고, 얼룩점이 돋아나 문드러짐을 일으키고 설사를 하고 피가 한 곳에 몰려 있고 또 온몸에서 저절로 땀이 나고 입을 물고기 입같이 벌려 여는 경우는 죽는다. 만일 잘 7일을 지내고 양증의 열이 지나쳐 물러나면 바야흐로 치료할 수 있는 이치가 있다. 여섯 가지 맥상이 잠기고 작으면서 앓는 경우는 음증의 병인인 것인데, 몸이 무겁고 눈이 아프며 아랫배가 몹시 아프고 입이 검푸르고 팔다리가 싸늘하고 목구멍이 순조롭지 않으면 마땅히 빨리 배꼽 아래 단전의 관원혈(關元穴)에 뜸을 떠 양기를 돌리면 음기는 저절로 흩어진다. 만일 6일이 지나 이에 음기가 다하고 양기가 생기면 바야흐로 살아남을 바랄 수 있다.

그 치료하는 방법은 대인과 소아, 검은 얼룩점과 붉은 얼룩점, 창양과 두드러기를 묻지 아니하고 모두 마땅히 방풍통성산(防風通聖散: 2－7)을 가루내어 배합해 먹는다. 더러 방풍통성산 가운데서 변화하여 쓴다. 마땅히 땀을 조금 내어 흩어 없애고 절대로 설사시키지 말라. 더러 화반탕(化斑湯: 6－7) ②나 승갈탕(升葛湯)・현삼승마탕(玄蔘升麻湯: 27－2)에 모두 강활・방풍・형개・계지・작약을 더해 마땅함에 따라 짐작하여 위의 여러 처방을 합쳐서 달여 먹는다. 겉에는 황과(黃瓜) 물을 복룡간에 배합해 써서 붉은 얼룩점을 없앤다."

마지기(馬之騏)가 말했다.

"계절성 돌림병으로 헌데와 부스럼이 생기고, 더러 오장육부에 열이 쌓여 머리와 목에 일어나고, 목구멍이 막혀 물이 내려가지 않고, 더러 얼굴이 벌겋고 열이 몹시 나고 여섯 가지 맥상이 큰 부맥(浮脈)에는 마땅히 누로탕(漏蘆湯: 30－10) ②에 승마・황금・대황 각각 3.75g을 더하고, 대청엽(곧 大藍葉—원주)·현삼 각각 7.5g을 더해 쓴다."

만전(萬全)이 말했다.
"모든 돌림성 사기로 일어난 전염병으로 대변이 엉기어 뭉침을 재촉하고 열이 위장 속에 머물기 때문에 얼룩점이 일어나면 홍역의 발진과 같이 치료하면 안된다. 함부로 땀을 내어서 겉에 있는 사기를 없애는 약제를 쓰면 도리어 위급함이 더해진다. 마땅히 백호탕(白虎湯: 6-1)에 인삼을 없애고 대청·현삼·생지황을 더해 주약으로 쓴다. 대변이 딱딱해진 경우는 삼황환(三黃丸: 10-4)으로 조금 설사시킨다."

마지기(馬之騏)가 말했다.
"모든 돌림성 사기로 일어난 전염병은 대인·소아에게 더러 상한병이나 습과 열이 겹친 사기로 대변이 엉겨 굳음은 열의 사기가 위장 속에 흘러 갑자기 붉은 얼룩점이 일어나고 살갖 안에 숨어 빛깔이 있는 얼룩점이 되나 알갱이가 없고 비단 무늬 모양 같은 경우에 자춰가 없고 또 평안하면 이름을 발반(發斑)이라 한다. 그 병세는 양증의 병인과 음증의 병인의 다름이 있다. 총괄하면, 모두 양열이 몰려 병인이 생겨 이루어진 때문이요 정말 반진은 아닌 것이다. 홍역의 발진과 같이 치료하면 안된다.
만일 몸에 열이 나고 목이 마른 데에는 마땅히 백호탕(白虎湯: 6-1)에 대청·현삼을 더해 쓰면 한 봉지로 낫는다."

4-4. 내장의 다침(內傷)으로 인한 얼룩점

마지기(馬之騏)가 말했다.
"내장의 다침으로 말미암은 얼룩점은 곧 위장의 기능이 대단히 허약해서 한몸에 열의 속성이 심한 사기가 밖에서 돌아다니는 탓인데, 마땅히 음증의 사례 가운데서 이를 찾아 보하여 내린다.(이것은 단계 주진형의

原論이다.―원주) 더러 조중탕(調中湯: 28-1)을 쓴다. 양증으로 열이 심하여 살갗에 붉은 얼룩점이 생긴 데에는 마땅히 양독승마탕(陽毒升麻湯: 27-1)과 치자인탕(梔子仁湯:28-4)을 쓴다."

주진형(朱震亨)이 말했다.

"내장의 다침으로 말미암은 얼룩점은 또한 더러 담으로 열이 나는 탓인데, 열의 속성이 심한 사기이면 이를 보하여 내린다. 담으로 나는 열은 약간 땀을 내어 이를 없애고 절대로 설사를 시키면 안된다."

이천(李梴)이 말했다.

"내장의 다침으로 말미암은 얼룩점은 가벼운 경우 무늬 자취가 발진 같고 손과 발에 처음 일어남이 많다. 머리 아픔과 몸에 열이 없는 데에는 마땅히 조중익기탕(調中益氣湯: 28-2)과 황기건중탕(黃芪建中湯: 28-3)을 쓴다."

4―5. 홍역

이천(李梴)이 말했다.

"홍역의 발진은 아주 작고 은은하여 삼씨와 같은데, 발진의 꼭대기는 약하고 평평하며 응결된 것이 만져지지 않는다.(위의 2-1. 名謂에 자세하다.―원주) 비단 무늬나 두드러기와 더불어 서로 같다. 또 발반과 서로 비슷하지만 다만 발반은 비단 무늬 같고 비고 빠진 곳이 있어 구름 머리 모양 같고, 홍역은 곧 홍역의 얼룩점이 온몸에 비운 곳이 없으니, 다만 성글고 빽빽함이 같지 않을 뿐이고, 잇따라 얼룩점과 붉음과 창양을 겸해 같이 돋아나오는 것이다."

장개빈(張介賓)이 말했다.

"천연두는 구슬진의 밖에 발진이 있고 홍역은 발진 밖에 또 붉은 빛 발진이 있다. 붉은 빛 발진 또한 홍역의 무리인 곧 얼룩점인 것이다.(위의 2-1. 名謂에 자세하다.—원주) 얼룩점이 돋아나오고 3~4일에 구애되지 않고 열의 속성이 심한 사기가 온몸을 비추어 붉은 모양을 바른 것처럼 되면 이는 바야흐로 돋아나올 조짐이고, 돋아나오면 가늘게 부서져 살갗에 조각을 이루되 모기나 벼룩에 물린 자취와 같은 것이다. 또는 더러 6일 만에 비로소 돋아나옴이 있고 돋아나오면서 또 없어지고 없어지면서 또 돋아나오고 한번 두루 미침에 지나지 않은 때쯤을 세상에서 1일 3번 돋아나온다 이르고, 3일 동안 9번 돋아나온 뒤 바야흐로 일제히 돋아나와 드러나고 거둔다. 그러나 또한 구애받지 않음이 있는 것이다. 다만 3일 동안 얼굴로부터 가슴·등·손·발에 이르기까지 이른바 삼씨같이 작은 얼룩점이 온몸에 잘게 부서지고 빈 곳이 없기 때문인 것이다. 그러나 또 온몸이 다만 붉으면서 얼룩점이 끊어져 없음이 있는 경우 이는 또한 열의 속성이 심한 사기로 붉다고 이르고 또한 그 종류인 것이다. 그러므로 천연두 의사는 발진과 붉은 빛 발진과 살갗이 붉어짐을 겸한 등의 병증은 모두 양열이 몰려 생긴 병인의 탓이라 하였으니 함께 마땅히 자세히 분별할 것이다."

장개빈(張介賓)이 말했다.

"붉은 빛 발진이 비록 따라 나왔다가 따라 없어지나 그러나 다만 요점은 돋아나와 온몸에 붉고 윤기 있게 드러나는 경우는 잘하게 되는 것이고, 위중한 경우는 온몸이 부풀어 늘어나고 눈이 또한 감겨 막히고 빛깔이 붉고 희며 약간 누름이 같지 않은데, 다만 요점은 붉고 생기가 있어야 하고, 가장 꺼림은 검어지고 움푹하고 얼굴과 눈, 가슴과 배에 빽빽하고 목을 옮아 묶은 경우는 좋지 않은 증세가 된다. 일어나 돋아나오지 않으면서 숨이 찬 경우는 곧 죽는다."

왕긍당(王肯堂)이 말했다.

"홍역의 모양과 증세는 풍진(風疹)이나 흘답(疙瘩)이 일어남과 같음이 있다. 둘러싸고 일어남이 구름과 같고 머리에 빛깔이 붉은 얼룩점을 이루어 따라 나타나고 따라 없어지는 것이 좁쌀 같음이 있고, 머리에 멥쌀 같음이 3번 함께 보이다가 없어지지 않고 3일에 이른 뒤 바야흐로 점점 거두어 없어지는 경우 모두 홍역이라 이른다. 그것이 돋아나오려 하다가 돋아나오지 않을 때에는 마땅히 땀을 내어 겉에 있는 사기를 없애는 약을 써서 피어나면 쉽게 돋아나와 쉽게 낫는 것이다.”

이천(李梴)이 말했다.
"홍역은 맑고 시원함을 좋아하고 천연두는 따뜻함을 좋아하여 그러한 평상시의 상태를 바꾸지 않는다. 그러나 허약하면 보하고 사기가 왕성하면 사하시켜야 하는데, 모두 마땅히 증세에 따라서 쓸 것이다.
홍역의 증세는 처음 열이 나서 3일 만에 돋아나와 붓는 것이 같이 3일이다.”(위의 2-8. 날짜와 시기에 자세하다.—원주)
장개빈(張介賓)의 설도 같다.

이천(李梴)이 말했다.
"홍역이 처음 일어나 하품이 나고 열이 일어나며 추위를 느끼고 찬 것을 싫어하며 기침과 재채기가 나고 눈물이 흐르는 데는 마땅히 승갈탕에 자소엽·총백을 더하여 겉에 땀을 내어 치료하되, 절대로 크게 땀을 냄을 금지한다.
만일 일정한 때 열이 심하게 나는 경우 황금·황련·지골피를 더하고, 헛소리를 하는 경우 진사익원산(辰砂益元散: 20-4)을 배합하고, 기침에는 마황·행인·맥문동·석고를 더하고, 기침과 열이 심한 경우는 양격산(涼膈散: 8-7)에 길경·지골피를 더해 쓴다.
설사를 하는 경우 마땅히 사령탕(四苓湯: 15-1)을 쓰되 대변이나 소변이 붉으면 서각지황탕(犀角地黃湯: 12-1)을 합친다.
피를 게우고 코피가 나오면 서각지황탕(12-1)에 산치자를 더하고, 소변이 붉으면 목통을 더한다.

오한과 열이 나서 학질 같은 데는 소시호탕(小柴胡湯:10-6)을 쓴다."
장개빈(張介賓)의 설도 같다.

이천(李梴)이 말했다.
"홍역의 발진이 벌써 돋아나왔는데 가슴속이 답답하여 편안치 않고 갈증이 나는 경우는 해독탕(解毒湯: 3-1)에 백호탕(白虎湯: 6-1)을 합쳐 쓴다.
숨이 차면서 대변・소변을 누지 못하는 경우는 전호지각탕(前胡枳殼湯: 14-4)에 오미자를 더한다. 대변이 굳어져 나가지 못함이 심한 경우는 소승기탕(小承氣湯:27-9)을 쓴다. 헛소리를 하고 소변이 막힌 경우는 도적산(導赤散: 19-6)을 쓰고, 소변이 쌀뜨물 같은 경우는 사령탕(四苓湯: 15-1)에 차전자・목통을 더해 쓴다.
헛소리를 하며 미친 듯한 경우는 해독탕(解毒湯: 3-1)에 진사익원산(辰砂益元散: 20-4)을 배합해 쓴다.
대변・소변에 피가 섞인 경우는 서각지황탕(犀角地黃湯: 12-1)에 해독탕(3-1)을 합쳐 쓰고, 피를 게우고 코피가 나면 해독탕(3-1)에 볶은 산치자와 동변을 더해 쓴다.
설사가 나면 해독탕(3-1)을 쓰거나 더러는 사령탕(四苓湯: 15-1)을 쓴다. 숨이 차고 설사를 하고 오줌이 붉고 잘 나오지 않는 경우는 시령탕(柴苓湯: 10-9)을 쓰고, 가슴이 답답하고 열이 나며 크게 갈증이 나고 설사하는 경우는 백호탕(白虎湯: 6-1)에 창출・저령을 더해 쓴다.
열이 왕성하고 헛구역이 나는 경우는 해독탕(3-1)을 쓰고, 음식을 지나치게 먹거나 변질된 음식을 먹고 게우는 데는 사군자탕(四君子湯: 15-9)을 쓰고, 여름철 더위로 말미암아 게우는 데는 사령탕(四苓湯: 15-1)에 인삼을 더해 쓴다."
장개빈(張介賓)의 설도 같다.

이천(李梴)이 말했다.

"홍역 증세를 거둔 뒤에 남은 병인이 속으로 들어가면 손으로 옷솔기를 만지고 침상 모서리를 더듬게 되는데 반드시 먼저 여러 가지 얼굴빛을 보고 모름지기 미리 방지하여야 한다. 항상 승갈탕(升葛湯)을 주로 하고, 더러 사미소독음(四味消毒飮: 5-2)이나 또는 육미소독음(六味消毒飮: 5-3)과 해독탕(解毒湯: 3-1)을 증세에 따라 가려 쓴다.(위의 2-15. 남아 있는 병인의 공정현의 설에 자세하다.—원주.) 잇따라 물고기와 비린 음식이나 파·마늘 등의 음식물을 금지한다."

장개빈(張介賓)의 설도 같다.

4-6. 두드러기(癮疹)

마지기(馬之騏)가 말했다.

"심장에 열이 왕성해 폐장에 스며들어 붉은 얼룩점이 살갗 사이에 숨었다 피어나오면 가려움이 많고, 더러 몸의 한 부위를 쓰기가 불편한 경우 이는 풍사와 열사와 습사가 겹침이 있는 것과 다름이 있다. 빛깔이 붉은 경우는 열이 화사로 변함을 겸한 것이다. 모두 양열이 몰려 병인이 생긴 탓으로 그 병세는 많이 비장에 딸려 모양이 겉으로 드러나지 않고 아슴푸레하기에 이름을 두드러기(癮疹)라 하는데 홍역의 발진과 더불어 같이 치료하면 안된다."

이천(李梴)이 말했다.

"붉고 검은 점이 겉으로 드러나지 않고 아슴푸레하게 살갗 겉에 나누어 드러나고, 다만 가려움을 일으키고 전혀 붓거나 아픔이 없는 것은 이름을 두드러기라 하는데, 마땅히 봄에 가장 무겁게 피어나면 곧 온열독에 의하여 생긴 급성열성 질병인 것이다. 마땅히 승마갈근탕(升麻葛根湯)에 우방자·형개·방풍을 더해 쓴다.

온열독으로 살갗에 출혈반이 생긴 데는 마땅히 흑고(黑膏:28-7)나 갈근귤피탕(葛根橘皮湯: 29-4)·현삼승마탕(玄蔘升麻湯:27-2)을 쓴다."

주굉(朱肱)이 말했다.

"겨울철이 따뜻해 사람이 계절에 맞지 않는 기후를 받으면 돌림성 병인이 봄에 이르러 처음 일어나 근육 가운데 얼룩점이 흩어져 비단 무늬 같으며 기침으로 심장이 답답하다. 다만 맑은 물을 게우는 데는 마땅히 흑고(黑膏: 28-7)를 쓴다."

주권(朱權)[1]이 말했다.

"두드러기가 생겨 더러 붉고 또는 흰 데는 방풍통성산(防風通聖散: 2-7)에서 망초를 없애고 두시·총백을 더하고 마황을 곱절로 더해 달여 먹고 땀을 낸다."

우단(虞搏)[2]이 말했다.

"발진에 붉고 흰이 있는데 붉은 발진은 양증에 딸려 맑고 시원함을 만나면 없어지고 흰 발진은 음증에 딸려 따뜻함을 만나면 없어진다."

이천(李梴)이 말했다. "붉은 발진에는 마땅히 호마산(胡麻散: 30-6)을 쓰고, 흰 발진에는 마땅히 소풍산(消風散: 30-2)을 쓴다."

위역림(危亦林)[3]이 말했다.

"온몸에 흰 발진이 돋아 가려움이 그치지 않고 날씨가 흐리고 차면 위중하고 날씨가 맑고 따뜻하면 가볍다. 이는 병을 일으키는 추운 사기가 살과 살갗에 엎드려 막혀 걸림으로 말미암아 이루어진다. 마땅히 지실주(枳實酒: 30-7)를 먹고 다시 지실을 달인 물을 써서 병든 곳을 씻고 아울러 오약순기음(烏藥順氣飮: 29-3)을 먹는다."

---

1) 주권(朱權): 중국 명나라 초기의 홍무제 제16자로 영헌왕(寧獻王)에 봉해지고 자호를 구선(臞仙)이라 했다.
2) 우단(虞搏): 중국 명나라 의오(義烏) 사람으로 의학에 정통했다.
3) 위역림(危亦林): 중국 원(元)나라 때 의사이다.

왕긍당(王肯堂)이 말했다.

"두르러기가 흘답을 이루어 가려운 데에는 마땅히 불을 때어 밥을 지은 필의(篳衣)를 물에 달여 씻으면 신기한 효험이 있다. 만일 필의가 없으면 필자탕(篳煮湯)이 또한 좋다."

방광(方廣)이 말했다.

"창이환(蒼耳丸: 31-3)·영초단(靈草丹: 31-2)은 여러 가지 두드러기를 치료한다."

양씨(楊氏)[4]가 말했다.

"두드러기에 만일 초를 먹으면 풍진(風疹)이 침식되어 들어간다."

4-7. 단진(丹疹)

마지기(馬之騏)가 말했다.

"단진은 모두 나쁜 병인의 열과 피가 명문(命門)에 많이 쌓였다가 심화(心火)·상화(相火)를 만나 합쳐 섞이면서 일어난 것이다. 뜨거움을 만날 때는 통성산(通聖散: 2-6)의 맛이 맵고 성질이 서늘한 약제로써 푼다. 추운 달에는 승갈탕(升葛湯)의 맛이 맵고 성질이 따뜻한 약제로써 푼다."(살펴보건대, 이는 주진형의 原論이다.—원주)

"단진이 먼저 팔다리를 좇아 일어난 뒤에 배로 들어가는 경우엔 죽는다."

동원(東垣) 이고(李杲)[5]가 말했다.

"살갗이 벌겋게 화끈 달아오르고 열이 나는 증세인 경우는 사람의 몸

---

4) 양씨(楊氏): 중국 송(宋)나라 의사 양사영(楊士瀛)을 가리킨다.
5) 동원(東垣) 이고(李杲): 중국 금(金)나라 때 의사로 신의(神醫)로 일컬었다.

이 갑자기 붉게 변하여 붉은 빛깔을 칠한 것 같은 모양으로 세속에서 이르는 적류(赤瘤: 丹毒)이다. 더러 창양이 잘못 부딪침으로 말미암음이 있어 네 귀퉁이에 붉음이 왕성한 것을 창류(瘡瘤)라 일컫는다. 모두 옮겨 달려 일정하지 않고 모양이 구름 기운 같은 경우가 이것이다. 어린 아이가 이를 얻는 것을 가장 꺼리며 100일 안의 것을 태류(胎瘤)라 이르는데 가장 치료하기 어렵다."

양사영(楊士瀛)이 말했다.
"소아의 살갗이 벌겋게 화끈 달아오르고 열이 나는 증세는 곧 양열이 몰려 생긴 병인의 기운이 피와 더불어 서로 싸워서 풍사가 오르기 때문에 붉게 부어오르고 그것이 온몸으로 옮겨 달리는 경우는 또 이름이 적유단(赤游丹)이라 하고, 풍사가 신장(腎臟)이나 배에 들어가면 사람을 죽이는 것이다."

마지기(馬之騏)가 말했다.
"냉단(冷丹)은 혈풍(血風)·혈열(血熱)에 딸렸는데 마땅히 통성산(通聖散: 2-6)을 쓰되, 만일 가래에 피가 섞여 서로 싸우는 데는 마땅히 선각·강잠·형개·남성을 써서 치료한다."

주지암(朱之黯)이 말했다.
"살갗이 벌겋게 화끈 달아오르고 열이 나는 증세에는 마땅히 남엽산(藍葉散: 31-4)·발독산(拔毒散: 30-3)·서각소독음(犀角消毒飮: 28-9)을 쓴다."

이천(李梴)이 말했다.
"전염병을 일으키는 사기가 배로 들어가 배가 몹시 불러오르면서 속이 그득하면 죽는다. 전염병을 일으키는 사기가 달려가는 곳의 지나는 길을 가로막고 침을 찔러 피를 내고, 하나는 빨리 가는 침으로 찔러 죽은 피를 내보내면 곧 없어진다."

보명방(保命方)에 말했다.
"살갗이 벌겋게 화끈 달아오르고 열이 나는 증세인 단독을 금사창(金絲瘡)이라 하고, 한 이름은 홍사창(紅絲瘡)이다. 그 모양은 줄과 같은데 크고 작음이 일정치 않다. 경(經)에 이른 단독이 이것이다."

4—8. 소진(瘙疹)

만전(萬全)이 말했다.
"모든 소아가 처음 태어나 한 달이 차지 않은 경우에 온몸에 붉은 얼룩점이 돋은 것을 세상에서 내마(奶麻)라 부르는 것이 이것이다. 이것은 임신 중에 열을 받았기 때문인데 태어난 다음 살갗에서 드러나 보인 것이다. 때에 유행하는 발진으로 만들어 논할 수 없고 함부로 탕제를 쓰면 안된다. 대개 오장육부가 허약한 어린 소아는 기운과 피가 부족하고 쇠약해 능히 탕제와 알약을 이기지 못하는 것이다. 마땅히 소원해독탕(溯源解毒湯: 29−1)을 쓰되 젖어미와 더불어 먹는다."

마지기(馬之騏)가 말했다.
"만일 처음 태어난 젖먹이가 한 달이 차지 않기에 이르거나, 더러 100일 안팎이거나 또는 천연두가 먼저 발생하지 않았는데 온몸에 붉은 얼룩점이 좁쌀 모양 같이 돋아나온 지 한 달 안팎에 이른 것을 난의창(爛衣瘡)이라 한다. 100일 안팎에 이르고 먼저 천연두가 발생하지 않았으면 이름을 소진(瘙疹)이라 한다. 대개 아이가 어머니 뱃속에 있으면서 피의 기운이 찌는 듯이 더움이 벌써 오래 되었다가 태어난 뒤 갑자기 여름철의 더운 기후가 한번 닥침을 만나 마침내 이 발진이 일어나면 치료하지 않아도 저절로 낫는다."

섭상항(聶尙恒)이 말했다.

"또 한 가지 젖먹이 사풍진(痧風疹)이 있는데 이런 따위는 풍사와 열사에 감촉되어 나오는 곧 살갖의 작은 병이다. 약을 먹어 겉에 있는 풍사를 없애고 열을 내리면 낫는다. 이는 사증(痧症) 가운데 논한 것이 없다."

4—9. 조두진(罩痘疹)

적량(翟良)이 말했다.

"먼저 발진이 돋아나옴이 있고 발진이 점찍었다가 천연두가 곧 돋아나오는 경우 이름을 점진(墊疹)이라 한다. 천연두와 더불어 같이 돋아나옴이 있고 발진이 점찍었다가 구슬진이 처음 길어진 경우 이름을 협진(夾疹)이라 한다. 천연두가 돋아나옴이 있고 곧 작디작은 둥근 알갱이가 있어 천연두의 위에 쌓이는 경우는 이름을 조두사(罩痘痧)라 한다. 또 천연두가 돋아나올 때에 그리고 살갖과 근육 사이에 어슴푸레하고 흐릿한 얼룩점이 있어 크고 작기가 일정치 않음이 있는 경우는 이름을 협반(夾斑)이라 한다. 살갖과 근육 사이에 아름다운 자태가 붉어 구름머리같이 도드라져 조각을 이룬 경우는 이름을 단독(丹毒)이라 한다. 붉은 점을 찍은 뒤 헌데딱지가 떨어지며 발진이 돋아나오는 경우는 이름을 개진(蓋疹)이라 하여 여러 가지로 일정치 않다. 그러나 모든 천연두의 병인이 살갖 사이에 어수선하게 흩어져 떠다니는 경우는 다만 마땅히 천연두 가운데에서 치료법을 쓰고, 정경(正經)의 홍역과 함께 치료할 수는 없다. 급성 열성의 발진 때 붉은 얼룩점이 일어나고 단독(丹毒)이 일어나고 발진이 돋아나오는 경우는 같이 치료할 것이다."

설기(薛己)가 말했다.

"홍역은 곧 풍사가 밖에서 병들게 하고, 천연두는 태독이 안에서 일어난다. 두 병세는 모두 오장육부가 함께 병을 짓는 것이다. 홍역과 천연두가 서로 섞여 붉은 무리가 일어나 비추면 천연두가 더욱 왕성한데 잘못 구슬진이 몹시 빽빽히 돋아나왔다고 이르면 대체로 치료할 수 없다. 그러나 이는 곧 홍역의 협두(夾痘)인 것이다. 마땅히 인삼강활산(人蔘羌活散: 29-6)으로 치료하면 홍역의 병인이 곧 풀리고 천연두의 기세가 또한 물러간다. 그 원기가 손상되어 능히 헌데딱지를 맺지 못하는 데는 마땅히 비장·위장을 보함이 급한 것이다.

얼룩점에 협두(夾痘)가 돋아나옴이 있는 경우는 그 기세가 가장 빠르고 곧 피가 올라 그 형세로 병들게 되는 것이다. 만일 대변이 굳어 단단한 데는 청량음(淸涼飮: 20-2)을 써서 조금쯤 설사시키면 얼룩점이 물러간다. 사군(四君)·당귀·황기로 그 원기를 굳게 지킨다. 팔다리와 몸이 쑤시고 아픈 데는 활명음(活命飮: 29-9)을 써서 한번 먹어 그 병인의 기세를 줄이고 잇따라 내탁법(內托法)을 써서 치료한다."

위씨(魏氏)[6]가 말했다.

"협진(夾疹)이란 곧 천연두의 두 감염 증세인 것이다. 크게 순조롭지 못한 기후가 되고 만일 천연두가 본디 드물었어도 협진에 감염된 경우는 이름이 마협두(麻夾痘)가 되며 그 증세는 가볍다. 만일 구슬진이 본디 빽빽하면서 다시 발진이 더해 이것저것이 서로 섞여 작게 부서져 분별하지 못하면 그 병세는 나쁘고 급하다. 마땅히 맛이 맵고 성질이 서늘한 약제로 풀어 흩음을 먼저 하고 내탁법은 다음에 한다. 다만 발진의 병인이 점점 없어지고 구슬진의 기세가 떨어짐이 보이는 경우 곧 치료할 수 있게 된다. 만일 천연두와 홍역이 서로 섞여 병인이 조금도 줄지 않는 경우 반드시 위태로움은 틀림없다."

옹중인(翁仲仁)이 말했다.

"홍역은 곧 태음경과 폐장의 병인이고 천연두는 곧 양명경과 위장의 병인이다. 구슬진이 돋아나오기에 적당치 않아 홍역이 돋아나오나 그러

---

6) 위씨(魏氏): 중국 명나라 때 의사 위직(魏直)을 가리킨다.

나 소아의 몸이 열의 속성을 가진 화사·열사를 일으켜서 홍역의 병인이 벌써 살갗 사이에 가서 두 병인이 서로 공격하여 기세가 만일 사납고 위태로우며 그리고 홍역이 먼저 일어나고 천연두가 이어 기운을 타고 올라 일어나면 겉이 사나워 약 달이는 그릇의 공이 큼이 더욱 심하게 된다."

장개빈(張介賓)이 말했다.

"천연두와 홍역이 함께 많이 돋아난 경우는 병독이 반드시 크게 왕성하다. 비록 치료함에 그 방법을 얻어 발진의 병독을 이미 풀어도 또한 반드시 원기와 피가 몹시 다쳐 마침내 힘을 내기 어렵다. 무릇 이런 경우를 만나면 다만 마땅히 비장·위장을 보함으로써 원기와 피를 서로 잘 어울리게 함을 주로 삼아야 아무래도 병을 이겨 구제함이 있다."

이헌길(李獻吉)이 말했다.

"홍역과 천연두가 함께 일어날 경우는 먼저 홍역을 치료하고 나서 뒤에 천연두를 치료하니, 마땅히 승갈탕(升葛湯)을 하루에 두 번 먹는다. 더러 천연두의 빛깔이 흰 경우는 십전대보탕(十全大補湯: 16-4)에서 육계를 없애고 방풍·금은화·연교·길경을 더한다.(인삼은 다른 약제보다 반을 줄인다. 만일 구슬진의 살갗이 얇고 물기가 없고 손으로 더듬어도 그 핏빛이 전부 없으면 인삼은 같은 분량이다. ○ 인삼이 없는 경우 乳酒膏 3.75g을 배합해 먹는다.—원주) 천연두 빛깔이 몹시 붉은 경우는 감길탕(甘桔湯: 21-1)에서 점자 3.75g을 넣고 천연두 속에 고름이 찰 때까지 한하여 날로 쓴다."

또 일렀다.

"천연두의 빛깔이 처음부터 나중까지 붉은 경우(천연두가 돋아나와서부터 천연두 속에 고름이 차기에 이르기까지—원주) 마땅히 승갈탕(升葛湯)을 써서 홍역에서 빨리 소생하기를 헤아린다."

이헌길(李獻吉)이 말했다.

"홍역과 천연두를 겸하여 발진과 구슬진이 처음 돋아나올 때 한 조각 붉은 점과 반진이 서로 섞여 분별하기 어려우나 일어나기에 이르렀을 때는 홍역은 다 없어지고 다만 천연두만 홀로 있기 때문에 먼저 빽빽한 듯하나 뒤에는 실제로 성긴 것이다.

홍역과 천연두를 겸하고 눈이 붉고 입술이 갈라지는 경우는 겉에 열이 있는 것이다. 가슴이 답답하여 입안이 마르고 갈증이 나고 맑은 물을 설사하고 헛것이 보이고 헛소리를 하여 손으로 옷솔기나 침상 모서리를 더듬는 경우는 속에 열이 있는 것이다. 마땅히 쌍해산(雙解散: 13-6)을 먹고, 계속해 십전대보탕(十全大補湯: 16-4)을 먹고, 만일 눈에 붉음이 없는 증세에는 다만 승갈탕(升葛湯)을 먹는다."

4-10. 운두진(雲頭疹)
  * 하진(霞疹)을 덧붙인다.

마지기(馬之騏)가 말했다.

"천연두 증세가 나은 뒤 마음의 긴장을 풀고 음식을 절도 없이 먹고 싶은 대로 다 먹고 밖에서 풍사와 한사에 감촉되면 천연두가 나은 며칠 뒤에 몸이 갑자기 열을 빼앗겨 온몸에 곧 붉은 점이 돋아나와 크고 작기가 일정치 않고 또한 좁쌀 모양같이 되어 가려워 더욱 긁고 더욱 왕성하여 구름같이 조각을 이루면 이름을 운두진(雲頭疹)이라 하고, 또 이름을 개두진(蓋頭疹)이라고 하는데, 참된 발진이 아닌 것이니 참된 발진으로 여겨 두려워하지 말라. 마땅히 삼선산(三仙散: 30-8)에 다시 방풍·황련을 더한다. 소화불량을 없애고 풍사와 열사를 없애 설사와 이질에 걸림을 모면하게 한다."

마지기가 말했다.

"젖먹이 어린애가 선천적인 병인으로 말미암아 두 겨드랑이에 부스럼이 생긴 뒤 배가 몹시 불러오르면서 속이 그득하고 붉은 발진이 일어나

노을같이 조각을 이룬 경우는 가위로 풀을 잘라 찧어 즙을 내어 누에의 똥과 배합하여 붙이면 곧 낫는다."

4-11. 부스럼딱지 · 뾰루지 · 땀띠(瘄 痤 痱)

『내경(內經)』에 말했다.

"힘든 일로 나는 땀에 마땅히 풍사 · 한사가 겹쳐 엷게 부스럼딱지가 뭉치면 곧 뾰루지가 된다. 땀이 돋아나와 축축함이 보이면 곧 뾰루지와 땀띠가 생긴다. 주(注)에 이르기를, 이것은 힘든 일로 땀구멍에서 나오는 땀으로 기름물이 엉긴 것인데, 방풍통성산(防風通聖散: 2-7)에 망초를 없애고, 작약 · 당귀는 곱절을 더해 땀구멍의 풍사를 땀을 내어서 흩어 없애서 그 영위(榮衛)를 조절하면 뾰루지가 작아진다. 뾰루지는 크기가 메대추씨 같고 더러 콩과 같고 빛깔이 붉으면서 안에 피고름이 있다."

위역림(危亦林)이 말했다.

"여름 무더운 달에 땀범벅이 되고 살에 붉은 좁쌀 같은 것이 생기는데 이를 땀띠라 이른다. 문드러지고 깨져 창양을 이루어 가렵고 아픈 것을 비창(痱瘡)이라 이르는데, 마땅히 활석 · 녹두 같은 분량을 써서 가루를 내어 목화씨를 이 물에 담가 문지르고, 더러 황백 · 대춧잎을 더하면 더욱 신묘하다. 또 대춧잎을 짓찧은 물로 문지른다."

이천(李梴)이 말했다.

"좌비창(痤痱瘡)은 제비쑥을 달인 물로 씻고 또 눈녹이물에 조갯가루를 섞어 붙이면 더욱 신묘하다. 또 마땅히 옥분산(玉粉散: 31-1)을 쓴다."

4-12. 수두(水痘)

진씨(陳氏)7)가 말했다.

"수두(水痘)의 증세는 몸에 열이 2~3일 동안 나오고 더러 기침이 나고 얼굴이 붉고 눈빛이 물 같고, 또는 재채기와 기침이 나며 침이 진하고 차지나 천연두와 더불어 같지 않다. 쉽게 나오고 쉽게 점찍으나 해를 끼치지 않는다."

설기(薛己)가 말했다.

"수두는 대부분 겉의 사기에 속한다. 더러 열이 일어나 물을 계속 들이켜고 소변이 붉고 순조롭지 못한 경우는 마땅히 승갈탕(升葛湯)을 쓴다. 다른 병세가 없을 것 같으면 반드시 약을 쓰지 않는다. 만일 온몸이 아프고 높은 열이 나고 가슴속이 달아오면서 답답하며 편안치 않고 갈증이 나서 찬물을 마시고 대변이 굳어 맺히고 소변이 순조롭게 나오지 않고 숨이 차고 기침이 나는 등의 증세에는 마땅히 삼활산(蔘滑散: 30-4)을 쓴다. 이 약은 곧 땀을 내어 겉에 있는 사기를 없애고 속에 있는 열을 열어 통하게 하는 작용이 센 약제인 것이다."

마지기(馬之騏)가 말했다.

"수두의 병증은 또한 풍한사에 의해 생긴 외감병 따위로 몸에서 열이 2~3일 동안 나오다가(진문중의 설과 같다.―원주) 밝고 깨끗한 수포(水泡) 같은 것이 쉽게 돋아나오고 쉽게 점찍음이 천연두와 더불어 크게 다르다. 비록 해를 끼치지 않으나 건조하고 따뜻함이 적합하지 않아도 참으로 더러 이를 따뜻이 하면 헌데딱지가 비록 떨어지나 문드러진 창양을 이룬다. 또한 생강과 콩을 먹음은 적당치 않고 냉수로 목욕하면 두드러기와 옴을 이룰까 두렵다. 수두의 부음을 처음 깨닫고 길이 돋아나옴이 미치면 마땅히 맥탕산(麥湯散: 30-5)을 쓴다."

장개빈(張介賓)이 말했다.

---

7) 진씨(陳氏): 중국 송(宋)나라 때 의사 진문중(陳文中)을 가리킨다.

"무릇 수두가 먼저 십여 점이 돋아나오고 1일 뒤 그 꼭대기 뾰족한 위에 수포가 있고 2일~3일에 또 돋아나와 점점 많아지다 4일에 온몸이 가려움을 일으키고 창양 머리가 모두 부서지고 약간 높은 열이 더해지면 곧 거둔다. 다만 이 병은 모름지기 돋아 일어난 7~8일 동안 꺼리는 음식물을 금지하면 곧 낫는다.

수두를 치료하는 데는 성질이 찬 약으로 열을 내려 병인을 없애기를 주로 삼는다."

왕긍당(王肯堂)이 말했다.

"수두는 그 창양이 살갗에 엷은 수포 같은 것으로 이를 깨트리면 쉽게 마르며 돋아나옴이 없고 점점 흰빛을 띠고 더러 엷은 홍색이 맑고 깨끗함이 액체 같은 경우가 있어 수두라 일컬었다. 이는 외사가 겉을 침범해서 생긴 병으로 육부에서 일어난 것이다. 만일 가슴이 답답하고 편안치 않고 열이 일어나며 대변·소변이 순조롭지 않고, 입과 혀에 창양이 생긴 경우에는 통관산(通關散: 20-3)을 주약으로 쓴다. 수두가 검은 빛을 끼고 돋아나와 검은 물이 흐르고, 더러 손발이 찬 경우는 전호감초탕(前胡甘草湯: 29-8)을 주약으로 쓴다.

살펴보건대, 수두는 지금 소아가 걸리는 병인 것이다. 대체로 해로움이 없으나 만일 속에 병세가 없으면 반드시 약을 먹지 않는다. 열이 몹시 나지 않고 풀리지 않고 대변·소변이 순조롭지 않고 마음속이 괴롭고 편안치 않아도 가볍게 약을 먹음은 적당치 않다."

제5편 자이(資異)

5—1. 천연두 병독의 열

적량(翟良)이 말했다.

"천연두 병독은 사람의 몸이 계절의 기후에 감촉된 뒤에 일어남이 있다. 만일 자석(磁石)이 침을 끌어당기고 오목한 구리거울이 불을 모으면 불이 모여서 비로소 불이 나오듯이 침으로 끌어당기고 난 다음에 움직인다. 그 병인의 근원은 태반에서 타고 나서 오장에 잠복한다. 병이 무거운 것은 깊이 갈무리되어 오래 쌓였다가 계절의 기후가 세차지 않으면 족히 감촉되어 움직이지 않으면서 이끌려 돌아나오는 것이다.

천연두의 병독은 오랫동안 오장에 잠복해 있다가 하루 아침에 감촉되어 움직여서 갑자기 크게 일어나면 그 날래고 사나우며 맹렬한 기세는 단연코 막애낼 수 없는데 또 어떻게 풀어 없앨 수 있겠는가. 지혜로운 자는 오직 그 기세를 순조롭게 밖으로 이끌어 돌아나오게 할 뿐이다. 어리석은 자는 마땅히 돌아나오게 하려다가 돌아나오지 않았을 때 갑자기 병독을 없애는 약을 쓰면 그 기세를 위배한다. 하여 능히 풀어 없애지 못할 뿐만 아니라 급박함을 만나서 도리어 창이 안을 공격하여 마땅히 그 재앙이 잠깐 사이가 아닌 것이다. 늘상 보면 부유하고 고귀한 집에서 몹시 그 자식을 보배로이 아낄 경우는 이 재앙에 많이 걸린다. 그러나 병을 앓는 집과 더불어 의사는 끝내 그 잘못을 깨닫지 못하고 또 말하기를 '이 천연두는 가장 나빠 내가 먼저 병인을 풀다 오히려 잘 구제하지 못했다. 그리하여 병인을 풀지 못했노라' 하니, 아아, 그르침이 또한

---

* 자이(資異) ① 특이함을 취하다, ② 다름을 묻고 상의하다 등의 뜻으로 쓴 것 같다.

심한 것이다."

섭상항(聶尚恒)이 말했다.
"천연두의 병독은 오장에서 일어나 움직여 왕성하게 밖으로 나가려 하여 그 기세는 결코 막을 수 없는데, 여러 번 성질이 서늘한 약을 써서 그 기세를 막으면 곧 몸 안을 핍박 공격하기 때문에 재앙이 빠르다. 그러므로 이를 침범하는 경우 많이 천연두를 알린 며칠에 곧 마음속으로 모대기고 괴로워하며 놀라고 불안해하며 팔다리에 경련이 일어나서 죽는데, 이는 병인을 푸는 약제로 죽인 것이다. 바로 도둑이 궁성 안에 있는데 밖으로 내쫓지 않음과 같이 도리어 그 나가는 길을 막아 둘러싸고서 공격하니, 궁성 가운데 사람을 잔인하게 해침을 만나지 않음이 있겠는가?"

적량(翟良)이 말했다.
"천연두는 반드시 열이 일어나고 나서 돋아나오는 것은 무엇인가? 대개 하늘과 땅이 만물을 기르고, 비록 흙에서 사는 일을 힘입는다. 그리고 흙은 양의 속성을 가진 기운을 얻어 아래에서 찌는 듯이 무겁지 않으면 어찌 잘 만물을 태어나게 하겠는가. 사람 몸은 하나의 작은 하늘과 땅인 것이다. 천연두의 관장 조직은 비장에 있고 비장은 중토(中土)에 속해 만일 불의 뜨거움이 가슴에 드러나지 않으면 천연두의 병인이 어찌 잘 흔들려 움직여 설사를 일으키겠는가. 스승이 말하기를, 오곡이 뜨거움을 만나지 않으면 열매를 맺지 못하고, 구슬진의 창양은 열이 아니면 드러나고 거두지 못한다."

적량이 말했다.
"천연두는 처음부터 끝까지 열에 의지하여 공을 이룬다. 만일 처음 천연두가 돋아나왔을 때 성질이 서늘한 약을 지나치게 써서 열을 다 풀도록 하면 피와 원기가 막히거나 엉기게 되어 병인을 잘 밖으로 내쫓지 못해 병독이 안으로 흐르면서 속을 공격한다. 이는 병독을 풀기에 급해서 병독을 내쫓음이 급함을 알지 못한 것이다. 만일 천연두의 병인이 계절과 관련된 사기와 더불어 서로 치면서 아주 버썩 왕성하고 그 열이 몹시 지나쳐 피와 원기가 열의 속성을 가진 사기가 되어 물기가 없이 바싹 졸여 살갗이 바싹 마르면 천연두의 발진이 잘 돋아나오지 못하고, 더러 돋아나와도 빨리 설사하지 못하고, 또는 처음 돋아나왔다가 곧 자줏빛을 띤다. 마땅히 급히 성질이 찬 약으로 열을 내리게 해서 이를 풀되 다만 열을 다 없애도 안될 것이다.”

5—2. 천연두의 허증과 실증

장개빈(張介賓)이 말했다.
"겉과 속에 각기 허증·실증의 오한과 발열이 있다.

겉이 허약한 경우 더러 오한이 나고 또는 몸에 큰 열이 나지 않거나 또는 오한과 발열이 왔다갔다 하고 팔다리가 싸늘하고, 또는 얼굴이 푸른 빛으로 창백하고 땀이 많고 바람을 싫어하고, 또는 게으름을 피우고 눕기를 좋아하고, 또는 구슬진 빛깔이 잿빛을 띤 흰빛이고 이마가 들어가고 두드러져 나오지 않고 빛나지 않고, 또는 더듬어도 손의 맥이 방해받지 않고 반드시 부맥이 작고 약하다. 치료함에는 마땅히 성질이 따뜻한 약으로 양에 해당하는 부분을 보한다.

겉에 외사가 침범한 실증인 경우 몸뚱이에 높은 열이 나고 땀이 없게 되고 얼굴이 붉고 입술은 자줏빛이 되고 머리가 아프고 몸도 아프며 눈이 붉고 코가 막히며 살갗이 마르고 붉으며 손발에 열이 몹시 나고 구슬진 빛깔이 붉은 보랏빛이고 부어오르고 아프며 살갗이 두터우면서 딱딱하게 되고 옹저로 부어올라 얼룩 부스럼이 되고 맥이 뜨고 크며 어지럽고 크게 된다. 이를 치료함에는 마땅히 성질이 찬 약으로 열을 내려 겉의 사기를 풀어낸다.

속이 허약한 경우는 게우고 설사하고 구역질이 일어남이 있다. 더러 뜨거운 음식을 좋아하고 또는 음식을 먹지 않고 또는 먹어도 또한 소화시키지 못하고 또는 대변·소변이 맑게 설사하거나 묽게 설사하게 되고 갈증이 나지 않고 숨결이 몹시 빠르고 소리가 작게 되고 정신이 혼미하고 많이 자게 되고 배가 불러오르고 트림이 나게 되고, 신물이 목구멍까지 올라왔다가 내려감이 되고, 맥이 약하고 힘이 없게 됨을 치료함에는 마땅히 성질이 따뜻한 약으로 음에 해당하는 부분을 보한다.

속에 외사가 들어가 열이 되어 위장에 병이 몰린 경우는 대변·소변이 굳어 맺히고 가슴이 불러오르고, 입술이 마르고 목구멍도 마르며 입 안이 헐고 혀가 검어지고 크게 갈증이 나며 기침이 나고 느침을 흘린다. 숨이 차고 거칠게 되고 가슴이 달아오면서 답답하고 놀라 미치고 소리가 높고 헛소리를 하게 되며 맥이 잠기고 자주 크다가 어지럽게 됨을 치료함에는 마땅히 성질이 찬 약으로 열을 내려 속의 사기를 풀어낸다.

겉이 찬 경우는 돋아 일어나지 않고 붉은 생기가 돌지 않고 근원의 둥지가 희끄무레하고 몸이 서늘하고 가려움은 모두 근육 겉에 양기가 없는 병으로 이를 치료함에는 마땅히 양이 허약한 것을 보하고 겉을 따뜻하게 한다.

속이 찬 경우는 게우고 설사하게 되고, 구역질이 나고, 배가 불러오며 아프게 되고, 트림을 하고, 음식을 먹지 않으려 하고, 추워서 몸을 떨면서 이빨을 맞부딪치며 따뜻함을 좋아하게 된다. 대변·소변을 맑게 설사하며 먹은 것이 소화되지 않고 도로 입으로 올라오게 됨은 모두 오장육부에 양기가 없는 병세인데, 이를 치료함에는 마땅히 중초를 따뜻하게 하고 양기를 보한다.

겉에 열이 있는 경우는 살과 살갗에 높은 열이 나고 근원의 둥지가 붉은 보랏빛이 되고 목에 붉은 얼룩점이 일어나고 머리와 얼굴이 붉게 부어 검은 자줏빛으로 마르는 것은 모두 화사가 살 겉에 있는 병인데, 이를 치료함에는 마땅히 사기를 흩고 병인을 풀어낸다.

속에 열이 나는 경우는 가슴이 달아오면서 답답하고 편안치 않게 되어 미친 말을 하고, 입이 마르고 크게 갈증이 나며, 목구멍이 붓고 아프며, 속에 열이 나서 저절로 땀이 배나고, 소변이 붉고 잘 나오지 않고 대변이 굳어 맺히고, 몸 겉으로 피가 나오고 오줌에 피가 섞여 나옴은 모두 화사가 오장육부에 있는 병세인데, 이를 치료함에는 마땅히 성질이 찬 약으로 열을 내려 병인을 풀어낸다."

장개빈(張介賓)이 말했다.

"만일 사기가 왕성하여 나타나는 열이 참이라면 성질이 서늘한 약으로 열을 내리게 하지 않으면 안된다. 그러나 반드시 속과 겉에 함께 열이 나야 바야흐로 이것이 열의 병세이고 속과 겉이 함께 사기가 왕성해져야 바야흐로 실증이다. 다만 그 가운데 실증 같으나 실증이 아님이 있고, 열사 같으나 열사 아닌 경우가 가장 많다. 이것을 살피지 않을 수 없다. 만일 입에서 몹시 갈증이 나지 않고 대변·소변이 순조롭게 통하고, 더러 약간 묽음이 나타나고, 또는 타고남이 본디 약하고, 또는 맥이 뛰는 상태가 강하지 않고, 또는 말소리와 얼굴빛이 떨치지 않고, 또는 찬 기후로 음기가 많고, 또는 음식이 소화되지 않고, 또는 배가 몹시 불러오르면서 속이 그득하며 구역질이 나고, 또는 회충을 토하고, 또는 게으르게 잠자고, 또는 추움이 겁나고, 또는 가려움을 일으키고, 또는 놀라 떫이 많고, 또는 근육이 푸들푸들 떨리는 따위는 비록 열이 있음을 보이나 이는 모두 열이 겉에 있으며 속에 있지 않고 모두 근원이 없는 화사이고 참된 열사에 의해 생긴 병증이 아닌 것이다. 성질이 차거나 서늘한 약을 가장 금지하고, 만일 함부로 쓰기를 판단하면 반드시 비장이 실패하기에 이르름을 한번 벗어나지 못한다."

장개빈(張介賓)이 말했다.

"사기가 왕성하여도 억제하지 못하는 경우 사람을 죽이고, 정기가 허약하여 지탱할 수 없는 경우도 사람을 죽이게 되니 모두 위태로움에 미치는 것이다. 모두 원기의 손상으로 돌아갈 뿐이니, 원기가 다하지 않도록 하면 반드시 죽기에 이르지 않는다. 그러므로 매우 적게 보하고 설사함은 모두 균형이 있으니, 반드시 약을 병보다 지나치게 쓰면 안되고, 또한 병에 미치지 못하게 써도 안된다. 이로써 병을 잘 공격하는 경우도 반드시 사람의 원기를 손상시키는 지경에 이르면 안되고 잘 보하는 경우도 반드시 사기를 도와주는 데에 이르면 안된다. 사기는 능히 속을 고르게 함을 잡는 고수(高手)가 된다. 그러나 속을 잡는 신묘함은 마땅히 사람과 증세로 말미암으니, 대개 사람인 경우가 근본인 것이고 증세인 경우는 지엽인 것이다. 증세는 사람에 따라 성패를 보이기 때문에 마땅히 사람에 말미암음이 우선이 되고 증세로 말미암음이 다음이다. 만일 형체와 오장육부의 기능이 본디 충실하면 처음과 끝을 모두 치료 원칙대로 할 수 있고, 만일 형체와 기질이 원래 허약하면 솜씨를 끌어 일으켜 마땅하고 이로운 대로 하되 근본을 잊지 않는다."

장개빈(張介賓)이 말했다.

"모든 천연두에 열이 일어나면 맥박이 반드시 순조롭게 잘 뛰고 잦으나 다만 조금 순조롭게 잘 뛰고 잦음이 있고 생명 활동의 기능이 있으나 고름을 잃지 않고 느린 신기가 있는 경우는 그 구슬진은 반드시 가볍고 적다. 만일 맥박이 잘 뛰고 잦음이 곱절이나 더하고 그리고 오히려 고르고 느림을 띤 경우 그 구슬진은 반드시 많으면서 무거우나 오히려 또한 해로움이 없다. 만일 맥박이 순조롭게 잘 뛰고 잦음이 심하고 또 혈관이 팽창하여 맥박이 급하고 빠름을 겸하고 더러 맥박이 허하고 급하며 생명 활동의 기능에 신기가 없으며, 그리고 고르고 느린 신기가 온전히 없는 경우 그 천연두는 반드시 심하면서 위태롭다. 그러므로 나는 처음 열이 날 때에 문득 능히 그 좋고 나쁨을 판단하니, 사람들이 많이 경탄하여 복종했다. 그러나 맥박에 있음을 엿보아 알지는 못했다. 무릇 이를 진맥하는 방법은 다만 소아의 손을 온전히 잡고 그리고 한 엄지손가락으로 이를 진맥함이 또한 가장 쉬운 것이다.

5—3. 천연두 치료법

* 약의 금제를 붙임.

적량(翟良)이 말했다.

"천연두를 치료하는 의사의 그 논의는 한결같지 않다. 처음과 끝에 땀을 내고 설사시키면 안된다고 하였는데, 땀을 내면 그 겉이 허약해져서 구슬진이 이루어지기 어렵고, 설사하면 그 속이 허약해져서 구슬진이 쉽게 돋아나오지 못하고, 더러 병인이 속으로 들어가서 위중한 상태에 빠지기에 이른다 한다. 겉에 외사가 침범하여 생긴 병증은 땀이 아니면 풀지 못하고, 내장 장기에 생긴 병증은 설사시키지 않으면 없애지 못한다고도 하였는데, 두 설이 모두 옳다. 만일 정상적인 맥으로 순조로운 천연두에 경솔히 땀을 내고 설사시키면 허약한 겉과 허약한 속의 재앙이 그 자리에서 이른다. 만일 외인의 풍사와 한사에 감촉되어 땀구멍과 살갗이 막히고 촘촘해져 빨리 돋아나오지 않고, 겉에 사기가 왕성해 드러나지 않는 경우엔 땀내는 약제를 또한 쓸 수 있다. 겉에 땀을 내어 사기를 없애지 않으면 막힌 근심이 선 자리에서 이른다. 또 만일 대변·소변이 굳어 나가지 못하거나 순조롭지 않아 마음속으로 모대기며 안타깝게 괴롭고 미친 듯이 날뛰면서 위장 속에 열이 몰린 경우 설사시키는 약재를 또한 쓸 수 있다. 설사를 시키지 않으면 배가 몹시 불러오르면서 속이 그득한 감이 나고, 숨이 차고 빠른 병을 벗어나지 못한다. 다만 땀을 내고 설사시킴을 함부로 베풀면 안됨은 의사의 능력에 달려 있다. 허증과 실증의 변화로 증세를 알고 확실한 계절의 기후와 더불어 형편에 따른 조치로 잘 쓸 뿐이다."

장개빈(張介賓)이 말했다.

"함부로 땀을 내는 경우 반드시 양기를 다치고, 함부로 설사시키는 경우는 반드시 음기를 다친다. 그러나 겉이 허약한 경우는 오히려 속의 원기를 보전하여 이를 이길 수 있다. 내장 장기에 기혈이 부족하면 몸 겉에 분포한 양기가 안으로 스며들어 또한 좇아서 구슬진이 내돋지 못하면 베풀 수 있는 방책이 없다. 그러므로 옛사람은 크게 땀을 내고 설사 시킴을 경계했는데, 그러나 이것은 일정한 방법으로써 말함이고 변화에 따른 것이 아니다. 마땅히 그 정기와 사기가 왕성하고 허약함을 살펴 그 일정한 방법과 변화에 따름을 자세히 알아 마땅히 땀을 내게 할 경우 땀을 내서 근육 겉에 막힘 없이 통하게 하고, 마땅히 설사하게 할 경우는 설사를 시켜 오장육부 가운데 있는 병을 막힘없이 통하게 하면 벌써 잘못이 없고, 그 금지는 사람의 목숨을 해치는 것이다.

적량(翟良)이 말했다.
"천연두를 진찰하여 치료를 베풀 때는 마땅히 먼저 그 사람을 관찰한다. 가난하고 미천한 집은 애써서 부지런히 일해 풍사·한사·습사의 괴로움을 많이 겪고 다시금 맛좋은 음식도 없어 비장이 다치는 병이 있어도 문득 잘 견뎌냄은 옛사람이 이른바 백번 담금질해 굳셈을 이룸이 이것이다. 넉넉하고 고귀한 집은 따뜻한 옷과 맛좋은 음식으로 지내 조금 바람과 햇볕을 보아도 비장과 위장이 튼튼하지 못해 바람과 서리의 고통을 견디지 못함은 옛사람이 이른바 응달에 난 풀이 아침해를 겁낸다 함이 이것이다. 선천적으로 받음이 두터운 경우는 마땅히 경미하게 설사 시키는 경우가 많고, 받음이 적은 경우는 마땅히 보함이 많고, 살과 살갗이 쇠약해진 경우는 마땅히 열어줌이 많고, 해소인 경우는 마땅히 성질이 더운 보약으로 북돋음이 많아야 하고, 목소리가 맑은 경우는 마땅히 지킨다. 오줌이 뿌옇게 흐려짐이 계속되는 경우 마땅히 열을 내리고, 원기와 피가 부족한 경우 마땅히 원기를 북돋운다. 원기와 피가 왕성한 경우는 마땅히 천연두의 병인을 푼다. 남쪽 지방은 바람이 부드럽고 미약하고 땅이 눅눅하고 우묵하게 낮고 음식이 부드럽고 딱딱하지 않음이 많고, 북쪽 지방은 바람이 굳세고 땅이 높고 바람도 메마르고 음식도 억세고 딱딱함이 많아 음식을 요리함에 저절로 같음이 있지 않다. 평소에 곡물을 먹음이 많고 고기를 먹음이 적어 원기와 피와 몸의 형태와 체질을 길러내는 경우에 천연두가 발생하면 스스로 마땅히 소와 양, 닭과 돼지나 물고기 등 비린 음식물을 꺼려 금지해도 능히 풍증이 나타나 화사를 돕는 것이다. 평소 곡물을 먹음이 적고 고기를 먹음이 많은 경우 비장·위장이 또한 이러하여 이들 음식물로써 길러낸다. 갑자기 그 평소에 먹던 음식물을 금지하여 이것을 끊으면 그 비장·위장의 끊임없이 움직이는 원기로 천연두를 어떻게 성공시키겠는가?"

섭상항(聶尙恒)이 말했다.

"천연두에서 위험함은 둘이 있는데, 첫째는 병독이 왕성함이고 둘째는 몸이 허약함이다. 마땅히 그 구슬진이 돋아나오지 않았을 때 더러 3~5일에 빨리 목숨을 잃는 경우는 모두 병독이 왕성함 때문인 것이다. 그헌데딱지가 앉고 원래대로 회복되어 갈 때 더러 약을 잘못 쓰거나 음식을 잘못 먹고 마셔 문득 목숨을 잃는 경우는 모두 몸이 허약한 때문이다. 그런데 병독이 왕성한 경우는 능히 그 병세를 순조롭게 이끌어 내보내야 하되 함부로 병독을 푸는 약을 베풀어 막아 거스르지 않으면 반드시 목숨을 잃기에 이르지 않는다. 그러므로 앞에서 논한 것을 두번 세번 경계함을 깨우쳐 크게 처음을 삼가야 함을 생각할 것이다. 몸이 허약한 경우 능히 그 허약함을 살펴서 음과 혈을 보하면 목숨을 보전할 수 있고 뜻밖의 일이 일어남이 없기 때문에 또 크게 끝을 삼가야 함을 경계할 것이다."

적량(翟良)이 말했다.

"천연두 증세에 섞인 증세는 마땅히 각각 나누어 치료한다. 만일 게우고 배가 몹시 불러오르면서 속이 그득한 감이 있거나 더러 천연두 병인이 속에 엎드려 있기 때문에 돋아 드러나지 않고 부풀어 오르면서 내돋지 않는 경우는 다만 오로지 천연두 증세만 치료해 돋아 드러나 부풀어 오르면서 내돋도록 하면 병인이 속에 엎드리지 않아서 게우거나 배가 몹시 불러오르면서 속이 그득함은 저절로 낫는다. 만일 게우고 배가 몹시 불러오르면서 속이 그득함이 더러 음식을 지나치게 많이 먹었기 때문에 또는 날음식과 찬음식에 다쳐서 구슬진이 돋아나오되 드러나지 않고 부풀어오르면서 내돋지 않는 경우는 다만 오로지 비장·위장을 치료하여 그 게움과 배가 몹시 불러오르면서 속이 그득함을 다스려 게움과 배가 몹시 불러오름을 먼저 낫게 하면 구슬진이 저절로 돋아 드러나면서 부풀어올라 내돋기 시작한다. 곧 이 두 증세의 그 나머지는 미루어 짐작할 수 있을 것이다."

만전(萬全)이 말했다.

"천연두 뒤에 모름지기 마땅히 풀어서 순조롭게 해야 하는데 다만 그 허증과 실증을 알아야 한다. 참으로 선천적으로 속이 충실하고 영양 작용과 위기가 건장하고, 병을 앓은 뒤에 열이 있는 경우는 곧 더불어 설사로 흩어지게 하되 치료를 늦추면 안될 것이다. 선천적으로 쇠약하고 늘 무서움을 타고 병을 앓은 뒤에 영양 작용과 위기가 크게 허약하여 앉거나 서도 몸을 흔들며 음식을 조금 먹고 물리치는 경우 마땅히 평이하고 완만한 약으로 붙잡아 주고 그 음식 먹음이 옛날과 같고 영양 작용과 위기가 이미 건장해진 뒤 매우 작게 설사를 흩어지게 하되 늦지 않도록 한다. 더러 지극히 허약한 사람은 도리어 설사를 시켜 흩어지게 하지 않음이 괜찮을 것이다."

만전(萬全)이 말했다.

"천연두를 앓고 난 뒤에 겉과 속이 함께 허약하면 추위를 피하고 더위를 경계함이 중요하다. 그 겉을 씻어 치료하고 음식을 절제하고 성생활을 멀리하여 그 속을 치료한다. 상한부(傷寒賦)에 이르기를 '여러 음식을 모두 반복하고 술을 마심이 심하고, 여러 가지로 애씀을 모두 반복하고 여자를 거느리면 반드시 죽는다' 함은 그 허약한 경우에 위반함을 말하며, 이는 치료할 수 없는 것이다."

만전이 말했다.

"옛사람이 천연두를 치료함에 갈근탕(葛根湯)을 제일로 삼았는데, 후세엔 기이한 것을 좋아해 처방법을 많이 세웠다. 처방이 더욱 많아졌으나 치료하기는 더욱 어려워졌다. 참으로 잘 변통함은 열이 일어남으로부터 얼굴의 점이 거두기에 이르도록 갈근탕을 모두 더하거나 덜어 씀이 괜찮다. 다만 땀을 내어서 겉의 근육에 있는 사기를 없앨 뿐이다."

옛사람이 이르기를 "다만 붉은 얼룩점이 보인다고 문득 승갈탕(升葛湯)을 먹을 수는 없다. 겉에 외사가 침범하여 옹저를 얻을까 두려운 것이다. 이것은 대개 구슬진이 되어 병인이 성글고 적은 경우 승갈탕의 네 가지 맛은 곧 땀을 내어 겉에 있는 사기를 없애 병인을 풀어 피와 원기를 막힘없이 통하게 하고 음기와 양기를 오르내리게 하는 약제로 구슬진이 잘 내돋지 못하는 경우 이를 오르게 하고 건조한 경우는 습기 있게 하고 기가 몰려 있는 경우는 성글게 하고 지나친 경우를 고르게 한다. 체액이 쇠약해지지 않으면 양증으로 열이 심하여 살갖에 붉은 반점이 생기는 병인이 일어나지 않을 것이다." 했다.

섭상항(聶尙恒)이 말했다.
"모든 성질이 차거나 서늘한 약품을 써서 양에 속한 표증·열증·실증을 없애고 추위에 다쳐 열이 쌓인 이질 병증 및 여러 사기가 왕성할 때 나는 열 등의 병 이외에 그 나머지에 만일 이를 써서 불꽃이 위로 타오르는 화사를 내리고, 이를 써서 혈분의 화사를 내리고, 함께 추위로 말미암은 열에 쓰는 뜻이 있다. 모름지기 약제를 술에 불려서 누렇게 볶는 방법에 따름이 가장 긴요함이 되는 동일한 성질이 찬 약인 것이다. 법에 의지하여 이를 쓰면 효험을 거두고 법에 의지하지 않고 이를 쓰면 해침이 있다. 만일 천연두 가운데 앞뒤에 쓰는바 병인을 없애는 여러 성질이 찬 약은 모두 병독으로 말미암은 화사로 피를 말려서 넣어 쓰면 혈분에 사열을 성하게 하여 피를 잘 돌아가게 하는 것인 황금·황련·치자·황백 천화분·대황 등의 약재는 반드시 술에 휘저어 섞어 적셔 볶아서 건조시켜 쓰고, 우방자는 반드시 향기가 나게 볶아 갈아 부수고,

당귀・백작약・생지황・홍화・자초・목단피・지골피 따위는 반드시 때에 다다라 술에 씻어 씀이 중요한 법인 것이다. 그러나 그 때 의사는 참으로 질박하고 거칠고 경솔하여 늘상 법에 따라 고루 볶아 만들지 않고 성질이 차고 서늘한 약을 날것으로 써 유익하지 않을 뿐만 아니라 또한 해로웠다."

적량(翟良)이 말했다.
"용뇌는 기울을 잘 열고 피를 돌아가게 하고 구멍을 통하게 함이 매우 빨라 이를 씀이 마땅치 않다. 그러나 기울과 피를 크게 덜고 활짝 열어놓음이 크게 지나치다. 다만 기운과 피를 막히어 걸림이 대단하여 구슬진의 빛깔이 검보랏빛이고 구슬진 모양이 굳고 딱딱해 돌을 어루만짐 같고 피가 둘러싸고 근육이 오히려 생동하는 경우는 곧 용뇌 등의 약을 써 기울을 열고 구멍을 통하게 해서 빨리 치료하지 않으면 온몸의 피가 죽어 실패하여 죽으니 틀림없이 판단하여 쓰지 않으면 안될 것이다."

적량이 말했다.
"열이 있는 경우 감초・황기・백작약을 함께 날로 쓰고, 속이 차고 정기가 허약한 경우 감초를 굽고 익은 황기를 꿀물에 재어 굽고 백작약을 술에 불려 볶는다. 그 나머지는 다 지적할 수 없다."

5—4. 천연두 구슬진이 잘 내돋지 못함
  * 오한과 열이 남을 덧붙임.

만전(萬全)이 말했다.
"천연두와 홍역이 저절로 안에서 돋아나오지 않음을 잠복했다 이르고, 밖에서 다시 들어감을 묻혔다고 이르는데, 마땅히 네 가지 증세로 나눈다.
① 풍사와 한사에 감촉되어 살갗 구멍이 막혀 피가 엉겨 돌지 못하면

반드시 몸이 아프고 팔다리가 조금 싸늘하고 얼룩점이 길지 않고 더러 검은 빛깔로 변하는 데는 마땅히 살갗을 따뜻하게 해서 땀을 내어 찬 사기를 없애 열의 기운이 다시 다니게 하여 그 얼룩점이 저절로 길어지게 하는 데는 계지갈근탕(桂枝葛根湯: 1-3)·호수주(胡荽酒: 21-6)를 주약으로 쓴다.

② 병인의 기운이 몹시 왕성하고 안과 밖이 덥고 뜨거워 병인이 다시 속으로 들어가면 반드시 가슴이 답답하고 괴로워 미친 듯이 날뛰고, 숨이 차고 헛소리를 하고 귀신을 본 것 같으며, 대변·소변이 굳고 갈증이 나면서 배가 몹시 불러오르면서 속이 그득한 데는 마땅히 소변을 순조롭게 하여 방광의 병인을 설사시킨다. 가벼운 경우는 해독연교탕(解毒連翹湯: 8-6)·통관산(通關散: 20-3)을 쓰고, 심한 경우는 선풍산(宣風散: 19-9)·우리고(牛李膏: 31-9)를 쓴다.

③ 내장 장기가 허약하여서 능히 양의 속성을 가진 기운으로 하여금 능히 영양 작용과 외사의 침입을 도울 수 없어 다시 얼룩점을 숨겨 흰빛이 되면, 그 사람은 반드시 젖과 음식을 먹을 수 없고 대변을 저절로 설사한다. 더러 게우고 또는 갑자기 정신을 잃고 넘어짐은 이는 위장이 허약한 것인데, 마땅히 속을 따뜻이 하고 그 위장을 따뜻이 하여 영양 작용과 외사의 침입을 보호하여 다시 피를 돌게 하면 저절로 돌아온다. 조원탕(調元湯: 18-7)·이중탕(理中湯: 18-3)을 모두 쓸 수 있다. 더러 잘못 설사시킨 뒤에 병인의 기운이 속으로 들어간 경우는 마땅히 성질이 더운 보약으로 허약함을 치료하여 겉으로 돌아나오게 하는 데는 먼저 이중탕(18-3)을 쓰고 뒤에 계지갈근탕(桂枝葛根湯: 1-3)을 쓴다.

④ 전염성을 띤 사기가 섞임을 당한 데는 마땅히 따뜻하게 해서 이를 흩어지게 한다."

적량(翟良)이 말했다.

"오한과 발열이 나는 경우 더러 오한과 발열이 일제히 생겨나고 열이 대단함을 느끼면서 또 오한이 겹나고, 또는 오한과 발열이 사이에 일어나 번갈아 서로 왔다갔다 하고, 오한과 발열이 고르지 않음은 이는 모두 천연두의 병인이 일어나려 하다가 돌아나오지 않는 것이다. 만일 돌아나오지 않았을 때에 이 원기와 피와 병인과 화사가 있어 서로 공격하는 것이다. 벌써 돌아나온 뒤일 경우에 병인이 왕성하면 사기가 이기게 되고 병인이 가벼우면 허약함에 다다르게 되고 헌데딱지가 맺힌 뒤에 일어나면 나머지 병인이 된다. 모두 겉과 속에 함께 보이는 병증인 것이다. 치료하는 방법은 처음부터 끝까지 시호탕(柴胡湯: 10-6)에 지모·석고를 더해 주약으로 쓰고, 대변이 굳고 맺힌 데는 마땅히 대시호탕(大柴胡湯: 10-5)을 쓴다."

5-5. 천연두의 피가 섞인 땀과 갈증

만전(萬全)이 말했다.

"천연두 뒤에 저절로 땀이 나고 잠잘 때 땀이 남은 모두 살갗과 근육의 양기가 쇠약하여 영양과 혈분의 열로 근육이 허약한 것이다. 마땅히 조원탕(調元湯: 18-7)·당귀육황탕(當歸六黃湯: 12-3)을 서로 사이에 쓰되 모두 패포산(敗蒲散: 31-6)에 배합해 먹는다. 만일 땀이 왕성하게 나오면 거듭 온분박법(溫粉撲法: 31-10)을 쓴다. 만일 온몸에 땀이 물 같고 머리털이 윤기 있는 경우와 더러 땀이 구슬같이 나오는 경우는 모두 양기가 몹시 손상된 증세인 것이다."

적량(翟良)이 말했다.

"천연두 뒤에 저절로 땀이 나는 경우는 이때 사기가 원기를 다 없애고 회복되지 못해 원기와 피의 정기가 허약해 증상이 달라짐이 생길까 두려운데 마땅히 빨리 양기를 보하고 음기를 치료해 원기가 밖으로 새어나감이 없게 하여서 속을 안정시키는 것이다."

장개빈(張介賓)이 말했다. "십전대보탕(十全大補湯: 16-4)이 마땅하다."

적량(翟良)이 말했다.

"피는 음(陰)에 속하며 주관함은 심장에 있고 통솔함은 비장에 있고 받아들여 갈무리함은 간장에 있고 선포함은 폐장에 있고 실어 날라 설사시킴은 신장에 있다. 한몸에 물을 대고 온갖 맥에 영양분을 주어 기르면 여러 경락이 이로 말미암아 살아서 자란다. 그러나 피를 소통시키는 것은 기이다. 그러므로 기는 숨쉼을 주관하고 피는 몸을 적셔 주는 역할을 한다. 이로써 기가 다니면 피가 다니고 기가 멈추면 피도 멈춘다. 기가 따뜻하면 피가 미끄럽게 다니고 기가 차면 피가 엉긴다. 만일 천연두가 다 돋아나오지 않았는데 성질이 찬 약을 지나치게 써서 병인이 서늘함에 부딪쳐 그 비장의 기능을 다쳐 운동할 수 없어 그 피가 오장육부 가운데로 거슬러 이르고, 몸속에 생긴 열독이 가슴의 위에 막혀 쌓여 있는 더러운 피를 공격하거나 갑자기 멋대로 다니면서 갑자기 게우고 피가 나오며 현기증이 나서 무기력하게 넘어지고, 구슬진의 빛깔이 연하게 바래고 구슬진이 잘 내돋지 못하는 경우 마땅히 성질이 더운 보약을 주약으로 삼는다."

만전(萬全)이 말했다.

"천연두 뒤에 피가 나오는 증세에는 곧 나머지 병인의 사열이 피를 쳐서 핏줄 속을 따라 흐르지 않고 핏줄 밖으로 나간 것이다. 저절로 코피가 나오는 경우는 현삼지황탕(玄蔘地黃湯: 11-9)을 쓰고, 저절로 오줌에 섞여 나오는 경우는 팔정산(八正散: 20-3)을 쓰고, 저절로 대변에 섞여 나오는 경우는 도인승기탕(桃仁承氣湯: 35-1)을 쓴다.

적량(翟良)이 말했다.

"천연두가 일어나 갈증이 나는 경우는 위장이나 폐장에 사열이 있는 것이다. 대개 삼초(三焦)는 음식물의 도로이고 진액은 음식물의 정화(精華)이다. 대개 음식물이 위장으로 들어가 몸속의 진액으로 변화해 삼초로 흘러다니며 오장육부에 물을 대는 것이다. 천연두의 화사가 속에서 일어나 없어지면 음식물이 몸속의 체액으로 변화하여 오장육부에 물을 댈 수 없기 때문에 갈증이 나는 것이다. 열이 일어날 때 크게 갈증이 나는 경우는 위장이나 폐장에 사열이 심한 것이다. 잘 먹으면서 갈증이 나는 경우는 폐장에 사열이 있는 것이다. 병독의 사열이 몹시 심하고 심장의 열이 위로 폐장에 올라 왕성하고 사열이 진액을 덥혀서 내보내고 가슴을 태우고 달여 몸속의 체액을 감소시키기 때문에 갈증이 난다.『내경(內經)』에 이른 '심장에는 폐장에서 열이 옮겨 가슴으로 전해져 없어진다' 함이 이것이다. 상초에 있는 열을 치료한다. 잘 먹지 못하면서 갈증이 나는 경우는 비장이 허약한 것이다. 위장은 음식물을 받아 변화시켜 몸속의 체액을 생겨나게 하여 비장에 의지하여 운행하여 오장에 물을 댄다. 만일 비장이 허약하여 위장으로 그 몸속의 체액을 잘 운행하지 못하여 갈증이 나면 중초에 있는 열을 치료한다. 저절로 설사하면서 갈증이 나는 경우 사열이 신장에 전해진 것이다. 대개 신장은 소음(少陰)에 속하고 땀·콧물·눈물·군침·느침을 주관하고, 그 맥락은 폐장에서 혀로 통한다. 사열을 신장에 전하면 열고 닫음을 지키지 않아 원기가 내려가도 그 잠금을 잃었기 때문에 저절로 설사하게 된다. 저절로 설사하면 몸속의 체액이 아래로 달아나 신장의 물이 말라 위로 혀를 적실 수 있겠는가? 그러므로 크게 갈증이 나는 것이다. 하초에 있는 열을 치료함에는 마땅히 성질이 따뜻한 약으로 갈증을 치료하고, 대변이 굳은 경우는 마땅히 설사시킨다."

장개빈(張介賓)이 말했다.

"갈증이 일어나면 곧 설사함이 일정한 조짐이다. 대개 물을 아래로 설사하면 몸속의 체액은 위에서 마르기 때문에 모든 설사병을 앓는 경우는 반드시 입이 마르고 입에 갈증이 많다. 다만 마름과 더불어 갈증이 남은 갈증과는 같지 않은 경우이다. 말라서 마시려 하는 경우와 갈증이 나도 마시려 하지 않는데 갈증은 양증에 딸리고, 그리고 마름은 음증에 딸렸는데 이것이 그 분별인 것이다. 그러나 갈증이 있어 물을 마시려 하는 경우 이것은 화사의 병증인 것이다. 갈증이 있어 끓인 물을 마시려 하는 경우 이것은 화사의 병증이 아닌 것이다. 비록 물을 마시려 하면서도 능히 많이 마시려 하지 않음이 있는 경우와 입에서는 비록 시원한 물을 마시려 하나 가슴과 배에서는 찬 것을 두려워함이 있는 경우 이것은 모두 화사의 병증이 아닌 것이다. 그러면 병으로 갈증이 나는 경우 도리어 음증과 양증의 분별이 있는데 하물며 저 다만 마르면서 갈증이 나지 않는 경우 이것은 실로 물이 부족해서 그런 것이다. 만일 화사가 일어남을 치료하면 해로움이 되지 않음이 드물다. 그러므로 모든 오랫동안 설사함이 있어 몸속의 체액이 없어져서 갈증을 일으킨 경우는 마땅히 그것이 열이 아님을 살펴서 그 물을 왕성하게 할 것이다."

만전(萬全)이 말했다.

"천연두 뒤에 갈증이 일어남은 이것은 심장·위장에서 사열을 받은 것이다. 그 사람이 반드시 잘 먹고 대변이 굳고 소변이 붉고 혀가 마르고 목구멍이 마른 데는 마땅히 인삼백호탕(人蔘白虎湯: 6-2)에 황련을 더해 쓴다. 만일 음식을 적게 먹고 대변·소변이 저절로 고르며 비록 끓인 물을 마시기 좋아하고 목구멍과 혀가 마르지 않음은 이것은 비장·위장이 허약하고 몸속의 체액이 부족한 것이다. 마땅히 인삼백출산(人蔘白朮散: 16-2)이나 더러 인삼맥문동산(人蔘麥門冬散: 32-10)에 천화분을 더해 쓴다."

5—6. 천연두의 기침과 숨참
  * 숨가쁨을 덧붙임.

적량(翟良)이 말했다.

"기침 소리는 있으나 가래가 없음을 해(咳)라고 이르며, 가래는 있으나 기침 소리가 없음을 소(嗽)라 이르며, 가래도 있고 기침 소리도 있으면 해소(咳嗽)라고 이른다. 해소는 폐장의 병증인 것이다.

숨찬 것은 숨쉼을 서로 잇지 못하는 것이다. 정기가 허약해서 생긴 숨참은 숨참이 반드시 숨쉬는 것이 약간 짧으면서 힘이 없고 사기가 심해서 생긴 숨참이 있고, 숨찬 소리가 거칠고 크면서 숨쉬는 것이 또 길다. 요컨대 모두 양열이 몰려 생긴 병인이 막혀 폐장이 제약을 받아 그런 것이다. 『내경(內經)』에 말하기를 '오장의 원기는 모두 폐장에서 통제하고 폐장은 원기의 주관이 되어 높이 이르러 살며 맑고 비움을 나누어 기뻐하면서 가득참을 싫어한다. 만일 사기가 간여하게 되면 폐장의 숨길이 닫혀 막혀 숨참이 되어 일어나는 것이다.'

만일 처음 열이 일어나 재채기를 하고 멀건 콧물이 흐르면서 숨찬 경우 이것은 풍사·한사가 폐장에 침입한 것으로 마땅히 삼소음(蔘蘇飮: 1-8)을 쓰고, 음식에 다침이 있어 기운이 뜨거우면서 열이 되어 위로 폐장에 올라 숨참이 일어난 경우 마땅히 평위산(平胃散: 17-3)에 산사·신곡·맥아를 더해 쓴다. 게운 뒤에 숨참이 있는 경우 이것은 위장이 허약하여 삼초에 숨은 화사를 제지할 수 없어 화사가 위로 거슬러 부딪쳐서 그런 것에는 마땅히 사군자탕(四君子湯: 15-9)에 진피·반하를 더해 쓰고, 설사한 뒤에 숨참이 있는 경우는 곧 원기가 아래로 처지고 진음이 부족하여 생긴 화사가 위를 막고 원기가 내려감이 이어지지 않는데, 이것은 비장의 기능이 부족해서 그런 것이다. 마땅히 보중익기탕(補中益氣湯: 16-3)을 쓴다. 설사가 날짜가 오래 됨이 있고 내장 장기가 허약하고 배가 몹시 불러오르면서 속이 그득하면서 숨찬 경우는 마땅히 진씨목향산(陳氏木香散: 32-3)을 쓴다."

장개빈(張介賓)이 말했다.

"숨참과 더불어 숨결이 몹시 빠름은 숨찬 경우와 같지 않다. 숨쉼이 거칠면서 막히고 막혔다가 빠른 숨참은 폐장의 사기가 남아 있는 것이다. 숨쉼이 빠른 경우 숨결이 몹시 빠르면서 짧고 위아래가 서로 맞대어 이어지지 않고 빠름은 폐장·신장의 기운이 부족하게 된 것이다. 이 두 가지는 하나는 사기가 왕성하고 하나는 정기가 부족하고 허약해져 도리어 서로 용납하지 못하듯이 된 것이다. 만일 더러 잘못 치료하면 죽지 않음이 없을 것이다. 마땅히 자세히 분별해야 한다.

하나는 추위나 찬 기운이 병을 일으키는 사기가 되어 폐장에 있어 숨참을 일으키는 경우 이것은 외인에 감촉된 병인데, 반드시 해소가 나고 가래가 많고 더러 코가 막히고 또는 몸에 작은 열이 있고 또는 가슴이 그득하고 시원하지 않음을 치료하는 데는 마땅히 폐장의 사기를 몰아내야 한다.

하나는 화사가 움직임으로 말미암은 가래로 숨참이 되는 경우 마땅히 성질이 서늘한 약으로 가래를 맑게 하고 화사를 내림을 주로 한다. 만일 가래와 느침이 위에 몰린 경우는 먼저 그 가래를 치료한다.

하나는 원기가 부족하고 허약함으로써 숨찬 경우는 사람이 대체로 그것을 알 수 없는데 무릇 아래로 설사하면서 위로는 숨찬 경우는 반드시 정기가 허약해서 생긴 숨참인 것이다. 모든 소아의 숨이 찬 증세는 코끝에서 느껴지는데 숨결이 길지 않은 경우는 반드시 정기가 허약해서 생긴 숨참인 것이다. 이것은 사기가 왕성해서 숨결이 몹시 빠름이고 원래 숨찬 증세가 아니다. 만일 이런 병세가 위급함을 보면 모름지기 빨리 비장과 폐장을 보하고 더러 신장의 음기를 치료하되 가벼우면 삼강음(蔘薑飮: 33-6)·육기음(六氣飮: 16-6)을 쓴다. 심하면 육미회양음(六味回陽飮: 32-7)을 쓴다.

만일 아래에선 설사가 되고 그리고 위에서는 숨찬 증세인 경우는 빨리 육미회양음(32-7)을 쓰고, 더러 구미이공전(九味異功煎: 32-2)은 의심할 수 없는 것이다.

만일 대변을 설사하지 못하고 그리고 더러 땀이 많이 나게 되고 또는 배가 부풀어 팽팽해지고 또는 몸속의 체액이 순환하지 못하고 몰려서 미친 듯이 날뜀을 보이되 다만 음액이 부족하고 신수가 허약해져 숨쉬는 것이 힘이 없으면서 얕게 쉬고 숨참이 빠른 듯하면서 혈맥을 따라 흐르는 정기와 의식이 없는 경우는 급히 마땅히 정원음(貞元飮: 12-9)에 인삼과 구운 생강 따위를 더해 주약으로 쓴다.

만일 숨참을 치료하려면 성질이 서늘한 약제로 가래를 맑히고 화사를 내리고 그리고 더욱 심한 경우 이것은 반드시 정기가 부족하여 몸의 저항력과 기능이 약해진 병인 것이다. 빨리 마땅히 성질이 따뜻한 약으로 보함으로 고쳐 쓰고, 앞의 여러 치료법과 같이 하면 오히려 치료할 수 있다. 늦추면 치료함에 이르지 못할까 두렵다."

적량(翟良)이 말했다.
"담(痰)과 느침은 몸속의 체액이 맺힌 것이다. 사람이 생겨나고 몸속의 체액은 정혈(精血)을 기르기 때문에 대개 천연두 병인의 기운을 막고 그리고 몸속의 체액이 도로에서 막힘이 있어 흘러 통할 수 없기 때문에 가래와 느침을 일으켜 정기가 가슴에서 막혔기 때문에 숨참이 되고 기침이 되어서 목 가운데서 소리를 내는 것이다. 마땅히 이진탕(二陳湯: 33-9)에 다른 약제를 더 넣는다."

섭상항(聶尙恒)이 말했다.
"기침하면서 숨이 찬 경우는 위장의 기능이 몸 윗도리에 미치는 것이다. 진짜 황토를 취해 누렇게 몹시 말린 것을 바야흐로 어린 아이 오줌에 물렁하게 배합하여 코 둘 사이에 붙이고 들으면 그 자리에서 그친다."

5—7. 천연두의 목안
* 목이 쉬거나 말을 못함을 덧붙임.

적량(翟良)이 말했다.
"목은 위장과 밥통으로 들어가는 음식물의 도로이고 목구멍은 폐장·밥통이 숨쉬는 문이고, 목구멍은 호흡을 관리하고 오르내림을 주장하여 곧 한몸의 중요한 문의 풀무인 것이다. 만일 천연두의 병인이 밖에서 일어나 넓힐 수 없어 마침내 여기에서 거슬러 치밀기에 이르러 갑자기 부어 아프고 호흡을 할 수 없고 음식이 들어가기 어렵고 더러 목안이 붓고 헐어 말을 못하는 데는 마땅히 감길탕(甘桔湯: 21-1)을 쓴다."

적량(翟良)이 말했다.

"물이 들어가면 기침이 생기는 경우는 천연두의 병독이 목구멍의 문을 막았기 때문이다. 대개 목구멍 문은 음식을 받아들임을 담당하여 위장을 통하여 신장에 들어가는데, 지금 병인이 막은 바가 되어 음식이 목구멍으로 들어갈 수 없어서 이에 목구멍에 넘쳐 들어가는데, 목구멍은 숨의 출입을 담당하고 코를 통해서 폐장을 다스려 깨끗이 비워 모양이 있는 사물을 털끝만큼도 받아들이지 않는다. 이제 물이 목구멍에 들어가기 때문에 기가 치밀어올라 뿜어 나옴이 기침인 것이다. 마땅히 감길탕(甘桔湯: 21-1)을 쓴다. 음식이 들어가면 게우는 경우 목구멍이 다치면 문이 좁게 막혀 음식물이 곧바로 위에 달려갈 수 없다. 만일 느리면 가라앉으면서 내려간다. 대개 영양 물질에는 찌꺼기가 있어 저절로 능히 목구멍으로 들어가서 내려가고 물이 넘치듯이 숨길을 침범함이 아닌 것이다. 만일 목구멍 막힘이 심해 게워내는 데는 또한 마땅히 감길탕(21-1)을 쓴다. 입을 다물면 느릿느릿 목구멍으로 간다."

만전(萬全)이 말했다.

"더러 목이 아프고 배고파서 먹으려 해도 먹을 수 없으면 마땅히 목안을 순조롭게 풀고, 또 대변이 어떤가 살펴서 대변을 서두르되 이것은 평소 음식물이 소화되어 생긴 정기에 힘입음을 주로 삼되 비록 며칠 동안 먹지 않아도 괜찮으니 함부로 보하여 속에 열을 더하게 해서는 안된다. 또한 함부로 병인을 풀어 비장과 위장을 다치게 해선 안된다. 대변은 1일 동안 한번 가며 속에 있는 소화되어 생긴 정기는 한도가 있기에 원기와 피는 쉽게 쇠약해진다."

적량(翟良)이 말했다.

"소리란 마음의 소리인 것이다. 심의 정기가 위로 폐장에 이르러서 소리를 짓고 폐장이 맑으면 소리가 맑고 폐장에 열이 있으면 소리가 나지 않고, 목안에 천연두의 열이 몰려 생긴 병인이 있어 폐장의 구멍을 막아서 목이 쉬거나 말을 못하는 데는 마땅히 감길탕(甘桔湯: 21-1)에 다른 약제를 더해 쓴다."

만전(萬全)이 말했다.

"목이 쉬거나 말을 못하는 병세엔 넷이 있다. 만일 소리가 흐리고 맑은 울림이 아닌 경우 이 병인의 화사가 폐장을 태운 것인데 감길청금산(甘桔淸金散: 34-10)을 주약으로 쓴다. 만일 소리가 작고 숨쉬는 것이 힘이 없고 숨이 차서 가까이서 들어야 들리는 경우 이것은 피가 부족하여 원기가 소모된 것인데 도적통기탕(導赤通氣湯: 35-2)을 주약으로 쓴다. 이 두 병세는 치료할 수 있다. 만일 울부짖어도 소리가 없으면서 그 눈물이 나옴이 보이고 말을 해도 소리가 나지 않으면서 그 입만 움직임이 보이는 경우는 신장의 기능이 거의 없어져서 병이 위중해진 것이다. 그 소리가 나지 않고 목이 잠기고 만일 굳은 것이 깨지는 것 같은 경우 이것은 목안이 헐어 문드러진 것이다. 이 두 병증은 치료할 수 없다.

천연두 뒤에 목이 쉬거나 말을 못함에는 두 증세가 있다. 목안이 아프고 말할 수 없는 경우 이것은 전염병을 일으키는 사기가 목구멍에 맺혀 가래가 막혀 아픔을 일으킨 것인데 천화산(天花散: 35-10)을 주약으로 쓴다. 심장에 열이 있어 말할 수 없는 경우는 심장 가운데 사열이 걷어지지 않은 것으로 마땅히 사물탕(四物湯: 11-1)에 천궁을 없애고 맥문동·백복령을 더해 쓴다."

오학손(吳學損)이 말했다.

"천연두로 목구멍이 아파 젖과 음식을 들지 못하고 몸에서 열이 나고 기침이 나며 복부가 쑤시고 아프며 대변을 설사하되 더러 갈증이 나지 않는 경우는 모두 비경·폐경 두 경맥의 화사가 위로 목구멍 사이로 솟구치기 때문에 아픔을 일으켜 음식을 들지 못하는 것이다. 빨리 마땅히 인삼청폐음(人蔘淸肺飮: 34-9)에 길경·감초를 곱절로 쓰고 술에 불려 누렇게 볶은 황금·황련과 우방자를 더해 달여 먹어 그 화사를 풀면 저절로 편안하다. 일절 침을 놓거나 약을 붙이고 및 입을 어지럽히는 약으로 목구멍 사이를 침범해 다치게 하면 안된다. 약을 불어 가래가 내려가게 해도 안된다. 도리어 그 숨쉼을 다쳐 음식에 적절치 못함을 이루어 배아픔이 도리어 왕성해 죽는 경우가 많다. 또 보건대, 한때 침과 칼을 그릇 써서 목구멍 사이의 점(點)을 열어 해가 지나도록 피고름이 그치지 않는 경우가 있다."

5—8. 천연두의 게움
* 게우고 설사함을 덧붙임.

적량(翟良)이 말했다.

"소리가 있고 사물이 있음을 구(嘔)라고 이르고, 음식물이 있고 소리가 없음을 토(吐)라고 이르고, 소리가 있고 음식물이 없음을 얼(噦: 딸꾹질)이라 이른다. 그러나 또 이른바 헛구역(乾嘔)이라는 것이 있는데 건(乾)이란 빈(空)과 같은 것이다. 분명히 그 음식물이 없으면서 소리만 있는 것이다. 토함에 소리가 있고 음식물이 없음과 같으나 다만 헛구역은 그 소리가 가볍고 작으면서 토함이 짧고, 딸꾹질은 그 소리가 무겁고 크면서 길다. 이 증세는 모두 위장에 딸리고 모두 양열이 몰려 생긴 병인이 위장의 입구를 막아서 그런 것이다. 만일 처음 열이 일어나고 더러 구슬진이 바로 돋아나올 때에 게우는 경우 이것은 열의 속성이 심한 사기가 위장의 기능을 침범해 위로 치밀어서 그런 것인데 갑자기 그치게 하면 안된다. 만일 게우는 증세가 없고 다만 헛구역에 더러 딸꾹질을 하는 경우는 비장·위장이 손상된 것이다. 다른 처방으로는 치료할 수 없으니 마땅히 정중탕(定中湯: 18-5)을 쓴다. 이 처방은 게우고 설사하며 가슴속이 달아오르면서 답답함을 아울러 치료한다."

섭상항(聶尙恒)이 말했다.

"게움에는 두 가지가 있는데 시고 쓴 물을 게우면서 소리가 있고 게움을 마치자 도리어 시원한 경우는 병인의 열의 사기가 떠오르는 것이다. 치련이진탕(梔連二陳湯: 33-10)을 먹으면 그친다. 이 천연두의 빛깔이 반드시 붉은 보랏빛이다. 게우면서 음식물이 있고 소리가 없고 시거나 쓰지 않고 게움을 마치자 몸이 고달프고 나른하며 음식을 먹을 생각이 나지 않는 경우는 위장의 기능이 손상된 것이다. 삼사화위산(蔘砂和胃散: 32-9)을 주약으로 쓴다. 이 구슬진의 빛깔은 반드시 희끄무레하다."

만전(萬全)이 말했다.

"천연두 뒤에 게움은 남아 있는 병독이 위장에 있기 때문이다. 한토(寒吐)·열토(熱吐) 두 병세가 있다. 만일 가슴이 답답하고 갈증을 일으키고 젖을 먹음이 몹시 급하고 가슴 가운데에 가득 모인 다음에 게워냄을 쏘는 것처럼 하며, 그 사람 얼굴빛이 붉음을 띠고 손발과 심장에 생긴 열증으로 사는 곳이 서늘함을 기뻐하는데 이 열을 게우는 것이다. 마땅히 귤피탕(橘皮湯: 36-10)에 황련·죽여를 더해 쓴다. 만일 젖을 먹고 물을 따라 게우고 얼굴빛이 푸른 흰빛이고 손발이 차며 대변·소변을 저절로 설사하면 이는 한토인데 마땅히 익황산(益黃散: 33-2)을 쓴다. 그러나 천연두 뒤에 남아 있는 병인이 많음은 이는 열의 속성을 가진 사기가 그 사이에 있는 것으로 한토 증세는 열에 한둘만 있는 것이다. 또한 음식에 다쳐 게우는 경우가 있는데 다만 음식의 냄새만 맡고도 곧 게우고 잘 먹지 못하는 데는 목향대안환(木香大安丸: 32-4)을 쓴다. 더러 양비환(養脾丸: 33-1)을 생강 끓인 물로 내려보낸다. 물을 많이 마셔서 게움이 있는 경우 반드시 맑은 물을 게우고 물을 마시면 곧 게우는 병증은 이름이 수역(水逆)인데 오령산(五苓散: 15-4)을 주약으로 쓴다."

만전(萬全)이 말했다.

"천연두로 열이 일어나서 게우고 설사함은 모두 추위나 찬 기운이 일으킨 병증이 아니니, 다시 게우고 설사한 음식물을 자세히 살펴 만일 신물을 게운 경우와 설사한 빛깔이 누렇고 더러 푸른 녹색인 경우 그 호흡에 냄새가 있는 경우 모두 사열인 것이다. 만일 맑고 희끄무레한 물을 게우고 맑고 흰 설사를 하고 냄새가 없는 데는 열로 만들어 이를 치료하면 안된다. 곧 내장 장기가 허약한 것이다. 마땅히 사군자탕(四君子湯: 15-9)을 쓴다."

적량(翟良)이 말했다.

"천연두로 열이 일어나서 처음 돋아나오면서 게우고 설사하는 경우는 모두 병인의 화사 때문이다. 『내경(內經)』에 말하기를 '여러 가지 게움과 갑작스런 심한 설사는 모두 열에 딸렸다.'고 했다. 대개 삼초(三焦)는 음식물을 옮기며 변화시키는 도로가 된다. 병독의 화사가 내장을 핍박하여 옮겨가면서 변화시키는 법도를 잃고 그리고 게우고 설사함이 함께 일어남은 화사의 성질은 메마르고 움직임이 재빠르기 때문인 것인데 갑자기 그치게 해서는 안된다. 게우고 설사하는 가운데 막히지 않고 통하게 하는 뜻이 있다. 전염병을 일으키는 사기가 위와 아래를 좇아 나누어 없어져야 막힘이 없다. 만일 게우고 설사함을 조금 기다려도 그치지 않는 데는 마땅히 성질이 평하고 고른 약을 써서 막히지 않고 통하게 하고 아래로 내려간 중기를 끌어올리고 땀을 내어서 겉에 있는 사기를 없애는 약재로 병인을 이끌어 겉에 이르게 하면 게움과 설사가 저절로 그친다. 만일 게움과 설사로 내장 장기의 양기가 부족함이 되었는데 갑자기 정향·계피·생강·부자 등 성질이 더운 약을 씀은 이는 열을 열에 내던져서 도리어 그 번거롭고 힘겨움을 보태는 것이다. 속을 비우게 되었는데 갑자기 인삼·황기·작약·백출 등 보약을 쓰면 이는 사기가 왕성해진 데에 왕성한 사기를 내던져서 도리어 그 막힘을 보태는 것이다."

5—9. 천연두의 번조·헛소리·경련

적량(翟良)이 말했다.

"번(煩)은 어지러우면서 편안치 않은 것이다. 조(躁)는 근심하면서 불쾌한 것이다. 화사가 폐장에 들어가면 열이 몰려 답답하고 화사가 신장에 들어가면 초조하다. 또 말하기를 '열이 몰려 답답함은 심장을 향해 생기고 초조함은 신장을 좇아 일어난다.' 총괄하면 모두 심장에 열이 왕성해서 된 것이다. 만일 천연두의 구슬진이 돋아나오지 않았는데 가슴이 달아오면서 답답하고 편안치 않음은 곧 병인의 열이 내장 장기에 몰리고 더러 풍사와 한사가 겹쳐 막아 잘 돋아나오지 못하는 것이다. 만일 손을 들어올리고 발을 차며 입은 옷을 벗어버리려 하는 경우 이것은 열이 겉에 심한 것이다. 만일 정신이 혼미해져 사람을 알아보지 못하고 도리어 엎어지는 경우는 이것은 열이 속에 심한 것이다. 만일 낮에 가슴이 달아오면서 답답하고 편안치 않다가 밤엔 편안하고 고요한 경우 이것은 양기가 낮에 왕성하다 밤이 되면 양기가 물러가 편안하고 고요한 것이다. 만일 낮에 편안하고 고요하다가 밤이면 가슴이 달아오면서 답답하고 편안치 않은 경우 이것은 양기가 음기에 빠져들어 밤이면 음기가 왕성해져 음기와 양기가 서로 다투기 때문에 가슴이 달아오면서 답답하고 편안치 않은 것이다."

적량(翟良)이 말했다.

"헛소리는 말이 많은 것이다. 망녕은 허황하고 미덥지 못한 것이다. 헛소리란 보고 들음에 허황함이 있어 말을 함에 조리가 없는 것이다. 모두 사기가 왕성하고 정기가 허약해서 의식이 맑지 못함을 이루었다. 만일 열이 일어날 때 헛소리를 하는 경우 이 병인의 사기가 심장을 침범하여 심장에 열이 되어 그 정신을 침범하여 떠도는 데에는 마땅히 사화도적산(瀉火導赤散: 19-6)을 쓴다. 또한 위장에 열이 있어 헛소리를 하는 경우 내장 장기 가운데가 반드시 건조함이 있고 똥을 3~5일 동안 누지 못한 데는 마땅히 사순청량음(四順淸涼飮: 20－2)을 쓴다."

만전(萬全)이 말했다.
"심장이 허약한 경우 잠자기를 좋아하고 꿈속에 작은 소리로 말하고 만일 사람과 더불어 말하는 경우는 괴이하고 황당한 일이 많은데 불러도 깨지 않는 데는 안신환(安神丸: 23－5)을 주약으로 쓴다. 만일 정신을 잃어 흐리멍덩함이 심한 경우는 먼저 용뇌고(龍腦膏: 31－8)로써 그 심규(心竅)를 연다."

적량(翟良)이 말했다.
"어린이가 놀라 팔다리에 경련이 일어나는 경우 입과 눈이 한쪽으로 비뚤어지고 손발에 경련을 일으킴이 따라 일어나고 따라 그치는 것이다. 이는 천연두 구슬진이 심장에서 돌아나와 놀라 경련을 일으키고 또한 심장에서 돌아나온 천연두 병인은 근본이 열이라 열의 기운이 심장과 정신을 쳐서 움직임을 간장이 능히 억제치 못한다. 대개 심장은 화(火)에 딸려서 열을 싫어하고 간장은 풍사를 주장하여 잘 움직여 풍사·화사를 서로 치기 때문에 놀라 경련이 되어 일어나는 것이다."

섭상항(聶尙恒)이 말했다.
"몸에 열이 일어나 2~3일에 이른 뒤에 구슬진이 돋아나오려 하다가 돋아나오지 못하고, 더러 모대기며 안타깝게 괴로워하며 놀라거나 불안해하면서 팔다리에 경련이 일어나고, 더러 미쳐서 허튼 말을 하고 헛소리를 해도 절대로 놀라고 겁나서 어쩔 줄을 모르면 안된다. 다만 몸의 정기와 사기가 왕성하고 약함과 한증과 열증을 자세히 살펴 치료한다. 요컨대 이런 증세들은 모두 병인의 기운이 몸안에 있고 밖에서 두루 미쳐 일어날 수 없음을 알고 증세를 지음이 같지 않음이 있음을 분별하지 않을 수 없다.

병인의 기운이 안에서 왕성하게 막음이 있어 밖에서 갑자기 돋아나올 수 없어서 그런 경우에는 마땅히 청해산(淸解散: 36-3)을 써서 드러내게 한다.

몸속에 열독이 본디 왕성함이 있고 겉에서 풍사가 되어 한 곳에 몰려서 머물러 묶여 돋아나올 수 없어 그런 경우는 마땅히 소해산(蘇解散: 36-3)으로 돋아나옴을 일으킨다.

또 피와 원기가 허약함이 있고 병인의 기운을 날라 구슬진이 돋아나오지 못해서 그런 경우는 마땅히 온중익기탕(溫中益氣湯: 32-8)을 써서 의지한다."

이 여러 증세를 분별할 경우는 마땅히 가장 정밀하고 자세히 모양과 빛깔을 관찰하고 소리를 살피고 증세를 묻고 또 맥박을 참작한 다음에 나누어 구별할 수 있다.

그 구슬진의 그림자가 붉은 보랏빛임을 살피고 얼굴이 붉고 입술이 보랏빛이고 목소리가 맑고 입김이 거칠고 손발에 열이 나고 맥박이 크고 잦으면 이는 독기가 막힘이 왕성한 경우이다.

더러 모양과 빛깔이 많이 앞과 같고 다만 목소리가 굵고 탁하고 코가 막히며, 더러 콧물이 흐르고 맥이 뜨고 잦은 경우는 이 병인이 왕성하면서 풍사와 한사가 겹쳐 묶인 경우가 된 것이다. 그러나 이 병증은 추운 달에 많이 있고 더러 풍사와 한사를 피하여 조심하지 않은 뒤에 있다.

그 구슬진의 그림자를 살펴 빛깔이 희끄무레하게 살갗 아래 있고 붉음이 생동하여 드러나지 않고 입술이 희끄무레하면서 희고 더러 푸름을 띠고 맥박이 또 느리고 비록 가슴속이 달아오면서 답답하고 편안치 않고 미친 듯이 놀라 헛소리를 하나 또한 이는 피와 원기가 허약하여서 독기를 보내서 돋아나오지 못한 것이다."

만전(萬全)이 말했다.

"천연두 뒤에 때없이 힘줄이 뻣뻣해지면서 오그라들고 늘어짐이 되풀이되는 두 병세가 있는데, 하나는 심장에 열이 머무르면서 없어지지 않고 열이 왕성하여 풍사를 일으키고, 풍사와 화사가 서로 싸우면 그 사람은 반드시 목 속에 가래가 있고 눈알이 돌아가지 않아 곧추 위를 보고 얼굴이 붉어지고 물을 계속 들이켜고 사는 곳이 차가움을 좋아하는 데는 마땅히 도적산(導赤散: 19-6)과 사청환(瀉靑丸: 23-9)에 포룡환(抱龍丸: 23-8) ②를 배합하여 치료한다. 또 하나는 병 뒤에 많이 먹고 위장이 약하여 곡식을 잘 소화시키지 못함을 식증발휵(食蒸發搐)이라 이르는데, 그 사람은 반드시 주기적으로 열이 나면서 대변은 신 냄새가 나며 대변이 굳어지거나 설사함이 조화롭지 못하고, 더러 게우거나 배가 아픈 데는 마땅히 비급환(備急丸: 23-10)과 정향비적환(丁香脾積丸: 32-6)으로 설사를 시킨 뒤에 포룡환(抱龍丸: 23-8)을 조절해 치료한다."

만전(萬全)이 말했다.

"천연두와 홍역을 멋대로 보고 멋대로 진찰함은 귀신을 보는 경우와 같다. 이 병독이 속에서 공격하면 마음이 어둡고 흐릿하며 정신과 지혜가 맑지 않다. 그런데 더구나 소아는 정신과 원기가 쇠약하여 귀신과 도깨비가 쉽게 침입하고 또 귀신은 항상 오르고 전염성을 띤 사기가 다니다가 사람의 허약함을 타고서 전염시켜 곪기니 모름지기 이를 살피고, 더러 대변이 굳어 맺힘으로 말미암아 이 병세가 있으면 이는 속에 열이 있는 것이다. 삼황환(三黃丸: 10-4)을 쓴다."

5-10. 천연두로 말미암은 배아픔
  * 허리와 겨드랑이의 아픔을 덧붙임.

적량(翟良)이 말했다.

"배아픔은 한에 속하는 경우가 많은데, 다만 천연두로 말미암은 배아픔은 모두 독열에 속한다. 한번 열이 일어나면서 문득 배아픔이 있는데 이는 독기가 소화기관에 울체되어 속을 공격하는 것이다. 한번 음식에 체함으로 말미암아 배아픔을 일으키는 경우 그 아픔은 갑자기 일어남이 많아 반드시 몹시 울부짖는데 배꼽 위에 아픔이 많이 있다. 얼굴은 반드시 맑은 흰빛이고 입술은 희끄무레하고 손발은 차가우며 병인으로 아프고 아픔이 조금 느리게 이르고 일어났다 그쳤다 함이 배꼽 아래에 많이 있다. 더러 허리가 연달아 아프고 또는 구슬진 빛깔이 붉으면서 입술이 보랏빛이고 손발이 차지 않다. 이 두 경우는 반드시 명백히 분별하여야 바야흐로 약을 쓸 수 있다. 천연두 병인의 기운으로 아픈 데는 마땅히 계지대황탕(桂枝大黃湯: 35-3)을 쓰고, 음식에 다쳐 아픈 데는 마땅히 평위산(平胃散: 17-3)에 산사·신곡·맥아·향부자를 더해 쓴다.

　날음식과 찬음식을 잘못 먹어 배가 아픈 경우는 마땅히 이중탕(理中湯: 18-3)에 진피를 더해 쓴다. 풍사와 한사를 받아 몸이 흔들려 움직이면서 배가 아픈 경우는 승갈탕(升葛湯)을 쓴다."

　만전(萬全)이 말했다.
"홍역의 발진으로 열이 일어나 배가 아픈 것은 이는 독기가 속을 공격한 것이다. 마땅히 땀을 내어 겉에 있는 사기를 없애고 속을 성글게 하되 만일 2~3일 뒤에 대변이 막혀서 통하지 않으면서 아픈 경우는 이것은 똥이 건조하여 병인과 더불어 서로 한데 모여서 아픈 것이다. 담도법(膽導法: 26-10)을 쓰고, 더러 찬물을 마셔서 아픈 경우는 냉통(冷痛)인 것으로 이중탕(理中湯: 18-3)을 쓴다. 더러 음식을 많이 먹었기 때문에 아픈 경우 이는 식적복통(食積腹痛)인 것으로 목향대안환(木香大安丸: 32-4)을 쓴다. 만일 저절로 설사한 뒤 아픈 경우는 허증으로 나타난 아픔인 것인데 황기건중탕(黃芪建中湯: 28-3)을 쓴다,

　천연두 뒤에 배가 아프고 더러 대변이 막혀서 통하지 않고 똥이 건조해 아픔을 일으킨 데는 비급환(備急丸: 23-10)을 주약으로 쓴다. 더러 음식을 지나치게 많이 먹었기 때문에 위장이 허약하여 음식을 소화시키지 못한 경우로 대변이 막혀서 통하지 않는 데는 정향비적환(丁香脾積丸: 32-6)을 쓰고, 대변이 순조로운 데는 목향대안환(木香大安丸: 32-4)을 주약으로 쓴다. 다만 똥이 메마르고 아픈 병세가 하초에 있고 음식에

다쳐 아픈 병세가 상초에 있어 손으로 누를 수 없고 만일 병세가 중초에 있어 손을 써서 누르거나 주물러 피가 통하게 함을 기뻐하면 이는 정기가 허약하고 속이 찬 병세인 것이다. 황기건중탕(黃芪建中湯: 28－3)을 주약으로 쓴다.

무릇 찬물과 사탕·수박·홍시, 마름과 가시연밥, 감귤·풋배 등 모든 날음식·찬음식으로 배가 아픈 경우는 정향비적환(32－6)을 끓인 물로 먹는다. 만일 기름지고 살진 음식과 단 떡의 모든 뜨거운 음식물로 배가 아픈 경우는 비급환(23－10)을 끓인 물로 먹는다."

적량(翟良)이 말했다.
"천연두로 열이 일어나고 허리가 아픈 것은 사기가 방광을 경유하여 곧바로 신장에 들어가고 신장의 테두리 기혈이 허손해 열의 속성이 심한 사기가 왕성한 것이다. 마땅히 빨리 병인을 풀어 설사시켜야 한다. 음기가 적은 사기는 땀을 내어서 겉에 있는 사기를 없애 태양경을 통하게 하여서 사기로 하여금 깊이 들어갈 수 없도록 한다. 조금 늦추면 겉과 속이 병을 받아 오장육부의 원기가 모두 끊어진 데는 마땅히 인삼패독산(人蔘敗毒散: 4－3)을 쓰고 다음에 오령산(五苓散: 15－4)에 독활을 더해 먹는다."

만전(萬全)이 말했다.
"천연두 뒤에 두 옆구리가 아픔은 나머지 병인이 가운데 있기 때문에 음기·양기가 오르내릴 수 없는 것이다. 마땅히 소시호를 감길탕(甘桔湯: 21－1)에 더해 주약으로 쓴다."

5—11. 천연두와 대변·소변
  * 설사·이질을 덧붙임.

적량(翟良)이 말했다.

"처음 열이 일어날 때는 대변이 마땅히 물렁하나 더러 2~3일 대변을 누지 못하면 창자와 위가 통하지 못함이 두렵고, 영위(榮衛)가 혈맥 속과 밖에서 다니지 못하면 구슬진이 어떻게 잘 돋아나오겠는가. 소변은 처음과 끝이 마땅히 막히지 않으나 한번 막히면 그 재앙은 알 수가 없다. 천연두의 병인은 기혈이 순환하는 통로를 소통시켜 설사시킴이 가장 마땅하다. 원기나 피가 활동해야 바야흐로 쉽게 돋아나오고 쉽게 솟는다. 『내경(內經)』에 말하기를 '여러 가지 아픔과 피부 질병은 모두 심장에 딸렸다.'고 했다. 만일 심장에 소장에서 열이 옮겨지고 소장에는 방광에서 열이 옮겨지고 방광은 몸안의 체액의 장기가 된다. 원기가 몸안에서 순환하여 물질을 발생 변화시켜 원기를 내어 열이 되면 먹어도 잘 소화시킬 수 없어 몸안의 체액을 밖에 내보내지 못하는 까닭이다. 그리하여 소변이 막히고 몸안의 원기와 피가 순환하는 통로가 이로 말미암아 막히어 걸리고 원기와 피가 이로 말미암아서 막히면 병인의 열이 안을 공격하여 밖에 도달할 수 없는데 빨리 이를 통하게 함이 마땅하다."

만전(萬全)이 말했다.

"천연두 뒤에 병인이 뱃속에 들고 열기가 소장에 한데 모이면 소변이 통하지 않는다. 오령산(五苓散: 15－4)·도적산(導赤散: 19－6)이 마땅하고, 열기가 대장에 한데 모이고 대변이 통하지 않는 데는 삼황환(三黃丸: 10－4)·사순음(四順飮: 20－2)·삼을승기탕(三乙承氣湯: 27－8)이 마땅하고, 소변과 대변을 관장해 함께 통하지 않는 경우는 마땅히 팔정산(八正散: 20－3)·통관산(通關散: 20－3)을 짐작해서 쓴다.

무릇 잘 먹는 경우는 대변이 물렁함을 좋아하고 햇곡식을 힘입어 치료하려 해도 묵은 찌끼가 머물지 않아 자연히 오장육부가 생동감 있게 설사한다. 피의 기운이 화평하면 함부로 성질이 더운 보약을 쓸 수 없고 이를 쓰면 도리어 속에 열을 더한다."

적량(翟良)이 말했다.

"『내경(內經)』에 이르기를 '양의 속성을 가진 기운이 아래에 있고 스며 나감이 생기는 것은, 열이 쌓인 기운이 덮여 위로 오를 수 없어 흘러서 아래로 설사하는 것이다.' 하고, 또 이르기를 '습한 기운이 왕성하면 설사가 난다.' 했는데, 천연두의 구슬진이 돋아나오지 않으며 설사함은 이는 사기(邪氣)가 속에 모여 창자와 위장에 열이 심하여 병인이 다른 오장육부로 옮겨서 평상을 잃은 것이다. 벌써 돋아나오고 설사가 나면 이는 사기가 겉에 모여 생체의 저항력(正氣)이 바야흐로 사기를 쫓아서 밖으로 진기를 내보내는 것이라 했다.

겉에서 속을 주장하지 못하면 속의 원기가 허약해져 물과 음식을 잘 받아들일 수 없기 때문에 저절로 설사가 나는 것이다. 설사가 일어났을 때는 모름지기 한증과 열증의 허실을 분별해 치료한다. 만일 설사하면서 손발이 차고 얼굴 기운이 푸르고 해쓱하고 창양에 붉음이 가득차지 않은 경우는 한설(寒泄)인 것이다. 이중탕(理中湯: 18-3)·목향산(木香散: 32-3)을 주약으로 쓴다. 만일 설사해 내리는 사물의 빛깔이 누르고 시큼한 냄새가 나고 손발이 메마르고 심장의 열로 얼굴이 붉고 창양이 붉음이 가득차고 부어 부푼 경우는 열증인 것이다. 황금탕(黃芩湯: 7-3)·오령산(五苓散: 15-4)을 주약으로 쓴다."

장개빈(張介賓)이 말했다.

"정기가 허약하고 속이 차서 설사가 나고 모든 증세에 큰 열이 없고 입에서는 차가움을 좋아하지 않고 맥박이 세게 뛰거나 빠르지 않고 배가 열로 부풀지 않고 가슴이 달아오면서 답답하고 편안치 않음이 없고 음식을 먹음이 줄어들었으나 갑자기 저절로 설사하는 경우는 다 정기가 허약하고 속이 찬 것에 딸려 일절 함부로 성질이 차고 서늘한 약제를 쓸 수 없다. 거듭 비장을 다치면 반드시 치료하지 못한다. 마땅히 온위음(溫胃飮: 17-6)·양중전(養中煎: 33-5)·오군자전(五君子煎: 15-10)을 쓰고, 더러 이중탕(理中湯: 18-3)·사군자탕(四君子湯: 15-9) 따위를 마땅함에 따라 쓴다."

만전(萬全)이 말했다.

"천연두의 고름딱지가 앉을 때 설사에 맑은 물이 있는 경우와 일찍이 크게 갈증이 있어 물을 마심이 지나치게 많아 속에 모여 쌓여 창자와 위장에 물을 대어 스며들어 이제 곧 설사를 만들었는데, 이는 물이 쌓인 설사인 것이다. 물이 다 없어지면 설사가 그침이 있다. 설사에 피고름이 있는 경우는 구슬진을 거두지 않고 고름딱지가 거꾸로 이루어졌기 때문이다. 속의 원기가 굳세고 튼튼해 병인이 머무를 수 없어 이에 저절로 대변으로 내려가는데 이것은 고름딱지를 거꾸로 설사한 것이다. 설사를 다하면 피고름은 저절로 낫는데 정기가 허약하고 속이 찬 경우와 더불어 복잡하게 얽어 같이 논할 수 없다. 만일 이 두 병증을 알지 못해 그것이 저절로 나음을 기다리지 않고 함부로 설사를 그치게 하는 약제를 쓰면 잘못으로 죽는 경우가 많다."

적량이 말했다.

"피가 섞인 설사(赤痢)는 혈에 속하며 소장에서 온다. 이질(白痢)은 기에 속하며 대장에서 온다. 이는 모두 습열이 창자와 위장에 몰려서 원기와 피를 다쳐서 그런 것이다. 대체로 천연두의 이질을 치료함에는 다만 병인을 풀고 오줌을 잘 나가게 하면 된다. 적취가 없으면 이질이 이루어지지 않는다는 설을 따라서 적취를 터뜨리면 안된다."

5—12. 천연두의 곪는 증세
* 잇몸이 벌겋게 붓고 허는 병증을 덧붙임.

적량(翟良)이 말했다.

"천연두의 병독이 살과 살갗에서 일어나서 영위(榮衛)가 혈맥 속과 밖에서 잘 운행하지 못하면, 이로써 열이 몰리고 흩어지지 않는데, 가벼우면 피부에 얕게 헌데가 맺히고, 심하면 머리와 목이나 가슴과 등이나 팔다리의 뼈마디 사이가 붉게 부으면서 곪는다. 병독이 바야흐로 고름이 되지 않으면 마땅히 땀을 내어 겉에 있는 사기를 없애서 그것이 저절로 흩어지게 하고, 그것이 고름이 되기에 미쳤으면 마땅히 혈분의 열을 없애 병독을 풀어 밖으로 내보내서 그 병이 저절로 낫게 해야 한다."

만전(萬全)이 말했다.

"천연두를 앓고 난 뒤에 온몸에 버짐이 옴 같고 문둥병같이 피고름이 점점 번져나가면서 심해지며 살갗이 썩어 문드러지고, 날짜가 오래도록 낫지 않고 이 병인의 기운이 살갗에 흩어져 가득찬 데는 마땅히 승갈탕(升葛湯)·방풍해독탕(防風解毒湯: 3-3)을 쓴다.

모든 천연두의 곪는 증세를 치료함에는 먼저 어느 경락(經絡)에 있는가를 살펴서 경락에 따른 약을 이끌어 쓰되, 만일 태양경(太陽經)의 병증에는 강활·방풍을 쓰고, 양명경(陽明經)의 병세에는 승마·백지(白芷)를 쓰고, 소양경(少陽經)의 병증에는 시호를 쓰고, 소음경(少陰經)의 병증에는 독활을 쓰고, 태음경(太陰經)의 병증에는 방풍을 쓰고, 궐음경(厥陰經)의 병증에는 시호를 쓴다. 만일 처음에 붉게 붓고 딱딱하고 아픈 경우에는 침으로써 찔러 빨아내서 죽은 피를 없애고 발독고(拔毒膏: 37-7)를 바른다. 원기가 왕성한 경우는 배독산(排毒散: 37-6)을 쓰고, 원기가 허약한 경우는 십선산(十宣散: 37-2)을 쓰고, 벌써 진무른 경우는 십전대보탕(十全大補湯: 16-4)을 쓴다. 곪음이 팔다리에 있는 경우는 많이 해독탁리산(解毒托裏散: 34-1)을 함께 쓴다."

적량(翟良)이 말했다.

"입과 혀에 감질이 생기는 데는 취구단(吹口丹: 38-10)을 불어넣으면 곧 낫는다. 만일 병인이 어금니의 뿌리를 공격해 썩어문드러져 감질이 이루어진 경우 이 병증은 몹시 빨리 사람을 죽인다. 급히 감로음(甘露飮: 21-4)을 먹고, 먼저 부추 뿌리와 짙은 차잎을 짙게 물에 달여 닭의 깃털을 써서 썩은 살을 없애고 씻어 선명한 피가 보이면 이에 차아산(搽牙

散: 39-9)에 코끼리이빨과 누에고치를 더해 하루 3~4번 바름이 또한 괜찮다. 입안이 허는 병증에 곧 이 처방을 쓰되 오줌버케와 사향과 차(搽)를 더하고, 목구멍 가운데가 문드러지기에 이른 경우는 작은 참대 대롱을 써서 바야흐로 약을 불어넣고, 비록 입과 이빨이 문드러져 떨어지고 입술이 뚫려 헤진 경우도 약을 바르면 모두 낫는다."

오학손(吳學損)이 말했다.
"천연두와 홍역 두 병증에는 입 가득히 창양이 생기고 입술과 입이 째지고 갈라지며 얼굴이 붉어짐이 치장함 같은데, 이는 진실로 양의 속성을 가진 사기가 입과 이빨로 올라가서 창양이 생긴 것이다. 곧 열이 많아서 된 것으로 치료하려고 성질이 차거나 서늘한 약재 쓰기를 물리치고 도리어 음식을 잘 소화시키지 못함으로 보고 대변을 설사시킨다. 또 이르기를, '나는 맛이 쓰고 성질이 찬 약을 써서 치료하는데 그래도 목마름이 없어지지 않고 그 열이 물러가지 않았어도 나는 의심하지 않았던 것이다.' 병을 앓는 집에서 또 이르기를, '속에 열이 있으면 반드시 크게 왕성할 텐데 당신의 의심대로가 아니니 자식의 천명일 뿐이고 두 가지에 뉘우칠 것이 없으니 어찌 매우 애석하게 여길 수 있으리요.' 『내경(內經)』에 이르기를, '정기와 사기가 왕성하고 허약함을 자세히 살피지 않고 일률적으로 치료하면 도리어 위장의 원기를 다쳐 음식을 소화시키지 못하고 또 설사를 겸하여 속에 체액의 분비물이 없어지면 진음이 부족하여 생긴 화사가 위로 올라가 입과 이빨에 창양을 이루어 문드러진다.'고 했는데, 입이 메마르면 급히 마땅히 성질이 더운 보약으로 비장을 보하여 위장의 음기를 길러 심장의 열이 왕성함을 설사시키면 자연히 평상을 회복한다. 만일 치료함을 조금이라도 더디게 하면 잘 치료할 수 없으니, 급히 마땅히 육군자탕(六君子湯: 16-1)에 술에 불려 누렇게 볶은 황금·황련을 더해 비장을 든든하게 보하여 화사를 설사시키고, 아울러 감로음자(甘露飲子: 21-4)에서 지각을 없애고 인삼·복령을 더해 달여 먹고, 잇따라 바르고 문지르는 약을 쓰면 자연히 효험을 취한다."

5—13. 천연두의 부풀고 부음
   * 음식 먹기를 싫어함을 덧붙임.

만전(萬全)이 말했다.

"바야흐로 모든 천연두의 구슬진이 머리와 얼굴에 미리 부풀어오르는 경우 이는 계절성을 띠고 돌림병을 일으키는 전염병으로 이름이 대두온(大頭瘟)인데, 그 병인이 가장 몹시 급한 데는 강활구고산(羌活救苦散: 35-5)을 써서 이를 흩는다."

적량(翟良)이 말했다.

"천연두의 구슬진이 돋아난 뒤 얼굴과 눈이 허약해져 부음이 오래고 한몸이 모두 부은 경우 이는 겉의 원기가 부족한데 바람을 쐼이 너무 일러 바람이 병을 일으키는 원인이 되어 허약함을 타고 들어감인데, 그 치료는 폐장에 있으니 마땅히 오피탕(五皮湯: 22-3)을 처음에 계피나무 가지를 더해 써서 약간 땀을 낸 뒤 본 처방만으로 먹는다. 만일 얼굴과 눈이 허약하여 붓지 않고서 온몸이 모두 부은 경우는 위령탕(胃苓湯: 15-7)에 오피탕(五皮湯: 22-3)을 합쳐서 주약으로 쓴다. 배가 상쾌하지 않음이 느껴지고 설사하면서 얼굴과 눈, 온몸이 모두 부은 경우 인삼사령오피산(人蔘四苓五皮散: 35-6)을 주약으로 쓴다.

천연두 증세에 불알을 싼 주머니가 부어 아프고 박과 같은 경우는 곧 양열이 몰린 병인이 소장으로 흘러들어간 것이다. 마땅히 사령탕(四苓湯: 15-1)에 활석·구맥·치자인·목통을 더해 주약으로 쓴다. 또한 궐음경과 간경에 열이 있어 아래로 내려가서 부음을 일으킨 경우는 소시호탕(小柴胡湯: 10-6)에 청피·목통·산사육을 더해 주약으로 쓴다."

만전(萬全)이 말했다.

"천연두로 배가 불러오르며 팽팽해짐에는 두 가지 증세가 있다. 첫째는 음기와 양기가 조화롭지 않거나 더러 음식을 지나치게 많이 먹거나 또는 성질이 서늘한 약제를 잘못 써서 열이 찬 곳에 부딪치게 되어 빠져나가려고 하나 나갈 수 없어 차가움과 열이 서로 쳐서 병독이 일어나 나가지 않기 때문에 배가 불러오르며 팽팽해진다. 또 차가움에 다친 경우 반드시 잘 먹을 수 없고 대변·소변이 순조롭지 않아 배 가운데가 비어 소리나는 데는 마땅히 급히 성질이 더운 약제로써 찬 기운을 나누어 쫓아냄에는 익황산(益黃散: 33-2)에서 감초를 없애고 후박을 더해 쓴다. 심한 경우는 진씨목향산(陳氏木香散: 32-3)을 쓰고, 눈이 침침한 경우 도리어 센 설사약을 쓰면 병세가 위중하고 피곤해져서 죽음에 이르게 한다. 둘째는 병인의 기운이 허약해서 구슬진이 잘 내돋지 못하고 속으로 들어가면 반드시 다른 증세와 서로 섞임이 있고, 더러 가슴속이 달아오면서 답답하며 편안치 않고 크게 목이 마르고, 또는 대변·소변이 굳어 잘 나오지 않거나 또는 울부짖음을 멈추지 않음에는 다만 성질이 따뜻하고 평한 약을 써서 병인을 흩으며, 빠르고 순조로운 약제인 자초음(紫草飮: 36-9)을 주약으로 쓴다."

만전이 말했다.

"천연두의 구슬진이 돋아난 뒤 배가 허약해져 불러오르며 팽팽해짐이 가득차고, 더러 숨이 차고 거친 경우 이는 오래된 때가 속에 있음이니, 나머지 병인을 묻지 말고, 먹은 음식물이 정체되고 수분이 쌓인 데에는 모두 마땅히 먼저 이를 설사시킨다. 마땅히 탑기환(塌氣丸: 31-7)으로 설사시킨 뒤 마땅히 위령탕(胃苓湯: 15-7)에서 감초를 없애고 인삼·황기·대복피를 더해 쓴다. 만일 새 음식으로 말미암아 배가 불러오르면서 팽팽해지고 붓지 않는 경우는 다만 목향대안환(木香大安丸: 32-4)을 쓴다."

만전(萬全)이 말했다.

"천연두의 구슬진이 돋아난 뒤 음식 먹기를 싫어하면 이 병인은 비장에 있는 것이다. 만일 원래 먹지 않다가 지금 기쁘게 몹시 지나치게 먹었기 때문이거나 더러 원래 잘 먹고 지금 또 갑자기 더해 음식 먹기를 싫어하는 경우 이는 모두 속이 다친 나머지 증세가 있는 것이다. 마땅히 목향대안환(木香大安丸: 32-4)을 쓴다. 만일 거의 먹지 않음에 가깝다가 지금 오히려 먹기를 좋아하지 않는 경우 이는 비장과 위장이 허약해진 것이다. 마땅히 인삼백출산(人蔘白朮散: 16-2)에서 갈근을 없애고 진피·목향을 더해 쓴다."

5-14. 천연두와 별개의 증상
   * 중풍·궐랭·안질·개치·대안(戴眼)

만전(萬全)이 말했다.

"천연두 뒤에 중풍(中風)으로 온몸이 퍼렇게 검어지고 입을 다물고 입으로 거품 썩힌 침이 나오고 몸뚱이는 경련이 일어나서 뒤로 잦혀지고 손발이 뻣뻣해지면서 오그라들거나 늘어지는 경우 이는 영위(榮衛)가 바로 허약해졌는데도 조심할 줄 몰라 갑자기 바르지 못한 사기가 허약함을 타고서 들어간 것이다. 마땅히 소풍산(消風散: 30-2)에 선태 가루와 생강·박하즙 및 술 각기 몇 방울을 넣어 따뜻이 데워 깊이 스며들면 연달아 2~3번 먹는다. 더러 두드러기가 생겨나거나 또는 살갗에 발진이 거듭 돋아나오면서 낫는다. 포룡환(抱龍丸: 23-8)으로 병을 치료하며 건강을 관리한다."

적량(翟良)이 말했다.

"팔다리는 곧 모든 양기의 근본이라 늘상 마땅히 맥이 고르게 느릿느릿 뛰어야 한다. 만일 손가락 끝이 약간 찬 경우 양기가 쇠약한 것이다. 발바닥 가운데가 찬 경우는 음기가 왕성한 것이다. 만일 창양이 본디 황흑색이고 가슴이 답답하고 입안이 마르며 갈증이 나고 갑자기 혼미하여 숨이 차면서 팔다리가 싸늘해지는 경우 이는 양기의 병인이 속으로 들어가 열의 기운이 몰려 엎드려 손발이 차가워진 것이다. 이른바 열이 깊으면 팔다리가 서늘해지고 또한 화사가 크게 대단하며 물 같은 대변이 통하지 않는 경우 승기탕(承氣湯: 27-8)을 주약으로 쓴다. 더러 조변백상환(棗變百祥丸: 35-7)은 이는 죽음 가운데서 삶을 구하는 약이다. 천연두가 아니면서 검은 경우엔 가볍게 쓸 수 없다. 만일 창양이 본디 잿빛을 띤 흰빛이고 설사를 하면서 팔다리가 서늘해지는 경우 이는 원기가 허약해져 음기와 양기가 잘 순행하여 접촉하지 못해서 손발이 차가워진 것이다. 진씨목향산(陳氏木香散: 32-3)·진씨이공산(陳氏異功散: 32-1)을 주약으로 쓴다. 열 손가락이 조금 찬 경우 사군자탕(四君子湯: 15-9)·이중탕(理中湯: 18-3)에 모두 계피를 더해 주약으로 쓴다."

만전(萬全)이 말했다.

"천연두 뒤에 팔다리가 얼음처럼 차가워짐은 이는 원기와 피가 오래도록 허약해서 비장·위장이 크게 피곤해진 것이다. 마땅히 조원탕(調元湯: 18-7)에 당귀를 더해 쓴다. 몸에 열이 나면 부자를 더한다."

적량(翟良)이 말했다.

"머리가 따뜻하고 발이 찬 경우 병인의 사기가 쩌서 김이 오르는데 열은 양에 해당한 부위에 있으므로 머리가 따뜻하고, 차가움은 음에 해당한 부위에 있으므로 발이 찬 것이다. 그러므로 발의 차가움이 무릎을 지나는 경우 치료하지 못한다. 그러나 또한 열의 몰림이 위에 있어서 발이 찬 경우 위의 열을 내리면 열이 내려가서 발은 저절로 따뜻하다. 마땅히 삼소음(蔘蘇飮: 1-8)에 인삼·길경을 없애고 후박·치자인을 더해 쓴다."

장개빈(張介賓)이 말했다.

"천연두로 눈에서 눈물이 흐르고 벌개져 아프며 더러 눈곱이 많음은 이는 간기가 몹시 왕성해서 생긴 화사인 것이다. 마땅히 성질이 서늘한 약으로 열을 치료하되 용담사간탕(龍膽瀉肝湯: 34-6)에 약제를 돋구어 쓰고, 더러 추신음(抽薪飮: 37-8)에 목적·선퇴 따위를 더해 주약으로 쓴다. 만일 대변이 뭉쳐 막히고 통하지 않는 경우는 또한 대황을 조금 더해도 괜찮다.

천연두 뒤에 눈이 막히고 눈물이 나와 감히 밝게 보이지 않는 경우 이는 속의 화사가 내리지 않아서 햇빛이 빛났기에 밝음이 두려운 것이다. 마땅히 세간명목산(洗肝明目散: 34-8)을 쓴다.

천연두 뒤에 눈까풀이 바람을 맞아 생긴 병인으로 붉게 문드러져서 더러 아프거나 또는 가렵고 메말라 깔깔하고 햇빛에 의한 심한 자극을 꺼리고 눈곱과 눈물이 많은 경우 마땅히 진피산(秦皮散: 37-9)을 써서 씻는다."

적량(翟良)이 말했다.

"추위를 싫어하고 몸이 떨리는 경우는 흐릿한 듯하고 추워 우쭐대는 듯이 흔들려 움직이는 것이다. 이빨을 가는 경우는 위아래 조각의 어금니가 서로 갈려서 나는 울림인 것이다. 의술에 관한 서적에 이르기를, 원기가 허약하면 추위를 싫어하고 몸이 떨리며, 피가 부족하면 이빨을 간다고 했다. 또 말하기를, 폐장에 생긴 열증으론 추위를 싫어하고 몸이 떨리며, 위장의 열로는 이빨을 갈게 된다. 전씨(錢氏)가 말했다. '간장은 풍사를 주관하여 간장이 허약하면 이빨을 갈고 하품이 많다.' 또 말했다. '눈알을 위로 치뜨고 이빨을 가는 것은 심장에 생긴 여러 가지 열증 때문이다.' 이로써 생각건대, 천연두의 병인은 오장에서부터 증세가 일어남을 따라서 이를 보게 된다."

섭상항(聶尙恒)이 말했다.

"더러 추위를 싫어하고 몸을 떨며 이빨을 가는 증세를 열이 있고 한사가 있다고 이른다. 만일 천연두의 구슬진 빛깔이 붉은 보랏빛으로 일제히 솟아올라 피어나며, 몸에 열이 나고 가슴속이 달아오면서 답답하고 편안치 않으며 갈증이 나고, 대변이 굳어져 나가지 못하며 소변이 붉고 껄끄럽고, 맥박이 세고 빠르게 뛰어 오는 경우는 열사인 것이다. 위장에 열이 쌓이면 이빨을 갈고 폐장에 열이 쌓이면 추위를 싫어하고 몸을 떠는 것이다. 만일 천연두의 구슬진 빛깔이 희끄무레하고 살갗이 어둡고 정수리가 움푹해지고 몸이 서늘해져 음식 먹기를 싫어하며, 대변·소변을 설사하고 맥박이 약하고 느린 경우는 한사인 것이다. 대개 위장이 차면 이빨을 갈고 폐장이 차면 추위를 싫어하고 몸을 떠는 것이다. 이 설은 타당하다. 그러나 이 증세는 한사에 딸린 경우가 열에 아홉이고 열사에 딸린 경우가 열에 하나이다. 7~8일 앞서 보이고, 오히려 사이에 열사에 딸림이 있는 경우 7~8일 뒤에 나타난다. 그 열사에 딸린 경우는 적다. 이로써 열사가 되는 경우는 처방을 세우지 않았다."

장개빈(張介賓)이 말했다.
"눈을 위로 치뜨고 눈알이 돌아가지 않는 증세는 모두 천연두의 구슬진이 내돋고 속에 고름이 찬 뒤이거나 더러 크게 땀이 나고 크게 설사한 뒤에 눈알이 위로 걸림이 많이 있고, 또는 흰자를 드러내는 경우를 대안(戴眼)이라 이른다. 이것은 정기(精氣)가 피고름이 되어 땀방울을 없앤 것이라 이에 신장의 음액이 줄어들고 말라 크게 허약해진 병증으로 마땅히 십전대보탕(十全大補湯: 16-4)을 쓴다."

5-15. 천연두와 부인

손일규(孫一奎)가 말했다.
"미성년 여자 아이에게 천연두 구슬진이 돋아나옴은 미성년 남자 아이와 서로 같이 의론할 것이 없는 것이다. 다만 월경이 통한 경우는 치료법이 능히 다름이 없다. 또 저 열이 일어난 처음에 마침 달거리를 만나 만일 시기가 이르렀으면 열이 피를 따라 흩어지고 구슬진이 돋아남도 또한 가볍다. 모름지기 약을 먹지 말라. 만일 3~4일 지나서도 열이 그치지 않고 구슬진이 돋아나오지 않는 경우는 이 열이 자궁에 들어가 피가 반드시 함부로 다녀 속에서 움직이게 되어 허중(虛中)이 되는 병에는 마땅히 양혈지황탕(凉血地黃湯: 34-3)에 인삼을 더해 치료한다."

　손일규가 말했다.
"달거리가 아닌 시기에 열이 일어날 때 달거리가 갑자기 이르른 경우 이것은 병인의 화사가 속에서 왕성하여 피를 강제로 함부로 다니게 하기 때문인데 반드시 천연두의 병인이 왕성하고 많은 데는 급히 양혈해독탕(凉血解毒湯: 34-2)에 연교·우방자를 곱절로 더해 써서 열사로 하여금 병인을 없애서 흩어지게 하면 구슬진이 돋아나옴을 얻고 달거리도 그침을 얻어 비로소 달라지는 증상이 없겠다. 더디면 내장 장기가 허약해지고 구슬진은 반드시 묻힌다. 유화산(柳花散: 36-2)이 좋다."

　손일규가 말했다.
"천연두가 일어날 때 달거리가 마침 오고 갑자기 목이 쉬거나 하면서 말할 수 없는 경우는 곧 피가 소음경에 들어가 그 어귀에서 능히 혈맥 속에서 위로 올라가지 못하는 것이다. 마땅히 먼저 당귀양심탕(當歸養心湯: 34-4)을 주약으로 쓴다. 그가 능히 말을 한 뒤에 십전대보탕(十全大補湯: 16-4)으로 치료한다. 더러 돼지 심장의 피를 배합하여 먹어도 또한 괜찮다."

　손일규가 말했다.
"달거리가 끊어지지 않았을 때 마침 천연두 구슬진이 돋아나오고 몸에서 높은 열이 일어나 마음과 정신이 혼미해지고 말이 제멋대로이고 귀신을 본 듯하고 옷을 부여잡고 허공에 대고 헛손질을 하면 이는 달거리를 한 뒤 자궁이 비고 허약해져 큰돌림의 사열이 허약함을 타고서 충맥(衝脈)에 침범해 들어간 증세이다. 대개 간장은 피를 갈무리했다가 눈에 구멍을 열게 하고, 마음과 정신이 혼미한 경우는 생각이 어지러운 것이다. 눈에 헛것이 보이는 경우는 보임이 어지러운 것이다. 말이 제멋대로인 경우는 간장이 심장에 열을 옮기는 것이다. 마땅히 사간산(瀉肝散: 34-7)이나 더러 소시호탕(小柴胡湯: 10-6)에 생지황・목단피를 더해 쓴다."

손일규가 말했다.

"바로 자궁 출혈이 그치지 않음은 원기와 피가 함께 허약한 뒤 마침 천연두의 구슬진이 돋아나옴을 만나 이것이 반드시 잘 임무를 충분히 감당할 수 없음이다. 마땅히 그 원기와 피를 크게 보함에는 십전대보탕(十全大補湯: 16-4)과 팔진탕(八珍湯: 16-5)에 목향・황기・관계를 더해 주약으로 써서 속의 원기를 충족시켜 병인이 머물러 지체됨이 없도록 하여 다시 능히 음식을 먹으면 목숨을 보전할 수 있고 그렇지 않으면 무너져내려 치료하지 못한다."

손일규(孫一奎)가 말했다.

"이전부터 현재까지 달거리가 막히고 통하지 않아 족태음비경이 마르고 마침 천연두의 구슬진이 돋아나옴을 만나 병인의 기운이 충맥과 임맥 사이에 몰리고 흩어져 두 양명경에 한꺼번에 일어나면 그 열이 반드시 심한데, 만일 이를 공격하면 피가 함부로 다님을 그치지 않고 구슬진 또한 돋아나오지 않아 숨참이 되고, 온몸이 붓고 배가 창만함이 되어 구슬진이 잘 내돋지 않는다. 모름지기 그 심장・비장을 다스려 병인으로 하여금 일어나 새어나가도록 해야 아마도 그 삶을 지킬 수 있다. 귀비탕(歸脾湯: 17-1)・소요산(逍遙散: 36-4)으로 이를 치료한다. 비장이 화평하고 음식을 든 다음이라야 바야흐로 공효를 거둘 수 있다."

손일규가 말했다.

"임신한 부인이 천연두의 구슬진 돋아나옴에 가장 꺼리는 것은 대개 열로 태아가 자궁 안에서 능히 움직여 태아가 떨어지면 피와 원기가 쇠

퇴하여 패망하고 구슬진이 반드시 잘 부풀어 오르면서 내돋지 못하면 생명이 위태롭다. 대개 천연두에 약을 씀은 많이 성질이 더운 보약으로 허약함을 치료하기를 주로 삼는다. 무릇 이런 병증을 만난 경우 가볍거나 위중함을 묻지 말고 다 성질이 찬 약으로 열을 내려 태아를 안정시킴을 주로 삼고 그 태아를 부딪쳐 움직이면 안된다. 마땅히 안태산(安胎散: 36-5)에 황금·작약을 더해 주약으로 쓴다. 피가 움직이는 경우 사물탕(四物湯)에 황금·황련을 더해 치료하고, 조태산(罩胎散: 36-6)으로 돕는다. 몸에 열이 나고 발이 차며 배가 몹시 불러오르며 속이 그득한 경우 팔진탕(八珍湯: 16-5)에 목향을 더하고, 비장의 원기가 허약해 음식을 먹지 않고 병인이 일어나 밖으로 나가지 않는 경우 사군자탕(四君子湯: 15-9)에 목향·찹쌀·자초를 더하고, 임신 때 아랫배·허리가 아프며 자궁에서 피가 나오는 경우는 안태산(安胎散: 36-5)에 사인을 더하고, 다만 몸에 열이 일어나고 몸 밖에서 침입한 사기가 있으나 속엔 증세가 없는 경우 삼소음(蔘蘇飮: 1-8)에 목향을 더하고, 번갈아 여성산(如聖散: 36-7)으로 주약을 삼되 증세에 따라 약제를 더하거나 줄인다. 처음 열이 일어날 때는 승마·갈근·연교를 더하고, 갈증에는 맥문동·지모·천화분을 더하고, 가래가 많으면 반하를 더한다."

손일규(孫一奎)가 말했다.

"천연두의 구슬진이 바로 부풀어오르면서 내돋기 시작함이 있을 때 갑자기 해산할 시기를 만나 이 원기와 피가 함께 허약한 조짐에는 마땅히 십전대보탕(十全大補湯: 16-4)에 익혀 말린 부자를 더해 원기와 피를 보해 겉과 속을 편안하게 한다. 만일 출산 뒤에 아랫배가 갑자기 아픈 경우 이는 피가 아직 다 나오지 않은 것이다. 흑신산(黑神散: 36-8)으로 더불어 순행하게 하고 반드시 구애될 것은 없다. 만일 추위를 싫어하고 몸을 떨며 이빨을 갈고 배가 부풀어오르고 속이 그득하며 갈증이 나고 발이 차고 몸에 열이 나는 경우 이는 비장·위장 내장 장기가 허약하여 겉으로는 열증 비슷한 거짓 증상을 지은 것이다. 십전대보탕(16-4)에 익혀 말린 부자 1~2 봉지를 더하고 다시 사군자탕(四君子湯: 15-9)에 황기·당귀·진피·목향을 더해 쓴다. 많이 먹어서 그친 경우는 상서롭고 그치지 않는 경우는 나쁘다."

손일규(孫一奎)가 말했다.
"출산한 뒤 10일이나 더러 반 달 사이에 마침 천연두 구슬진이 돋아 나옴을 만남은 이는 임신과 관련됨이 없으니 다만 크게 원기와 피를 보함을 주로 삼아 십전대보탕(十全大補湯: 16-4)을, 더러 팔진탕(八珍湯: 16-5)에서 작약을 없애고 쓴다. 구슬진이 많이 돋아나왔으면 연교·대력자를 더해 쓴다. 대변이 저절로 순조로운 경우는 육두구를 더한다. 다만 늘상 한 부분을 견주어보고 약을 써서 치료하되 반드시 함부로 하지 말라. 의심을 많이 하면 도리어 일을 그르치게 된다."

5-16. 천연두와 회충
 * 대과(大科)를 합해 넣었다.

만전(萬全)이 말했다.
"천연두의 뒤에 회충을 게우면 마땅히 황금반하탕(黃芩半夏湯: 7-4)을 쓰고, 회충을 설사하면 마땅히 황금탕(黃芩湯: 7-3)을 쓰고, 궤양 증세에는 마땅히 화닉환(化䘌丸: 24-4) ①을 쓴다.(위의 제3편 인증에 자세하다.—원주)"

원씨(袁氏: 袁句)1)의 「치두시충가(治痘屎蟲歌)」에 말했다.
"천연두 속의 시충(屎蟲)이 위장의 정기를 떠나게 하려면 인삼·백출과 진피·복령·감초·당귀를 아울러 달여다가 연달아 먹으면 저절로 벌레를 없앤다."

---

1) 원씨(袁氏): 중국 청(淸)나라 의사 원구(袁句)인 듯하다.

왕긍당(王肯堂)이 말했다.

"천연두 증세에서 회충으로 아픈 데는 마땅히 연밥의 살에서 속을 없앤 300g과 돼지고기에서 기름과 비계를 없앤 600g을 함께 물로 삶아 익히고 나서 사인 복장(伏醬)에 내려 아침·저녁 더불어 씹어먹으면 그 위장의 정기를 모아 길러 회충은 저절로 편안히 살아 나오지 않는다. 절대로 사군자·빈랑 등의 사물을 넣음은 마땅치 않다. 천연두를 앓는 가운데 한번 넣으면 끝내 생명을 잃는다."

왕긍당(王肯堂)이 말했다.
"황련음닉환(黃連陰䘌丸: 35-9)은 궤양을 치료한다."

붙임

대과(大科) 여러 책에서 회충병 증세 치료법을 뽑아 적다

설기(薛己)가 말했다.

"회충은 곧 습열로 생기는 것이다. 더러 목기(木氣)가 변화하고 오장육부가 허약함이 있음으로 말미암아 위장에 차가움이 있기 때문이다. 위장의 열은 사람의 몸에 처음부터 있는 경우로 그것이 병이 되어 오고 가며 공격하여 아프고 더러 침을 게우고 근육과 몸뚱이가 점점 여위고 얼굴이 바른 빛깔이 없으면 다만 마땅히 비장·위장을 다스려 보한다. 만일 회충이 윗부분에서 먹으면 윗입술에 흰 점이 있고, 회충이 아래 부분에서 먹으면 아랫입술에 흰 점이 있다. 초하루 뒤에는 그 머리를 위로 향하고 보름날 뒤에는 그 머리를 아래로 향한다. 만일 더러 약을 씀에 먼저 고기 음식물을 아이 가까이서 삶거나 지져 냄새와 맛을 맡게 하여 회충이 머리를 위로 향하면 약은 쉽게 효력을 나타낸다. 주진형(朱震亨)이 말하기를, '겨울철에 회충을 게움은 많이 위장의 원기가 허약하고 차가움이다.' 전씨백출산(錢氏白朮散: 16-2)에 정향 두 알을 더해 써서 보하면 효력을 볼 수 있다. 소아의 회충은 모두 음식으로 비장을 다치게 하여 이루어진 것이다."

설기(薛己)가 말했다.
"회충이 움직이는 까닭은 대체로 위기(胃氣)가 허약하기 때문이다. 더러 음식의 냄새와 맛을 맡고서 움직이는데 무이산(蕪荑散: 38-2)·안충산(安蟲散: 38-3)은 곧 회충을 없애는 약제이다. 만일 비장·위장이 허약함으로 말미암은 경우는 모름지기 마땅히 비장·위장의 원기를 조절해 보한다. 내가 한 소아를 치료하는데 회충이 움직여 명치 아랫배가 아프자 먼저 무이산(蕪荑散: 38-2)을 먹여 이를 내리고, 다시 게움을 더하고 먹음이 적고 갈증이 나서 더운 물을 마셨는데 오른뺨과 코끝이 희고 가운데가 누럼이 없었는데 이는 비장이 허약한 것이다. 나는 전씨이공산(錢氏異功散: 16-7)을 써서 두 차례 먹이니 조금 낫자 잇따라 싸서 구운 생강을 더해 한 차례 먹이니 안정되었다."

장개빈(張介賓)이 말했다.
"오장이 굳세고 원기가 왕성한 경우에는 회충이 있음을 듣지 못했다. 바로 먹음에 따라 소화되어 회충이 저절로 있기 어려운 것이다. 소화가 더디게 행해지면 점점 회충이 삶을 이루고 더러 습열사로 말미암거나 또는 차가움이 생김으로 말미암거나 또는 맛있는 음식으로 말미암거나 또는 머물러 달라붙음으로 말미암는다. 몇 가지 가운데서 차가움이 생김이 제일이 되니 곧 거두어 갈무리한 여러 가지 음식물에서 다만 물만 생김이 드러나며, 또는 그늘지고 축축함이 가까우면 가장 좀먹고 썩기 쉬움이 그 뜻이 아니겠는가. 무릇 소아를 기르려면 마땅히 그 수과(水菓)를 억제하여 비장이 손상되기에 이르름을 막는다. 회충을 치료하는 법은 마땅히 비장·신장의 원기를 따뜻하게 기름을 주로 한다. 내가 조제한 온장환(溫臟丸: 33-3)이 있는데 가장 마땅하다."

소씨(巢氏)가 말했다.

"모든 뱃속의 아픔을 진맥하는 법은 마땅히 맥이 약한데 지금 맥이 도리어 큰 경우 이는 회충인 것이다."

주진형(朱震亨)이 말했다.

"음력 상순의 반 달 동안은 회충이 머리를 위로 향해 치료하기 쉽고, 하순의 반 달 동안은 회충이 머리를 아래로 향해 치료하기 어렵다. 먼저 고기 국물이나 또는 사탕물로 회충의 머리를 이끌어 위로 향하도록 한 뒤에 약을 쓴다."

장개빈(張介賓)이 말했다. "보름 이전과 보름 이후로 회충의 머리를 분별함은 또한 근거가 없어 믿을 수 없다. 다만 먼저 미끼를 써서 회충의 머리를 이끌 것이다."

서용선(徐用宣)이 말했다.

"만일 회충이 먹이를 얻으면 약을 먹지 않고서는 회충을 설사시킬 수 없으니 헛되이 설사만 해서 허약해지는 것이다. 무릇 회충을 설사시키려 하면 반드시 먼저 하루 동안 먹지 않아 회충이 주리도록 하고 난 다음 일찍 오전 3~5시 사이에 기름에 달인 고기를 써서 씹어 오래 되면 회충이 고기 냄새를 맡아 머리를 모두 위로 향하면 달걀을 삶아 떡과 약을 섞어 씹어서 먹고 잠깐 있다가 파를 끓인 물을 먹되 더러 백출로 약의 힘을 도와 아래로 설사함에 시간을 넘지 말아야 회충을 모두 설사시키는데 심하면 몇 되에 이른 뒤에 흰죽으로 보하되 보하는 약제를 따라서 먹어 비장·위장을 조절하여 다스린다."

장개빈(張介賓)이 말했다.

"회충을 다스리려고 그 근원을 막으려 하면 반드시 모름지기 성질이 더운 보약으로 비장과 위장을 보하고, 무릇 회충을 내쫓은 뒤에 더러 내

---

2) 소씨(巢氏): 중국 수(隋)나라 때 의학자 소원방(巢元方)을 가리키는 듯하다.

쫓지 못한 것을 내쫓기 앞서 만일 비장·위장을 다스려 보하려면 가령 귀비탕(歸脾湯: 17-1)·온위음(溫胃飮: 17-6)·오군자전(五君子煎: 15-10)·이중탕(理中湯: 18-3)과 더러 이음전(理陰煎: 33-4) 따위가 모두 마땅한 것이다. 만일 회충을 아울러 치료하려면 오직 온장환(溫臟丸: 33-3)이 가장 좋다."

장개빈이 말했다.
"회충의 기세가 갑자기 급하게 위로 명치와 배를 공격해 아픔을 짓는 경우 마땅히 소충전(掃蟲煎: 38-7)을 써서 먼저 그 소음(少陰)을 치료한다. 만일 회충이 뱃속에 쌓여 굳은 경우 마땅히 엽충환(獵蟲丸: 38-6)·우선단(遇仙丹: 37-1)·목향빈랑환(木香檳榔丸: 32-5)·백순환(百順丸: 37-3) 따위를 주약으로 쓴다. 만일 조금 늦추거나 체질이 허약한 경우 마땅히 무이산(蕪荑散: 38-2)·화충산(化蟲散: 38-4) 따위를 주약으로 쓴다."

전씨(錢氏)가 말했다.
"만일 입으로 거품침을 게우고 더러 맑은 물을 게우며 얼굴이 창백하고 명치와 배가 때로 아픔이 있는 경우 회충으로 아픈 것이다. 간질과 더불어 서로 비슷하되 다만 눈이 기울지 않고 손에 경련이 일지 않는 것이다. 안충산(安蟲散: 38-3)을 주약으로 쓴다."

장개빈(張介賓)이 말했다.
"무릇 회충으로 아픔은 반드시 때로 일으키고 때로 그치니 오고 감이 일정함이 없다. 더러 푸르고 누르고 녹색인 물을 게우고 또는 회충을 게워내고 또는 아파서 안절부절 못하거나 또는 크게 아픔을 참을 수 없으며, 얼굴빛이 더러 푸르거나 누르고 또는 희고 그리고 입술은 붉다. 그러나 아픔이 진정되면 능히 마시고 먹는 경우 바로 뱃속에 회충이 몰린 증세이다."

또 말했다. "묘응환(妙應丸: 37-5)은 여러 가지 회충을 죽인다."

장기(張機)가 말했다.
"회궐(蛔厥)인 경우 그 사람은 마땅히 회충을 게우는데 병자를 안정시켰으나 다시 때로 열이 몰려서 가슴이 답답하고 편안치 않으면 이는 오장이 차게 되어 회충이 위로 가슴에 들었기 때문에 답답하고 편안치 않다가 잠깐 동안에 다시 그치고, 음식을 얻으면 게우고 또 답답한 경우 회충이 음식 냄새를 맡고 나오면 그 사람은 마땅히 스스로 회충을 게운다. 오매환(烏梅丸: 37-10)을 주약으로 쓴다."

성무기(成無己)가 말했다. "내장의 양기가 허약해져 팔다리가 서늘해진 경우는 양기가 끊어진 것이다. 회궐은 비록 궐증이나 답답하고 편안치 않다가 회충을 게우면 안정된다. 만일 내장의 양기가 허약해짐이 아니면서 가슴속이 달아오면서 답답하면 잠깐 동안이나마 편안한 때가 없는 것이다."

장개빈(張介賓)이 말했다.
"추위에 다쳐 회충을 게운 데는 성질이 서늘한 약 쓰기를 금지한다. 대개 위장 속에 차가움이 있고 양기가 약함이 대단하면 회충이 위로 거스르는데 급히 생강을 구워 넣은 이중탕(理中湯: 18-3)에 오매 2개와 화초 10~20알을 더해 쓴다. 대개 회충이 신맛을 맡으면 안정되고 쓴 맛을 보면 안정되는 것이다."

장개빈이 말했다.
"무릇 회충을 게우는 경우 반드시 병으로 말미암아 회충을 게우는 것이지 회충 때문에 토하는 것은 아니다. 그러므로 그 회충을 치료할 것이 아니라 다만 그 토하는 원인을 치료하면 회충은 저절로 그친다.
위장의 화사로 말미암아서 회충을 게우는 경우가 있으면 위장의 실열이 심하여 회충을 용납함이 없어서 나오는 것이다. 다만 그 화사를 성질이 서늘한 약으로 치료하여 화사가 치료되면서 회충은 저절로 안정된다. 증세가 가벼운 경우는 추신음(抽薪飮: 37-8)을 쓰고, 심한 경우는 만응환(萬應丸: 37-4) 따위가 옳은 것이다.

위장이 차가움으로 말미암아 회충을 게우는 경우가 있는데 위장의 차가움이 심해 회충이 잘 있지 못해서 나오는 것이다. 다만 그 위장을 성질이 따뜻한 약을 써서 위장이 따뜻해지면서 회충은 저절로 안정된다. 장기(張機)의 오매환(烏梅丸: 37-10) 따위가 옳은 약이다.

위장이 허약함으로 말미암아 먹음이 없어도 회충을 게우는 경우가 있는데 비장·위장이 비고 허약함으로써 회충이 먹기를 구함에 말미암아서 위로 나오는 것이다. 이는 위장의 기능이 크게 허약한 조짐인데 빨리 마땅히 위장을 성질이 따뜻한 약으로 가운데를 보해 근본이 손상됨을 막는 데는 가령 온위음(溫胃飮: 17-6)·이중탕(理中湯: 18-3) 따위가 옳은 것이다.

그러나 회충이 죽은 경우와 산 경우가 있는데, 만일 죽은 회충을 게우면 다만 게움을 치료하기를 앞과 같음이 괜찮은 것이다. 만일 산 회충이 위로 나옴이 그치지 않으면 하는 수 없이 이를 쫓아낸다. 대개 회충의 성질은 신맛을 싫어하고 쓴맛을 싫어하니 다만 오매를 더해 보좌하면 회충은 스스로 숨는다. 만일 위장에 사열이 왕성한 경우는 고련근을 더하거나 더러 황련을 더함이 또한 좋다."

장기(張機)가 말했다.
"궤양의 병은 모양이 추위에 다친 병과 같이 말없이 잠잠히 자려 하나 눈을 감을 수 없고, 일어나거나 누워도 편안치 못하고, 목구멍이 침식되어 어지러움이 되고, 음부가 침식되어 궤양이 되어 음식을 먹으려 하지 않고 음식 냄새 맡기를 싫어하며, 그 얼굴과 눈이 갑자기 붉고 갑자기 희고 갑자기 검어지며, 윗부분에 침식을 당하면 목이 쉬고 말을 하지 못하는 데엔 감초사심탕(甘草瀉心湯: 34-5)을 주약으로 쓴다. 아래 부분에 침식을 당하여 목이 마르면 고삼탕(苦蔘湯)으로 씻고, 똥구멍에 침식을 당한 경우는 웅황 태운 연기를 쐰다."(장개빈이 이르기를, "후세에 곧 궤양으로써 추위에 다침을 삼으면 어찌 틀리지 않겠는가." 했다.—원주)

손일규(孫一奎)가 말했다.(『千金要方』에도 있다.—원주)
"무릇 추위에 다치거나 계절성 열병을 얻어 뱃속과 내장 장기에 열이 있고, 또 먹음이 적어 위장이 비고 허약하여 세 가지 기생충이 유동하여 먹음을 찾아 사람의 오장 및 아래 부분을 침식한다. 만일 잇몸에 빛깔이 없고 혓바닥 위가 모두 흰 것이 심한 경우와 입술 속에 창양이 있고 팔다리의 맥박이 약하고 느리며 혼미하여 자기를 좋아하면 마땅히 그 윗 입술을 자주 살피고, 속에 창양이 있어 침에 피가 섞여 나오고 입술 안에 좁쌀 같은 창양이 있는 경우는 명치 안이 괴롭고 혼란하고 아프고 답답하다. 이것은 기생충이 위에 있으며 그 오장을 침식한 것이다. 아래 입술 안에 창양이 있는 경우 그 사람이 잠자기를 좋아하는데, 이는 기생충이 아래 있으며 그 아래 부위를 침식하되 사람은 기생충 약을 먹음을 잘 알지 못하는데 이와 같으면 사람을 죽이지 않으랴."

손일규가 말했다.(『千金要方』에도 있다.—원주)
"무릇 습으로 말미암아 파이는 병인 경우는 대체로 이는 열병 뒤 더러 오래 설사가 그치지 않거나 또는 밖으로부터 침입한 열사가 있어 뱃속에 맺혀 있거나 또는 물과 흙의 따뜻함이 바뀌어 서늘한 기운이 뚜렷이 많이 생기는데, 이 병도 또한 건조함으로 말미암아 파이고 설사와 이질이 심하지 않다. 그러나 아래 부위 창양은 건조함으로 말미암았거나 습으로 말미암았거나를 묻지 않고 오래 되면 사람을 죽인다. 무릇 습증은 차가움을 얻으면 이질을 앓는데 다만 황련 및 애엽·고삼 따위를 달여서 모두 쓸 수 있다. 만일 병든 사람의 잇몸에 빛깔이 없고 혓바닥 위가 흰 경우와 더러 잠자기를 좋아하고 마음이 답답하고 어지러우며 아프고 가려운 곳을 알지 못하거나 또는 설사와 이질이 급한 데는 아래 부위를 치료한다.(웅황태산, 38-8이 곧 그 주약방문이다.—원주) 이 경우에 어두워 다만 그 위만 공격하고 아래 부위에 뜻을 두지 않아서 아래 부위에 기생충이 발생하여 기생충이 그 똥구멍을 침식하여 똥구멍이 문드러지고 오장이 보이며 문득 죽는다. 대통에 쑥을 태워 쐬게 한다."

장개빈(張介賓)이 말했다.
"소아의 감닉(疳䘌) 또한 음식으로 지나치게 다침에 말미암아 감질을 이루어 몸에 열이 나고 배가 커지고 얼굴이 노래지고 팔다리에 힘이 없고 정신이 몹시 희미해지고 코가 문드러지고 콧물 냄새가 나고 잇몸에 창양이 생기고, 더러 이질과 검은 피를 설사함은 모두 뱃속에 기생충이 있기 때문이다. 마땅히 구미노회환(九味蘆薈丸: 22-7)·추충환(追蟲丸: 38-5) 따위를 주약으로 쓴다. 기생충이 물러가면 잇따라 마땅히 원기와 피를 다스려 보한다.

주진형(朱震亨)이 말했다.
"기생충을 잡는 처방에서 고련근·빈랑·학슬초를 여름에는 즙을 취해 쓰고 겨울에는 짙게 달여 마신다. 또 만응환(萬應丸: 37-4)이 가장 신묘하다."
『외대비요(外臺秘要)』에 "고련탕(苦楝湯: 38-1)을 써서 회충을 치료한다."고 했다.

섭상항(聶尙恒)이 말했다.
"감충(疳蟲)이 가벼운 경우는 고련계자법(苦楝鷄子法: 26-7)을 쓰면 자못 효험이 있다."

장개빈(張介賓)이 말했다.
"옛날 어떤 사람이 명치 아랫배가 크게 아픈 병에 걸려 아픔이 대단할 때 모름지기 주먹을 써서 치면 조금 그침을 얻었다가 돌이켜 일어났는데, 이는 기생충이 창자와 오장을 깨물기 때문이다. 치면 오장 안이 흔들려 움직여 기생충도 또한 두려워서 움츠려 엎드리고 치지 않으면 기생충이 다시 일어남을 얻는데 이 또한 기생충을 증험하는 빼어난 법이다. 그러므로 무릇 문지르고 살피고 거듭 눌러서 아픔이 잠깐 동안 멈춤을 얻는 경우는 대체로 기생충으로 말미암아 그런 것이다."

장개빈(張介賓)이 말했다.

"한 소아가 3세에 우연히 먹고 마심이 순조롭지 않기 때문에 화사를 없애서 막힘을 제거하는 등의 약제를 써서 위의 기능을 해쳤기 때문에 도리어 게우고 설사 증세를 이루었는데 다시 청리(淸利) 시키는 약을 더하자 마침내 회충을 게우기에 이르렀다. 처음엔 몇 가닥에 그치다가 점점 수십 가닥에 이르렀는데 가늘기가 등심초 같았다. 점점 덩어리를 이루어 어지럽게 맺으면서 나왔는데 아침과 저녁에 끊어지지 않고 내려온 것이 또한 이 같았다. 야위고 피곤함이 몹시 대단했는데 나는 온위음(溫胃飮: 17-6) 2~3 봉지를 써도 그 기생충이 그치지 않아 인삼을 곱절로 더하고 잇따라 부자 2~3봉지를 더하니 게움이 점점 드물어지고 설사 또한 따라서 그치니, 이에 이름전(理陰煎: 33-4)·온위음(17-6)으로써 나가고 들어오는 사이에 10여 일 동안 쓰니, 한 달 남짓에 원기를 옛날처럼 회복했다. 사람이 두려워하는 경우는 기생충인 것이다. 내가 두려워하는 경우는 위의 기능인 것이다. 기생충을 내쫓는 약은 모두 위의 기능을 다치고, 위의 기능을 거듭 다치게 하면 기생충을 내쫓을 수 없을 뿐 아니라 생명도 반드시 이를 따르게 된다."

장개빈이 말했다.

"한 젊은 부인이 평소에 오이와 과일을 좋아해 냉병이 생겨 명치 아래와 배가 쑤시고 아픔이 언제나 일어나 반드시 며칠 먹지 않은 뒤 20일에 미치면 반드시 회충을 게우기에 이르고, 언제나 반드시 10~20가닥을 게우고, 언제나 일어나면 반드시 10일 먹지 않으니 여러 의사가 기생충을 공격하여 빠르게 없애나 빠르게 생겨났다. 나는 그것이 냉병에 말미암아 다침을 알고 온장환(溫臟丸: 33-3)을 만들어 주었다. 약을 먹음을 끝내지 않았으나 병은 따라서 나았다.

앞의 소아는 곧 성질이 서늘한 약으로 말미암아 비장을 다쳤고 뒤의 젊은 여자는 날것 과일로 말미암아 위장이 다쳤음을 볼 수 있다. 음기와 습사가 내장에 스며들면서 비장·위장의 정기가 허약하고 차져 이것이 곧 기생충을 생기게 한 까닭인 것이다. 그러므로 무릇 감질로 나는 열의 증세가 없는 경우는 다 마땅히 비장과 위장을 성질이 따뜻한 약으로써 보함을 주로 삼는다."

손일규(孫一奎)가 말했다.

"오씨(吳氏) 부인이 부인병으로 배가 불러오르면서 속이 그득한 감의 증세 3년에 배의 크기가 키와 같고 팔다리가 몹시 여위었다. 오(吳) 지방 풍속에 죽은 자는 많이 화장(火葬)을 하는데 불태움이 배에 이르면 갑자기 소리의 울림이 총소리 같아 사람은 모두 놀랐다. 이에 보면 기생충이 뱃속으로 좇아 폭발해 나와 높이 2~3길쯤 불태우는 곳 하늘을 어둡게 하다 갑자기 땅에 떨어진다. 자세히 이를 보니 모두 회충인 것인데 1천이나 1만을 밑돌지 않고 큰 것은 길이 1자 남짓 된다. 회충은 뱃속에서 다시 작은 기생충을 낳아 많은 경우 15~16가닥이고 더러 10 몇 가닥이나 또는 5~6가닥이다. 기생충은 사람 뱃속에 있으면서 붇고 늘어서 많이 퍼짐이 이와 같다. 어찌 사람을 배가 불러오르게 하여 죽지 않게 하랴."

손일규가 말했다.

"왕씨(王氏)의 아들이 나이 16세에 배가 불러오르고 팔다리가 여위고 열이 일어나 밤낮으로 물러나지 않고, 목구멍 가운데와 두 귀가 함께 헐고 맥박이 빠르고 힘있게 뛰고 입술이 붉고 배가 아프고 또 맛있는 음식을 즐겼다. 드디어 아위적괴환(阿魏積塊丸: 35-8)을 쓰니 과연 기생충 몇십 마리를 설사했는데 큰 것이 2마리로 하나는 붉고 하나는 검으며 길이는 1자 남짓인데 기생충의 몸에 붉은 줄이 머리에서 꼬리까지 이어지고 기생충의 뱃속에는 다시 기생충이 있어 큰 것은 몇십 가닥이고 작은 것도 또한 3~4가닥이다. 기생충을 설사하면 열이 점점 줄어들고 배가 부름도 점점 없어지고 세 번 설사하면서 나왔다."

제6편 우리 나라 풍습

6—1. 병을 미리 흩어지게 함

(1) 병을 미리 흩어지게 함

허준(許浚)이 말했다.

"악성의 독역(毒疫)을 마땅히 막는 데는 삼두음(三豆飮: 26−1)을 늘상 마시고, 십신탕(十神湯: 40−4)·궁지향소산(芎芷香蘇散: 39−5)을 날마다 한번 먹고, 또 조각 가루를 코에 불어넣어 재채기를 일으키면 신묘하다. 또 석웅황 가루를 참기름에 섞어 늘상 콧속에 한 방울씩 떨구면 또한 신묘하다. 또 창출·쇠똥을 항상 뜰 가운데서 태운다."

조정준(趙廷俊)이 말했다.

"홍역의 기세가 왕성하여 어른이나 소아가 전염되어 죽음이 서로 이어지는 데는 태을신명단(太乙神明丹: 39−1)을 먹으면 미리 흩어지게 할 수 있다."

더러 말하기를 "건륭 을미년(1775)에 평양서윤의 집안 식구들이 이 약을 먹고 모두 홍역을 앓지 않았다."고 한다.

(2) 드문 홍역의 처방

일반 백성의 처방에 말했다.

"옛날에 드문드문 천연두가 있다가 연달아 발생하는 처방이 있는데 홍역만 어찌 홀로 그렇지 않으랴. 홍역은 육부의 양증으로 열이 심하여 살갗에 붉은 반점이 생기는데, 마땅히 미리 성질이 맑고 서늘한 피를 잘 돌아가게 하는 약을 써서 쌓인 병인을 없애는 데는 마땅히 희진사물탕

(稀疹四物湯: 40−1)을 쓴다.

(3) 홍역 전에 쓰는 사물탕

해방(海方)에 말했다.

"홍역 전에 미리 사물탕(四物湯: 11−1)을 쓰되 여러 봉지를 먹으면 홍역을 벗어날 수 있다." 처음 일어나면 또한 증세에 따라 다른 약제를 더 넣으면 가볍게 할 수 있는데 60여 명에 시험하여 병세가 위중한 경우가 하나도 없었다.

(4) 가재를 미리 먹음

이경화(李景華)가 말했다.

"석해(石蟹: 우리말은 가재―원주)는 육부의 쌓인 병인을 잘 흩으니 즙을 취하여 이를 먹으면 전염되지 않은 경우 벗어남을 얻고 벌써 전염된 경우 곧 가볍게 한다." 이는 건륭(乾隆) 임신년(1752)에 벌써 증험했는데 다만 성질과 맛이 세고 찬 약은 비장·위장이 평소 허약하고 양 옆구리에 덩이가 오래 된 경우가 있을 때 많이 먹으면 안된다. 어떤 데에 이르기를, 벌써 전염된 경우는 먹을 수 없다고 했다.

(5) 여름철에 미리 먹음

일반 백성의 처방에 말했다.

"더운 여름철에 홍역을 만나면 미리 생맥산(生脈散: 40−3)을 먹으면 몹시 좋다."

6―2. 원증(原證)

(1) 열이 나면 성질이 찬 약제를 쓰지 말라

홍씨(洪氏)[1]가 말했다.

---

1) 홍씨(洪氏): 조선 후기 다산보다 조금 앞선 시대의 의원인 듯하다.

"열이 일어남이 비록 많아도 성질이 찬 약제를 일절 쓰지 말고, 연달아 승마소독탕(升麻消毒湯: 39-3)을 써서 하루에 두 번 먹거나 더러 세 번 먹는다. 땀이 나옴을 헤아리면 된다. 만일 놀라 움직이어 사기가 왕성한 열이라 인정되는 경우는 많이 실패를 당하지만 모두 겉에 있는 열인 것이다. 발진을 거둔 뒤 열이 일어나고 더러 정신을 잃고 막힘에 이른 데는 성질이 찬 약제를 쓸 수 없다. 연달아 소독산(消毒散) 3~4첩을 써서 천천히 열을 내린다."

(2) 미리 먹으면 빛깔이 연하며 잠자리가 편치 않다

조정준(趙廷俊)이 말했다.

"홍역에 땀을 내어 겉에 있는 사기를 없애려면 마땅히 가미승마탕(加味升麻湯: 39-2)을 쓴다. 더러 이웃집에 홍역이 있으면 또한 마땅히 미리 먹는다.

홍역의 발진 빛깔이 희끄무레하고 3~4일 동안 없어지지 않고 몸에 열이 나서 밤에 잠이 편안치 않은 데는 마땅히 양혈화반탕(養血化斑湯: 6-8)을 먹는다."

(3) 발진이 돋아나온 뒤의 맥박과 머리에 열이 있고 발이 차가움

이경화(李景華)가 말했다.

"홍역의 발진이 돋아나온 뒤 맥박이 뛰는 도수가 세고 빠르고 힘이 있고 몸이 따뜻하고 발도 따뜻한 경우 쉽게 살고, 맥박이 침맥이고 적으며 힘이 없고 머리에 열이 있고 발이 차가운 경우는 치료하기 어렵다."

(4) 시초의 열

임서봉(任瑞鳳)이 말했다.

"홍역으로 시초의 열이 나면 인동·갈근을 볶아 찹쌀과 같이 달여 따뜻이 먹되 늘상 땀의 기운이 있게 한다."

패방(浿方)에 말했다.

"홍역으로 시초의 열이 나면 피직(皮稷)·건갈을 짙게 달여서 많이 먹는다. 몸이 부드럽고 연하지 못해 발진이 일어나 돋아나오지 못하는 경우 승갈탕(升葛湯)에 금은화·총백을 더한다.

(5) 발진이 돋아나오기 어려움

일반 백성의 처방에 말했다.

"홍역의 발진이 돋아나오기 가장 어려운 경우는 홍화자를 가루내어 술로 달여 찌꺼기를 없애고 따뜻이 먹으면 발진이 신기하게 돋아나온다."

이헌길(李獻吉)이 말했다.

"궁벽한 시골이라 약이 없는 경우는 처음부터 다만 승갈탕(升葛湯)에다 맥문동·우방자·길경·현삼 등의 약제를 더해서 치료하면 발진이 돋아나오기 전이라도 아마 실패함을 만나지 않는다."

(6) 돋아나옴이 빠르지 못함

패방(浿方)에 말했다.

"발진이 돋아나옴이 빠르지 않고 더러 이미 돋아나왔다가 다시 자취를 감춘 데는 저미고(豬尾膏: 26-3) 10알~50알을 좋은 술에 타서 먹는다.

발진이 돋아나오면 마땅히 승마소독탕(升麻消毒湯: 39-3)을 쓴다."

(7) 발진이 돋아나오고 밤에 열이 남

조정준(趙廷俊)이 말했다.

"홍역의 발진이 벌써 돋아나왔는데 밤에 거듭 열이 몹시 나는 경우 우물물에 우황고(牛黃膏: 40-6)를 타서 먹는다. 더러 우황육일산(牛黃六一散: 20-4)을 먹는다."

(8) 기침과 가래, 가래침에 피가 섞임

이경화(李景華)가 말했다.

"홍역의 발진이 돋아나온 뒤에 속에 열이 심하고 기침이 멈추지 않고, 더러 가래가 왕성하고 가래침에 피가 섞여 나오고 혀 위가 누르고 검으며 입술이 탄 듯한 경우엔 양격산(涼膈散: 8-7)을 쓴다. 허약하여 가슴이 답답하여 안타까워하며 불안한 경우 사물을 해독탕(解毒湯: 3-1)에 합쳐 쓰고, 발진이 돋아나와 숨지 않은 경우는 겉에 사기가 왕성한 것인데 마땅히 석고화반탕(石膏化斑湯: 6-7)을 쓴다."

(9) 가슴이 답답하고 갈증이 나며 게우고 잠이 오지 않음

일반 백성의 처방에 말했다.

"발진이 돋아나온 3~4일에 몸에 열이 나고 손바닥과 발바닥에 열이 느껴지고 가슴이 답답하여 입안이 마르고 갈증이 나며 속이 메슥거리며 게우려 하고, 더러 목구멍으로 들어감을 겸하여 잠들 수 없는 경우는 사기가 왕성한 열증인 것이다. 현삼양격산(玄蔘涼膈散: 39-6)을 써서 발진이 거둠을 재촉한다. 발진을 거두게 하는 경우에 씀이 또한 마땅하다."

(10) 발진을 거둘 때 혼미하여 질식하고 일정한 시간에 열이 남

홍씨(洪氏)가 말했다.

"발진을 거둘 때 크게 혼미하여 정신을 차리지 못할 정도로 까무러치고 인사를 차리지 못할 경우 용뇌 0.75~1.125g을 끓인 물에 찬 물을 섞은 물로 타서 먹는다.

발진을 거둔 뒤 3~4일에 일정한 시간에 열이 나서 오감에는 마땅히 무가산(無價散: 26-4)에 우황고(牛黃膏: 40-6)를 타서 다만 1~2차례 먹어 천천히 열을 내리고 많이 먹으면 안된다."

(11) 임신부

이경화(李景華)가 말했다.

"임신부는 태아의 안정을 주로 해야 하므로 승갈탕(升葛湯)에 천궁·

자소를 더한다. 열이 몹시 나면 황금을 더하고 태아의 기운이 위로 부딪치면 지각을 더한다. 발진이 이미 돋아나온 데는 사물탕(四物湯)에 자소엽·조금을 더해 쓴다."

6—3. 인증(因證)

(1) 코피

조정준(趙廷俊)이 말했다.

"홍역의 발진 앞뒤에 코피가 나서 그치지 않는 데는 마땅히 모근탕(茅根湯: 40-7)을 먹고, 열이 수태음폐경을 핍박하여 코피가 그치지 않는 데는 마땅히 청금음(淸金飮: 39-10)을 먹는다."

이경화(李景華)가 말했다.

"열이 일어날 때 코피가 나는 데는 마땅히 승갈탕(升葛湯)에 생지황·치자·박하를 더해 쓴다."

(2) 가슴이 답답하고 갈증이 남

허준(許浚)이 말했다.

"가슴이 답답하고 입안이 마르고 갈증이 나는 경우엔 인삼백호탕(人蔘白虎湯: 6-2)·죽여석고탕(竹茹石膏湯: 10-1)·녹두죽·인동차를 쓴다."

(3) 해수와 침에 피가 섞임

조정준(趙廷俊)이 말했다.

"홍역이 물러간 뒤 열이 남아 있어 잔기침이 그치지 않는 데는 마땅히 가미사백산(加味瀉白散: 39-7)을 먹고, 홍역 뒤에 화사와 열사가 폐장으로 타고 올라 기침이 나고 침에 피가 섞여 나오고 숨이 차고 몸에 열이 있어 누울 수도 없는 데는 마땅히 천금맥문동탕(千金麥門冬湯: 39

−9)을 먹는다."

(4) 해수

일반 백성의 처방에 말했다.

"홍역 뒤의 해수에는 마땅히 가감사백산(加減瀉白散: 39−8)을 쓰고, 가래가 가슴에 몰린 증세가 있으면 과루인·귤홍·행인을 쓴다."

(5) 기침과 숨참

임서봉(任瑞鳳)이 말했다.

"기침을 하고 숨이 차며 목이 쉬고 말을 못하고 가슴 사이에 가래가 왕성한 경우는 잔 뽕나무 가지에서 거친 껍질을 없앤 한 줌과 붉은 대추 6개, 천초 3~7알, 호도 3개를 진흙물 2되로 달여 반쯤 줄면 단번에 먹는다."

(6) 숨이 참

『광제비급(廣濟秘笈)』에 말했다.

"가래가 왕성하고 숨이 찬 데는 날배·나복즙 각 반 종지를 생강즙에 섞어 4~5숟갈을 단번에 먹고 또 담성포룡환(膽星抱龍丸: 섣달에 만든 것)을 생강 끓인 물에 타서 먹는다."

(7) 목안의 병

조정준(趙廷俊)이 말했다.

"홍역의 발진이 돋아나올 때 목안이 붓고 아픈 경우에는 마땅히 활룡산(活龍散: 26−5)을 쓰고, 더러 우황양격환(牛黃涼膈丸: 섣달에 만든 것)을 우물물에 타서 잘고 촘촘히 변화시켜 들이마신다. 심한 경우 물을 마셔도 들어가지 않고 소리가 톱질을 끌어당기는 소리 같은 데는 마땅히 산두근 가루를 대나무 대롱을 써서 불어넣는다."

(8) 가슴과 배아픔

패방(浿方)에 말했다.

"가슴이 아프고 윗배가 더부룩하고 아픈 병에는 마땅히 길경탕(桔梗湯: 21-2)을 쓰고, 발진이 없어진 뒤 언제나 배아픔이 있는데 반드시 낮에는 가볍고 밤에는 무거운데 만일 회충으로 된 증세로 여겨서 회충을 죽이는 약을 처음으로 쓰면 반드시 실패한다."

(9) 헛소리

패방(浿方)에 말했다.

"열이 몹시 나고 헛소리를 하며 정신이 흐릿하고 분명치 못한 데는 우황청심환(牛黃淸心丸: 23-3)을 찬물에 갈아 먹고, 더러 저미고(猪尾膏: 26-3)를 찬물로 먹는다."

(10) 발진을 거두고 나서 가슴속이 답답하고 편안치 않음

이삼환(李森煥)이 말했다.

"발진을 거두고 나서 가슴속이 답답하고 편안치 않아 팔다리를 가만히 두지 못하는 때에는 날밤을 가져다 껍데기를 없애고 속껍질을 남기고 잘게 썰어 메밀쌀을 조금쯤 넣고 같이 달여 즙을 취해 따뜻이 먹으면 약간 땀 나면서 답답함이 그치는 신통한 효험이 있다."

(11) 대변이 막혀 나오지 않음과 설사・이질

조정준(趙廷俊)이 말했다.

"홍역의 발진이 벌써 돋아나왔으나 대변이 막힌 지 3~4일이면 마땅히 소승기탕(小承氣湯: 27-9)을 먹고, 발진 뒤에 남은 병인으로 설사하는 데는 마땅히 시령탕(柴苓湯: 10-9)에서 반하・계심(桂心)을 없애고 백작약・방풍을 더하여 쓴다. 더러 진사육일산(辰砂六一散: 20-4)・천을환(天乙丸: 40-10)을 쓰기도 한다. 발진이 돋아나온 뒤 남은 병인으로 피고름이 섞인 대변을 누는 이질로 허약하여 어지러워진 경우 마땅히 저백환(樗白丸: 40-8)을 쓴다."

(12) 설사

임서봉(任瑞鳳)이 말했다.

"홍역의 발진이 돋아나오지 않고 설사하는 경우 마땅히 흑설탕을 조금쯤 술에 넣고 같이 달여 녹아 풀어지면 조절하여 나누어 먹는다. 발진 뒤에 다시 아프면서 설사하는 경우도 또한 마땅히 이질약을 쓰되 소주를 쓰면 효험이 곧 드러난다."

(13) 이질

『광제비급』에 말했다.

"홍역 뒤에 피가 섞인 대변을 누이 법도가 없으며 몸에 열이 나고 배가 아프고 몹시 피곤하여 죽으려 하는 데는 황금작약탕(黃芩芍藥湯: 7-8)을 쓴다."

패방(浿方)에 말했다.

"홍역 뒤에는 반드시 이질과 머리가 아프고 추위를 느끼고 찬 것을 싫어하는 등의 증세가 있는데 마땅히 창름산(倉廩散: 40-2)을 쓴다."

(14) 몸이 여윔

『광제비급』에 말했다.

"홍역 뒤에 입천장 위에 잔다란 흰 점이 있고 잠깐 동안 코 곁에 붉음이 미치며 구멍이 뚫림이 있는데, 이는 양기가 가장 왕성하게 몰려 생긴 병인이 흩어지지 않은 것이다. 사물탕(四物湯)에 인진·목통을 더해 쓰면 죽을 사람도 잘 살아난다. 그러나 병의 기세가 빠르기 별똥별 같아 더디면 치료하지 못한다. 더러 처음 일어나면 남엽즙을 많이 먹고 겉에 웅황을 써서 바른다."

(15) 회충

일반 백성의 처방에 말했다.

"홍역의 회충에는 마땅히 이피삼육탕(二皮三肉湯: 26-2)을 쓴다. 이 처방은 잘 삼초(三焦)에 있는 회충병을 치료한다. 더러 회충을 치료하는 효력이 뛰어난 약이라 일컫고, 또는 오총약(烏銃藥: 26-2)이라 말함이 이것이다."(더러는 이헌길이 만든 것이라 이른다.—원주)

이헌길(李獻吉)이 말했다.

"회충이 급히 가슴으로 오르는 경우 가지 껍질을 달인 물을 쓴다.(곧 우리말 이름은 가지인데 5~6개를 껍질을 벗겨내서 물로 달여 반이 되면 쓴다.—원주) 회충이 물러감이 신통하다.

또 이황즙(二黃汁: 42-5) 또한 회충을 치료하는 효과가 좋은 약이다."

일반 백성의 처방에 말했다.

"홍역의 발진이 돋아나온 앞뒤에 앞가슴과 양쪽 옆구리와 배가 아픈 경우는 회충인 것이다. 천초의 함목(合目)을 없앤 반 줌과 대추 7~8개를 씨와 아울러 찧고 총백 7~8뿌리를 취해 인동을 진흙물에 같이 달이고 석웅황 가루를 물에 갈아 조금씩 타서 먹는다."

임서봉(任瑞鳳)이 말했다.

"회충이 심한 경우 배아픔이 지독하고 얼굴빛이 더러 푸르거나 또는 여위고 혈색이 없다. 소아가 더러 닫혀 막혀 발진이 잘 돋아나오지 못하거나 또는 회충을 게우고 또는 회충을 설사하는 데는 사군자(使君子)·고련근을 물에 달여 웅황 가루를 타서 먹는다. 더러 백자기를 가루내어 물에 갈아 타서 먹는다. 먼저 단맛으로 회충을 유인한 뒤에 자기 가루를 먹으면 회충은 다 죽어 대변에 나온다."

(16) 이빨을 갊

이경화(李景華)가 말했다.

"발진이 돋아나온 뒤 이빨을 가는 데는 허증과 실증이 있다. 실증엔 황련해독탕(黃連解毒湯: 3-1)을 쓰고 허증엔 사물탕(四物湯)에 인삼을 더한다.(주마아감으로 이빨에서 피가 많이 나오고 잇몸이 허는 경우 또한 이빨을 간다.—원주)

(17) 심장과 명치 부위가 아픔

『광제비급』에 말했다.

"홍역 뒤에 심장 부위와 명치가 아픈 데는 유향 가루 7.5g을 따뜻한 물에 타서 먹고, 또 명치 부위가 갑자기 아프고, 기가 통하지 못해 아픈 데는 신보환(神保丸: 42-3) 7알을 따뜻한 술이나 더러 생강탕으로 삼켜 내리면 막힘이 없이 잘 통하여 신통한 효험이 있다.

(18) 입안의 혀이끼

일반 백성의 처방에 말했다.

"입안에 끼는 혀이끼엔 백모근을 물로 달여 씻어 지나가면 좋다."

6—4. 약을 논함

조정준(趙廷俊)이 말했다.

"홍역을 치료하는 경우 열 가운데 허증이 있음을 알지 못하고 지나치게 성질이 찬 약을 쓰면 위장의 기능이 안에서 떨어져 사기가 도리어 이기고 별개의 증상이 서로 잇따라 점점 위태로운 병이 되기에 이르고, 또 더러 이를 경계하여서 온전히 열을 치료하지 않으면 끝내 구제하지 못하기에 이르면 참으로 탄식할 수 있는 일이다. 처음 일어나면 땀을 내어 겉에 있는 사기를 없애는 것이 홍역의 처음 일이고, 발진이 돋아난 뒤 성질이 찬 약으로 열을 내리는 것이 홍역의 중간 일이고, 발진이 없어진 뒤 병세의 나아가고 물러감을 살펴 아이의 정기와 사기가 왕성하고 약함을 헤아려 조섭하고 다스림을 삼가 조심하는 것이 홍역의 끝일이니 알지 않으면 안된다."

이헌길(李獻吉)이 말했다.
"홍역의 발진이 돋아나올 때 몸에 땀 기운이 없고 땀구멍과 살갗이 막히어 독기(毒氣)가 안을 공격하는 경우는 승갈탕(升葛湯)에 총백을 더하고, 발진이 이미 다 돋아나왔으면 백작약·승마를 없애고 다만 맥문동·현삼·길경·우방자를 넣으면 좋다. 또 죽엽을 더하여 가슴이 답답함을 풀고, 목통을 더하여 심장에 열이 왕성함을 풀고, 등심을 더하여 삼초의 화사를 설사시켜서 열을 오줌이 나가는 길로 흐르게 하면 이에 목구멍은 현삼·길경에 힘입어서 막히지 않음을 얻고, 폐엽은 맥문동·감초에 힙입어서 마르지 않음을 얻고, 홍역의 병인은 우방자에 힘입어 흩어짐을 얻고, 살갖의 털은 갈근에 힘입어서 윤기를 얻고 명치와 삼초(三焦)의 화사는 점점 내려간다. 목통·등심에 힘입어야 정신이 휴식하여 맑고 평화롭다. 소변이 순조로우면 대변이 저절로 굳어지면서 홍역의 기운이 실패하지 않는다. 이와 같음이 홍역을 치료하는 큰 강령인 것이다."

이헌길(李獻吉)이 말했다.
"홍역의 성질이 서늘한 약으로 폐장을 맑게 함을 주로 삼되, 발진이 돋아나오면서부터 목구멍이 아프고 가슴이 답답하고 열이 나는 경우 감길탕(甘桔湯: 21-1)에 황련해독탕(黃連解毒湯: 3-1)을 합쳐 쓰되 또 맥문동 7.5g, 갈근 7.5g, 서점자 3.75g을 더해 처음과 끝에 아무 증세를 묻지 않고 모두 쓸 수 있다. 시골이라 약을 쓰기 어려운 경우에 마땅히 취한다. 정기가 허약하여 땀이 있는 경우에는 갈근을 없앤다."

이경화(李景華)가 말했다.
"승갈탕(升葛湯)은 홍역에는 효력이 뛰어난 약이 된다. 무릇 별개의 증상이 있으면 마땅히 한두 약제를 더하되 갈증에는 맥문동을 더하고, 회충에는 산사와 오매를 더하고, 발진이 검은 자줏빛이면 연교·황금을 더하고, 발진이 돋아나오기 어려우면 형개·박하를 더하고, 목구멍이 아프면 현삼·길경을 더하고, 여름철 더위의 사기에는 향유·백편두를 더한다.

삼소음(蔘蘇飮: 1-8)은 또한 땀을 내게 해서 겉에 있는 사기를 내보내는 신통한 약인데, 이 처방에 승마·작약을 더하고, 해소에는 패모를 더해 쓴다.

희진사물탕(稀疹四物湯: 40-1)은 설사에는 축사를 더하고, 허약함에는 산약(마)를 더하고, 회충병에는 산사·오매를 더하고, 열이 나면 황금·황련을 더해 10여 첩(貼)을 먹으면 피를 돌게 하여 음을 보해 진액이 생겨나게 한다."

해방(海方)에 말했다.

"사물탕(四物湯)은 배가 아픈 데는 백작약을 곱절을 넣고, 배가 몹시 부풀어오르면서 그득한 데에는 후박을 더하고, 설사에는 목향을 더하고, 해소에는 패모를 더하고, 속이 메스꺼운 데에는 축사를 더한다."

이헌길(李獻吉)이 말했다.

"우황고(牛黃膏: 40-6)는 피에 사열이 있음을 잘 흩어지게 한다. 피에 사열이 있는 경우에 이를 쓰면 신기한 효험이 있고, 그렇지 않은 경우 반드시 실패하니 함부로 쓸 수 없다."

6-5. 술의 약효 평론

임서봉(任瑞鳳)이 말했다.

"홍역의 증세는 열이 살갗 사이에 있어 오장육부가 크게 허약하고 찬 데는 마땅히 자주 맛이 좋은 술을 먹어 늘상 얼굴 부분에 취한 기운이 있게 한다. 대개 술의 열은 잘 창자와 위장을 따뜻하게 다스려 살갗에 땀을 내어 겉에 있는 사기를 없애기 때문에 발진이 일어나려다가 일어나지 않는 경우는 술의 힘을 빌려서 크게 일어나도록 하는 진실로 홍역에 대한 효력이 뛰어난 약인 것이다. 언제나 술을 마시면 발진이 순조롭게 돋아나오면서 발진이 없어진 뒤에도 곧 능히 음식을 먹을 생각을 한다. 비록 2~3세 아이나 또는 술을 마시지 않는 경우에 홍역을 앓으면 비장·위장이 허약하고 차기 때문에 반드시 잘 이를 마신다. 처음부터 끝남에 이르도록 아무 병인지를 막론하고 마땅히 술로써 이를 치료한다."

임서봉이 말했다.
"홍역은 반드시 오장육부의 양기가 허약하고 차기 때문에 회충이 이에 발생하는데 처음부터 맛이 좋은 술을 많이 써서 뱃속에 따뜻한 열이 있는 경우 회충병에 걸리지 않는다.
홍역 뒤에 더러 열흘이나 또는 몇십일 뒤에 또한 능히 거듭 아프고 곧 한사와 열사가 일어나 머리가 아프고 가슴속이 달아오면서 답답하고 편안치 않으며 기침을 하고 배가 아프고 이질을 설사하고 손과 발에 붓는 기운이 있는 증세에 대한 치료법에는 술보다 좋은 약이 없다."

이헌길(李獻吉)이 말했다.
"술은 땀을 내어서 겉에 있는 사기를 없앰에 더러 신기한 효험이 있다. 그러나 한여름에는 살갗이 열려서 속에 있는 열을 왕성하게 바깥으로 흩뜨리는 공효가 적고 열을 돕는 해로움이 많아 모름지기 자세히 살펴보아 씀을 조심한다. 만일 병을 앓는 사람의 원기가 크게 허약하여 비록 땀을 내어 겉에 있는 사기를 없애는 약을 먹어도 잘 홍역의 병인의 기운을 밖으로 내몰지 못하는 경우 옛사람은 탕약에 더러 술과 물을 반으로 섞도록 하였다. 그러나 한여름이라 속과 겉이 함께 열이 있으면 진실로 그 열을 다스려 저절로 마땅히 바깥으로 흩뜨리고 술에 기대함이 없었다. 추운 계절에 이르면 바깥 공기가 몹시 차고 속의 열이 서로 침범해(어떤 판본에는 '風寒外削 內氣蟄伏'이라 일렀다.—원주) 살갗 사이에서 싸워 발진이 돋아나오려 하다가 돋아나오지 못하는 경우에 술의 힘을 빌림이 좋다고 했다. 대체로 술의 성질과 맛은 창자와 위장을 두텁게 하고 간장의 정기를 돕는다. 만일 간경(肝經)이 허약하고 창자와 위장이 굳세지 못한 경우는 네 계절 모두 쓸 수 있다. 그러므로 이를 써서 순조로움을 얻은 경우도 그렇기는 하지만 삼가야 한다."

『광제비급』에 말했다.
"을미년(영조 51, 1775)의 홍역에 사람들이 모두 소주를 먹고 삶을 얻었다. 더러 야인건(野人乾)을 먹어 삶을 얻고, 6, 7월 몹시 더운 철에 찬물을 마시고 목욕하면서 산 경우가 또한 있었으니 알 수 없는 것이다."

6—6. 음식의 경계

임서봉(任瑞鳳)이 말했다.
"홍역은 처음부터 마땅히 국과 밥을 들고 흰죽·녹두죽·수수 미음·찹쌀죽을 먹는다. 모든 밥과 죽은 모두 황토물에 익힌 것이다.
찬밥 및 모든 단 음식이나 숭어·굴·낙지·문어·미나리 등의 음식물을 금지하고 또 월경을 꺼린다. 이들은 모두 회충을 움직이는 음식물인 것이다."

이경화(李景華)가 말했다.
"피직을 볶고 홍화자를 볶고 찹쌀 미음과 등심을 짙게 달여 마땅히 처음부터 끝까지 많이 먹는다.
찬 술과 찬물·두부·쇠고기 등과 모든 딱딱한 음식물을 금지한다."

일반 백성의 처방에 말했다.
"처음 열이 날 때 박·오이·귤과 아울러 차조쌀을 물에 달여 늘상 먹는다."

패방(浿方)에 말했다.
"음식은 모든 뜨거운 음식물을 경계한다."

임서봉(任瑞鳳)이 말했다.
"민어·조기·전복 조개·홍합 등은 함께 먹을 수 있다."

『광제비급』에 말했다.
"무릇 홍역에 도시 시가지에서 우대하여 기른 아이는 10에 8~9는 죽고, 시골 집에서 나물을 먹은 아이는 10에 8~9는 살아난다. 이는 눈앞에서 분명히 경험한 것이다."

6—7. 똥물 치료

(1) 월경이 순조롭지 않음

이경화(李景華)가 말했다.
"모든 홍역에 비록 정기와 사기가 왕성하고 약함이 있으나 모두 열이 심해 붉은 반점이 돋아나온 뒤엔 마땅히 오로지 성질이 시원하고 서늘한 약의 공효로 속의 열을 없애야 한다. 무가산(無價散)을 안신환(安神丸: 23-5)·우황고(牛黃膏: 40-6)에 타서 먹는 등의 약이 이것이다.
  회충이 움직인 경우 산사를 쓰되, 월경에도 위가 되고 무가산(無價散)이 다음이다."

(2) 발진이 은은히 비침

임서봉(任瑞鳳)이 말했다.
"발진이 더러 드러나거나 또는 은은히 비칠 경우 빨리 야인건(野人乾)을 써서 열을 물러나게 할 수 있다. 그 방법은 인동화·촉미(蜀米)를 같이 달이고 거듭 황토물에 담근 야인건을 쓴 물을 취해 약 2잔의 물을 얻어 술 1잔에 섞어 자주 따뜻이 먹는다. 이 때 큰 열이 물러가려 하면 술에 타지 않아도 또한 좋다.

야인건은 많이 쓸 수 없으니, 오장육부가 허약해지고 차면 회충이 반드시 일어나 발진이 없어지기 전에는 비록 먹더라도 반드시 술에 타서 조금 마신다."

(3) 발진 뒤 남아 있는 열

임서봉(任瑞鳳)이 말했다.

"발진 뒤에 거듭 아픈 데는 마땅히 황토물에서 나온 무가산(無價散: 26-4)을 먹는다.

발진 뒤에 남아 있는 열에는 날마다 3~5시 사이에 무가산 한 종지를 쓰고 열이 많은 경우 우황고(牛黃膏: 40-6) 1~2알약을 타서 먹는다."

이헌길(李獻吉)이 말했다.

"인중황(人中黃)은 성질이 몹시 차다. 그러나 오장에 맺힌 열을 모두 치료할 수는 없으나 다만 위장의 열증은 내릴 수 있다. 그러므로 여러 장기의 열이 몹시 나지 않으나 위장 가운데가 열이 왕성해 가슴이 답답한 경우에 이를 쓰면 반드시 순조롭고 그렇지 않은 경우에 이를 쓰면 위장의 열은 비록 없애나 여러 가지 열은 흩어지지 않아 숨이 차고 기침이 많이 일어나고 더러 게우는 증상에 이르러 반드시 실패한다."

(4) 개똥은 경솔히 쓸 수 없다

"개똥은 오로지 어혈의 치료에 쓰되 바람과 추위에 다친 날이 오래되어도 흩어지지 않는 경우에 이를 먹는다. 대체로 전하는 말에 경맥의 열은 반드시 혈을 상하게 하기 때문이다. 세상 사람이 알지 못하고 더러 성질이 따뜻한 약으로 흩어진다고 일컫고 또는 열을 치료한다고 일컬으니 이는 웃을 만하다. 비록 홍역을 앓는 집에 어혈과 출혈 증상이 나타나는 경우가 있어 이를 쓰면 순조로움을 얻고 그렇지 않으면 반드시 실패한다.

돼지똥물 또한 인중황과 크게는 같으나 조금은 다르다."

(5) 달거리의 경계

이헌길(李獻吉)이 말했다.

"달거리는 잘 화사를 내리기 때문에 사람들이 많이 이를 쓴다. 그러나 병이 없는 부인의 피는 이미 얻기 어렵고 한여름철은 맛 또한 나쁘고 그것이 속옷에 있을 때 벌써 맛이 변함이 많아 결코 쓸 수 없다. 옛날 처방에도 또한 분명한 근거가 없으며 만일 효험이 있어도 끝내 아주 온전치 못하다."

6—8. 병력서

조정준(趙廷俊)이 말했다.

"어떤 아이가 4세인데 처음 열이 난 지 3일에 온몸의 빛깔이 붉은 노을 같고 턱 아래가 부어 붉게 부풀어 크고 딱딱하면서 두 귀에 이어졌다. 여러 의원이 돼지똥물을 쓰고 대황고(大黃膏)를 발랐다. 내가 진단하고 말했다. 이는 대두온(大頭瘟)으로 큰 병인이 있어 비록 치료법이 없다. 그러나 마땅히 병인을 없애거나 흩어냄을 주로 삼고 음에 이른 병인이 얽히는 약을 지나치게 쓸 수 없고 잘라서 누른 며칠에 목구멍 문이 막혀 물과 국물이 들어가지 않고 턱 아래가 썩어 진무르고 빛이 검고 속이 뚫리고 병독의 물이 그치지 않으면서 죽었다."

조정준(趙廷俊)이 말했다.

"어떤 아이가 3세인데 발진이 돋아나온 뒤 머리 살갗에 부음이 크고 눈동자가 밝게 빛나고 눈까풀이 도드라지고 코와 얼굴이 같이 부어 뜨고 울어도 소리를 낼 수 없고 젖도 빨 수 없고 피곤함에 잠기고 게을러져서 기력도 움직일 수 없었다. 내가 말했다. '이는 대두온(大頭瘟)으로 약이 없어도 치료할 수 있다.' 만일 감염이 얕으면서 정신과 원기가 뽑히지 않고 젖을 먹음이 줄어듦이 없는 경우는 죽은 피를 찔러 없애서 밖으로 병인의 기운이 새나가게 하면 더 사는 경우가 있다. 그러나 열에서 하나인 것이다."

조정준이 말했다.
"어떤 아이가 5세인데 홍역에 걸려 발진이 처음 일어나 작게 나타나고 되짚어 없어지고 7일에 이르러도 일어나지 않고 여러 가지 증세가 더욱더 더해져 내가 자초용을 써 술과 물을 서로 반씩 해서 달여 저미고(猪尾膏: 26-3)에 타서 연거푸 몇 차례 먹고 여러 따뜻한 곳에 놓아두고 한두 시간쯤 지나니 작게 땀기운이 있으면서 온몸에 붉은 좁쌀이 한 때에 일제히 돋아나오고 팔다리의 경련이 점차 진정되고 어지러움을 갑자기 이겨내고 잇따라 치료되면서 안정되었다."

조정준이 말했다.
"어떤 아이가 7세인데 처음 열이 일어난 지 6일에 땀을 내어서 겉에 있는 사기를 없애서 병인을 없애려고, 성질이 찬 약으로 열을 내리는 약을 써서 20여 봉지에 이르러도 돋아나오지 않고 몸에 열이 나고 가슴이 답답하고 갈증이 나며 팔다리에 경련이 일고 헛소리를 하고 날로 점점 더 위중했다. 내가 말했다. '다만 설사하는 약을 써서 크게 속의 열을 설사하면 아마도 희망이 있다.' 이에 우황사심탕(牛黃瀉心湯: 40-5)에 이경환(利驚丸: 40-9)을 타서 써서 크게 몇 차례 설사하니 정신과 원기가 조금 안정되고 발진이 드러나 나오며 여러 증세가 갑자기 줄어든다. 발진이 물러난 뒤에 해소가 또 심하면 감초를 돼지쓸개에 담가 알약을 만들어 먹으면 곧 낫는다."

(1) 성질이 서늘한 약을 많이 쓴 이후에는 이중탕(理中湯)을 씀

조정준(趙廷俊)이 말했다.

"어떤 여자가 나이 16세인데 홍역에 걸려 야인건(野人乾)과 돼지똥 등을 물로 우황고(牛黃膏: 40-6)에 타서 하루에 10여 차례 먹은 지 거의 10여 일에 효험이 없고 또 병발하는 딴 증세가 생기고 온몸이 푸르스름한 빛깔이고 뻗어서 팔다리 끝에 미치며 초조하고 가슴이 답답하며 어지러이 날뜀이 끓는 물 가운데 있는 듯했다. 내가 말했다. '이는 성질이 차가운 약을 많이 먹어 위장이 차가워져서 어지러움이 일어나면서 아울러 회충으로 기가 치밀어오름이 있는 것이다.' 마땅히 이중탕(理中湯: 18-3) 1첩을 쓰니 정말 신통한 효험이 있었다."

6-9. 여러 가지 학설

(1) 많은 증세는 모두 열에서 나옴

이헌길(李獻吉)이 말했다.

"무릇 속이 메스껍고 게우면서 물을 계속 들이켜고 느침을 흘리고 기침을 하고 피가 나오고 피고름이 섞인 대변을 설사하고 소변이 시원치 못하고 눈이 붉고 배가 아프며 목이 쉬어 목소리가 나지 않고 검은 빛깔의 발진이나 보랏빛 발진과 헌데 등의 증세는 모두 열에서 나온다. 대체로 천연두는 정기와 사기가 왕성하고 약함이 서로 반반이다. 홍역의 천이나 백 가지 증세는 모두 열에서 나온다."

이헌길이 말했다.

"모든 홍역의 약은 모두 계절에 구애받지 않고 따뜻하게 먹는다.

모든 약에 감초·길경·우방자가 들어가는 경우 모두 천천히 약을 먹는다.

약재의 무게는 건장한 경우 1냥 반(56.25g)을 기준으로 삼고 차례로 줄여가다 어린이에 이르른 경우 5~6돈(18.75~22.5g)을 기준으로 삼되 여러 약재를 같은 분량으로 나눈다."

(2) 가을과 겨울의 다름

이헌길이 말했다.

"이전부터 현재까지 약의 처방엔 모두 이 6~7월 사이에 부르짖는 그 처방은 한여름엔 잘 듣지만 그러나 겨울철인 경우에는 합당치 못함이 많이 있으니, 기후란 따라 변하기 때문인 것이다. 회충을 치료하는 처방의 땀을 내어서 겉에 있는 사기를 없애는 방법은 8~9월은 한여름과 더불어 오히려 크게 같았는데 지금은 아주 다르고, 술을 쓰는 방법이 요즈음 비로소 크게 성행하고, 시갈계지탕(柴葛桂枝湯: 39-4) 또한 쓰는 곳이 많고, 마황을 더 넣음도 전에 비해 가장 많다."

이헌길이 말했다.

"익원산(益元散: 20-4)은 위장의 열을 완전하게 치료하고 또 능히 습사를 없애고 더위병을 치료한다. 한여름엔 따뜻이 끓인 물이나 더러 미음물을 날마다 먹어도 지장이 없다. 가을 뒤엔 비록 늘상 먹지 않고 증세에 대응하여 이를 쓰고, 또한 폐지하지 않을 것이다. 그러나 성질이 찬 약제는 따뜻이 먹고 성질이 뜨거운 약제는 차게 먹음이 원래 그러한 옛날 처방인 것이다. 병이 없는 경우 더러 홍역을 앓는 집을 지나감을 삼감이 좋으니 어찌 감히 삼가지 않으리요. 어떤 약에 다른 약을 타서 먹을 때는 마땅히 따뜻이 먹음을 법도로 삼는다.

호수주(胡荽酒:21-6)는 땀을 내어서 겉에 있는 사기를 없애는 데 좋으니 땀이 없는 경우 마땅히 이를 쓴다. 그러나 우리 나라 약가게에서는 얻을 수가 없으니 한스러움이 된다."

이헌길(李獻吉)이 말했다.

"당귀·생지황은 술에 씻은 다음에야 달거리 기간에 쓸 수 있고, 목통은 마디를 없앤 다음에야 소변을 순조롭게 할 수 있어 화사를 내리고, 맥문동은 가장 더위를 잘 치료하나 그러나 목질부를 뽑아버린 다음이라야 잘 가슴이 달아오면서 답답하고 편안치 않음을 모면하고, 서점자는 볶아서 가루낸 다음에야 효력을 얻을 수 있고, 천궁은 모름지기 볶아서 기름을 없애고, 반하는 모름지기 생강 달인 물로 법대로 가공하여 독성을 미리 막고, 석고는 불에 달구고, 서각은 갈고, 망초는 찌꺼기를 걸러내서 먹을 때에 타서 넣고 한번 끓이고, 현삼은 술에 재었다가 찌고, 향유는 여름철이 아니면 이를 없앤다."

이헌길이 말했다.

"대황·망초·자초·한수석 따위는 성질이 찬 약재인 것이다. 맥문동·길경·우방자 따위는 성질이 서늘한 약재인 것이다. 찬 것은 성질이 크게 센 약재인데 만일 발진이 없어지지 않은 때에 나이가 혈기 왕성한 때라 사기가 왕성한 열로 미친 듯이 날뛰는 경우도 반드시 성질이 서늘한 약을 쓸 수 없는 것이다. 비록 피가 부족해져서 나는 열에는 쓸 수 있고 공효를 거둔다. 그리고 사기가 왕성한 경우에 많이 먹어 또한 효력을 얻는다. 홍역을 앓는 집에서 더러 성질이 찬 약재로 실패를 본 경우는 성질이 서늘하고 찬 것의 다름을 알지 못한 것 때문이다."

(3) 승갈탕은 비록 4, 5첩이라도 지장이 없음

이헌길(李獻吉)이 말했다.

"처음 아플 때 가볍고 무거움을 막론하고 승갈탕(升葛湯)에 자소엽·맥문동을 더하고 6일 이전에는 연거푸 쓰고 비록 하루에 4~5차례 먹어도 지장이 없다. 6일 이후로부터 비로소 소독산(消毒散: 4-9)을 먹는다."

이헌길이 말했다.

"홍역의 발진이 빨리 돋아나오며 아픈 기세가 그치지 않고 마음속으로 모대기며 안타깝게 괴로워하는 경우 해독백호탕(解毒白虎湯: 3-9)을 쓰되 발진이 없어진 이후에도 넘나들어 쓴다. 발진이 없어진 뒤 아픔이 그치지 않고 마음속으로 모대기며 괴로워하는 경우 해독탕(解毒湯: 3-1)

에 맥문동·지골피를 같은 무게로 더하고, 더러 향유 이삭·천화분 각각 7.5g씩 더하여 쓴다. 발진이 돋아나오기 전과 발진이 없어진 뒤에는 백호탕(白虎湯)을 쓸 수 없다."

이헌길이 말했다.
"발진을 거두기 전후를 막론하고 만일 회충병이 나오는 경우 화닉환(化䘌丸: 24-4)·청위음(淸胃飮: 17-4)을 연속하여 쓰고 겉에는 독조단(獨棗丹: 24-8)을 바른다."

제7편 나의 소견

7-1. 옛날 의사

　의사란 사람의 생명을 담당하니 중요한 때에 의사는 삼가 분별할 수 있을 뿐만이 아니다. 비록 옛날 의사도 또한 마땅히 그 마음의 사악함과 정직함을 살펴 정하고, 이치의 정밀함과 조잡함으로 병을 치료하는 기술의 전공함과 잡됨, 주장하는 이론의 통달하고 불완전함을 보아서 취하고 버림을 선택한 것이다. 내가 비록 의술 이치에 어두우나 오랫동안 홍역에 관한 서적을 뒤져서 찾아 점점 마음 위에 그림자가 스쳐 지나감이 있는 듯하여 이에 줄을 펼쳐 등급을 평론해 사람으로 하여금 옛날 의사를 보지 않고도 다 헤아려 안 것이다.

　만전(萬全)은 천연두와 홍역에서 이미 대대로 그 의술의 직업을 이었고 또 이를 전문으로 하였기 때문에 치료하는 기술이 자못 정밀했다. 그러나 그 사람됨이 과장하여 허풍을 치고 아첨을 잘하고 음흉하다. 그 병력서의 여러 가지 학설은 늘 사람을 억누르면서 자기를 들어올려 능력을 뽐내어 오만한 기세가 심하면 국헌(菊軒) 만광(萬筐)과 아우르거나 훨씬 뛰어나다고 했다. 그 마음가짐이 이과 같으니, 그 기록한 논의는 꼭 믿을 수 없다. 그러므로 가령 소독보영단(消毒保嬰丹)·대천선화환(代天宣化丸) 등의 약은 허황하고 불합리한데도 첫머리에 이 처방을 내걸어 스스로 어리석음을 드러냈다. 그런데 어리석은 사람은 이치를 보기에 밝지 못함을 이에서 또한 볼 수 있다. 그러나 그 책은 중국의 천연두와 홍역의 근본을 크게 갖추었다. 요즈음 의사는 능력이 없어 그 변경에서 나온 것이라 지금 업수이 여김은 옳지 않은 것이다.

마지기(馬之騏)는 또한 천연두와 홍역의 전문 의사로 그의 홍역에 관한 책에는 모양과 빛깔에 대해 특별히 자세하다. 또 늘상 한 병증을 논하고 반드시 벌써 돋아나오고 돋아나오지 않음, 발진이 없어진 앞뒤의 구별, 조사하여 치료할 수단과 방법을 세웠다. 그러나 그 통달한 의론에 있어서는 주된 뜻이 도리어 번잡하고 어지럽고 앞뒤가 끊어짐이 많았다. 조진미(趙進美)가 말하기를 "마지기는 사람됨이 너그러운 장자(長者)이나 생각건대 그 성품은 본디 너그럽고 넉넉해 잗달지 않아 마음과 짐작으로 헤아리기 때문에 처방전을 씀에 오로지 성질이 차고 서늘한 약제를 쓰고 다시 돌아보거나 얽매이지 않는 것이다. 그러나 그 책은 곧 적량(翟良)이 정한 바로 적량은 곧 꼼꼼한 마음으로 매우 세밀히 생각한 사람이라 마땅히 큰 잘못이 없었기 때문에 이헌길(李獻吉)은 오로지 마지기의 책을 위주로 하여 사람을 살림이 매우 많았다. 간혹 또한 성질이 서늘한 약제로 사람을 그르치기도 했으나 참으로 잘 쓰기만 하면 아마도 큰 잘못은 없을 것이다.

적량(翟良)은 천연두에 전문적인 의사이나 곁으로 홍역의 의술에 미쳤다. 그러나 자세히 그 천연두 서적의 여러 가지 논의를 살펴보니 자세하고 확실하고 깊어 필적할 의사가 없다. 그러니 이와 같이 깊이 믿지 않을 수가 없다. 아깝게도 홍역에 대해서는 별도로 숙달함에 힘쓰지 않아 후세 사람으로 하여금 마침 근원을 삼을 바가 없었던 것이다. 내가 이를 한스러워해 그 천연두에 대한 논의에서 홍역에 보탬이 될 수 있는 경우를 취해 베껴서 자이편(資異篇)에 수록했다. 그러나 적량은 천연두에서 언제나 정기를 보하는 방법을 위주로 한다. 그리하여 홍역에서 다만 마지기의 성질이 서늘한 약으로 설사시켜 열을 내리게 함을 취하는데 이 또한 변통을 아는 경우라 이를 수 있다.

섭상항(聶尚恒)은 이론이 아주 분명하고 사리에 맞아 적절한 형세가 대를 쪼갬과 같아 적량이 깊이 받아들인바 마땅히 큰 잘못이 없다. 다만 그 세 가지 큰 법과 네 가지 크게 금지함이 이미 간략하고 이미 식견이 좁고 치우쳐서 통달하지 못하다. 저 병의 실제 사정과 형편은 만 가지로 변화하니 어찌 한마디 말로 결단할 바이리요. 지나치게 성질이 서늘한 약을 금지함은 또한 도리어 장애를 일으키는 경우가 있을까 두렵다.

요즈음 시행하는바 『활유심법(活幼心法)』은 곧 섭상항의 책이다. 그러나 다만 세 가지 큰 법은 섭상항의 원편(原編)에 매이고 그 나머지는 모두 맹하(孟河)가 바로잡아 기록한 것이다. 그러므로 원래 책에는 언제나 맹하의 말이라 했다. 그러나 또한 섭상항의 방법인 것이다.

황렴(黃廉)은 온전히 만전(萬全)의 치료법을 이어받았고 하나도 스스로 깨달아 얻음이 없다. 그러나 새로 깨달은 경우인 그 서강월증치가(西江月證治歌)도 모두 볼품없는 말투에 딸렸다. 대체로 의서(醫書)의 가결(歌訣)은 모두 의술을 팔고 기술에 현혹된 경우로 잊어먹음을 도와 외우는 방법의 보잘것없는 계책으로 유의(儒醫)가 중하게 여길 바가 되지 않는 것이다.

손일규(孫一奎)는 의사로서 매우 식견이 풍부한 사람인 것이다. 그 저서인 『적수현주(赤水玄珠)』란 책은 두루 널리 그 의론을 포괄하고 간혹 또한 조리가 분명하고 시원스럽다. 그러나 홍역의 병인의 근원을 논함이 또한 가장 취할 만하고 그 처방전을 쓰는 방법을 베풂에 이르러서는 또한 순전히 만전의 처방을 쓰고 달리 스스로 도달한 견해가 없다. 또 그 원래의 전기를 살펴보면 또한 의술을 파는 의사인 것이다.

왕긍당(王肯堂)의 홍역에 관한 논의는 또한 만전의 법을 으뜸으로 삼아 쓰고 다만 사백소독음(瀉白消毒飮)·금불초산(金沸草散) 두 처방만 그가 스스로 만들었다. 그러나 그 논의는 또한 자못 선택할 수 있을 만하다.

묘희옹(繆希雍)의 『사진론(痧疹論)』은 약의 성질을 나누어 나열하고 그 마땅함과 금지함을 분별함이 가장 의거함이 있다. 대개 묘희옹은 이시진(李時珍)과 더불어 본초학(本草學)에 밝아 깊이 약의 성질을 알았기 때문에 반드시 합쳐서 뒤섞어 처방을 쓰지 않았다. 그러니 병을 치료함에 해로움이 없었던 것이다. 그 쓴 바 여러 처방은 또한 함께 오묘하고 새로워 선택할 수 있고 종전에 하던 대로 그림자를 스쳐 지나감과 따라 함이나 같은 부류는 아닌 것이다.

주지암(朱之黯)의 『진과치법강(疹科治法綱)』은 옛날과 지금의 홍역에 관한 논의를 종류별로 모았는데 계고(稽古)·징금(徵今) 두 편이 있다. 그러나 새로운 뜻을 깨달아 밝힘이 없고 그가 기록한 바 송(宋)나라 원(元)나라 여러 의사의 논도 또한 의심할 수 있음이 많다. 그러나 펼쳐 나열한 약방문은 천연두 의사와 더불어 서로 섞여 더욱 이해하지 못할 바인 것이다.

장개빈(張介賓)의 『경악전서(景岳全書)』에 실린 『마진전(麻疹詮)』은 가장 새로운 논의가 많고 변론하여 반박함이 엄중 통쾌하고 또한 근세 의서(醫書)에 있어서 깨끗하게 씻은 것이다. 다만 그 처방법은 온전히 송(宋)나라 원(元)나라 여러 의사의 성질이 서늘한 약제를 지나치게 쓴 폐단을 바로잡았기 때문에 계지·부자·생강·인삼 등 성질이 따뜻하고 뜨거운 약제 쓰기를 좋아한다. 그 책을 보고 배운 경우 언제나 원기를 보하는 법에 의탁해서 공효를 거두려 한다. 그러나 설사를 치료하기가 겁나고 또한 굽음을 바로잡으려다 지나쳐서 도리어 중정을 잃을까 두려운 것이다. 그러므로 홍역을 치료하는 의사는 또한 간혹 이 방법을 베풀어야 하니 열람하는 자가 그 방법이나 절차의 그대로의 상태를 알면 아마도 가볍게 믿지 않을 것이다. 그러나 또한 잘 취해 잘 시행할 것이다. 또 그 말과 논의는 과장이 많아 자못 많은 기(氣)가 있으니 모름지기 살필 것이다.

전을(錢乙)·진문중(陳文中)·왕호고(王好古)·장원소(張元素)·주진형(朱震亨)·이고(李杲) 등 여러 사람도 함께 저술이 있다. 주진형은 더욱이 중국 근세 의사의 시조이다. 그러나 이 몇 분이 논한 바가 더러 얼룩점과 더불어 섞이고 또는 천연두와 더불어 섞여 확실하지 않아 구별됨이 없어 조사하여 치료할 뜻이 맞지 않았다. 당시에 홍역은 오히려 크게 유행하지 않아서 경험도 분명치 않은 것이다.

설기(薛己)의 『보영촬요(保嬰撮要)』에는 자신의 훌륭한 이론이 많았고, 서용선(徐用宣)·정신봉(程晨峰) 또한 모두 천연두와 홍역을 전문으로 치료하였고 그 말도 겨우 한두 번 보이는데 또한 뛰어나 가려 취할 만하다.

이천(李梴)의 『의학입문(醫學入門)』은 요즈음 올바른 학문이라 일컫는다. 그러나 그 논하는 바 홍역의 여러 학설 및 나열한 바 여러 처방은 장개빈(張介賓)의 『마진전(痲疹詮)』을 거두어들이지 않고서 기록한 아래 처방을 따로 마진(痲疹)이라 일컬었기 때문에 지금 또한 제4편 비슷한 증세의 구별에 거두어들였다.

공정현(龔廷賢)은 천연두와 홍역에 정교함에 힘쓰지 않은 것 같아 그 처방은 모두 간략하게 거두어들여 갖추지 못하고 본받아 시행하기에 부족하며, 또 그 저서인 의서는 편찬된 책이 매우 많으나 생각건대 그 배움이 어떤 경우 넓으나 정밀하지 않은 것이다.

옹중인(翁仲仁)의 『두진금경록(痘疹金鏡錄)』은 오로지 천연두 처방이다. 홍역에 대해 논한 바는 소박하고 간략하여 취할 수가 없다. 오학손(吳學損) 또한 천연두 의원이나 그 『두진백문(痘疹百問)』 가운데 홍역을 논한 것은 겨우 한두 조목으로 함께 가려 뽑아 기준으로 삼기에 부족한 것이다.

경일진(景日昣)의 『숭애존생서(嵩崖尊生書)』는 순수한 오운육기(五運六氣)의 설로 거기서 홍역을 논함은 또한 모두 장개빈이 남긴 것에서 주워 모았는데 하나도 가려 뽑을 수가 없는 것이다.

허준(許浚)의 『벽역신방(辟疫神方)』은 16세기 당시의 독창적인 의견으로 중독성 질병이 급박하여 사사로이 억측하여 잠시 그 처방법을 베푼 것이다. 홍역의 이름도 알지 못하고 이를 '독역(毒疫)'이라 일렀으니, 지금 가려 뽑기에 부족한 것이다. 그 병세에 대한 논의는 더러 홍역에 합당하기 때문에 원편(原篇)에 실었다. 그가 본받은 처방은 모두 돌림하는 급성전염성 질병에서 나왔기 때문에 모두 물리치고 일반 백성의 처방에 기록했다. 그러나 그 이론은 가장 12경(十二經)의 학문에 깊어 귀중함이 될 수 있는 것이다.

이헌길(李獻吉)은 온통 마지기(馬之騏)의 치료 방법을 쓰고 만전(萬全)을 참고하였다. 그가 병에 닥쳐 살려내는 방법은 책으로 전할 수 있지 않으니 하물며 그 글이랴. 모두 몹시 바쁜 가운데 입으로 불러 말한 것은 예전 앞사람이 방법을 이룬 것에서 변경한 바가 없다. 다만 회충병 한 가지 논의는 대부분 이전에 밝혀지지 않은 것이다. 또한 우리 나라 홍역 의사의 근원인 것이다.

조정준(趙廷俊)의 『급유방(及幼方)』은 어떤 문재(文宰)가 조(趙)의 이름으로 드러내 대신 기술한 것인데, 요즈음 일반 백성들이 사는 곳의 의술이 낮은 의사가 이 처방을 근본으로 쓰니 몹시 안타까울 수 있는 일이다. 그 홍역을 논함은 겨우 만전(萬全)·왕호고(王好古) 등 몇 의가를 보고 그리고 또한 순수하게 쓰지 않아 가려 뽑아 쓸 수 있는 것이 없고,

그 더러 스스로 독창한 것은 일반 백성의 처방에 이를 기록했다.

7-2. 평범한 의사

의서(醫書)에서 가장 어려움은 요점만을 간추려 기억하기 쉽도록 해서 첩으로 묶어 잘 외도록 함인데, 몇 개에 나아가 논하자면, 천연두와 홍역은 그 이상하고 괴이한 조목을 쪼갠 의술에 관한 서적이 매우 많아 지금 의사가 잘도 다 외우겠는가. 어찌 곧 늘상 병든 집에 이르러 목을 뽑아내고 교만한 얼굴로 종이를 펼치고 붓을 찾아 손을 따라 베낌을 이루되, 전호·시호·강활·독활 등을 잠깐 동안에 붓을 놀려 적고 다시 지우고 고치지 않아 큰 창과 긴 다리의 필세가 세차고 굳세서 종이를 날려 땅에 떨어뜨리며 흘겨보면 그 병든 집의 주인은 공손히 잡아 삼가 펴보고 더러 그 한 가지 약제를 들추어내 그 적당함과 적당치 않음을 의논하면 의사는 문득 성을 발끈 내고 말하기를 "이것이 염려스러우면 쓰지 말라. 나는 고칠 줄 모른다." 아아! 저 사람은 덕행이 높은 사람이 아닌데 어찌 자기를 높임이 이와 같을 수 있는가.

그러나 또 그 가운데 더러 갑자기 이름이 널리 알려진 이가 있어 곧 한 세상의 우두머리를 차지하여 나귀와 말 꼬리가 따르고 문이 메워지고 골목이 꽉 차서 아침이면 달릴 차례를 정하여 매기되 오직 권세의 힘을 비교하여 보고 동쪽으로 달리고 서쪽으로 달린다. 의기(意氣)나 재주가 뛰어나도 어리고 약한 아이종과 마르고 약한 말로 한 성곽을 널리 좇아 돌아다녀 처마의 햇빛이 저녁나절이 가까워서야 처음으로 약간 다니는 곳에 이르러 술과 밥을 먹고 얼굴이 붉고 눈언저리가 희어 종종걸음으로 가서 아이를 보니 병이 벌써 절박하다. 또 천연두와 홍역 등의 병은 한때에 전염되어 일어나면 반드시 모두 기세가 강성하다. 그러나 높은 벼슬의 큰 사람은 의사를 보내지 않고 다른 방에 걸어 잠가 머물러 두고 세력이 없는 집과 중간 계급에서는 배를 잃어 일의 기틀이 벌써 잘못되었으니 오히려 치료하게 됨을 믿기 어렵다.

또 모든 큰돌림의 돌림병은 그 가볍고 무거움과 좋고 나쁨이 전염되어 옮음에 말미암음이 많고, 의사는 이미 달릴 차례를 정했으니 곧 전염성을 띤 사기의 병세가 좋지 못하여 생명이 위태하여 더러 죽어 더러운 냄새가 나고, 의사는 모두 연기를 받고 예전대로 좇아 병든 아이를 보이게 하면 능히 가벼운 증세를 변하여 위중하게 하고도 오히려 두려움이 없겠는가.

또 가령 천연두 증세는 진실로 증상이 좋지 못해 생명이 위험하고 병의 경과와 예후가 나빠짐에 매이면 열 사람은 죽고 겨우 한 사람만 살 길이 있는 경우에 의사가 만일 뜻밖의 행운으로 지킴을 살피고, 만일 치료하지 못함에 이르러 온 집이 의사를 허물하여 의사 보기를 원수처럼 하기 때문에 의사는 이런 병세를 만나면 문득 버리고 간다. 곧 그 마음 가운데 돌아볼 생각이 없고 허물을 등짐을 두려워하는 것이다. 처지를 바꾸어서 생각해도 의사의 일은 이와 같음이 있다. 그러니 생명을 위해서 의사를 믿으려 하겠는가.

그러나 또한 다른 병엔 의사가 도리어 거칠게 익혔어도 만일 홍역에 이르러서는 10년마다 한번 이르니, 의사가 이를 직업으로 삼으면서 어찌 소득이 있겠는가. 그러므로 모두 병에 닥쳐 생각을 일으켜 억지로 그 알지 못하고서도 의심스러움에 기대 재주를 숨김이 있음은 참으로 이를 것이 없다.

7-3. 오운육기(五運六氣)

홍역의 병의 원인은 오운육기가 오히려 말을 이기리요. 해와 달과 별이 번갈아 옮기는 바와 바람·추위·더위·습기가 서로 타는 바와 그 오운을 만나서 그 육기에 감촉된 경우는 반드시 그렇게 되는 이치인 것이다. 그러므로 모든 전염병의 홍역 등과 모든 돌림병은 모두 오운육기에 매여 일어나는 것인데, 진실로 천체의 운행을 관측함에 정묘하고 기후에 밝으면 그 병을 치료함에 있어 반드시 손바닥을 가리킴 같다. 의사로서는 빠뜨릴 수 없는 것이다.

만전의 말에 일렀다.
"무년(戊年)과 계년(癸年)은 화운(火運)의 통솔이 지나친 해의 끝이라 그 부스럼병에 걸리기 때문에 더러 심화(心火)와 삼초의 화가 오운육기 가운데 위에 있음을 만나 반진이 많이 일어난다." 혁희(赫曦)란 무년(戊年)인 것이다. 이화사천(二火司天)이란 자년(子年)·오년(午年)·인년(寅年)·신년(申年)인 것이다. 어찌 우리 나라 멀지 않은 옛적인 가령 병술(1706)·기해(1719)·경술(1730)·을미(1775) 등의 해는 함께 무년과 자년·오년·인년·신년이 아닌 해이다. 그러나 홍역의 기세가 매우 성했었다. 세상의 군자(君子)는 진실로 자신을 헐뜯고 비난함을 지나치지 말고 잠깐 동안에 또 조사하여 구명하면 그 설을 깨뜨릴 수 있다. 그러나 어리석게도 받들어 믿으며 의문이 있어도 이치를 숨긴다. 이치가 이미 분명한데 어떻게 숨길 바이리요.

곧 몽수(蒙叟) 이헌길(李獻吉)이 홍역을 다스림에 있어서는 오로지 만전(萬全)·마지기(馬之騏) 두 의사의 설대로 병을 살펴 처방전을 쓰고 그리고 그가 사람을 마주함에 미쳐 사리를 논하거나 설명함은 도리어 오운육기를 위주로 말하기를, "경술년(1730)의 홍역은 정해년(1707)의 홍역과 다르고 을미년(1775)의 홍역은 임신년(1752)의 홍역과 다르다. 뒤에 홍역을 만나는 경우 헛되이 옛처방을 잡고 오운육기를 살피지 않으면 반드시 사람을 죽인다." 하고, 또 말하기를 "내가 죽은 뒤에 내 처방으로 홍역을 치료하면 안된다." 세상 사람 모두가 귀를 기울여 듣고 따르면서 깊이 믿고 의심치 않았다. 이헌길이 이미 죽자 실의에 빠져 사모하였다.

그리고 중국의 홍역에 대한 책도 마침내 내버려두었다.

홍역에 관한 책에서 모두 말하고 몽수 이헌길도 또 말하기를, 비록 홍역에 관한 책에 있는 오운육기를 알지 못해 끝내 또한 씀이 없으니, 아아! 내가 진실로 오운육기를 알지 못했다. 그러나 만일 이헌길이 다만 운기(運氣) 두 글자만 말하고 분명히 말하지 않았으면 비록 지혜로운 자도 또한 바야흐로 그 진실한 뜻이 있음을 의심할 것이다. 다행히 을년(乙年)이 있어 위급함을 좇게 되고 폐장이 넉넉하지 못한데 미년(未年)의 삼기(三氣)·사기(四氣)가 미친다는 등의 학설이 그 기술함에 드러났는데 이는 곧 허준(許浚)의 『동의보감(東醫寶鑑)』 가운데에 진술한 것이다. 그 논한 것이 본디 깊고 오묘함이 없어 헤아릴 수 없는 경우이다.

또 그 을미년(1775)에 쓴 바는 모두 만전(萬全)·마지기(馬之騏) 두 의사의 처방이었으나 만전·마지기 두 의사는 홀로 을미년이 오운육기가 됨을 알지 못하고 미리 그 처방을 적었으나 어찌 그것이 정묘하게 합치되어서 서로 맞아떨어졌던 것이다. 이는 이헌길의 오운육기의 설에서 볼 수 있어도 본디 깊이 따르지 말아야 한다. 그러나 그는 잠깐 이 설을 만들어 자기 자신을 보위한 것이다.

7-4. 홍역의 주기 연도

우리 나라는 명(明)나라 만력(萬曆) 41년 계축년(광해군 5년, 1613)에 홍역이 처음 유행되었다.(1614년까지)
○년 뒤 청(淸)나라 강희(康熙) 7년 무신년(현종 9년, 1668) 홍역이 크게 유행되었다.
12년 뒤 강희 19년 경신년(숙종 6년, 1680) 홍역이 유행되었다.
12년 뒤 강희 31년 임신년(숙종 18년, 1692) 홍역이 유행되었다.
14년 뒤 강희 45년 병술년(숙종 32년, 1706) 홍역이 크게 유행되었

다.(1707년까지)

　12년 뒤 강희 57년 무술년(숙종 44년, 1718) 홍역이 유행되었다.(1719년까지)

　11년 뒤 옹정(雍正) 7년 기유년(영조 5년, 1729) 홍역이 크게 유행되었다.(1730년까지)

　23년 뒤 건륭(乾隆) 17년 임신년(영조 28년, 1752) 홍역이 크게 유행되었다.(1753년까지)

　23년 뒤 건륭 40년 을미년(영조 51년, 1775) 홍역이 크게 유행되었다.

　12년 뒤 건륭 51년 병오년(정조 10년, 1786) 홍역이 유행되었다.(확실한 홍역인지 자세하지 않다.)

　또 『문헌비고(文獻備考)』를 살펴보면, 강희 60년 신축년(경종 원년, 1721) 세자의 아우가 홍역이 있다가 나아서 건강을 회복하여 경과(慶科)를 보였다. 건륭 8년 계해년(영조 19년, 1743) 세자에게 홍역이 있다가 나아서 건강을 회복하여 경과를 보였다. 그러나 경종 원년(1721)의 홍역은 다른 근거가 없고, 영조 19년(1743)의 홍역도 또한 확실한 홍역이 아니다.(대체로 계유년[1753]에 세자가 홍역이 있다가 나아서 건강을 회복하여 경과를 보였다. 확실한 홍역은 거듭 앓을 이치가 없다. 그러므로 계해년인 영조 19년(1743)은 확실한 홍역이 아닌 것이다.―원주) 생각건대, 더러 반진(斑疹)과 젖먹이 어린이의 발진성 질병 따위를 뒤섞어 일컬어 홍역이라 한 것이다.

　『춘추좌씨전(春秋左氏傳)』에서 장손(臧孫)이 말했다. "잘하는 홍역도 오석진(惡石疹)의 잘함만 같지 못하여 그 병인이 더욱 많아진다." 허신(許愼)의 『설문해자(說文解字)』에 일렀다. "홍역은 열병인 것이다." 유희(劉熙)의 『석명(釋名)』에 말했다. "살갗에 돋은 창진의 진단법은 기가 몰려 뭉침이 있음을 얻을 수 있으면 진단함이 보이는 것이다." 알지 못하건대 이른바 진(疹)은 참으로 무슨 병일까?

옛사람이 천연두를 이르기를, 동한(東漢: 後漢) 건무(建武: 25~54) 연간에 마원(馬援)이 남쪽을 정벌할 때 전염되어 중국에 번져 나갔기 때문에 이를 노창(虜瘡)이라 일컫는다. 그러나 홍역은 끝내 그 비롯됨을 알지 못했다. 송(宋)나라·원(元)나라 여러 의서(醫書)에 반진(斑疹) 등의 학설이 있으나 모두 뒤섞여 복잡하고 분명치 않고, 명(明)나라 융경(隆慶: 1567~1572)·만력(萬曆: 1573~1619) 이래 여러 의사가 처음 두과(痘科)와 더불어 나란히 벌려 세웠으니, 그 병이 전파된 연대가 오래나 요즘에는 조사할 수가 없다. 우리 나라는 양평군(陽平君) 허준(許浚)의 『벽역신방(辟疫神方)』이 계년(癸年: 1613)에 나왔으나 그 때는 마진(痲疹: 홍역)의 이름을 알지 못했으나 그 논한 바는 자세하여 독창적인 의견 같음이 있어서 크게 놀란 것이다. 생각건대, 그 계년이 곧 우리 나라에 병이 전파된 처음인 것이다.

『지봉유설(芝峯類說)』에 말했다.
"천포창(天泡瘡)은 정덕(正德: 1506~1521) 연간 뒤 처음으로 중국에서 전염되어 왔다.(중국에도 또한 옛날에는 이 병이 없었는데 西域으로부터 나왔다 한다.—원주) 요즈음 계축년(1613)·갑인년(1614) 사이에 한 가지 계절성 열사에 의한 병증이 있어 몹시 잔인하고 포악하여 죽음이 몹시 많았는데 사람들이 당독역(唐毒疫)이라 일컬었는데 곧 전에 있지 않았던 병인 것이다. 의사는 옥온(獄瘟)이라 여겼다.(거기에 이른 계축은 곧 광해군 5년인 것이다.—원주)

강희(康熙) 병술년(1706) 이후 홍역은 반드시 23년에 한번 기세가 매우 성했다. 그것은 더러 10여 년에 한번 전염하여 두루 미치지 못하여서 죽음이 또한 적기 때문에 홍역 의사들에게 대운(大運)·소운(小運)의 설이 있는 것이다.
가경(嘉慶) 무오년(1798) 겨울에 중국 북경(北京)에 홍역의 기세가 매우 성하고 동쪽으로 요양(遼陽)·심양(瀋陽)에 이르렀다. 다만 압록강을 건너지 않고 소멸했다. 기미년(1799) 봄에 내가(茶山) 영위사(迎慰使)로 황주(黃州)에 나아가 칙사(勅使)에게 문안하니, 중국에선 홍역이 우리 나라의 천연두같이 몇 년에 한번 기세가 성하고 우리 나라와 같이 12년이나 24년으로 띄엄띄엄 드물지 않다는 것이다.

7-5. 명칭의 분별

만전(萬全)·마지기(馬之騏) 등 여러 의사는 모두 정진(正疹)을 마진(痲疹: 홍역)으로 삼았으나 다만 장개빈(張介賓)이 반진(斑疹)으로 홍역을 삼아 정진(正疹)과 구별했다. 이전에 이천(李梴)은 진(疹)·두(痘)·마(痲)·반(斑) 등 넷으로 나누어서 명칭을 지어 붙였기 때문에 장개빈이 마침내 이천의 『의학입문(醫學入門)』의 글 가운데 마문(痲門) 한 조목을 취하여 『마진전(痲疹詮)』 아래 따로 기록했다. 그러나 이천의 마문은 곧 정진과 더불어 구별이 없다. 거기에 말한 처음 일어날 때 가운뎃손가락이 찬 경우는 만전의 홍역을 증험한 것이다. 거기에서 말한 1일에 3번 돋아나오고 3일에 9번 돋아나오는 경우 마지기의 홍역을 징험한 것이다. 곧 장개빈의 『마진전』에 또한 실린 가운뎃손가락이 차다는 설은 어찌하여 이를 물리치고 기타 병세로 정진과 구별하겠는가. 그러나 이 한 책을 잃어도 홍역 의사에게 해로움이 없기 때문에 장개빈의 『마진전』에 의거하고 이천의 마문으로 제4편 비슷한 증세의 구별을 기록했다. 그러나 더러 그 정통한 말을 가려내 이를 원편(原篇)에 실었다. 대체로 장개빈이 이른바 마(痲)란 진(疹)이 아니고 반(斑)도 아니고 곧 발진의 매우 작은 것으로 우리 나라 지금 일반 백성의 당독역(唐毒疫)이라고 하는 것이 이것이다.

만전(萬全)은 처음 열이 나고 난 6일을 발진이 돋아나오는 때로 삼았으나 마지기(馬之騏)는 이를 물리치고 3일로 발진이 돋아나오는 때로 삼았다. 만전은 일제히 솟아나온다 일컬었으나 마지기는 이를 물리치고 먼저 귀에 돋아나온 뒤에 날마다 각기 3번 돋아나온다 일컬었다. 장개빈에 이르면 또 3일에 돋아나오는 경우와 날마다 3번 돋아나오기에 미치는 경우는 반진(斑疹)이 되고 정진(正疹: 홍역)과 구별된다고 하였으나 이는 살펴보니 의심스럽다. 우리 나라에서는 처음 열이 나고 3일이 되어 돋아나옴이 홍역의 일정한 규칙이다. 그 무거운 경우 더러 5~6일에 이르러 바야흐로 돋아나온다는 곧 두 가지 설로 함께 막힘이 없다.

우리 나라에는 옛적엔 천연두가 없었다. 천연두가 처음 왔을 때 그 이름을 알지 못해 그를 여학(厲虐)이라고 일컬었다. 유행성 급성 전염병 및 홍역이 일어날 때 그것이 유행성 급성 전염병과 같이 빛깔이 붉기 때문에 그것을 홍역(紅疫)이라 일컫는데, 또한 그 병인이 유행성 급성 전염병이기에 그것을 독역(毒疫)이라고도 일컫는다. 사람에 미쳐서 많이 일찍 죽여 서로 더불어 분하게 여기고 미워하여 당독역(唐毒疫)이라 불렀는데, 이는 양평군(陽平君) 허준(許浚)의 설인 것이다. 그 나타남이 이미 오래자 홍역(紅疫)이 드디어 바른 이름이 되었으나 반진(斑疹) 같은 것이기 때문에 마침내 당독역의 명칭도 주어졌다. 오히려 중국 마진(痲疹)이란 명칭은 본디 정진(正疹)에 썼으나 또한 반진(斑疹)을 일컫기도 했던 것이다.

우리 나라 속담에 발진이 돋아나옴을 발반(發斑)이라 하고 발진을 거둠을 소반(消斑)이라 하기 때문에 이헌길(李獻吉)이 논한 바에도 또한 발반·소반이라 일컬었다. 대체로 듣고 봄에 익숙하고 입과 입술에 순조롭기 때문이다. 지금 중국 의서(醫書)를 두루 조사해 보아도 그 발진이 돋아나오고 발진이 없어지는 것을 논할 때 발반·소반 등의 명칭으로 일컫는 경우가 없다. 설령 있다고 하더라도 중국에서도 또한 잘못된 것이다. 대개 반(斑)이란 얼룩얼룩한 무늬인 것이다. 『예기』단궁(檀弓)에 이른바 살쾡이 머리의 얼룩과 같은 것으로 그 뜻을 살필 수 있다. 그러므로 의서에서 또한 이른 빛깔 점이 있으면서 둥글고 잔 알갱이가 없는 경우 반(斑)이라 말한다. 지금 홍역은 분명히 둥글고 잔 알갱이가 있는데 어찌 반이라 일컫는가. 생각건대, 반진(斑疹)·단독(丹毒)·양독(陽毒) 등의 증세는 옛적에 발반·소반이라 일컬었다가 이를 홍역에 옮긴 것이다. 명칭이 잠시 잘못되자 실제의 해로움이 점점 더 커졌다. 의사인 자는 옛날 의서를 살펴볼 때 무릇 반(斑)자를 만나 그 발진이 되고 얼룩점이 됨을 분별치 못하고 또 더러 새로운 처방을 새로 이룩하는데 그 논의에 둥글고 잔 알갱이를 반(斑)자에 뒤섞어 던져넣고, 또 이르기를, 자줏빛 얼룩점과 검정빛 얼룩점인 경우 후세 사람이 이를 보고 바야흐로 살갗에 검은 자줏빛 무늬가 발생했다고 일컫겠는가. 그렇지 않다면 또 둥글고 잔 알갱이가 검은 자줏빛이 있다고 일컫겠는가. 한번 잘못됨이 있음에 사람 생명이 결정되니 이는 바로잡지 않을 수 없는 것이다. 그러므로 이헌길이 논한바 발반·소반은 다 고쳐 진출(疹出)·진몰(疹沒) 곧 발진이 돋아나오고 발진이 없어진다고 함이 아무래도 어지럽지 않을 것이다.

또 열이 나면서 얼굴과 그 밖의 드러난 부위의 살갗의 반점(陽毒發斑)은 본디 풍한사에 의해 생긴 외감병의 한 증세로(더러 돌림성 급성열성 전염병―원주) 지금 의사가 병의 이름을 지어 부르는 무릇 얼룩점 병증(斑症)에 딸린 것을 통틀어 양독발반(陽毒發斑)이라 일컫는다. 또 음증에 딸린 병인 속이 다쳐 위장이 문드러진 등의 병을 나누어 구별하지 않으면 능히 잘못이 없겠는가.

얼룩얼룩한 발진의 병인은 그 종류가 매우 많고 모양과 증세가 각기 다르고 그리고 명칭도 서로 뒤섞였는데 옛사람 논설도 또한 자못 분명치 않으니 마땅히 꼼꼼히 주의해 이를 나누어 해명해야 한다.

① 살갗이 붉게 조각을 이루고 점이 있고 알갱이가 없고 살과 더불어 하나로 평평하되 벼룩이 깨문 듯이 잔달게 빛깔이 선명하고, 더러 온몸에 붉은 알갱이가 잘게 부서져 모래를 머리에 인 듯하고 흰 즙액이 한층 더한 뒤 작은 헌데딱지가 조껍질처럼 벗겨지고 온전히 나머지 병독이 없는 것은 이름을 내사(㾉疹)라 하고 또한 반진(斑疹)이라 일컫는다.

② 모양이 내사(㾉疹)와 같으나 열이 일어남이 왕성하고 바림하며 여

러 가지 증세가 포개어 나오고 나머지 병독이 오래 끌고 한결로 홍역 같은 경우 이름을 마진(痲疹)이라 하고 또 반진(斑疹)이라 일컫는다. 우리 나라 요즘 풍속에서는 당독역(唐毒疫)이라 일컫는다.

③ 살갗 밖이 겹쳐 붓고 더러 희거나 또는 붉고 가려움을 견디지 못하고 또한 내장 장기에 병증이 없는 것은 이름을 은진(癮疹)이라 하는데 우리 나라 풍속에선 이를 두드러기(陡突惡)라 일컫는다.

④ 모양이 앞의 병증과 같고 또 더러 구름머리로 비단 무늬 자취가 없고 또 평평하면 이름을 발반(發斑)이라 하고 또한 은진이라 한다. 다만 추위에 다친 큰 병으로 말미암아 일어났기 때문에 이런 증세를 드러내게 되었다. 양증으로 열이 심하여 살갗에 붉은 반점이 생기는 병독과 음증으로 내장 장기나 원기가 허약해 생기는 병독은 다름이 있다. 더러 온 열독으로 살갗에 출혈반이 생긴 경우도 또한 이와 같은 증세이다.

이상의 여러 가지 증세는 모양을 드러냄이 이미 구별되고 약으로 치료함도 마땅히 다르다. 만일 마음이 거칠고 크며 솜씨가 빠른 경우 헛되이 한가지 처방서를 붙잡아 반진(斑疹) 두 글자를 보고서 대강 반진의 약을 쓰고, 은진(癮疹) 두 글자를 보고서 대강 은진의 약을 쓰면 수레채를 북쪽으로 향하고 남쪽으로 가려 하는 경우인 것이다.

7-6. 미리 준비함

다른 병은 병을 만나 치료해도 많이 치료함이 미칠 수 있다. 다만 홍역은 그 기세가 강성한 것이 회오리바람이나 빠른 우레 같아 갑자기 멀어지고 문득 가까워져 그것이 이미 감염되어 만져지고 만일 증상이 좋지 못해 생명이 위태로운 종류에 매여 기세와 힘이 흉악하고 사납고 때에 따라 변함이 사납고 빨라 다급하여 손을 쓸 수 없으면 재앙이 발꿈치를 돌리지 않아서 일어나니, 타는 말을 보내 의사를 청해도 움직임이 기한을 잃고, 시장으로 달려가 약을 사도 정밀하고 조잡함이 믿기지 않는다. 그러므로 마땅히 홍역에 관한 의서를 익숙히 보아 그 대체를 알아야 아마도 다급한 때에 다다라 어지럽지 않다. 또 만일 약재도 먼 지방의 드문 물품이나 모든 둥근 알약에 미쳐서도 갑자기 얻기 어려운 종류도 마땅히 하나하나 미리 준비하여 이를 대비한다.

『국조보감(國朝寶鑑)』에 말했다.

숙종 33년인 정해년(1707) 봄부터 가을까지 반진(斑疹)의 병이 거의 우리 나라 가운데 두루 퍼져 주검이 셀 수 없었고 연약한 어린아이의 질병으로 죽음이 더욱 심해 일반 백성이 사는 마을엔 소아가 매우 드물고 적었다. 여러 도에도 온 집안이 모두 죽은 경우도 그 숫자를 알지 못했다. 숙종 임금이 비망기(備忘記)로 지방 수령에게 타일러 경계하고 또 의원과 약을 보내고 서울 및 평안도에 또 여러 가지 구휼하는 특전을 베풀었다.

영조 5년인 기유년(1729) 겨울 10월에 우의정 이집(李㙫)이 아뢰기를 "함흥(咸興)에 홍역의 기세가 매우 성해 죽음이 몹시 많사오니, 요청하옵건대 정해년(1707) 사례에 따라 의원이 약을 가지고 가서 치료하게 하소서." 하자, 이를 윤허했다.

이는 모두 역대 여러 임금께서 깊고 웅대한 어진 은택으로 백성을 자식처럼 본 경우이다. 무릇 홍역을 만나면 마땅히 임금에게 건의함을 진술하면서 앞사람의 뜻과 사업을 이어갈 것이다.

호수(胡荽)와 수사류(垂絲柳)는 더욱 홍역 의사의 요긴한 약이다. 그러나 약가게에 없는 것이니, 마땅히 때에 미쳐 갖추어 둘 것이다.(이헌길은 우리 나라에서 일컫는 渭城柳가 수사류가 된다고 했기에 내가 북경 시장에서 무역해 오게 했는데 정말로 그랬다. 胡荽는 곧 水菜로 고수인데 우리 나라에도 또한 있다.―원주)

7-7. 증상을 논함

홍역의 병을 이룸은 천연두에 견주어 매우 가볍다. 그러나 천연두는 헌데딱지가 떨어지면 문득 좋아지나 홍역은 남은 병독이 흉악하고 위험하여 죽음의 재앙이 많이 뒤따른다. 대개 천연두는 병의 독기의 힘이 속을 좇아 돋아나와 드러나 둥글고 잔 알갱이가 많이 쌓여 있으며 붓고 고름이 되고 결국에는 헌데딱지를 지어 말라서 떨어지고 떨어진 헌데딱지 조각은 곧 그 병독의 열매인 것이다. 병독이 이미 살갗을 뚫고 겉으로 나와 몸을 떠나 땅에 떨어지기 때문에 안 부분은 맑고 깨끗하며 다시 나머지 병독이 없어 급작스레 밥과 크게 자른 고깃덩이를 먹어도 모두 해침이 되지 않는다. 홍역은 병독의 힘이 속을 좇아 증발해 나와 겨우 작은 알갱이를 짓고 능히 고름을 빚어 헌데딱지를 맺지 못해 결국에 돌이키는 머리에 도리어 없어져 천연두의 사기가 속으로 들어가는 경우와 더불어 그 형세가 대략 같다. 병독이 이미 속으로 돌아와 곧 나머지 병독을 이루어 위로는 기침과 숨참이 함께 나타나게 되고, 아래로는 설사와 이질이 되고, 병독의 사기가 왕성해져서 위장의 기능이 다침을 받아 정기가 허약해지고 살갗이 느슨해지고 살코기는 묽게 진무르고 모두 능히 가로막혀 살살 부는 바람 작은 추위에도 또한 병이 된다. 무릇 이는 모두 병독이 몸을 떠나 땅에 떨어지지 못함으로 말미암음인데 곧 창을 거꾸로 하여 자기 편을 공격하듯 속을 공격함을 벗어나지 못한 것이다.

천연두에 있어 이른바 나머지 병독이 없는 경우라도 더러 구슬진이 내돋은 다음 속에 고름이 차고 열매를 맺지 않고 헌데딱지가 떨어져도 맑지 않은 경우 도리어 나머지 병독이 있으면 홍역의 뒤와 다름이 없다. 홍역에 있어 이른바 나머지 병독이 있는 경우라도 더러 머리에 흰 진물을 이고 헌데딱지가 좁쌀과 같이 벗겨지는 경우 도리어 나머지 병독이 없음과 같다. 천연두 뒤에 이를 증험할 수 있는데, 나머지 병독이 있고 없음은 고름딱지에 매인 것이다.

7-8. 회충병

　회충병 한 가지는 크게 의심스러운 안건이다. 우리 나라의 홍역은 영조 6년(1730) 경술년 위로부터는 전해 들음이 분명치 못하여 잠깐 그냥 두고 곧 영조 28년(1752) 임신년 이래 을미년(1775)·병오년(1786)을 지날 때는 모두 귀와 눈이 미친 바이다. 그런데 홍역 의사가 문득 회충병으로 죽음이 서로 이어졌다 하고 또 이 회충병은 모양이 숨겨져 알지 못할 증세가 아니다. 더러 가슴이 부딪혀 아프면서 회충이 목구멍을 좇아 나오고, 또는 배가 아픈 증세이다가 회충이 대변을 좇아 나오고, 또는 회충약을 써서 회충병의 증세를 징험함이 있을 조짐은 열 사람이 보는 바라 속일 수 없다.

　이에 중국의 홍역에 관한 책에서도 잇따른 편의 겹친 장에 끝내 이른 바 회충병 한 조목이 없다. 어찌 서적을 널리 조사하여 드물게 이르러 미치지 못함이겠는가. 다만 옛날과 지금은 오운이 다르고 중국과 우리 나라의 육기가 다른데 그러나 병은 오운을 좇아 증세가 변하고 육기를 따라 다름인가. 모두 알 수 없는 것이다. 만전(萬全)의 『마진심법(痲疹心法)』에 이르러서야 천연두 뒤에 나머지 병독이 비롯함을 겨우 한 견해에 미침을 마주한다. 그러나 이헌길(李獻吉)의 홍역을 치료함에는 오로지 회충병을 치료하여 여러 번 신기한 효험을 보았다. 이는 과연 앞 사람이 열지 못한 앞길을 열었다. 그 쓴 바의 신기한 창과 날카로운 칼은 곧 황금탕(黃芩湯)이다. 그런데 이는 만전이 옛날에 천연두에서 취하여 이용했는데 이를 홍역에 옮긴 것이다.

　우리 나라의 홍역은 무릇 맨먼저 알갱이가 잘 내돋지 못해 비장과 위장의 기능 장애로 헌데가 무너져 흩어지고 이상한 모양과 괴이한 병증의 천 가지 모습과 백 가지 모양으로 나타나는데 회충병으로 말미암아 이루어진다. 옛날 처방에 의거할 수가 없어 내버려두어 의심스러웠던 것이다. 그러나 병을 치료하는 경우 마땅히 먼저 병의 원인과 증상을 살펴 회충병이 병의 증상이고 홍역이 병의 원인인데 무릇 회충병을 만나면 마땅히 먼저 홍역의 병독을 치료해야 한다. 그러나 의술이 낮은 의사는 다급함에 혼란스러워 언제나 맛이 시고 떫으며 쓴 독성의 약제로 치우치게 회충을 공격하여 살갗의 발진으로 하여금 막혀서 돋아나오지 못하도록 하니 이는 몹시 잘못이다. 그러나 또한 위급함이 있다면 증상을 치료해야 하는데 만일 홍역에서 회충병을 치료하다 막혀 발진이 잘 돋아나 드러나지 못하면 급히 땀을 내어서 겉에 있는 사기를 없애는 약 가운데서 회충병을 다스리는 약물을 헤아려 넣어야 할 것이다.

장기(張機)는 의사의 조상이다. 그가 말하기를, "병든 사람이 춥고 땀이 일어나며 위장 속에 차가움이 있으면 반드시 회충을 게운다. 먼저 이중탕(理中湯)을 쓰고 다음에 오매환(烏梅丸)을 쓴다."고 했다. 주진형(朱震亨) 또한 이 설을 으뜸으로 삼았는데 지금 이헌길(李獻吉)이 물리치고 이르기를, "무릇 회충은 열이 나면 반드시 움직인다. 그러나 황금・대황 두 약제는 오히려 성질이 서늘한 약이다. 이것이 알 수 없는 것이다." 했다. 대개 회충의 사물이 됨은 추움을 만나면 숨어 살고 햇볕을 만나면 또한 회피하는데 곧 위장이 차거나 뜨거움을 함께 당하면 어지럽게 움직이니 한 가지 논의를 굳게 고정할 수 없다. 마땅히 병에 다다라 자세히 살펴 더러 대황・황금을 쓰고 또는 이중탕(理中湯)을 쓰면 더러 다급하고 혼란스러워도 일을 망침이 없는 것이다.

7-9. 성질이 찬 약

세상에서 일컫기를 "이헌길(李獻吉)은 석고 쓰기를 좋아하여 비록 눈앞의 위급함을 치료하나 도리어 나중의 재난을 끼쳐 홍역이 물러난 뒤 숨이 차고 기침이 남을 이룸이 많고 설사를 하고서 죽는다."고 했다. 한 사람이 부르짖자 백 사람이 호응하여 깊이 믿지 않음이 없었는데, 이는 아마도 잘못인 것이다. 대체로 열이 일어난 처음에 병독의 엉김을 경계하지 않고서 함부로 성질이 찬 약재를 쓰고 더러 땀을 내어서 겉에 있는 사기를 없앤 뒤에 따로 사기가 왕성한 열이 없어도 성질이 찬 약을 잘못 쓰면 모두 발진이 막혀 통하지 않고 돋아나오지 못해 당장에 일을 망친다. 어찌 홍역이 물러난 뒤이리요. 당시에 이미 위급함을 잘 치료한 이 약은 곧 마땅한 약재가 되고, 약에 마땅한 약재가 있지 않아서 재앙을 끼친 경우인 것이다. 만일 이에 홍역 뒤에 숨이 차고 기침이 나고 설사를 함은 추운 빌미를 받아들임이 있다는 장기(張機)의 논의는 선택할 만한 것이다.

『원사(元史)』의 이고전(李杲傳)에 말했다.

"서대(西臺)의 아전 소군서(蕭君瑞)는 2월 상한병(傷寒病)에 걸려 열이 일어나서 의사가 백호탕(白虎湯)으로 약을 쓰자 병자 얼굴의 검음이 먹빛 같고 본 증세는 다시 보이지 않고 맥박은 약하며 작고 소변을 막지 못했다. 이고가 이를 진찰해서 '이는 입하(立夏) 전에 잘못 백호탕을 쓴 허물이다.' 했다. 백호탕은 성질이 크게 차서 월경의 약이 아니나 능히 오장육부의 차가움을 멈추어 이를 잘 쓰지 않으면 상한병의 본병이 경락(經絡) 사이에 외지게 숨어 더러 다시 성질이 몹시 뜨거운 약으로 이를 구원하고 음의 속성을 가진 사기로 괴로우면 다른 증세가 반드시 일어나 백호탕으로 구원할 것이 아닌 것이다. 성질이 따뜻한 약은 양기를 올림이 있어 월경인 경우 나는 이를 쓴다. 어떤 쓰기 어렵다는 이는 말하기를 '백호탕은 성질이 몹시 차서 큰 열이 아니면 어떻게 이를 구원하겠는가.' 하자 이고가 말하기를 '병이 경락 사이에 숨고 양기가 오르지 못하면 월경이 유동하지 않고 월경이 유동하면서 본 증세가 보이면 본 증세를 치료함이 또 어찌 어렵겠는가.' 과연 그 말과 같이 나았다. 무릇 홍역의 의사가 백호탕을 잘못 써서 해침을 만나는 경우 마땅히 이 기록을 스승으로 삼아야 한다.

7-10. 잡론(雜論)

　장개빈(張介賓)이 이르기를 "홍역이 천연두의 앞에 있는 경우는 천연두 뒤에 반드시 다시 홍역이 있다."고 해서 내가 그 말에 놀라고 괴이하게 여겨 사람을 만나면 문득 물으니 이중식(李重植)이 말하기를, 그 집의 어떤 사람이 과연 임신년(壬申年: 1752)에 천연두에 앞서 발진이 돋아나왔고, 그 뒤 을미년(乙未年: 1775)에 거듭 홍역을 앓았다. 뒤에 사람에게 물으니, 또한 더러 천연두 전에 이전 것을 그대로 써 홍역을 앓은 경우는 그러나 다시 돋아난 경우가 대체로 많은 것이다.(兪季英 씨 또한 천연두 전에 발진이 돋아나오고 다시 또 홍역을 앓았다.—원주)

　홍역을 앓고 있는 사람 중에 처음 열이 나는 날이 있지 않을 수 있다. 홍역에 걸린 여러 날 뒤에 처음 이에 열이 일어남을 어떻게 그것을 알겠는가. 내가 평소에 다리에 창양을 앓고, 을미년(1775)의 홍역에 미쳐서 다리의 창양이 바로 몹시 성해 갑자기 모두 헌데딱지가 떨어져 평평하게 없어진 며칠 뒤에 비로소 열이 일어나고 발진이 돋아나왔다. 이렇게 그 헌데딱지가 떨어질 때 일찍이 벌써 홍역 속에 있었던 것이다. 그것이 먼저 모든 질병을 몰아냈으니 형세가 또한 왕성하다.

　우리 나라의 홍역은 반드시 서북쪽을 좇아 일어나 굴러서 동남쪽에 이르는데 앞뒤가 모두 그렇다. 일반 풍속에 천연두를 서신(西神)이라 함도 또한 그것이 서쪽을 좇아 옴을 말한 것이다.

　목안이 아프다고 침으로 찔러 피를 냄은 곧 홍역 의사가 크게 금지한다. 베를 물에 담가 가슴에 매닮은 곧 돌림성 급성열성 전염병을 겁낸 법으로 허준(許浚)이 모두 이를 위반했다. 배와 수박으로 없앰을 허용함은 그것을 늘 사람이 먹으니 그것으로 견문이 좁고 학식이 얕아 적게 들었다 할 수 있으리요.

어리석은 사람은 똥물 마시기를 좋아해 병이 있으면 문득 똥물을 마신다. 그러나 똥물 또한 탄식할 만한 부족함이 있음을 분명히 깨달아야 한다. 무가산(無價散)은 곧 사람·고양이·돼지·개의 똥이다. 그러나 어리석은 사람은 개똥이나 야인건(野人乾)을 곧 원숭이 똥으로만 알고, 그리고 어리석은 사람은 그릇 사람 똥으로 만들었다. 맹자(孟子)가 말하기를, "개의 성품이 소의 성품과 같다 해서 소의 성품이 사람의 성품과 같겠는가?" 했다.

인중황(人中黃)은 곧 감초를 대롱에 넣어 똥물이 스며들게 한 것이다. 그러나 어리석은 사람은 잘못 누런 똥물을 마시고, 약초를 술이나 꿀물에 재어 구운 것을 어리석은 사람은 잘못 주적밀적(酒炙蜜炙)이라 일컫는다. 약초에 단전(丹田)이 있겠는가? 관원혈(關元穴)이 있겠는가? 적(炙)은 어느 혈(穴)이리요.

승갈탕(升葛湯)은 홍역 의사의 우두머리 처방이다. 그러나 이고(李杲)가 말하기를 "열이 일어나면서 배가 아픈 경우와 열이 일어나면서 설사하는 경우와 열이 일어나면서 가슴이 두근거리고 잘 놀라는 경우와 열이 일어나면서 땀이 나는 경우와 열이 일어나면서 발이 찬 경우는 모두 먹음이 마땅치 않으니 또한 마땅히 조심할 것이다." 했다.

황금반하탕(黃芩半夏湯)은 곧 이헌길(李獻吉)의 손 속 한 개의 창이다. 그러나 처음 열이 일어남에 반하탕을 쓰는 경우 마지기(馬之騏)·묘희옹(繆希雍)은 되풀이하여 경계함을 간절히 부탁했는데 더구나 목구멍이 아픈 경우에 그것을 쓸 수 있겠는가?

허자옹(許子翁)이 말했다. "을미년(1775)의 홍역에 형과 누이 6명이 모두 미리 사물탕(四物湯) 100첩을 먹었는데 홍역이 과연 가볍기에 이르렀다. 대체로 홍역의 병독은 순수히 양화(陽火)이니 미리 음의 속성을 가진 부분을 보함은 마땅히 다스릴 수 있을 것이다.

제8편 합제(合劑) 상

1-1 승마갈근탕(升麻葛根湯) ①: 만전방(萬全方)

일명 승마탕(升麻湯)·갈근탕(葛根湯)이다.

○승마·갈근·백작약(白芍藥)·감초(甘草) 각각 같은 분량을 물 1잔으로 10분의 7이 되게 달여 수시로 따뜻이 먹는다.

① 공정현방(龔廷賢方): 승마·갈근·백작약 각각 3.75g, 감초 1.875g에 자소(紫蘇)·총백(葱白)·생강(生薑)을 더 넣어 달인다.

② 장개빈방(張介賓方): 잔뿌리를 없앤 승마, 껍질 벗긴 갈근, 햇볕에 말린 감초 각 3.75g, 술에 담가 말린 백작약 7.5g을 달여 밥을 먹은 오랜 뒤에 약간 데워서 먹는다.

③ 이헌길방(李獻吉方): 승마·갈근·백작약·감초 각각 7.5g, 맥문동(麥門冬)·자소는 같은 분량이며, 총백 3뿌리를 더한다. 허약하여 땀이 많은 자에게는 파밑동·자소를 없앤다.

마지기(馬之騏)가 말했다. "전염병 증세가 있을 때는 두통이 나고 열이 일어나서 팔다리와 몸뚱이가 어지럽고 아프며, 천연두 증세와 비슷하여 구별하기 어려울 때에는 모두 마땅히 승마갈근탕을 먹는다."

적량(翟良)이 말했다. "이 승마갈근탕은 신체 겉부위에 땀을 내서 열을 내보내게 하는 처방이다. 겉부위의 열이 몹시 왕성하면 사기(邪氣)가 겉부분에 왕성하게 된다. 경전(經典)에 말하기를, 가벼운 성질의 약으로 들어올려 주면 실열(實熱)을 없앨 수 있으므로 승마갈근탕을 써서 겉부위의 열을 풀 수 있기 때문이다. 승마가 곧잘 전염병의 해침을 푸는 것은 승마의 양기가 음기의 아래에 이르러 기운을 발생시킴을 돕기 때문이며, 갈근도 곧잘 열독(熱毒)을 푸는 한편 영위(榮衛)를 풀어 구슬진이 부풀어 오르며 돋아나오는 계기를 이끄는 것이다. 감초는 겉부위에 있는 기운을 조화시키고, 작약은 속에 있는 영(榮)을 조화시켜 왕성한 사기(邪氣)를 없애 그 영위를 조화시켜, 감기나 고뿔이면 풀리고 천연두나 홍역이면 살갗에 구슬진이 돋아나오는 참으로 효과가 좋은 약재이다."

장개빈(張介賓)이 말했다. "홍역의 증세는 대체로 양기가 가장 왕성해 화열의 사기(邪氣)가 몰려 생긴 병인에 속하므로, 모두 땀을 내어 겉에 있는 사기를 풀어내 발산시켜야 하는데, 다만 겉에 사기가 왕성한 경우는 이 승마갈근탕을 쓰는 것이 가장 마땅하다. 그러나 시호(柴胡)로 승마를 대신하면 더욱 오묘하다. 만일 피의 원기가 조금 허약하거나 사기가 풀리지 않는 경우가 있으면 오직 시귀음(柴歸飮: 2-1)이 가장 타당하다." 또 이르기를, "승마갈근탕은 상한(傷寒)의 양명경병(陽明經病)을 다스릴 때 오한이 심하면 뜨겁게 마시고, 열이 많으면 따뜻하게 마신다."

1-2 승마갈근탕 ②: 손일규방(孫一奎方)

○승마·갈근·백작약·감초에, 순첨(笋尖)·산사(山査)·우방자(牛旁子) 각각 3.75g, 자소 1.875g이다. 겨울철에는 마황(麻黃) 3.75g을 더한다.

1-3 계지갈근탕(桂枝葛根湯): 만전방(萬全方)

○계지(桂枝)·갈근·승마·적작약(赤芍藥:볶은 것)·방풍(防風)·감초 각각 3.75g에 담두시(淡豆豉) 3.75g, 생강 3조각을 더해 물 1종(鍾)에 10분의 7이 되게 달여 때때로 따뜻이 먹는다.

① 이헌길방(李獻吉方): 갈근 7.5g, 계지·승마·적작약(볶은 것)·방풍·감초 각각 5.625g이다.

적량(翟良)이 말했다. "계지는 여러 약을 이끌어 팔다리 겉부위의 사기를 경락(經絡)을 뚫고 내보내 곧잘 기운을 조절하며 피를 원기차게 활동시키지만, 천연두의 병독이 없을 때는 피의 활동을 막을 걱정이 있다."

장개빈(張介賓)이 말했다. "계지갈근탕은 추위나 찬 기운으로 말미암아 일어난 사기(邪氣)를 풀어 흩뜨린다."

1-4 왕씨갈근탕(王氏葛根湯): 이헌길방(李獻吉方)

○승마·갈근·방풍·형개(荊芥)·지각(枳殼)·시호·감초·산사육·향부자(香附子)·맥문동·마황(마디를 없애 볶은 것) 각각 같은 분량을 물에 달여 먹는다.

1-5 정전갈근탕(樗前葛根湯): 묘희옹방(繆希雍方)

○건갈(乾葛:葛根)·전호(前胡)·형개수(荊芥穗)·패모(貝母)·서하류(西河柳: 위성류)·현삼(玄蔘)·지모(知母)·맥문동·감초를 물에 달여 먹는다.

1-6 승갈작약탕(升葛芍藥湯): 이헌길방(李獻吉方)

○승마·갈근·감초·황련(黃連)·백작약(白芍藥: 볶은 것)·백편두(白扁豆: 껍질과 씨눈을 없애고 볶은 것)·활석(滑石) 각각 5.625g을 물에 달여 먹는다.

1-7 칠물승마환(七物升麻丸): 왕긍당방(王肯堂方)

○승마·서각(犀角)·황금(黃芩)·박초(朴硝:망초)·산치인(山梔仁: 볶은 것)·대황(大黃:구운 것) 각각 37.5g, 담두시(볶은 것) 1.8ℓ를 모두 가루를 만들어 약하게 꿀을 섞어 녹두알 크기로 둥근 알약을 만든다.(기장쌀 크기라고 하기도 했다.)

주지암(朱之黯)이 말했다. "무릇 팔다리에 크게 열이 남을 깨닫고 똥누기가 어려우면 곧 칠물승마환을 취해 먹으면 적게 설사해도 열이 멈추게 된다."

이헌길(李獻吉)이 말했다. "진창미탕(陳倉米湯)에 더러 승마갈근탕을 배합해 설사시킨다.(100여개의 둥근 알약)"

1-8 삼소음(蔘蘇飮): 적량방(翟良方)

○진피(陳皮)·백복령(白茯苓) 각 1.875g, 자소엽·길경(桔梗)·건갈·전호 각 1.5g, 지각 1.3125g, 인삼(人蔘) 1.125g, 반하(半夏) 0.75g, 감초

0.5625g에 물 1종(鍾)으로 10분의 7이 되도록 달여 때때로 따뜻하게 먹는다.

① 마지기방(馬之騏方): 진피·백복령·자소엽·길경·건갈·전호·지각·인삼·반하·감초 각기 같은 분량을, 생강 3조각, 대추 1개로 달인다.

적량(翟良)이 말했다. "삼소음은 땀을 내어 겉에 있는 사기를 없애 속을 안정시키는 처방인 것이다. 풍사와 한사는 바깥에서 온 나그네이기 때문에 자소엽·갈근을 써서 땀을 내어 겉에 있는 사기를 없애고, 가래와 해소는 안에서 막아버리기 때문에 진피·전호·길경·백복령을 써서 속의 사기(邪氣)를 없앤 뒤에는 가운데나 바깥이 반드시 허약해져 인삼·감초로 급히 그 허약함을 안정시킨다. 이렇게 되면 겉부위가 조화되어 병의 독기가 쉽게 나가 속이 조화되면서 원기가 허약해지지 않는다. 이 삼소음은 좋은 약제이다.

1-9 소갈탕(蘇葛湯): 이천방(李梴方)

○자소엽·건갈·감초 각 7.5g, 백작약 5.625g, 진피·축사(縮砂: 갈아낸 것) 각 1.875g, 파 2뿌리, 생강 3조각을 물에 달여 먹는다.

1-10 시갈전(柴葛煎): 장개빈방(張介賓方)

○시호(柴胡)·건갈·작약(芍藥)·황금(黃芩)·감초·연교(連翹)를 물 1종(鍾)으로 10분의 5가 되게 달여 먹는다.

2-1 시귀음(柴歸飮): 장개빈방

○당귀(當歸) 7.5~11.25g, 작약(더러 날것이나 또는 볶은 것) 5.625g, 시호 3.75g이나 5.625g, 형개수(荊芥穗) 3.75g, 감초(구운 것) 2.625g이나 3.75g에 더러 생강 3조각을 더해 물 1종으로 절반이 되게 달여 먹는다. 혈분에 사열이 왕성하면 생지황(生地黃)을 더하고, 음액이 부족한 증세에는 숙지황(熟地黃)을 더하고, 원기가 허약하여 맥박이 약한 증세에는 인삼을 더하고, 화사가 왕성한 증세에는 황금(黃芩)을 더하고, 실열이 있어 갈증이

나는 데는 갈근을 더하고, 음한(陰寒)이 왕성하면서 사기(邪氣)가 잘 없어지지 않는 데는 마황(麻黃)·계지(桂枝)를 더한다. 만일 홍역을 치료하는 데는 더러 형개로써 갈근을 바꾼다.

장개빈(張介賓)이 말했다. "처음에 열이 사이에 있는 것 같기도 하고 아닌 것 같기도 하면, 마땅히 시귀음을 써서 치료한다. 영음(榮陰)을 기르고 조화시키려면 먼저 병인이 있는 데에 도착하여 사기(邪氣)를 밀어낼 수 있어야 왕성한 사기를 흩어버릴 수 있는 것이다. 사기로 허약한 경우를 돕지 못하는 것은 원기가 떨어짐을 이기지 못하는 것이다."

또 이르기를, "무릇 양기가 가장 왕성하여 사기가 가장 왕성한 열이 있는 경우는 승마갈근탕이 마땅하다. 만일 왕성한 사기가 없으면 모두 시귀음을 쓰는 것이 마땅하고 약제를 보태거나 덜어냄을 헤아려서 한다."

2-2 투사전(透邪煎) : 장개빈방

○당귀 7.5~11.25g, 백작약(술에 불려 볶은 것) 7.5g, 형개 3.75g, 방풍 3g, 감초(구운 것) 2.625g, 승마 1.125g을 물 1종에 반이 되게 달여 먹는다. 만일 열이 몹시 나고 맥박이 세게 뛰거나 어지럽게 뛰는 경우는 시호 3.75g을 더한다.

장개빈이 말했다. "무릇 홍역으로 처음에 열이 나오지 않았을 때는 다만 약을 잘못 씀이 두렵다. 그러므로 열이 나오지 않는데 먼저 약을 씀은 마땅치 않다. 그러나 열을 설사시켜 없애 마땅함을 얻으면 병인이 반드시 쉽게 흩어져 병세가 스스로 줄어들게 된다. 홍역을 타당하게 치료하려면 먼저 이 투사전을 주약으로 삼아 써야 한다."

2-3 소사음(疎邪飮) : 장개빈방

○시호·작약(술에 불려 볶아 모두 1배를 쓴다.)·소엽(蘇葉)·형개수·자감초(炙甘草: 반으로 줄인다.)를 물 1종으로 절반이 되게 달여 먹는다.

2-4 수독전(搜毒煎): 장개빈방

○자초(紫草)・지골피(地骨皮)・우방자(牛旁子: 찧은 것)・황금・목통(木通)・연교・선퇴(蟬退)・작약을 같은 분량으로 물 1종으로 절반이 되게 달여 먹는다. 갈증이 나면 천화분(天花粉)・맥문동을 더한다. 양기가 왕성해 열이 머리와 얼굴에 심하고 어금니와 잇몸이 부어 아프면 석고(石膏)・지모(知母)를 더한다. 큰창자가 말라 막히고 덩어리가 뭉쳐 배가 불러올라 딴딴하고 아프면 대황(大黃)・망초(芒硝)를 더한다. 피에 열이 몹시 왕성해 혈맥이 제대로 순환하지 못하면 서각을 더한다. 사내아이 오줌이 작고 열로 막힌 데는 산치자・차전자(車前子)를 더하고, 아울러 겉부위에 열이 있는 경우는 시호를 더한다.

2-5 성성산(惺惺散): 만전방(萬全方)

○인삼・길경・감초(구운 것)・백복령(白茯苓)・과루근(瓜蔞根)・백출(白朮)을 각각 같은 분량으로, 세신(細辛: 잎을 없앤다.)은 절반으로 줄이고, 박하(薄荷) 5조각 등을 가루로 만들어 언제나 7.5g을 물 1잔으로 10분의 7이 되게 달여 때때로 따뜻이 먹는다.(한 처방에는 생강 5조각을 넣는다.)
① 적량방(翟良方): 백작약이 있다. 한 처방에는 방풍・천궁(川芎)이 있다.
적량이 말했다. "이 성성산은 열이 일어나는 신체가 허약한 자를 치료하는 처방이다. 인삼・백출・감초・백복령은 그 허약함을 막는 것이다. 세신・길경은 그 양기를 풀어 주는 것이다. 백작약은 그 음기를 조화시키는 것이다."
주지암(朱之黯)이 말했다. "성성산은 계절과 관련된 상한병(傷寒病)에서 풍사(風邪)・열사(熱邪)로 가래가 막힌 데나 해수 및 원기가 고르지 못한 것을 다스린다."

2-6 통성산(通聖散): 마지기방(馬之騏方)

○활석 112.5g, 황금・석고・길경・감초 각각 37.5g, 천궁・당귀・마황

(麻黃)·박하·연교·백작약 각각 18.75g, 형개·치자·백출 각각 5.625g을 보드라운 가루로 갈아 언제나 11.25g씩 먹되 생강 3조각을 찧어서 달인 물에 섞어 내린다. 만일 몸이 아플 때는 창출·강활(羌活)을 더한다. 가래가 끓고 기침이 날 때는 반하를 더한다.

2-7 방풍통성산(防風通聖散) : 마지기방

○활석·감초 각 112.5g, 황금·석고·길경 각각 37.5g, 방풍·천궁·당귀·작약·대황·박하·마황·연교·망초 각각 18.75g, 형개·백출·치자 각각 11.25g을 거칠게 가루내어 언제나 18.75g씩 물 1종에 생강 3조각을 넣어 10분의 6이 되게 달여 따뜻이 먹는다.(한 처방에는 砂仁이 있고 망초가 없다.)

마지기(馬之驥)가 말했다. "이 처방에서는 반드시 생강과 같이 달여야만 곧 여러 가지 풍사·열사·조사(燥邪) 등 세 경우를 모두 제압하여 다스리는 것이다. 그 효용을 살펴보면, 방풍·마황·박하·형개를 써서 열사(熱邪)가 육부(六腑)를 좇아 나오도록 하고, 치자·활석을 써서 열사가 소변을 따라 나오도록 하고, 황금·망초를 써서 열사가 대변을 따라 나오도록 한다. 황금은 폐화(肺火)를 흩뜨리고, 연교는 심화(心火)를 흩뜨리고, 석고는 위화(胃火)를 흩뜨리고, 작약은 비화(脾火)를 흩뜨린다. 천궁·당귀는 피를 고르게 하며 마른 것을 눅이고, 감초·백출은 비장을 도와 든든히 해서 위의 기운을 조화시키고, 길경은 횡경막 사이를 열게 한다. 이 약제들은 모두 하나의 매운 맛이나 냄새가 없는 조사(燥邪)·열사(熱邪)를 다스리는 약이다. 그러므로 풍사·열사·조사의 세 가지 병증에는 백발백중으로 쓰기만 하면 낫지 않는 것이 없는 참으로 훌륭한 처방인 것이다."

2-8 방풍발표탕(防風發表湯) : 맹하방(孟河方)

○산사육(山査肉) 7.5g, 행인(杏仁: 속껍질과 끝을 떼어버리고 볶은 것) 3.75g, 건갈·길경 각 3g, 지각(볶은 것) 2.625g, 소경(蘇梗)·형개·당귀·

진피 각각 2.25g, 천궁·방풍·감초 각각 1.875g, 홍화(紅花) 1.125g을 물에 달인다. 만일 겨울철을 만나 기온이 차면 더러는 꿀물이나 볶은 마황을 더하고, 또는 강활을 더하거나 실파의 흰 밑동 반 마디를 뽑아 쓰기도 한다.

맹하(孟河)가 말했다. "이 방풍발표탕은 겉에 있는 풍사를 없애는 성질이 찬 약으로 열을 내리는 처방이다."

2-9 선독발표탕(宣毒發表湯) : 섭상항방(聶尙恒方)

○승마·백분갈(白粉葛) 각 3g, 우방자(볶아서 냄새가 나면 부드럽게 간다)·연교(목질부와 꼭지를 없애고 부순 것)·전호(前胡)·지각(볶은 것)·목통(木通)·담죽엽(淡竹葉) 각각 2.25g, 방풍(뿌리꼭지를 잘라낸 것)·길경 각각 1.875g, 형개·박하·감초 각각 1.125g을 물로 달여 먹는다. 날씨가 크게 뜨거우면 황금 3g을 볶아 더한다. 날씨가 크게 추우면 마황 3g을 더한다.

적량(翟良)이 말했다. "이 선독발표탕은 겉에 있는 풍사를 없앤다."(앞의 2-10 발진이 돋아나옴에 자세하다.)

2-10 화독청표탕(化毒淸表湯) : 섭상항방

○우방자(가공한 것)·연교·천화분(天花粉)·지골피(地骨皮)·황련·황금·산치자(山梔子: 볶은 것)·지모(知母)·건갈·현삼(玄蔘) 각각 3g, 길경·전호·목통 각각 2.25g, 감초·박하·방풍 각각 1.125g이다. 갈증에는 백석고(白石膏: 세찬 불에 쬐어 간 것) 11.25g, 맥문동(목질부를 없앤 것) 3.75g을 더한다. 대변이 껄끄러우면 술에 불려 볶은 대황 4.5g을 더해 물에 달여 먹는다.

① 전씨방(錢氏方): 천화분·산치자·전호가 없고 등심(燈心)·생강이 있다.

적량(翟良)이 말했다. "이 화독청표탕은 화사(火邪)를 밖으로 내보내고 양기를 억누른다."(앞의 2-12 모양과 빛깔에 자세하다.)

3-1 황련해독탕(黃連解毒湯) ①: 만전방(萬全方)

일명 '해독탕'이다.

○황련・황금・황백(黃蘗: 黃栢. 모두 술에 불려 볶는다.)・치자인(梔子仁: 볶은 것)을 각각 같은 분량으로 잘게 썰어 가루를 내어 물 1잔 반으로 1잔이 되도록 달여 찌꺼기를 없애고 뜨겁게 먹는다.

장개빈(張介賓)이 말했다. "황련해독탕은 몸에 열이 나서 괴로워 어쩔 바를 몰라 미친 듯이 날뛰고, 가슴이 달아올라 답답하고 입안이 마르고 혀가 마르며 열이 몹시 나는 경우와 또 게우거나 설사하고 나서도 열이 풀리지 않고 맥박이 크게 뛰며, 숨이 찬 등의 증세를 치료한다."

이헌길(李獻吉)이 말했다. "이 황련해독탕 처방은 여러 의사들에게서 보이며 네 계절에 구애받지 않는다. 대체로 황련・황금・황백・치자인 등 네 약재는 비록 모두 성질이 차가운 약재지만 그 맛은 대단히 평하여 대황(大黃)・석고의 크게 맹렬함과 같지 않다. 황련은 심장에 생긴 열을 풀고, 황금은 상초(上焦)와 하초(下焦)의 열을 풀고, 황백(黃栢)은 신장(腎臟)과 육부(六腑)의 열을 풀고, 산치자의 남겨 둔 껍질은 모든 열을 치료한다. 산치자씨를 쓰면 가슴속의 열을 푼다. 이 황련해독탕은 좋은 약제인 것이다."

3-2 황련해독탕 ②: 황렴방(黃廉方)

일명 비전해독탕(秘傳解毒湯)이다.

○황련・황금・황백(黃栢: 모두 술에 불려 볶는다.)・산치인(山梔仁)・방풍・형개수(荊芥穗)・지모(知母)・석고・대청(大靑)・현삼・감초・길경(桔梗)・목통(木通)을 쓴다.

① 손일규방(孫一奎方): 대청(大靑)이 없고 우방자・생강 3조각이 있다.
② 이헌길방(李獻吉方): 감초・대청이 없고, 쪽과 청대(靑黛)를 가공한 남청대(藍靑黛)로 바꾼다.

주지암(朱之黯)이 말했다. "이 황련해독탕을 먹으면 병인의 화사가 안쪽에 맺히지 않고 사창(痧脹)이 저절로 새어나와서 풀린다."

3-3 방풍해독탕(防風解毒湯): 황렴방

○방풍・박하・형개・석고・지모・길경・감초・우방자(볶아서 간 것)・연교(連翹)・목통(木通)・지각(밀기울과 함께 볶은 것)・담죽엽(淡竹葉)을 쓴다.

① 손일규방(孫一奎方): 등심(燈心)이 있다.

주지암(朱之黯)이 말했다. "이 방풍해독탕은 진실로 맛이 맵고 성질이 서늘해 해표약으로 쓰기에 적당하며 병의 기운이 저절로 새어나간다."

3-4 계지해독탕(桂枝解毒湯): 황렴방(黃廉方)

일명 계지탕(桂枝湯)이다.

○계지(桂枝)・마황(麻黃: 술에 불려 볶은 것)・적작약・방풍・형개・강활・감초・길경・인삼・천궁・우방자・생강을 쓴다.

주지암이 말했다. "이 계지해독탕은 맛이 맵고 성질이 따뜻하여, 겉부위에 한사(寒邪)가 있는 경우에 마땅하다. 인삼은 성질이 보하는 것이라 헤아려서 써야 한다."

3-5 승마해독탕(升麻解毒湯): 황렴방

○승마・건갈(乾葛)・형개수(荊芥穗)・인삼・시호・전호(前胡)・우방자・길경・방풍・강활・연교・감초・적작약・담죽엽을 쓴다.

3-6 서각해독탕(犀角解毒湯) ①: 공정현방(龔廷賢方)

○진서각(眞犀角: 만일 진서각이 없으면 승마로 대신한다.)・목단피(牡丹皮)・적작약 각각 3.75g, 생지황(生地黃) 1.875g, 황련(黃連)・고황금(枯黃芩)・황백・치자를 쓴다.(한 처방에서는 생지황 3.75g이다.)

3-7 서각해독탕 ②: 경일진방(景日昣方)

○서각・작약・방풍・길경・박하 각각 1.875g, 우방자・당귀・연교・생지황 각각 2.625g을 가루로 만들어 끓여 조금씩 나누어 꿀에 개어 알약을 만들어 먹는다. 등심(燈心)・죽엽(竹葉)을 끓인 물로 내려가게 한다.

3-8 화반해독탕(化斑解毒湯) : 황렴방

대청탕(大靑湯)과 크게 같다.
○현삼·지모(知母)·석고·인중황(人中黃)·우방자·승마·대청(大靑)·연교를 쓴다.
대변이 굳어져 맺힌 데는 대황(大黃)을 더한다.

3-9 백호해독탕(白虎解毒湯) : 왕긍당방(王肯堂方)

일명 해독백호탕(解毒白虎湯)이다.
○석고(거칠게 갈아 가루낸 것) 15g, 지모·천화분(天花粉)·황금·황련·산치인(山梔仁) 각각 3.75g에 생지황·맥문동 각 7.5g을 더하고 담죽엽(淡竹葉) 10조각을 넣고 물 2종(鍾)에 달여 절반으로 줄면 다시 간 서각즙을 넣어 젓고 끓인 다음 짜내서 준다.
① 이헌길방(李獻吉方): 석고 벌겋게 달구어 가루낸 것 15g, 산치인 볶아 갈아낸 것과 황련·황금·황백을 모두 술에 불려 볶은 것 각각 7.5g, 지모 5.625g, 감초 3.75g, 멥쌀 0.18ℓ를 쓴다.
② 공정현방(龔廷賢方): 이헌길의 처방과 같으나 약재의 무게 표시가 없다.

3-10 가미해독탕(加味解毒湯) : 이헌길방(李獻吉方)

○황련·황금·황백·산치인 각각 9.375g, 지각·백작약(볶은 것) 각각 5.625g, 저령(豬苓)·택사(澤瀉)·백출·적복령(赤茯苓) 각각 3.75g을 쓴다.

4-1 현삼해독탕(玄蔘解毒湯) : 주지암방(朱之黯方)

○현삼·황금·길경·흑산치(黑山梔)·갈근·감초·생지황·형개수 각각 같은 분량을 물에 달여 먹는다.

4-2 경악해독탕(景岳解毒湯) : 장개빈방(張介賓方)

○황련·금은화·연교를 쓴다.

장개빈이 말했다. "이 경악해독탕은 모든 열독(熱毒)으로 말미암아 생긴 악성 종기병과 풍사와 열사가 겹쳐 일어난 가려움증을 치료한다.

4-3 인삼패독산(人蔘敗毒散): 만전방(萬全方)

일명 패독산(敗毒散)이다.

○강활·독활(獨活)·전호·시호·천궁·지각·백복령(白茯苓)·길경·인삼은 각각 같은 분량이고, 감초는 무게를 반으로 줄여 부드럽게 가루로 내고 생강 3조각을 더해 물 1잔 반으로 달여 1잔이 되면 따뜻이 때때로 먹는다.(한 처방에는 박하를 조금쯤 더한다.)

① 장개빈방(張介賓方): 강활·독활·전호·시호·천궁·지각·백복령·길경·인삼·감초를 각기 같은 분량으로 하되 더러 곱게 가루내어 끓여 여러 번에 나누어 조금씩 먹는다.

만전(萬全)이 말했다. "인삼패독산은 전염병이 돌아 홍역이나 천연두가 일어남을 흩고 또 대개 허리가 아픈 데 네 계절 통틀어 쓴다."

장개빈이 말했다. "인삼패독산은 네 계절의 상한병과 급성전염병, 풍습증, 어지럽고 목덜미가 뻣뻣하며 온몸이 쑤시고 아픔을 치료하고, 더러 중국 오악(五嶽)의 남쪽 지방의 지대가 낮아 습기와 안개로 다리 힘이 약해져 제대로 걷지 못하고 몸이 위축되고 쇠약해진 등의 증세에는 이 인삼패독산이 빼놓을 수 없는 약이다."

4-4 형방패독산(荊防敗毒散): 만전방

일명 소풍해독산(消風解毒散)이다.

○4-3 인삼패독산 처방에 형개·방풍·박하(5잎)를 더한다.

만전(萬全)이 말했다. "형방패독산은 발진과 구슬진에 땀을 내어 겉에 있는 사기를 밖으로 내보내는 약이다."

적량이 말했다. "이 형방패독산은 순전히 성질이 찬 약으로 땀을 내어 겉에 있는 사기를 밖으로 내보내 치료하나 보법(補法)이 안되는 처방이다."

장개빈이 말했다. "형방패독산은 또한 풍독(風毒)으로 인한 사기의 열을 치료한다."

4-5 이씨패독산(李氏敗毒散) : 주지암방(朱之黯方)

○방풍·감초·길경·형개수·천궁·지각·복령(茯苓)·인삼·박하에 승마·선태(蟬蛻)·우방자·산사자(山査子)·자초·지골피(地骨皮)·자소(紫蘇)를 더해 쓴다.

열이 몹시 나면 황금(黃芩)을 더하고, 여름철에는 향유(香薷)를 더하고, 겨울철에는 마황(麻黃)을 더한다. 설사가 나는 데는 저령(豬苓)·택사를 더한다.

주지암(朱之黯)이 말했다. "패독산은 마땅히 이 처방이 올바른 것이다. 아마도 사기(邪氣)를 억제하는 보법(補法)이다. 그러나 독기가 강성하면 치료에 성공을 거두지 못한다."

4-6 가미패독산(加味敗毒散) : 이천방(李梴方)

○시호·전호(前胡)·강활·독활·방풍·형개·박하·지각·길경·천궁·천마(天麻)·지골피 각각 1.125g이다. 마땅히 자초·선각(蟬殼)·자소(紫蘇)·마황·총백(葱白)을 더하면 겉부위에 땀을 내는 본방(本方)이 되고, 인삼·복령을 없애야 아마도 화사(火邪)를 도울 것이다.

4-7 청위패독탕(淸胃敗毒湯) : 맹하방(孟河方)

○강잠(殭蠶)·모란피(牡丹皮)·감초(甘草)·연교(속)·생지황·상피(桑皮)·사삼(沙蔘)·백복령·금은화·황백(꿀물에 볶은 것)을 쓴다.

만일 몸이 허약하면 백출(白朮)을 더한다.

4-8 소독음(消毒飮) : 마지기방(馬之騏方)

천연두에 쓰는 처방과는 이름이 같으나 실제 내용은 다르다.

○우방자(볶은 것) 11.25g, 형개·방풍·승마 각각 3.75g, 감초 1.875g을

잘게 썰어 물 1종으로 10분의 7이 되게 달여 따뜻이 먹는다.
① 이헌길방(李獻吉方): 우방자·형개·방풍·승마·감초의 무게를 모두 위의 처방보다 2배로 늘린다.
② 공정현방(龔廷賢方): 서점자(鼠粘子) 15g, 형개 7.5g, 감초 날것 3.75g, 뿌리꼭지 잘라낸 방풍 1.875g에 오서각(烏犀角)을 더하면 더욱 좋은 처방이다.

4-9 소독산(消毒散) : 이헌길방(李獻吉方)

○우방자(볶아서 간 것)·감초·형개·방풍·박하 각각 7.5g을 쓴다.
이헌길이 말했다. "홍역에서 온몸에 발진이 잘 드러나지 않는 경우는 마땅히 소독산을 먹는다. 또한 인후병을 치료한다."

4-10 주씨소독음(朱氏消毒飮): 이헌길방

○형개·우방자 각 7.5g, 승마·갈근·백작약 각각 5.625g, 소엽(蘇葉)·산사육(山査肉)·감초 각각 3.75g, 생강 2조각을 쓴다.
이헌길이 말했다. "이 주씨소독음은 추운 기운과 더운 기운이 몸에 스며들어 병이 난 것을 치료할 수 있다."

5-1 삼미소독음(三味消毒飮): 손일규방(孫一奎方)

○형개·우방자 각 7.5g, 감초 3.75g, 생강 2조각을 쓴다.
손일규가 말했다. "이 삼미소독음은 홍역에서 발진이 계속 거두어지지 않는 것을 치료한다."
주지암(朱之黯)이 말했다. "이 삼미소독음은 홍역에서 발진이 이미 돋아나왔거나 돋아나오지 않았거나 잘 되지 않은 것에 두루 쓰고, 또 모든 창양(瘡瘍)과 가슴에 몰린 가래를 없애서 치료한다. 목구멍이 아픈 병을 치료한다."

5-2 사미소독음(四味消毒飮): 장개빈방(張介賓方)

○인삼·감초(햇볕에 말린 것)·황련·우방자 각기 같은 무게를 거칠게 가루내어 언제나 3.75g씩을 생강 1조각을 더해 물 1잔으로 10분의 4가

되게 달여 때없이 따뜻이 먹는다.

장개빈이 말했다. "사미소독음은 천연두를 앓아 열이 대단히 왕성하고 독한 기운으로 막힌 병을 치료한다."

5-3 육미소독음(六味消毒飮): 장개빈방

○우방자·연교·감초·녹승마(綠升麻)·자초·산두근(山豆根) 같은 분량을 물 1잔으로 10분의 7이 되게 달여 따뜻이 데워 때없이 먹는다.

장개빈이 말했다. "육미소독음은 천연두의 병독을 흩어낸다."

○살펴보건대, 사미소독음과 육미소독음 두 처방은 원서(原書)에는 실려 있지 않았다. 여기에서는 『마진효방(痲疹效方)』에 실려 있기에 실었다.

5-4 사백소독산(瀉白消毒散): 왕긍당방(王肯堂方)

○상백피(桑白皮: 땅속에서 동쪽으로 뻗은 뿌리를 모아서 자기로 누른 껍질을 벗겨 없애고 흰 것만 모아 가늘게 실로 만들어 꿀에 휘저어 섞어 새 기와 위에서 향내가 나게 볶는다.)·지골피(地骨皮: 스스로 딴 신선한 것) 각 11.25g, 우방자(牛旁子: 볶아서 간 것)·형개수 각 5.625g, 길경·감초 각 3.75g, 등붉은 부평(浮萍: 햇볕에 말린 것) 7.5g을 거칠게 가루내어 언제나 11.25g이나 18.75g을 물 1잔으로 10분의 6이 되게 달여 맑게 걸러 먹는다.

① 주지암방(朱之黯方): 길경과 우방자가 없고 그리고 부평은 11.25g이다.
② 이헌길방(李獻吉方): 앞의 상백피·지골피·우방자·형개수·길경·감초 등은 모두 분량을 각기 반으로 줄이고 다만 부평이 5.625g이다.

5-5 내탁소독탕(內托消毒湯): 마지기방

일명 소독탕이다.

○ 자화지정(紫花地丁: 뿌리꼭지를 잘라낸 것)·금은화·당귀·대황(술에 불려 볶은 것)·적작약·황기(黃芪) 각각 1.875g, 감초 3.75g에 승마를 더해 잘게 썰어 두 번에 먹되 언제나 술 1종지를 흰 사기그릇에 반으로 달여

따뜻이 먹는다.

① 이헌길방: 자화지정·금은화·당귀·대황·적작약·황기·감초·승마 같은 분량에 세찬 불에 쬐어 말린 모려(牡蠣)를 더한다.(내탁산 한 처방은 다만 형개·방풍·승마를 각각 2.625g을 더한다. 地丁은 곧 蒲公英이다.)

마지기(馬之騏)가 말했다. "이 내탁소독탕은 모든 헌데가 벌겋게 붓고 크게 곪았거나 미처 곪지 않았을 때의 증세를 치료한다."

5-6 청폐소독탕(淸肺消毒湯): 장개빈방

○연교·전호·황금·길경 각각 3.75g, 방풍·지각 각 1.875g, 형개·햇볕에 말린 감초 각 1.125g을 물 1종지로 10분의 5~6이 되게 달여 10여 차례 천천히 먹는다.

① 경일진방(景日畛方): 길경이 없고 복령이 있다. 무게도 또한 조금 다르다.

5-7 청폐소독화담탕(淸肺消毒化痰湯): 장개빈방

○길경·지각 각 3.75g, 연교·황금·전호·복령 각각 2.625g, 우방자·방풍·형개수·패모(貝母) 각각 1.875g, 감초 1.125g을 물 1종지로 10분의 5가 되게 달여 10여 차례 천천히 먹는다.

5-8 마황탕(麻黃湯) ①: 만전방(萬全方)

○마황·행인·감초 각기 같은 무게, 석고는 2배를 써서 잘게 갈고 차잎새 3.75g을 더해 물 1잔으로 10분의 7이 되도록 달여 때없이 먹는다. (한 처방에는 석고가 없고 상백피가 있다.)

① 마지기방(馬之騏方): 마황을 뿌리마디를 없애고 물거품을 햇볕에 말린 것 7.5g, 육계(肉桂)·감초 각 3.75g, 행인 10개는 속껍질과 끝을 떼어버리고 누런 빛깔로 볶아 물에 달여 따뜻이 먹고 엎드려 누워 땀이 나면 곧 낫는다.

② 장개빈방(張介賓方): 마지기 방문과 같으나 다만 육계는 계지(桂枝)를 쓰고 또 무게도 같지 않다.

마지기가 말했다. "바로 여름이나 여름 뒤에는 쓸 수가 없고, 땀이 있어도 쓸 수가 없다."

장개빈이 말했다. "마황탕 ①은 상한병(傷寒病)으로 열이 일어나고 땀이 없이 오슬오슬 춥거나 또는 몸이 아픈 증세를 치료한다. 이 처방은 음사(陰邪)를 쫓아내는 작용이 센 것이다."

5-9 마황탕 ②: 왕긍당방(王肯堂方)

이헌길방에서는 버드나무잎 가루를 배합하여 마황정엽산(麻黃檉葉散)이라 불렀다.

○마황(뿌리마디를 없애고 가공함은 잘못이다.)·승마·우방자(볶아 간 것)·선각(蟬殼: 깨끗이 씻고 발과 날개를 없앤 것)·감초 각각 3.75g이다. 가슴이 답답하고 입안이 마르고 갈증이 나는 데는 석고가루 15g을 더하고, 부드럽게 가루내어 차잎 3.75g을 더해 물 1잔으로 10분의 7이 되도록 달여 먹는다.

① 이헌길방: 마황·승마·우방자·선각·감초는 각기 같은 무게이며, 마황은 꿀물에 적셔 볶는다.(한 방문에는 승마가 없다.)

5-10 마황산(麻黃散): 황렴방(黃廉方)

일명 가미마황산(加味麻黃散)이다.

○승마(술에 불린 것)·마황(꿀·술로 같이 볶은 것)·인중황(人中黃)·우방자(볶은 것)·선각(흙·다리·날개를 없앤 것)을 물에 달여 먹는다.

6-1 백호탕(白虎湯): 만전방(萬全方)

○석고 18.75g, 지모(知母) 11.25g, 감초 3.75g, 찹쌀 180㎖를 물 2종지로 쌀이 익기에 이르도록 달여 따뜻이 때없이 먹는다.

① 이헌길방: 석고·지모는 같은 무게, 감초 2.625g, 멥쌀 90㎖이다.(한 방문에는 석고 15g, 지모 5.625g, 감초 7.5g, 멥쌀 180㎖이다.)

장개빈이 말했다. "백호탕은 상한(傷寒)으로 맥박이 부활(浮活)하고 겉부위에 열이 있고 속에도 열사(熱邪)가 있을 때 백호탕을 써서 안과 밖의 열을 흩어내고, 또 더위먹어 누런 얼룩점이 맺히고, 미친 듯이 날뛰고 크게 목마른 등의 모든 증세를 치료한다."

6-2 인삼백호탕(人蔘白虎湯) ①: 마지기방

일명 화반탕(化斑湯)이다.

○석고・지모 각 3.75g, 길경・인삼 각 1.875g(허약한 자는 더한다.), 감초 0.75g, 잘게 썬 죽엽(竹葉) 7조각을 물 1종지로 10분의 5가 되게 달여 따뜻이 먹는다.

① 만전방(萬全方): 앞의 6-1백호탕에 인삼 3.75g을 더한다.
② 손일규방(孫一奎方): 석고 15g, 지모 5.625g, 인삼 1.875, 감초 1.125g이다.
③ 장개빈방(張介賓方): 석고 18.75g, 지모・인삼 각 7.5g, 감초 3.75g이다.
④ 허준방(許浚方): 석고 15g, 지모 7.5g, 감초・인삼 각 3.75g, 찹쌀 180㎖이다.
⑤ 이헌길방(李獻吉方): 6-2 마지기방과 같다.

마지기가 말했다. "인삼백호탕은 홍역의 출혈반이 나와 발진이 일어났을 때 갈증을 멎게 하는 데 영험이 있다."

장개빈이 말했다. "인삼백호탕은 계지탕(桂枝湯)을 먹어 땀을 많이 흘린 뒤 가슴이 크게 답답하고 입안이 마르고 맥이 크게 뛰고 풀리지 않는 증세를 치료한다."

적량(翟良)이 말했다. "이 인삼백호탕은 몸 속에 열이 있어 크게 답답하면서 갈증이 일어남을 푸는 처방이다. 석고는 위장의 열을 내리게 하며, 위장의 열이 내리면 목이 마르지 않다. 인삼・지모・감초는 기가 몰린 것을 흩뜨려서 체액을 발생시키며, 체액이 발생하면 갈증은 저절로 없어진다. 열이 크게 나서 목마름이 심한 경우에도 이 인삼백호탕을 쓴다. 만일 열이 크게 났으나 목마르지 않은 경우에도 또한 쓴다. 목이 마르나 크게 열이 나지 않는 경우에는 쓰지 않는다. 또 크게 열이 나면서도 목마르지 않은 경우에 많이 씀은 마땅치 않다. 겉부위에 열이 심하지 않으면 몸속에 병이 없다고 일컫는다. 이 몸속의 열로 가슴속이 달아올라 답답하며 편안치 않고 더러 숨쉼이 느리며 거칠고 특히 갈증이 일어날 뿐 아니라 바야흐로 속에서 마주 때리는 뜻이다. 인삼은 맛이 달고 성질이 따뜻하고 바탕이 윤기가 있어 잘 원기(元氣)를 보양(補養)하고 속을 조화시켜 몸속의 체액을 발생시켜서 갈증이 그친다. 석고는 성질이 차고 맛이 달고 맵다. 성질이 차면 능히 열을 없애고, 맛이 달면 능히 속을 조절하고, 매우면 능히 살갗에 땀이 나서 겉으로 발산시키는 뜻이 있다. 맑고 편안함을 얻을 수 있어야 가슴이 답답하고 열이 남을 없앤다. 서쪽 지방 금신상(金神像)을 얻었기 때문에 이를 백호(白虎)라 이름했다. 감초의 맛이 달고 성질이 따뜻하고 기운은 평하며 날것은 찬 약제로 쓰고 익은 것은 따뜻한 약제로 써 오장의 화기(和氣)를 잃은 것에 조절해 쓰면 능히 독기를 풀고 속을 따뜻이 하여 목마름이 그친다. 또 인삼을 도와 속을 보하고 설사하는 뜻이 있다. 지모는 맛이 달고 매워 약의 성질과 효능이 함께 두텁고 무거워서 음기를 감퇴시킨다. 음화(陰火)가 위로 치오르고 여러 가지 열이 물러나지 않아 갈증이 남을 치료하고 또 능히 신(腎)을 돕고 오장을 더욱더 돕는다. 석고는 속을 설사시킴을 도와 속을 보하는 뜻이 있으니, 처방에 쓰는 자는 반드시 알아야 한다."

주지암(朱之黯)이 말했다. "맛이 맵고 성질이 차갑고 보함을 겸했으니 더위 먹은 경우에 거두어 씀에 마땅하다."

6-3 인삼백호탕(人蔘白虎湯) ②: 황렴방(黃廉方)

○석고·지모·인삼·천화분(天花粉)·갈분(葛粉)·맥문동·담죽엽(淡竹葉)·멥쌀을 물에 달여 쌀이 익기를 헤아려 쓴다.

6-4 오호탕(五虎湯): 마지기방(馬之騏方)

삼요탕(三拗湯)을 참고하라.
○석고·마황·행인(속껍질과 끝이 뾰족한 것을 그대로)·감초(생것)·다엽(茶葉)·생강(3개)·대추(2개)를 물 1종지로 10분의 7이 되게 달여 따뜻이 먹는다.

6-5 망호탕(䖟虎湯): 묘희옹방(繆希雍方)

○석고 56.25g, 지모 18.75g, 패모·현삼 각 11.25g, 서하류(西河柳) 37.5g쯤, 맥문동 37.5g쯤, 죽엽 70조각이다.

6-6 화반탕(化斑湯) ①: 황렴방

○석고·지모·인삼·우방자·연교·승마·감초·지골피(地骨皮)·담죽엽·찹쌀을 물에 달여 쌀이 익을 때까지를 한도로 삼는다.

손일규(孫一奎)가 말했다. "화반탕 ①은 천연두 구슬진의 빛깔이 누른 것을 치료한다."

6-7 화반탕 ②: 마지기방

천연두 의사의 처방과 이름은 같으나 실제로는 다르다.

○석고(세찬 불에 쬐어 말린 것) 15g, 지모·현삼 각 5.625g, 감초 3.75g, 찹쌀 180㎖를 잘게 갈아 물 1.5종지로 1종지가 되게 달여 쌀이 익기를 헤아린다.

6-8 양혈화반탕(養血化斑湯): 만전방(萬全方)

○당귀신(當歸身)·인삼·생지황(生地黃)·홍화(紅花)·선태(蟬蛻) 각각 같은 무게, 생강 1조각을 달여 때없이 따뜻이 먹는다.

① 조엽방(趙燁方): 현삼으로 인삼을 대신했다.

만전(萬全)이 말했다. "양혈화반탕은 백진(白疹)을 치료한다."

6-9 해독쾌반탕(解毒快斑湯): 맹하방(孟河方)

○산사육(山査肉) 7.5g, 길경·황금(술에 불려 볶은 것)·건갈(乾葛)·자초(紫草) 각각 3g, 연교·형개 각 2.625g, 우방자(갈아 쪼갠 것)·방풍·당귀미 각각 2.25g, 천궁 1.875g, 생지황 0.75g, 선태 5개를 물에 달여 능수버들 0.75~1.125g을 더해(또한 많이 쓰면 안된다.) 쓴다.

6-10 승마투반탕(升麻透斑湯): 장개빈방

○승마·지각(밀기울과 함께 볶은 것) 각 1.875g, 시호 5.625g, 길경·전호(前胡) 각 3.75g, 건갈(乾葛)·천궁·복령 각각 2.625g, 진피·반하·감초 각각 1.5g, 생강 1조각에 물 1종지로 10분의 5가 되도록 달여 10여 차례

천천히 먹는다.

7-1 황금탕(黃芩湯) ①: 마지기방

○황금(볶은 것)·황련(뿌리꼭지를 잘라버리고 볶은 것)·당귀(술에 씻은 것)·천궁·인삼·청피(靑皮: 속을 없애 볶은 것)·지각(속을 없애고 밀기울과 함께 볶은 것)·빈랑(檳榔)·감초·목향(木香: 따로 갈아 가루를 만들어 먹을 때 넣는다.) 각각 같은 무게를 잘게 썰어 물 1종지로 10분의 5가 되도록 달여 따뜻이 먹는다. 만일 낫지 않으면 거듭 달여 익원산(益元散)과 배합해 먹는다.

① 황렴방(黃廉方): 황금은 가지와 열매를 쓰는 경우 물에 달여 익원산과 배합해 먹는다. 기운이 대단한 자는 술에 재어 찐 대황(大黃)을 더한다.
② 이헌길방: 황금·황련·당귀·천궁·청피·지각·빈랑·감초 각각 3.75g, 인삼 1.875g,(없으면 이를 없앤다.) 목향 가루 3.75g을 배합하여 다시 한번 끓여 익원산과 배합한다.

마지기가 말했다. "황금탕 ①은 홍역 뒤의 적백리(赤白痢)를 치료한다."

7-2 황금탕 ②: 황렴방(黃廉方)

일명 동벽산인황금탕(銅壁山人黃芩湯)이라 한다.

○황금·황련·적작약·생지황(술에 씻은 것)·목통(木通)·지각·감초·당귀초(當歸梢)·인삼을 물에 달여 천수산(天水散)과 배합해 먹는다. 애초에 술과 대황(大黃) 미량을 더하면 순조롭다.

① 이헌길방: 인삼이 없다. 뒤에 무겁고 심한 경우는 처음 1첩(貼)에 대황을 더하고, 피똥이 많은 경우는 지유(地楡) 7.5g을 더한다.

황렴이 말했다. "황금탕 ②는 홍역으로 열이 일어나서 게우고 설사함과 대하증을 치료한다."

7-3 황금탕 ③: 만전방(萬全方)

일명 주씨황금탕(朱氏黃芩湯)·하회황금탕(下蛔黃芩湯)이라 한다.

○백작약(볶은 것) 22.5g, 황금 5.625g, 감초(구운 것) 3.75g, 대추 2개를 잘게 갈아 물 1잔으로 10분의 7이 되게 달여 밥 먹기 전에 따뜻이 먹는다.

① 이헌길방: 복숭아씨(속껍질과 끝을 떼어버리고 밀기울과 함께 볶은 것)와 약쑥 각 3.75g을 더하면 곧 이름이 하회황금탕(下䘐黃芩湯)이나 황금은 다만 3.75g이다.

만전(萬全)이 말했다. "황금탕 ③은 협열하리(協熱下利)를 치료한다."

장개빈(張介賓)이 말했다. "구토하는 경우는 반하·생강을 더한다."

7-4 황금반하탕(黃芩半夏湯): 만전방(萬全方)

일명 상회황금탕(上䘐黃芩湯)이다.

○백작약(볶은 것) 22.5g, 황금 5.625g, 감초(구운 것) 3.75g, 반하 7.5g, 생강 3.75g, 대추 2쪽이다.

① 이헌길방: 천초(川椒) 3.75g, 오매(烏梅) 7개를 더하면 곧 이름이 상회황금탕이다. 황금은 다만 3.75g이며 위급하면 웅황가루 3.75g을 배합한다.

7-5 백출황금탕(白朮黃芩湯): 마지기방

○백출 37.5g, 황금 26.25g, 감초 11.25g을 잘게 썰어 언제나 18.75g을 물 2종지로 10분의 5가 되게 달여 밥 먹기 전에 따뜻이 먹는다.

마지기(馬之騏)가 말했다. "백출황금탕은 이질을 치료하며 비장과 위장을 조화시킨다."

7-6 가미황금탕(加味黃芩湯): 왕긍당방(王肯堂方)

○백작약·활석가루 각 11.25g, 황금·황련 각 5.625g, 감초 2.625g을 물에 달여 먹는다.(활석을 배합하여 먹으려면 3.75g에 그친다.) 피똥을 누는 이질에는 지유(地楡) 7.5g을 더한다.

왕긍당이 말했다. "가미황금탕은 설사를 치료한다."

7-7 비전황금탕(秘傳黃芩湯): 주지암방(朱之黯方)

일명 준승황금탕(準繩黃芩湯)이다.

○백작약 24.375g, 황금 5.625g, 감초(구운 것) 3.75g, 모근(茅根: 自然汁)·노근(蘆根: 자연즙) 각 5순갈, 대추 2쪽을 물에 달여 빈속에 따뜻이 먹는다.(한 처방에는 비파잎이 있다.)

7-8 황금작약탕(黃芩芍藥湯): 손일규방(孫一奎方)

○조금(條芩) 11.25g, 백작약·승마 각 7.5g, 감초 3.75g이다.

① 장개빈방(張介賓方): 황금·백작약 각 7.5g, 감초 3.75g을 물 1.5종지로 10분의 8이 되도록 달여 따뜻이 먹는다.(복통이 심한 경우는 桂心 0.75g을 더하고, 피고름이 심한 경우는 당귀·황련 각 3.75g을 더한다.)

손일규가 말했다. "황금작약탕은 천연두와 대하병을 치료한다."

장개빈이 말했다. "설사와 이질·복통을 치료하고, 더러는 몸에 열이 난 뒤 맥박이 빠르고 세게 뛰며 피고름이 끈적끈적하거나 음이 허약해서 생기는 열로 코피가 나고 피를 토하는 것을 치료한다."

7-9 황련탕(黃連湯): 황렴방(黃廉方)

○황련(黃連)·맥문동·당귀·황백(黃柏)·황금·황기·생지황을 물에 달여 낡은 부들부채 태운 재를 배합해 먹는다.

왕긍당(王肯堂)이 말했다. "황련탕은 땀이 너무 많이 나는 것을 치료한다."

7-10 가씨황련탕(賈氏黃連湯): 공정현방(龔廷賢方)

○황련·황금·연교·현삼·지모(知母)·길경·행인·백작약·마황·우방자·건갈(乾葛)·진피(陳皮)·후박(厚朴)·감초이다.

공정현(龔廷賢)이 말했다. "소아의 홍역 뒤 기침·창만(脹滿)·천급(喘急)·번조(煩躁)·설사, 목이 쉬어 말하지 못할 때, 입술이 검푸렀을 때를 치료한다. 가난봉(賈蘭峰)이 전한 처방이다."

8-1 황련행인탕(黃連杏仁湯) ①: 공정현방

○황련·행인·길경·후박·목통(木通)·택사(澤瀉)·감초·등심초(燈心草)·백작약(볶은 것)을 잘게 갈아 물에 달여 먹는다. 만일 밑으로 떨어진 데에는 지각(枳殼)을 더한다.

공정현이 말했다. "황련행인탕은 홍역 뒤의 적백리(赤白痢)를 치료한다."

8-2 황련행인탕 ②: 마지기방(馬之騏方)

○황련 3.75g, 진피·행인(밀기울에 볶아 속껍질과 끝을 떼어버린 것)·마황(麻黃: 마디를 없앤 것)·지각(밀기울에 볶아 속을 파버린 것)·갈근 각각 1.875g을 잘게 썰어 물 1종지로 10분의 7이 되도록 달여 따뜻이 먹는다. 설사 때는 감초·후박을 더한다.

① 이헌길방: 황련·진피·행인·마황·지각·갈근이 같은 무게이다.

마지기가 말했다. "황련행인탕 ②는 소아의 열사(熱邪)·반진(斑疹)·기침·번민·메스꺼움·청수(淸水)·결막염, 목구멍과 혀에 상처가 나거나 설사병을 치료한다."

8-3 황련지모탕(黃連知母湯): 왕긍당방(王肯堂方)

○갈근·진피·행인·마황(마디를 없앤 것)·지모·황금·감초 각각 5.625g이다. 속이 메스꺼운 경우는 진피를 없애고 백작약·승마를 더한다.

이헌길이 말했다. "황련지모탕은 홍역을 치료할 때 반점 빛깔이 알록달록하여 두드러기 같은 것을 치료한다."

8-4 향련환(香連丸): 만전방(萬全方)

일명 향귤환(香橘丸)이다.

○황련(황련 37.5g을 吳茱萸 18.75g과 같이 볶아 오수유는 없애고 쓰지 않는다)·목향(木香)·진피 각 18.75g, 석련자(石蓮子: 살) 9.375g을 가루를 만들어 식초를 약누룩풀과 배합해 알약을 역삼씨 크기로 만든다. 10~20

알을 진창미탕(陳倉米湯)으로 약을 내려보낸다.

8-5 황련맥문탕(黃連麥門湯): 마지기방

○황련(9마디 것을 털을 없앤다.)·맥문동(살지고 큰 것을 호리병박즙에 담가 목질부를 없앤 것) 각 75g을 잘게 썰어 언제나 3.75g~7.5g 또는 18.75~22.5g을 잔잔한 물에 달여 따뜻이 먹는다.

마지기가 말했다. "황련맥문탕은 가슴이 답답하고 입안이 마르고 속에 열이 왕성하여 물 마시기를 그치지 않는 병을 치료한다."

8-6 대연교음(大連翹飮): 마지기방

일명 연교탕(連翹湯) 또는 해독연교탕(解毒連翹湯)이다.

○연교·구맥(瞿麥)·형개·목통·차전자(車前子)·적작약·당귀·방풍·시호·활석·선각·감초·산치자·황금·우방자를 같은 무게로 잘게 썰어 물 1종지로 10분의 7이 되도록 달여 따뜻이 먹는다.

① 만전방(萬全方): 연교·구맥·형개·목통·차전자·적작약·당귀·방풍·시호·활석·선각·감초·산치자·황금 각각 1.875g, 우방자가 없고 자초(紫草) 1.875g을 더해 밥 먹기 전에 따뜻이 먹는다.
② 적량방(翟良方): 구맥이 없고 생강이 있다.
③ 장개빈방: 우방자·차전자가 없다.
④ 이헌길방: 방풍·우방자가 없다.

장개빈이 말했다. "대연교음은 풍사와 열사의 열독으로 대변·소변이 순조롭지 못하고, 소아가 천연두 뒤에 남은 병독으로 팔다리와 몸뚱이가 벌겋게 붓고 병인이 옮겨다니는 병을 치료한다."

적량이 말했다. "이 대연교음은 열이 쌓인 것을 치료하는 처방이다. 방풍·시호·선각은 겉부위의 열을 풀어 물리친다. 살갗의 털은 땀구멍으로 열이 나가는 것이다. 형개·우방자는 머리 위와 눈·목구멍에 있는 열을 풀어 입과 코로 배설하도록 한다. 산치자·활석·차전자는 속의 열을 풀어 이를 이끌어 소변을 따라 배설하도록 한다. 연교는 여러 경맥의 객열(客熱)을 없앤다. 황금은 여러 경맥의 옮겨다니는 화기를 없앤다. 감초는 기분(氣分)의 열을 능히 풀며, 당귀·적작약은 또한 혈분(血分)의 열을 조절하는 것이다."

8-7 하간양격산(河間涼膈散): 마지기방

일명 국방양격산(局方涼膈散)이다.

○연교 15g, 대황(大黃)·치자인(梔子仁)·박하·황금·감초 각각 7.5g, 박초(朴硝: 한 처방에는 쓰지 않았다.) 3.75g을 거칠게 가루내어 언제나 7.5~11.25g을 물 1종지에 죽엽 5조각과 꿀 조금으로 10분의 7이 되도록 달여 밥 먹기 전에 먹는다.

① 만전방(萬全方): 연교 3.75g, 대황·박초·감초 각각 1.875g, 치자·황금·박하 각각 0.9375g, 담죽엽(淡竹葉) 5조각을 물 1잔에 달여 10분의 8이 되면 꿀 1숟갈을 섞어 나누어 먹는다.
② 장개빈방(張介賓方): 연교 5.625g, 대황·박초·감초 각각 3.75g, 나머지 치자·황금·박하 각각 1.875g이다.
③ 이헌길방: 무게가 모두 만전방의 2배이며, 다만 박초에 배합해 먹는다.

장개빈이 말했다. "이 하간양격산은 삼초(三焦)·육경(六經)의 여러 화사(火邪)를 내보낸다."

이헌길이 말했다. "하간양격산은 홍역이 없어질 때 미친 것처럼 날뜀을 치료한다."

8-8 동원양격산(東垣涼膈散): 만전방

○연교 3.75g, 감초 1.875g, 치자·황금·박하 각각 0.9375g, 담죽엽 5조각에 길경을 더해 잘게 가루내어 물 1잔으로 10분의 8이 되도록 달여 꿀 1숟갈을 넣어 섞어 나누어 먹는다.

만전이 말했다. "동원양격산은 천연두와 홍역의 속열을 흩는 좋은 처방이다."

8-9 가미양격산(加味涼膈散): 이헌길방

○연교 15g, 황금·황련(黃連: 모두 술에 불려 볶는다.)·산치인(볶은 것)·

황백(술에 불려 볶는다.)·박하·감초·대황(大黃: 술에 담근 것)·길경·지골피(地骨皮)·오미자 각각 3.75g, 죽엽 1.875g, 꿀 반 숟갈, 망초(芒硝) 3.75g을 배합해 먹는다.

이헌길이 말했다. "가미양격산은 홍역 뒤 설사·숨참·기침을 치료하고 또 발진이 돋아 나올 때 잇몸이 썩어 문드러짐을 치료한다."(잇몸을 치료하는 처방에는 황련·황백이 없다.)

8－10 인삼청격산(人蔘淸膈散): 만전방(萬全方)

○인삼·시호·백작약·당귀·지모(知母)·상백피·백출·황기(구운 것)·지골피·자원(紫菀)·복령·감초·길경 각각 1.875g, 황금 0.9375g, 석고 2.625g, 활석 2.8125g을 잘게 가루내고, 생강(무게와 크기가 같은) 3조각을 더해 물 1잔으로 10분의 7이 되게 달여 밥 먹은 뒤 따뜻이 먹는다.

만전이 말했다. "인삼청격산은 폐에 생긴 여러 가지 열로 코가 마르고 콧물이 끈적끈적하게 흐르는 것을 치료한다."

9－1 청폐산(淸肺散): 마지기방(馬之騏方)

○황기 7.5g, 맥문동·당귀신·인삼·생지황 각각 1.875g, 오미자 10알을 잘게 썰어 물 1종지로 10분의 5가 되게 달여 밥 먹은 뒤에 따뜻이 먹는다.

이헌길이 말했다. "청폐산은 홍역을 치료한 뒤 심장과 위장의 열로 목구멍이 아프고 입과 혀에 부스럼이 생기고 잇몸이 부어 아픈 등의 증세를 치료한다."

9－2 청폐음(淸肺飮) ①: 손일규방(孫一奎方)

○맥문동·길경 각 7.5g, 마황 5.625g, 지모·천화분(天花粉)·형개 각각 3.75g, 가자(訶子)·석창포(石菖蒲) 각 3g을 물에 달여 죽력(竹瀝)·생강즙을 넣어 먹는다.

① 장개빈방: 마황이 없다.

손일규가 말했다. "청폐음 ①은 목이 마르고 쉬어 말을 못함을 치료하고, 또 천연두로 코가 마르고 살갗털이 마르고 기침이 나며 창양 빛깔이 검누렇고 자색인 것을 치료한다."(천연두로 코가 마른 것을 치료하는 처방에는 마황이 없다.)

장개빈이 말했다. "청폐음은 폐에 생긴 열증, 가래가 끓고 숨차고 기침이 나며 목이 쉬고 말을 못하는 증세를 치료한다."

9-3 청폐음 ②: 맹하방(孟河方)

○석고·생지황 각 7.5g, 맥문동·현삼 각 3.75g, 길경·황금 ·당귀미·지모 각각 3g, 시호·진피 각 2.25g, 감초 1.875g, 강잠(殭蠶) 5조(條), 죽엽 3조각이다.

9-4 청폐탕(淸肺湯): 장개빈방(張介賓方)

○길경(뿌리꼭지를 잘라버린 것)·편금(片芩)·패모 각각 2.625g, 방풍(뿌리꼭지를 잘라버린 것)·감초(구운 것) 각각 1.5g, 지모 2.625g을 물 1종지로 10분의 5가 되도록 달여 눌러 부순 소자(蘇子) 1.875g을 넣어 거듭 달여 따뜻이 먹는다.

장개빈이 말했다. "청폐탕은 반진(斑疹)·해소병을 치료한다."

9-5 문동청폐탕(門冬淸肺湯): 만전방

○천문동(天門冬: 목질부를 뽑아버린 것)·맥문동(목질부를 뽑아버린 것)·관동화(款冬花)·우방자·지모·패모·길경·행인(속껍질과 끝을 떼어버리고 간 것)·감초·마두령(馬兜鈴)·지골피 각각 같은 무게를 잘게 갈아 물 1잔에 10분의 7이 되도록 달여 따뜻이 먹는다.

① 왕긍당방·주지암방: 상백피를 더한다.

만전이 말했다. "문동청폐탕은 홍역 뒤에 기침이 멎지 않는 병을 치료한다."

9-6 맥문동청폐음(麥門冬淸肺飮): 마지기방

○지모·패모·천문동·맥문동·길경·감초·행인·마두령·진피·석고(세찬 불에 달군 것) 각각 같은 무게를 잘게 썰어 물 1종지와 찹쌀 1줌(撮)으로 10분의 7이 되도록 달여 따뜻이 먹는다.

① 황렴방·손일규방: 진피가 없고 우방자가 있다.

마지기가 말했다. "맥문동청폐음은 홍역 뒤에 기침이 나고 더러 피가 나오고 또는 끓인 물로도 음식에 의해 기가 치밀어 생긴 기침 증세를 치료한다."

9-7 맥동청폐음(麥冬淸肺飮): 마지기방

○자원용(紫菀茸) 3.75g, 황기·백작약·감초(구운 것) 각각 2.625g, 인삼·맥문동·당귀 각각 1.875g, 오미자 9알을 잘게 썰어 물 1.5종지로 1종지가 되도록 달여 밥 먹은 뒤 따뜻이 먹는다.

마지기가 말했다. "맥동청폐음은 비위(脾胃)가 허약하고 숨결이 빠르고 숨차고 정신이 짧고 적으며 더러 코피가 나고 피를 게우는 등의 증세를 치료한다."

9-8 청폐감길탕(淸肺甘桔湯): 경일진방(景日昣方)

○맥문동·감초·패모 각각 1.125g, 상백피·길경 각 1.875g, 진피·천남성(天南星) 각 1.5g을 물에 달여 뜨겁게 먹는다.

경일진이 말했다. "청폐감길탕은 또한 마필풍(馬匹風)을 치료한다."(살펴보건대, 천남성은 마땅히 삼가서 써야 한다.)

9-9 청금강화탕(淸金降火湯): 마지기방

○당귀(술에 씻은 것)·백작약(술에 불려 볶은 것)·생지황(술에 씻은 것)·진피·패모(목질부를 뽑아버린 것)·감초·고금(枯芩: 술에 불려 볶은 것)·산치자(볶은 것)·현삼·맥문동(목질부를 뽑아버린 것)·석고·상백피·행인(속

껍질을 없애고 끝을 떼버리고 밀기울과 함께 볶은 것)·자소줄기·황련(볶은 것) 각각 같은 무게를 잘게 썰어 물 1종지로 생강 1조각을 넣고 10분의 7이 되게 달여 따뜻이 먹는다.

① 손일규방·장개빈방: 과루인(瓜蔞仁)·백복령·천문동을 더한다.
② 이헌길방: 마지기방과 같다.

마지기가 말했다. "청금강화탕은 홍역 뒤 급한 화증이 폐장을 타서 기침이 나고 목이 쉬고 말이 나오지 않는 증세를 치료한다."

9-10 사백산(瀉白散): 마지기방

일명 사폐산(瀉肺散)이다.

○상백피(보조재료에 재웠다 누렇게 볶은 것)·지골피 각 37.5g, 감초(볶은 것) 7.5g을 가루를 내어 언제나 11.25~15g을 멥쌀 100알과 밥 먹은 뒤에 따뜻이 먹는다.

① 손일규방: 상백피를 꿀물에 재어 볶고, 죽엽 20잎과 등심초(燈心草)를 더해 물에 달여 먹는다.
② 장개빈방: 상백피·지골피 각 7.5g, 감초 3.75g을 가루를 내어 물로 배합해 먹는다.
③ 주지암방·이헌길방: 장개빈방과 같으나 멥쌀 100알을 더한다.
④ 역로방(易老方): 황련을 더한다.

마지기가 말했다. "사백산은 호흡이 막히고 기침이 왕성하며 그치지 않는 증세를 치료한다."

주지암이 말했다. "사백산은 폐장·비장의 열을 설사시키고 눈의 흰동자가 누렇고 입으로 젖을 빨지 못하고 숨이 찬 것을 치료한다."

장개빈이 말했다. "사백산은 폐장의 화사와 대장의 화사와 숨찬 등의 증세를 치료한다."

10-1 죽여석고탕(竹茹石膏湯): 황렴방

○진피·반하·석고·백복령·죽여(竹茹)를 쓴다.
① 손일규방: 감초가 있다.

② 허준방(許浚方): 석고 18.75g, 인삼 7.5g, 맥문동 5.625g, 감초 2.625g, 반하 3.75g, 죽엽 7조각, 멥쌀 1줌을 물로 달이고 생강즙 2숟갈을 넣는다.

손일규가 말했다. "죽여석고탕은 홍역·천연두의 구토를 치료한다."

허준이 말했다. "죽여석고탕은 열이 왕성하여 가슴이 답답하고 입안이 마르는 갈증을 치료한다."

10-2 죽엽석고탕(竹葉石膏湯): 묘희옹방(繆希雍方)

○석고 18.75~37.5g, 지모 3.75~11.25g, 죽엽 30~100조각, 맥문동 11.25~18.75g 및 멥쌀에다 현삼 7.5g, 박하 7.5g, 서하류(西河柳) 37.5g쯤을 더한다.

10-3 삼황석고가정엽탕(三黃石膏加檉葉湯): 묘희옹방

○석고 112.5g, 지모 37.5g, 맥문동 112.5g, 죽엽 100조각, 황백(黃栢)·황금·황련 각각 18.75g, 서하류(西河柳) 37.5g을 빛깔이 짙도록 달여 이를 마신다.

10-4 삼황환(三黃丸): 만전방(萬全方)

○황금(썩은 것을 없앤다.) 18.75g, 황련(뿌리꼭지를 잘라버린다.)·대황(잿불에 묻어 구운) 각 9.375g을 보드랍게 가루내어 눈녹이물에 찧어 녹두알 크기로 둥근 알약을 만들어 주사(朱砂)를 입히고, 언제나 5, 7알약을 밥 먹기 전에 등심탕(燈心湯)으로 내려가게 한다.

① 마지기방: 황금·황련·대황 같은 무게를 졸인 꿀로 오동씨 크기로 알약을 만들어 뇌사(腦麝)를 겉에 입혀 언제나 5~10알약을 먹고 뜨거운 물로 아래로 넘긴다. 더러 잘게 썰어 언제나 15g을 물에 달여 빈속에 따뜻이 먹는다.

만전이 말했다. "삼황환은 이실증(裏實證)을 해독하는 경우에 쓸 수 있다."

마지기가 말했다. "삼황환은 삼초(三焦)에 상화(相火)가 왕성하나 번갈(煩渴)이 일어나지 않고, 살진 곳에 열이 쌓이고, 대장·소장과 심장과 명치 부위에 열이 쌓이고 맺혀 머물러 가슴이 달아오르고 막혀 답답하고, 목구멍이 부어 막히고, 소변이 붉고 껄끄러우며 변비증 등을 치료하는 데 씀이 모두 마땅하다.

이헌길의 한 처방: 황금·황련·대황 각각 11.25g에 지각 11.25g, 빈랑 3.75g을 더해 달여 탕약으로 만들어 먹는다.(치료해 사그러진 뒤 이질을 설사한다.)

10-5 대시호탕(大柴胡湯): 적량방(翟良方)

○시호(柴胡)·황금·백작약·대황·지실(枳實: 한 방문은 지각) 각각 7.5g, 생강 3조각, 대추 2개를 물에 달여 따뜻이 먹는다.

① 장기방: 곧 장기(張機)의 본방(本方)은 분량의 무게가 크게 지나쳐 이제 쓸 수가 없다.

장기가 말했다. "겉부위의 증세가 없어지지 않고, 내장 장기의 병증이 또 급하고 땀이 흘러내리면 아울러 이 대시호탕을 쓴다."(살펴보건대, 이 장기의 본처방엔 반하가 있다.)

적량(翟良)이 말했다. "시호·황금으로 겉부위의 사기를 밖으로 내보내고, 지실·대황으로 속의 사기를 공격하고, 작약의 신맛은 능히 겉부위와 속의 사기를 새지 못하게 하고 거두어 모은다. 기운과 정력이 씩씩하고 크며 변비인 경우는 이를 쓰고 허약한 경우에는 쓰기를 삼간다."

10-6 소시호탕(小柴胡湯): 장개빈방

○시호 11.25, 인삼 7.5g, 황금·반하 각 3.75~7.5g, 감초 2.625g을 잘게 썰어 물 1종지로 생강 3조각, 대추 1개를 넣어 10분의 7이 되도록 달여 따뜻이 먹는다.

① 마지기방: 시호·인삼·황금 각각 3.75g, 감초(구운 것)·반하·생강(7번 담근 것)·생지황 각각 2.625g이다.

적량이 말했다. "이 소시호탕은 겉부위와 속부위 사이를 치료하는 처방이다. 시호는 성질이 맵고 따뜻해 소양(少陽)에 들어가고, 황금은 성질이 메마르며 맛이 쓰다. 메마르면 능히 떠오르고 쓰면 능히 내리고 억누른다. 시호는 군약(君藥: 주약)이니 소양(少陽)에 들어간다. 사기는 반드시 허약을 타고 오른다. 인삼·감초를 쓰는 것은 중초의 기를 허약하지 않게 하여 사기가 속으로 들어갈 수 없도록 할 뿐이다. 사기가 속부위에 있으면 속의 기운이 거슬러 가슴이 답답하고 메스껍기 때문에 반하의 매움을 써서 메스꺼움을 없앤다. 사기가 겉부위에 있으면 영위(榮衛)가 다투기 때문에 생강과 대추의 맵고 단 맛으로 영위를 조화시킨다."

10-7 가미소시호탕(加味小柴胡湯): 이헌길방

○앞의 처방인 시호·인삼·황금·반하·감초에, 청피(靑皮)·목통·산사육을 더한다. 앞의 7가지 약제 각각 같은 무게에, 인삼(절반으로 줄임.)·생강 1, 대추 2개를 넣어 물에 달여 먹는다.

이헌길이 말했다. "가미소시호탕은 홍역 뒤 불알주머니가 붓고 곪은 것을 치료한다."

10-8 시평탕(柴平湯): 이헌길방(李獻吉方)

○ 시호(柴胡)·반하(생강물이나 생강즙으로 가공한 것)·황금·감초·창출(蒼朮)·진피·후박은 각각 같은 무게이며, 인삼(없으면 없앤다.)으로 달인다.

이헌길이 말했다. "시평탕은 홍역 뒤의 학질을 치료한다."

10-9 시령탕(柴苓湯): 공정현방(龔廷賢方)

○시호·황금·반하(절반으로 줄인다.)·저령(猪苓)·택사(澤瀉)·백출(뿌리꼭지를 잘라버린 것)·백복령·감초·생강·대추를 물에 달여 먹는다.

○장개빈방: 반하와 감초가 없다.

장개빈이 말했다. "시령탕은 몸에 열이 나거나 가슴이 답답하고 입안이 말라 갈증이 나며 설사를 할 경우에 씀이 마땅하다."

10-10 시호귤피탕(柴胡橘皮湯): 만전방(萬全方)

○시호·귤피(橘皮)·인삼·반하·백복령·황금 각각 같은 무게에 죽

여(竹茹) 1덩어리, 생강 3조각을 더해 물 1잔으로 10분의 7이 되게 달여 때때로 따뜻이 먹는다.

11-1 사물탕(四物湯): 적량방(翟良方)

○당귀·숙지황·백작약·천궁(川芎)을 물에 달여 먹는다.
① 공정현방(龔廷賢方): 피가 부족해 생긴 병에는 숙지황을 쓰고, 혈분에 사열(邪熱)이 있는 병에는 생지황을 쓴다. 갈증에는 맥문동·서각즙(犀角汁)을 더하고, 해소에는 과루상(瓜蔞霜)을 더하고, 가래가 끓면 패모·진피를 더한다.
② 마지기방(馬之騏方): 봄에는 천궁을 2배로 쓰고, 여름에는 작약을 쓰고, 가을에는 지황을 2배로 쓰고, 겨울에는 당귀를 쓴다.
③ 장개빈방(張介賓方): 당귀·숙지황 각 11.25g, 백작약 7.5g, 천궁 3.75g이다.
적량이 말했다. "천지 사이에 형체와 성질이 있는 것을 물질이라 일컫는다. 피는 형체와 성질이 있고 사물(당귀·숙지황·백작약·천궁)은 모두 피를 돕기 때문이다. 사물의 당귀는 맛이 맵고 성질이 따뜻해 능히 피를 잘 돌게 하고, 작약은 맛이 시고 성질이 차서 능히 피를 되돌리고, 숙지황은 맛이 달고 성질이 부드러워 능히 피가 부족한 것을 보(補)한다. 또 당귀는 심장·비장으로 들어가고, 작약은 간으로 들어가고, 숙지황은 신장으로 들어간다. 이들은 모두 맛이 짙어 음(陰) 가운데서도 음의 성질을 더 많이 가지고 있다. 천궁은 맛이 싱거워서 기(氣)를 맑게 하고, 음 가운데서 양의 성질을 더 많이 가지고 있어 피 가운데 기약(氣藥)인 것이다. 이는 피를 위아래로 관통해 다니면서 피 가운데의 기혈(氣血)을 발생시켜 몸속의 체액을 스스로 낳게 하며, 위로 폐에 향하게 하여 폐가 또한 건조하지 않는다. 비위(脾胃)에 병이 없는 경우에 씀이 마땅하다. 만일 잘 먹지 못하는 경우에는, 지황은 막히게 하고 작약은 맛이 시고 성질이 찬 것이라 마땅히 쓰지 않는다.

11-2 금출사물탕(芩朮四物湯): 이헌길방

○조금(條芩)·백출(白朮) 각 7.5g, 당귀·생지황·적작약·천궁 각각 3.75g, 약쑥 50개이다.

11-3 시호사물탕(柴胡四物湯): 만전방(萬全方)

일명 초씨시호사물탕(楚氏柴胡四物湯)이다.

○시호·당귀몸통·천궁·생지황·백작약·인삼·맥문동·지모·담죽엽(淡竹葉)·황금·지골피를 물 1잔으로 10분의 7이 되게 달여 때없이 따뜻이 먹는다.

① 이헌길방: 인삼을 절반으로 줄인다.

만전이 말했다. "시호사물탕은 홍역 뒤 남아 있는 열을 치료한다."

11-4 가미사물탕(加味四物湯): 이헌길방

○당귀·숙지황(모두 술에 씻은 것)·천궁(볶은 것)·백작약(술에 불려 누렇게 볶은 것) 각각 7.5g, 패모·진피·과루인(기름을 짜버린 것) 각각 3.75g, 생강 3조각, 대추 2개로 달여 따뜻이 먹는다.

11-5 지황탕(地黃湯): 마지기방(馬之騏方)

○당귀·생지황·천궁·적작약 각각 같은 무게, 포황(蒲黃) 조금쯤을 잘게 썰어 물 1종지로 10분의 7이 되게 달여 따뜻이 먹는다.

마지기가 말했다. "지황탕은 소아가 코피를 흘리는 병을 치료한다."

11-6 생지황탕(生地黃湯): 마지기방(馬之騏方)

○생지황·숙지황·백작약·황금·구기자(枸杞子)·시호·황련·지골피·천문동(天門冬)·황기(黃芪)·감초 각각 같은 무게를 잘게 썰어 물 1종지로 10분의 7이 되게 달여 따뜻이 먹는다. 하혈(下血) 때는 지유(地楡)를 더한다.

마지기가 말했다. "생지황탕은 열이 쌓여 밖으로 나가지 못해 코피를 흘리고, 숨구멍으로 피가 나오거나 피를 게우는 증세를 치료한다."

11-7 생지황산(生地黃散): 마지기방

○맥문동(목질부를 뽑아버린 것) 26.25g, 생지황 18.75g, 행인(끓는 물에 담갔다가 속껍질을 없애고 끝을 잘라낸 것)·관동화(款冬花)·진피 각각 11.25g, 감초(구운 것) 9.375g을 보드랍게 가루내어 언제나 7.5～11.25g을 물 1종지로 10분의 7이 되게 달여 따뜻이 먹는다.

마지기가 말했다. "생지황산은 여러 빛깔로 아롱진 홍역의 독기로 몸에 열이 나서 입안이 마르고, 기침이 나며 가슴이 답답한 증세를 치료한다."

11－8 연교생지음(連翹生地飮): 묘희옹방(繆希雍方)

○금은화·연교·감초·현삼·황련·생지황·형개수(荊芥穗)·별슬(鱉虱)·호마(胡麻)·목통을 짙게 달여 이를 마신다.

11－9 현삼지황탕(玄蔘地黃湯): 만전방(萬全方)

○현삼·지황·모란피(牡丹皮)·치자인(梔子仁) 각각 5.625g, 백작약 3.75g, 포황(蒲黃: 볶은 것)·승마·감초 각각 1.875g을 물 1종지로 10분의 7이 되게 달여 따뜻이 먹는다.

① 이헌길방: 감초가 없다.

만전이 말했다. "현삼지황탕은 천연두와 홍역으로 코피가 남을 치료한다."

장개빈이 말했다. "이 처방은 마땅히 승마를 없애어 위로 치밀어 오르는 근원을 막아야 한다. 단지 양명(陽明)에 속하면 마땅히 승마를 써야 한다고 말하지 말라."

11－10 육미지황환(六味地黃丸): 맹하방(孟河方)

물에 달이면 곧 이름이 육미탕(六味湯)이다. 일명 '지황환'이다.

○숙지황(쪄서 눌러 부순 것) 300g, 산수유·산약(山藥: 볶은 것) 각 150g, 모란피·택사·백복령 각각 112.5g을 부드럽게 가루내어 지황고(地黃膏)·연밀(煉蜜)과 섞어 오동씨 크기로 알약을 만들어 언제나 70～80알약

을 빈 속에 끓인 물로 먹는다. 더러 흑탕(黑湯)으로 내려보낸다.
① 주지암방: 숙지황 30g, 산수유·산약·목단피·택사·백복령 각각 15g이다.(3세 이하 2~3 알약 또는 3~5알약이다.)

주지암이 말했다. "육미지황환은 신장의 정기가 부족하여 난 해로(解顱)의 증세나 맥이 터럭 같으면서 허한 증세를 치료한다."

12-1 서각지황탕(犀角地黃湯): 마지기방

○생지황 5.625g, 백작약 3.75g, 생서각(生犀角: 대패로 민 것)·목단피 각 1.875g을 잘게 썰어 물 1종지로 10분의 7이 되게 달여 따뜻이 먹는다.
① 공신방(龔信方): 무게를 모두 2배로 하고 백작약을 적작약으로 쓴다.(回春에는 당귀·황련·황금 각각 3.75g을 더한다.)
② 적량방(翟良方): 생지황·백작약·생서각·모란피가 각각 같은 무게인데 생서각은 갈아서 즙을 넣는다.
③ 손일규방(孫一奎方): 백작약 대신 적작약을 쓴다.
④ 장개빈방(張介賓方): 생지황 15g, 백작약·생서각·모란피 각각 5.625g이다. 더러 도인(桃仁: 속껍질과 끝을 잘라버린 것) 7알을 넣는다.(만일 땀을 내고 열을 줄이려면 반드시 생지황 끝을 갈아 없앤 뒤 넣는 것이 묘방(妙方)이다.)
⑤ 이헌길방(李獻吉方): 마지기방과 같다.

적량이 말했다. "서각지황탕은 혈분에 있는 열을 치료하는 처방인 것이다. 심(心)은 피를 주관한다. 생지황은 심이 주관하는 피를 맑히고 간은 피를 받아들이기 때문이다. 백작약은 간의 피를 조화시켜 잘 갈무리하기 때문이다. 목단피는 피 가운데의 화열(火熱)을 없애 능히 피를 돌게 하기 때문이다. 생서각은 여러 경맥의 열을 풀고 또 심경(心經)에 들여보낸다. 이 처방은 크게 차고 서늘해져서 일어난 병에는 제거하고 많이 쓸 수 없다."

장개빈이 말했다. "불안이나 공포로 화열이 움직여 충맥으로 들어가 피를 토하고 코피를 흘리거나 날뛰고 발황(發黃)하거나 또는 소아의 헌데나 홍역으로 혈분에 사열이 있는 증세 등과 또는 상한(傷寒)으로 피가 건조하고 혈분에 열이 나서 급성 열병을 이루고 풀리지 않는 데 이 서각지황탕을 쓰면 땀을 가장 빨리 내게 해서 치료한다. 대개 서각은 성질과 기운이 빨라서 능히 열을 흩어버리기 때문이다.

　장기(張機)가 말했다. 만일 서각이 없으면 승마(升麻)로 서각을 대신한다. 이 두 가지 약재는 그 뜻이 통용할 수 있음을 대체로 알 수 있다."

12-2 생서지황탕(生犀地黃湯): 묘희옹방(繆希雍方)

　○연교·건갈·승마·현삼·감초·황련·생지황·형개수를 물에 달여서 곧 약즙을 내어 간 생서각(20~30 순갈)과 같이 먹는다.

12-3 당귀육황탕(當歸六黃湯): 마지기방

　○당귀·황기 각 3.75g, 생지황·황백(黃柏)·황금·황련 각각 2.625g이다.(한 처방에는 각각 같은 무게에 황금을 2배로 더한다.) 잘게 썰어 물 2종지로 달여 절반에 다다르면 누웠다가 밥 먹기 전 전부 입으로 먹는다. 소아는 절반으로 줄인다.

　① 손일규방·주지암방: 모두 생지황·숙지황을 쓴다.

　손일규가 말했다. "당귀육황탕은 잠잘 때 나는 땀이나 깨어 있을 때 절로 나는 땀을 치료한다."

12-4 당귀양혈탕(當歸養血湯): 황렴방(黃廉方)

　○당귀(술에 씻은 것)·천궁·생지황(술에 씻은 것)·맥문동(목질부를 뽑아 버린 것)·목통·감초·담죽엽·산치인(볶은 것)·등심(燈心)을 쓴다. 변비에는 대황 소량을 더한다.

　① 이헌길방: 대황을 절반으로 줄인다.

12-5 익영탕(益榮湯): 황렴방

　손일규 처방에는 이름이 양영탕(養榮湯)이다.

　○당귀(술에 씻은 것)·적작약(桂水에 불려 볶은 것)·홍화(紅花: 술에 씻은

것)·인삼·감초를 쓴다.

　손일규(孫一奎)가 말했다. "익영탕은 홍역과 천연두의 발진 빛깔이 흰 것을 치료한다."

12-6 양영탕(養榮湯): 마지기방

　○당귀(술에 씻은 것)·천궁·백작약·생지황(술에 씻은 것) 각각 같은 무게, 인삼·백출·황기(꿀물에 재어 구운 것)·감초(절반으로 줄인다.)를 잘게 썰어 물 1종지로 10분의 5가 되게 달여 밥 먹기 전에 따뜻이 먹는다.
　① 손일규방: 곧 12-5 익영탕이다.
　② 이헌길방: 인삼이 없으며 황기·감초·백출은 당귀·천궁·백작약·생지황에 비교해 절반으로 줄인다.

12-7 양혈양영전(涼血養榮煎): 장개빈방(張介賓方)

　○생지황·당귀·작약·생감초·지골피·자초(紫草)·황금·홍화를 물 1종지로 10분의 5가 되게 달여 먹는다. 갈증에는 천화분(天花粉)을 더한다. 살갖에 열이 나고 땀이 없는 데는 시호(柴胡)를 더한다. 열독(熱毒)이 심한 경우에는 우방자를 더한다. 목통·연교 따위는 혈분에 사열이 있는 병에 두루 미치지 못하는 것이라 서각을 더한다.

12-8 활혈산(活血散): 마지기방

　○백작약(많고 적음에 관계 없이 술에 담가 약한 불기운에 말린 것)을 부드럽게 가루내어 언제나 7.5g을 따뜻한 술에 배합해 먹는다.

12-9 정원음(貞元飮): 장개빈방

　○숙지황 26.25~30g이고 심한 경우는 37.5~75g, 당귀 7.5~11.25g, 감초(구운 것) 3.75~11.25g을 물 2종지로 10분의 8이 되게 달여 따뜻이 먹는다. 만일 구역질을 겸하거나 더러 오슬오슬 추운 경우에는 젖은 종이나 밀가루반죽에 싸서 구운 생강 3~5조각을 더한다. 만일 원기가 부족

하고 약해 맥박이 대단히 작은 경우에는 급히 인삼을 적당히 더한다. 만일 간신과 음신이 모두 허약하여 손발이 모두 차면 육계(肉桂) 3.75g을 더한다.

장개빈이 말했다. "정원음은 숨쉬는 것이 힘없고 얕게 쉬어 숨찬 것 같고 호흡이 빠르고 급해 끌어 올리지 못하고 잘 삼키지도 못하고 숨길이 덮어 막혀 병세가 끌어 맹렬하고 위급한 경우를 치료한다. 보통 사람은 다만 숨이 차게 되면 그 병이 위에 있다고만 알고 처음 근원에는 근거가 없고 간과 신이 훼손됨을 알지 못하고 있다. 이는 자오(子午: 陰陽)가 서로 어울리지 못하여 원기가 빠진 증세인 것이다."

12-10 육물전(六物煎): 장개빈방

○당귀・숙지황(더러 생지황을 쓴다.)・작약・천궁(1.125~1.5g)・구운 감초는 모두 적당히 더하거나 줄이고, 인삼(원기가 허약하지 않은 경우는 반드시 쓰지는 않는다.)을 물에 달여 먹는다. 여러 증세를 아울러 가지고 있으면 각기 맞는 약제를 더한다.

제8편 합제(合劑) 중

13-1 대청탕(大靑湯) ①: 만전방(萬全方)

○대청(大靑)·현삼·석고·지모·목통·감초·생지황·지골피·형개수 각각 같은 무게를 잘게 갈아 물 1잔에 담죽엽 12조각을 넣어 10분의 7이 되게 달여 때때로 따뜻이 먹는다.

① 장개빈방(張介賓方): 대청은 청대(靑黛)를 만들어 쓴다.
② 왕긍당방(王肯堂方): 생지황이 없다.

만전이 말했다. "대청탕 ①은 반진(斑疹)의 큰 병독을 흩어내는 좋은 처방이다."

13-2 대청탕 ②: 황렴방(黃廉方)

○대청·현삼·석고·지모·목통·길경·인중황(人中黃)·승마·치자인을 쓴다. 변비인 경우는 술에 재었다 찐 대황을 더하여 물에 달이고 사람 똥 태운 것과 배합하여 먹는다.

황렴이 말했다. "대청탕 ②는 검은 얼룩점을 치료한다."

13-3 산치자탕(山梔子湯): 마지기방

○치자인·백선피(白鮮皮)·승마·적작약 각각 3.75g, 한수석(寒水石)·감초 각각 1.875g, 자초·박하 각 조금쯤을 잘게 썰어 물 1종지로 10분의 5가 되게 달여 따뜻이 먹는다.

13-4 금치사백산(芩梔瀉白散): 이헌길방

○상백피·지골피 각 9.375g, 황금·산치인·천화분·길경·감초·멥

쌀(50알)이다.

이헌길이 말했다. "금치사백산은 홍역 뒤의 콧구멍 부스럼을 치료한다."

13-5 가미금불초산(加味金沸草散): 왕긍당방

○형개수 37.5g, 선복화(旋覆花: 가지를 없앤 것)·마황(마디를 없애고 물에 삶아 거품을 없애고 햇볕에 말린 것)·전호(前胡: 뿌리꼭지를 잘라버린 것)·서점자(鼠粘子: 볶은 것)·부평(浮萍) 각각 2.625g, 감초(구운 것)·반하(끓는 물에 7번 담갔다가 생강즙에 놓아 섞어 고루 볶은 것)·적작약 각각 18.75g을 가루내어 언제나 11.25g을 생강 2조각, 박하엽 3~5조각으로 달여 먹는다.

① 이헌길방: 형개수·선복화·마황·전호·서점자·부평·감초·반하·적작약 모두 10분의 1, 박하 1.125g, 생강 3조각을 물에 달여 먹는다.

주지암이 말했다. "홍역 뒤 기침을 치료한다."

13-6 쌍해산(雙解散): 마지기방

○방풍·당귀·천궁·적작약·대황·마황·박하·연교·망초(芒硝) 각각 0.9375g, 석고·황금·길경 각각 1.875g, 활석 5.625g, 감초 3.75g, 형개·백출·치자인 각각 0.4875g이다. 이상 24.9g은 방풍통성산(防風通聖散)과 관련된다. 또 활석 11.25g, 감초 1.875g은 익원산(益元散)과 관련된다. 잘게 썬 생강 3조각, 총백(葱白) 1뿌리, 두시(豆豉) 30알을 물 2종지로 10분의 5가 되게 달여 따뜻이 먹는다.

① 적량방(翟良方): 마황·망초가 없고 계지(桂枝)가 있으나 무게 또한 다르다.

마지기가 말했다. "쌍해산은 소아의 홍역에 이를 쓰면 대단히 빨리 발진이 돋아나오고, 또 풍사와 한사가 겹치고 서사와 습사가 일어나고, 배부르거나 배고프거나 힘든 일로 속과 겉이 여러 사기(邪氣)로 다쳐 기혈(氣血)이 몰려 속이 몹시 답답하고, 이것이 바뀌어 열이 속에 쌓임을 이루어 땀이 나는 병과 잡병(雜病)이 난 데 이 쌍해산을 쓰면 땀을 얻어 통하게 하여 곧 낫는다. 안으로부터 밖에 이르고 바로 겉부위와 속의 열을 쳐서 발산시키기 때문이다. 겉부위와 속에 모두 실증이 생긴 경우에 이 쌍해산은 가장 좋은 약이다. 만일 저절로 설사가 나면 대황과 망초를 없앤다. 저절로 땀이 나면 마황을 없앤다."

적량이 말했다. "이는 겉과 속을 아울러 치료하는 처방인 것이다. 홍역으로 겉과 속에 함께 실증이 생긴 경우에는 이 쌍해산으로 능히 땀을 내지 않음이 없다. 대개 방풍은 겉부위의 땀을 내는 약인 것이다. 열사(熱邪)가 살갗에 있는 것을 땀을 내서 설사시킨다. 형개·박하는 윗부분을 치료하는 찬 성질의 약인 것이다. 열사가 정수리에 있는 경우는 코를 말미암아 설사시킨다. 대황은 대소변을 잘 누게 하는 약이다. 열사가 장과 위에 있는 경우는 대소변으로 말미암아 배설시킨다. 활석은 몸 안의 수분이 잘 돌아가게 하는 약인 것이다. 열사가 수분이 돌아가는 길에 있는 경우는 물에 빠짐을 말미암아 배설시킨다. 열사가 지나치게 많으면 가슴·폐·위에서 이를 받아들인다. 석고·길경은 폐·위의 열을 잘 식힌다. 연교·황금은 또 여러 경맥에 운행하는 화사(火邪)를 물리친다. 화열이 그 혈분에 왕성하면 천궁·당귀·작약으로 이를 치료할 수 있다. 화열로 그 원기가 허손하면 백출·감초로 이를 도울 수 있다. 계지는 맛이 달고 매워 큰 열에 능히 여러 약을 거느려 경락으로 달리게 하여 겉부위와 속에 머묾이 없게 하므로 쌍해산 처방 안에는 없어서는 안될 것이다.

13-7 왕씨쌍해산(王氏雙解散): 이헌길방

○당귀(술에 씻은 것)·형개수·방풍·감초·자소(紫蘇)·지각(밀기울과 함께 볶은 것)·행인·맥문동·진피·홍화자(紅花子)·천궁·시호 각각 3.75g, 인삼 1.875이나 0.75~1.125g이다.

13-8 왕씨원해산(王氏元解散): 이헌길방

○당귀·천궁·방풍·형개(荊芥)·백출·황련·연교·진피·지각·황

금·우방자 각각 같은 무게이다.

13-9 맹씨모시탕(孟氏募施湯): 맹하방(孟河方)

○홍화(紅花) 112.5g, 석고(세찬 불에 쬐어 말린 것) 75g, 건갈(乾葛)·당귀미·상백피 각각 37.5g, 형개·지골피·길경 각각 30g, 지각 22.5g, 적작약·우방자·진피 각각 18.75g, 천패모(川貝母)·감초 각 15g, 박하 11.25g을 부드럽게 가루내어 언제나 한번에 11.25~18.75g씩 물 1종지로 달여 먹는다.

맹하가 말했다. "석고는 맛이 맵고 빛깔이 희어 겉에 있는 사기를 밖으로 내보내고, 맛이 싱거워서 대변과 오줌을 잘 나가게 한다. 벌겋게 달구어서 쓰면 사창(痧脹)을 온화하게 하는 요긴한 약이다. 성질이 맑고 시원해서 병독을 흩는 데 주요한 작용을 하는 약이다. 진피·지각·길경은 겉에 있는 풍사를 없애고 폐창(肺脹)의 열을 내리게 한다. 상백피는 폐를 부드럽혀 기침을 그치게 하고 열을 식히고 가래를 삭힌다. 홍화·당귀·작약은 맛이 매워 폐를 움직이고 경맥의 피와 혈분의 열이 움직여 병독을 흩는다. 우방자는 병독을 흩고 두드러기를 겉으로 드러낸다. 건갈은 맛이 매워 땀을 내게 해 겉부위의 사기를 없애고 갈증을 흩게 한다. 박하는 폐와 위 사이의 열을 내려 털구멍으로 통해 흩어지게 한다. 지골피는 폐의 독기를 흩고 열이 나고 건조하며 답답함을 없앤다. 감초는 병독을 흩고 약을 조화시킨다. 형개는 혈분 가운데 있는 풍사의 열을 능히 털구멍을 열어 흩어버린다. 패모는 맛이 매워 가래를 삭이고 독기를 흩어낸다. 가벼운 증세에는 3~5차례 먹고 무거운 증세에는 6~7차례 먹으면 곧 낫는다.

13-10 운양귀작탕(鄖陽歸芍湯): 만전방(萬全方)

○당귀초(當歸梢)·생지황·백작약·조금(條芩: 볶은 것)·황금(黃芩: 볶은 것)·인삼·감초(생것)·지각·오매육(烏梅肉)을 쓴다.

14-1 갈근맥문산(葛根麥門散): 주지암방

일명 맥문동탕(麥門冬湯)이다.

○석고 3.75g, 갈근・맥문동 각 2.25g, 인삼・승마・적복령(赤茯苓)・적작약・감초 각각 1.125g이다.

① 왕긍당방(王肯堂方): 갈근・맥문동 각 3.75g, 석고・인삼・승마・적복령・적작약・감초 각각 1.875g에 담죽엽(淡竹葉) 7조각을 더한다.
② 마지기방: 석고 18.75g, 인삼 3.75g, 갈근・맥문동・적복령・적작약・감초 각각 11.125g이다. 승마가 없고 언제나 7.5g을 10분의 7로 달여 따뜻이 먹는다.
③ 장개빈방: 맥문동・갈근(껍질을 없앤 것) 각 3.75g, 승마(수염을 없앤 것) 1.5g, 적작약(술에 불려 누렇게 볶은 것)・적복령 각 2.25g, 감초(구운 것) 1.5g, 석고(세찬 불에 쬐어 말린 것) 5.625g이다.(또 한 처방이 있는데 무게는 또한 같지 않다.)
④ 이헌길방(李獻吉方): 석고 18.75g, 갈근・맥문동 각 11.25g, 승마・감초・백복령・적작약 각각 7.5g, 인삼 3.75g이다.

설기(薛己)가 말했다. "갈근맥문산은 족양명위경(足陽明胃經)의 약인 것이다. 밖으로는 겉부위의 사기(邪氣)를 없애고 안으로는 위열증을 서늘하게 하고 아울러 원기를 북돋는다. 만일 열이 일어나지 않고 갈증이 있거나 겉부위와 속에 열이 있는 경우는 쓸 수가 없다. 만일 겉부위와 속이 함께 허약하거나 열이 나고 갈증이 있는 경우는 마땅히 인삼맥문산(人蔘麥門散)을 쓴다."

적량(翟良)이 말했다. "맥문동・인삼・감초・갈근은 진액(津液)을 생기게 하여 가슴이 답답함을 부드럽힌다. 승마는 바깥의 열을 식힌다. 석고는 속의 열을 식힌다. 적작약・적복령은 또 능히 습열사를 오줌으로 나가게 하여 열을 내려서 답답함을 치료하는 약제인 것이다."

마지기가 말했다. "갈근맥문산은 열의 병독으로 나는 반진(斑疹)이나 두통, 고열이 지속되어 마음과 정신이 괴로운 병을 치료한다."

장개빈이 말했다. "갈근맥문산은 겉부위의 사기(邪氣)와 속의 열로 기침이 심한 경우를 치료한다."

14-2 시호맥문산(柴胡麥門散): 만전방

○맥문동 3g, 시호・인삼・현삼 각각 1.875g, 용담초(龍膽草) 1.125g, 감초 0.75g을 물에 달여 먹는다.

① 장개빈방: 맥문동 11.25g, 시호 9.375g, 감초(구운 것)・인삼・현삼 각각 5.625g, 용담초 3.75g이다. 언제나 11.25g씩 물로 10분의 6이 되게 달여 때없이 따뜻이 먹는다.

장개빈이 말했다. "시호맥문산은 천연두의 높은 열이 하루가 지나도 그치지 않고 다른 병증이 없는 경우를 치료한다."

장개빈이 말했다. "시호맥문산은 겉부위의 사기를 땀을 내서 밖으로 내보내는 효력이 있다. 여섯 가지 쌓인 화열을 없애는 효력이 있고 네 가지 영음(榮陰)을 길러 쌓인 화열을 물리침에는 이 처방이 가장 마땅하다."

14-3 승마택사탕(升麻澤瀉湯): 손일규방

○저령(豬苓)・택사・활석・적복령・감초・황련(술에 불려 볶은 것)・승마 각각 같은 무게이다.

손일규가 말했다. "승마택사탕은 홍역과 천연두를 저절로 순조롭게 치료한다."

14-4 전호지각탕(前胡枳殼湯): 장개빈방

○전호 37.5g, 지각・적복령・감초(구운 것)・대황 각각 18.75g을 언제나 11.25~18.75g을 물 큰 잔 1잔으로 10분의 6이 되게 달여 때없이 따뜻이 먹는다. 만일 몸이 따뜻하고 맥박이 적으며 아울러 설사하는 경우에는 먹을 수 없다.

장개빈이 말했다. "전호지각탕은 담(痰)이 명치 밑에 몰리고 높은 열이 나서 가슴 가운데가 괴롭고, 대변이 굳고 누우면 숨찬 병을 치료한다."

설기(薛己)가 말했다. "앞에서 말한 증세가 만일 이어지고 폐장이나 위장에 사기가 왕성하여 열이 나고, 간기가 울결되고, 가래가 막히고, 대변이 나오지 않고, 소변이 붉고 껄끄럽고, 가슴이 답답하여 냉수를 마시며, 몸에 열이 나고 맥박이 힘있게 뛰면 마땅히 이 전호지각탕을 써서 내장을 소통시켜 사기(邪氣)가 몰리고 막힘이 없으면 천연두가 가볍고 쉽게 낫는다."

14-5 연석서여환(連石薯蕷丸): 묘희옹방(繆希雍方)

○황련(술에 불려 볶은 것) 37.5g, 황금 30g, 건강 30g, 백작약(술에 불려 볶은 것) 30g, 활석(法製한 것) 37.5g, 감초 15g, 승마 2.625g을 산약(山藥)풀에 돌려 둥근 알약을 만들어 끓인 물로 11.25~18.75g을 삼킨다.

14-6 사간서점자탕(射干鼠粘子湯): 만전방

○서점자(볶아서 향기롭게 한 것) 150g, 사간(射干)·감초(구운 것)·승마 각각 37.5g을 언제나 7.5g씩 물 큰잔 1잔으로 10분의 6이 되게 달여 따뜻이 천천히 먹는다.

① 주지암방: 산두근(山豆根)·사간 각 4.5g, 자초·서점자(볶아 간 것)·자원(紫菀) 각각 3.75g, 길경·목통·석고 각각 3g, 승마·선퇴(蟬退) 각 2.25g, 감초 1.875g, 등심(燈心) 9줄기이다.

설기(薛己)가 말했다. "사간서점자탕은 만일 천연두와 홍역의 발진이 처음 나와 열이 나고 한창 왕성하게 아프고, 뿌리 바탕의 붉음이 왕성하고, 더러 목구멍이나 입과 혀가 쑤시고 아프며, 갈증이 나서 자꾸 물을 마시고 싶은 경우에 마땅히 쓴다. 만일 위장의 기운이 허약해 열이 나거나 앞서 말한 증세를 이룬 경우에는 인삼맥문동산(人蔘麥門冬散)이 마땅하다."

장개빈이 말했다. "사간서점자탕은 천연두로 높은 열이 계속되며 대변이 딱딱하고 더러 입과 혀에 헌데가 나고 목구멍이 붓고 아픈 병을 치료한다."

이헌길의 처방은 주지암방과 같다.

14-7 방작감초탕(防芍甘草湯): 이헌길방

○방풍·백작약·감초 각각 같은 무게이다.

이헌길이 말했다. "방작감초탕은 팔다리를 내뻗기가 시원치 못함을 치료한다."

14-8 형방감초탕(荊防甘草湯): 이헌길방

○형개·방풍·감초 각각 같은 무게이다.

이헌길이 말했다. "형방감초탕은 눈 아래 코 옆이 시원치 못함을 치료한다."

14-9 가미지골피산(加味地骨皮散): 왕긍당방

○지골피(신선한 것) 11.25g, 상백피(신선한 것)·맥문동 각 7.5g, 은시호(銀柴胡)·적작약·건갈 각각 3.75g, 감초·생서각(生犀角)가루 각 1.875g을 물에 달여 대무비산(大無比散: 19-8)·소무비산(小無比散: 19-7) 1.875~2.625g과 배합하여 먹는다.

① 주지암방: 지골피 7.5g, 시호 7.5g이다.

왕긍당이 말했다. "가미지골피산은 홍역의 발진이 돋아나오고 열이 일어나서 물러가지 않아 음식을 먹지 못함을 치료한다."

주지암이 말했다. "가미지골피산은 또한 숨이 차고 그치지 않는 병을 치료한다."

14-10 가미소요산(加味逍遙散): 맹하방(孟河方)

○백출(쌀뜨물에 담가 볶은 것)·백작약(술에 불려 볶은 것)·박하엽·백복령·당귀신·모란피(牡丹皮)·진피·시호·맥문동·감초·건갈(乾葛)이다.

15-1 사령탕(四苓湯): 마지기방

○적복령・저령(豬苓)・택사・백출 각각 같은 무게를 잘게 썰어 물 1종지로 10분의 7이 되게 달여 따뜻이 먹는다.
① 적량방: 택사 5.625g, 적복령・저령・백출 각각 3.75g이다.
② 공정현방(龔廷賢方): 소변이 쌀뜨물 같거나 더 나오지 않는 경우는 차전자(車前子)・목통(木通)을 더한다.
③ 이헌길방: 산치인(山梔仁)・목통을 더한다.

적량이 말했다. "이 사령탕은 소변을 잘 나가게 하는 처방인 것이다. 약제의 맛이 싱거운 것은 모두 물을 족히 다스리므로, 적복령・저령・택사・백출은 비록 더러 부드럽고 또는 윤기가 있고 또는 메마르기가 다르다. 그러나 그것의 맛이 싱거운 것은 한결같다. 그러므로 사령산(四苓散)과 합해 쓰면 소변을 잘 나가게 한다. 처방서에 말하기를, 작은 열을 내리고 높은 열을 흩어서 소변을 잘 나가게 하는 것은 이 처방이 근본이다."

15-2 가미사령산(加味四苓散): 섭상항방(聶尙恒方)

○주령(朱苓)・목통 각 3g, 택사・적복령 각 2.625g, 차전자(약간 볶은 것)・황련・황금(모두 생강물에 담가 볶은 것)・우방자(1차 가공한 것) 각각 1.875g, 등심 1덩어리를 물에 달여 밥 먹기 전에 먹는다.

섭상항이 말했다. "가미사령산은 열로 말미암은 설사를 치료한다."

15-3 왕씨사령산(王氏四苓散): 이헌길방

○백복령・저령・택사・백출에 활석・구맥(瞿麥)・산치인(볶은 것)・목통(마디를 없앤 것) 각각 같은 무게를 물에 달여 먹는다.

15-4 오령산(五苓散): 만전방(萬全方)

진사(辰砂)를 더하면 이름이 곧 '진사오령산'이다.

○택사 5.625g, 백출・적복령・저령 각각 3.75g, 육계(肉桂) 1.875g을 잘게 갈고 생강 1조각, 대추 1매를 더해 물 1잔으로 10분의 7이 되게 달여 따뜻이 먹는다.

① 마지기방: 택사 3.75g, 저령·적복령·백출 각각 1.875g, 계심(桂心) 0.5625g이다. 열이 심한 증세에는 계심을 없애고 황금을 더해 부드럽게 가루내어 끓인 물로 배합해 내려보낸다. 더러 묽은 미음에 새 물을 부어 내려감을 재촉한다.
② 이헌길방: 택사·백출·적복령·저령 각각 3.75g, 관계(官桂) 1.125g을 익원산(益元散) 7.5g과 배합해 먹는다.(발진이 무겁게 나오는 병을 치료한다.)

만전(萬全)이 말했다. "오령산은 겉부위와 속에 사열이 있어 소변이 나오지 않는 병을 치료한다."

적량(翟良)이 말했다. "습병은 몸안의 소변이 나오지 않음에서 생기거나 더러 설사로 목마른 경우에 이 오령산이 근본이다. 백출은 성질이 메마르나 맛이 싱겁다. 메마름은 능히 비장을 북돋우고 튼튼하게 하며 싱거움은 능히 소변을 나가게 한다. 복령·감초는 맛이 싱거워 능히 비위를 북돋우고 소변을 나가게 한다. 저령은 성질이 마르고 싱거워 소변을 나가게 하나 북돋움이 없다. 택사는 맛이 짜고 싱거워 능히 대변을 나가게 하고 아울러 소변도 나가게 한다. 육계(肉桂)는 성질이 맵고 뜨거워 능히 기가 몰린 것을 헤친다. 『내경(內經)』에 말하기를, 방광은 수액이 몰리는 곳으로 진액(津液)을 갈무리하는 것이다. 기가 몰린 것을 변화시켜 능히 내보낸다. 이것이 육계를 쓰는 뜻인 것이다. 만일 소변이 나가지 않음으로 말미암아 땀을 내게 하고 소변을 나가게 한 뒤 속에 진액이 없어지게 된 경우엔 또한 오령산을 경솔히 쓸 수가 없다. 아마도 진액을 거듭 없애서 더욱 그 음기를 감소시킨다."

15-5 가미오령산(加味五苓散): 이헌길방

또 그 이름이 부종위령탕(浮腫胃苓湯)이다.

○택사·백출·백복령·저령·육계·목통·활석·감초·구맥(瞿麥)·대복피(大腹皮) 각각 같은 무게이다.

15-6 왕씨오령산(王氏五苓散): 이헌길방

○백출·창출·당귀·천궁·백지(白芷)·강활(羌活)·연교·승마·진피·금은화·우방자 각각 같은 무게, 생강 3조각, 대추 2개를 물에 달여

먹는다.

이헌길이 말했다. "왕씨오령산은 홍역 뒤에 팔과 다리에 부음이 생긴 것을 치료한다."

15-7 위령탕(胃苓湯): 적량방(翟良方)

이헌길방에서는 이름이 진피오령산(陳皮五苓散)이다.

○택사·백출·백복령·저령·육계·창출·후박·진피 각각 같은 무게, 감초는 절반으로 줄여 물에 달여 먹는다.

① 이헌길방: 택사·백출·백복령·저령·육계·창출·후박·진피·감초 각각 3.75g이다.(저령은 黑皮를 없앤 것, 후박은 생강즙에 고루 저어 볶는다. 홍역 뒤 배가 몹시 불러오르는 증세를 치료한다.)

적량이 말했다. "평위산(平胃散)은 습기를 없애기 때문에, 오령산은 소변을 내보내기 때문에 비장과 위장이 튼튼한 경우에 이를 쓰고 허약한 경우에는 쓰기를 조심한다."

15-8 저령탕(豬苓湯): 황렴방(黃廉方)

○저령·택사·적복령·활석·감초·황련·승마를 쓴다.

15-9 사군자탕(四君子湯): 장개빈방

○인삼·백출·백복령 각각 7.5g, 감초(구운 것) 3.75g에 생강·대추를 더해 물에 달여 먹는다. 더러는 멥쌀 100알을 더한다.

장개빈이 말했다. "사군자탕은 비장과 위장이 허약하여 음식 생각이 적고, 더러 대변이 되지 않고, 몸이 수척하고 얼굴이 누렇거나 또는 가슴이 허약하고, 소화가 안되어 신트림이 나며, 가래가 끓고 기침이 나며, 또는 비장과 위장이 허약하여 학질과 이질이 잘 걸리는 증세를 치료한다."

적량이 말했다. "이 사군자탕은 원기를 북돋우는 처방인 것이다. 인삼은 맛이 달고 성질이 따뜻하고 매끄러워 오장의 원기를 북돋는다. 백출은 맛이 달고 성질이 따뜻해 비장을 튼튼히 하고 오장의 모기(母氣)를 북돋운다. 복령은 맛이 달고 성질이 따뜻하고 깨끗해 능히 기분의 열을 내린다. 감초는 맛이 달고 성질이 따뜻하고 차거나 서늘하지 않고 덥거나 따뜻하지 않아 능히 기운이 지나침을 조절한다. 피를 많이 흘려서 허탈한 경우에는 역시 이 사군자탕을 쓴다. 피가 빠져나가면 원기가 떨어지고, 양기가 생겨야만 음기도 자라나게 되는 것이다."

15-10 오군자전(五君子煎): 장개빈방

○인삼·백출·백복령 각각 7.5g, 감초 3.75g에 건강(乾薑: 누렇게 볶은 것) 3.75~7.5g을 더한다.

장개빈이 말했다. "비위(脾胃)가 허약하고 차서 게우는 증세를 치료한다. 설사를 하면 습증을 겸한 것이다."

16-1 육군자탕(六君子湯): 장개빈방

○인삼·백출·백복령 각각 7.5g, 감초 3.75g, 진피·반하 각각 5.625g이다.

장개빈이 말했다. "육군자탕은 사군자탕으로 치료하는 증세와 같다. 또 구토·숨이 찬 증세·허화(虛火) 등의 증세를 치료할 때는 모름지기 물에 불려 잿불에 구운 생강을 더하면 그 효력이 더욱 빠르다."

16-2 삼령백출산(蔘苓白朮散): 만전방

일명 인삼백출산(人蔘白朮散)이다.

○건갈 7.5g, 인삼·백출·곽향(藿香)·목향·감초·백복령 각각 3.75g을 잘게 갈아 생강 1조각을 더해 물 1잔으로 10분의 7이 되게 달여 때없이 따뜻이 먹는다.

적량이 말했다. "오장육부와 온몸의 뼈는 비위(脾胃)에서 기운을 받은 뒤에 능히 튼튼해진다. 그러나 비장은 맛이 단 것을 기뻐하고 쓴 것을 싫어하며, 향그러움을 기뻐하고 더러움을 싫어하며, 건조함을 좋아하고 습기를 싫어하며, 배설을 좋아하고 막힘을 싫어하는 것이 이 처방인 것이다. 인삼·감초는 맛이 단 것이다. 백출·복령은 맛이 달고 약간 건조하다. 곽향·목향은 맛이 맵고 향기로우나 건조하여 위장을 열고 비장을 다시 활동시킬 수 있다. 건갈은 맛이 달고 기운이 평하고 성질이 가볍게 떠서 족양명위경(足陽明胃經)의 약으로 이를 쓰면 위장의 원기를 끌어올려 위장의 열을 없애고 또 능히 여러 가지 병독을 푼다. 겉부위에 땀을 내게 하는 여러 약과 같이 쓰면 능히 활동을 열어 이끌어내어 막히지 않는 것이다."

16-3 보중익기탕(補中益氣湯): 이천방(李梴方)

○황기(黃芪) 5.625g, 인삼·백출·감초 각각 3.75g, 당귀신·진피 각 1.875g, 승마·시호 각 1.125g이다.

① 어떤 한 처방: 황기 5.625g, 인삼·백출·진피·당귀·감초 각각 3.75g, 승마·시호 각 1.875g에 황백(黃栢) 1.125g을 더해 신음(腎陰)을 북돋우고, 수홍화(水紅花) 0.75g을 더해 심장에 들어가 피를 북돋운다.

이천(李梴)이 말했다. "비장과 위장이 한번 허약해져 폐장의 기운이 먼저 끊어지면 황기를 써서 살갗의 털을 도와 살갗과 근육 조직 틈새의 결합조직을 닫아 숨차고 호흡이 약해 그 원기가 허로(虛勞)한 병증에 인삼을 써서 이를 북돋는다. 심장에 열이 왕성하여 비장으로 올라가는 증세에는 구운 감초를 써서 높은 열을 배설시키며 원기를 북돋운다. 백출은 위장 속의 열을 없애고 허리와 배꼽노리 사이의 피를 소변으로 내보낸다. 승마·시호는 위장 가운데 서늘한 기운을 올라가게 하며 또 황기·감초를 이끌어올려서 그 겉부위를 왕성하게 한다. 당귀는 혈맥을 고르게 한다. 귤홍(橘紅)은 가슴의 사기를 소변으로 내보내는 것이 이 처방을 세운 본뜻이다."

16-4 십전대보탕(十全大補湯): 만전방

○인삼(꿀물에 재어 구운 것)·생지황(술에 씻은 것)·당귀·백작약(술에 불

려 누렇게 볶은 것)·황기(꿀물에 재어 구운 것)·백출(진흙에 볶은 것)·백복령 각각 3.75g, 천궁(볶은 것)·감초 각 1.875g, 관계(官桂) 1.125g이다.

① 이헌길방: 인삼 대신 사삼(沙蔘)을 쓴다.

적량이 말했다. "인삼·백출·백복령·감초와 황기는 크게 그 기운을 북돋는다. 숙지황·당귀·백작약·천궁과 육계(肉桂)는 크게 그 기혈을 북돋우고 기혈을 고르게 북돋기 때문에 '십전'이라 부른다."

16-5 팔진탕(八珍湯): 맹하방(孟河方)

곧 사군자탕과 사물탕을 합한 것이다.

16-6 육기음(六氣飮): 장개빈방

○황기(구운 것)·육계·인삼·백출·당귀·감초(구운 것)이다.

장개빈이 말했다. "육기음은 홍역으로 원기가 부족하고 약해져 넘어지고 떨어지며, 추워서 몸을 떨며 이빨을 맞부딪치는 증세를 치료한다."

16-7 전씨이공산(錢氏異功散): 만전방

○인삼·백복령·백출·감초(구운 것)·진피 각각 같은 무게를 가루내어 언제나 7.5g씩 먹되, 생강 2조각과 대추 2매를 물 1잔으로 10분의 7이 되게 달여 밥 먹기 전에 따뜻이 먹는다.

만전이 말했다. "전씨이공산은 비장과 위장을 북돋는다."

16-8 전씨아교산(錢氏阿膠散): 만전방

일명 보폐산(補肺散)이다.

○아교(阿膠: 조개가루에 볶은 것) 37.5g, 서점자(향기롭게 볶은 것) 9.375g, 구운 감초 3.75g, 마두령(馬兜鈴: 볶은 것) 18.75g, 행인(속껍질과 끝을 떼어 버린 것) 7개, 찹쌀 37.5g이다. 이것을 언제나 7.5~11.25g씩 물에 달여 먹는다.

만전이 말했다. "전씨아교산은 소아의 폐병·해수·숨찬 증세나 더러

해수로 목구멍 속이 막혀 소리가 나는 증세를 치료한다."

16-9 금궤당귀산(金匱當歸散): 마지기방

○당귀·천궁·백작약·황금 각각 37.5g, 백출 18.75g을 부드럽게 가루 내어 언제나 네모 1치의 약숟가락 1술을 빈속에 먹되 따뜻한 술이나 끓인 찻물로 넘긴다. 하루 3~2차례 먹는다.

마지기가 말했다. "금궤당귀산은 임신 중 가벼운 아랫배의 아픔이나 허리가 아프며 적은 양의 자궁 출혈에 마땅히 늘상 먹는다. 이는 피를 북돋우고 열을 식히는 중요한 약이다."

16-10 고태음(固胎飮): 마지기방

○백출·황금 각 5.625g, 당귀신·인삼·백작약·진피 각각 3.75g, 지황(地黃)·천궁 각 1.875g, 감초 1.125g, 황련·황백(黃栢) 각 0.375g, 상상양아등(桑上羊兒藤: 둥근 것) 7잎을 잘게 썰어 언제나 7.5g이나 11.25g에 찹쌀 20알을 넣고 물 1종지로 10분의 7이 되게 달여 따뜻이 먹는다. 아프면 사인(砂仁)을 더하고 피가 부족하면 아교를 더한다.

마지기가 말했다. "고태음은 아픔이 멎고 태아를 정상적으로 자라게 한다."

17-1 귀비탕(歸脾湯): 장개빈방·맹하방

○인삼·황기·백출·복령·조인(棗仁) 각각 7.5g, 원지(遠志)·당귀 각 3.75g, 목향·감초(구운 것) 각 1.875g을 물 2종지로 10분의 7이 되게 달여 밥 먹은 오랜 뒤에 먹는다. 더러 원안육(圓眼肉) 7매를 더하기도 한다.
　① 손일규방: 인삼·백출·복신(茯神)·황기(黃耆)·원지·지골피 각각 4.5g, 감
　　초 1.125g, 목향 1.875g, 산조인(酸棗仁) 3.75g을 생강·대추를 넣어 달여 먹는
　　다.
　② 어떤 한 처방: 시호·산치인을 더한다.(여자의 월경이 막히고 천연두의 구슬
　　진이 돋아나온 증세를 치료한다.)

장개빈이 말했다. "피가 함부로 돌고, 잠잘 때 땀이 나고, 밥을 적게

먹고 대변이 고르지 못하며, 학질과 이질로 기혈이 한 군데로 몰려 풀리지 않거나 더러 약을 씀에 적당함을 잃고 강제로 복종시키려다 비장(脾臟)을 다친 경우 쓰기에 가장 마땅하다."(만일 기혈이 몰려 맥힘이 없으면 목향을 없애고, 땀이 많으나 조사와 열사가 겹친 경우에는 원지를 많이 쓸 수 없다.)

맹하가 말했다. "홍역 뒤에 설사가 드물고 물이 흰빛인 증세를 치료한다."

17-2 양비탕(養脾湯): 이헌길방

○백출・당귀・천궁 각각 5.625g, 목향・청피(靑皮)・황련・진피 각각 3.75g, 사인(볶은 것)・산사육・신국(神麴)・맥아(麥牙: 모두 볶은 것) 각각 1.875g, 인삼 0.75~1.125g을 물에 달여 먹는다. 더러 가루내어 신국호환(神麴糊丸)을 만들어 진창미탕(陳倉米湯)으로 삼켜 넘겨 내린다.

17-3 평위산(平胃散): 이천방(李梴方)

○창출 7.5g, 진피 5.25g, 후박 3.75g, 감초 2.25g, 생강 3조각, 대추 2개를 물에 달여 먹는다. 더러 가루내어 강조탕(薑棗湯)에 타서 먹는다.

이천이 말했다. "평위산은 비장과 위장이 조화롭지 못해 음식을 먹고 싶은 생각이 없고, 토하며 속이 메스껍고 항상 저절로 설사가 많거나 또는 갑자기 설사하고 게우는 증세를 치료한다."

주지암이 말했다. "평위산은 위장을 북돋우는 약이 아니다. 위장의 원기가 고르면 대변이 그친다."

적량이 말했다. "이 평위산은 몸안에 습기가 맺혀 뭉친 것을 치료하는 처방인 것이다. 창출은 맛이 달고 성질이 건조하다. 달면 비장에 들어가고 건조하면 열을 이긴다. 후박은 맛이 쓰고 성질이 따뜻하다. 따뜻하면 비장을 돕고 쓰면 습기를 없앤다. 진피는 능히 원기를 통한다. 감초는 능히 비장을 든든하게 하고 원기도 순조롭게 하여 습기가 뭉쳐 맺히는 병을 없앤다. 비장이 튼튼하면 수사나 수습을 잘 견제한다. 이 처방은 다만 비장에 사기가 맺혀 뭉치고 습사가 머문 경우에 이를 쓰고, 비장이 허약한 경우에는 쓰기를 삼가야 한다."

17-4 청위음(淸胃飮): 마지기방

○승마 3.75g, 모란피 1.875g, 당귀신·황련(여름달에는 2배를 쓴다.)·생지황(술로 씻은 것) 각각 1.125g을 잘게 썰어 물 1종지로 10분의 5가 되게 달여 서늘하게 먹는다.

① 옹중인방(翁仲仁方): 승마 7.5g, 당귀 4.5g, 모란피·황련·생지황 각각 3.75g이다.
② 이헌길방: 승마 11.25g, 왜황련(倭黃連) 6.75g, 모란피 5.625g, 당귀신·생지황(모두 술에 씻은 것) 각 3.375g을 물에 달여 정화수에 식혀 시원해진 뒤에 먹는다.

마지기가 말했다. "더운 성질의 약을 먹었거나 더러 맵고 뜨거운 것을 먹었기 때문에 치통을 일으켜 머리통을 끌어당기고 얼굴 가득히 열이 나서 크게 아프며, 찬 것을 기뻐하고 뜨거움을 싫어하는 등의 증세를 치료한다."

17-5 조위산(調胃散): 마지기방

○창출(쌀뜨물에 담가 거친 껍질을 없앤 것) 30g, 후박(생강즙에 담갔다 볶은 것)·진피 각 18.75g, 복령·정향(丁香)·백출·감초 각각 7.5g을 부드럽게 가루내어 끓이고 소금 7.5이나 11.25g을 넣는다. 더러 거칠게 가루내어 생강·대추를 넣고 물에 달여 따뜻이 먹는다.

17-6 온위음(溫胃飮): 장개빈방

○인삼·백출·건강(乾薑: 겉은 밤색 속은 누렇게 볶은 것) 각각 7.5g이나 11.25g, 백편두(白扁豆: 볶은 것) 7.5g, 당귀 3.75g이나 7.5g, 감초(구운 것) 3.75g, 진피 3.75g(혹은 쓰지 않음)이다. 오랫동안 설사를 한 경우에는 당귀를 없애고 물 2종지로 10분의 7이 되게 달여 밥 먹은 한참 뒤에 따뜻이 먹는다.

장개빈이 말했다. "온위음은 찬 음식에 다쳐 게우고 신트림이 나고 설사를 하며 음식 생각이 없거나 또는 부인이 뱃속이 차서 토하며 임신 때의 변화가 불안한 등의 증세를 치료한다."

17-7 위관전(胃關煎): 장개빈방

○숙지황 11.25g이나 18.75g, 건강(乾薑: 볶은 것)·백출(볶은 것) 각 7.5g 이나 11.25g, 산약(山藥: 볶은 것)·편두(扁豆: 볶은 것) 각 7.5g, 감초(볶은 것) 3.75g이나 7.5g, 오수유(吳茱萸: 가공 처리한 것) 1.875g이나 2.625g을 물 2종지로 10분의 7이 되게 달여 밥 먹은 한참 뒤에 따뜻이 먹는다. 설사가 심한 경우에는 육두구(肉豆蔻)를 더한다. 원기가 허약한 경우에는 인삼을 더한다. 배가 몹시 아픈 경우에는 목향이나 또는 후박을 더한다. 음식에 체하여 아프고 내려가지 않는 경우에는 당귀를 더한다. 설사를 오래 하여 원기가 쇠약해짐을 막을 수 없는 경우에는 오매(烏梅)나 또는 오미자를 더한다. 만일 간에 사기가 있어 비장을 조롱하는 경우에는 육계(肉桂)를 더한다.

장개빈이 말했다. "위관전은 비장·신장이 허약하여 속이 차서 사기(邪氣)를 만들거나 더러 오래 설사하며 배가 아프고 냉리(冷利)가 그치지 않는 등의 증세를 치료한다."

17-8 양진고(養眞膏): 맹하방(孟河方)

○생지황·맥문동(목질부를 없앤 것)·현삼·지모·사삼(沙蔘)·생황기(生黃芪)·상피(桑皮)·생의이인(生薏苡仁)·백출(米湯에 담갔다 볶은 것) 각각 150g, 백복령·조인(棗仁: 볶은 것)·복신(茯神)·당귀·모란피·자원(紫菀)·귤홍(橘紅) 각각 75g으로 강물을 길어다 옹기솥에 뽕나무 땔감을 써서 세지도 약하지도 않은 불땀으로 볶아 구슬같이 만들고 좋은 꿀에 올렸다 대단히 깨끗한 그릇 안에 거두어 놓고 언제나 찻술 3~5 순갈을 끓인 물에 배합하여 먹는다.

17-9 진인양장탕(眞人養臟湯): 만전방

○앵속각(罌粟殼: 꿀물에 재었다 볶은 것) 3.75g, 감초 3.375g, 백작약 3g, 목향 2.625g, 가자(訶子: 물에 불려 잿불에 구운 것) 2.25g, 육계·인삼·당귀·백출·육두구(밀가루 반죽에 싸서 구운 것) 각각 1.125g을 잘게 갈아 물에 달여 빈속에 마땅한 분량을 먹는다.

만전이 말했다. "진인양장탕은 적백리(赤白痢)가 날짜가 오래 지나도 그치지 않는 증세를 치료한다."

17-10 조원건비보폐탕(調元健脾補肺湯): 맹하방

○백복령·인삼·황기·모란피·진피·사삼·백작약(술에 불려 누렇게 볶은 것)·감초·당귀·백합(百合)·의이인·맥문동이다. 만일 대변이 시원치 않고 흰빛으로 설사하는 경우에는 목향·백출·가자 조금쯤 더하고, 만일 누런 빛깔로 설사하는 경우에는 술에 불려 누렇게 볶은 황금·차전자를 더한다.

맹하가 말했다. "조원건비보폐탕은 사창(痧脹) 뒤에 여위고 쇠약해져 감질(疳疾)을 이룬 것을 모두 치료한다."

18-1 조중탕(調中湯): 마지기방

○대황 26.25g, 황금·고본(藁本)·백출·갈근·작약·길경·복령·감초(구운 것) 각각 18.75g을 잘게 썰어 언제나 18.75g을 물 1.5종지로 10분의 7이 되게 달여 따뜻이 먹는다. 소변이 잘 나오면 곧 그치고 나오지 않으면 다시 먹는다.

마지기가 말했다. "조중탕은 여름과 가을 사이에 갑작스럽게 추웠다가 한더위에 꺾이어 열사가 팔다리에 맺히면 높은 열로 머리가 아프고 추위로 위장을 다치면 이질과 설사가 나서 더러 피똥과 물찌똥이 나오는 병에 모두 마땅히 조중탕을 먹는다."

18-2 화중탕(和中湯): 맹하방

○백출(쌀뜨물에 담갔다가 볶은 것) 3g, 백작약(술에 불려 누렇게 볶은 것)

2.25g, 당귀신 2.625g, 진피 1.875g, 감초 2.25g, 익은 반하 2.25g, 시호 2.25g, 방풍 2.25g, 백복령 2.625g, 건강(乾薑) 3g, 모란피 1.875g, 길경 2.625g, 생강 1조각, 홍조(紅棗) 3매이다.

18-3 이중탕(理中湯): 마지기방

○인삼·건강(乾薑: 물에 불려 잿불에 구운 것) 각 1.875g, 백출 3.75g, 감초 0.9375g을 잘게 썰어 물 1종지로 10분의 7이 되게 달여 따뜻이 먹는다.(어떤 한 처방에는 백복령 1.875g을 더하고 한 처방에는 진피 1.875g을 더한다.)

① 적량방(翟良方): 인삼·건강·백출·감초 각각 같은 무게를 더러 부드럽게 가루내어 졸인 꿀로 오동씨 크기의 알약을 만들어 언제나 끓인 물로 내려감을 다스린다. 이는 이름이 이중탕환(理中湯丸)이다.

적량이 말했다. "이 이중탕은 위장 속이 허약하고 차거나 더러 잘못 성질이 서늘한 약을 먹어 설사를 하여 손발이 차가워진 증세의 처방인 것이다."

18-4 가미이중탕(加味理中湯): 이헌길방

○백출(동쪽 벽의 흙에 볶은 것)·건강(물에 불려 잿불에 구운 것)·황련(볶은 것)·천초(川椒: 볶은 것)·오매육·감초 각각 5.625g, 인삼(절반이나 또는 3.75g)이다.(한 처방에는 인삼이 없다.)

이헌길이 말했다. "이 가미이중탕은 약의 성질과 맛이 약간 따뜻해 홍역이 거두어지기 전이나 회복된 지 며칠 뒤에 남은 열이 물러가지 않은 경우에는 쓸 수가 없다. 모름지기 5, 6일이 지나 열이 물러갔으나 위장이 허약한 경우의 처방으로 좋다."

18-5 정중탕(定中湯): 적량방

○주사(朱砂) 3.75g, 명웅황(明雄黃) 3.75g을 함께 가루내고, 순수한 황토로 잡색이 없는 것 한 큰 덩이를 자기(磁器) 안에 넣어 100번을 끓여 거품 위로 떠오르는 것을 변별해 쓰되 뚜껑을 잠깐 동안 무겁게 덮었다

가 가려내어 앞의 약가루와 배합해 먹는다.

① 이헌길방: 석웅황(石雄黃) 가루(물에서 부드럽게 간 것) 7.5g, 진사(辰砂) 7.5g, 사탕가루 조금쯤을 먼저 가려낸 황토와 항아리에 넣고 끓고 있는 물을 급히 붓고 촘촘히 싸서 꽉 봉해 그 기가 새지 않도록 한 다음 천천히 가려 먹고 다시 그 아가리를 봉한다. 만일 빠른 효력이 없으면 차이를 헤아려야 한다.

18-6 투반화중탕(透斑和中湯): 장개빈방

○승마·건갈·저령·택사·진피·반하·천궁·복령 각각 2.625g, 전호·길경 각 3.75g, 시호 5.625g, 감초 1.125g, 생강 3조각을 물 1종지로 10분의 5가 되게 달여 몇번에 걸쳐 천천히 먹는다.

18-7 조원탕(調元湯):

○인삼 7.5g, 황기 11.25g, 감초 3.75g을 잘게 갈아 생강 1조각을 더하고 물 1.5잔으로 1잔이 되게 달여 때없이 따뜻이 먹는다.

만전이 말했다. "천연두를 다스리는 좋은 처방이다. 그러나 기운이 건장하고 충실한 경우에는 마땅치 않다."

18-8 내탁산(內托散): 마지기방

천연두 처방과 이름이 같으나 실제로는 다르다.

○면황기(綿黃耆)·감초·금은화·모려(牡礪: 불로 2차례 달궈낸 것) 각각 11.25g을 가루내어 물 1종지로 10분의 7이 되게 달인 다음 황주(黃酒) 1종지를 넣고 재차 10분의 7이 되도록 달여 위아래 피부병에 따라 밥 먹기 앞뒤에 먹는다.

① 이헌길방: 우방자를 볶아 가루낸 것이 있다.

마지기가 말했다. "내탁산은 악성 피부병을 치료한다."

18-9 탁리산(托裏散): 장개빈방

○인삼·황기(黃耆: 볶은 것) 각 7.5g, 당귀(술에 씻은 것)·백출·숙지

황·백작약(볶은 것)·복령 각각 5.625g, 감초(구운 것)를 언제나 11.25g이나 18.75g을 써서 물에 달여 먹는다.

장개빈이 말했다. "천연두 병독으로 원기가 허약한 것을 치료하는데 더러 함부로 사기를 치는 약을 사용하여 뭉그러뜨려 흩뜨리지 못한 것을 치료한다. 아울러 곪는 병독으로 속이 허약하여 구슬진이 내돋지 못하는 병을 치료한다."

18-10 승해산(升解散): 경일진방(景日昣方)

○승마·형개·황금·지각·방풍 각각 1.875g, 시호·전호·길경 각각 3.75g, 진피 1.5g, 복령 2.625g, 감초 1.125g, 죽엽을 물에 달여 먹는다.

19-1 해독화체탕(解毒化滯湯): 장개빈방

○방풍·형개·지각·신국(神麯: 볶은 것)·맥아(麥芽: 볶은 것) 각각 1.875g, 연교·황금·복령·전호 각각 2.625g, 길경 3.75g, 산사(山查)·감초 각 1.125g을 물 1종지로 10분의 5가 되게 달여 10여 차례 천천히 먹는다.

① 경일진방: 신국이 없고 시호 3.75g, 우방자 1.875g이 있다.

19-2 청열도체탕(淸熱導滯湯): 섭상항방

○황련·조금(條芩)·백작약·지각(볶은 것)·산사육(山查肉) 각각 3.75g, 후박(껍질을 없애고 생강즙에 볶은 것)·청피(靑皮)·빈랑(檳榔) 각각 2.25g, 당귀·감초·우방자·연교 각각 1.875g이다. 월경이 많은 경우 홍화(紅花) 1.125g, 지유(地楡) 1.875g을 더한다. 변비가 몹시 심한 경우에는 술에 불려 누렇게 볶은 대황(大黃) 4.5g을 더한다.

맹하(孟河)가 말했다. "조금·황련·방풍·연교·감초 다섯 가지는 열을 내리는 약이고, 후박·산사육·지각·청피·빈랑 다섯 가지는 성질이 막힌 기를 통하게 하고, 당귀·백작약·홍화·지유 네 가지는 막힌 피를 돌게 한다. 이 처방에서 방풍·연교를 없애고 능아(稜莪)를 더하면 감열

(痞熱)로 이룬 이질을 치료한다.”

적량이 말했다. “이 처방을 대강 살펴보면 기를 통하고 피를 돌게 해 이질을 내려가게 하는 맛이 순한 처방에 지나지 않는다.”(앞의 3-12. 痢疾에 자세하다.)

19-3 개울도기탕(開鬱導氣湯): 이헌길방

○ 창출・향부자(어린애의 오줌에 오래 담갔다가 볶은 것)・천궁(볶은 것)・백지(白芷)・백복령・산치자(검게 볶은 것)・신곡(神麯: 볶은 것)・활석 각각 3.75g, 건강(검게 볶은 것)・진피 각 1.875g, 감초(볶은 것) 1.125g이다.

19-4 서각해독화담청화환(犀角解毒化痰淸火丸): 맹하방

○ 생서각(犀杯는 쓰지 않음)・연교심(連翹心)・모란피・자초(紫草)・감초 우듬지・천패모(목질부를 뽑아낸 것)・화분(花粉)・박하 각각 37.5g, 당귀미(當歸尾) 30g, 적작약 22.5g, 우방자・황련 각 11.25g, 생지황 75g을 부드럽게 가루내어 탄알 크기로 꿀알약을 만들어 언제나 1알약을 죽엽탕으로 조절해 내려가게 한다.

19-5 해독도적산(解毒導赤散): 이헌길방

○ 곧 3-1 황련해독탕에 19-6 도적산(導赤散)을 더한다.

19-6 도적산(導赤散): 만전방

○ 생지황・목통・감초(구운 것) 각각 같은 무게를 잘게 갈아 담죽엽을 7조각을 더해 물 1잔으로 10분의 7이 되게 달여 따뜻이 먹는다.
① 마지기방: 인삼・맥문동을 더한다.
② 공정현방: 적작약으로 군약(君藥)을 삼는다.
③ 이헌길방: 맥문동이 있고 인삼이 없다.

만전이 말했다. “도적산은 심장에 열이 있어 경련이 일어나는 병을 치료한다.”

장개빈이 말했다. "심장 및 소장의 열 증세로 소변이 붉고 껄끄러우며 갈증이 나는 병을 치료한다."

적량이 말했다. "이 도적산은 소변을 잘 나가게 하여 열을 내리는 처방인 것이다. 심장과 소장은 겉과 속이 되기 때문에 심장에 열이 나면 소장 또한 열이 나서 소변이 붉게 되는 것을 치료하는 것이 이 처방이다. 생지황은 심장을 서늘하게 하고, 감초우듬지는 열을 배설할 수 있는데 목통으로 이를 도우면 곧바로 소장·방광으로 달려가게 한다. 이름을 도적(導赤)이라 한 것은 그 양화와 음화의 붉은 소변을 이끌어 빠뜨려 배설하기 때문인 것이다."

19-7 소무비산(小無比散): 손일규방

천연두의 처방 이름과 같으나 실제는 다르다.

○계부활석(桂府滑石: 물에서 간 것) 225g, 석고(물에서 간 것) 37.5g, 감초·한수석(寒水石) 각각 18.75g, 울금(鬱金: 가운데 불룩한 것이 적은 것을 감초탕에 삶아 말려서 가루낸 것) 26.25g을 함께 깨끗하게 가루내어 고루 섞어 언제나 5세인 자는 7.5g을 먹고 대인은 15g을 먹는다. 겨울에는 등심탕으로 삼켜 내리고 여름달에는 우물물에 배합해 넘긴다. 열이 몹시 나고 내리지 않는 경우에는 우물물로 간 서각즙(犀角汁)에 배합해 넘긴다.

손일규가 말했다. "천연두로 고열이 지속되고, 입안이 마르고, 소변이 껄끄럽고 변비이며, 입안에서 냄새가 나고 열이 나서 가슴속이 달아오면서 답답하고 편안치 못함을 치료한다."

19-8 대무비산(大無比散): 손일규방

○계부활석(桂府滑石: 물에서 간 것) 225g, 감초 37.5g, 진사(辰砂: 물에 간 것) 11.25g, 웅황(雄黃: 물에 간 것) 3.75g을 가루내어 언제나 3~5세는 3.75g을 먹고 10세 이상은 7.5g을 먹는다. 열이 나는 처음에는 패독산(敗毒散)을 배합해 넘겨 내리면 또한 능히 구슬진이 드물다.

① 주지암방: 활석·진사·웅황을 함께 갈되 무성수(無聲水)에 갈아 밀가루같이

가루낸다.

주지암이 말했다. "대무비산은 양열이 몰려 생긴 병독이 크게 심해 놀라고 미쳐 헛소리를 하고 갈증이 남을 치료한다."

19-9 선풍산(宣風散): 만전방

○빈랑 2개, 견우자(牽牛子: 150g을 반은 날것으로 반은 볶은 것에서 머리와 씨눈을 가려낸 것) 37.5g, 진피·감초 각 1.875g을 부드럽게 가루내어 2~3세에는 1.875g을 끓인 꿀물에 배합해 넘겨 내린다. 3~4세 이상인 자에게는 3.75g을 밥 먹기 전에 먹는다.(한 처방에는 방풍을 더했다.)

만전이 말했다. "천연두의 구슬진이 곪아 검어지고 위장에 열이 몰린 증세를 치료한다."(살펴보건대, 이것은 본디 痘方과 관계된다.)

적량이 말했다. "이 선풍산은 기가 치밀어오르는 것을 내리는 처방으로 허약한 자는 쓰기를 삼간다."

19-10 청양음(淸揚飮): 묘희옹방

○맥문동(목질부를 뽑아버린 것) 11.25g, 서하류(西河柳) 18.75g, 현삼 7.5g, 서점자(볶아서 가루낸 것)·갈근 각 5.625g, 지모(知母: 꿀물에 재어 구운 것)·선태(蟬蛻)·감초·형개수·박하 각각 3.75g, 죽엽 30조각이다.

묘희옹이 말했다. "이 청양음은 천연두와 홍역의 우두머리 처방이다."

20-1 삼요탕(三拗湯): 마지기방

○감초(날것)·마황(뿌리마디를 띤 것)·행인(껍질과 끝이 있는 것) 각각 같은 무게를 잘게 썰어 물 1종지에 생강 3쪽, 대추 2개를 넣어 10분의 7이 되게 달여 따뜻이 먹으면 땀이 나서 가래가 부드러워지고 곧 멈추게 된다. 언제나 11.25g 또는 18.25g을 먹는다.

① 이헌길방: 석고·다엽(茶葉)을 더한다. 곧 앞의 6-4 오호탕(五虎湯)이다.

마지기가 말했다. "삼요탕은 감기에 걸려 코가 막히고 소리가 무겁고 말소리가 나오지 않으며 숨이 차고 기침이 잦은 증세를 치료한다."

20-2 사순음(四順飮): 만전방

일명 사순청량음(四順淸涼飮)이다.

○적작약·당귀(술에 씻은 것)·감초·대황(밀가루 반죽에 싸서 구운 것 주지암이 말하기를, 3세 소아는 7.5g을 쓴다고 했다.) 각각 같은 무게를 물 1잔으로 10분의 7이 되도록 달인다.

① 주지암방: 박하엽(薄荷葉)을 더해 8, 9번 끓여 때때로 먹는다. 소변이 통하지 않으면 등심·목통을 더한다.

장개빈이 말했다. "사순음은 혈맥이 막히고 사기가 얽혀 오장육부에 열이 나서 얼굴이 붉고, 가슴이 답답하고 갈증이 나며 잠자리가 편안치 못하고 변비가 된 증세를 치료한다."

적량이 말했다. "사기가 왕성한 열이 안에서 막혀 배가 몹시 불러올라 변비가 생기면 삼초(三焦)의 기가 돌지 못해 구슬진이 돋아나오지 못하기 때문에 대황을 써서 막힌 것을 통하고, 당귀로 피를 잘 돌게 하고, 작약으로 음을 북돋우고, 감초로 위장을 다스려 대소변을 잘 누게 한 뒤에야 겉부위와 속의 기혈이 모두 순조롭게 따르기 때문에 사순(四順)이라 한다."

이헌길이 말했다. "나이가 많거나 어린이에게는 박하 2잎을 더하면 효과가 신통하다."

20-3 팔정산(八正散): 만전방

복령을 더하면 곧 이름이 통관산(通關散)이다.

○활석·구맥(瞿麥)·대황·목통·편축(萹蓄)·차전자(볶아서 가루낸 것)·산치인(볶은 것)·등심 각각 3.75g, 감초 1.875g을 물 1잔으로 10분의 7이 되게 달여 밥 먹기 전에 먹는다.

만전이 말했다. "팔정산은 대변·소변이 잘 나오지 않는 병을 치료한다."

적량이 말했다. "습기와 열사가 겹쳐 아랫배로 쏟아져 갑자기 소변이 마려운 형세가 있으나 갑자기 소변이 나오지 않는 경우는 변비인 것이다. 도홍경(陶弘景)이 말하기를 '팔정산은 막힌 것을 통하여 없애 내보낼 수 있고, 변비를 없애 미끄럽게 할 수 있고, 달라 붙은 것을 없앨 수 있다.' 그러므로 목통·구맥·편축을 써서 그 막힌 것을 통하고, 대황·산치인을 써서 그 변비를 설사하고, 차전자·활석을 써서 그 달라붙은 것을 미끄럽게 떨어뜨리고, 감초 우듬지를 쓰는 것은 그 굳음을 취하여 열을 설사하는 것이다.

20-4 육일산(六一散): 만전방

일명 천수산(天水散)이며, 일명 익원산(益元散)이다.

진사(辰砂)를 더하면 곧 이름이 진사익원산이다.

우황(牛黃)을 더하면 곧 이름이 우황육일산(牛黃六一散)이다.

○ 백활석(白滑石) 150g, 감초 37.5g을 부드럽게 가루내어 끓인 물로 배합해 먹는다.

① 마지기방: 활석(희게 윤기 나는 것을 갈고 물에 부드럽게 갈아 햇볕에 말린 가루) 225g, 감초(껍질을 없애 구운 것) 37.5g이다. 언제나 3.75g이나 7.5g을 시원한 물이나 따뜻한 물로 마음대로 배합해 먹는다.

장개빈이 말했다. "육일산은 여름철 더위병으로 몸에 열이 나고 가슴이 답답하며 갈증이 나고 소변이 나오지 않는 증세를 치료한다. 유완소(劉完素)가 말하기를 '육일산은 이질을 치료하는 효력이 비상한 약이다. 음기와 양기를 나누어 내보내 습사의 열을 없애는 데 그 공효가 크다.'고 했다. 어떤 한 처방에는 우황을 더해 답답하여 잠들지 못하는 증세를 치료한다."

적량이 말했다. "속에 사열이 있어 소변이 누른 빛을 띤 적색이고 정신과 기운(神氣)이 맑지 못하면 바야흐로 이 처방을 쓴다. 활석은 맛이 달고 성질이 차서 가라앉아 족양명(足陽明)에 들어가 주로 습기를 없애고, 위에 머물러 있는 음식물을 소화시켜 움직여 육부(六腑)의 오줌을 잘 나가게 한다. 감초는 맛이 달고 성질이 따뜻해 능히 열을 흩어내 속을 조절하는 이른바 따뜻함으로 능히 큰 열을 없애는 것이 감초이다."

20-5 이선탕(二仙湯): 공정현방

○황금(썩은 냄새를 없앤 것)·백작약(날것을 쓴다) 각기 같은 무게를 따뜻하게 먹으면 신선인 듯싶다.

20-6 이모산(二母散): 장개빈방

○패모(목질부를 없애고 아이 소변으로 씻은 것)·지모 각 같은 무게에 말린 생강 1조각을 가루내어 언제나 1.875g 또는 3.75g을 끓인 물로 넘긴다.

장개빈이 말했다. "이모산은 폐장에 생긴 열로 나는 기침 및 홍역 뒤 기침이 몹시 나는 것을 치료한다."

20-7 이망산(二望散): 맹하방(孟河方)

○고삼(苦蔘) 11.25g, 잠강(蠶殭) 7.5g을 가루내어 목안에 불어 넣는다.
맹하가 말했다. "이망산은 목안이 붓고 아픈 증세를 치료한다."

20-8 십선탕(十仙湯): 공정현방

○시호·갈근·현삼·황련·황금·치자(梔子)·진피·복령·지각·생지황·생강이다.(孫雙泉이 전한 것이다.)

20-9 십선산(十宣散): 황렴방

일명 십전산(十全散)이다.
○황련·황금·황백 각각 3.75g, 고삼·해아차(孩兒茶)·웅황 각각 1.875g, 붕사(硼砂)·현명분(玄明粉) 각 1.125g, 유향(乳香) 0.375g, 용뇌(龍腦) 조각 조금쯤을 때에 다다라 넣어 함께 대단히 부드럽게 가루내어 언제나 0.187g을 목 안에 불어넣는다.

① 손일규방: 황금·황련·황백·고삼(각각 술에 불려 누렇게 볶은 것) 각각

3.75g, 현호색(玄胡索) 1.125g, 붕사·유향(乳香: 가공한 것) 각 0.75g, 해아차(孩兒茶)·웅황 각 1.875g을 부드럽게 가루내어 언제나 조금씩을 목 안에 불어넣는다.

손일규가 말했다. "십선산은 홍역으로 목안이 부어 아픈 증세를 치료한다."

20-10 오적산(五積散): 장개빈방

○당귀·마황·창출·진피 각각 3.75g, 후박(가공한 것)·건강(乾薑: 물에 불려 잿불에 구운 것)·작약·지각 각각 3g, 반하(물에 불려 잿불에 구운 것)·백지(白芷) 각 2.625g, 길경·햇볕에 말려 구운 감초·복령·육계(肉桂)·인삼 각각 1.875g, 천궁 1.5g, 생강 3조각, 총백(葱白) 3줄기에 물 2종지로 10분의 8이 되게 달여 때때로 먹는다.(살펴보건대, 오적산은 조사와 열사가 겹친 병의 산제로, 크게 홍역에 마땅히 쓸 바는 아니다.)

21-1 감길탕(甘桔湯): 만전방

○감초 7.5g, 길경 3.75g을 잘게 갈아 물 1잔으로 10분의 7이 되게 달여 밥 먹은 뒤 따뜻이 먹는다.
  ① 마지기방: 길경 7.5g, 감초 5.625g이며, 더러 같은 분량을 쓴다.(한 처방에는 방풍 5.625g을 더하고, 또 한 처방에는 우방자 3.75g, 연교 3.75g을 더했다.)
  ② 장개빈방: 길경 15g, 감초 7.5g이다.
  ③ 주지암방: 길경은 꿀물에 재어 볶고, 감초는 반은 날것이고 반은 볶는다.
  ④ 이헌길방: 길경 11.25g, 감초 5.625g에 현삼·우방자(볶아 가루낸 것)·연교 각각 3.75g을 더한다.

만전이 말했다. "감길탕은 목 안을 풀어낸다."

주지암이 말했다. "감길탕은 피부가 벌겋게 부어오르고 몸에 열이 나서 타는 듯하고 쌓인 독기가 위로 치밀어 가래가 끓고 숨이 차고 기침이 나고 목이 쉬어 말을 못하는 증세를 치료한다."

적량이 말했다. "감길탕은 폐에 생긴 사열을 식히고, 가슴을 순조롭게 하며, 목 안이 부어 아픈 증세를 치료한다. 감초는 맛이 달고 성질이 따뜻해 기운이 고르다. 따뜻함은 능히 높은 열을 없앤다. 달면 강력하게 설사시키지 않는다. 길경과 함께 쓰면 상초(上焦)의 사열(邪熱)을 내린다. 길경은 맛이 맵고 쓰며 성질이 약간 따뜻하다. 매우면 능히 열을 흩고 쓰면 능히 열을 내리고 운반하는 약제라 모든 약을 싣고 가라앉지 않게 한다. 감초와 더불어 함께 써서 가슴에 얽매여 있으며 가슴으로 치미는 가래를 삭이고 폐장 가운데 뭉친 열사와 폐열을 없애서 내리면 목 안이 저절로 순조롭다.”

21-2 길경탕(桔梗湯): 마지기방

○길경(볶은 것) 1.875g, 반하(가공한 것) 9.375g, 인삼·감초(구운 것) 각 5.625g을 잘게 썰어 언제나 11.25g 또는 18.75g을 물 2종지로 10분의 5가 되게 달여 밥 먹은 뒤 따뜻이 먹는다.

21-3 감길우방탕(甘桔牛旁湯): 황렴방

○길경·감초·연교·우방자·승마이다.

21-4 전씨감로음(錢氏甘露飮): 왕궁당방

일명 천금감로음(千金甘露飮)이다.

○비파엽(枇杷葉: 털을 문질러 닦아낸 것)·생지황(술에 씻은 것)·숙지황(술에 씻은 것)·천문동(天門冬: 목질부를 뽑아버린 것)·맥문동(목질부를 뽑아버린 것)·황금(문드러진 것을 없앤 것)·석곡(石斛: 싹을 없앤 것)·인진(茵蔯)·지각(밀기울과 함께 볶아 속을 파버린 것) 각각 3.75g, 감초(구운 것) 1.875g을 물 2종지로 10분의 7이 되게 달여 밥 먹은 뒤 먹는다.
① 어떤 한 처방: 맥문동·인진엽이 없고 산두근(山豆根)·서각(犀角)가루가 있다. 구치증(口齒症)을 치료하는 데 크게 신기한 효험이 있다.
② 이헌길방: 비파엽이 없다.(한 처방에는 앞의 10가지 약제를 같은 분량으로 쓴다.)

장개빈이 말했다. “전씨감로음은 위장 가운데 밖에서 침입한 열로 입과 혀가 헐고 목안이 부어 아프며, 열의 기운이 위로 치밀어 잇몸이 부어 문드러지고 때로 피고름이 나오는 증세를 치료한다."

적량이 말했다. "이 처방은 진액(津液)을 낳아 답답함을 풀고, 혈분의 사열을 풀고, 열사를 내린다."

주지암이 말했다. "전씨감로음은 잇몸이 붓고 헤지면서 피고름이 나고 기침을 머금을 때 모두 먹는다. 언제나 7.5g을 먹는다."

21-5 서래감로음(西來甘露飮): 손일규방

○사과등(絲瓜藤)이다. 상강 뒤 3일 만에 2자(尺)에 가까운 뿌리를 잘라 바야흐로 뿌리머리 1마디를 거꾸로 새 오지병 가운데 꽂아넣고 위를 물건으로 가려 재나 먼지가 날아들어가지 않도록 하고, 이튿날 좋은 새 술병 1짝으로 바야흐로 병 속의 즙(汁)을 기울여 술병 가운데 머물게 하고 계속 사과등 뿌리를 살펴보고 앞을 오지병 안에 꽂아넣고 3일 뒤에 즙을 다 거두어 바야흐로 술병에 갈무려 굳게 봉하고 기다렸다가 뒤에 취해 쓴다.

손일규가 말했다. "이 즙은 대단히 병독을 잘 풀고 열사를 내린다. 또 돌림병이 유행할 때 언제나 생강즙 조금쯤에 벌꿀을 더해 배합해 나누어 먹으면 신기한 효험이 있다."

21-6 호수주(胡荽酒): 만전방

○호수(胡荽) 150g을 잘게 썰어 좋은 술 2잔으로 37.5g을 달이되 끓으면 호수를 넣어 내용물이 모두 안정되면 다시 달여 쓰되 김이 새서 차갑게 하지 않도록 한다.(한 처방에서는 따뜻함을 내보낸다.) 언제나 37.5g을 마셔 입에 머금고 등을(어떤 데서는 정수리) 따라 다리에 이르도록 두루 약간 뿜고 머리와 얼굴에는 뿜지 말고 병든 사람이 늘 호수의 냄새를 맡도록 한다.

① 장개빈방: 호수 1줌을 좋은 술 2잔에 달이고 37.5g은 끓여 유모(乳母)로 하여금 언제나 37.5g을 입에 머금어 아이 온몸에 뿜는다. 더러 머리와 얼굴 가운데를 살펴 뿌리되, 모름지기 호수를 태운 냄새로 방안의 더러운 냄새를 물리

쳐 없애 능히 구슬진과 발진으로 하여금 빨리 돋아나오게 한다. 달이고 난 호수를 방문 위에 걸면 가장 오묘하다. 또는 대추를 구워 아이가 대추 냄새를 맡으면 능히 위장의 원기를 열어 음식을 먹으면 병독의 기운을 흩는다.
② 어떤 한 처방: 원수주(芫荽酒) 지게미를 쪄서 문지른다.

21-7 아다산(兒茶散): 마지기방

○해아다(孩兒茶) 18.75g, 붕사(硼砂) 7.5g을 부드럽게 가루내어 언제나 1숟갈을 시원한 물 1종지에 타서 먹는다.

마지기가 말했다. "아다산은 홍역으로 목이 쉬어 말소리를 내지 못하는 증세를 치료한다."

21-8 녹두음(菉豆飮): 이헌길방

○녹두(菉豆: 볶은 것) 180㎖, 등심(燈心) 1줌을 물 2사발로 10분의 5가 되게 달여 혹은 따뜻하게 또는 서늘하게 먹는다. 몹시 아픈 경우는 때때로 계속 마셔도 또한 좋다.(한 처방에는 찹쌀 볶은 것 90㎖를 더한다.)

21-9 모화탕(茅花湯): 황렴방

○당귀머리·모화(茅花)·생지황·치자인·황금을 물에 달여 백초상(百草霜: 검댕이)과 배합해 먹는다.
① 손일규방: 치자인·황금이 없고, 모란피와 감초가 있다.
② 왕궁당방: 당귀가 없고 진울금(眞鬱金)이 있다.(주지암이 말했다. 왕궁당방이 바른 처방이다.)

손일규가 말했다. "모화탕은 홍역과 천연두로 코피가 나는 증세를 치료한다."

21-10 초매탕(椒梅湯): 이헌길방

○오매육(烏梅肉)·화초(花椒: 씨눈을 끓어 없애고 볶은 것)·빈랑·지각(밀기울과 함께 볶은 것)·목향(따로 가루낸 것)·향부자(남자아이 오줌에 적셔 볶은 것)·천련자(川楝子)·사인(砂仁: 볶아서 가루낸 것)·관계(官桂)·후박

(생강즙에 검도록 볶은 것)·건강(乾薑: 겉이 검도록 볶은 것)·감초 각각 3.75g, 생강 3조각을 더해 달여 빈속에 따뜻이 먹는다.

이헌길이 말했다. "초매탕은 냉증과 회충을 치료하고 또 이질·설사 및 몹시 배가 아픈 경우를 치료한다."(화초는 곧 夜椒이고 또한 山椒라고도 부른다.)

22-1 강활산(羌活散): 손일규방

일명 십미강활산(十味羌活散)이다.

○강활·전호·방풍 각각 3.75g, 형개·독활(獨活) 각 3g, 세신(細辛)·백지(白芷) 각 1.125g, 시호·감초(구운 것)·선퇴(蟬退) 각각 1.5g, 박하 3잎을 물 1.5종지로 10분의 5가 되게 달여 때없이 먹는다.

장개빈이 말했다. "이 강활산은 화법(和法)으로 성글게 하여 순조롭게 하는 약이다. 만일 허약하여 마땅히 북돋아야 할 경우에는 단방약으로 쓸 수 없다."

22-2 강국산(羌菊散): 장개빈방

○강활·감국화(甘菊花)·선태(蟬蛻)·사태(蛇蛻)·방풍·곡정초(穀精草)·목적(木賊)·감초·백질려(白蒺藜)·산치자(山梔子)·대황·황련·사원자(沙苑子)가 각각 같은 무게이다. 이들을 가루내어 언제나 3.75g을 청미탕(淸米湯)에 배합해 넘긴다.

22-3 오피탕(五皮湯): 적량방

○상백피·지골피·생강피·대복피(大腹皮)·오가피(五加皮)·등심 1.875g을 강물로 달여 먹는다.

적량이 말했다. "이 오피탕은 오줌을 잘 나가게 하는 약제이다. 약의 길이 되는 맛이 맵고 성질이 가벼운 것은 겉부위가 메마른 것을 배설할 수 있게 하고, 맛이 마른 것과 싱거운 것은 오줌으로 습사를 배설시킬 수 있고, 맛이 쓰고 성질이 찬 것은 열을 없앨 수 있고, 맛이 짙고 성질이 무거우면 아래로 배설할 수 있다. 이 처방의 상백피·지골피·생강피·대복피·오가피는 더러 각기 하나의 성질이 있거나 또는 겸함이 있다. 그러므로 피부 가운데의 물을 배설시켜서 그 기혈(氣血)을 고르게 한다."

22-4 세심산(洗心散): 만전방

○당귀(술에 씻은 것)·목통·생지황·황련·마황(마디를 없앤 것)·대황(술에 재어 찐 것)·박하엽 각각 같은 무게를 잘게 갈아 물 1잔에 등심을 더해 10분의 7로 달여 따뜻이 먹는다.

① 이헌길방: 황련이 없다.

만전이 말했다. "세심산은 입과 혀에 창양이 생긴 증세를 치료한다."

22-5 왕씨소풍산(王氏疎風散): 이헌길방

○강활·당귀(술에 씻은 것)·백작약·연교·승마·창출·건갈·시호·황금·백복령·백출·감초·생지황(술에 씻은 것)을 물에 달여 먹는다.

22-6 비전별갑탕(秘傳鼈甲湯): 묘희옹방

일명 청량건비산(淸凉健肥散)이다.

○별갑(鼈甲: 새 기와 위에서 식초에 누렇게 구워 가루내어 다시 식초로 뭉쳐 구워 말려 부드럽게 가루내어 뭉친다.) 7.5g, 맥문동(목질부를 뽑아버린 것) 18.75g, 산사육 11.25g, 귤홍(橘紅) 9.375g, 패모(목질부를 뽑아버린 것)·백복령 각 7.5g, 건갈 5.625g, 지모 4.5g, 시호 3.75g, 감초(구운 것) 2.625g, 죽엽 50조각이다. 갈증이 심한 경우에는 석고 18.75g을 더하고 갈증이 없는 경우에는 석고·지모를 없앤다.

① 이헌길방: 2첩으로 나눈다.

묘희옹이 말했다. "비전별갑탕은 비장이 허약한 것을 북돋아 튼튼하게 하여 맑고 시원하게 한다."

22-7 대노회환(大蘆薈丸): 장개빈방

일명 구미노회환(九味蘆薈丸)이다.

○노회(蘆薈)·호황련(胡黃連)·황련·백무이(白蕪荑: 볶은 것)·백뢰환(白雷丸: 부서진 것은 쓰지 않음)·목향·청피(靑皮)·학슬초(鶴虱草: 약간 볶은 것) 각각 37.5g, 사향(麝香: 따로 간 것) 3.75g을 가루내어 떡을 쪄서 삼씨 크기로 풀알약을 만들어 언제나 3.75g을 빈속에 끓인 물로 먹어 삼킨다.

① 설기방(薛己方): 청피 대신 용담초(龍膽草)를 쓴다. 사향을 쓰지 않으면 더욱 효험이 있다.

장개빈이 말했다. "대노회환은 소아의 간장과 비장에 감질로 고열이 나고 몸이 여위고 실열이 있어 갈증이 나고, 대변이 고르지 못하고, 어금니와 뺨이 벌레 먹어 곪아 터지고, 눈이 구름이나 안개가 낀 것같이 흐려진 증세를 치료한다."

22-8 노회비아환(蘆薈肥兒丸): 손일규방

○노회(蘆薈)·용담초·목향·예피(蚋皮)·인삼·맥아(볶은 것)·사군자육(使君子肉) 각각 7.5g, 빈랑·황련(술에 불려 볶은 것)·백무이(白蕪荑) 각각 11.25g, 호황련 18.75g을 가루내어 돼지열물과 풀로 기장쌀 크기로 둥근 알약을 만들어 언제나 50~60알을 미음물로 먹는다.

① 장개빈방: 예피를 하파(蚵蚾)와 섞어 구워 머리와 다리를 없애면, 곧 토별(土鼈)이다.

손일규가 말했다. "노회비아환은 홍역 뒤 열이 일어나서 하루 종일 물러나지 않고 살갗이 점점 여위고, 뼛속이 후끈후끈 달아오르는 증세와 노채증(폐결핵) 등을 치료한다."

22-9 건비비아환(健脾肥兒丸): 맹하방

○산사육(山査肉: 깨끗한 것)·신국(볶은 것) 각 75g, 황기(꿀물에 재어 볶은 것)·백편두(볶은 것)·백출(쌀뜨물에 담가 볶은 것)·백복령·산약(山藥) 각각 37.5g, 당귀·백합 각 30g, 감초·백작약(술에 불려 누렇게 볶은 것)·지골피 각각 22.5g, 인삼·귤홍(橘紅)·진피 각각 18.75g, 천황련(川黃連:

볶은 것) 11.25g을 부드럽게 가루내어 졸인 꿀물로 탄알 크기로 알약을 만들어 언제나 밥 먹은 지 오랜 뒤에 끓인 물로 1알약을 타서 먹는다.

22-10 청열제감환(淸熱除疳丸): 황렴방

○황련·당귀 각 7.5g, 청피·진피·용담초·노회 각각 5.625g, 사군자 4.5g, 천궁·건섬(乾蟾: 구운 것) 각 3.75g을 가루내어 신국풀로 알약을 만들어 미음물로 삼킨다.

23-1 소독보영단(消毒保嬰丹): 만전방

○전두등(纏豆藤: 더러 黃豆나 또는 菉豆를 줄기 위를 묶어 가늘게 붉은 실을 이룬 것이다. 이것을 8월 기운이 생기는 날에 따서 그늘에서 마르기를 기다려 쓴다.) 56.25g, 산사육·생지황(술에 담갔다 약한 불기운에 말린 것)·우방자(볶은 것)·진사(따로 갈아 물로 보드랍게 간 것) 각각 37.5g, 신승마(新升麻)·적작약 각 28.125g, 형개(이삭이 이어진 것)·방풍(뿌리꼭지를 없앤 것)·천독활(川獨活)·생감초·당귀(술로 씻은 것)·황련(가지줄기를 없앤 것)·길경 각각 18.75g, 노사과(老絲瓜: 1년이 지나 서리를 맞은 것 2개에서 덩굴과 꼭지 5마디를 취해 성질이 남아 있게 구운 것)·적소두(赤小豆) 70알, 흑대두(黑大豆) 30알을 각기 갈아 보드랍게 가루내어 고르게 섞어 깨끗한 사탕을 써서 개어 나누어 오얏씨 크기로 알약을 만들어 언제나 1알약을 짙게 달인 감초탕에 타서 먹는다. 약제 17가지를 미리 갖추었다가 모름지기 춘분·추분 또는 1월 15일, 7월 15일, 10월 15일을 기다려 조용한 방을 청소하고 지극 정성으로 예비한 것을 합쳐 먹는다. 부인이나 상복을 입은 사람과 고양이나 개를 보기를 꺼린다.

23-2 대천선화환(代天宣化丸): 만전방

곧 『한씨의통(韓氏醫通)』의 오온단(五瘟丹)이다.

○감초(甲·己년에는 君藥이 된다. 五運은 土이다.)·황금(乙·庚년에는 군약이 된다. 오운은 金이다.)·황백(黃栢: 丙·辛년에는 군약이 된다. 오운은 水이

다.)·산치인(丁·壬년에는 군약이 된다. 오운은 木이다.)·황련(戊·癸년에는 군약이 된다. 오운은 火이다.)·연교(佐藥으로 목질 부분을 없애고 술로 씻는다.)·산두근(山豆根: 좌약이다.)·우방자(좌약으로 술에 담가 잡물을 없애고 볶은 것)이다. 먼저 그 해에 소속된 것을 살펴 군약으로 삼고 다음 네 가지 약제를 신약(臣藥)으로 삼아 군약은 2배로 쓰고 신약은 절반으로 줄인다. 좌약은 신약을 살펴보고 또 절반으로 줄인다. 함께 대단히 부드럽게 가루내어 동짓날에 다스려 합치고 눈녹이물을 취해 삶아 승마즙(升麻汁)에 돌려 밀가루풀로 알약을 만들고 진사(辰砂)로 옷을 입힌다. 죽엽을 달인 물로 먹는다.(『世醫心法』에 이르기를, 이 처방은 五運을 위주로 한 병독을 푸는 神藥이다. 三豆湯·絲瓜神絲散보다 멀리 낫다.)

① 어떤 하나의 처방: 좌약은 신약(臣藥)에 비교하여 4분의 3으로 하고 방풍을 더한다. 좌약은 뿌리꼭지를 없앤 자소엽·고삼(苦蔘)이다. 좌약인 인중황(人中黃)·죽력(竹瀝)을 신국(神麴)풀로 배합해 알약을 만들어 진사(辰砂)·웅황으로 누른 옷을 입힌다.

주지암이 말했다. "또 어떤 하나의 처방에 비록 인중황이 능히 폐장과 육부(六腑)의 열을 흩어내나 자소와 방풍은 성질이 몸의 위로 향하고 고삼이 성질이 차서 원방(元方)의 고르게 다스림에 미치지 못한다."

23-3 우황청심환(牛黃淸心丸): 만전방

○우황 0.9375g, 진사 0.5625g, 황련(날것) 18.75g, 울금 7.5g, 황금·산치인 각 11.25g을 부드럽게 가루내어 섣달 눈물(雪水)로 밀가루풀에 배합해 기장쌀 크기로 둥근 알약을 만든다. 언제나 7~8알약을 등심탕(燈心湯)으로 먹어 삼킨다.

만전이 말했다. "우황청심환은 심장의 열로 정신이 허약해진 증세를 치료한다."

23-4 황련안신환(黃連安神丸): 황렴방

○황련·당귀·용담초(龍膽草) 각각 7.5g, 석창포·복신(茯神) 각 5.625g, 전갈(全蠍) 7개를 부드럽게 가루내어 끓인 물로 반죽해 떡을 쪄

서 찧어 돼지 심장피로 둥근 알약을 만들어 주사를 입혀 등초탕(燈草湯)으로 먹는다.

① 이헌길방: 당귀가 없다.

23-5 안신환(安神丸): 만전방

일명 칠미안신환(七味安神丸)이다.

○당귀신·황련·맥문동·백복신(白茯神)·감초 각각 18.75g, 주사 37.5g, 용뇌 0.9375g을 가루내어 끓인 물에 반죽해 떡을 쪄 불깐 돼지 심장피에 찧어 기장쌀 크기로 나누어 둥근 알약을 만들어 언제나 10알을 등심탕으로 먹는다.

만전이 말했다. "안신환은 심경(心經)에 쌓인 열로 가슴이 두근거리는 증세를 치료한다."

적량이 말했다. "이 안신환은 화사를 내리고 피를 북돋우는 처방이다. 심장은 정신을 품고 또 피를 주관한다. 피가 부족하면 생각이 쉽게 움직이고 생각이 지나치면 정신을 지키지 못해 떠나버린다. 맛이 쓴 것은 열이 심하여 생긴 화사를 설사할 수 있기 때문에 황련을 쓰고 무거움은 심장을 진정시킬 수 있기 때문에 주사·당귀·맥문동을 써서 능히 피를 돕는다. 감초·복령은 능히 비장을 돕고 용뇌 또한 심장을 진정시키고 가슴에 열이 몰려 답답한 증세를 치료하는 약이다."

23-6 소합환(蘇合丸): 마지기방

○백출·청목향(靑木香)·주사(朱砂: 따로 갈아 물에서 보드랍게 갈아낸 것)·오서각(烏犀角) 가루·침향(沈香)·사향(따로 간 것)·가자(訶子: 밀가루 반죽에 싸서 굽고 씨를 없앤 것)·정향(丁香)·안식향(安息香: 따로 가루내어 술 1800㎖를 써서 볶아 고약을 만든 것)·필발(蓽撥)·백단향(白檀香)·향부자(香附子: 볶은 것) 각각 7.5g, 용뇌(따로 간 것)·유향(乳香: 따로 간 것)·소합유(蘇合乳) 각각 3.75g을 부드러운 가루로 갈아 나누어 쓴다. 안식향 고약과 소합유를 모두 졸인 꿀로 둥근 알약을 앵두 크기로 만들어

언제나 1알약을 생강·총백(蔥白)의 자연즙(自然汁)으로 변화되어 흩어진 것을 백탕(白湯)에 배합해 먹는다.

23-7 포룡환(抱龍丸) ①: 장개빈방

우황 15g을 더하면 곧 이름이 우황포룡환(牛黃抱龍丸)이고, 호박(琥珀)을 더하면 이름이 호박포룡환(琥珀抱龍丸)이다.

○우담남성(牛膽南星: 가공해 자극성을 없앤 것) 150g, 천축황(天竺黃) 37.5g, 웅황·주사 각 18.75g, 사향(따로 간 것은 더러 0.9375g) 1.875g을 부드럽게 가루내어 쓰고, 대감초(大甘草) 600g을 매우 짙은 즙이 되게 삶아 짓찧어 알약을 만들되 언제나 37.5g을 20알약으로 만들어 서늘한 그늘에 말려 쓴다. 박하탕 또는 등심탕으로 1~2알약을 먹는다.

장개빈이 말했다. "포룡환 ①은 담증으로 막힘이 대단히 심하고 더러 열이 일어나서 기침을 하거나 또는 경련이 일어나는 등의 증세를 치료한다."

23-8 포룡환 ②: 만전방

일명 호박포룡환(琥珀抱龍丸)이다.

○진호박(眞琥珀)·천축황·백단향·백복령·인삼 각각 56.25g, 감초(마디를 없앤 것) 11.25g, 지각(밀기울과 함께 볶은 것) 37.5g, 지실(枳實: 밀기울과 함께 볶은 것) 37.5g, 진사(물에서 보드랍게 간 것) 187.5g, 금박(金箔: 100조각을 체로 친 것), 산약(山藥: 볶아 익힌 것) 600g, 우담남성 37.5g을 부드럽게 가루내어 다시 체로 쳐 배합하여 언제나 약 37.5g을 취하여 새로 물 37.5g을 거듭 넣어 유발(乳鉢) 안에 넣고 찧어 나누어 탄알 크기로 알약을 만들어 그늘에 말린다. 햇볕에 쬐어 말라 갈라지게 해서 쓰지 말아야 한다. 언제나 1알약을 박하잎 달인 물로 먹는다.

① 적량방: 호박·웅황·천축황·진사·우담남성·산약·사향·백복령·강잠(殭蠶)·전갈·박하인데 무게는 각기 차이가 있다.

만전이 말했다. "포룡환 ②는 천연두로 놀란 증세를 치료한다."

23-9 사청환(瀉靑丸): 만전방

○강활·대황(물에 적신 종이로 싸서 구운 것)·천궁·당귀(뿌리꼭지를 잘라 없애 약한 불에 말린 것)·방풍·산치인·용담초(약한 불에 말린 것) 각각 같은 무게를 가루내어 졸인 꿀로 둥근 알약을 검실(芡實) 크기로 만들어 언제나 알약 반 개~1알약을 죽엽탕에 사탕물을 다스려 먹는다.

만전이 말했다. "사청환은 간장의 여러 가지 열로 경련이 일어나는 증세를 치료한다."

23-10 비급환(備急丸): 만전방

○대황·견우자가루 각 18.75g, 목향 9.375g을 부드럽게 가루내어 신국호(神麯糊)에 녹두 크기로 알약을 만들어 언제나 5~7알약을 밥 먹기 전에 산사(山査)를 달인 물로 먹는다.

24-1 탈명단(奪命丹): 만전방

○마황(술과 꿀로 밤색으로 볶은 것)·승마 각 18.75g, 산두근(山豆根)·홍화자(紅花子)·대력자(大力子)·연교 각각 9.375g, 선태(蟬蛻)·자초 각 5.625g, 인중황 11.25g을 부드럽게 가루내어 술과 꿀을 배합해 둥근 알약을 만들어 진사를 입혀 박하잎 달인 물로 먹는다.

24-2 온경환(溫驚丸): 만전방

일명 분홍환(粉紅丸)이다.

○우담남성 150g, 주사 5.625g, 천축황(天竺黃) 18.75g, 용뇌 1.875g, 배자연지(坏子臙脂) 3.75g을 가루내어 우담즙(牛膽汁)을 써 배합하여 가시연밥 크기로 둥근 알약을 만들어 언제나 1알약을 먹는다. 어린이는 반 알을 따뜻한 사탕물에 타서 먹는다.

24-3 두구환(豆蔻丸): 마지기방

제8편 합제(合劑) 443

○적석지(赤石脂)·고백반(枯白礬)·목향·사인(砂仁) 각각 11.25g, 백룡골(白龍骨)·가자육(訶子肉)·육두구(肉豆蔻: 밀가루 반죽에 싸서 구운 것) 각각 18.75g을 부드럽게 가루내어 밀가루풀로 기장쌀 크기로 둥근 알약을 만든다. 1세 아이는 30~50알약, 3세는 100알약을 미음물로 먹어 삼킨다.

적량이 말했다. "이 두구환은 비기(脾氣)가 허약하여 크게 설사함을 치료하는 약제인 것이다. 그러나 습증이 있어서 설사를 하되 부드럽게 설사함이 있고 덩이가 져서 설사함이 있는데, 습증으로 설사하는 경우에는 건조시킴이 마땅하다. 고백반·적석지는 바로 중초의 습을 없애는 것이다. 부드럽게 설사하는 경우에는 마땅히 껄끄럽게 함이 마땅하다. 백룡골·가자는 바로 껄끄럽고 부드럽게 하는 것이다. 설사가 쌓인 경우에 이를 마땅히 없앤다. 육두구·사인은 바로 쌓임을 없애는 것이다. 목향은 그 체기(滯氣)를 조절하여 뱃속을 조화시킬 뿐이다."

24-4 화닉환(化䘌丸) ①: 만전방(萬全方)

○황련 18.75g, 촉초(蜀椒: 씨눈을 없애고 볶아 땀을 낸 것) 7.5g, 고련근백피(苦楝根白皮: 말린 것) 7.5g을 부드럽게 가루내고 오매(烏梅: 살진 것) 7개를 쑥탕에 담가 씨를 빼버리고 짓찧어 섞어 알약을 만들어 쑥탕으로 먹는다.

① 주지암방: 천초의 씨눈과 씨꼭지를 없앤다.
② 이헌길방: 황련·촉초·고련근백피·오매의 무게를 모두 2배로 하고, 이 방문에 왜황련을 섞어 알약을 만들되 밀가루풀을 조금 넣어 쑥잎탕으로 먹는다. 더러 황금탕(黃芩湯)으로 60~70알을 먹는다.(한 본에는 오매를 물에 달여 찧어 녹두알 크기로 50~60알약을 만든다.)

24-5 화닉환 ②: 황렴방

○노회(蘆薈)·사군자육(使君子肉)·용담초 각각 4.5g, 황련 7.5g, 오령지(五靈脂)·천련육(川楝肉) 각 5.625g을 함께 가루내어 오매육 끓인 물에 넣어 알약을 만들어 끓인 물로 먹는다.

24-6 화충환(化蟲丸) ①: 마지기방

○학슬(鶴虱: 흙을 없앤 것)·빈랑·고련근(苦楝根: 동쪽으로 길게 뻗고 흙에서 나오지 않은 것)·호분(胡粉: 볶은 것) 각각 37.5g, 백반(깨끗하게 씻어 구운 것) 9.375g을 부드럽게 가루내어 쌀풀로 알약을 오동씨 같은 크기로 만든다. 소아의 크고 작기를 헤아려 더하거나 줄이되 1세는 5알약을 따뜻한 간장물에 생마유(生麻油) 3~4방울을 넣고 고르게 저어 먹는다. 맑은 미음으로 먹어도 또한 괜찮다.

마지기가 말했다. "화충환은 여러 가지 미세한 벌레를 모두 물이 되게 하고, 큰 것은 저절로 배설시켜 치료한다."

24-7 화충환 ②: 마지기방

○유황 37.5g, 목향 18.75g, 밀타승(密陀僧) 11.25g, 부자(1매를 구워 말려 따로 갈아서 가루낸 것)이다. 먼저 부자 가루를 초 1종지를 써서 볶아 고약을 만들고 나머지는 부드럽게 가루내어 부자기름으로 둥근 알약을 녹두 크기로 만들어 언제나 20알약을 형개차(荊芥茶)로 먹는다.

마지기가 말했다. "화충환은 능히 벌레를 변화시켜 물이 되게 한다."

24-8 독조단(獨棗丹): 마지기방

○건홍조(乾紅棗: 씨를 없앤 것) 1매, 웅황(쌀알만한 것) 1덩이를 바야흐로 웅황을 조육(棗肉) 안에 넣고 잿불에 살짝 구워 갈아서 가루내어 쌀뜨물로 달여 끓이면 소금을 조금쯤 넣어 차갑도록 기다려 상처를 씻어 빨고 문지른다.

마지기가 말했다. "독조단은 천연두의 구슬진과 홍역의 발진 뒤에 잇몸이 붓고 헌 데나 이빨 뿌리가 문드러지고 썩어 피가 나오는 등의 증세를 치료한다."

24-9 퇴화단(退火丹): 주지암방

○방풍・박하・형개・천마(天麻)를 달여 끓은 뒤 차갑도록 기다려 육일산(六一散: 20-4)을 배합하고 다시 우황(牛黄) 7.5g과 전두등(纏豆藤) 11.25g을 더한다.

울금퇴화단(鬱金退火丹)은 곧 퇴화단의 본방(本方)이다. 여기에 울금을 더하여 냉수에 배합해 먹는다. 육일산(20-4)을 많이 먹으면 효험을 본다.

24-10 옥약시(玉鑰匙): 장개빈방

일명 옥쇄시(玉鎖匙)이다. 우황 7.5g을 더하면 곧 이름이 금약시(金鑰匙)이다.

○월석(月石) 18.75g, 아초(牙硝) 56.25g, 백강잠(白殭蠶) 3.75g, 용뇌 0.375g을 부드럽게 가루내어 대나무 대롱으로 목 안에 불어넣으면 그대로 낫는다.

① 손일규방: 붕사 3.75g, 박초(朴硝) 1.875g, 강잠 1줄기, 편뇌(片腦) 0.1875g을 가루내어 불어넣는다.
② 주지암방: 염초(焰硝) 56.25g, 붕사 18.75g, 백강잠 9.375g, 뇌편(腦片) 0.375g을 대나무 대롱으로 1.875g을 목구멍 안에 불어넣는다.

장개빈이 말했다. "옥약시는 풍사와 열사로 말미암은 급성인두염 및 전후풍(纏喉風)을 치료한다."

손일규가 말했다. "옥약시는 목안이 붓고 아프거나 더러 목젖이 부어 길게 늘어져 오므라들지 않고 또는 울대와 혀가 뻣뻣한 증세를 치료한다."

25-1 웅황산(雄黃散): 마지기방

○웅황 37.5g, 동록(銅綠) 7.5g을 대단히 부드럽게 가루내어 창양의 크고 작기를 헤아려 그 위에 발라 말린다.

① 황렴방: 웅황 3.75g, 황벽(黃蘗) 7.5g, 사향(麝香) 0.1875g을 부드럽게 가루내어 먼저 약쑥 끓인 물로 창양을 씻은 뒤 이 웅황산을 평평하게 채워 바른다.
② 손일규방・왕궁당방: 황렴방과 같다.

마지기가 말했다. "웅황산은 소아가 천연두와 홍역으로 말미암아 잇몸에 감질이 생기고 창양이 침범한 것을 치료한다."

25-2 문합산(文蛤散): 황렴방

○웅황 18.75g, 오배자(五倍子: 벌레를 없앤 것) 7.5g, 잠퇴지(蠶退紙: 잿불에 구운 것) 3.75g, 고반(枯礬) 1.875g을 부드럽게 가루내어 쌀뜨물로 깨끗이 씻어 만든 약으로 창양 위에 1일 3~4차례 평평하게 채워 바른다.

25-3 면견산(綿繭散): 마지기방

○누에나방이 나간 솜고치(생백반가루의 많고 적음에 관계 없이 그 안에 채운다.)를 숯불을 써서 구워 백반즙이 다함을 헤아려 부드럽게 갈아 마른 채로 창양 위에 바른다. 유아(乳鵝: 급성·만성 편도염) 증세에는 대나무 통에 약을 넣어 목안에 불어넣는다.

마지기가 말했다. "면견산은 천연두와 홍역으로 말미암아 신체의 팔다리 마디에 감질이 생기고 창양이 침범하여 고름이 그치지 않는 대인이나 소아의 유아(乳鵝) 증세를 치료한다."

25-4 상아산(象牙散): 이헌길방

○상아(象牙: 부드럽게 가루낸 것)·잠균(蠶繭: 살짝 구운 것)·인중백(人中白)·사향 같은 무게를 모두 부드럽게 갈아 대나무 대롱을 써서 목안에 불어넣고 또 입술·잇몸 등 앓는 곳에 바른다.

25-5 영양각산(羚羊角散): 장개빈방

○영양각(깎아낸 것)·황기(黃芪)·황금·초결명(草決明)·차전자·승마·방풍·대황·망초(1.875g)를 물 1잔으로 2분의 1이 되게 달여 조금 뜨겁게 먹는다.

25-6 황룡산(黃龍散): 묘희옹방

○누런 수소 쇠똥 끝부분(세찬 불에 쬐어 성질을 보존하도록 말려 간 것)·매화편뇌(梅花片腦) 0.375g을 갈아 나누어 불어넣는다.

25-7 용붕산(龍朋散): 묘희옹방

○누런 수소 쇠똥 끝부분(1개를 세찬 불에 쬐어 간 것)·명반(明礬) 1.875g, 용뇌 0.5625g, 백붕사 11.25g, 망초(芒硝) 3.75g을 함께 부드럽게 가루내어 거위 깃관으로 앓는 곳에 불어넣는다.

25-8 마명산(馬鳴散): 만전방

○인중백(人中白: 오줌 버케; 곧 오줌독 밑바닥에 깔린 흰 버케이다. 도구로 깎아 모아 쓴다. 새 기와를 세찬 불에 달궈 이를 지나게 해 흰소금과 같이 만든 것이 좋다.) 300g, 오배자(날것 3.75g, 따로 3.75g을 구운 백반과 같이 쓴다.)·마명퇴(馬鳴退: 곧 잠퇴지이다. 불에 구운 것) 9.375g, 백반(7.5g을 쳐서 부수고, 따로 오배자 3.75g을 백반 안에 넣어 세찬 불에 말린다.)을 대단히 부드럽게 가루내어 먼저 짙은 쌀뜨물에 담근다. 창양 아가리를 씻고 이 약을 바른다.

만전이 말했다. "마명산은 주마아감(走馬牙疳)을 치료한다."

25-9 생기산(生肌散): 마지기방

○지골피·황련(볶은 것)·황백(볶은 것)·오배자(볶은 것) 각각 같은 무게를 부드럽게 가루내어 창양 위를 말려 바른다.
① 적량방: 감초가 있다.

25-10 구고산(抹苦散): 맹하방(孟河方)

○한수석(寒水石: 우물물에 갈아 부드럽게 가루낸 것) 11.25g, 백강잠 5.625g, 인중백(세찬 불에 쬐어 말린 것)·청대(靑黛: 물에 갈아 가루낸 것) 각 1.875g, 용뇌 0.375g을 부드럽게 가루내어 앓는 곳에 바른다.

26-1 삼두음(三豆飮): 왕궁당방

○적소두(赤小豆)·흑대두(黑大豆)·녹두(菉豆) 각각 1,800㎖, 세감초(細甘草: 날것을 잘게 자른 것) 112.5g이다. 적소두·흑대두·녹두를 물로 깨끗이 일어내고, 감초와 같이 강물 14.4ℓ에 삶아 3두가 익기를 헤아려 감초를 없애고 바야흐로 3두를 햇볕에 말리고 나서 다시 삶은 물에 담갔다가 다시 햇볕에 삶은 물을 다 마르기를 헤아려 날마다 3두를 취하여 물에 삶아 눈녹이물로 먹으면 더욱 좋다.
① 속방(俗方): 적소두·흑대두·녹두 각각 1,800㎖, 감초 18.75g을 물에 삶아 익혀 삶은 물을 마시고 3두를 먹는다.

26-2 이피삼육탕(二皮三肉湯): 이헌길방

○고련근백피(苦楝根白皮) 11.25g, 진피·산사육 각 7.5g, 모과(木瓜) 5조각, 오매(烏梅) 5개, 천초(씨눈을 없애 볶은 것) 20알, 사군자육(使君子肉) 3.75g을 물에 달여 웅황(부드럽게 가루낸 것)·빈랑(부드럽게 가루낸 것) 각 3.75g을 먹는다.

이헌길이 말했다. "이 이피삼육탕은 삼초(三焦)의 회충병(蛔蟲病)을 통틀어 치료한다."(속칭 烏銃藥이 이것인 듯싶다.—원주)

26-3 저미고(豬尾膏): 적량방

○용뇌향(큰 아이는 0.375g, 소아는 0.1875g을 부드럽게 갈아 그릇에 담는다.) 작은 돼지의 꼬리 끄트머리를 베어 없애고, 두 귀를 잡아 들어올려 피 몇 방울을 그릇 안에 묻힌다. 끓인 물에 섞어 먹는다. 만일 시골 마을에 용뇌향이 없으면 마황을 달여서 배합해 먹어도 또한 괜찮다.
① 속방(俗方): 녹두가루를 가지고 돼지꼬리피로 둥근 알약을 만든다.
② 어떤 한 처방: 둥근 알약을 소두(小豆) 크기로 만들어 담주(淡酒) 또는 자초음(紫草飮)에 섞어 먹는다. 사열이 왕성하면 새로 물을 부어 다스려 내린다.
더러 말하기를, "돼지꼬리는 한시도 휴식함이 없이 흔들려 움직임을 떨쳐 일으키는 뜻을 취한 것이다."

26-4 무가산(無價散): 만전방

○사람·고양이·돼지·개의 똥을 음력 섣달 안에 잿불에 구워 사탕물에 배합해 먹는다.

만전이 말했다. "무가산은 전염성 창양으로 검어진 함증을 흩는 좋은 처방이다."

① 속방(俗方): 개똥의 흰 것을 꿀물에 볶고, 찹쌀을 누렇게 볶아 끓는 물에 같이 담가 맑아진 것을 취해 먹는다.

26-5 활룡산(活龍散): 속방(俗方)

○산 지룡(地龍: 큰 것으로 4~5條)을 깨끗이 씻어 갈아 즙을 취하고 생강즙·박하즙 및 꿀 각각 1순갈을 넣어 새 물로 배합하여 천천히 다 마시면 차차 시원해진다. 만일 사열이 왕성하면 용뇌를 더하면 더욱 오묘하다.

① 어떤 한 처방: 지룡을 취하여 소금에 담가 그 즙을 취해 마시면 목구멍이 부은 증세를 치료한다.

26-6 지연조법(紙撚照法)

○바림한 종이로 노끈을 새끼손가락 크기로 꼬아 맑은 기름에 충분히 담갔다가 모름지기 거품을 없애고 물보라 소리가 나지 않도록 하고, 방안의 창문을 막아 어두컴컴하게 하고 두 광대뼈를 바라보면 마땅히 종이 노끈은 두 귓가에 있으며, 또 콧가를 고르게 비추어 중정(中庭)을 바라보면 마땅히 종이 노끈은 두 눈 모서리 가에 있게 해 고루 밝게 그 살갗 가운데를 살펴보면 이것이 붉거나 보랏빛임을 분명히 가리킬 수 있고 이것이 덩이인지 반점인지 밝고 분명하다. 만일 이것이 홍역의 발진이면 살갗 밖으로 뜨고 살 안에는 뿌리가 없다. 만일 이것이 천연두의 구슬진이면 뿌리가 살 안에 매우 깊이 박혀 있다. 만일 연자(撚子)로 광대뼈 및 중정을 살펴보면 어두워서 보이지 않는다.

26-7 고련계자법(苦楝鷄子法): 섭상항방

○고련피(苦楝皮) 너비 3.03㎝, 그 길이는 아이의 몸뚱이 길이와 같게

헤아려서 바깥의 검은 껍질을 깎아 없애고 흰 껍질만 남겨 잘게 끊어 오지그릇에 넣어 짙게 달여 찌꺼기를 없앤 뒤에 계란 2개를 넣고 속이 익도록 삶아 껍데기를 없애고 아이 빈속에 이를 먹인다.(고련피나무가 열매를 맺지 않은 것은 쓸 수가 없다. 독이 있어 사람을 다친다.)

26-8 작인중황법(作人中黃法): 방광방(方廣方)

○대나무통 한 마디에 두 머리를 남겨 한쪽 마디에 한 구멍을 만들어 그 가운데 감초를 넣고 나서 대나무못으로 구멍을 막아 대변독 속에 1개월 동안 잠갔다 꺼내 햇볕에 말리면 크게 전염성 이질을 치료한다.

26-9 저포도법(猪胞導法): 만전방

○돼지의 똥과 방광 1개를 쓴다. 대나무 대롱을 방광에 꽂아놓고 입속으로 불어 일으키고 또 돼지 쓸개즙·생꿀·맑은 기름을 취하여(각각 반 잔) 고르게 뒤섞어 방광에 부어 넣고 또 불어 일으켜 실로 묶어 기운을 안정시킨다. 담도법(膽導法)과 같이 더욱 빠르다.

26-10 담도법(膽導法): 만전방

○큰 돼지 쓸개(1매)를 쓴다. 거위깃 대롱 두 머리를 가지런히 잘라 한 머리를 쓸개 속에 넣어 실로 꽉 묶어 고정시키고 불어 공기가 가득 차게 하고 항문 속에 들이밀어 곧바로 공기가 통함을 기다렸다가 취하여 없애면 몸속의 기운을 해침이 없이도 억지로 약을 씀과 같다.

만전이 말했다. "변비에 좋은 처방이다."

제8편 합제(合劑) 하

27－1 양독승마탕(陽毒升麻湯): 마지기방

○승마 3.75g, 서각 가루·사간(射干)·황금·인삼·감초 각각 같은 무게를 잘게 썰어 물 2종지로 10분의 5가 되게 달여 밥 먹기 전에 따뜻이 먹는다.

① 주지암방: 황금 7.5g, 승마·사간·인삼 각각 3.75g, 서각 5.625g, 감초 2.625g 이다. 땀이 나면 풀린다.

마지기가 말했다. "양독승마탕은 피부에 붉은 반점이 생기거나 또는 추위에 다쳐 1~2일 동안 몸에 여러 빛깔의 반점이 피어나거나 더러 게우고 난 뒤 변하여 피부에 붉은 반점이 이루어지며, 허리와 등이 쑤시고 아프며, 얼굴이 붉고 미쳐서 헛소리를 하며, 피고름을 게우고 목구멍이 붓고 설사와 이질을 하며 맥이 부대(浮大)한 증상을 치료한다."

27－2 현삼승마탕(玄蔘升麻湯): 마지기방

○현삼·승마·감초 각각 3.75g을 잘게 썰어 물 1종지로 10분의 7이 되게 달여 따뜻이 먹는다.

① 이천방(李梴方): 현삼·승마·감초 각각 11.25g이다.

마지기가 말했다. "현삼승마탕은 반점이 생기고 목구멍이 쑤시고, 습독(濕毒)으로 반점이 생기거나 더러 추위에 다쳐 열사의 독이 내리지 못하고 위장에 있어 반점이 생기거나 또는 땀이 내리고 게운 뒤 남은 병독이 흩어지지 않아 오싹오싹 춥고 열이 몹시 나며 배가 아프고 변비가 생겨 밖으로 나타남이 심하고, 가슴속이 달아오르고 헛소리를 하는 증세에 마땅히 이 약을 먹어 치료한다."

27-3 승마별갑탕(升麻鱉甲湯): 마지기방

○승마 7.5g, 당귀·감초 각 9.375g, 촉초(蜀椒) 20알, 별갑(鱉甲: 구운 것) 3.75g, 웅황 1.5g(따로 간다.)을 잘게 썰어 물 2종지로 10분의 5가 되게 달여 찌꺼기를 버리고 웅황가루를 배합하여 따뜻이 먹는다.

① 이천방(李梴方): 감초·당귀 각 4.5g이며, 승마·촉초·별갑·웅황은 모두 위와 같은 분량이다.

마지기가 말했다. "승마별갑탕은 음증 발반을 치료한다."

27-4 승마육합탕(升麻六合湯): 마지기방

○당귀·감초·촉초·웅황 각각 15g, 승마·연교 각 2.625g을 잘게 썰어 물 1.5종지로 1종지가 되게 달여 따뜻이 먹는다.

마지기가 말했다. "승마육합탕은 임신 중 추위에 다치거나 습독으로 반점이 생긴 증세를 치료한다." 또 말했다. "무릇 태아를 편안하게 하려면 황금을 쓰고, 곧 상초·중초의 약이 화(火)를 아래로 내려가게 하려고 사인(砂仁)을 쓰면 아픔이 그치고 기가 잘 돈다. 만일 피가 부족하여 태아가 편안하지 못하면 아교가 주약이 된다."

27-5 석고육합탕(石膏六合湯): 마지기방

○당귀·감초·촉초·웅황 각각 15g, 석고·지모 각 1.875g을 잘게 썰어 물 1.5종지로 1종지가 되게 달여 따뜻이 먹는다.

마지기가 말했다. "석고육합탕은 임신 중 추위에 다쳐 몸에 열이 나고 크게 갈증이 나는 증세를 치료한다."

27-6 석고탕(石膏湯): 마지기방

○석고 37.5g, 치인(梔仁) 3.75g, 대청(大靑)·승마·망초(芒硝) 각각 5.625g, 두시(豆豉) 180㎖, 총백(葱白) 1.875g, 생강 18.75g을 잘게 썰어 물 1.5종지로 10분의 7이 되게 달여 찌꺼기를 버리고 망초를 넣어 따뜻해지

기를 기다려 천천히 먹는다.

마지기가 말했다. "석고탕은 계절성을 띠고 돌림을 일으키는 병독으로 말미암아 반진이 생긴 증세를 치료한다."

27-7 삼황석고탕(三黃石膏湯): 공정현방

○석고 11.25g, 황금·황련·황백(黃柏)·산치인 각각 5.625g, 마황 3.75g, 향시(香豉) 90㎖, 잘게 썬 생강 3조각, 세다(細茶) 1자밤을 물에 달여 먹는다.

공정현이 말했다. "삼황석고탕은 양독(陽毒)으로 말미암아 반진이 생기고 몸이 누렇고 눈이 붉어지며 미쳐서 부르짖고 달리려 하며, 헛소리를 하고, 육맥(六脈)이 크게 뛰는 증세를 치료한다."

27-8 승기탕(承氣湯): 마지기방

감초 11.25g과 대황·후박·지각·망초를 각각 3.75g을 더하면 이름이 삼을승기탕(三乙承氣湯)이다.

○대황(大黃: 술에 씻은 것)·후박(생강즙으로 가공한 것)·지각(밀기울과 함께 볶은 것)·망초 각각 같은 무게를 잘게 썰어 물 2종지로 먼저 지각을 달여 1.5종지에 이르면 찌꺼기를 없애버리고 대황을 넣어 다시 달여 1종지에 이르면 찌꺼기를 없애버리고 망초를 넣어 거듭 조금 달여 먹되 순조롭거나 순조롭지 않음을 헤아려 다시 먹는다. 약의 분량은 허증과 실증을 헤아려 더하거나 줄인다.

① 만전방: 감초 1.875g이 있다.

마지기가 말했다. "승기탕은 위실(胃實) 증세로 말미암아 헛소리를 하고, 5, 6일 동안 대변을 보지 못해 배가 가득하고, 가슴이 답답하며 입안이 마르고 갈증이 나며, 아울러 음기가 적어 혀가 마르고 입안이 마르며, 오후 3~5시까지 열이 나고, 맥이 약하면서 힘있게 뛰는 경우를 치료한다."

27-9 소승기탕(小承氣湯): 이천방(李梴方)

○대황 15g, 후박·지실(枳實) 각 5.625g을 물로 달여 먹는다.

① 장개빈방: 오매(烏梅)가 있다.

이천이 말했다. "소승기탕은 병이 태음(太陰)에 있어 겉부위에 증세가 없고 땀이 난 뒤 오후 3~5시경에 높은 열이 나서 미친 말을 하고, 배가 몹시 부르며 맥이 힘있게 뛰고, 6~7일 동안이나 대변을 보지 못하고 숨이 차면서 가슴속이 그득하고 답답한 경우를 치료한다."

27-10 조위승기탕(調胃承氣湯): 이천방

○대황 15g, 망초 7.5g, 감초 3.75g이다. 먼저 대황·감초를 10분의 5가 되도록 달여 찌꺼기를 없애고 망초를 넣어 다시 한번 끓여 따뜻이 먹는다.

이천이 말했다. "조위승기탕은 한사가 속에 침범하여 생긴 병증으로 대변이 딱딱하고 소변이 붉으며 헛소리를 하고, 오후 3~5시경에 높은 열이 나는 증세를 치료한다." 또 말했다. "대황은 열을 씻어내고, 지실은 가득참을 설사시키고, 후박은 막힌 것을 없애고, 망초는 마른 것을 축축하게 하고 굳은 것을 물렁하게 하고, 감초는 위기(胃氣)를 조화시킨다." (이상을 통틀어 三承氣라고 말한다.)

28-1 조중탕(調中湯): 마지기방

○창출 5.625g, 진피 3.75g, 곽향(藿香: 볶은 것)·사인(砂仁)·감초(구운 것)·길경(뿌리꼭지를 잘라버린 것)·반하(물에 불려 잿불에 구운 것)·백지(白芷)·강활·지각(枳殼) 각각 2.625g, 천궁 1.875g, 마황(마디를 없앤 것)·계지(桂枝) 각 1.125g, 생강 3조각을 물 2종지로 10분의 5가 되게 달여 따뜻이 먹는다.

① 주지암방: 백작약 2.625g이 있다.

마지기가 말했다. "조중탕은 몸의 안이 다치거나 밖에서 감촉되어 생긴 음증 반진을 치료한다."

28-2 조중익기탕(調中益氣湯): 이천방

○황기 7.5g, 인삼·창출·감초 각각 3.75g, 진피·승마·시호 각각 1.5g, 목향(木香) 0.75g을 물에 달여 먹는다.

이천이 말했다. "조중익기탕은 몸의 안이 다친 증세나 더러 대변을 멀겋게 설사할 때 흰고름이 나오는 증세를 치료한다."

28-3 황기건중탕(黃芪建中湯): 이천방

○백작약 18.75g, 계지 7.5g, 황기(꿀물에 재어 볶은 것)·감초(구운 것) 각각 3.75g, 생강 5조각, 대추 4매를 물로 10분의 5가 되게 달여 찌꺼기를 없애고 엿을 내려(37.5g으로 곧 선명하게 검은 것) 거듭 달여 녹여서 다스려 먹는다.

① 적량방: 인삼이 있다.

이천이 말했다. "황기건중탕은 몸의 정기가 허약해지고 아랫배가 끌어당기듯 아프면서 대변이 금방 나올 것 같고, 꿈속에 정액이 절로 나오고, 팔다리가 시큰거리고 피가 한 곳에 몰려 손발에 열이 성하고, 목구멍이 메마르고 입이 마르는 증세를 치료한다."

28-4 치자인탕(梔子仁湯): 마지기방

○치자인(梔子仁)·적작약·지모(知母)·승마·시호·석고·황금 각각 3.75g, 감초 1.875g, 행인(杏仁: 속껍질과 끝을 떼어 버린 것)·두시 100알을 잘게 썰어 두 차례 먹을 것을 만들어 언제나 물 1종지에 생강 3조각을 넣어 10분의 7이 되게 달여 따뜻이 먹는다.

① 어떤 한 처방: 대청(大靑) 3.75g을 더한다.

마지기가 말했다. "치자인탕은 양증으로 열이 몹시 나거나 추위에 다쳐 열이 나서 미치듯 하면서 온몸의 마디가 쑤시고 아프며, 몸에 반진이 생겨 문드러지고, 가슴속이 달아올라 답답하며, 얼굴이 붉어지고 목구멍이 아픈 증세를 치료한다."

28-5 치자대청탕(梔子大靑湯): 이천방

○치자・대청・황금 각각 5.625g, 승마 3.75g, 행인 3g, 총백 3줄기를 물에 달여 먹는다.

이천이 말했다. "치자대청탕은 임신한 부인이 추위에 다쳐 반진이 생겨 검게 바뀐 증세를 치료한다."

28-6 대청사물탕(大靑四物湯): 마지기방

○대청 15g, 아교(볶아서 구슬같이 만든 것)・감초(구운 것) 각 3.75g, 향시(香豉) 180㎖를 잘게 썰어 물 1종지로 10분의 7이 되게 달여 따뜻이 먹는다.

마지기가 말했다. "대청사물탕은 온열독으로 살갗에 반진이 생긴 증세를 치료한다."

28-7 흑고(黑膏): 마지기방

○생지황 300g, 향시 600g을 잘게 썰고 돼지기름 1200g을 합쳐 달여 기름과 같은 짙은 즙을 취하고 웅황・사향을 써서 녹두 크기와 같이 각기 한 덩어리로 가루를 내어 기름에 넣어 고르게 뒤섞어 언제나 탄알 크기의 한 덩어리를 만들어 끓인 물로 다스려 먹는다.

① 이천방(李梴方): 무게가 같지 않다.

이천이 말했다. "흑고는 온열독으로 살갗에 반진이 생긴 증세를 치료한다."

마지기가 말했다. "흑고는 습이 몰려 생긴 병독으로 생긴 반진을 치료한다." 또 말했다. "겨울철이 크게 따뜻하여 사람이 계절에 맞지 않는 기후를 받아 봄에 이르러 반진이 비단 무늬같이 된 경우이다. 부맥(浮脈)은 양맥(陽脈)에 속하고, 침맥(沈脈)은 음맥(陰脈)에 속하지만 모두 마땅히 이 약을 먹어 전염성 병증의 기운을 없앤다."

28-8 소반청대음(消斑靑黛飮): 이천방

○황련・석고・지모・시호・현삼・생지황・치자・서각・청대 각각 3.75g,

인삼・감초 각 1.875g, 생강 1조각, 대추 2매를 물에 달여 식초 1순갈을 넣어 먹는다.

이천이 말했다. "소반청대음은 양증의 병독으로 열이 나면서 반진이 비단 무늬같이 생긴 증세를 치료한다."

28-9 서각소독음(犀角消毒飮): 마지기방

○우방자(볶은 것) 15g, 형개수・방풍(뿌리꼭지를 잘라버린 것) 각 7.5g, 감초 3.75g, 서각(3.75g을 따로 가루내어 약을 먹을 때 넣는다.)을 잘게 썰어 물 2종지로 10분의 5가 되게 달여 서각가루를 배합하여 따뜻이 먹는다.

마지기가 말했다. "서각소독음은 반진이나 두드러기 등의 증세를 치료한다."

28-10 가미패독산(加味敗毒散): 마지기방

○강활・독활(獨活)・전호(前胡)・시호(柴胡)・당귀・천궁・지각・길경・복령・인삼 각각 1.875g, 감초・박하 각 0.9375g에 백출・방풍・형개・창출・작약・생지황 각각 1.875g을 더하여 잘게 썰어 물 1종지에 생강 3조각, 대추 2매를 넣어 10분의 7이 되도록 달여 따뜻이 먹는다.

마지기가 말했다. "가미패독산은 급성열성 전염병으로 반진 및 두드러기가 생긴 증세나 더러 허약함으로 말미암아 풍습증에 걸려 반진이 생긴 증세를 치료한다."

29-1 소원해독탕(溯源解毒湯): 만전방

○당귀신(當歸身)・천궁・생지황・백작약・인삼・연교・황련・감초(날 것)・진피・목통(木通) 각각 같은 무게를 잘게 썰어 담죽엽(淡竹葉) 10조각을 더하여 물 1잔으로 10분의 5가 되게 달여 따뜻하게 때없이 먹는다.

만전이 말했다. "소원해독탕은 태독(胎毒)을 푸는 좋은 처방이다."

29-2 해독방풍탕(解毒防風湯): 마지기방

○방풍 3.75g, 지골피(地骨皮)・황기・작약・형개수・지각・우방자(볶은 것) 각각 1.875g을 잘게 썰어 물 2종지로 10분의 5가 되게 달여 따뜻이 먹는다.

마지기가 말했다. "해독방풍탕은 반진 및 두드러기가 생겨 가렵고 아픈 증세를 치료한다."

29-3 오약순기음(烏藥順氣飮): 위역림방(危亦林方)

○마황(麻黃)・진피・오약 각각 5.625g, 천궁・백지・백강잠(白殭蠶)・지각・길경 각각 3.75g, 건강(乾薑) 1.875g, 감초 1.125g, 생강 3조각, 대추 2매를 달여 먹는다.

위역림이 말했다. "오약순기음은 모든 풍증과 관련된 가래를 치료하고, 또한 중풍을 치료한다."

29-4 갈근귤피탕(葛根橘皮湯): 마지기방

○갈근・귤홍(橘紅)・행인・지모・황금・마황・감초 각각 같은 무게를 잘게 썰어 언제나 18.75g을 물 1종지로 10분의 7이 되게 달여 따뜻이 먹는다.

마지기가 말했다. "갈근귤피탕은 살과 살갗에 얼룩점이 생기고 쑤셔서, 따뜻함이 턱과 얼굴에 처음 생기고 마음이 답답하고 맑은 즙을 게우는 증세를 치료한다."

29-5 황련귤피탕(黃連橘皮湯): 마지기방

○황련(털을 없앤 것) 15g, 귤피・행인(속껍질과 끝을 떼어버린 것)・지각・마황(마디를 없애고 끓는 물에 잠깐 담갔다 건져낸 것)・갈근 각각 7.5g, 후박(생강 달인 물로 가공한 것)・감초(구운 것) 3.75g을 잘게 썰어 4차례 먹도록 만든다. 언제나 먹을 때 물 1종지로 10분의 7이 되게 달여 따뜻이 먹는다.

마지기가 말했다. "황련귤피탕은 습이 몰려서 생긴 병독의 반진을 치

29-6 인삼강활산(人蔘羌活散): 설기방(薛己方)

○인삼・강활・독활(獨活)・시호・전호・길경・복령・지각・천궁・천마(天麻)・감초・지골피 각각 1.125g에 박하 5잎을 넣고 생강물에 달여 먹는다.

설기가 말했다. "인삼강활산은 천연두 구슬진에 홍역의 발진을 거느림을 치료한다."

29-7 가미강활산(加味羌活散): 마지기방

○강활・전호 각 3.75g, 인삼・길경・감초(구운 것)・지각(밀기울과 함께 볶은 것)・천궁・천마・복령 각각 18.75g, 선태・박하 각 11.25g을 잘게 썰어 물 2종지에 생강 3조각을 넣어 10분의 5가 되게 달여 따뜻이 먹는다.

마지기가 말했다. "가미강활산은 네 계절의 계절에 맞게 바르지 아니한 기후에 따라 생긴 두드러기 증세를 치료한다."

29-8 전호감초탕(前胡甘草湯): 왕궁당방

○전호・감초・생지황・현삼・연교・복령・목통・선태・맥문동・천궁・진피・당귀・생강을 물에 달여 먹는다.

왕궁당이 말했다. "전호감초탕은 수두(水痘)로 오줌빛이 암갈색으로 나오는 증세를 치료한다."

29-9 활명음(活命飮): 설기방

○금은화・진피 각 11.25g, 조각자(皂角刺: 볶은 것)・천산갑(穿山甲: 조개가루를 써서 볶은 것)・유향・몰약(沒藥)・백지(白芷)・방풍・당귀 각각 3.75g, 패모・천화분(天花粉)・감초(마디) 각각 2.625g이다. 언제나 18.75g을 술에 달여 갓난아이와 어미가 같이 먹는다. 가루로 만들어 술에 배합

하여 먹어도 또한 괜찮다.

설기가 말했다. "활명음은 모든 헌데독이나 천연두 병독을 치료한다."

29-10 사심산(瀉心散): 마지기방

○용뇌(龍腦)·우황(牛黃)·주사(朱砂) 각각 5.625g, 대황(날것) 37.5g을 각각 따로 가루내어 고르게 섞어 다시 갈아 언제나 11.25g을 시원한 생강탕에 꿀물을 배합하여 먹는다.

① 어떤 한 처방: 심경(心經)에 열이 쌓임을 치료함에는 황련을 많고 적음에 관계없이 부드럽게 가루내어 물에 배합하여 먹는다.

마지기가 말했다. "사심산은 수소음심경의 열의 속성을 가진 사기로 미친 말과 헛소리를 하고 마음과 정신이 안정되지 못한 증세를 치료한다."

30-1 청기산(淸肌散): 위역림방

○곧 형방패독산(荊防敗毒散: 4-4)에 천마·박하·선태·생강(3조각)을 더한다.

위역림이 말했다. "청기산은 두드러기가 더러 붉거나 또는 희고 가려운 증세를 치료한다."

30-2 소풍산(消風散): 마지기방

○형개수·감초(구운 것) 각 75g, 진피(약한 불기운에 말려 흰 것을 없앤 것)·후박(생강즙에 가공하여 거친 껍질을 없앤 것) 각각 18.75g, 인삼(뿌리꼭지를 없앤 것)·백강잠(볶은 것)·방풍(뿌리꼭지를 없앤 것)·곽향엽(藿香葉)·백복령·천궁·선퇴(蟬退: 흙을 없애고 볶은 것)·강활 각각 37.5g이다.(어떤 한 처방에는 각기 같은 무게이다.) 이것들을 부드럽게 가루내어 언제나 7.5g을 먹는다. 바람을 쐬어 머리가 아프고 맑은 콧물이 흐르면 형개탕차(荊芥湯茶) 맑은 것에 배합해 먹는다. 온몸에 두루 버짐이 생겼으면 따뜻한 술로 먹는다.

① 이천방(李梴方): 무게가 같지 않고 가는 찻잎 1자밤이 있다.

마지기가 말했다. "소풍산은 살갗에 감각이 없고 가려우며 두드러기가 생기고, 부인의 피부병과 머리가죽이 붓고 가려운 등의 증세를 치료한다."

이천이 말했다. "소풍산은 여러 가지 풍증이 위로 치밀어 머리와 눈에 현기증이 나고, 목과 등이 오그라들고 재채기가 나며 목소리가 무겁고 탁하며, 귀에서 매미 울음소리가 나는 증세를 치료한다."

30-3 발독산(拔毒散): 이천방

○한수석(寒水石)·생석고 각 75g, 황백(黃栢)·감초 각 18.75g을 가루내어 새 물에 배합하여 닭깃으로 상처 위를 씻거나 더러 종이꽃을 펴서 붙인다.

이천이 말했다. "발독산은 단독(丹毒)이 여기저기로 옮겨 안정되지 않는 증세를 치료한다."

30-4 삼활산(蔘滑散): 설기방

○지골피·마황(마디를 없앤 것) 0.375g, 인삼·활석·대황(大黃: 밀가루반죽에 싸서 구운 것) 0.375g, 지모·강활·첨정력(甛葶藶: 볶은 것) 0.375g, 감초(구운 것) 0.1875g을 가루내어 언제나 1.875g을 물 작은 1잔으로 밀 7알을 넣어 달여 몇차례 끓어오르면 언제나 3~5숟갈을 먹는다. 많이 먹으면 안된다.

30-5 맥탕산(麥湯散): 마지기방

○지골피(볶은 것)·감초(구운 것)·활석 각각 1.875g, 마황(마디를 없앤 것)·인삼·숙지황·지모·첨정력(甛葶藶)·강활 각각 1.125g을 거칠게 가루내어 물 1종지에 밀 7알을 넣고 10분의 5가 되게 달여 따뜻이 먹는다.

① 왕긍당방: 숙지황이 없고 대황이 있다.

마지기가 말했다. "맥탕산은 수두를 치료한다."

30-6 호마산(胡麻散): 이천방

○호마자(胡麻子) 93.75g, 고삼(苦蔘)·형개수·하수오(何首烏) 각각 37.5g, 위령선(威靈仙: 볶은 것)·방풍·석창포(石菖蒲)·악실(惡實: 볶은 것)·감국(甘菊)·만형자(蔓荊子)·백질려(白蒺藜: 볶은 것)·감초 각각 28.125g을 가루내어 언제나 7.5g을 박하탕으로 먹는다.

이천이 말했다. "호마산은 풍사와 열사가 겹쳐 두드러기가 온몸에 생겨 가렵거나 더러 옴과 또 자주빛과 흰빛 꽃보라 모양의 반점이 생긴 증세를 치료한다."

30-7 지실주(枳實酒): 위역림방

○지실(많거나 적거나 관계 없이 밀기울에 누렇게 볶아 조각낸 것) 11.25g을 따뜻한 술 1잔에 담가 지실을 없애버리고 한번에 술만 마신다.

위역림이 말했다. "지실주는 온몸에 물집성 흰 반진이 생겨 가려운 증세를 치료한다."

30-8 삼선산(三仙散): 마지기방

○산사(山査)·신곡(神麴)·맥아(麥芽) 각각 37.5g을 부드럽게 가루내어 언제나 7.5g을 흰사탕 0.375g을 끓는 물에 넣어 배합하여 먹는다.

마지기가 말했다. "삼선산은 운두진(雲頭疹)을 치료한다."

30-9 누로탕(漏蘆湯) ①: 마지기방

○누로(漏蘆)·백렴(白斂)·황금·마황·박초(朴硝)·승마·감초(구운 것)·지실(흰 것을 없애버리고 밀기울에 볶은 것)·작약 각각 3.75g, 대황 7.5g이다.

① 어떤 한 처방: 연교를 더하고 지실·작약을 없앤다.
② 어떤 한 처방: 연교·지각·지정(地丁: 포공령)·금은화를 더하고, 감초·지

실·작약을 없앤다. 나머지는 각기 같은 무게이고, 대황·지정·금은화는 절반으로 줄여 잘게 잘라 언제나 11.25g을 물 1종지로 10분의 7이 되게 달여 빈속에 뜨겁게 먹는다. 더러 생강 3조각, 박하 3조각을 더하여 달이면 악물(惡物)을 소변으로 내려보내니 헤아릴 것이다.

마지기가 말했다. "누로탕 ①은 다섯 가지 단독(丹毒) 및 모든 피부에 얕게 생긴 헌데를 치료한다. 병독으로 부음을 처음 깨달은 1~2일 만에 문득 추위에 다친 듯이 머리가 쑤시고 더위먹은 갈증으로 팔다리와 몸이 오그라들고, 오한(惡寒)으로 몸뚱이가 쑤시며 아프고 위중하여 정신이 흐릿하여 어지러워지고, 앉거나 누워도 편안치 않고, 살갗에 높은 열이 나고, 변비가 생기고 소변이 적황색일 경우를 치료한다. 다만 아이를 잉태한 부인은 먹기를 꺼린다."

30-10 누로탕 ②: 마지기방

○누로·승마·대황·황금·남엽(藍葉: 곧 大藍靑靛葉)·현삼 각각 같은 무게를 잘게 썰어 언제나 7.5g이나 11.25g을 물 1종지로 10분의 7이 되게 달여 따뜻이 먹는다. 열이 몹시 나면 망초(芒硝)를 더한다.

마지기가 말했다. "누로탕 ②는 오장육부에 열이 쌓여 붓는 병독이 생기고 때로 쥐부스럼병이 돌아 머리와 얼굴이 붉게 붓고, 목안이 막혀 물과 약이 내려가지 않는 모든 위급한 전염병을 치료한다."

31-1 옥분산(玉粉散): 주지암방

○합분(蛤粉) 178.125g, 활석 159.375g, 한수석(벌겋게 달궈 부순 것)·속미분(粟米粉) 각 37.5g, 정분(定粉) 18.75g, 석고·백석지(白石脂)·용골 각각 9.375g을 가루내어 말려 병든 곳에 바른다.

주지암이 말했다. "옥분산은 땀이 배어 창양을 이루고 부어 가렵고 뒤흔들려 아픈 증세를 치료한다."

31-2 영초단(靈草丹): 방광방(方廣方)

○자배부평(紫背浮萍) 150g, 한방기(漢方己) 18.75g을 짙게 달여 끓는

물로 씻어내고, 더러 부평을 햇볕에 말려 부드럽게 가루내어 졸인 꿀로 탄알 크기로 둥근 알약을 만들어 언제나 1알약을 검정콩을 담가두었던 술로 다스려 먹는다.

　방광이 말했다. "영초단은 모든 풍질(風疾) 및 두드러기, 붉고 흰 꽃보라 모양의 반점과 반진·옴 등을 치료한다."

31-3 창이환(蒼耳丸): 방광방

　○창이엽(蒼耳葉)을 5월 5일(음력) 베어 깨끗이 씻어 햇볕에 말려 가루내어 졸인 꿀로 오동씨 크기로 둥근 알약을 만들어 언제나 10알약씩 하루 세 차례 먹는다.

　방광이 말했다. "창이환은 여러 풍질과 두드러기 및 붉고 흰 꽃보라 모양의 반점을 치료한다."

31-4 남엽산(藍葉散): 주지암방

　○남엽·건갈(乾葛)·승마·생지황·적작약·천궁·행인·지모·시호·백지(白芷)·감초(날것) 각각 3.75, 석고·치자 각 1.875g을 물에 달여 먹는다.

　주지암이 말했다. "남엽산은 단독(丹毒)을 치료한다."

31-5 갈근탕(葛根湯): 왕궁당방

　○갈근 7.5g, 황금·대황(식초에 불려 볶은 것)·치자·박초·감초 각각 5.625g이다.

　왕궁당이 말했다. "갈근탕은 양증으로 열이 심해 살갗에 붉은 반점이 생김을 치료한다."

31-6 패포산(敗蒲散): 만전방

　○오래된 부들부채를 써서 태운 재를 언제나 11.25g을 따뜻한 술에 배합해 때없이 먹는다.

만전이 말했다. "패포산은 땀을 그치게 한다."

31－7 탑기환(塌氣丸): 만전방

○흑견우(黑牽牛: 75g을 37.5g은 날것으로 37.5g은 볶아서 머리 부분을 취하여 37.5g을 가루낸다.)·목향 18.75g, 계심빈랑(鷄心檳榔) 흰 것 1쌍을 함께 가루내어 신국(神麴)풀로 기장쌀 크기로 둥근 알약을 만들어 생강탕으로 먹는다.

만전이 말했다. "탑기환은 배가 몹시 불러오르며 그득한 증세를 치료한다."

31－8 용뇌고(龍腦膏): 만전방

○빙편(氷片)을 갈아 가루내어 지금 막 잡은 돼지 심장 피에 섞어 용안 열매씨 크기로 둥근 알약을 만든다. 소아는 2분의 1알약을 먹고 대인은 1알약을 먹는다.

만전이 말했다. "용뇌고는 병독이 나오지 않아 가슴이 답답한 증세를 치료한다."

31－9 우리고(牛李膏): 만전방

○우리자(牛李子)를 많거나 적거나 관계 없이 취하여 돌그릇 가운데서 즙을 내어 볶아서 고약을 만든다.(우리자는 들의 길가에 나는데 가을에 이르러 열매가 검고 둥글게 이삭을 이룬다.) 언제나 쥐엄나무 열매 크기의 1알약을 달여 행교탕(杏膠湯)으로 다스려 먹는다.

만전이 말했다. "우리고는 변비로 위장에 몰린 열을 치료한다."

31－10 온분박법(溫粉撲法): 만전방

○황련·패모·모려분(牡礪粉) 각각 18.75g, 멥쌀가루 1800㎖를 부드럽게 가루내어 몸 위에 바른다.

만전이 말했다. "온분박법은 땀이 몹시 많이 나고 그치지 않는 증세를 치료한다."

32-1 진씨이공산(陳氏異功散): 설기방(薛己方)

○목향·당귀·복령 각각 13.125g, 육계(肉桂) 7.5g, 인삼·육두구(肉荳蔻)·진피·정향(丁香)·반하 각각 9.375g, 백출·후박·부자 각각 5.625g을 잘게 잘라 언제나 11.25g을 생강 3조각, 대추 2매를 더해 물 1종지로 10분의 5가 되게 달여 따뜻이 먹는다. 부자를 없애도 또한 괜찮다. 만일 속이 허약하여 설사가 심하면 또한 분량을 헤아릴 수 없고 아이가 크고 작음에 따라 더하거나 줄여 이를 먹는다.

적량이 말했다. "진씨이공산은 순전히 음의 성질만 있고 양의 성질이 없는 약제라 허약해서 땀이 나는 경우가 아니면 쓸 수가 없다."

32-2 구미이공전(九味異功煎): 장개빈방

○황기(黃芪: 구운 것) 11.25g, 인삼·당귀·숙지황 각각 7.5g이나 11.25g, 육계(肉桂) 3.75g, 감초(구운 것) 2.625g, 정향 1.125g이나 1.875g, 건강(乾薑: 물에 불려 잿불에 구운 것)·부자(法製한 것) 각각 3.75g이나 7.5g이다.

장개빈이 말했다. "구미이공전은 추워서 몸을 떨고 이빨을 맞부딪치거나 게우고 설사하며 배가 아프거나 허한증 등을 치료한다. 만일 설사가 나고 배가 아프면 육두구(肉荳蔻)를 더하거나 더러 백출을 더한다."

32-3 진씨목향산(陳氏木香散): 적량방

○목향·대복피(大腹皮)·인삼·육계·반하·청피(靑皮)·전호(前胡)·적복령·감초·가자육(訶子肉: 밀가루반죽에 싸서 구워 씨를 없앤 것)·정향 각각 같은 무게이다. 허약하면 황기 같은 무게를 더하여 물 1종지에 생강 3조각과 찹쌀 1자밤을 넣어 10분의 5가 되게 달여 따뜻이 먹는다.

적량이 말했다. "진씨목향산은 순전히 음의 성질만 있고 양의 성질이 없는 약제라 더러 설사로 갈증이 나는 경우를 치료한다. 대개 위장이 허약하고 차가우면 설사가 난다. 설사로 진액(津液)을 잃으면 사람들은 갈증을 일으킨다. 이 처방은 위장을 돕고 위장을 따뜻이 하여 위장을 조절하면 설사가 멈춘다. 대개 위장이 허약하거나 차갑지 않으면 설사는 저절로 그치고 갈증도 절로 없어진다."

진문중(陳文中)이 말했다. "① 배가 몹시 불러오르며 그득한 증세로 갈증이 나거나 ② 설사로 갈증이 나거나 ③ 발가락이 차갑고 갈증이 나거나 ④ 놀라서 가슴이 두근거리고 갈증이 나거나 ⑤ 추워서 몸을 떨며 갈증이 멈추지 않거나 ⑥ 갑자기 몹시 놀라 이빨을 맞부딪치며 갈증이 나거나 ⑦ 물을 마시자 물이 돌아 설사가 그치지 않는 경우인 위의 일곱 가지 증세는 모두 열증이 아니고, 곧 진액이 적어 비위(脾胃)와 근육이 허약하기 때문이다. 목향산으로 이를 치료함이 마땅하다."

32-4 목향대안환(木香大安丸): 만전방

○목향 7.5g, 황련·진피·백출 각각 11.25g, 산사육·지실(밀기울과 함께 볶은 것)·내복자(萊菔子: 볶은 것)·연교·신국(神麴: 볶은 것)·맥아(麥芽: 볶은 것)·사인(砂仁: 볶은 것) 각각 5.625g을 가루내어 신국호(神麴糊)로 둥근 알약을 만들어 묵은쌀 끓인 물로 먹는다.

32-5 목향빈랑환(木香檳榔丸): 장개빈방

○목향·빈랑·청피(青皮: 속을 파버린 것)·진피(흰 부분을 없앤 것)·지각(밀기울과 함께 볶은 것)·봉출(蓬朮: 밀가루반죽에 싸서 구워 썬 것)·황련 각각 37.5g, 황백(껍질을 없앤 것)·향부자(볶은 것)·대황(볶은 것) 각각 112.5g, 흑축(黑丑: 머리부분을 취하고 끝을 없앤 것) 150g을 물알약으로 완두콩 크기로 만든다. 언제나 30~50알약을 밥 먹은 오랜 뒤 생강탕으로 먹어 내려보낸다. 약간 소변이 순조로움을 헤아리게 된다.

장개빈이 말했다. "목향빈랑환은 모든 기가 돌지 못해 명치와 배가 더부룩하고 그득차며 옆구리가 부어오르고 그득하며 대변·소변이 껄끄럽고 변비가 있어 통하지 않는 증세를 치료한다."

32-6 정향비적환(丁香脾積丸): 만전방

○삼릉(三稜: 털을 없애고 식초에 담갔다가 밀가루반죽에 싸서 구운 것)·아출(莪朮: 껍질을 없애고 위와 같이 가공한 것) 각 1.875g, 정향·목향 각 1.875g, 청피(속을 파버린 것)·오매육(약의 성질이 남도록 태운 것)·저아(猪牙)·조각(皂角: 약의 성질이 남도록 태운 것) 각각 11.25g, 파두(껍데기를 없애고 살만 취한 것) 49알을 부드럽게 가루내어 식초로 신국풀에 배합하여 녹두알 크기의 둥근 알약을 만들어 언제나 5~7알약을 원물탕(原物湯)으로 먹는다.

32-7 육미회양음(六味回陽飮): 장개빈방

○인삼 37.5g이나 75g, 숙지황 18.75g이나 37.5g, 당귀 11.25g, 가공한 부자, 물에 불려 잿불에 묻어 구운 건강(乾薑) 각 7.5g이나 11.25g, 구운 감초 3.75g을 물 2종지에 세찬 불로 10분의 7~8이 되게 달여 따뜻하게 먹는다. 살에 땀을 많이 흘리는 경우는 구운 황기 또는 동백출(冬白朮)을 더한다. 설사에는 오매·오미자를 더한다. 허약하여 양기가 위로 뜨면 복령을 더한다. 간경(肝經)에 기혈 등이 몰려 머물러 있으면 육계를 더한다.

장개빈이 말했다. "육미회양음은 음기와 양기가 바야흐로 줄어들어 허탈해진 등의 증세를 치료한다."

32-8 온중익기탕(溫中益氣湯): 섭상항방

○당귀(술에 씻은 것)·백복령·산사육 각각 2.25g, 인삼·백출(가공한 것) 각 1.875g, 구운 감초·천궁 각 1.5g, 백지·방풍 각 1.125g, 목향·관계(官桂) 각 0.75g, 황기(날것을 쓴다.) 3g, 생강 1조각, 대추 1매를 달여 먹으면 속병이 곧 그친다.

섭상항이 말했다. "온중익기탕은 천연두로 허약해져 모습이 핼쑥해진 증세를 치료한다."

32-9 삼사화위산(蔘砂和胃散): 섭상항방

○백출(뿌리꼭지를 잘라버리고 껍질을 긁어내고 볶은 것)・백복령 각 1.875g, 인삼・사인(砂仁: 간 것)・반하(가공한 것) 각 1.5g, 곽향・진피 각 1.125g, 구운 감초 0.75g, 생강(껍질을 없앤 것) 3조각을 물에 달여 먹는다.

섭상항이 말했다. "삼사화위산은 정기가 허약하고 속이 차서 게우는 증세를 치료한다."

32-10 인삼맥문산(人蔘麥門散): 만전방

○맥문동・갈분(葛粉) 각 7.5g, 인삼・감초・승마 각 1.875g, 담죽엽 7조각, 찹쌀 180㎖를 물에 달여 찹쌀이 익으면 찌꺼기를 없애고 따뜻이 먹는다.

만전이 말했다. "인삼맥문산은 천연두를 앓는 중 갈증이 나는 증세를 치료한다."

33-1 양비환(養脾丸): 만전방

○인삼・백출・당귀・천궁 각각 5.625g, 목향・청피・황련・진피 각각 3.75g, 사인・산사육・신국(볶은 것)・맥아(볶은 것) 각각 1.875g을 부드럽게 가루내어 물로 배합하고 신국풀로 삼씨 크기로 둥근 알약을 만들어 언제나 30~50알약을 묵은쌀 미음으로 먹는다.

33-2 익황산(益黃散): 만전방

○진피 37.5g, 청피・감초(구운 것)・가자육(訶子肉) 각각 18.75g, 정향 11.25g을 가루내어 언제나 7.5g을 물에 달여 먹는다.

만전이 말했다. "익황산은 비장이 허약한 것을 돕고 허한(虛寒) 증세를 치료한다."

적량이 말했다. "청피는 능히 몰린 기를 뚫고 간기를 정상으로 회복시킨다."

33-3 온장환(溫臟丸): 장개빈방

○인삼(마땅함에 따라 쓰고 없어도 또한 괜찮다.)·백출(쌀뜨물에 담가 볶은 것)·당귀 각각 150g, 작약(술에 불려 누렇게 볶은 것)·복령·천초(씨눈이 합친 것을 없애고 볶아 땀을 낸 것)·세비육(細肥肉)·사군자(使君子: 밀가루반죽에 싸서 구워 살을 취함)·빈랑 각각 75g, 건강(물에 불려 잿불에 구운 것)·오수유(吳茱萸: 끓는 물에 잠깐 담갔다가 건져 하루를 재워 볶은 것) 각 37.5g을 가루내어 신국풀로 오동씨 크기로 둥근 알약을 만들어 언제나 50~70알약이나 더러는 100알약을 굶주렸을 때 끓인 물로 먹는다. 만일 장(腸)이 차가운 경우에는 가공한 부자 37.5g이나 75g을 더하고, 오장에 열이 있는 경우에는 황련 37.5g이나 75g을 더한다.

장개빈이 말했다. "온장환은 여러 가지 벌레가 배안에 몰린 것을 치료해 이미 물리쳤으나 다시 생기는 경우를 치료한다. 대체로 오장의 기능이 허약하고 속이 차기 때문이다. 마땅히 비장과 위장을 따뜻하고 튼튼하도록 해서 그 근원을 막는 데는 이 처방이 주약이다."

33-4 이음전(理陰煎): 장개빈방

○숙지황 11.25, 18.75, 26.25g 또는 37.5, 75g, 당귀 7.5, 11.25g 또는 18.75, 26.25g, 구운 감초 3.75, 7.5, 11.25g, 건강(乾薑: 누렇게 볶은 것) 3.75, 7.5, 11.25g에 더러 계육(桂肉) 7.5g을 더해 물 2종지로 10분의 7, 8이 되게 달여 뜨겁게 먹는다.

장개빈이 말했다. "모든 비장·신장이 허약한 등의 증세에는 성질이 굳세고 메마른 것이 마땅하다. 비장과 위장을 조리하는 데는 마땅히 이중탕이나 육군자탕의 유를 써 따뜻하고 윤기 있게 하는 것이 맞다. 마땅히 이음전이나 대영전(大營煎)의 무리를 써야 한다. 조절하고 돕는 작용을 알려면 마땅히 먼저 이음전을 살펴야 한다."

33-5 양중전(養中煎): 장개빈방

○인삼·백편두(白扁豆: 볶은 것) 각 7.5g이나 11.25g, 산약(山藥)·복령 각 7.5g, 건강(누렇게 볶은 것)·구운감초 각 3.75g을 물 2종지로 10분의 7이 되게 달여 밥을 먹은 오랜 뒤에 따뜻이 먹는다. 만일 썩은 냄새가 나는 트림을 하거나 기가 돌지 않고 머물러 있는 경우에는 진피 3.75g을 더하거나 또는 사인(砂仁) 1.5g을 더한다. 또 만일 위속이 비어 주림을 깨닫는 경우에는 숙지황 11.25g이나 18.75g을 더한다.

장개빈이 말했다. "양중전은 속의 기운이 허약하고 차가워서 게우고 설사하는 증세를 치료한다."

33-6 삼강음(蔘薑飮): 장개빈방

○인삼 11.25g이나 18.75g, 감초(구운 것)·건강(물에 불려 잿불에 구운 것) 각 1.875g을 물 1종지로 10분의 8이 되게 달여 천천히 먹는다. 이 처방에다 진피 또는 필발(蓽撥) 또는 복령 등을 모두 참작하여 보좌약으로 할 수 있다.

장개빈이 말했다. "삼강음은 비장·폐장·위장의 원기가 허약하고 차가워 게우고 기침하거나 숨을 얕게 쉬며 숨차고 젖을 게우는 증세를 치료한다."

33-7 삼류탕(蔘柳湯): 묘희옹방(繆希雍方)

○서하류(西河柳: 바람에 말린 것) 7.5g, 사삼(沙蔘)·길경·패모 각각 3.75g, 감초 1.875g을 물에 달여 먹는다.

묘희옹이 말했다. "천연두 뒤 일어난 발진의 주처방이다."

33-8 맥전산(麥煎散): 왕긍당방

○활석·지골피·적작약·석고·백복령·행인·지모·감초·정력자(葶藶子: 볶은 것)·인삼·마황 각각 같은 무게이다. 언제나 3.75g을 보리씨 달인 물로 먹는다.

① 어떤 한 처방: 지골피·활석을 없애고 강활·천궁을 더하여 박하를 달여 끓

인 물에 배합해 먹는다.

왕궁당이 말했다. "맥전산은 소아가 놀라거나 추위에 다쳐 게우고, 높은 열이 겉부위와 속에서 나며 내리지 않고, 숨이 거칠고 숨이 차며 얼굴이 붉고 땀이 절로 나거나 더러 미쳐서 헛소리를 하고 놀라 외치거나, 또는 말을 못하고 땀이 나지 않고, 또는 온몸에 두드러기가 돋아 붉고 가려우며, 일정한 시간에 열이 나는 증세를 치료한다."

만일 갓난아이가 바람과 차가움을 받고 코가 막히고 몸에 열이 나며 재채기를 하고 몹시 울면 언제나 1자밤을 맥탕(麥湯)에 배합해 먹는다.

33-9 이진탕(二陳湯): 적량방

○진피・반하・복령・감초를 물에 달여 먹는다.

적량이 말했다. "이진탕은 비장・위장의 습담을 치료하는 처방인 것이다. 물이나 곡식이 위장으로 들어가면 물에 젖지 않을 수 없다. 비장이 왕성하면 능히 음식물을 소화시켜 진액(津液)을 만들어 위로는 폐장으로 돌아가고 아래로 방광에 이르게 하여 습기가 머무를 수 없는 것이다. 다만 비장이 허약해 소화시킴을 지배하지 못해 횡경막 사이에 막혀 머물러 있으면 그 아래 이초(二焦)의 기운이 찌는 듯이 무더워 분비물이 끈적끈적 진액이 몰려 걸쭉하고 탁하게 된 것을 이 처방으로 치료한다. 반하는 맛이 맵고 성질이 뜨거워 능히 습사(濕邪)를 없앤다. 복령・감초는 맛이 싱거워 능히 습사를 오줌으로 나가게 한다. 습사를 없애면 담(痰)이 생길 까닭이 없다. 이른바 병을 치료하는 데는 반드시 그 근본을 찾아내야 한다. 진피는 맛이 맵고 성질이 따뜻해 능히 기를 통하게 한다. 감초는 맛이 달고 성질이 평해 능히 비장을 돕는다. 비장을 도우면 비장은 충분히 습사를 없앤다. 오줌으로 나가게 하면 능히 걸쭉하고 탁한 진액이 능히 머물러 막힘이 없다. 이것이 이진탕의 뜻인 것이다."

33-10 치련이진탕(梔連二陳湯):

○백복령 3g, 황련(생강즙에 볶은 것)・치자(생강즙에 볶은 것) 각 1.875g,

반하 1.5g, 진피(흰 부분을 없앤 것)·감초(구운 것) 각 0.75g, 생강 2조각을 달여 느릿느릿 먹는다. 게움이 그치면 곧 먹지 않는다.

34-1 해독탁리산(解毒托裏散): 만전방

○황기·당귀·방풍·형개·연교·금은화·목통·적작약·감초마디를 물에 달여 술을 조금쯤 넣어 먹는다.

① 이헌길방: 위의 약제가 각각 3.75g이다.

적량이 말했다. "황기를 꿀물에 축여 구우면 곧 원기를 돕는 약인 것이다. 당귀와 함께 쓰면 옛사람이 말한 보혈탕(補血湯)이다. 양기가 생겨나야 음기가 자라나는 작용을 한다는 뜻이다. 혈기가 왕성하면 저절로 사기(邪氣)가 머무르지 않는다. 방풍·형개·목통은 또한 오줌을 성글게 하여 이끌어 내보내는 물품이라 사기가 스스로 머물지 못하게 된다. 금은화·연교·적작약·감초마디는 성질이 차서 열을 내리고 병독을 풀어내는 효력이 뛰어난 약이라 병독은 저절로 번성하지 못하고 안에서 없어지기 때문에 해독내탁산이라고도 한다."

34-2 양혈해독탕(涼血解毒湯): 손일규방

○당귀 4.5g, 백지 1.875g, 승마 1.5g, 자초 5.625g, 홍화(紅花) 3.75g, 적작약 3.75g, 길경 3g, 연교 1.125g, 등심(燈心) 20뿌리를 물에 달여 먹는다.

손일규가 말했다. "양혈해독탕은 여자가 구슬진이 돋기 전에 달거리 주기가 아닌 데도 열이 일어나면서 피가 갑자기 생기는 증세를 치료한다."

34-3 양혈지황탕(涼血地黃湯): 손일규방

○당귀·천궁·백작약·생지황·백출·승마·황련·감초·인삼·산치인(山梔仁)·현삼을 물에 달여 먹는다.

손일규가 말했다. "양혈지황탕은 처녀가 구슬진이 돋기 전에 전구진이 나타나고 달거리를 만나 그치지 않고 열이 자궁으로 들어가는 증세를 치료한다."

34-4 당귀양심탕(當歸養心湯): 손일규방

○인삼·당귀·맥문동·감초·승마·생지황 각각 같은 무게에 등심을 더해 물에 달여 먹는다.

손일규가 말했다. "당귀양심탕은 여자가 피를 흘려 말을 할 수 없는 경우를 치료한다."

34-5 감초사심탕(甘草瀉心湯): 장기방(張機方)

일명 반하사심탕(半夏瀉心湯)이다.

○반하(물로 씻은 것) 300g, 황련 37.5g, 건강(乾薑)·황금·감초(구운 것)·인삼 각각 112.5g, 대추 20매이다. 이상 7가지 약제를 물 18ℓ(1말)로 10분의 6이 되게 삶아 찌꺼기를 없애고 이를 다시 10분의 5가 되도록 달여 따뜻이 먹는다. 1.8ℓ로 하루 3차례 먹는다.

장기가 말했다. "게우고 나서 장(腸)에서 꾸르륵소리가 나며 명치 밑이 그득하고 더부룩한 경우에는 이 감초사심탕이 주약이다. 반하·건강의 매운맛이 비장에 들어가 맺힌 사기를 흩어내고, 황련·황금의 쓴맛이 심장에 들어가 배가 더부룩하여 열이 나는 증세를 배설하고, 인삼·감초·대추의 단맛이 비장에 들어가 그 급하고 빠름을 누그러뜨린다."

34-6 용담사간탕(龍膽瀉肝湯): 설기방

○용담초(술에 불려 누렇게 볶은 것) 3.75g, 차전자(볶은 것)·당귀미(當歸尾)·목통·택사(澤瀉: 큰사람은 2배를 쓴다.)·감초·황금·생지황·산치(山梔: 큰사람은 2배를 쓴다.)를 물에 달여 먹는다.

장개빈이 말했다. "용담사간탕은 습열이 간담에 몰려 생긴 병증이나 더러 음낭이 곪고 내려간 대변 병독이 가득차고 소변이 껄끄럽게 막히거나 또는 음낭이 아프고 소변이 찔끔거리는 증세를 치료한다. 만일 소아를 치료하려면 어미가 같이 먹는다."

34-7 사간산(瀉肝散): 손일규방

○강활·천궁·방풍 각각 3g, 당귀 3.75g, 산치자·용담초 각 1.875g, 대황(술에 재웠다 3차례 찐 것) 3.75g을 물에 달여 먹는다.

① 어떤 한 처방: 목통·시호·황금이 있다.

손일규가 말했다. "사간산은 여자의 달거리가 끊어지지 않고 마침 천연두 구슬진이 돌아나옴을 만나 열이 나서 정신이 아득하며 말을 미친 듯이 함부로 하는 증세를 치료한다."

34-8 세간명목산(洗肝明目散): 적량방

○당귀·천궁·강활·방풍·치인·용담초·시호·밀몽화(密蒙花)·목적초(木賊草) 각각 같은 무게를 부드럽게 가루내어 언제나 3.75g을 묽은 사탕물에 배합해 먹는다.

적량이 말했다. "천궁·당귀는 피가 허약한 것을 북돋운다. 눈은 피를 얻어야 잘 보인다. 강활·방풍은 열을 흩어지게 하며 열이 물러나면 눈이 밝아진다. 용담초·시호·치인은 간에 들어가 간화(肝火)를 맑게 하며, 눈은 간의 구멍인 것이다. 밀몽화·목적초는 또한 속눈썹으로 각막을 찔러 눈속에서 눈물을 흘리게 하므로 없어서는 안될 약인 것이다."

34-9 인삼청폐음(人蔘淸肺飮): 오학손방(吳學損方)

○행인·마황·시호·진피·작약·오미자·상백피·지각·형개수·인삼·감초·박하·파·생강을 물에 달여 먹는다.

오학손이 말했다. "인삼청폐음은 바람이 밖에서 침입한 열사 때문에 기침 소리가 끊이지 않고, 숨결이 몹시 빠르고 가슴이 답답하며, 가래가 몹시 끓고 코가 막히며, 기침소리가 나고 목이 쉬어 말을 못하고 입안이 말라 갈증이 나는 증세를 치료한다. 만일 내장 장기에 병이 생겨 설사를 하거나 음식을 조금 들어도 게우고 손발이 싸늘하며, 그 피부 질병이 회백색인 경우는 모두 이 인삼청폐음을 먹을 수 없다."

34-10 감길청금산(甘桔淸金散): 만전방

○길경 37.5g, 우방자(볶은 것) 26.25g, 연교(목질 부분을 빼버린 것)·감초 각 18.75g, 가자육(訶子肉) 11.25g을 부드럽게 가루내어 언제나 3.75g을 박하엽 조금쯤과 같이 달여 먹는다.

만전이 말했다. "감길청금산은 폐장에 생긴 여러 가지 열증으로 소리가 맑게 울리지 않는 증세를 치료한다."

35-1 도인승기탕(桃仁承氣湯): 만전방

○도인(桃仁: 속껍질과 끝을 잘라내고 진흙처럼 갈되 달이지 말라) 20개, 대황 7.5g, 관계(官桂)·홍화 각 3.75g, 감초 1.875g이다. 대황·관계·홍화·감초를 부드럽게 갈아 물 1잔으로 10분의 7이 되게 달여 찌꺼기를 버리고 도인니를 넣어 다스려 밥 먹기 바로 전에 먹는다.

① 주지암방: 도인 20알을 속껍질과 끝을 잘라내고, 계지(桂枝) 3.75g을 껍질을 없애고, 대황 1.875g, 망초 7.5g, 감초 5.625g이다. 이 가운데 도인·계지·대황·감초를 물로 달여 찌꺼기를 버리고 망초를 넣어 다시 달여 몇번 끓은 다음 먹는다.

35-2 도적통기탕(導赤通氣湯): 만전방

○생지황·목통·맥문동·인삼·석창포·감초·당귀신·등심을 물을 길어 달여 먹는다.

만전이 말했다. "도적통기탕은 심기가 부족한 증세와 목소리가 높은 증세를 치료한다."

35-3 계지대황탕(桂枝大黃湯): 적량방

○계지·백작약 각 9.375g, 대황 5.625g, 감초 1.875g, 생강 1조각을 물 1종지로 10분의 5가 되게 달여 밥 먹기 전에 먹는다.

적량이 말했다. "계지대황탕은 오한이 나고 열이 남이 고르지 못해 뱃속이 아픈 증세를 치료하는 처방이다. 오한과 열이 고르지 못한 경우에는 먼저 열이 나는 약물을 먹은 뒤 약성이 찬 것을 먹는다. 두 가지가 고르지 못해 뱃속이 아프게 된 것이다. 계지는 능히 본질이 한증(寒症)인 병을 흩어버린다. 대황은 능히 사기가 왕성한 열을 배설한다. 작약은 비장을 튼튼하게 하고 간장을 고른다. 감초는 속의 기운을 돋우고 골라 오한과 발열이 골라지게 되면 배의 기운이 절로 편안해지는 것이다."

35-4 강활산울탕(羌活散鬱湯): 옹중인방(翁仲仁方)

○방풍·강활·백지·형개·길경·지골피·천궁·연교·감초·자초·대복피(大腹皮)·서점자(鼠粘子)이다. 이 약제를 거칠게 가루약을 만들어 물 1종지에 등심 14뿌리로 10분의 6이 되게 달여 따뜻이 먹는다.

옹중인이 말했다. "강활산울탕은 사기가 왕성해 나타나는 열이 몹시 막혀 기가 몰리고 겉부위에 이르지 못해 숨이 거칠고 가슴속이 그득하고 답답하며, 배가 몹시 불러오르면서 속이 그득하고 달아올라 답답하여 편안치 못해 미친 말과 헛소리를 하고, 잠자리도 편안치 않고, 대변·소변이 변비가 되고, 머리카락이 뻗치고 얼굴이 붓고 눈이 벌려져 성난 것 같은 증세를 오로지 치료하되 모두 신기한 효험이 있다. 아울러 풍사와 한사가 겹치게 되어 밖으로 치고 나가며 상쾌하지 않은 경우를 같이 치료한다."

35-5 강활구고산(羌活救苦散): 만전방

○강활·백지·천궁·방풍·길경·만형자(蔓荊子)·황금·연교·승마·대력자(大力子)·인중황(人中黃) 각각 같은 무게에 박하엽 7조각을 물 1잔으로 10분의 7이 되게 달여 따뜻이 먹는다.

35-6 삼령오피산(蔘苓五皮散): 적량방

○인삼·백출·복령·감초·맥문동·황금·대복피(大腹皮)·상백피·생강피·복령피·진피·저령(猪苓)·택사·목통·활석 각각 같은 무게를

물에 달여 먹는다.

35-7 조변백상환(棗變百祥丸): 만전방

○청주조(靑州棗: 껍질과 씨를 뺀 것) 30개, 홍아대극(紅牙大戟: 뿌리를 잘라버린 것) 37.5g을 물 1잔으로 달여 물이 다 잦아들면 대극을 없애고 쓰지 않는다. 바야흐로 대추를 짓찧어 둥근 알약을 만든다. 적거나 많거나 목향탕(木香湯)으로 삼키고 오줌을 헤아린다.

35-8 아위적괴환(阿魏積塊丸): 손일규방

○산사육・남성(南星: 조각물에 담근 것)・반하・맥아(麥牙: 볶은 것)・신국(神麴: 볶은 것)・황련 각각 37.5g, 연교・아위(阿魏: 식초에 담근 것)・과루인(瓜蔞仁)・패모 각각 18.75g, 망초(물기가 없어져 가루로 된 것)・석감나복자(石鹹蘿蔔子: 볶은 것)・호황련(胡黃連) 각각 9.375g을 가루내어 생강탕에 담가 떡으로 쪄서 오동씨 크기로 둥근 알약을 만든다. 언제나 50알 약을 밥 먹은 지 오랜만에 생강탕으로 먹는다.

35-9 황련음닉환(黃連陰䘌丸): 왕긍당방

○황련 7.5g, 노회(蘆薈)・건섬(乾蟾: 세찬 불에 말린 것) 각 4.5g, 사군자육(使君子肉) 9.375g, 무이(蕪荑) 5.625g, 천련자육(川楝子肉) 3.75g을 가루내고, 오매(烏梅)를 깨끗이 씻어 씨를 없애고 짓찧어 기름에 섞어 둥근 알약을 만들어 밈으로 먹는다.

왕긍당이 말했다. "황련음닉환은 목구멍이나 음부・항문 등이 허는 궤양을 치료한다."

35-10 풍씨천화산(馮氏天花散): 만전방

○천화분(天花粉)・길경・백복령・가자육(訶子肉)・석창포(石菖蒲)・감초 각각 같은 무게를 부드럽게 가루내어 물 반 숟가락을 써서 배합해 사발 안에 두고 밖에서 소수죽(小水竹) 7줄기, 황형(黃荊) 7가지를 한 묶

음으로 묶어 불을 붙여 사발 안에 있는 약을 달여 잠자리에 누울 때 다 다라 먹는다.

만전이 말했다. "풍씨천화산은 천연두로 목이 멘 증세를 치료한다."

36-1 밀몽화산(密蒙花散): 장개빈방

○밀몽화·강활·백질려(白蒺藜: 볶은 것)·목적(木賊)·석결명(石決明) 각각 37.5g, 감국(甘菊) 112.5g을 가루내어 언제나 7.5g을 밥 먹은 뒤 맑은 찻물로 배합해 먹는다.

장개빈이 말했다. "밀몽화산은 바람이 두 눈을 쳐서 어둠침침해지고 눈물이 많고 밝은 빛을 보지 못하고 충혈이 되어 눈동자가 막히고 흐려진 증세를 치료한다."

36-2 유화산(柳花散): 손일규방

○유화(柳花) 18.75g이나 26.25g, 시초(柴草) 45g, 승마 33.75g, 당귀신 28.125g을 가루내어 언제나 26.25g을 포도를 달인 물에 배합해 먹는다.

손일규가 말했다. "유화산은 처녀가 달거리 때 열이 나는 증세를 치료한다."

36-3 소해산(蘇解散): 섭상항방

○산사육 3g, 우방자·연교 각 2.625g, 전호·건갈·승마·자소(紫蘇)·백지 각각 1.875g, 방풍·형개·선퇴(蟬退)·길경·소천궁(小川芎)·자초·목통·강활 각각 1.5g, 감초 1.125g, 생강 3조각을 물 1종지로 10분의 5가 되게 달여 따뜻이 먹는다.

이 처방에서 자소·백지·강활을 없애고, 황금·황련(술에 불려 누렇게 볶은 것) 각 2.25g을 더하면 곧 이름이 청해산(淸解散)이다. 전염성 병균이 쌓여 왕성한 경우에 쓴다.

섭상항이 말했다. "풍사와 한사가 겹쳐 묶인 경우에 소해산을 쓴다."

적량이 말했다. "이 소해산은 땀을 내서 겉부위에 있는 사기를 밖으로 내보내는 처방인 것이다."

36-4 소요산(逍遙散): 손일규방

목단피·산치자를 더하면 곧 이름이 가미소요산(加味逍遙散)이다.
○백출·복령·당귀·작약·감초·시호 각각 같은 무게에 대추 1매를 더해 물에 달여 먹는다.

손일규가 말했다. "여자가 천연두의 구슬진이 돋아나와 오한과 열이 고르지 않고 달거리가 순조롭지 않을 때 소요산을 먹으면 그 피가 함부로 움직이지 않게 된다."

36-5 안태산(安胎散): 손일규방

○천궁·당귀·백작약·인삼·백출·백복령·감초·조금(條芩)·진피·자소·사인(볶은 것)·아교(볶은 것)·향부자·애엽(艾葉)·자초(紫草) 각각 같은 무게에 생강·대추를 더해 물에 달여 먹는다.

36-6 조태산(罩胎散): 손일규방

○천궁·당귀·작약·인삼·백출·복령·감초·시호·조금·방풍·형개·백지·갈근·사인·자초·아교·길경·찹쌀을 물에 달여 먹는다.
① 어떤 한 처방: 진피·지각이 있고, 열이 몹시 높으면 울금(鬱金)을 더한다.

손일규가 말했다. "조태산은 임신한 부인이 천연두의 구슬진이 돋아나옴을 치료한다."

36-7 여성산(如聖散): 손일규방

○백출·황금·당귀·지각·흑두(黑豆)·대복피(大腹皮)·사인·감초·상상양아등(桑上羊兒藤: 곧 뽕나무에 寄生한다.) 각각 같은 무게를 물에 달여 먹는다.

손일규가 말했다. "여성산은 임신한 부인이 천연두의 구슬진이 돋아나옴을 치료해 태아를 안정시킨다."

36-8 흑신산(黑神散): 손일규방

○당귀·천궁·숙지황·싸서 구운 생강·계심(桂心)·포황(蒲黃: 볶은 것)·향부자(12세 이하 남자 어린이 오줌에 볶은 것)·목향·청피(靑皮)·흑두를 술과 물 각기 절반씩으로 달여 먹는다.

손일규가 말했다. "흑신산은 부인이 천연두의 구슬진이 돋아나오고 아이를 낳은 뒤 어혈로 아픈 증세를 치료한다."

36-9 자초음(紫草飮): 만전방

○자초용(紫草茸)·인삼·산사육·선태(蟬蛻)·지각·천산갑(穿山甲: 흙을 섞어 볶은 것) 각각 같은 무게와 목통을 물에 달여 3, 4차례로 나누어 따뜻이 먹는다.

만전이 말했다. "자초음은 거꾸로 넘어져 배가 몹시 부르고 크고 작은 변비를 치료한다."

적량이 말했다. "자초는 맛이 쓰고 성질이 차서 능히 9개의 몸구멍을 순조롭게 한다. 만일 심장에 열이 있어 막히고 통하지 않아 피의 기운이 막히고 걸린 경우에 반드시 쓸 수 있는 것이다. 천산갑은 곧게 길을 여는 데 재빠름이 있어 막히고 걸린 것을 치료하는 독한 약물이기에 허약한 자는 쓰기를 삼가는 것이다. 인삼은 원기가 빠져나감을 막아낸다. 나머지는 모두 구멍을 순조롭게 해서 병독을 쫓아내는 것이다."

36-10 귤피탕(橘皮湯): 만전방

○귤피(흰부위를 반은 남기고 반은 없애고 볶은 것) 7.5g, 백복령 5.625g, 반하 3.75g, 생강 1.875g을 잘게 갈아 물에 달여 따뜻이 먹는다.

37-1 우선단(遇仙丹): 장개빈방

○흑축(黑丑: 맏물가루)·빈랑 각 600g, 대황 300g, 삼릉(三稜)·아출(莪朮: 식초에 불려 볶은 것) 각 150g, 목향 75g을 가루내고, 대조각(大皂角: 씨

를 없애고 두드린 것)을 써서 짙게 달여 찌꺼기를 버리고 밀가루풀로 오동씨 크기의 둥근 알약을 만들어 언제나 40~50알약을 먹는다. 강건하거나 허약함에 따라 더하거나 줄인다. 오경차(五更茶) 우린 맑은 물로 먹는다. 만일 통하지 않으면 다시 따뜻한 차를 마셔 내려감을 돕는다. 기생충이 몰린 것과 악물이 다 없어지면 흰죽으로 북돋운다.

장개빈이 말했다. "기생충을 쫓아내고 적취(積聚)를 몰아내면 덩이가 사그라지고 가래가 순조롭게 되어 모든 병을 없앨 수 있다."

37-2 십선산(十宣散): 만전방

십기산(十奇散)이다.

○황기·인삼·당귀 각각 7.5g, 후박·길경 각 3.75g, 계심(桂心) 1.125g, 천궁·방풍·감초·백지(白芷) 각각 0.1875g을 부드럽게 가루내어 언제나 더러 3.75g이나 7.5g을 목향탕(木香湯)에 배합해 먹는다.

만전이 말했다. "천연두의 구슬진이 복숭아처럼 커진 증세를 치료한다."

37-3 백순환(百順丸): 장개빈방

○천대황(川大黃: 비단 무늬를 띤 것) 600g, 아조각(牙皂角: 약간 누렇게 볶은 것) 60g을 가루내어 끓인 물에 담가 떡으로 쪄서 짓찧어 녹두 크기로 둥근 알약을 만들어 언제나 1.875g 또는 3.75g이나 또는 7.5g 내지 11.25g을 짐작하여 쓰되 물로 먹는다. 더러는 꿀로 둥근 알약을 만들어도 또한 괜찮다.

장개빈이 말했다. "백순환은 모든 양의 속성을 가진 사기(邪氣)로 음식물이 위장에 머물러 있는 증세를 치료한다. 대체로 기가 몰려 쌓인 병, 피가 몰려 쌓인 병, 기생충이 몰려 쌓인 병, 음식물이 정체된 병, 추위에 다쳐 열이 몹시 나고 변비가 생긴 증세 등을 치료한다."

37-4 만응환(萬應丸): 장개빈방

○빈랑 187.5g, 대황 300g, 흑축(黑丑: 맏물가루) 150g, 조각(皂角: 좀먹지 않은 것) 10가지, 고련근피(苦楝根皮) 600g이다. 이들 가운데 먼저 고련근피・조각 두 약제를 물 2 큰 대접을 써서 볶아 기름이 되면 빈랑・대황・흑축을 배합해 오동씨 크기로 둥근 알약을 만들고, 침향(沈香)・뇌환(雷丸)・목향(木香) 각각 37.5g으로 옷을 입힌다. 먼저 침향(沈香)을 입힌 다음 뇌환(雷丸)・목향을 입혀 언제나 11.25g을 4경(새벽 2시경) 때 사탕물을 써서 먹는다.

장개빈이 말했다. "만응환은 여러 가지 기생충을 내려보낸다."

37-5 묘응환(妙應丸): 장개빈방

일명 전홍환(剪紅丸)이다.

○대황・견우(牽牛: 맏물가루)・빈랑 각각 112.5g, 뇌환(雷丸)・석회(石灰) 각 18.75g, 대극(大戟) 11.25g, 학슬(鶴虱)・사군자(밀가루반죽에 싸서 구운 것)・회향(茴香)・관중(貫衆) 각각 9.375g, 경분(輕粉: 조금쯤), 고련피 112.5g을 부드럽게 가루낸다. 조각(皂角)을 써서 달인 기름으로 둥근 알약을 만들어 언제나 50~60알약을 먹는다. 강건하거나 허약함에 따라 더하거나 줄인다. 오경(오전 3~5시) 처음에 차가운 찻물로 먹는다. 만일 통하지 않으면 다시 따뜻한 찻물을 마셔 내려감을 돕는다. 쌓인 기생충이 다 없어지면 흰죽으로 북돋운다.

장개빈이 말했다. "묘응환은 여러 가지 기생충을 죽인다."

37-6 배독산(排毒散): 만전방

○대황・당귀우듬지 각 37.5g, 백지・침향・목향 각각 18.75g, 천산갑(진흙으로 볶아 시들어 오그라든 것) 1.875g을 부드럽게 가루내어 허약하고 건실함과 몸이 크고 작음을 살펴보아 더하거나 줄여 강물로 달여 끓는 물에 배합해 먹는다.

37-7 발독고(拔毒膏): 만전방

○마치현(馬齒莧: 짓찧어낸 즙)·석밀(石蜜)·저고지(猪膏脂)·생녹두가루·적소두(赤小豆)가루를 함께 볶아 고약을 만들어 부은 곳에 바른다. 만일 말랐으면 물로 축축하게 한다.(馬齒는 곧 馬齒莧이다.—원주)

37-8 추신음(抽薪飮): 장개빈방

○황금·석곡(石斛: 석골풀)·목통·치자(볶은 것)·황백(黃栢) 각각 7.5g, 지각·택사 각 5.625g, 세감초(細甘草) 1.125g을 물에 달여 밥 먹은 오랜 뒤에 따뜻이 먹는다. 속에 열이 심한 경우는 차갑게 먹는 것이 더욱 좋다.

장개빈이 말했다. "추신음은 오장육부에 군화·상화·소화가 왕성하여 보(補)함이 마땅치 않은 증세를 치료한다."

37-9 진피산(秦皮散): 장개빈방

○진피(秦皮)·활석·황련 같은 무게를 끓는 물에 잠깐 담갔다가 하루 3~4차례 뜨겁게 씻는다.

장개빈이 말했다. "진피산은 바람에 맞은 병독으로 눈이 충혈이 되고 눈곱이 끼어 아프고 가려우며, 깔깔하고 쭈그러들며 눈언저리가 병들어 눈물이 나고 빛에 대한 심한 자극을 받기 꺼리는 병을 치료한다."

37-10 오매환(烏梅丸): 장기방(張機方)

○오매육 30개, 인삼·황백(구운 것)·세신(細辛)·부자(附子: 물에 불려 잿불에 구운 것)·계지 각각 22.5g, 황련(볶은 것) 60g, 건강(乾薑) 37.5g, 당귀(술에 담근 것)·천초(川椒: 눈을 없애버리고 입을 닫은 것 각 15g인데 각기 150g에서 요긴한 것을 추려낸 것)이다. 이들을 갈아 가루낸다. 먼저 오매를 써서 술에 담가 쪄서 부스러뜨려 눌러낸 기름에 졸인 꿀을 더해 오동씨 크기로 둥근 알약을 만든다. 언제나 10~20알약을 하루 3차례 먹는다. 날것이나 찬 것, 매끄러워 설사시키는 음식물을 꺼린다. 더러 이중탕(理中湯)을 써서 먹는다.

장기가 말했다. "오매환은 위장이 차가워 회충을 게우거나 회충이 처음 나오는 병을 치료한다."

성무기(成無己)가 말했다. "오매의 신맛은 폐의 정기를 거둔다. 인삼의 단맛은 비장의 정기를 느리게 한다. 당귀·계지·천초·세신의 매운맛은 속이 차가움을 부드럽게 한다. 생강·부자의 매운맛은 차가운 사기를 이긴다. 황련·황백의 맛이 쓰고 성질이 차가움은 회충을 안정시킨다."

38-1 고련탕(苦楝湯): 장개빈방

○고련근(동쪽으로 뻗고 흙 밖으로 나오지 않은 것을 껍질과 흙은 긁어내고 속의 흰 껍질만 취한다.) 75g을 물 3사발로 10분의 5가 되도록 달여 찌꺼기를 없애버리고 늦벼쌀 540㎖를 밈이나 죽같이 삶아 빈속에 먼저 구운 고기 1조각을 씹어 삼켜 회충을 이끌어 위를 향하게 한 다음 약죽 한두 모금을 마시고 조금 있다가 또 마시고 점점 더해 한 사발을 마시면 그 회충이 다 아래로 내려가 병이 낫는다.

38-2 무이산(蕪荑散): 장개빈방

○무이(蕪荑)·뇌환 각 18.75g, 건칠(乾漆: 쳐서 부수어 볶아 탄 그을음을 없앤 것) 37.5g을 보드랍게 가루내어 언제나 11.25g을 따뜻한 물 10분의 7 종지에 배합해 때때로 먹는다. 심한 경우도 3차례 먹음을 지나치지 않는다. 소아는 언제나 1.875g을 먹는다.

① 설기방(薛己方): 뇌환이 없고 언제나 1.875g이나 2.25g을 미음으로 먹는다. 무이산은 회충의 병독으로 입안에서 멀건 침이 계속 흐르는 병을 치료한다.
② 인재직지방(仁齋直指方): 계심(鷄心)·빈랑·무이 각각 11.25g, 목향 3.75g을 가루내어 한번 먹을 약을 짓는다. 먼저 맛이 신 석류 뿌리를 달여 끓이면 오경(새벽 3~5시) 때를 기다려 이에 구운 고기를 씹어 회충 머리를 위로 향하도록 이끈 다음 석류근탕에 약을 배합하여 따뜻이 먹으면 회충은 스스로 무기력하고 피곤해져 아래로 내려간다.

장개빈이 말했다. "무이산은 큰 사람이나 소아가 회충이 깨물어 명치가 견딜 수 없이 아픈 증세를 치료한다. 더러 푸르고 누렇고 녹색 물거품이 흘러나오고 또는 회충이 발동하거나 쉬게 되면 게우는데, 이는 회충으로 명치가 아픈 것이다. 이에는 마땅히 이 무이산이 주약이다."

38-3 안충산(安蟲散): 전씨방(錢氏方)

○호분(胡粉: 누렇게 볶은 것)·빈랑·천련자(川楝子)·학슬(鶴虱) 각각 11.25g, 고백반(枯白礬) 9.375g을 가루내어 언제나 1.875g이나 2.25g을 아플 때 밈에 배합해 먹는다.

전씨가 말했다. "안충산은 회충이 움직여 명치가 아픈 증세를 치료한다."

38-4 화충산(化蟲散):

○뇌환(雷丸) 2낟알, 빈랑 2매, 학슬 3.75g, 사군자 7매, 경분(輕粉) 조금쯤을 가루내어 두번에 나누어 먹는다. 회충 징후가 있으면 늦은 밤 시각에 돼지살코기 37.5g을 끊어 조각을 만들어 조각(皂角)을 써서 간장에 담가 하룻밤을 재워 5경에 이르러 약한 불에 구워 익혀 곧 참기름을 고기 위에 발라 따뜻하게 하고 앞의 약을 취해 고기 위에 문질러 대략 불에 쬐어 말려 이를 먹는다. 먹고 나서 사시(巳時: 오전 9~10시 사이)에 이르러 회충이 내려가기를 마치면 음식을 먹는다.

38-5 추충환(追蟲丸): 장개빈방

○흑축(黑丑: 맏물가루)·빈랑 각 30g, 뇌환(雷丸: 식초에 담가 구운 것)·남목향(南木香) 각 7.5g을 가루내고, 인진(茵蔯) 75g, 대조각(大皂角)·고련피(苦楝皮) 각 37.5g을 써서 달여 걸쭉한 즙으로 녹두 크기로 둥근 알약을 만든다. 튼튼하고 큰 사람은 언제나 15g, 작은 사람과 허약한 사람은 더러 5.625g을 먹는다. 사람의 정기와 사기가 왕성하거나 약함을 헤아려 5경 때 사탕물을 써서 삼켜 내려가게 한다. 나쁜 독충이 쌓인 것을 쫓아 없애기를 2~3차례 하기를 기다렸다가 죽을 먹어 보(補)한다.

38-6 엽충환(獵蟲丸): 장개빈방

○무이(蕪荑)·뇌환·도인(桃仁)·건칠(乾漆: 볶아서 그을음을 다 없앤 것)·웅황(雄黃: 약간 누른 것)·석회(石灰)·조각(皂角: 태워서 그을음을 다 없앤 것)·빈랑·사군자 각각 1.125g, 경분(輕粉) 0.5625g, 세비육(細榧肉) 2.25g을 끓인 물에 담가 떡으로 쪄서 녹두 크기로 둥근 알약을 만들어 언제나 1.875g이나 2.625g을 끓인 물로 계속 끊이지 않고 먹는다. 만일 회충 등이 굳고 단단히 쌓인 경우에는 파두상(巴豆霜)과 경분(輕粉)을 함께 더한다.

장개빈이 말했다. "엽충환은 여러 가지 회충 등이 쌓여 배가 불러오르며 아프고 누렇게 여위는 등의 병을 치료한다."

38-7 소충전(掃蟲煎): 장개빈방

○청피 3.75g, 소회향(小茴香: 볶은 것) 3.75g, 빈랑·오약(烏藥) 각 5.625g, 세비육(細榧肉: 두드려 부순 것) 11.25g, 오수유(吳茱萸) 3.75g, 오매 2개, 감초 3g, 주사(朱砂)·웅황 각 1.875g을 함께 대단히 보드랍게 가루낸다. 바야흐로 앞의 8가지 약제를 물 1.5종지로 10분의 8이 되도록 달여 찌꺼기를 없애버리고 주사·웅황을 넣은 뒤 다시 달여 3~4차례 끓은 뒤 고르게 휘저어 천천히 먹는다. 만일 속이 메스껍고 구역질이 나면 볶은 건강(乾薑) 3.75g이나 7.5g을 더한다. 더러는 먼저 소의 육포(肉脯) 조금쯤을 씹어 먹고 한번 차 마시는 시간을 기다려 한꺼번에 먹으면 더욱 좋다.

장개빈이 말했다. "소충전은 여러 가지 회충이 위로 가슴과 배를 쳐서 아픔이 일어나는 증세를 치료한다."

38-8 웅황태산(雄黃兌散): 장개빈방

○웅황 18.75g, 도인(桃仁) 37.5g, 청상자(青葙子)·황련·고삼(苦蔘) 각각 112.5g을 가루내어 무명으로 대추씨 크기로 싸서 몸의 아랫부분에 받

아들인다. 또한 대추즙을 써서 먹어도 좋다. 사방 1치(寸) 크기 수저로 7일에 3차례 떠서 먹는다.

장개빈이 말했다. "웅황태산은 계절과 관련된 사기로 등애벌레가 몸의 아랫부분 안을 파먹고 벌레를 낳는 병을 치료한다."

38-9 차아산(搽牙散): 적량방

○동록(銅綠: 물에서 간 것)·웅황·오배자(五倍子: 쳐서 부수어 꺼멓게 볶은 것)·고백반(枯白礬)·백갈(白褐: 태운 재)·오매육(구워 말린 것)·세신(細辛: 잎과 뿌리꼭지를 없애고 겉이 밤색이 되도록 볶은 것)·호황련(胡黃連: 겉을 밤색으로 볶은 것)을 가루내어 먼저 다엽(茶葉)·총근(葱根)을 써서 달여 닭깃으로 썩은 살을 씻어버리고 생생한 피가 보이면 곧 마른 약가루를 바른다.

38-10 취구단(吹口丹): 마지기방

○황련·청대(靑黛)·아다(兒茶)·편뇌(片腦) 같은 무게를 보드랍게 가루내어 이를 불어넣는다.

39-1 태을신명단(太乙神明丹): 조정준방(趙廷俊方)

○녹두·적소두(깨끗이 씻고 껍질을 남겨 볶아 익힌 것) 각 150g, 갈근 75g, 승마 56.25g, 소엽(蘇葉) 37.5g, 백작약·시호·황금 각각 28.125g, 단삼(丹蔘)·귀전우(鬼箭羽)·진사(辰砂)·웅황 각각 18.75g을 보드랍게 가루내어 꿀로 탄알 크기로 둥근 알약을 만들어 진사 9.375g을 입힌다. 1세 아이는 1알약을 4분의 1로 쪼개 먹는다. 2~3세 아이는 2분의 1알약을 먹고, 4~5세 아이는 1알약을 끓인 물로 이른 아침에 다스려 3일 동안 계속 먹는다.

39-2 가미승마탕(加味升麻湯): 조정준방

○승마·현삼(술에 씻은 것)·시호·황금 각각 18.75g, 갈근·적작약 각

15g, 독활(獨活)·감초 각 11.25g을 매일 15g을 써서 생강 3조각, 총백(葱白) 2뿌리로 물에 달여 먹는다.

39-3 승마소독탕(升麻消毒湯): 패방(浿方)

○건갈·우방자 각 7.5g, 승마 5.625g, 형개수 3.75g, 백작약·산사육·황금·방풍·박하·감초 각각 1.875g이다. 목구멍이 아프면 길경을 더하고, 겉부위의 사기가 풀리지 않으면 소엽 3.75g, 총백(葱白) 5뿌리를 더하고, 회충병으로 아프면 산사(山査)·오매(烏梅)·사군자를 더한다.

① 홍준방(洪遵方): 산사·황금이 없고, 연교·현삼이 있다. 가래가 끓으면 귤홍·행인을 더하고, 게우는 증세에는 죽여(竹茹)를 더한다.

홍준이 말했다. "승마소독탕은 홍역의 발진(發疹)이 일어난 초기부터 발진이 거두어지기 전까지 두루 쓴다."

39-4 시갈계지탕(柴葛桂枝湯): 설기방(薛己方)

○시호·갈근·계지·감초·방풍·인삼·백작약 각각 같은 무게에 생강 1조각을 물에 달여 먹는다.

적량이 말했다. "시갈계지탕은 기혈(氣血)을 뻗어 자라게 하여 몸에 있는 구멍을 열어 소통시켜 흩어지게 하는 처방인 것이다."

39-5 궁지향소산(芎芷香蘇散): 허준방(許浚方)

○창출 11.25g, 향부자·자소엽(紫蘇葉) 각 7.5g, 진피·천궁·백지 각각 3.75g, 감초 1.875g, 생강 3조각, 대추 2매를 물에 달여 먹는다.

허준이 말했다. "궁지향소산은 계절과 관련된 급성열성전염병을 미리 방지한다."

39-6 현삼양격산(玄蔘涼膈散): 속방(俗方)

○연교 7.5g, 현삼·승마·형개(荊芥)·황금·치자 각각 3.75g, 박하·우방자·방풍·감초 각각 1.875g, 죽엽 2.625g이다. 목구멍이 아프면 길

경 7.5g, 박하 3.75g을 넣는다.

39-7 가미사백산(加味瀉白散): 조정준방

○상백피·석고 각 7.5g, 지골피·지모 각 3.75g, 길경·황금(술에 불려 누렇게 볶은 것) 각 2.625g, 감초 1.875g, 생강 3조각을 밥 먹은 뒤에 먹는다.

39-8 가감사백산(加減瀉白散): 속방(俗方)

○상백피·지골피 각 7.5g, 맥문동 3.75g, 길경·우방자·감초 각각 1.875g, 생강 3조각이다.

39-9 천금맥문탕(千金麥門湯): 조정준방

○맥문동·상백피·생지황 각각 2.625g, 반하·자원용(紫菀茸)·길경·마황·담죽엽 각각 1.875g, 오미자·감초 각 1.125g, 생강 3조각을 물에 달여 먹는다.

① 어떤 한 처방: 마황·반하를 없애버리고, 패모·천화분을 더한다.

39-10 청금음(淸金飮): 조정준방

○황금(술에 불려 누렇게 볶은 것) 5.625g, 맥문동·생지황(술에 씻은 것) 각 3.75g, 당귀(술에 씻은 것)·모란피 각 2.625g, 천궁·울금 각 1.875g, 생리(生梨) 큰 조각 1, 박하 10잎, 죽엽 5조각을 물에 달여 먹는다.

40-1 희진사물탕(稀珍四物湯): 이천방(李梴方)

○당귀·숙지황·백작약·천궁(川芎) 각각 5.625g, 지골피·행인 각 2.625g, 패모(생강물로 볶은 것) 1.875g, 생강 3조각이다.

40-2 창름산(倉廩散): 조정준방

○석련육(石蓮肉) 7매, 황련·강활·독활·시호·전호·길경·지각·

천궁·적복령·인삼·감초 각각 3.75g, 생강 3조각, 대추 2개, 묵은 쌀 100낟알을 같이 달여 먹는다. 아이의 크고 작음을 헤아려 무게를 더하거나 줄인다.

40-3 생맥산(生脈散): 속방(俗方)

○향유(香薷) 7.5g, 맥문동 5.625g, 사삼(沙蔘)·오미자·감초(구운 것) 각각 3.75g, 오매 1개이다.

40-4 십신탕(十神湯): 허준방

○향부자·적작약·승마·백지·천궁·진피·자소·마황·감초 각각 3.75g, 건갈 7.5g, 생강 5조각을 물에 달여 먹는다.

40-5 우황사심탕(牛黃瀉心湯): 장개빈방

○우황(牛黃: 따로 간 것) 37.5g, 빙편(氷片: 따로 간 것) 0.375g, 주사(따로 간 것) 7.5g, 대황(날것) 37.5g을 보드랍게 가루내어 고루 섞어 언제나 3.75g을 찬 생강탕 또는 꿀물에 배합해 먹는다.

40-6 우황고(牛黃膏): 조정준방

○주사·울금 각 11.25g, 모란피 7.5g, 감초 3.75g, 용뇌 1.875g, 우황 9.375g을 가루내어 꿀로 쥐엄나무 열매 크기로 둥근 알약을 만들어 언제나 1알약을 우물물로 다스려 먹는다.

40-7 모근탕(茅根湯): 조정준방

○백모근(白茅根)·생지황 각 5.625g, 황금(술에 불려 누렇게 볶은 것)·산치인(볶아서 갈아 가루낸 것) 각 3.75g, 울금 2.625g을 물에 달여 백초상(百草霜)가루 3.75g을 배합해 먹는다.

40-8 저백환(樗白丸): 조정준방

일명은 고장환(固腸丸)이다.

○저근백피(樗根白皮: 약한 불기운에 말린 것)를 가루내어 죽으로 오동씨 크기로 둥근 알약을 만들어 빈속에 밈으로 20~30알약을 먹는다.

① 어떤 한 처방: 저근백피 150g, 활석 37.5g이다.

조정준이 말했다. "저근백피는 성질이 서늘하나 메말라 모름지기 볶아서 쓴다."

40-9 이경환(利驚丸): 조정준방

○흑축(맏물가루) 18.75g, 천축황(天竺黃)·청대·경분 각각 3.75g을 가루내어 꿀로 완두콩 크기로 둥근 알약을 만들어 1세 아이에게는 1알약을 박하탕으로 다스려 먹인다.

조정준이 말했다. "이경환은 갑자기 놀라 몸에 열이 나고 얼굴이 붉어진 증세를 치료한다."

40-10 천을환(天乙丸): 조정준방

○등심(燈心: 60g을 쌀가룻물에 씻어 햇볕에 말려 가루내어 물에 넣어 안정되고 나서 떠오른 것) 9.375g, 적복령·백복령·복신(茯神) 각각 6.375g, 활석·저령(豬苓) 각 9.375g, 택사 11.25g을 가루내어 인삼 37.5g을 써서 달여 기름을 섞어 앵두 같은 크기로 둥근 알약을 만들어 주사를 입히고 금박으로 싼다. 언제나 1알약을 등심맥문동탕이나 더러 박하탕에 다스려 먹는다.

조정준이 말했다. "천을환은 단독(丹毒)으로 갑자기 의식을 잃고 경련이 일어나며, 담으로 열이 나서 게우거나 설사하는 증세를 치료한다."

제8편 합제(合劑) 보유(補遺)

41-1 형방해독산(荊防解毒散): 전씨방(錢氏方)

○ 박하엽·연교·형개수·방풍·황금·황련·우방자(볶아서 가루낸 것)·대청엽(大靑葉)·서각·인중황(人中黃)·등심·노근(蘆根)을 물에 달여 먹는다.

41-2 청기화독음(淸氣化毒飮): 전씨방

○ 전호(前胡)·길경·괄루(栝蔞)·연교·상백피(桑白皮: 구운 것)·행인(杏仁: 속껍질과 끝을 떼어버리고 볶은 것)·황금·황련·현삼·감초(날것)·맥문동·노근(蘆根)을 물에 달여 먹는다.

41-3 양격소독음(涼膈消毒飮): 전씨방

○ 형개수·방풍·연교(목질부를 뽑아버린 것)·박하·황금·치자(볶아서 가루낸 것)·감초·우방자·망초·대황(날것)·등심을 물에 달여 먹는다.

41-4 가감양격산(加減涼膈散): 전씨방

○ 박하·치자·원삼(元蔘:현삼)·연교(목질부를 뽑아버린 것)·감초·길경·황금·맥문동·우방자(볶아서 가루낸 것)를 물에 달여 먹는다.

41-5 시호청열음(柴胡淸熱飮): 전씨방

○ 시호·황금·적작약·생지황·맥문동·지골피·생지모(生知母)·생감초·생강·등심을 물에 달여 먹는다.

41-6 금련연교탕(芩連連翹湯): 전씨방

○ 황련·황금·연교·현삼·지모·길경·행인·백작약·마황(麻黃)·

우방자·건갈·진피·후박·감초를 물에 달여 먹는다.

41-7 청금영소탕(淸金寧嗽湯): 전씨방

○귤홍·전호·생감초·길경·상백피·행인·황련(黃連)·괄루인(栝蔞仁)·패모·생강·홍조(紅棗)를 물에 달여 먹는다.

41-8 마행석감탕(麻杏石甘湯): 전씨방

○석고(벌겋게 달궈 부순 것)·마황(꿀물로 볶은 것)·행인(속껍질과 끝을 떼어버리고 볶은 것)·생감초·생강을 물에 달여 먹는다.

41-9 가미평위산(加味平胃散): 전씨방

○방풍·승마·지각(밀기울과 함께 볶은 것)·갈근(葛根)·창출(볶은 것)·진피·후박(생강물에 담가 볶은 것)·산사(山査)·맥아(麥芽)·감초·생강·등심을 물에 달여 먹는다.

41-10 이각황룡산(二角黃龍散):

○영양각(羚羊角)·서각(犀角) 각 18.75g, 우황 7.5g, 용뇌 1.125g, 사향(麝香) 0.5625g을 부드럽게 가루내어 언제나 1.875g을 금은화(金銀花) 달인 물에 타서 먹는다. 대모(玳瑁)가루 7.5g을 더하면 더욱 오묘하다.

42-1 탈갑산(脫甲散): 만전방

○인삼·천궁·당귀·시호(柴胡)·초룡담(草龍膽)·지모·감초·복령·총두(葱頭) 3개를 물에 달여 먹는다.

42-2 학정단(鶴頂丹): 만전방

○한수석(寒水石)·석고 각 75g, 감초 7.5g을 가루내고 따로 감초를 달여 고약으로 둥근 알약을 가시연밥 크기로 만들어 진사(辰砂)를 입혀 박하탕으로 먹는다. 여러 가지 열병에 함께 먹을 수 있다.

42-3 신보환(神保丸): 광제비급방(廣濟秘笈方)

○전갈(全蠍: 완전한 것) 7개, 파두상(巴豆霜) 10개, 목향·호초 각 9.375g, 주사 5.625g(절반은 넣고 절반은 겉에 입힌다.)을 가루내어 시루에 쪄 섞어 삼씨 크기로 둥근 알약을 만들어 언제나 5~7알약을 생강탕 또는 따뜻한 술로 삼킨다.

42-4 발회산(髮灰散): 전씨방(錢氏方)

○젊고 건장하며 병이 없는 사람의 저절로 빠진 머리털을 조각(皂角) 삶은 물로 깨끗이 기름기를 씻어 약한 불기운에 말려 새 오지그릇 1개 안에 가득 채우고 깨끗한 기와조각으로 아가리를 덮고 진흙으로 봉하여 숯불로 오지그릇의 절반을 둘러싸고 향 하나를 태울 시간 동안 달구어 거두어내서 차가워지기를 기다려 보드랍게 가루내어 콧속에 불어넣는다. 또는 머리털 재 0.75g을 써서 12세 이하 남자애 오줌 2.625g, 술 1.125g 을 배합해 먹어도 또한 피를 그치게 할 수 있다.

42-5 이황즙(二黃汁): 이헌길방(李獻吉方)

○생지황 18.75g을 즙을 내고, 황백(黃柏) 18.75g을 물에 담가 짓찧어 즙을 낸다. 이 두가지 즙을 약간의 사탕물과 빈랑가루 3.75g을 배합해 먹는다. 회충병을 치료하는 훌륭한 처방이다.

42-6 총훈법(葱薰法): 연희요방(年希堯方)

○큰 날파 머리에 이어진 수염을 짓찧어 뭉그러뜨려 큰 구리동이 안에 놓고 위에는 나무를 써서 시렁을 얽고 시렁에 다시 큰 홑이불을 써서 덮어 씌우고 마땅히 큰 사람이 소아를 안아 안정시키고 윗면에 있으며 잔 뒤에 바야흐로 물을 끓여 파를 넣은 구리동이 위로 솟구치도록 동이 안에 넣어 뜨거운 증기가 조금 따뜻해지면 곧 아이를 껴안고 나오되 한 가닥의 바람에도 드러내서는 안되며 곧바로 땀이 마르기를 기다

리면 온전히 낫는다. 다만 증기를 쐴 때 소아를 껴안음이 가장 중요하며 그 방법을 얻음이 중요하다. 크게 엄중하면 증기가 이를 수 없고 크게 느슨하면 소아의 손발이 벗어나 끓인 물을 넣은 구리동이 안에 들어가니 해침이 얕지 않다.

마과회통 보유(補遺) 1

1. 엽계(葉桂: 자 天土)의 『임증지남의안(臨證指南醫案)』『유과요략(幼科要略)』

사진(痧疹)・사자(痧子: 吳音)・조자(瘄子: 浙江)・진(疹: 北音)

홍역(痧)은 양맥 육부(六腑)에 딸려 사기(邪氣)가 처음 일어나면 반드시 겉부위를 좇아 치료해야 한다. 머리가 아프고 숨이 차고 기침과 가래가 나오고 숨이 거칠고 구역질이 나오는 병증이 보인 1~2일에 곧 발진이 나는 경우는 가볍고 3~5일에 발진이 나는 경우는 위중하다. 양맥의 병이 7일을 벗어나 숨어 엎드려 드러나지 않으면 사기가 도리어 안을 공격해 숨참이 그치지 않고 반드시 배가 아프며 몹시 부풀어 오르면서 변비로 답답하고 위중하다. 치료하는 방법은 마땅히 맛이 쓰고 매운 약제로 열을 내린다. 양격산(涼膈散)에서 망초・대황을 없앤다.

처방서에서 족양명위경(足陽明胃經)의 발진은 구름처럼 빽빽이 널리 펴고 더러 큰 알갱이가 천연두 같으나 다만 뿌리 바탕이 없다고 했다. 처방서에서 수태음폐경(手太陰肺經)의 발진은 다만 점 같은 알갱이가 있고 조각이 없다고 했다. 조각일 경우 맛이 매운 약제를 써 땀을 약간 내어 겉을 치료한다. 겨울철에 땀이 없이 높은 열이 지속되고 숨이 찬 경우 마황・행인을 쓰니 화개산(華蓋散)・삼구탕(三拘湯) 같은 것이다. 여름철에 땀이 없으면 맛이 맵고 성질이 서늘한 약제를 써 땀을 약간 내어 겉을 치료하는 데는 갈근・전호・박하・방풍・향유・우방자・지각・길경・목통 따위를 쓴다.

옛사람은 겉에 있는 사기인 갈증에는 곧 갈근을 더하여 그 위장의 진액을 올린다. 열이 몹시 나서 가슴이 답답하고 입안이 마른 데는 맛이 맵고 성질이 찬 석고를 써서 땀을 약간 내서 치료하되 땀이 없으면 쓰기를 금지한다.

모든 헌데가 생기는 발진에는 맛이 맵고 성질이 서늘한 약이 마땅한데 연교는 맛이 맵고 성질이 서늘함이 뭇 약초에서 특출하여 능히 비장과 위장의 승청 강탁 기능을 하여 가장 유과(幼科)에 이로워 소아의 육경(六經)의 여러 가지 열을 잘 풀어낸다.

봄철은 바람이 따뜻함을 좇아 홍역이 일어나고, 여름철은 더운 바람을 좇고 더위는 반드시 습사를 겸한다. 가을철은 열이 뜨거움을 좇아 공기가 메마르고, 겨울달은 바람이 차가움을 좇아 일어난다.

홍역은 본디 육기(六氣)가 밖으로부터 침입한 사기인데 풍사·한사·서사·습사는 반드시 열이 화로 변함을 좇는데 홍역이 이미 밖에서 일어나서 세속 사람이 모두 사기가 드러남이라 이르니 누가 돌아나오고 거두는 때라 일컫겠는가. 오르면 반드시 내림이 있고 이기면 반드시 뒤덮음이 있음이 상도이다. 홍역이 밖에서 일어남이 있고 몸의 열이 없어지지 않아 목에서 소리가 나지 않고 잇몸이 썩고 숨이 차고 배가 부풀어오르고 이질을 설사하고 먹지 않아 가슴속이 달아오면서 답답하고 편안치 않고 정신이 혼미하여 끝내 죽음을 알리는 경우는 모두 내장 장기에 생긴 병증을 열을 내리지 않아 변화를 일으킴이다. 모름지기 삼초(三焦)를 나누어 사기를 어디에 많이 받고 더러 병이 겹침을 아울러 분별하여 모름지기 자세히 충분히 납득한다. 상초약(上焦藥)으로는 맛이 맵고 성질이 서늘한 약을 쓰고, 중초약으로는 맛이 쓰고 매우며 성질이 서늘한 약을 쓰고, 하초약으로는 맛이 짜고 성질이 찬 약을 쓴다.

상초약: 기미(氣味)가 가벼움이 마땅한데 폐장은 호흡을 주관하며 살갗과 털은 폐장에 딸려 있기 때문이다. 바깥의 사기는 마땅히 매운 것으로 이겨야 하고 속이 상하면 마땅히 쓴 것으로 이겨야 한다. 만일 가슴이 답답하며 입안이 마르고 갈증이 나지 않고 병든 날이 많고 사기가 몰려 열이 내리지 않는 데는 맛이 싱거운 약으로 액체를 스며나오게 해 폐장·위장 등에 생긴 병을 새어나가게 할 수 있다.

중초약: 홍역의 화사가 가운데 있어 양명경이 건조하게 변화되어 다기다혈(多氣多血)하므로 맛이 쓰고 성질이 찬 약을 씀이 마땅하다. 괴로운 날이 많으면 위장의 진액이 뜨거워 없어지는데 맛이 쓴 약을 사용하면 건조함을 돕고 진액을 억누르니 맛이 달고 성질이 찬 약을 씀이 마땅하다.

하초약: 맛이 짜고 쓴 약을 주로 한다. 만일 열독이 아래로 내려와 이질을 이루게 되면 반드시 맛이 짠 약으로 굳은 것을 부드럽게 하지 않아도 된다. 다만 쓴 맛을 취해 신음을 튼튼하게 하여 상화가 동한 것을 억누르고 습사를 없앤다.

옛사람은 홍역을 경맥과 육부(六腑)의 병으로 여겨 열이 우세한 진액이나 피가 마르는 증세로 껄끄러움을 북돋기를 꺼린다. 이른바 천연두는 따뜻함을 기뻐하고 홍역은 맑고 시원함을 기뻐한다 한 것이다. 그러나 항상 원기가 약하고 몸이 허약함이 있는데 겉에 땀을 내어 서늘하게 흩음은 치료법이 아니다. 오랫동안 허손함을 빚어 이룸이 두렵다. 다만 음기가 다침이 많게 되면 음기를 치료해 반드시 위액을 도와준다. 원기가 쇠약한 경우도 또한 이와 같음이 있으니 급히 원기를 도움이 마땅하다. 어린 나이의 큰 몸뚱이엔 순수하고 굳센 약을 쓰기를 꺼린다. 유과(幼科) 처방서 노래에 총괄해 말하기를 "붉고 선명한 발진은 맑고 시원함을 만나서 없어지고, 흰 발진은 따뜻함을 얻어서 흩어진다." 이 따뜻함이란 글자는 곧 후세 사람이 술을 빚고 버드나무, 거친 풀, 종이나무, 무명실 따위로 비록 알지 않을 수 없었다. 그러나 요즈음 쓰는 경우엔 이로움이 없는 경우가 많다.

홍역의 이질은 곧 열독이 속으로 들어갔는데 또한 상한으로 인해 열을 도와서 생기는 것으로 사기가 다하면 이질이 그친다. 같은 치료 방법에 끌어올림을 꺼리고 껄끄러움을 북돋움도 꺼린다. 가벼운 증세이면 나누어 설사시켜 오줌을 잘 통하게 하고 위중하면 맛이 쓰고 성질이 찬 약으로 병독을 흩어버린다.

홍역의 감질은 습사가 왕성하고 열이 나서 몸이 후끈후끈 달아오르고 입・혀・목구멍에 감질로 헌데가 생긴 것이다. 만일 빨리 치료하지 않으면 뺨이 뚫리고 헤어지며 목구멍이 막히고 숨차서 죽음을 알린다. 이를 치료함은 마땅히 빨라야 하는데 밖을 치료함에는 따로 전방(專方)이 있다. 탕약 치료 방법은 반드시 맛이 가볍고 싱거운 약으로 능히 상초의 병을 흩는다. 더러 성질이 서늘한 약으로 흩어도 또한 괜찮다.

2. 『사진의안(痧疹醫案)』

(1) 온병 사기

원구(袁句): 온병 사기는 만성기관지염으로 숨이 차고 게우며 배가 팽팽히 불러오름이 4일 동안 흩어지지 않아 발진이 일어남을 막은 경우는 연교・산치인・우방자・행인・석고를 쓴다.

(2) 열의 속성을 가진 사기가 폐장에 머뭄

왕기(汪機): 홍역이 바야흐로 물러갔으나 열이 없어지지 않고 폐장의 정기가 맑아지지 않아 기침하면서 기운이 치밀고 가래가 없는 경우는 전호・상피・행인・귤홍・길경・목통・소자(蘇子)・상패모(象貝母)를 쓴다.

임(任): 홍역의 발진이 숨음이 몹시 빠르고 기침과 숨가쁨이 함께 나타나고 열이 일어나는 데는 마땅히 폐장의 기능을 열어야 한다. 박하・행인・상패모・연교・상피・목통・자원・울금을 쓴다.

(3) 열의 속성을 가진 사기가 속으로 들어감

아무개: 온병의 사기가 발진을 일으켜 드러나지 않으면 열독이 속으로 들어가 깊이 저장되는데 위로 폐를 훈증하면 숨가쁨이 되고 밑으로 장을 공격하면 설사하게 된다. 모두 겨울이 따뜻해 화사(火邪)가 변화한

증세이다. 『내경(內經)』에 이르기를, "화사가 안에 있으면 맛이 쓰고 성질이 찬 약으로써 치료한다" 했으나 유과(幼科)에서 병의 근본이 분명치 않고 약 가운데 맛이 어둡고 분명치 않으면 치료할수록 더욱 맹렬해져 흉악하고 험함에 이른다.

천황련·황금·비활석(飛滑石)·볶은 금은화·연교·감초·목단피·지골피를 쓴다.

장양신(蔣良臣): 숨참이 폐병이 되어 불러올라 곧 간병(肝病)이 되어 때에 따라 홍역의 발진이 되고 한사와 열사가 흩어지지 않고, 열사는 속으로 들어가 병을 이루었기 때문에 왕선생(王先生)은 맛이 쓰고 맵고 신 것을 쓰는 법으로 통하기에 이르렀다. 그러나 온몸이 붓고 배가 아픔은 줄어들지 않고 경맥과 육부에 습열사의 병이 머물러 붙음을 얻지 않았는가.

목방기·석고·행인·대두황권(大豆黃卷)·통초(通草)·의이인·연교를 쓴다.

(4) 양기가 몰려 생긴 화증이 내리지 않음

애원영(艾元英): 홍역이 물러간 뒤 신음 소리를 내지 않으려 해도 소리가 나오며 눈물이 모두 없고 입술이 자줏빛으로 부어오름은 곧 병독의 화사가 지나가 맑게 흩어지지 않고 위쪽의 구멍이 점점 막혀 숨결이 몹시 빠르고 가래가 끓는데, 이와 같음은 온병의 사기와 병인이 되는 바깥 사기가 이 병을 이루나 저절로 성질이 찬 약으로 겉부위에 땀을 내기에 당하고 그 정신과 지혜가 저절로 화평하기를 힘써 다한다. 어찌 허약함이 두려워 폐장을 북돋으면 열의 속성이 심한 사기가 더욱 기세가 강성해진다.

천황련·현삼·행인·감초·황금·연교·길경·금은화를 쓴다.

왕긍당(王肯堂): 홍역 뒤 저녁에 미치면 목구멍이 아프고 기침을 더한다.

현삼·서각, 신선한 생지황, 연교·천화분·모란피를 쓴다.

(5) 풍사와 습사가 겹쳐 일어난 발진

추(鄒): 목구멍이 아프고 코가 건조하고 입술이 붓고 저절로 설사하고 풍열사에 감촉되어 생긴 열사가 변화하여 홍역 발진이 되어 상초에 열의 기세가 강성함에는 마땅히 맛이 맵고 성질이 서늘하고 약간 쓴 약제로 설사시켜 내려가게 한다.

연교·황금·서각·길경·우방자·행인·현삼·통초(通草)를 쓴다.

(6) 전염성 사기

담(譚): (6세) 온병 사기와 계절성 전염병이 저절로 입과 코에 감촉되어 더러운 병독이 거슬러 삼초(三焦)에 떠돌아다니셔 홍역이 되면 눈이 붉고 코가 그을고 회충을 게우거나 설사하며 땀이 나와 줄줄 흐르면서 숨차고 목이 말라 물을 마시려 하게 되는데 마땅히 맛이 맵고 쓰며 성질이 찬 약제를 씀이 유완소(劉完素)의 법이다. 세상 일반 사람은 알지 못하고 모두 홍역이 일어나면 다만 형개·방풍·선퇴로 아래로 내려간 것을 끌어올려야 한다고 말하나 화사가 바람에 날림을 얻으면 불탐이 맹렬하여 막을 수 없고 진액이 약탈당해 변고에 이른다.

양격산(涼膈散)에서 대황·망초를 없애고 석고·우방자·적작약을 더해 쓴다.

장개빈(張介賓): (3세) 손발에 번열이 나고 때로 붉은 덩이가 일어나면 녹두각·권심죽엽(卷心竹葉)을 쓴다.

덧붙여 보임

* 진증선요방(疹症選要方)

형개수·전호·황금·우방자·길경·목통 각각 5.625g, 적작약·감초 각 3g을 물에 달여 먹는다. 이 처방은 병증을 살펴서 더하거나 줄이되, 앞의 천연두 증세의 처방에서 더하고 줄임이 같다.

태화환(太和丸): 소아의 속이 젖으로 다치고 음식으로 다쳐 게우고 배가 부풀어오르고 밖에서 바람과 추위에 감촉되어 머리가 아프고 열이 일어남에 사용한다. 광피(廣皮)·향부자(술에 담가 볶은 것)·강활·자소엽·창출(볶은 것)·천궁·지각·산사·신곡(神曲: 볶은 것)·맥아(볶은 것) 각각 3.75g, 생감초 1.875g을 같이 부드럽게 가루내어 졸인 꿀로 둥근 알약을 가시연밥 크기로 만들어 언제나 1알약을 소금 끓인 물로 다스려 먹는다.

3. 강관(江瓘)의 『명의유안(名醫類案)』

진창(疹瘡)

방음산(方蔭山)은 정씨(程氏)의 아들이 2세인데 홍역의 발진이 돋아나옴을 치료했는데, 돋아나옴이 더디고 없어짐이 빠르기 때문에 숨참과 큰 열이 일어나고 혀끝 부위로 젖을 먹지 못해 정신이 혼미하였다. 의사는 모두 치료하지 못했으나 방음산이 현삼·복령·감초·맥문동·천마·진피·건갈·마황·마두령·황금·지모·서각·석고로 치료했는데, 이름을 서각석고탕(犀角石膏湯)이라 했다. 한번 먹으니 병증이 반으로 줄고 두 번째 먹자 나았다.

오교(吳橋)는 의사의 이름인데, 마을 가운데 형의 아들이 있어 처음에는 아이가 여러 날 동안 열이 성대하게 일어나서 팔다리에 경련이 일고 정신이 흐리멍덩해지니 뭇 의사가 열이 나오는 곳을 알지 못했는데, 오교가 진찰하고 홍역의 발진이라 했다. 추위나 찬 기운이 바깥을 타고 병인은 막혀서 발진이 돋아나오지 못하니 이는 어린 아이 울음뿐이다. 약을 이미 수차례 복용하였다면 중초의 원기가 이에 다치게 되므로 약은 믿을 것이 안된다. 마땅히 끓는 물 한 병을 두고 그 뚜껑을 거두고 보모로 하여금 자식을 껴안고 끓는 물 곁에 조금 멀리 앉아 둘러싸서 껴안고 끓는 기운과 연기와 김을 쐰다. 쐼이 저절로 멀어지면 기혈을 북돋는 약으로 정기를 보하여 약을 조금 먹어 병인이 속으로 들어가지 못하게 해 발진이 돋아나와 흩어져야 아무 일도 없다. 총목(叢睦)의 왕씨(汪氏)의 아들 병이 이와 같아 잇따라 이 법을 써서 아울러 효험이 있었다. 그 온당한 따위가 이와 같아 고향 사람들이 훌륭하다 일컬었다.

강응숙(江應宿)의 사촌의 딸이 9세인데 홍역의 발진이 돋아나왔다가 없어짐이 빠르고 기침이 나고 숨이 차고 크게 열이 일어나 살이 여위고 음식을 먹지 않고 침을 게우고 거품침이 몹시 많기를 반달 남짓 끌었다. 내가(江瓘) 가서 이를 보고 피가 부족한 병이라 말하고 사물탕(四物湯)에 행인·아교·맥문동, 다섯 가지 약제와 싸서 구운 생강을 더해 한번 먹이니 열이 물러가 몸이 시원해지며 가래와 기침이 함께 그치고 거듭 먹이니 두 제에 나았다.

한 아이가 3세였는데 홍역을 앓아 발진이 느리게 돋아나오다가 빨리 없어지고 열이 일어나고 기침이 나고 정신이 흐리멍덩하고 먹지 않았다. 내가 진찰하여 보니 홍역의 발진이 돋아나오긴 했으나 드러나지 않은 상태였는데 돋아나오다 바람과 추위를 만나 빨리 없어졌으니 마땅히 급히 돋아나오게 해야 한다 하고, 파를 마황 3g과 달이고 사물에서 숙지황을 생지황으로 바꾸고, 행인·천화분·파·생강을 더해 달여 먹이니 거듭 다시 몸뚱이에 돋아나되 전에 비해 더욱 많았다. 3일 만에 발진이 다 없어지며 나았다. 무릇 홍역의 증세는 육부(六腑)에서 나오므로 마땅히 음을 기르고 양을 억눌러야 하니 양기를 세게 돕는 약제는 결코 먹을 수 없다.(二陳을 양기를 돕는 약제라 일컫고 四物을 음기를 돕는 약제라 일컫는다.―원주) 이를 위반하면 곧 숨참과 목이 마름과 답답하고 어지러움이 일어나 거두어 치료하기를 잃어 많이 젊어서 죽기에 이른다. 가령 인삼·황기·반하·백출은 늘상 성품이 따뜻하고 메마른 약이니 또한 마땅히 금지할 것인데 다만 열을 내리고 피를 북돋는 데 마땅하니 만일 발진이 더디 돋아나오는 경우는 조금 끌어올려 흩는 약으로 더해 겉으로 도달하여 보내게 할 뿐이다.

마과회통 보유 2

종두심법요지(種痘心法要旨)

종두심법요지 서문

 종두(種痘)[1] 한 준칙은 많이 입으로 전하고 마음으로 가르쳤으나 처방서에는 실리지 않았는데, 아마도 후세 사람이 보고 황당무계한 말로 여기고 전례를 따름이 오래 되어 조사할 바도 없게 되었다. 지극히 당연한 도리와 좋은 방법을 마침내 쓸데없는 땅에 놓아두어 신령한 공덕이 흔적도 없이 없어짐이 어찌 크게 안타깝지 않을 수 있으리요.
 지금 바야흐로 종두 한 방법을 자세히 연구함을 더해 면밀하고 자세하게 헤아려서 글을 만들어 책을 편찬해 길이 후세에 물려주려 한다.
 바라건대, 종두의 교량을 만들어 갓난아이가 모두 천수를 누리게 하려는 것이다. 천연두 헌데딱지처럼 어떻게 순조롭게 되기에 이르며, 싹을 골라 어떻게 잘 갈무리하며, 자연의 기후 조건이 어떻게 바름을 얻으며, 종두하는 시기가 어떻게 하면 좋게 되며, 위생을 잘 지키고 음식 조절을 어떻게 하면 마땅하며, 금지해야 함은 어떤 방법대로 하며, 형체와 정기가 어떻게 하면 종두할 수 있으며, 아울러 천연두 때 입은 옷과 천연두 진물을 가리는 등을 하나하나 조목을 나누어 자세하게 분석하고 뒤에 배우도록 모아 나열한 것은 반드시 아주 작은 데까지 마음을 써서 모범을 모았으니, 이 가운데서 환히 보면 다른 갈래의 미혹함이 있음을 이루지 않는다. 다행히 종두법이 이미 훌륭하니 반드시 성공할 수 있는 것이다.

종두의 대강 내용

---

 [1] 종두(種痘): 약화시킨 천연두의 병균을 건강한 사람의 몸속에 조금 넣어 주어서 천연두를 앓지 않도록 하는 예방접종 방법을 말한다.

(1) 천연두

무릇 천연두는 선천적인 병인(胎毒)인 것이다. 형체가 있는 처음에 엎드려 있다가 감촉되어 일어나기 때문에 사람은 능히 모면할 수 없게 되는 병이다. 그러나 그 일어남은 더러 계절성 사기로 감염되고 또는 풍사와 한사로 감염되고 또는 음식으로 말미암고 또는 놀란 두려움으로 말미암고 병 때문에 병이 들고 병을 앓게 됨이 여러 갈래로 복잡하고 증세가 바뀌고 고침을 헤아리지 못하고 또 그 사이는 순조롭고 좋은 경우는 적고 좋지 못해 위험하거나 나쁜 경우가 많아 많은 방법과 온갖 계책으로도 능히 그 병이 만에 하나라도 낫기를 바라나 할 수 없는 경우 이는 치료하기 어렵게 된 것이다.(의종금감)

천연두가 일어나는 한 가지 원인은 선천적인 병인이 속에 엎드림이고 또 한 가지 원인은 밖에서 계절성 사기의 기운을 이끌어 감촉되어 나오는 것이다. 그 병증의 순조롭고 위험함은 가령 몸속의 병인이 가벼우면서 밖에서 감염된 사기가 또한 가벼운 경우는 천연두의 구슬진이 반드시 드문드문한데 이는 순조로운 병세가 되고, 만일 몸속의 병인이 가벼우면서 밖에서 감염된 사기가 무거운 경우는 그 막음이 고르지 않아 쉽게 물을 대어 적시지 못할까 염려된다. 만일 능히 물을 대어 적심에 이르면 계절성 사기가 점차 물러간 뒤 쉽게 공효를 거둔다. 이것은 먼저는 위중하나 나중은 가벼운 증세이다. 만일 몸속의 병인이 무거우면서 밖에서 감염된 사기가 가벼운 경우 그 물을 댄 뒤에 병인이 다 새기가 어려움이 염려된다. 천연두의 고름집의 고름이 흡수되면서 딱지를 맺기가 쉽지 않아 천연두의 병독이 일어나 감질 헌데에 걸릴까 두려운데 이것은 먼저는 가볍고 나중은 위중한 증세가 된다. 만일 몸속의 병인이 무거우면서 밖에서 감염된 사기가 또한 무거운 경우는 구슬진은 반드시 배고 빽빽하고 빛깔도 싱싱하고 빛나지 않는다. 열이 일어나 얼룩점이 보인 뒤 한 길로 세력을 잃으면 거두는 공효가 어려워져 이는 위중한 증세가 된다.(정씨종두방)

선천성 병인의 가볍고 무거움은 사람마다 모두 다름이 분명하다. 바깥에서 감염된 사기는 사람들이 잘 깨닫지 못하고 저 하늘과 땅 사이에 다만 육기(六氣)가 있고 육기가 평온하면 골라지고 육기가 평온하지 못하면 승기(勝氣)와 복기(復氣)가 있고, 승기와 복기가 몹시 대단하기에 이르면 전염성 사기가 피어 급성열성 전염병과 나쁜 기운이 되고, 다시 길에서 더럽고 혼탁한 사기에 맞아 사람이 만일 그것에 감염되면 늙고 어림에 관계 없이 함께 병든다. 지금 천연두 기운이 나와 감염되면 이 사기와 다르겠는가. 이 사기가 홀로 더불어 새어나가지 못하고 선천적인 병인의 소아에게 둘이 서로 감촉됨은 듣지 못했다. 천연두의 병세가 왕성하게 유행할 때 이미 돋아나와 병증을 지난 아이가 또 감염되어 병을 앓는 것이다. 생각건대 이 사기는 예부터 지금까지 무슨 기운이 되는지 분명히 밝혀 확실히 정해 설명한 사람이 있지 않았다.(정씨종두방)

예전의 현명한 사람도 천연두 증세 한 조목에서 일찍이 몹시 마음을 다해 근심하고 염려하고 이론을 내세워 방법을 드러냈으나 그 기운의 근원이 분명치 않기 때문에 치우친 고집의 폐단이 없지 않았으니, 성질이 찬 약으로 설사시키기를 좋아하는 경우가 있고, 성질이 따뜻한 약으로 정기를 보하여 병인을 밖으로 몰아내기를 좋아하는 경우가 있고, 먼저 성질이 찬 약을 써서 설사시킨 뒤에 성질이 따뜻한 약을 써 정기를 보하는 경우가 있고, 먼저 성질이 따뜻한 약을 써 정기를 보하고 나서 뒤에 성질이 시원한 약으로 열을 내리고 병인을 흩어내는 경우가 있다. 다시금 아이 몸뚱이의 정기와 사기가 왕성하고 허약함을 살피지 않음이 있어 성질이 차거나 뜨거운 약을 함께 으뜸으로 삼아 쓴다. 비계태(費啓泰)의 『구편쇄언(救偏瑣言)』에는 늘 열이 일어나고 얼룩점이 보일 때는 대개 대황·석고·황련·서각·영양각·모근(茅根)·노근(蘆根) 등을 쓰는데, 비계태의 말은 이름이 구편(救偏)이라 하였으나 곧 늘 성질이 뜨거운 약을 써서 치우치게 치료할 뿐이다. 만일 본디 치우치지 않으면서 그 법을 으뜸으로 삼으면 치우치지 않은 경우가 도리어 치우침에 이른다. 젖먹이의 목숨이 그 약을 어떻게 견디랴.(정씨종두방)

(2) 천연두의 예방 접종법

옛날에는 천연두의 예방접종 한 방법이 있었는데 양자강 서쪽 지방에서 일어나 경기(京畿: 서울의 소재지)에 도달했다. 그 근원한 바를 연구하여 말하면, 송(宋)나라 진종(眞宗) 때(998~1022) 아미산(峨帽山)에 신인(神人)이 있었는데 나와서 승상 왕단(王旦)의 아들에게 천연두의 예방접종을 하여 낫게 되었다. 이것이 마침내 세상에 전해졌다고 한다. 그 말을 비록 믿을 수는 없을 것 같으나 그러나 이치로 가늠하면 실로 만물을 내고 기르는 계획에 참여한 공이 있고 때에 따라 마땅함을 이룬 오묘함이다. 대개 천연두는 병을 얻은 뒤에 감염된다. 그러나 종두(種痘)는 병이 들지 않음에 앞서 베푼다. 천연두는 병을 이룬 때에 치료한다. 그러나 종두는 병듦이 없는 날에 조절하여 겉에서 속으로 전달하고 속으로 말미암아 겉에 도달하되 이미 여러 가지 증세가 그 가운데에 뒤섞임이 없고 다시 훌륭한 처방이 있어 그 밖에서 이끌어내어 영향을 주어 점점 감염되어 선천적인 병인이 다 나오니 또 무엇을 염려하겠는가. 병드는 복잡한 많은 갈래를 바꾸어 고침을 헤아릴 수 없어 훌륭한 의사도 손을 묶고 어떻게 구별할 줄 모른다. 이는 진실로 위험한 증세를 없애고 평온하게 겪고 위급함을 피하여 편안함으로 나아가는 훌륭한 방법인 것이다.(의종금감)

다행히 옛날에 종두의 훌륭한 방법이 있어 서로 전해 오늘에 이르렀다. 그 방법은 간단하고 쉬우며 신기한 효험이 대단히 알맞았다. 대개 천연두가 밖으로 말미암아서 감염될 때는 사기가 일어난다. 종두는 병이 없을 때에 예방접종하기 때문에 구슬진이 돋아나옴이 조밀하지 않고 가벼운 경우는 몇십 알갱이에 지나지 않으니 이것이 어찌 위급함을 피하고 편안함으로 나아가는 훌륭한 방법이 아니겠는가. 만일 어리석은 사람이 믿지 않으면 어찌 바야흐로 저절로 돋아나옴과 예방접종하여 돋아나옴을 피차 서로 헤아리지 아니하고서 그 이치가 스스로 명백해지겠는가. 가령 한 시골 마을 가운데 100명의 아이가 있어 천연두의 구슬진이 돋아나오고 일찍이 의사를 맞이하지 않고 약을 먹지 않았는데 만일 능히 80~90명이 공을 거두자 사람들이 모두 태평두(太平痘)가 되었다 일컬었다. 몹시 있는 힘을 다하여 질병을 치료함이 있었으나 덜리고 축나 잃어버림이 거의 절반에 미친 경우는 듣지 않아도 그 허물을 의생(醫生)에게 돌리고 다만 목숨을 하늘에 맡김이 있을 뿐이다. 지금 만일 100명 아이에게 천연두 예방접종을 하여 설령 덜리고 축나 잃어버림이 4, 5개이면 반드시 접종하는 의사의 죄를 꾸짖어 벌하고 아울러 그 의사가 이 한 마을에 잠시 머무름을 허락하지 않는다. 사람들은 어째서 의생은 돈독히 믿으면서 종사(種師)는 믿지 않는가. 그 목숨을 더불어 하늘에 맡기면서 누가 만일 사람들의 공효를 잡아당겨 이를 서로 견주면 종사가 마땅한지 종사가 마땅치 않은지는 저절로 분별된다.(정씨종두방)

(3) 종두를 가리는 방법

일찍이 천연두를 예방접종하는 방법을 조사하니, 천연두의 알갱이의 진물을 취하여 예방접종거나 천연두를 앓은 아이의 옷을 입어 예방접종하거나 천연두의 헌데딱지를 말린 가루를 콧속에 불어넣어 예방접종한 경우가 있었다. 한묘(旱苗)라 일컬은 경우는 천연두의 헌데딱지 가루를 말하며 적셔서 콧구멍으로 들여보내 접종함은 수묘(水苗)라고 하였다. 그러나 곧 이 네 경우를 비교하면 수묘가 상등이 되고 한묘가 둘째가 되고 천연두를 앓은 옷은 효험이 없다. 천연두의 진물은 몹시 잔인함을 거치기 때문에 옛법에서는 홀로 수묘를 써서 대체로 그 화평하여 사리에 맞고 타당함을 취했던 것이다. 근세에 처음으로 한묘법을 써서 비록 쉽고 빨리 사나움을 약간 깨닫는다. 천연두의 옷과 천연두의 진물의 설은 결단코 좇을 수 없다. 무릇 수묘의 잘된 경우는 그 기세가 몹시 화평하고 빠르지 않고 느리지 않게 점차로 들어가고, 이미 접종한 뒤도 소아는 다침을 받는 곳도 없고 선천성 병인이 점점 일어나는 기틀이 있고 실패가 없이 영향이 빠르고 더할 수 없이 잘 되어 법을 삼아 전할 수 있는 종두의 싹에서 제일 뛰어난 것이 된다. 그 다음은 한묘인데 비록 맹렬하나 오히려 수묘법과 더불어 서로 가깝다. 아이 몸이 강건하고 왕성하면 오히려 더 베풀 수 있다.(의종금감)

『강희자전(康熙字典)』을 조사해 보니 "두(痘)는 선천성 병인인 것이다. 한평생을 마치도록 돋아나오지 않는 경우도 있다. 신두법(神痘法)은 모두 천연두의 즙액을 코로 들여 숨을 쉬면 곧 돋아나온다." 했는데 이는 대개 장종법(漿種法)을 가리킨 것이다.

(4) 싹을 가려냄

싹이란 천연두를 앓고 난 헌데딱지인 것이다. 종두(種痘)란 온전히 이에 의지하여 선천성 병인을 이끌어 따르게 하여 그 관계됨이 가볍지 않다. 종두의 싹을 가릴 때 마땅히 주의하여 자세히 살피고 부주의하면 안 된다. 그 가운데 쓸 수 있는 것이 있고 쓸 수 없는 것이 있는데 다만 천연두에 있어 순조롭거나 순조롭지 않음을 구별하되 천연두가 순조롭지 않은 경우는 구슬진이 돋아나옴이 뾰족하고 둥글지 않고 빛깔도 불그스름하고 윤기가 돌지 않고 즙액이 가득차지 않고 떨어진 바 헌데딱지가 몹시 검고 어두우며 얇으면 이는 하늘과 사람이 병을 모으고 속과 밖에 사기가 모임을 이룬 바로 곧 맛이 매운 약으로 나음을 얻는다. 또 훌륭한 장인이 잘 조절하여 치료함에 지나지 않고 타고난 성품이 아름답지 않은 이들 천연두의 헌데딱지는 결단코 쓸 수가 없다. 천연두가 순조로운 경우는 처음부터 끝까지 뒤섞인 증세가 없고 구슬진이 돋아나오면 뾰족하고 둥글고 빛깔은 불그스름하게 윤기가 돌고 즙액은 가득 찼으며 떨어진 바 헌데딱지는 푸른 담황색으로 윤기가 나며 살지고 크고 두텁고 실하다. 이는 하늘과 땅의 음양의 원기를 얻은 몹시 순조로운 싹인 것이다. 거두어서 이를 쓰면 효험 또한 민첩하게 따른다. 다만 이 헌데딱지는 몹시 적고 만나는 바도 많지 않고 더러 그 일을 맞당을 수 없다. 그러나 다른 사람의 손을 빌리면 또한 반드시 그 몸으로 하여금 몸소 눈으로 보아 바야흐로 좋고 나쁘면 차라리 놓아두고서 쓰지 말고 절대로 함부로 쓰지 말고 종두를 접종한 자를 살핀다.(의종금감)

종두법에 이르러서 온전함은 좋은 싹에 있다. 저 싹이란 곧 다른 아이의 천연두 헌데딱지를 취한 것이다. 반드시 종두가 돋아나와 구슬진이 떨어져 내린 헌데딱지를 중요하게 씀을 종묘(種苗)라 이르고, 이 싹 가운데 큰돌림 때 병인의 기운이 속에는 터럭만큼도 없기 때문에 안심하고 쓸 수 있다. 다만 저절로 돋아나온 구슬진의 헌데딱지를 시묘(時苗)라 일컫는다. 이 싹 가운데 계절성을 띠고 돌림을 일으키는 기운이 있는데 만일 분별하지 않고서 이를 쓰면 이름은 비록 종두라 하나 실제로 다른 아이에게 전염시킨 큰돌림의 계절성을 띤 천연두 기운과 다름이 없다. 이 시묘는 쓸 수가 없는 것이다. 그러나 예방접종하는 싹 안에서 오히려 분간하여 선택함을 찾아 구하면 반드시 구슬진의 알갱이가 드물고 작은 것과 그 빛깔이 불그스름하게 윤기가 돌고 즙액의 물댐이 짙고 두텁고 맺은 바 헌데딱지가 두텁고 실팍하고 표면이 번쩍이며 뾰족하고 둥근 경우 이는 원기와 피가 모자람이 없고 음기와 양기가 크게 알맞은 가장 좋은 싹인 것이다.(정씨종두방)

요사이 예방접종 의사가 있어도 종묘(種苗)가 벌써 끊어졌기 때문에 임시로 시묘를 취해 접종하여 가끔은 접종한 구슬진이 배고 빽빽하게 손이 가시에 찔림 같음이 있는데 위험한 증세인 경우는 모두 시묘 성질을 알지 못하고 접종한 잘못인 것이다. 곧 시묘의 가장 좋은 경우를 뽑음은 또한 반드시 예방접종하여 4~5 아이를 지남이 중요하고 함께 각기 순조로움이 마땅한 경우라야 그 싹의 성질이 비로소 온화하고 편안해 바야흐로 능히 종묘와 더불어 서로 같다.(정씨종두방)

『의종금감』의 싹을 가려냄을 조사해 보니, 곧 시묘를 고르는 경우 시묘도 진실로 예방접종할 수 있으나 가끔은 실패함이 있다고 했다. 마땅히 정씨종두방으로 올바름을 삼되 불행히 싹이 끊어졌으면 바야흐로 임시로 시묘를 쓸 수 있다.

(5) 싹의 저장

천연두의 예방접종은 반드시 싹을 갖추어야 한다. 그러나 싹을 믿을 수 있는 경우에도 원기가 서로 통함이 있어야 한다. 만일 더움을 만나면 원기가 새어나가고 날짜가 오래 되면 원기가 적어지고 더러움에 감촉되면 원기가 맑지 않다. 깨끗지 않게 저장하면 원기가 바르지 않아진다. 이것이 예방접종할 싹을 저장하는 방법을 조심하는 이유인 것이다. 가령 좋은 싹을 만나면 모름지기 새 사기병 안에 저장하고 위는 물건으로 단단히 덮어 깨끗한 곳이나 맑고 시원한 곳에 두고 그 저장하는 싹은 봄철인 경우에 있어서는 1개월의 헌데딱지로 접종할 수 있고 겨울철 몹시 추우면 40~50일 된 헌데딱지로 오히려 접종할 수 있다. 대개 차가우면 원기를 거두어 저장하고 뜨거우면 원기가 쉽게 새기 때문에 시간과 날짜가 같지 않은 것이다. 그러나 싹을 거두지 않았을 때 곧 마땅히 먼저 구슬진이 돋아난 집에 주로 그 까닭을 분명히 말해 저들로 하여금 즐겨 좇고 의심하고 꺼림이 없어야 저들이 바야흐로 마음쓰기를 허락하여 거두어 저장하도록 하고 조금도 그르침을 끼치게 함을 이루면 안될 것이다.(의종금감)

  그 싹이 북쪽 지방 기후가 서늘한 데 있는 봄철의 싹은 1개월 안에 오히려 접종할 수 있고, 겨울철의 싹은 40~50일 동안 오히려 접종할 수 있다. 남쪽 지방 기후가 따뜻한 여름철의 싹은 4~5일이고 봄철의 싹은 20일이고 겨울철의 싹은 30일이다. 만일 오래 끌면 원기가 적어 힘이 없어 접종해도 싹이 돋아나오지 않을까 두렵다. 이와 같은 싹을 찾으려면 먼저 싹이 있는 집을 찾아가 바로 천연두 씨가 있을 때 그를 향해 분명히 그 까닭을 말하고 간절히 4~5알갱이를 구해 곧 끊임없이 계속 접종할 수 있다. 더러 평소 같은 도(道) 접종 의사 사이에서 서로 1~2분 뜻이 참으로 노숙하고 성실한 자에게 주고 의론이 분명하게 피차 서로 빌리면 싹 또한 끊어지지 않을 수 있다. 또 겁이 없고 용기가 많은 접종 의사가 있어 5~6월 가운데에서도 가난한 집의 굳세고 실팍한 아이를 찾아 이를 접종할 뿐 아니라 찾아 사례를 갚으면 도리어 즙액을 자랑하고 돈도 붙여서 차례로 3~4명의 아이에게 접종을 번갈아 전달하고 계속 7월에 이르러 미치면 싹이 또한 끊어지지 않을 수 있겠다. 헌데딱지가 떨어져 내리면 종이를 써서 싸고 좋이 어느날 거두어 얻었다고 분명히 기록하여 거두어 새 사기병 안에 저장하고 그 입구를 단단히 덮어

가려 맑고 시원한 곳에 놓아두고 더럽고 뜨거운 기운에 부딪치지 말라. (정씨종두방)

(6) 기후 조건

천연두의 예방접종은 기후 조건을 얻음이 귀중한데 그 때를 얻으면 접종하고 그 때를 얻지 못하면 접종하지 않는다. 대저 바른 기후 조건은 봄을 지나지 말아야 한다. 봄은 온갖 사물이 발생하는 때가 되어 기후가 온화하고 춥지 않고 덥지 않아 천연두를 예방접종하면 구슬진이 저절로 그 기운을 따라서 발생하는데, 이 1월 2월 3월 계절이 접종할 수 있는 까닭인 것이다. 만일 여름이 온 뒤 여섯 양기가 다 땅 위로 나오고 사람의 양기 또한 모두 겉으로 뜨고 더운 열이 폐장에 뜨거워 병을 받아 위중한데 이 때 천연두를 접종하면 아이가 어찌 견뎌내랴. 이것이 4월 5월 6월의 계절은 반드시 접종할 수 없는 까닭인 것이다. 만일 가을철이 이르러 날씨가 맑고 평온하고 거두어들이는 때라 비록 접종할 수 있는 아이를 만나도 병독을 끌어낼 수 있는 도구가 없다. 이 7월 8월 9월의 때는 형세가 능히 접종할 수 없는 것이다. 10월에 이르면 소춘(小春)이라 하는데 비록 접종할 수 있다고 하더라도 이 계절은 찬 공기가 굳게 맺히고 순전히 음의 성질만 철에 맞으나 동짓날 뒤 한 양기가 벌떡벌떡 뜀을 기다림만 못하다. 그 끊임없이 움직이는 기운을 빌려 접종함이 몹시 상서롭다. 이것이 10월에도 접종할 수 있으나 오히려 11월 12월이 더욱 접종할 수 있음만 같지 못한 까닭이다.(의종금감)

그러나 마땅히 접종할 수 있는 때도 또한 접종할 수 없는 경우가 있다. 만일 봄이 마땅히 따뜻해야 하는데 도리어 춥고 여름이 마땅히 뜨거워야 하는데 도리어 서늘하고 가을이 마땅히 서늘해야 하는데 도리어 덥고 겨울이 마땅히 추워야 하는데 도리어 따뜻함은 마땅히 그 계절 기후가 그 기후가 아니면 이는 하늘과 땅의 바르지 않을 기온인 것이다. 항상 사람이 감염되면 계절성 돌림병을 이루어 소아의 병을 치료하면서 건강을 관리할 겨를을 내지 못하는데 하물며 감히 예방접종을 말하겠는

가. 만일 더러 이를 만나면 다만 마땅히 조금 피하여 계절에 해당하는 기후가 평상대로 정해지기를 기다려 다시 접종을 의론함이 바야흐로 아주 안전히 지킴이다. 또 접종하지 못했을 때에 기후가 몹시 바름이 있고 벌써 접종한 뒤에 갑자기 추움과 더움이 제철이 아니면 이는 또 사람의 일이 가지런하게 정돈되지 못함을 만난 바로 우연히 기후가 변하여 뜻 밖인 경우가 나온 것이니 마땅히 집 가운데 그 추위나 따뜻함이 적당하게 하고 순조로운 기후 조건을 만나도록 항상 불살라 더러운 냄새를 피하고 먹고 자는 일을 더욱 삼가고 조심함을 더해 탈이 없게 지킬 수 있다. 천연두의 예방접종이란 마땅히 자세히 조사하고 몸을 살펴야 한다. (의종금감)

　　살피건대, 이 기후 조건을 논함은 황당무계하고 근거가 없어 바른 이치에 맞지 않는다. 비록 천연두는 몹시 덥거나 왕성한 추위에도 많이 능히 순조롭게 이루어지는데, 하물며 예방접종에 있어서이겠는가. 순전한 음기나 한 가지 양기나 여름이 서늘하고 겨울이 따뜻하다는 등의 이야기는 모두 술수가의 낡은 방법이라 족히 믿고 의지할 수 없다. 정망이(鄭望頤)는 기후 조건을 말하지 않았다. 대개 정망이는 다만 종묘를 접종하면 저절로 헤살놓음이 없기 때문이다. 그러나 『의종금감』에서는 언제나 시묘(時苗)를 접종했기 때문에 꺼림을 두려워함이 많았던 것이다.

(7) 상서로움을 가림

　천연두의 싹을 내리는 날은 반드시 완성되는 날, 흩어지는 날, 쪼개어 접종하는 날 및 날씨와 달의 두 가지가 합하여 들어맞는 날은 상서롭다. 도리어 세 경우는 능히 아울러 갖추지 못해 완성되는 날과 흩어지는 날도 또한 괜찮다. 만일 사람과 귀신이 있는 날을 만나면 꺼리고 접종할 수 없다. 날씨와 달의 두 가지가 들어맞는 날과(1월·5월·9월에 있는 병일, 2월·6월·10월에 있는 갑일, 3월·7월·11월에 있는 임일, 4월·8월·12월에 있는 경일이다.―원주) 사람과 귀신이 있는 날(11일은 콧마루에 있고, 15일은 온몸에 있다.―원주)(의종금감)

　　살피건대, 상서로움을 가리는 의론은 더욱 거짓말로 의심스럽게 어지럽게 남을 속였다. 이는 모두 부끄러움 없는 접종하는 의사가 거짓으로 베푼 임시 변통의 말로 사람으로 하여금 미묘한 의심이 있도록 한 경우이다. 정망이는 상서로운 날을 가림을 말하지 않았으니 그 기술은 대체로 오묘한 것이다.

(8) 아이를 가림

소아의 얼굴 부분이 붉고 생기가 돌고 환하게 빛나고 반짝이며 드러나 두 눈썹 사이와 코뿌리 부위·연수(年壽)·눈 아래·입귀에 도달하고 푸르게 거무스름한 빛이 없고 두 눈의 검고 힘이 분명하며 바라봄이 단정하고 점점 더 뚜렷함이 있고 정신과 원기가 밝고 환하다. 숫구멍이 파묻히거나 가득차지 않고 머리는 이마를 떨어져나가지 않고 콧구멍이 작지 않고 원기가 맑고 흐리지 않고 소리가 맑고 우렁차며 천주골이 바르고 목이 기울지 않고 뼈와 살이 또 마땅히 굳게 맺혔다 서로 일컫고 살이 쪄도 살이 보이지 않고 여위어도 뼈가 드러나지 않고 소변이 멀고 길게 나가고 음낭이 작게 오므라들고 약간 검보랏빛을 띠어 여지 껍데기 같고 몸에 버짐과 부스럼이 없고 목에는 뜬뜬한 멍울이 없고 뱃속에 덩이가 뭉쳐 아픔도 없고 형체와 기능이 충실하고 정신이 굳세고 건강하고 오장육부가 조화롭고 맥박이 뛰고 숨쉼이 화평함에 이르르면 이상은 모두 예방접종할 수 있다.(의종금감)

소아의 얼굴빛이 흰빛이고 더러 누른 빛을 띤 검은 빛이거나 누렇게 시들고 기쁜 빛이 없고 정기 있는 밝은 빛이 없고 두 눈에 검은 빛이 많고 흰빛이 적고 횐동자에 푸른 빛을 띠고 비뚤게 기울어 보이고 분명치 않아 정신이 없고 숫구멍이 파묻히고 가득차며 이마가 떨어져 나가고 숫구멍이 합하지 않고 다섯 가지 발육 부전과 다섯 가지 막힘, 구흉(龜胸)·구배(龜背)·학슬(鶴膝), 콧구멍이 작아지고 숨쉬는 공기가 더럽고 흐리고 소리가 우렁차고 길지 않고 살이 뼈에 묶이지 않고 머리털이 국수발같이 일어난 모양이고 몸뚱이는 여위어 군살이 없고 몸에는 버짐과 부스럼이 있고 배에는 감적(疳積)이 있고 목에는 뜬뜬한 멍울이 있고 병을 앓은 뒤에 원기가 회복되지 않고 평소에 무서워 놀라는 증세가 있고 젖을 먹지 못한 뒤에 원기와 피가 부족하고 비장과 위장이 허약하여 정신이 피곤해 게을러지고 맥박도 고르고 평평하지 못하다. 이상의 증세가 있으면 모두 접종할 수 없다.(의종금감)

　모든 소아의 부모가 일을 소홀히 행하고 위생을 잘 지키고 음식 조절을 잘 할 줄 모르고 금지함을 듣지 않고 의술과 약물을 믿지 않고 너무 지나치게 사랑에 빠져 교만하고 방종함이 지나친 경우도 또한 결코 더불어 접종할 수 없다.(의종금감)

　만일 저 소아를 접종할 수 있거나 접종할 수 없음을 분별하려면 모름지기 소아 몸뚱이의 사기가 허약하고 왕성함 및 오래된 병이 있고 없음을 살펴야 한다.(정씨종두방)

　　살피건대, 한 실패한 일이 있어 접종 의사가 허물을 받았다. 접종 의사는 계책을 마련하고 마땅히 소아가 이와 같음을 가리려 하였으나 그러나 소아의 부모의 마음을 논하면 소아는 이미 허약하여 천연두의 접종을 견뎌내지 못하는데 하물며 시두(時痘)를 견뎌낼 수 있겠는가. 우연히 질병이 있는 경우 조금 건강이 되살아남을 기다려도 문제가 없다. 만일 선천적으로 허약함을 가지고 있는 경우는 더욱 마땅히 접종 의사를 맞이하여 접종을 빌어야 시두를 만남을 벗어날 것이다.

(9) 접종

　천연두를 예방접종할 때는 자세히 소아의 기혈이 조화롭고 담박함을 살핌이 중요하다. 오장육부가 고르게 충만하고 속에 담열과 음식이 쌓여 다친 바가 없고 겉에 육음(六淫)의 사기가 서로 침범함이 없어야 바야흐로 상등급의 좋은 천연두 헌데딱지를 쓸 수 있다. 1세인 아이에게 접종하는 경우는 20여 알갱이를 쓰고 3~4세인 경우는 30여 알갱이를 쓰되 깨끗한 사기 종지 안에 두고 버드나무로 공이를 만들어 부드러운 가루가 되게 갈아 깨끗한 3~5 물방울을 사기 종지 않에 넣어 봄에는 따뜻이 쓰고 겨울엔 뜨겁게 쓴다. 마르면 거듭 물 몇 방울을 더해 모두 고루 섞임을 헤아리고 메마르거나 젖지 않도록 하여 새 솜 약간을 써서 모름지기 매우 얇게 펴서 조각을 싸서 안에 있는 천연두 가루를 배합하여 주물러 대추씨 모양을 이루면 붉은 실로 얽어매어 안정시키고 잇따라 1

촌쯤의 길이로 머물러 두면서 잘라 가려 바야흐로 싹을 콧구멍으로 들여보낸다. 사내아이는 왼편 구멍, 계집아이는 오른편 구멍으로 나누어 넣되 사람이 떠나서는 안되니 때때로 보고 지킨다. 만일 소아가 손을 써서 장난으로 잡으면 빨리 이를 금지하고 더러 재채기가 나오게 되면 빨리 바야흐로 싹으로 코 안을 막아야 함을 조금이나마 늦출 수 없음은 싹의 기운이 샐까 두려움 때문이다.(의종금감)

손을 써서 접종하는 방법에 있어서는 더욱 모름지기 자세히 조심해야 한다. 모든 접종에서 한 소아에 천연두 헌데딱지 3~4 알갱이를 쓰는데 두 아이면 6~7알갱이를 마르고 깨끗한 찻잔 가운데에 놓고 맑은 물 4~5 차숟갈을 기울여 넣고 새끼손가락 끝을 써서 안에 있으면서 3~4차례 휘저으면 헌데딱지가 벌써 젖자 빨리 바야흐로 물을 기울여 버리고 버드나무 공이를 써서 갈고 그 공이는 대략 4촌(寸)인데 크기가 붓자루 같고 두 머리는 둥글고 빛난 것을 써서 10여 번 돌려 갈아야 충분하다. 만일 헌데딱지가 몹시 마르면 맑은 물 1~2방울을 더 넣어야 하나 절대로 너무 축축하면 안되고 다만 마르고 깨끗이 풀 모양으로 갈리기만 하면 되고 익은 새 면화로 솜을 타서 쓰되 하나의 작은 덩어리를 대추씨 크기처럼 반죽하되 두 머리는 둥글게 하되 그 길고 짧고 크고 작음은 소아 콧구멍의 크고 작음을 헤아려 만든다. 그 솜덩어리는 몹시 푸석푸석하면 안되는데, 연하고 푸석푸석하면 싹의 기운이 쉽게 가서 밖으로 새고 또 눈물을 보면 줄어들어 쉽게 벗어나간다. 바야흐로 솜 덩어리는 한 머리만 써서 물에 담가 헌데딱지 가루 풀 위에서 아이 코 가운데를 막되 사내아이는 왼쪽, 계집아이는 오른쪽이다. 막기를 지나치게 들이밀면 아이가 편안치 않고, 또한 지나치게 나올 수 없다. 지나치게 나오면 쉽게 빠져 떨어지니, 총괄하면 느슨하고 팽팽하며 얕고 깊음이 알맞아야 잘 되며, 막은 뒤에 소아를 놓아 손을 써서 집어내지 말도록 한다. 만일 재채기를 뿜고 때려냄을 입으면 빨리 바야흐로 싹을 잇따라 코에 넣어 막는다.(정씨종두방)

천연두 싹의 접종은 천연두 헌데딱지 하나에 지나지 않는데, 지금 각처의 접종 의사는 거짓말로 천연두 헌데딱지 밖에 도리어 다른 약을 더해 이끌어낸다고 하는 경우도 일컫는데, 이는 사람을 미혹시키는 황당한 말로 절대로 이를 믿지 말라.(정씨종두방)

　　살펴보건대, 『의종금감』에서는 20~30 알갱이를 쓰고 정망이는 3~4 알갱이를 쓴다. 『의종금감』에서는 솜 조각을 써서 싹을 싸고 정망이는 솜덩어리를 물에 담가 그 방법이 같지 않다. 마땅히 서로 참고하여 시험하라. 『의종금감』에서는 붉은 실을 쓰는데 또한 음양가가 사람을 속일 뿐이다.

(10) 싹의 징조

　싹을 내린 뒤 반드시 6개 때를 얻음을 헤아린 다음 취하여 뽑아낸다. 만일 날씨가 한겨울을 만나서는 몇 시간을 많이 머물고, 만일 계절이 온화하고 따뜻함을 만나서는 몇 시간을 일찍 취해 뽑아내도 또한 괜찮다. 요컨대 때에 닥쳐서 짐작함이 있으며 천연두 싹을 취해 뽑아낸 뒤 그 싹의 기운이 점차로 들어가 오장에 두루 전해져 7일에 이르러 처음 열이 일어나고, 열이 일어난 3일에 싹이 보이고, 싹이 보인 3일에 일제히 돋아나오고, 일제히 돋아나온 3일에 즙액을 댄다. 즙액은 3일 만에 물이 돌아 딱지를 맺어 크게 공을 이룬다.(의종금감)

　싹을 내린 뒤 6개 때로써 헤아리되 날씨가 뜨거우면 몇 시간 일찍 돋아나옴을 취하고 날씨가 추우면 몇 시간을 많이 머물러 천연두의 싹이 돋아나옴을 취한 뒤 그 싹의 기운이 점차로 오장에 두루 전해져 7일에 이르고 더러 8~9일에 이르러 처음 열이 일어나고 열이 일어나 3일이 되면 얼룩점이 보인다. 이는 진실로 사리에 맞고 타당한 접종 방법인 것이다.(정씨종두방)

(11) 오장에 전해 보내는 이치

　코란 폐장의 바깥 구멍이다. 수묘(水苗)를 접종하는 방법은 싹을 콧속에서 막으면 그 기운이 먼저 폐장에 전해지고 폐장은 살갗과 털을 주관한다. 폐장은 심장에 전하고 심장은 핏줄을 주관한다. 심장은 비장에 전하고 비장은 근육을 주관한다. 비장은 간장에 전하고 간장은 힘줄을 주관한다. 간장은 신장에 전하고 신장은 뼈를 주관한다. 천연두 병인이 골수의 안에 갈무리되어 싹의 기운에 감염되어 일어나 그 병인이 골수에서 힘줄에 다 이르러야 신장에 갈무려진 병인이 흩는다. 힘줄에서 근육에 다 이르러야 간장에 갈무려진 병인이 흩는다. 근육에서 핏줄에 다 이르러야 비장에 갈무려진 병인이 흩는다. 핏줄에서 살갖 털에 다 이르러야 심장에 갈무려진 병인이 흩는다. 살갖과 털에서 둥글고 잔 알갱이에 다 이르러야 폐장에 갈무려진 병인이 흩는다. 오장에 갈무려진 병인이 포개어 갈마들며 흩어진 다음에야 병인이 즙액으로 변화를 이루고 점을 거두어 헌데딱지로 떨어진다. 이 종두(種痘)를 차례차례 전하여 보내는 것을 잘 알아야 한다.(의종금감)

　　살펴보건대, 이 또한 음양가의 낡은 투식으로 오장에 전해 보내는 설인데 본디 절로 믿을 수 없다.

(12) 목의 씨

이미 접종한 뒤 바야흐로 열이 일어날 때 소아의 목 안에 사내는 왼쪽 계집애는 오른쪽에 반드시 한 작은 옹저 덩어리가 생겨 모양이 멍울같은데 이는 곧 병인의 기운이 여기에 모여 맺힌다. 그러므로 구슬진이 일어나면 반드시 성글고 드문데 이 덩어리는 반드시 치료하지 않고 헌데딱지가 떨어지기를 기다리면 덩어리 또한 점차 없어진다. 만일 시묘(時苗)를 써서 접종한 경우 목 가운데 덩이가 없으니 마땅히 이로써 분별한다.(정씨종두방)

(13) 믿을 만한 싹

천연두를 접종하고 열이 일어나기 전에 소아의 얼굴 부위 위에 갑자기 둥글고 잔 알갱이가 구슬진같이 돋아나오면 이름을 신묘(信苗)라 한다. 이는 천연두의 병인의 기운이 바야흐로 일어날 표시인 것이다. 빛깔이 붉으면서 부드럽고 기다리면 저절로 없어진다. 만일 붉은 보랏빛으로 딱딱하고 굳고 고기눈같이 있는 경우는 빨리 은침으로 위를 후비어 파서 깨뜨리고 이성산(二聖散)으로 근심을 없앤다.

　이성산(二聖散): 웅황·자초 각각 같은 무게로 함께 갈아 부드럽게 가루를 만들어 기름 연지 위에 배합해 쓴다.(의종금감)

(14) 팔다리의 경련

　또 간혹 천연두로 열이 일어날 때에 놀람이 있어 소아가 갑자기 놀라고 불안해하면서 팔다리에 경련이 나서 팔다리를 구부리고 말을 못하고 눈을 치뜨다가 몹시 짧은 시간에 곧 평정을 되찾음이 있는 경우와 한두 시간 일어남이 있는 경우와 한 차례 일어남이 있는 경우와 두 차례 일어남이 있는 경우는 모두 해침이 없음에 딸리니 이 때는 절대로 흔들어 움직이거나 부르짖어 부르면 안된다. 그 저절로 평정을 찾으면 곧 그치므로 반드시 약을 먹지 않는다. 모름지기 미리 천연두를 앓는 집을 대해 설명하여 그 걱정함을 벗어나게 함은 모두 때로 접종하는 의사의 혼자만 쓸 수 있는 좋은 방법인 것이다.(정씨종두방)

(15) 접종을 도움

　싹이 떨어져 내린 뒤 마땅히 친절한 사람으로 하여금 좌우에서 살펴 지킴은 다만 다른 사람이 마음 써서 삼가지 않을까 함인 것이다. 만일 살피기를 대수롭지 않게 여겨 보살펴 지킴을 소홀히 하면 소아가 그 싹으로 콧속을 막음을 싫어하여 갑자기 뽑아내어 싹의 기운을 한번 새게 하면 접종은 효험이 없음이 많고 접종이 일어나지 않는 경우가 또한 있는 것이다. 그러나 더러 소아의 오장 안이 건장하고 실해 싹의 기운을 받지 않아 전해 나아가기 어려워 일어나지 않는 경우가 또한 있는 것이다. 다시 선천적인 병인이 깊숙하고 조용히 숨어 속에 갈무려 쌓여 있어 비록 싹의 기운이 전해 이르더라도 능히 이끌어 돌아나올 수 없어 일어나지 않는 경우도 또한 있다. 함께 마땅히 11일이 넘기를 기다려 헤아려 이를 지나도록 일어나지 않은 뒤에는 기후가 온화하고 순조로움을 살펴 다시 접종을 돕도록 해도 또한 괜찮다.(의종금감)

(16) 저절로 돋음

천연두의 접종은 7일로써 기한을 삼아 오장에 두루 전달되어 처음으로 열이 일어나는 경우는 일정한 것이다. 더러 9일이나 11일에 이르러 일어나는 경우 이는 전달해 보냄이 더디어 늦어진 때문인데 또한 염려할 것이 없다. 만일 5일 전에 열이 일어남은 이는 시묘(時苗)의 기운이다. 아직 전달해 이르지 못했는데 그 병인이 무슨 까닭으로 일어나겠는가. 반드시 접종으로 말미암은 뒤 마침 큰돌림의 계절과 관련된 사기를 만나 소아가 감염되어 이루어진 이것은 곧 저절로 돋아나온 구슬진이다. 싹의 기운이 관계되지 않고 이끌어 돋아나온 것이다. 천연두를 예방접종할 경우 꼭 알아야 한다. 예방접종하지 않은 때에 마땅히 생각해 미리 그 이야기를 명백히 할 것이다.(의종금감)

(17) 병의 치료와 건강 관리

천연두의 접종과 병의 치료와 건강 관리에 있어서 가장 필요하고 중요한 것은 처음부터 끝까지 조금도 소홀히 할 수 없다. 가령 추위와 더위를 피하고 음식을 조심함이 이것이다. 날씨가 몹시 추운 겨울에는 마땅히 따뜻하게 덮어 차가움을 받지 말아야 하니, 차가운 기후에 접촉함을 입으면 구슬진이 돋아나올 수 없을까 두렵다. 또한 지나치게 무거운 솜과 겹친 요는 안된다. 뜨거운 기운이 몰리고 막히도록 하여 구슬진을 이루어 드러내지 못한다. 날씨가 따뜻해도 마땅히 알맞게 덮어야 한다. 밖에서 침입한 열사와 병인이 서로 아울러 가슴이 답답하고 열이 나서 보탬을 이룰까 두려우니, 또한 경솔하고 조급하게 홑것을 입고 몸뚱이를 드러내면 안된다. 찬 기운의 사기가 밖에서 침범토록 하여 일어나는 기틀의 생김을 막으니 이 한사와 열사의 하는 짓은 그 원기와 피를 고르고 충실하게 함이 귀중한 것이다. 사람의 원기와 피는 반드시 음식을 도와 변화를 발생시켜 천연두의 처음부터 끝까지 온전히 이에 힘입는다. 만일 음식의 해침이 적다면 원기와 피가 어떻게 돕겠는가. 다만 지나치게 심하면 안되는데 만일 지나치게 마시면 음식이 지체되어 몸속의 체액이 변화되지 않고, 지나치게 먹으면 비장과 위장을 다쳐 반드시 담으로 열이 일어남이 생기기 때문에 젖먹이 아이는 젖을 많이 빨거나 모자라지 않게 한다. 잘 먹는 아이도 맛이 맵고 성질이 뜨거운 굽고 말린 음식을 먹이지 말고, 딱딱하고 차진 날음식과 찬 음식은 먹이지 말고, 찻물도 마음대로 먹이지 말고, 시원한 즙액도 먹도록 하지 말고, 음식을 지나치게 배부르지 않게 하고 또한 지나치게 굶주리지 않도록 함이 마시고 먹는 짓으로 고르고 충실하게 함이 귀중한 것이다.(의종금감)

한사와 열사, 음식 이외에 있어서 모든 행동은 이미 마음대로 교만하고 방종하면 안되며 또한 위반함이 지나쳐도 안된다. 다만 병의 치료와 건강 관리하는 사람에 있어서는 그 타고난 성질을 참고 견디며 항상 조심하여 삼가며 잘 보호하되, 벌써 접종한 뒤에 조심할 뿐 아니라 또 마땅히 접종하지 않은 때에 앞서서도 조심한다. 조심하지 않을 뿐 아니라 싹을 본 처음에는 더욱 마땅히 조심한다. 구슬진 헌데딱지가 떨어진 뒤에 천연두를 접종하는 경우 마땅히 경계함을 자상하게 일러주어 자세히 힘쓰기를 약속해서 그들로 하여금 관련됨이 가볍지 않음을 알고 마음을 두어 삼가 조심하여 병의 치료와 건강 관리를 법과 같이 해야 비로소 온전히 지키며, 만일 삼가지 않음이 있어 소아가 더러 한사와 열사에 침범되기에 이르고, 또는 음식에 다친 바가 되면 허물이 바야흐로 누구에게 누끼치겠는가. 이것을 병의 치료와 건강 관리하는 자가 알지 못하면 결코 더불어 접종할 수 없는 까닭인 것이다.(의종금감)

병의 치료와 건강 관리하는 법과 같이 마땅히 음식을 조절하고 추위와 따뜻함을 알맞게 하고 성나거나 놀람을 막음은 이 모두 접종 의사는 함께 각기 명백히 다 알므로 이에 거듭 말하지 않는다.(정씨종두방)

(18) 금지하고 싫어함

천연두를 접종하는 집의 방 속은 청결하게 함이 가장 중요하고 절대로 꺼림을 위반하지 말고 가장 밝음을 좋아하니 어두워서는 안된다. 나이가 많고 덕이 있고 일을 참고 견뎌내는 사람을 가려 소아의 천연두 구슬진이 돋아나옴을 지나게 하여 그로 하여금 환자의 위생을 잘 지키도록 하고 좌우에서 떠나지 않으면서 모든 금지하고 싫어함을 함께 마땅히 삼가 지키어 꾸짖거나 성내어 부르짖지 말게 하고 말로 다급하게 놀래키지 말고 빗 머리를 마주하지 말고, 마주 가려움을 긁지 말고 술을 마시지 말고 노래와 음악을 하지 말게 한다. 모든 방 가운데 사기의 탁하고 걸쭉한 기운과 부인의 월경 징후의 기운과 겨드랑이 아래의 냄새 나는 땀을 분비하는 기운과 멀리 다녀 피로한 땀 기운과 잘못 머리털을 태운 기운과 잘못 물고기뼈를 태운 기운과 등불·촛불을 불어 끈 기운과 유황 묻힌 나무의 연기와 파와 마늘이나 술취한 기운과 도랑의 더럽고 흐린 기운은 다 마땅히 이를 피한다.(의종금감)

더욱 마땅히 미리 당부하건대, 그 좌우의 사람이 만일 맹렬한 우레나 바람과 폭우의 변고를 만나도 크게 안정함이 마땅하고 아이가 놀라지 말도록 그 장막 안에 있어 마땅히 조심하고 마땅히 촘촘히 덮고 절대로 갑자기 움직여 바람을 일으키지 말고 늘상 불태워 더러운 냄새를 피하고 우연히 마주치는 바르지 않은 기운을 피하고, 다시 사람으로 하여금 삼가도록 그 문에 기다려 낯선 사람의 오고 감을 허용치 않고 중의 무리, 박수와 무당, 상복을 입은 사람이 집에 들어옴을 허용치 않는다. 이상의 금지하고 싫어함을 하나하나 규정을 좇아 지키면 상서롭고 조금이나마 소홀함이 있으면 언제나 일이 실패하기에 이른다. 천연두를 접종하는 경우는 절대로 마땅히 자상하게 일러 주어 경계시켜야 한다.

벽예향(辟穢香): 창출 300g, 천대황(川大黃) 150g을 부수어 작은 조각을 만들어 화로 가운데서 불사른다. 잠시도 그쳐서는 안된다.(의종금감)

　　살펴보건대, 여기서 논의한 금지하고 꺼림은 모두 천연두 과목의 옛 처방인데 그 가운데 또한 반드시 싫어하지 않을 것도 있다.

(19) 치료법
천연두의 접종은 곧 병인을 이끌어 곁에 도달시키고 아이가 평안하고 병이 없을 때를 틈타야 일이 순조롭고 상서로움에 딸리니 또 무슨 말로 다스리랴. 그러나 천연두를 앓는 집에서 지나친 사랑에 빠질까 두렵다. 일상 생활을 삼가지 않고 음식을 절제하지 않아 이 병이 말미암아 생기는 것이다. 그러므로 치료법 또한 모면하지 못하는바 마땅히 천연두를 치료하는 방법을 다 견주어 보고 치료함이 좋을 것이다.(의종금감)

(20) 한묘(旱苗) 접종 방법

한묘로 접종하는 방법은 은대롱 약 5~6촌 길이로 그 목 부분을 구부려 천연두 헌데딱지를 매우 부드럽게 갈아 대롱 끝에 들여 사내아이는 왼쪽에 계집아이는 오른쪽을 살펴 콧구멍을 마주하여 이를 불어넣되 7일에 이르르면 또한 열이 일어난다. 오늘날에는 이 방법을 많이 쓰는데 대체로 그것이 간단하고 편리하게 재빨리 넣고 벗어나 떨어지지 않음을 취했으나 싹의 기운이 달아나 샐 걱정도 있는 것이다. 다만 뒷사람이 이를 잘 쓰지 못하고 가볍게 불어넣으면 달려 들어가지 못하고 무겁게 불면 빠르고 맹렬함을 당해내기 어려울까 두렵다. 또 눈물 흘림이 지나치게 많아 싹이 눈물을 따라 없어져 가끔은 징험하지 않을까 두렵다. 지금 후세에 법을 물려주려고 하건대 마땅히 그 방법이 화평하고 알맞아 아주 안전한 경우를 취하여 본받자면 홀로 수묘(水苗)에서 취할 것이다.(의종금감)

(21) 두의(痘衣) 접종 방법

소아의 천연두의 구슬진이 돋아난 경우 마땅히 즙액이 길다. 즙액이 충족될 때면 저 천연두 기운이 많고 왕성한데 그 몸에 가까이 있던 속옷을 취하여 구슬진이 돋아나지 않은 계집애에게 입힌다. 입은 지 2~3일 밤 사이에도 또한 벗지 않고 9~11일에 이르러야 처음 열이 일어나는데 이것은 곧 옷으로 전함이다. 그러나 원기가 적어 드러나지 못할까 두려우며 대체로 열이 나지 않고 돋아나지 않음이 있다. 그 접종법은 영검스럽지 않기 때문에 쓸 수가 없다.(의종금감)

⑵ 천연두 고름 접종 방법

소아의 천연두 구슬진이 순조롭게 돋아나온 경우를 가려 그 천연두 고름을 취하여 솜으로 그것을 문질러 닦아 사내는 왼쪽 계집애는 오른쪽으로 나누어 콧속에 넣어 막으면 또한 구슬진이 잘 일어난다. 다만 천연두 구슬진 고름을 취할 때 본집에서 깨달아 알지 못하게 하고 구슬진 고름을 쥐어 터뜨려 훔쳐 씨를 만들면 그 정기를 내보내게 하여 병인이 흩어질 수 없다. 이는 잔인한 마음으로 병 치료를 해치는 어질지 못한 처사인 것이다. 뜻이 같은 경우도 절대로 마땅히 악이 깊어짐이니 통렬히 끊어야 하는데 또 어찌 공효를 바랄 수 있으리요.(의종금감)

『정씨종두방(鄭氏種痘方)』: 정망이(鄭望頤) 저
『의종금감(醫宗金鑑)』: 오겸(吳謙) 편찬

당초의 기록

애초에 참판 이기양(李基讓) 씨가 의주부윤(義州府尹)이 되었을 때 (1798) 『정씨종두방(鄭氏種痘方)』을 얻어가지고 돌아와 나에게 보였다. 나는 검서(檢書) 박제가(朴齊家) 씨를 만나 이를 말하였다. 박제가 공은 또 『의종금감(醫宗金鑑)』 가운데 있는 종두요지(種痘要旨)를 얻어 포천(抱川)의 의원 이종인(李鍾仁) 씨에게 이를 전하고 시묘(時苗)로 시험삼아 접종하게 하여 천연두 씨가 4~5차례 전해지자 마침내 『정씨종두방』에서 말한 바와 같았다. 이종인 공은 천연두의 사리를 익혀 서울 도성에 들어와 아이를 얻어 주어 천연두의 접종법이 마침내 시행됨을 얻었다. 이것이 우리 나라에서 천연두를 예방 접종한 시초인 것이다.

때는 정조 24년(1800) 경신 3월(청나라 가경 5년)이다.

소계어자(苕溪漁者)가 기록한다

* 소계(苕溪)는 다산이 살던 고향의 지명인데 초기에 별호로 썼다. 우리말로는

'소내'로 한자로는 '牛川'이라 쓰기도 했다.

부록

의령(醫零)[1]

1. 육기론(六氣論)

1

『예기(禮記)』에 "사람은 반드시 그 동아리에 비교해 보아야 한다."고 말했다. 사물을 비교할 경우도 또한 그렇다. 그 동아리가 아닌 데 비교한다면, 곧 논하고자 하는 원래의 사물의 이치는 또한 반드시 어긋나서 분명하지 않을 것이다.

저 추위와 더위는 자연의 기후에 따라 나타나는 사실이고, 마르고 축축함은 사물의 사실의 모습인 것이다. 화(火)라는 것은 본디 사물의 본체이고, 풍(風)이란 것은 본디 사물로 말미암아 이루어진 것으로 흙비 종류인 것이다. 이들의 동아리가 같지 않음이 이와 같은데, 그 이치가 어찌 홀로 분명할 수 있으리요. 지금 사물의 사실의 모습을 논한다면 네 가지가 있는데, 오직 차가움·뜨거움·건조함·습기참뿐이다. 겨울철에 추위에 감촉하면 사물의 사실은 차고, 여름철에 뜨거움에 감촉하면 사물의 사실은 뜨겁고, 풍(風)에 감촉하면 건조하게 된다. (습기참에 감촉하면 젖게 된다.)……네 가지 가운데 차가움과 뜨거움은 서로 겸할 수 없고, 건조함과 습기참도 합칠 수 없다. 뜨거움은 건조함과 습기참을 서로 같이 겸할 수 있으며, 서로 거치적거림이 있지 않다. 이처럼 사물의 사실은 본디 그런 것이다.

사람의 온갖 병도 또한 이 네 가지 사실이 치우치게 지나쳐서 이루는 경우가 있으니 의사는 이에 따라 마땅히 바로 하나둘과 같이 서쪽과 동

---

[1] 의령(醫零): 본격적인 의학서(醫學書)에 실려 있지 않은 의학 이론이나 치료에 관한 나머지 곧 '우수리'에 해당하는 잗다란 내용이란 뜻인 듯하다.

쪽을 분별해야 한다. 다만 이에 육기(六氣)에 깊이 빠져 분명치 못하게 그 두서(頭緖)를 분별치 못하니, 또 어떤 병의 내력을 어찌 족히 논할 수 있으리요.

2

『황제내경(黃帝內經)』에 말했다.
"맑고 깨끗한 공기가 크게 옴은 폐의 원기가 왕성한 것이다. 간장이 사기(邪氣)를 받아 간병(肝病)이 생긴다. 뜨거운 기운이 크게 옴은 화(火)가 왕성한 것이니 폐가 건조한 사기를 받아 폐병(肺病)이 생긴다. 차가운 기운이 크게 옴은 물이 왕성한 것이니 화열(火熱)이 사기를 받아 심병(心病)이 생긴다. 습기가 크게 옴은 토(土)가 왕성한 것이니 차가운 물이 사기를 받아 신병(腎病)이 생긴 것이다. 바람이 크게 옴은 목(木)이 왕성한 것이니 토습(土濕)이 사기를 받아 비병(脾病)이 생긴다.

정약용(丁若鏞)이 말하기를 "『내경』의 이 말은 이치에 어긋난 것이다. 맑고 깨끗한 공기는 어떤 기운인가? 곧 건조한 공기가 아니겠는가? 천하에 화(火)보다 건조한 것이 없는데 폐만이 홀로 그를 오로지하는가? 천하에 물보다 축축한 것이 없는데 토(土)가 도리어 그를 차지하는가? 사실이 서로 짝이 되는 경우는 뜨거움과 건조함인 것이다. 이미 화(火)가 지나치다고 했거늘, 어찌 건조함이 사기를 받겠는가? 『역경(易經)』에서 말한 "화(火)가 건조함으로 나아간다."는 것이 그릇되었는가? 흙에 습기 참이 있는 것은 물로 그런 것이다. 물과 만나지 않게 하면 건조할 뿐이다. 흙이 본래 축축하다 이르는 것은 이미 그릇된 것이 아니겠는가?

육기로써 오행(五行)에 짝하려니 순조로움이 없지 않겠는가? 화(火)에는 군화(君火)·상화(相火) 두 가지가 있으니 어찌하여 화만이 홀로 많겠는가? 더위를 열(熱)에 붙였는데 처음에 어떻게 그것을 나누겠는가? 오장(五臟)은 서로 의지하여 홀로 안전할 수 없는데, 어떻게 하나의 장기만 병이 들겠는가? 오장은 마땅히 돕고 하나의 장기만 핍박하여 한 장기에 병이 있을 수 없는데 문득 한 장기를 허물한다. 아무런 의혹됨도 죄도 없으면서 정벌을 만나는가? 이러한 모든 그릇된 이론은 추연(鄒衍) 이후 참위가(讖緯家)가 혼란스럽게 한 바이지 결코 삼대(三代)에 그릇됨이 아니다."(이하 빠짐)

3

『황제내경(黃帝內經)』에 말했다.

"겨울에 추위에 다치면 봄에는 반드시 온병(溫病)에 걸리고, 봄에 바람에 다치면 여름에는 설사병이 생기고, 여름에 더위에 다치면 가을에 반드시 학질이 생기고, 가을에 습기에 다치면 겨울에 반드시 해소가 생기는 것이다."

정약용이 말하기를 "이치에 어긋난 것이다. 추위에 다쳐서 온병이 되고, 더위에 다쳐서 학질이 되는 경우는 그럴 듯하나 봄에 바람에 다치고 가을에 습기에 다친다는 것은 또 무슨 일인가? 아마도 이치를 따르지 않고, 대구를 짝지어 믿고, 다만 본 바를 조절하려고 함이 아니겠는가? 대저 겨울과 여름에 추위가 많고 더위가 왕성하여 사람이 다치게 되는 것은 빌미가 그 가운데 숨어 있다가 계절이 바뀌어 일어난 것이니, 형세가 정말로 그러한 것이다. 봄바람이 화창(和暢)한데 어느 곳에 병인이 들어 있으며, 가을의 날은 맑고 시원한데 어찌하여 병을 얻겠는가? 가을은 금(金)에 속하고 이미 금은 건조함이라고 했는데 어떻게 가을이 습기라고 이르겠는가? 네 계절 가운데 가을의 기운이 특히 건조한데 어디 가서 습기를 얻어서 다치기에 이르겠는가? 여름에 설사함은 더위가 하는 것이고, 겨울의 해수는 추위가 하는 것이다. 병이 앞의 빌미로 말미암는다는 것 또한 계절과 관련된 감촉에 말미암아 반드시 모두 시간을 건너뛰고 차례를 뛰어넘어서 일어난다면, 어떻게 오늘날 추위에 감촉되어 살과 살갗이 벌써 얼고 그리고 낮을 만나 곧 더위를 먹어 저녁에 벌써 뱃병이 생기겠는가? 의사의 가장 중요한 것은 이치를 밝히는 것인데 진실로 억지로 맞추는 설을 어리석게 나누어 짝지어 받들어 믿는 해로움은 적지 않다."

2. 외감론(外感論)

1

『황제내경(黃帝內經)』에 말했다.

"사기(邪氣)가 형체에 침입할 때에는 반드시 먼저 살갗과 털에 깃들고, 머물다 제거되지 않으면 곧 손락(孫絡)으로 들어가고, 머물다 제거되지 않으면 곧 낙맥(絡脈)으로 들어가고, 머물다 제거되지 않으면 곧 경맥(經脈)으로 들어간다. 그런 다음에 안으로 오장(五臟)과 이어지며 장위(腸胃)에서 흩어진다."

천하의 병은 대개 속에서 감염되기에 말미암는다. 병이 밖에서 감염되는 것도 있지만 병세 또한 작고 가벼우며 도리어 저절로 나을 뿐이라 속에서 감염되었다고 이를 수 있다. 사람은 귀가 먹어도 살 수 있고 또한 눈이 멀어도 살 수 있고 호흡이 잠깐 멈추더라도 살 수 있고,(빠져 있음) 그러나 반드시 이와 같으니 억지로 끌어다 붙이고 뚫고 찌를 것이겠는가.

사람은 살과 살갗이 얼고 튼다는 것은 알아도 한증(寒證)이 들어가 삼켜지는 것은 알지 못하는 것이다. 사람은 얼굴과 등의 타는 듯한 더위는 알지만 더위 병인이 깊이 들어감은 알지 못하는 것이다. 사람은 오이나 과일과 고기 반찬에 체해 내상(內傷)이 되는 줄은 알면서도, 바람이나 눈과 장기를 품은 흙비를 삼켜서 감촉되어 내상이 되는 것은 알지 못하는 것이다. 만일 바깥에서 온 것이라 한다면 오이나 과일도 또한 바깥의 사물인 것이다. 만일 내상이라 이른다면 추위와 더위만이 홀로 안을 침범하지 않겠는가? 근자에 천연두를 접종하는 의사는 두즙(痘汁)만 콧구멍에 넣고 구슬진이 돋아나오기를 기대하는데, 밖에서의 감염은 반드시 호흡에 말미암아서이니 이에서 또한 볼 수 있다. 바깥에서 감염하는 것은 많은 경우 안에까지 도달하지 않는다. 옴은 바깥에서 서로 전하기 때문에 내장 장기에 생기는 병증이 없다. 온천은 바깥에서 씻어주기 때문에 명치와 배의 병을 치료할 수 없다. 의사가 이치를 깨닫지 못하고서 언제나 풍사와 한사는 살갗과 살갗털에 침입하고, 바깥 공기는 경락(經絡)에 머무른다고 하여, 빌미를 잡음이 이와 같으니, 신을 신고 가려운 데를 긁는 것이다.

2

『황제내경(黃帝內經)』에 말했다.
"오장육부는 속이 되고, 경락(經絡)은 겉이 되는 것이다. 손발에 각기 육경(六經)이 있으니, 이것이 12경맥(經脈)이 된다."
12경맥의 설은 한편으로는 자세하고 확실한 듯하나 한편으로는 아득히 멀고 분명치 않은 듯하다. 상한(傷寒)이 바뀌어 변하는 법도를 보면, 그 방법이 제법 자세하고 면밀한 듯하나, 육양맥(六陽脈)은 육부(六腑)에 딸려 겉이 되고, 육음맥(六陰脈)은 오장(五臟)에 딸려 속이 된다는 것은 어찌 아득히 멀고 분명치 않은 것이 아니겠는가? 오장은 반드시 다섯 개가 아니다. 『장자(莊子)』에는 여섯 개의 장(臟)이 있다고 일컬었는데, 이것은 담(膽)을 함께 일러 장이라고 했다. 육부는 반드시 여섯 개가 아니니, 삼초(三焦)는 본래 형체와 모습이 없는 것인데, 이것은 없는 것을 가리켜 숫자를 채운 것이다. 또한 오장은 무슨 까닭으로 음(陰)에 딸리며, 육부는 무엇 때문에 양(陽)에 딸리는가? 육부는 어찌하여 겉이 되고, 오장은 어찌하여 속이 되는가? 이것은 모두 분배의 설이다.(4자 빠져 있음) 그러나 이는 알 수 없는 것이다. 병이 비록 겉에 있어도 약을 속으로 마셔서 낫게 되니, 어찌 그것이 속에는 없겠는가? 병이 비록 속에 있더라도 땀을 내어 겉에 있는 사기를 밖으로 내보내면 낫는데 어찌 병이 몸 안에만 있겠는가? 이 몸에 병이 있으면 겉과 속이 함께 맺어 있음을 볼 수 있다. 다만 회충만 속에 있고, 옴만 밖에 있다. 의사는 이에 있어 마땅히 자세하게 생각하여 이 점을 분명하게 인식해야 한다. 이치에 맞지 않게 의심을 품어서 숨김은 어리석은 것이다.

3

장개빈(張介賓)이 일렀다.

"병이 반드시 겉에서 안으로 들어가는 경우를 바야흐로 표증(表證)이라 이를 수 있다. 만일 안으로 말미암아 밖으로 미친다면 곧 표증이 아니다."

병의 형태에는 겉에서 속으로 들어가는 것이 있는데, 가령 힘든 일을 해서 땀이 난 데다 바람을 만나 감촉되어 병을 이룬 경우가 이것이다. 또한 비록 속에서 생겨 겉에 미친 것이라도, 만일 그 앓는 바가 다만 표증(表證)이면, 문득 표증약을 써서 그 겉을 치료할 수 있다. 이치를 따져 비록 달리 치료를 베풀어도 마땅히 같을 것이다.

3. 이증론(裏證論)

1

칠정(七情)이 다치는 바와 피로로 야위는 바와 또 호색(好色)하여 몸의 정기와 피가 허약해진 경우에 이르름을 내상(內傷)이라고 이를 수 있다. 이 병은 신체의 성능과 생장의 근원에 있다. 마땅히 그 깊고 오묘한 것을 거슬러 올라가서 탐구해서 치료해야 한다. 만일 우연히 음식을 먹고 마셔 이룬 병, 가령 오이나 과일과 술·고기를 섞어 먹어 생긴 경우 병은 비록 위태롭고 무거워도 치료법은 마땅히 쉽고 간명하다. 지금 나란히 놓고 똑같이 여겨 내상(內傷)이라고 이르는데, 어찌 그것을 같은 동아리로 견줄 바이겠는가.

2

오장(五臟)이 다침을 받으면 얼굴에 다섯 가지 빛깔이 일어난다는 것은 그릇된 설인 것이다. 오장에 다섯 가지 빛깔이 있다고 일컬음은(빠져 있음) 이것은 학술(學術)의 재앙인 것이다. 하물며 귀·눈·입·코·혀가 오장에 나누어 딸리고(빠져 있음) 입이 맛을 아는 까닭이 입술 때문이겠는가, 이빨 때문이겠는가? 또한 혀로 그것을 핥아서 알 뿐이다. 말할 수 있고 더불어 맛을 앎은 모두 혀의 소관인데, 지금은 다만 혀로써 말할 수 있다고만 하니 내 혀는 그 맛을 아는 재능을 빼앗겨버리고 내 입으로써 말한다 하니 혀가 그것을 원망하지 않겠는가. 혀가 만일 딸림이 있다면 비장에 딸릴 뿐이다. 그것이 심장에 딸린다고 이르는 것은 심장은 마침 거느린 바가 없기 때문이다. 의사는 어떤 병세가 무거운 일을 도리어 이와 같은 억측에 기대야 하겠으리요.

4. 허실론(虛實論)

1

겉은 허약하고 속에 사기가 왕성한 경우가 있고, 속은 허약하고 겉에 사기가 왕성한 경우가 있는데, 이것은 본디부터 그러하다. 원기와 피는 서로 낳고 서로 기르는지라 원기가 쇠약해지면 피도 줄어들고, 피가 왕성하면 원기가 왕성하다. 그렇지 않으면 허증과 실증이 있다고 이른 경우는 사실로 명백하지 않다. 그러나 오히려 어느 한쪽이 왕성해지는 경우가 있다. 만일 저 오장육부에 어찌 허증과 실증이 있는가? 허약하면 전부 허약하고 사기가 왕성하면 전부 사기가 왕성하다. 그 모자 관계를 살펴서 함부로 허증에는 보하고 실증에 사(瀉)함을 시행하면 골증열로 죽음을 당하지 않을 수 없다. 마땅히 조심하지 않으면 안된다. 더러 하나의 장기가 오로지 손상당하는 경우는 마땅한 것이다.

2

장개빈이 일렀다.
"풍한(風寒)·적체(積滯)·담음(痰飮)·어혈(瘀血) 따위들은 기운이 운행되지 않으면 사기가 제거되지 않아서 일어난 것이니, 이것은 기가 왕성한(實) 것이다."

이른바 기라는 것은 어떤 사물인가. 이는 곧 신양(腎陽)의 빌린 이름일 뿐이다. 사람 몸의 음양(陰陽)을 조화롭게 하여 습기와 열이 겹치고 어느 하나가 왕성하지 않게 하여야 이에 병이 없게 된다. 어느 한쪽이 왕성해짐이 있으면 병이 비롯된다. 그런데 양기가 왕성한 병은 풍한(風寒)·적체(積滯)·담음(痰飮)·어혈(瘀血)의 따위와 같은 본래의 증상이 모두 갖추어 있다. 그것을 일러 (이하 빠짐)

『내경』에 말하기를 "다섯 가지 맛이 위장으로 들어가면 각기 좋아하는 곳으로 간다."고 했다. 정약용이 말하기를 "이치에 어긋난다." (5글자 빠짐) 음식물이 목구멍 아래로 내려가면 곧 위장 가운데로 들어가는데 위장의 열이 삶아 변화시켜, 거친 것은 대장·소장으로 보내고 정미한 것은 비장으로 보낸다. 비장은 또 소화시켜 간장으로 보낸다. 간장은 곧 피를 만들고, 정미한 것은 심장으로 전하여 경락(經絡)에 도달하게 하는데 이것은 자연히 생긴 열인 것이다. 지금 다섯 가지 맛을 오장에 나누어 딸려 오장이 각각 먼저 그 좋아하는 것을 받는다고 이르는데, 비유컨대 가령 제비 둥지에 다섯 마리의 새끼가 앉아 있고, 어미 제비가 먹이를 물고 이르렀을 때 다섯 마리 새끼가 앞을 다투어 먹기를 우러르는 경우와 같겠는가. 이미 그렇다면 어찌 비장·위장이 음식을 주관하는 곳이 되겠는가. 이와 같이 살핀다면, 오장이 서로 얽히고 서로 어지럽게 다투어서 잠시도 안정할 때가 없는 것이다. 장개빈은 『내경(內經)』의 학설에 본디 깊이 따르지 않았기 때문에 그가 스스로 논의한 것은 자세하고 확실하며 이치에 맞다. 그러나 도리어 이 말을 기록했으니, 또한 책을 지나치게 믿은 것이 아니겠는가. 여러 학설을 보존했을 뿐이다. 신맛이 비장을 이긴다는 학설에 있어서는 또 자신의 논리를 드러내고 크게 믿어 의심치 않았으니 이는 대체로 어질고 총명한 이의 허물일 뿐이다.

5. 탄산론(呑酸論)

토산증(吐酸證)에 대해 유완소(劉完素)는 그것이 열 때문이라고 말했고, 이고(李杲)는 추위 때문이라고 말했다. 장개빈(張介賓)은 이고를 따라 유완소를 공격했는데, 그 변론이 몹시 굳건했다. 대사공(戴思恭)은 말하기를 "만일 곡식과 고기가 그릇 안에 있어 습기로 뜨겁게 되면 시게 된다." 또 말하기를 "술을 만들 경우 서늘하게 만들면 달게 되고, 열이 지나치게 되면 시게 된다."고 했다. 장개빈은 말하기를 "밥은 가마솥 속에서 화할 수는 있지만 시게 될 수는 없는데, 화력(火力)이 강해서 빨리 화하게 해서 남음이 없는 것이다. 만일 그릇 속에 두어 반드시 오래 되면 뒤에 시게 되니, 이것은 저장해 쌓여 시게 되는 것이지, 열로 말미암아 시게 되는 것이 아니다."고 했다. 여러 학파가 모여 다투니(빠져 있음) 그 중초(中焦)의 막힘이 있으면 더러 한담(寒痰) 때문이라든가 또는 뜨거운 기운 때문이라든가 또는(빠져 있음) 열 때문이라고 고집하는 것은 진실로 과실이 있다. 그것을 논박하여 추위 때문이라고 하는 것도 또한 정말로 공정한 논의인가. 장개빈은 부식지설(釜食之說)을 얻어 서늘한 술의 그릇된 학설을 논박하였으나 비약이 아닐 수 없는데, 그러나 그것으로써 기뻐한 것이다. 그렇지만 밥이 솥에 있으면 끝내 썩은 냄새가 나지 않는 것이다. 만일 비장과 위장이 잘 소화시키면 마침내 썩은 냄새가 날 것이다. 장개빈은 바야흐로 어찌하여 음식이 목구멍 아래로 내려간 뒤를 바로 술을 만드는 것과 같은 이치로 보았는가? 처음 변하여 시게 되고 점차 변하여 달게 되는데, 잘 되지 않으면 쓰고 시게 되어 맑은 것은 살결에 도달할 수 있고, 탁한 것은 찌끼가 될 수 있다. 열이 몹시 나면 끓는 소리가 나면서 위로 넘치고, 서늘하면 떫어서 변화하지 않는다. 그 이치가 서로 알맞게 들어맞는다. 어찌하여 장개빈이 그것을 공격하는 데 몹시 매서운가. 다만 그가 치우치게 열을 주로 한다면 어긋났다고 말할 수 있다.

6. 비풍론(非風論)

장개빈의 비풍(非風)에 대한 논의는 진실로 아주 오랜 옛날 독창의 견해이다. 그 모든 풍비(風痺)에 대해 온보법(溫補法)을 따라 논하는 것은 또한 옳다. 다만 그의 논리가 오히려 명쾌하지 못해서 보잘것없는 의원들이 잘 믿고 복종하려 하지 않는다. 내가 보기에 구안와사(口眼喎斜)와 손발의 마목과 모든 풍비(風痺)로부터 생겨난 것들은 모두 근육 때문인 것이다. 근육의 됨됨이는 습기차고 열이 있으면 긴장이 풀어지고, 건조하고 차가우면 오그라들어 경련이 일어난다. 바야흐로 소의 근육이나 사슴의 근육으로 이를 시험해 보면 그 이치가 분명해질 수 있다. 곧 풍비라는 한 증상은 대체로 피의 근원이 허약해 차거나 더러 몸의 양기가 쇠약하고 흩어지거나 또는 원기와 피가 메마르고 윤기가 없어지면 바야흐로 이 병을 이룬다. 중국 송(宋)나라 원(元)나라의 여러 의사들의 이에 대한 치료법은 다만 습사를 없애고 성질이 찬 약으로 열을 내림을 주로 하였기 때문에 이 병을 얻은 사람은 100명 가운데 1명도 낫지 않는다. 병이 사납게 해쳐서 그런 것이 아니다.(빠져 있음) 병은 피에 대한 병으로 힘줄이 영양을 잃은 것이다. 대체로 탐구와 토의가 거의 매우 심오한 곳에 도달했으나 오히려(빠져 있음) 깃발을 세운 것이다. 그러므로 내가 그 뜻을 이와 같이 부연하여 해석하고 설명한 것이다.

7. 제량론(劑量論)

약의 무게는 바로 마땅히 그 냄새와 맛을 비교해 보고 그 가볍고 무거움을 달아야 한다. 요즈음 사람은 한갓 옛날의 좋은 처방만을 붙잡아 그 이름을 조심스레 지키면서 그 사실에 있어서는 가벼이 어기고 있다.

황련(黃連)의 한 가지 약재에 대해 시험삼아 논해 보자. 의서(醫書)에서 쓰고 있는 바는 모두 당황련(唐黃連)뿐이다. 일본 황련의 맛이 쓰고 성질이 차가움은 당황련의 2배로 많은데도 처방에 3.75g이라 일렀다고 쓸 때마다 3.75g을 쓴다. 우리 나라 황련은 본디 같은 종류가 아니고 아울러 또 맛이 싱겁고 성질이 떨어지는데도 처방서에서 2.625g이라 있다고 쓸 때마다 2.625g을 쓴다. 옛날 의사들은 당황련으로써 무게를 헤아려 본떠 썼으나, 지금은 성질이 독한 것과 약한 것을 한가지로 견주니 그 본 뜻을 모두 잃지 않을 수 있겠는가? 또 우리 나라의 이른바 사삼(沙蔘)은 모싯대 종류일 뿐 본디 다른 사물이다. 시험삼아 북경 저자에서 무역한 것을 보니 인삼의 잔뿌리와 비슷하여 진실로 임시로 인삼 대신 쓸 수 있을 뿐이다. 또 후박(厚朴)은 우리 나라에서는 옛날에 중국 약재를 썼기 때문에 허준(許浚)의 탕액편(湯液篇) 또한 당자(唐字)로 표시했으나, 근래 40~50년 전부터는 갑자기 제주산 후박을 일컫는 말이 되어 이로부터 북경에서 무역하여 쓰지 않았다. 내가 일찍이 후박의 맛을 본 적이 있는데, 본초(本草)에 논한 설명과 서로 크게 들어맞지 않았다. 북경 시장에서 무역해 가지고 온 것과 다른 사물이었던 것이다. 그 껍질 빛깔은 서로 비슷하나 그 껍질의 결은 매우 달랐다. 제주에서 나는 것은 맛과 성질이 둔열(鈍劣)해서 입맛에 고약한 냄새가 나고 북경에서 무역해 온 것은 입에 들어가면 문득 매움이 강렬해 목구멍으로 내려가 막혔던 것을 뚜렷하게 잘 통하게 하니, 그 다름이 이와 같은데 사람들은 오히려 같다 여기니, 이것은 후박의 이름만 먹을 뿐이다. 또 모란화와 같은 것은 우리 나라에서는 매우 귀해서 오직 재상들의 이름난 정원에 겨우 한두 그루를 가지고 있을 뿐인데 어떻게 약방에 목단피(牧丹皮)가 넘쳐 가득차도록 얻겠는가.(빠져 있음) 또한 웃을 만하지 않겠는가.

8. 시령론(時令論)

장개빈은 "사람은 더운 계절에는 겉은 뜨겁지만 속은 차고, 추운 계절에는 겉은 차지만 속은 뜨겁다."고 이르고, 우물물이 여름에 차갑고 겨울에 따뜻한 것으로써 이를 비유했다. 계절에 따라 쓰는 약을 금지한 것은 진실로 사리에 밝은 견해인 것이다. 그러나 내가 본 바로는 그 속과 겉에 대한 말은 또한 체험을 거치지 않은 견해인 듯하다. 내가 사람의 근육과 살갗을 보니 더운 계절에는 얼음(氷)과 같이 시원하게 차가움이 많으며 겨울 계절에는 솜과 같이 따뜻함이 많은 것이다. 대저 하늘과 땅의 이치는 사물을 새끼를 쳐 기르게 하기 때문에 새와 짐승은 겨울에 있어서는 털이 나고 여름에 있어서는 털을 갈게 되어, 대개 추위와 더위를 견딜 수 있는 것이다. 사람의 근육이 여름에는 차갑고 겨울에는 따뜻함이 어찌 이 이치와 더불어 다르겠는가? 그러므로 겨울과 여름에 마땅히 살펴야 함은 오직 외기(外氣)뿐이다. 바깥 기운이 사람의 오장육부로 들어가고 살갗에 감촉하여 더위먹은 사람은 성질이 차고 서늘한 약을 써서 치료해야 한다.(이것은 여름의 경우만 이야기한 것이다.—원주) 그러나 이에는 한두 약제만 맞게 하면 병은 그친다. 만일 그 사람 몸의 근본 원기가 여름에는 차가움이 많고 겨울에는 따뜻함이 많은데 만일 시령약(時令藥)을 지나치게 쓰면 반드시 일을 그르치게 될 것이다.(승지 權坪이 여름철에 淸暑六和湯 5첩을 복용하고 곧 風痺를 이루어 죽었다. 그는 인삼의 성질이 따뜻한 줄 모르고 왜황련을 많이 복용하여 마침내 이에 이르게 되었다. 어찌 조심하지 않을 수 있겠는가? 내가 생각하기에, 사람의 몸은 여름에 겉과 속이 모두 다 차갑다.—원주)

9. 근시론(近視論)

이고(李杲)는 "가까이 있는 것을 볼 수 없는 경우는 양기가 부족한 것이고, 멀리 있는 것을 볼 수 없는 경우는 음기가 부족한 것이다."라고 말하고, 왕호고(王好古)는 "가까이 있는 것을 볼 수 없는 경우는 물이 없고, 멀리 있는 것을 볼 수 없는 경우는 화(火)가 없는 것이다."고 말하고, 유순(劉純)은 "음기(陰氣)가 안에서 밝으면 가까운 곳을 잘 보고 양기(陽氣)가 안에서 어두우면 먼 곳을 잘 본다."고 말하고, 장개빈(張介賓)은 "가까이 있는 것을 보지 못하는 경우는 음기가 부족한 것이고, 멀리 있는 것을 보지 못하는 경우는 양기가 부족한 것이다."고 말했다.(빠져 있음) 음양(陰陽) 두 글자가 나왔다.

정약용이 말하기를, "서로 변론을 주고받았지만 그 분별한 바의 옳고 그름을 따지기 어렵고 결국 확실치 않아 둥근 물체를 어디서 잘라야 할지 모르는 일과 같다."고 하겠다. 눈의 근시(近視)·원시(遠視)는 다만 눈동자의 평평하고 볼록함과 관계가 있다. 평평하면 보는 것의 중심이 먼 데 모여서 원시가 되고 볼록하면 보는 것의 중심이 가까운 데 모여서 단시(短視)가 된다. 만일 안경이 평평한 경우 문자(文字)가 눈에서 조금 멀리 떨어져도 바야흐로 보기에 편하게 되고, 안경이 볼록하면 가까운 것을 보기에 편하나 조금 멀면 눈부셔서 볼 수가 없다. 소년은 혈기가 바야흐로 왕성하고 눈동자가 볼록해서 가까운 것을 보기에 편하고, 노인은 혈기가 사그러져 줄어들어 눈동자가 평평해지기 때문에 도리어 물건이 눈에서 조금 멀리 떨어져야 보기에 편하다. 이것은 모두 눈앞에 나타나는 것의 이치인데 음양이 무슨 일로 간섭하여 저와 같이 뒤섞여 어지러우리요. 사람 가운데 단시(短視)인 경우는 그 눈동자를 보면 모두 뾰족하고 볼록하여 이상스럽다.

10. 인면창론(人面瘡論)

사람 얼굴의 창양을 세상에서는 괴이한 병이라고 여겨 귀신의 빌미라고 의심하고 있다. 나는 이 병을 보지 못했지만 그러나 이치로 그것의 근원을 캐보면 충분히 괴이할 것이 없다. 모든 사물의 겉은 밝고 윤기가 나나 그러나 안은 어둡고 검은 경우 사물을 비춘다면 모두 거울처럼 드러난다. 다만 창양의 구멍이 밝고 윤기가 나면서 뿌리에 검은 고름이 있다면 사람 얼굴을 그곳에 비출 때 반드시 그 모습이 드러날 것이다. 사람이 찡그리면 또한 찡그리고 사람이 웃으면 또한 웃으니 또한 이것은 하나의 작은 거울인 것이다. 어찌 충분히 괴이함이 되겠는가? 생각건대, 이것은 창양 곧 흑정(黑疔: 耳疔)인 것이다. 모든 창양의 검은 경우는 모두 병독이 왕성해서 그런 것이다. 이를 치료함은 마땅히 천연두의 흑정에서와 같은 방법으로 한다. 놀라고 두려워 허겁지겁하면 안될 것이다.

11. 반위설(反胃說)

　경신년(1800) 가을 판서 이정운(李鼎運)이 반위(反胃)로 죽었다. 그 병은 모든 음식과 약물 따위를 먹어 삼키면 곧 게우는데, 더러 30분쯤 편안하다가 게우나 다른 아픈 곳은 없다. 내가 소내(苕川)에 있을 때는 이미 병든 지 달을 넘긴 뒤였는데 처음 가서 문안하니, 뼈가 앙상하게 드러나고 근육은 검었으나 의식은 오히려 똑똑하고 분명했다. 내가 그가 복용하는 여러 처방을 보니, 처음에는 주열(酒熱)로 그것을 치료했는데 대개 황련·건갈 따위를 쓰고 뒤에는 원기가 떨어지므로 점차 인삼·반하 종류를 썼는데, 맛이 시원하고 성질이 서늘한 약재를 반드시 한두 가지 섞었다. 그러나 또한 한 가지 처방을 한번 먹음에 지나지 않고 그 처방을 여러 번 바꾸니 오래될수록 더욱 심해졌다. 내가 말하건대, 반위를 치료하는 법은 다른 병과 더불어 매우 다르다. 다만 두 글자의 부적이 있으니 '천천히(徐)'와 '오래도록(久)'이라는 글자뿐이다. 한사와 습사가 겹친 사기나 창양이 아니면(빠져 있음) 하루에 1푼씩 늘려가면 사기가 하루에 한 발씩 물러날 것이다. 만일 저울추 위에 이르른 정기가(빠져 있음) 강한 세력의 칼날을 맞이해 흩어진다. 이것으로 하지 않고서 약 처방을 가벼이 바꾸어 성질이 따뜻하고 서늘한 약재를 마시면 병이 없어지지 않음이 있는데 없애겠는가. 대저 약을 삼켜서 게우지 않는데도 약의 효과가 없는 경우는 약의 죄인 것이다. 오직 반위라는 한가지 증세는 단 한번 던져서 맞힐 수 없는 것이기에 문득 그 양을 고친다. 또 만일 여러 가지 병의 경우 약이 들어가자 곧 게우는데 대개는 주된 처방이 잘못된 것이나 이 증세는 그렇지 않다. 진실로 꾸준히 포개 쌓지 않으면서 갑자기 그치게 할 수 없다. 이것은 쉽게 알 수 있는 이치인 것이다. 또 황련 등의 약재는 비록 들어감에 따라 바로 그 맛이 쓰고 성질이 차가운 약독을 내어 충분히 원기를 없애나 인삼은 성질과 맛이 평하고 골라서 포개 쌓이지 않으면 효력을 얻을 수 없다. 만일 이 병에 매일 인삼 37.5g쯤과 정향 3.75g쯤을 달여 한입에 한번 마셔서 10일쯤 능히 오래 쌓으면 반드시 효험이 있다.

12. 전약설(煎藥說)

　탕약(湯藥)을 반으로 달임에는 기준삼을 바가 없다. 바야흐로 가라앉음을 겉에서 그 자취를 보겠는가. 끓어오름으로 누가 그 올바름을 알겠는가. 바야흐로 무덥고 눅눅함이 자욱한데 누가 그 자취를 보겠는가. 바야흐로 저울을 들어 그 평함을 찾겠는가. 그것에 부딪치면 엎어지고, 그것을 기울이면 깨어지니, 잘못될 일이 없을 수 있겠는가. 비록 그렇더라도 이것 모두 자세해야 하기에 조심하지 않을 수 없는 것이다. 원래 저 약이 약 되는 까닭은 다만 냄새와 맛을 쓸 뿐이다. 맛은 냄새에 붙여지고, 성질은 맛에 붙여진다. 그 냄새를 잃으면 그 맛을 다치고, 그 맛을 다치면 그 성질이 남아 있어도 냄새가 이미 떠나버렸는데 성질과 맛이 홀로 있는 경우는 없는 것이다. 지금 곽향(藿香) 한 가지 맛에 대해 논하건대, 시험삼아 곽향 한 줌을 동쪽 집의 마루에서 달인다면(빠져 있음) 한 자리의 향산(香山)과 곽향의 그 냄새가 흘러나옴이 이와 같은데 오히려 사람의 병을 치료할 수 있겠는가.(빠져 있음) 한 자리의 산도 오히려 아깝다 할 수 있는데 하물며 처음 달일 때부터 찌꺼기가 나오기까지 그 사이에는 줄어들지 않겠는가? 여러 시간 동안 향기가 빠져나오고 끊어지는 시간이 없다. 진실로 모양이 있는 사물을 더듬어 잡을 수 있게 한다면, 어찌 100자리의 향산(香山)을 이루지 못하겠는가. 저 한 줌의 약으로도 그 냄새가 빠져나옴이 산과 같은 것인데, 100이 오히려 무슨 힘이 있어 오장육부에 물을 대고 경락(經絡)에 도달할 수 있으리요. 그러므로 가장 뛰어남은 달이지 않는 것만 못하고(따로 법이 있다.—원주), 그 다음은 그것을 달이되 그 냄새가 빠져나오지 않는 것이다. 지금 내림물 한 종지를 작은 구리그릇을 써서 약을 달이는 그릇 아가리에 설치하고 젖은 종이로 그 틈을 메운 다음에 찬 샘물을 작은 구리 그릇 가운데에 대어 준다. 그릇에 열이 있으면 그것을 바꿈이 소주를 내리는 법과 같다. 공기가 끓어 그릇에 이르르면 차가움을 만나 이슬이 되고 물방울로 달이는 그릇 속으로 돌아온다. 그러므로 찌꺼기를 걸러내기에 이르러도 또한 한 종지뿐이다. 이것이 약을 달이는 좋은 방법인 것이다.

13. 잡설(雜說)

1

(1) 술로 약을 달이는 방법

탕제(湯劑)에 술과 물을 서로 반쯤 넣어 달이는 경우는 술의 효력을 얻지 못한다. 대체로 술은 끓이거나 삶으면 전부 그 기운이 빠져나가고 또 약의 찌꺼기에 스며들게 되어 이미 걸러낸 것에는 술맛이 없다. 만일 약을 달여 찌꺼기를 제거한 뒤 술을 배합해 복용하면 술의 효력은 두 배가 된다.

(2) 인삼을 달이는 방법

약의 용량을 많이 해서 쓸 때 인삼 3.75g이나 7.5g을 넣는 경우 인삼즙은 다 약찌끼에 얼마쯤 스며들고, 또한 약을 짜는 베에 묻게 되니 이것은 아까운 것이다. 마땅히 따로 인삼을 달인 뒤에 제각각 찌끼를 걸러 골고루 잘 섞어서 복용하면 이런 걱정이 없다. 더러는 각각 달이면 냄새와 맛이 서로 일치하지 않게 되어 약이 되지 않는다고 하는데, 이것은 이치에 맞지 않는 말인 것이다.(빠져 있음)

(3) 출산에 인삼을 씀

(빠져 있음) 축사는 대체로 많이 가루내어 배합해 먹는다.(빠져 있음) 부인은 마땅히 어떠한 것이다. 그러나 출산 뒤 크게 허약함은 이치가 떳떳한 것이다. 만일 기질이 (빠져 있음) 생각건대 또한 지장이 없다.

2

(1) 신수혈(腎兪穴)

배꼽에 뜸을 떠 덥게 하는 법은 세상에서 통용되는 바이다. 나도 배꼽에 뜸을 떠 덥게 하는 법 이외에 따로 한 가지 방법을 알고 있다. 이 방법은 배꼽에 뜸을 떠 덥게 하는 법과 견주면 더 신통한 효험이 있다. 꼬리뼈의 위와 척주골 양쪽 부위의 끝인 움푹 들어간 곳(이곳이 신수혈이다.―원주)은 안으로는 신경(腎經)과 응하고 곧 생명의 문이 있는 곳이다. 무릇 추위에 감촉되어 배아픔과 정기가 허하고 속이 찬 증상으로 삭지 않은 음식을 설사하거나, 더러 이질로 뒤가 무직하고 아랫배가 쑤시고 아프거나 또는 남자의 외생식기가 춥고 차서 고환이 들어 있는 주머니가 습사를 일으킨 병증에는 언제나 좋은 쑥을 써서 10여 장(壯) 이상 뜸을 뜨되 배꼽에 뜸을 떠 덥게 하는 방법과 같이 하면(뜸을 뜨지 말라―원주) 잠깐 동안에 여러 가지 아픔은 다 가라앉는다. 이것은 대체로 생명의 문의 화(火)가 쇠약해진 경우에 주로 쓰이는 처방이다. 비록 소년이라도 날 때부터 아래 부위가 허약하고 찬 경우는 반드시 마땅히 효험이 있고, 이질로 뒤가 무직함에 더욱 신통한 효험이 있다. 내가 걸린 것이 바로 냉리(冷痢)가 아닌지 모르겠다.(李蔽陽은 일생 동안 건강하였는데 그가 말하기를 "아침에 일어나서 사물에 접하기 전에 손을 내밀어 腎兪穴을 10여 차례 문질러 열이 난 뒤 멈추었다."고 했다. 이렇게 하면 온갖 병이 없어지고 몸이 건강하다는 것이다.―원주)

(2) 원기를 흩음

추위에 다쳐서 병이 된 것은 곧 흩어지게 함이 좋다. 만일 엎치락뒤치락 오래 낫지 않으면 반드시 큰 병환을 이룬다. 나는 언제나 손발이 마르고 차며 정신과 원기가 겁이 많고 마음도 약해 노쇠한 듯해 병에 감염될 듯싶으면 언제나 곽향정기산(藿香正氣散)을 썼다. 더러 불환금정기산(不換金正氣散) 한 제로 조금만에 반드시 방귀를 3~4차례 뀌고 뱃속은 시원하였고 정신과 원기가 문득 맑아졌다. 병의 뜻이 은미한 경우는 더러 마른 생강을 씹어 체증을 씻어 내리거나 또는 뜨거운 차를 마셔 막힘을 통하게 하면 함께 풀 수 있다. 만일 유행하는 감기와 관계 있는 것은 세상에서는 고뿔(鼻角)이라 일컫는 따위인데……(빠져 있음)

3

우리 나라 청심환(淸心丸)은 천하에 유명하다. 그러나 세상에 어찌 30여 종류를 합쳐 하나의 둥근 알약을 이루더라도 그 효력을 얻겠는가. 대저 맑고 서늘한 공효가 있어 더러 더위먹는 병이나 사기가 왕성한 경우에 먹을 수 있다. 어리석은 풍속에 그것이 죽은 사람도 살리는 약이라고 인식하는 것은 잘못이다.

소합원(蘇合元)의 재료는 먼 곳의 물건이고 희귀한 물품이 아닌 것이 없는데, 약가게의 약은 대체로 가짜다. 언제나 이 사물을 복용할 경우 매번 입 속에서 짙은 침이 생기고 누린내가 나 오히려 위장을 거스르니 어찌 체한 것이 통하기를 바라겠는가. 음식에 다쳤을 때는 생강·초과(草果)·곽향(藿香)·목향(木香)·산사(山査)·지실(枳實) 종류를 먹는 것만 같지 못하다.(蘇合元은 집에서 만든 것이 최상품이다.―원주)

몇해 전에 제천(堤川)에 한생원(韓生員)이란 이가 있었는데, 이 사람은 전염병을 차단하고 학질을 없애기를 잘했다. 그 방법은 먼저 태어난 해를 묻고 다음에는 병을 얻은 날을 묻고 나서 나온 하나의 처방은 반드시 30여 가지의 약재를 써서 만든 것이다. 작은 경우는 20여 약재를 쓰는데, 성질이 따뜻한 것, 서늘한 것, 보하게 하는 것, 설사하게 하는 것을 섞어 갖추었다. 그러나 언제나 한 봉지를 복용하면 병은 백발백중 나아 명성이 몹시 떠들썩했다. 나는 언제나 다 그것을 웃어 마도(魔道)라고 여겼다. 하루는 내가 크게 추위를 만나 떨리고 열이 일어나게 되었다. 여러 증상이 몹시 사나웠다. 양지(陽智) 어른 한광부(韓光傅)가 와서 내 병을 보고 억지로 권하여 마침내 제천공에 보였다. 그는 나에게 생년과 날짜를 묻고 나서 침을 뽑아 머리 부위 몇 곳에 침을 놓고 한 처방을 따라 주었다. 한광부가 말하기를 "내가 그대를 떠나면 그대는 또한 먹지 않을 것이다." 하고 앉아서 그것을 달여 내게 권했다. 나는 한 봉지를 어쩔 수 없이 억지로 마셨다. 과연 신기한 효험이 있어 병이 씻은 듯이 나았다. 이튿날 세수하고 예를 다해서 한공(韓公)에게 나아가서 사의를 표했다. 천하의 일은 과연 다 알 수 없는 것이었다.

세상에서는 경옥고(瓊玉膏)로써 나이를 늘리고 수명을 더하는 선방(仙方)으로 여기되 생지황이 …… 알지 못한다.(빠져 있음)

4

천연두 의사는 두더지를 쓴다.(또는 여서·발지후). 처음에 열이 일어날 때, 짙게 달여(창자와 내장을 제거한다.—원주) 그 즙을 취해 복용하면 상서로움이 많다. 대체로 천연두 구슬진이 어렵게 이루는 경우는 다만 병인이 살갗과 살을 뚫어 드러날 수 없다. 살갗과 살은 토(土)이고, 두더지는 땅을 뚫을 수 있는 능력이 있고 그 성질과 맛은 반드시 잘 살갗과 살을 뚫어 드러냄이 천산갑·사향의 부류와 같이 또한 잘 뚫어 드러낸다. 그러나 이는 모두 진기(眞氣)를 흩뜨려 놓기 때문에 함부로 쓰면 안된다. 두더지는 보하는 성질을 아울러 가지고 있어서 천연두에 서로 마땅한 것이다. (두더지는 胃氣를 보한다.—원주)

입춘날에 바야흐로 달걀 여러 개를 똥과 같이 항아리 속에 넣어 땅에 묻었다가 우수일에 이를 꺼내어 어린이의 나이를 헤아려 1, 2, 3개를 주어 먹이면 또한 잘 천연두의 병인을 미리 흩는다. 대개 천연두는 태아 때부터 있는 병인인 것이다. 달걀을 똥에 빠뜨려 스며들면 그 본성이 바뀌니, 또한 태아의 근원의 병인을 흩뜨리는 뜻이 있다. 그러므로 더욱 유익한 까닭이 있겠다.

종두법(種痘法)을 크게 시행하게 하여 아무 일도 없게 해야 한다.

옻독의 창양에는 청소유(靑蘇油: 세속에서는 法油[들기름]라 이른다.—원주)를 취하여 18㎖쯤을 술에 배합하여 복용하면 즉시 효과가 있는데 내가 눈으로 경험한 것이다.

5

　지봉(芝峯) 이수광(李睟光)이 말하기를 "몸이 붓는 병에는 청소유(靑蘇油: 곧 法油―원주)의 오래된 것을 복용하는 것이 가장 효험이 있다. 그러나 더러 그것을 복용하다 설사를 하여 죽게 된다." 연수서(延壽書)에는 "병든 사람에게는 묵은 기름과 음식은 마땅치 않은데, 하물며 많이 복용할 수 있겠는가."라는 말이 있다.

　발찌(髮際)와 여러 곪는 병독이 바야흐로 일어나려 하면 사슴뿔을 취해 잿불에 묻어 구워서 다려서 뾰족하게 하면 또한 없어지고 낫는다. 또 뇌저(腦疽)와 발찌(髮際)가 처음에 부어 통증이 일어날 때 취충(臭蟲: 속명 노래기―원주) 10여 개와 마유(麻油: 속명 眞油―원주)를 섞어 갈아서 만든 즙을 그 위에 바르면(그것을 붙인다.―원주) 아픔이 가라앉으며 붉은 기운이 하나로 거두어서 하루 이틀에 곧 낫는다.(發背에도 효험이 있단다.―원주) (빠져 있음)

6

　목구멍이 부어 아프고 막혔을 때는 박꽃 위를 나는 나방을 태워 가루 내어 목구멍 속에 불어넣는다. 더러 "나방에는 용뇌(龍腦)의 냄새가 있는 경우가 이에 효험이 있고, 대체로 기운을 흩뜨릴 수 있는 것이다."고 한다.

　흰 사마귀가 콩만한 크기로 얼굴 부위나 더러 손과 다리에 난다. 세상에서는 이것을 무사마귀라고 이른다. 화살대를 4, 5매를 잘라 취해서 붓자루처럼 만든다. 그리고 그 한쪽 머리를 태우면 연기가 위쪽 구멍으로 나온다. 따로 빛나고 윤기가 있는 그릇을 써서 그것을 받는데, 연기가 액체처럼 응결되어 나타나기를 기다려서 곧 액을 취해 문지른다. 하루에 몇 차례 하면 불과 7, 8일에 무사마귀는 저절로 떨어지니 그 효험이 신기하다.(먼저 침을 써서 사마귀의 뾰족한 머리를 깎아 비벼서 없애고, 다음에 연기 액을 써서 문지르면 더욱 빠르게 없어진다.―원주)

　수두(水痘)는 먼저 밀가루떡을 만들어 그것으로 환부를 둘러싼다. 다음에 달걀 흰자위로 가득 채워 수포정의 머리부분을 덮을 만큼 채운다. 몇 시각에 이르도록 기다려서 가는 붉은 줄이 희미하게 퍼져 나가면 다시 다른 달걀 흰자위를 써서 가득 채운다. 만일 붉은 줄이 없어지면 곧 낫는다.

7

"옛 처방은 모두 간단하여 피를 보하는 데에는 사물탕(四物湯)을 주로 하고, 기를 보하는 데에는 사군자탕(四君子湯)을 주로 하고, 가래를 치료하는 데에는 이진탕(二陳湯)을 주로 하였다. 점점 더욱 약재가 보태어지고 증가되어 처방에 쓰는 약재가 많아질수록 더욱 어지러워지고, 증세에 따라 뒤섞여 치료하게 되니 도리어 그 원래의 근본이 다치게 되었다. 시골에서는 한가지 약재를 오로지 사용하여 왕왕 효험이 높은데 약의 효력이 집중된 것이다. 요즈음 백합(百合)의 일종이 있어 그 꽃은 흰빛이고 모양은 작은 항아리와 같았다. 여름 가뭄 때 바야흐로 왕성한데 의사가 목안이 아픈 병에 써서 문득 효험을 보았다."(옛 처방에서는 백합을 '丘引'이라고 하는데, 이것은 그것이 목 아픈 병을 치료하기 때문인 것이다.―원주) 또 소아를 치료한다.(빠져 있음) 그러나 묵은 모든 약이 효험이 없어 홀로 황련환(黃連丸)에서 쪼개고 줄이고 도리어 생강·산초 따위를 보태어 복용한다.(빠져 있음) 정묘년(1807) 여름에 우연히 폐에 가래가 있어서 귤껍질 두어 조각을 씹어 내렸더니 폐기(肺氣)가 소통해짐을 느꼈다. 드디어 마침내 37.5g을 썼더니 묵은 더위병이 갑자기 없어지고 뜨거운 것을 마셔도 해가 없었다. 그 까닭을 알지 못했으나 그 뒤에 우연히 『설부(說郛)』를 보자니 "묵은 더위병에는 귤껍질이 아니면 공벌할 수 없다."고 이르고 있었다. 아아, 옛사람이 벌써 그것을 시험하였도다. 아아, 어찌 복암(茯菴) 이기양(李基讓)을 저승에서 일으켜 세워서 이 일을 말하게 할 수 있겠는가. 『본초(本草)』를 두루 읽었지만 귤껍질이 더위를 치료한다는 문장은 없었다.

내 나이는 아직 50이 되지 않았는데 벌써 치통을 앓는다. 늘상 단 음식물을 씹을 때마다 반드시 발생하는데 벌레(蟲) 때문이라 여겼다. 바람에 맞으면 다시 심하게 되는데 풍 때문이라고 여겼다. 파두(巴豆)와 천초(川椒)를 쓰면 심해지는데 이것은 열 때문인 것이다. 파와 마늘 등을 구워서 입에 머금으면 심해지게 되는데 이것도 열 때문이다. 이때 황련을 씹어서 머금어서 하룻밤을 묵으면 낫는데 그 효험이 신묘하다. 대개 황련은 열을 치료하고 충치도 치료하는 것이다. 가령 찬 기운으로 아픈 경우엔 쓸 수 없는 것이다.

8

한 농부가 있었는데 나이는 60으로 즐겨 백주(白酒)를 마시다 4월말에 피똥 누는 이질을 앓아 하루에도 5, 60차 설사하였는데 여러 약이 효험이 없었다. 메기회 한 접시를 먹고 갑자기 나았다. 이 일 이전에 한 부인이 효험을 얻었다. 부인이 이 병을 얻었는데 훌륭한 의사가 이르기를,

신(腎)이 허약하여 허리가 아픈 데에 송의숙(宋誼叔)은 두충(杜沖)에 술을 침투(浸透)시킨 뒤 햇볕에 말려 찧어서 가루로 만들고 재가 없게 하여 술에 타서 3번 복용하였더니 나았다. 출장기(出張記)

유모가 있어, 찬 고기를 먹어 비장과 위장에 병이 있어 명치에 아픔이 일어나 견딜 수 없었다. 묵은 수유(茱萸) 5~6으로(빠져 있음) 어지럽고 번거롭게 그것을 사용하는 것은 잘못이다.

젖이 가는 길로 어린애한테 약을 먹인다고 유모로 하여금 젖 아래를 움켜쥐도록 한다. 그 뜻은 대개 약즙(藥汁)이 배에 이르지 않고 젖으로 들어가게 하는 것이다. 무릇 사람의 목구멍에 들어가는 사물은 모두 먼저 위 가운데로 들어가고 비장으로 전달되어 소화되어 액(液)이 된다. 그런 뒤에 피가 되고 액(液)이 되고 젖이 되는데, 어찌 곧바로 목을 지나 젖에 이르는 경우가 있으리요. 몸 아래쪽의 약(下部之藥)을 즉시 복용하게 하는 것은 또한 달리 우스운 일이다. 다만 목구멍의 약을 한번 머금어 삼킨다면 천천히 아래로 내려가서 좋아지게 될 것이니 이것이 외치법(外治法)의 뜻이다.

우리 나라에서는 종지(鐘)는 작고 주발(椀)이 크다. 대체로 10종이 1완(椀)이 된다. 그러나 일찍이 의서(醫書)를 보니 자완(磁椀)을 종 안에 넣게 함이 있는데, 어찌 종이 크고 완이 작은 것이 아니겠는가? 완은 작은 사발(盂)인 것이다. 사발은 음식 그릇인 것이다. 그리고 완(碗)은 대개 음식 그릇 중 작은 것이다. 중국 문자를 보고 쉽게 우리 풍속으로 풀어 인식하는 종류가 매우 많다.

14. 부자를 법제하는 방법

부자(附子) 1매를 먼저 감초 18.75g을 써서 짙게 달여서(감초를 달인다—원주) 좁은 그릇 안에(좁은 그릇이라면 즙이 비록 적더라도 온몸이 잠길 수 있다.—원주) 하룻밤을 담근 다음, 예리하고 부드럽게 된 곳을 취한다. 그 아래쪽을 취하여 쪼개 네 쪽을 만든다. 또 하루를 묵힌 다음(끝의 연한 부분은 그 감초즙이 이미 침투하였기 때문이다.—원주) 꺼내어 건조한 곳에 두어 물기가 조금 거두어지기를 기다려 껍질과 배꼽을 발라버린다.(감초물은 버린다.—원주)

다시 감초 18.75g을 써서 앞서와 같이 짙게 달인다. 다섯 조각을 취하여 하룻밤을 담근 다음 꺼내어 내어 말리는데 물기가 조금 거두어짐을 기다려, 바람에 말려 습기를 없애 서로 반이 될 때에 비빈다. 그것을 조금 찍어서 맛을 보는데, 만일 아직도 크게 맵고 입을 찌르면 약한 불을 써서 볶은 다음 그것을 쓰고, 만일 약간 매워 겨우 입술에 헌데가 나게 하고 그리고 부르트기에 이르지 못하는 경우(빠져 있음) 곧 죽이는 형세인 것이다. 거듭 그것을 즙에 담그고 어찌하여 버리겠는가.

부자(附子)를 약에 넣는 때는 모름지기 그 맛을 자세히 보아 매운 맛이 두터운 경우 1.125g, 1.875g, 2.625g을 쓰면 또한 그 효력을 취할 수 있고, 매운 맛이 적은 경우 3.75g, 7.5g, 11.25g을 쓸 수 있다. 만일 매운 맛이 전혀 없어 문드러지게 씹어도 잇몸을 놀라게 하고 입술이 부르트지 않게 하는 경우 비록 37.5g을 복용하더라도 의미가 없다. 이것은 부자의 찌꺼기를 복용할 뿐이다. 그러므로 부자를 법제하는 방법은 정밀하지 않으면 안된다. 또 몹시 날것이나 크게 강한 것은 달이기 이전에 맛을 보지 않으며 삼키기에 이르러서는 독성이 나타나 해가 적지 않을 것이니, 입으로는 침을 토하고 머리와 눈은 어지럽고 흐릿하게 되어 점점 곪는 병인이 생기니 이것을 삼가지 않으면 안된다.

15. 집고(集古)

1

 가헌(稼軒) 신기질(辛棄疾)이 처음에 북방에서 조정 관리로 돌아왔을 때는 건강하였는데 갑자기 음낭이 부어올라 커지는 병에 걸렸다. 그 증상이 위중해져 마침내 그 크기가 술잔 크기만해졌다. 도인이 있어 엽주(葉珠: 곧 의이인—원주)를 취하여 복용하라고 가르쳐 주어서 동벽토(東壁土)를 써서 볶아 황색이 된 뒤에 물로 달여서, 사기 주발 안에 넣어 갈아 고약을 만들었다. 그리고 언제나 재를 조금도 넣지 않은 술로 7.5g을 섞어 써서 복용하니 곧 없어졌다. 사수(沙隨) 정형(程迥) 선생은 만년에 또한 이 병을 얻었는데 신기질이 몸소 이 처방을 주어 그것을 복용하니 바야흐로 없어졌다.(빠져 있음)

 송(宋)나라 고종(高宗)이 설사를 했다. 의사인 왕계선(王繼先)이 오이를 내려주기를 청하여 그것을 먹도록 했다.(빠져 있음) "내가 이것을 먹을 수 있는가?" 왕계선이 대답하기를 "신이 오이를 찾고서 장차 폐하께 여쭈겠습니다." 오이를 진상하라고 조서를 내려 그것을 먹으니 설사에 매우 적합하여 또한 따라서 그쳤다.(葉紹翁『四朝聞見錄』)

 어약(御藥)을 복용하는데 화사 기운의 약(火藥)이 숨겨져 있는 것이 많아 머리 뒤에 창양이 생겨 열기가 점점 빠르게 위로 오르니 한 도인이 풍시혈(風市穴)에 열 몇장 뜸을 뜨라고 가르쳐 주었다. 비록 낫더라도 때때로 재발하는데 또 음련추석(陰煉秋石)에 대두(大豆)를 한 주먹 짙게 달여 탕액으로 먹어 내리면 마침내 그 음양이 평화로운 것이다.(王鞏『隨手

雜錄』

2

　물소뿔(犀角)을 잘게 찧기는 어렵다. 깎은 가루를 다른 약재 가운데 넣어 찧고 난 뒤에 뭇 약재는 체에 다 통과하는데 물소뿔 가루는 도리어 남는다. 의승(醫僧) 원달(元達)이란 사람은 물소뿔을 쪼개 사방 1치 반쯤의 작은 덩어리로 만들어 매우 얇은 종이로 싸서 가슴에 품고 이것을 살에 가까이 두어 사람의 더운 기운으로 데웠다. 그 기운이 훈훈해져 널리 영향을 미쳐서 열기가 오르는가를 기다려서 절구에 넣고 급히 찧으니 손에 만져지는 것이 가루와 같았다. 이로 인해 사람의 기운으로 물소뿔을 가루로 만들 수 있음을 알겠다.

　맥문동(麥門冬)의 목질부를 뽑아버리는데 옛날 방법은 그것을 거품이 생길 정도로 조금만 끓이면 쉽게 뽑아냈다. 지금은 다만 은석(銀石) 냄비로 불 위에서 약간 지지면 손이 가는 대로 쉽게 벗겨지니 힘쓰기가 대단히 쉽다. 또 물에 담가 끓이지 않으면 약의 효력(藥味)이 없어진다.

　유향(乳香)과 몰약(沒藥)은 가장 갈기 어렵다. 만일 원자(元子)를 만들려면 약을 가루내는 데 쓰는 그릇으로 대략 가늘게 갈고 다시 술이나 또는 물에 넣어서 갈면 아주 짧은 동안에 진흙같이 되어 다시는 찌꺼기가 없다. 주호원(酒糊元) 같으면 술에 넣어서 갈고 면과 같이 하고자 하면 물에 넣어 가는데, 몹시 힘도 절약되고 또 갈려진 가루 등도 날려 달아나 무게도 축나거나 없어지지 않는다.

3

　『이견지(夷堅志)』에 말하기를 "우옹공(虞雍公)이 길에서 더위를 무릅써서 병을 얻었는데 이질 설사를 여러 달 연이었다. 9월 9일에 꿈속에서 신방(神方)을 얻어 그대로 복용하였더니 마침내 나았다." 그 말에 이르기를 "더위독은 비장에 있고 습기는 다리에 이어지는데 설사를 하지 않으면 이질이 되고 설사를 하지 않으면 학질이 된다. 웅황(雄黃) 하나만을 달구어서 약을 섞어 떡을 찌고, 감초로 탕을 만들어 이들을 복용하면 안락하게 된다."고 했다.

　장세남(張世南)이 말하기를 『단경(丹經)』에서 이르기를 용(龍)을 붙잡을 수 있고 웅(雄)을 숨길 수 있다고 했는데 이것은 웅황(雄黃)이 불을 보면 날아 달아나 연기와 불꽃이 되어 가장 다루기 어려운 것이다. 청성산(靑城山)의 도우(道友) 장태소(張太素)의 법에는 "웅황을 쓰는데 많고 적음에 구애받지 않고 부드럽게 갈아서 맛이 단 약재를 세찬 불 속의 냄비에서 모조리 붉은 빛이 되도록 하여 그것을 취하여 꺼내 웅황의 가루에 던져 염초 안에 넣어 빨리 복숭아 가지를 사용하여 저으면 곧 물과 같이 된다. 그것을 급히 기울여 꺼내서 사기 접시 안에 놓고 그 접시를 약간 한 쪽으로 기울이면 맑은 것이 한쪽으로 쏠리게 되는데 응고되기를 기다려 거친 것은 없애고 부드럽게 갈아 밤새워 쪄서 녹두알 크기로 원(元)을 만들고 매번 3원에서 7원(元)을 앞의 법과 같이 복용하며 웅황 가루 37.5g을 복용할 때 염초는 3.75g을 사용한다."고 했다.

　코 아래 입 위를 일러 인중(人中)이라 하는데 조맹부(趙孟頫)는 "인중 위에는 눈·귀·코로 모두 구멍이 두 개씩 있으며 인중 아래는 입과 대소변이 있는데 모두 구멍이 하나이다. 3획을 그으면 태괘(泰卦)가 된다."고 하였다. 왕엄주(王弇州)는 "부인은 젖이 둘이 있는데 어찌 구멍이 하나인가?"라 했고, 더러는 "사람 몸에는 모두 12개의 구멍이 있는데 인중 위에 6개가 있어 귀와 눈과 코가 그것이다. 인중 아래에도 구멍 6개가 있는데 입과 젖·배꼽 이음(二陰)이 이것이다. 그러므로 코와 입 사이를 인중(人中)이라 한다."고 했는데 이 설이 그럴듯하다.

4

　(빠져 있음) 원두표(元斗杓)가 설사병을 앓았는데 방도가 없어 고산(孤山) 윤선도(尹善道)에게 약을 물었다. 윤선도는 냉수를 많이 마시되 헤아려 그치라고 했다. 자제(子弟)가 말하기를 "그는 항상 우리 가문에 화(禍)를 끼치려고 했기 때문에 질병이 더욱 심하게 될 뿐입니다."고 했다. 원두표는 밤에 몰래 우물로 나아가 그 물을 진탕 마셨더니 병이 좋이 그

쳤다. 자제들이 그 까닭을 물으니 "너희들은 알지 못할 것이다. 그가 나에게 화를 입히려 했어도 어찌 약으로써 나를 죽이겠는가. 내 어린 시절부터 여러 차례 여름 설사로 고생하였는데 그때마다 냉수를 먹고 효험을 얻었는데 이 처방을 사람들에게 주면 또한 효과가 없는 경우가 없다."고 했다.

노경린(盧慶麟)이 철액(鐵液)을 복용하였는데 해가 지나서 정신이 아득해져서 곧 죽었다. 유대정(兪大楨)은 송진을 몇년 동안 복용하였고 송인(宋寅)·이해수(李海壽)는 하수오(何首烏)를 항상 복용하였고 송영구(宋英耇)는 솔잎을 복용하였는데 모두 악창이 발생하여 죽었다. 약으로 복용할 경우 마땅히 경계해야 한다.

5

정협(鄭協)은 젊어서 심열(心熱)을 앓았다. 윤회주(輪回酒: 곧 제 오줌—원주)를 복용하니 크게 효과가 있었다. 곽지선(郭止善)이 배워 수년 동안 복용하였는데 효과가 없어서 죽었다(李挺이 말하기를 "脾胃가 허약하고 피와 원기가 허약한 경우 반드시 보약 중에 이것을 일정량 넣어야 한다."고 했다.—원주)

지봉(芝峯) 이수광(李睟光)이 말하기를 "원탁(元鐸)은 어렸을 때 고래기름(鯨油)을 써서 책을 읽었는데 눈병을 앓아 사물을 보지 못했다. 의사의 말대로 3년 동안 눈을 닫으니 곧 낫게 되었다."

황해도에 하염(蝦鹽)을 마시고 복통을 심하게 앓은 사람이 있었다. 중독된 것을 알고는 곧 소주를 많이 마셔 이에 먹었던 염물(鹽物)을 게우니 준동(蠢動)하여 물고기 모양을 만들어 꿈틀거렸는데 그 병이 마침내 나았다.『본초』에 말하기를 『주례(周禮)』에 (빠져 있음)

6

(빠져 있음) 둥근 알약을 만들고 또 백반과 세차(細茶)를 써서 나누어 가루를 만들고, 언제나 18.75g을 샘물로 섞어 내리면 기괴한 것을 토하는 것이 멈추게 된다. 더러 다리가 8개 날개가 6개로 올챙이와 같은데

베어도 끊어지지 않고, 태워도 타지 않는데, 백반물을 써서 대면 곧 죽는다. 그렇지 않으면 때를 짝지어 그 집으로 돌아온다. 또 말하기를, "옛 처방에서 백양하(白蘘荷)를 취하여 그 즙을 복용하고 그 뿌리와 함께 누우면 그 공효가 느리다고 하였다.(鄭露)

지봉 이수광이 말하기를 "호랑이가 독화살에 맞으면 청니(靑泥)를 먹어 그 독을 풀고, 멧돼지가 독화살을 맞으면 냉이가 우거진 곳으로 몰고 가서 그것을 먹게 한다. 매한테 상처를 받은 꿩은 지황(地黃)의 잎을 씹어 바른다. 쥐가 중독되어 취한 것과 같으면 뻘(泥汁)을 마시게 한다.(朝野僉載). 쥐새끼가 뱀에게 물리면 어미쥐가 콩잎을 씹어서 붙이면 모두 산다.(北夢瑣言). 꿩과 숭어가 상처를 입으면 상처난 곳에 송진을 붙인다"고 했다.

『설부(說郛)』에 말하기를 "모과의 재와 맥강반(麥糠飯)을 섞어 물에 던지면 물고기가 그것을 먹고 죽는다. 산초나무를 가루내어 쌀밥에 섞어 참새에게 먹이면 죽는다. 지금 산초나무 껍질을 물에 침투시켜 상류에서 뿌리면 물고기는 모두 죽어 떠오르게 된다. 남칠(藍漆)을 밥에 섞어놓으면 파리가 그것을 먹고 죽는다."고 했다.

7

옛날에 한 시골 백성이 풍질(風疾)을 앓아 문 밖에 나올 수 없었다. 계사년(1593)에 전쟁과 흉년으로 새삼씨 수십 말을 거두어서 밥을 지어 항상 먹었는데, 오래 된 질병이 문득 낫게 되고 원기와 힘이 씩씩해졌다. 또 한 사람은 새삼씨를 조금 복용하고 음식은 배로 먹었는데, 원기와 피가 왕성해졌으나 갑자기 등에 발저가 생겨서, 인동덩굴 즙 몇근을 이틀 동안 먹으니 종기가 곧 다 삭았다.

옛시에 말하기를 "위로는 100척이나 되는 실이 있고, 아래로 1천세나 되는 도꼬마리가 있다.(빠져 있음) 늙은 뽕나무를 모두 베어 널을 만들어 권귀(權貴)에 응하니, 기생(寄生)이 드디어 끊어졌도다."고 했다.

보골지(補骨脂: 곧 破古紙)는 일명 호구자(胡韭子)이다. 『동국여지승람

(東國輿地勝覽)』에는 강원도 흡곡(歙谷) 등지에서 또한 이것이 난다 했는데 다른 것이 아니고 같은 것이리라.

8

옛날에 우전차(雨前茶)라고 일컫는 것은 대개 곡우 전(또는 우수 전)에 처음 나온 어린 잎을 가지고 으뜸을 삼았다. 이제현(李齊賢)의 시에 "그 향이 맑음은 봄 한식 전에 딴 것이다."라 했다. 화전(火前)이란 한식(寒食) 이전에 따서 만든 것이다. 신라 흥덕왕(興德王) 때 사신이 당(唐)나라에서 돌아올 때 차의 씨를 얻어 가지고 왔는데 왕은 이것을 지리산에 심으라고 명하였다. 지금 남방의 여러 군에서 나는 차는 그때 심은 것이라 한다.

『회남자(淮南子)』에 "천웅(天雄)을 먹으면 무용(武勇)이 생긴다."는 구절이 있다. 본초(本草)에는 "할계(鶡鷄) 고기를 먹으면 사람이 용맹하고 건강하게 된다."는 구절이 있다. 왜노(倭奴)는 전쟁에 닥치면 술을 먹는데 이것으로 담력을 키운다. 허의후(許儀後)가 "일본의 군사들은 술을 먹여 담을 키운다."고 함이 이것이다.

신이화(辛夷花)는 일명 영춘화(迎春花)요 일명 목필화(木筆花)인데 이른 봄에 먼저 꽃이 나와 봄을 맞이한다는 뜻이 있다. 꽃의 모양은 붓두껍과 같아 목필(木筆)의 모양이 있다. 또 한 종류가 봄에 먼저 꽃을 피우는데 꽃빛은 노랗고 사랑할 만하다. 세속에선 개나리라 이름한다. 이덕무(李德懋)는 이것을 연교(連翹)라고 하였다. 그러나『탕액본초(湯液本草)』와 장개빈본초(張介賓本草)는 연교를 습초부(隰草部)에 넣고 있다. 이덕무의 설은 틀린 것이다.(許浚도 연교는 곧 '어러리나모여름'이라고 했다.—원주)『이아주(爾雅注)』에는 연교를 일명 연초(連草)라고 했다.(주석에서는 '翹'는 衆草에서 나오는 까닭으로 이 이름을 얻었다고 하였다. 지금 개나리 나무가 그것이다. 어찌 연교라고 할 수 있는가.—원주)

16. 가알롱본초(加꺉弄本草)

(빠져 있음) 그 묘함이 매우 많아 모두 진술할 수 없다. 지금 잠시 그 대략을 왼편에 모아 놓았다.(빠져 있음)

열매를 더러 갈거나 또는 깎아서 맑은 물 또는 청유(淸油)를 배합해 복용하면 독을 곧 게워 나오게 한다.

뱀·전갈·지네·거미 등에 다쳤을 때 청수마(淸水摩)를 복용하는데 함께 깎아 가루내어 상처 부위에 붙인다.

전염병에 중풍(中風)이 함께 와서 혼미하여 아플 때에는 수마(水摩)를 복용한다.

복통과 더러 설사·이질에도 수마를 복용한다.

학질에서 처음에 한기를 일으킬 때도 수마를 복용한다.

칼이나 도끼에 다치어 피가 나면 가루내어 상처 부위에 두루 뿌리면 곧 피가 멎고 통증이 그친다.

어린 아이의 배에 회충과 감적(疳積)이 있을 때 수마를 복용하면 회충이 곧 게워 나온다.

부인이 분만하는 데 난산일 때도 수마를 복용하고, 두창·가려움증에는 날이(辣梨)를 분쇄한 것과 함께 이 열매를 기름으로 달여 그것으로 문지르면 곧 낫는다. 새로 고질병인 풍담(風痰)에 걸려 팔다리가 온통 쑤시고 아파 견디기 어려울 때 마땅히 이를 분쇄하여 기름에 달여 열을 올려 두루 바른다. 모름지기 불을 향하여 따뜻함을 취하고 잇따라 베로써 불을 향하여 열을 취해 병자의 몸 위에 덮고 재운다. 또한 덧입혀 바람을 맞지 않도록 한다.

조열(潮熱)에는 수마를 복용하면 곧 물러가고, 다시 조열이 점점 줄어들어서 경미해진다. 백막(白膜)으로 눈동자가 가린 데에는 수마 조금쯤을 드린다. 이 약을 복용하는 경우 건장하고 굳센 자는 다만 0.75~1.125g이 괜찮고, 노약자는 0.45~0.48g에 그치고, 임신부는 복용하면 안된다.(李永逵가 말하기를 毒瘡·毒腫·疥瘡에는 쓴 과일 가루를 납유와 섞어 상처 부위에 바르면 또한 효과가 있다고 하였다.—원주).

17. 약로기(藥露記)

의원에는 내·외 두 과(科)가 있다. 내·외는 또한 둘로 나뉜다. 오로지 초목(草木)을 전문으로 약을 만드는 자가 있는가 하면, 또한 금석(金石)을 세찬 불에 달군 약을 병용하는 경우도 있다. 그 유리병에 오줌물을 담아 그 빛깔을 증험하여 그 병의 뿌리를 알아낸다. 또한 병이 대개 패혈(敗血)에 말미암아 생김을 알면,(빠져 있음) 막 발병하는 시초에는 더러 진주 가루 몇 g을 사용하여 서늘하게 하여 독기를 없애는 약(빠져 있음)(安文思要紀).

18. 속집(續集)

1

(1) 이롱(耳聾)

귀가 갑자기 잘 들리지 않는 경우 전갈(全蝎)을 독을 없애고 가루로 만들어 술과 섞어 그 방울을 귓속에 떨어뜨려 물소리를 들으면 곧 들리지 않는 병이 귀신같이 낫는다.(이하는 趙潛의 『養疴漫筆』에 나왔다.—원주)
구기자(枸杞子)를 짜서 나온 기름을 등불에 붙여 책을 보면 능히 눈의 힘이 더해진다.

(2) 금창(金瘡)

도끼(刀斧)에 다친 것은 다만 큰 밤 껍데기를 써서 갈아 만든 마른 가루를 바르면 곧 그친다. 더러 재빨리 날것을 씹어서 붙여도 또한 효험이 있다.

(3) 후비(喉痺)

후비(喉痺)와 아울러 유아(乳鵝)에 청개구리와 두꺼비의 껍질과 봉모초(鳳毛草)를 잘게 부수어, 서리 맞은 매실 열매를 소금에 절여 술로 달여 각각 조금씩 섞어 다시 갈아 가는 베로 짜서 즙을 낸다. 거위털로 묻혀 환부를 씻고 손을 따라 가래를 게우면 곧 없어진다.

2

신창(新昌) 서씨부인(徐氏婦人)이 출산으로 병이 생겼다. 명의(名醫)인 육(陸) 아무개가 200리 밖에 있었는데, 수레로 데려오게 하였다. 이르러 보니 부인은 이미 죽었다. 다만 가슴 사이에 미열(微熱)이 있는 듯해 육(陸)을 들어오게 하여 진찰을 하게 하니 그는 오랫동안 관찰하고 나서 말하기를 "이것은 몸을 푼 뒤 정신이 혼미하고 가슴이 답답한 증세인 것이다. 홍화(紅花) 6kg을 얻으면 살릴 수 있다."고 하니, 주인이 빨리 그 숫자만큼 구했다. 육이 큰 냄비에 그것을 끓였다. 탕이 끓기를 기다려 마침내 삼목통(三木桶)에 그 탕을 가득 채웠다. 그리고 창틀 격자를 취해서 부인을 그 위에 뉘어놓고 끓는 김이 조금씩 다시 거기로 나아가게 하였다. 조금 지나서 부인의 손가락이 움직였고 반 나절이 지난 뒤 드디어 소생하였다.

송(宋)나라 효종(孝宗)이 일찍이 이질을 앓게 되었는데 의사가 그 병을 얻은 까닭을 물으니 민물게를 많이 먹어서 이 병을 이루었다라고 하면서 진맥하기를 명하였다. 의사가 말하기를 "이것은 한리(寒痢)입니다. 그 치료법은 새 연뿌리 마디를 채취하여 부드럽게 갈아 뜨거운 술에 섞어 복용한다."고 했다. 그 법대로 공이로 잘게 찧어서 술과 섞어서 몇번 복용하니 곧 나았다.

병든 눈에 생기는 붉은 독기인 경우 우렁이 한 마리를 잡아 그 껍데기를 없애고 황련(黃連) 가루를 섞어 이슬이 내리는 가운데 두었다 새벽에 취하면 우렁이 물같이 되는데 그것을 눈에 방울져 떨어뜨리면 붉은 독기가 저절로 없어진다.

해수를 치료하는 방법은 매우 많다. 내가 하나의 처방을 얻었는데 그것은 매우 간편하다. 다만 향연(香櫞)을 써서 먼저 씨를 제거하고 얇게 썰어 가는 조각을 만들고, 때로 술과 모래를 같이 병에 넣고 끓여서 익어 문드러지게 한다. 날이 저물어 오경(五更)까지를 한 도수로 삼아 꿀을 써서 휘저어 나누어 잠든 가운데 불러 일으켜 숟가락을 써서 퍼담아 복용하면 매우 효과가 있다.

또한 월주(越州)의 아무개 학록(學錄)에 이르기를 "어렸을 때 기침을 하면 온갖 약으로도 치료가 안 되는데, 더러 남쪽으로 향하고 있는 어린 뽕나무 가지 한 묶음을 사용하라고 가르쳐 주었다. 가지마다 1촌(寸)으로 꺾어 냄비 속에 넣고 대략 물 다섯 사발을 써서 한 사발에 이를 때까지 끓인다. 여름 무더위 중에 갈증을 만났을 때에 이를 마시고 복용한 지 1개월에(이하 빠짐)

유향(乳香)은 가장 갈기 힘들다. 먼저 벽의 틈 속에 반일쯤 사발에 넣어 두어야 이에 끈적하지 않게 된다. 사부(祠部) (빠져 있음) 또한 이르기를 "유향을 가는 것은 지갑(指甲) 112.5g을 취하여 사발 속에 두면 더욱 쉽게 가루내게 된다."

4

『유양잡조(酉陽雜俎)』에 말했다. "안식향(安息香)은 페르시아에서 나는데 그 나무는 사(邪)를 피하게 해주는 나무라 부른다. 그 길이는 세 길 쯤이고 껍질 빛깔은 검누른 빛이고 잎에는 네 개의 모서리가 있고 겨울을 지나도 시들지 않으며 2월에 꽃이 핀다. 꽃은 누른 빛인데 가운데에는 약간 푸르다. 열매를 맺지 않는다. 그 나무 껍질을 벗기면 그 아교가 엿과 같다. 이름을 안식향(安息香)이라고 한다."(『本草』에 이르기를, "안식향은 西戎에서 나는데 그 모양은 송진과 같이 검누른 빛이며 덩이가 진다. 새로 난 것도 또한 부드러우며 단단하고, 그것을 불태우면 쥐가 모일 수 있는 것이 진짜다. 또한 이것을 태우면 귀신을 물리치고 신령을 부를 수 있다."고 했다.―원주) 향록(香錄)에서 이르는 "안식향은 이것이 곧 나무의 진액으로 불태우기에 적당치 않고 많은 향기를 일으킬 수 있기 때문에 기쁜 냄새로 취한다. 지금 엿과 같은 것이 있는데 그것을 안식유(安息油)라 한다."고 했다. 또한 『일통지(一統志)』에 이르기를, "삼불제(三佛齊)에서 안식향 나무 진액이 산출되는데 그 모양은 호두 속과 같다.(또 베트남에서 산출하는 안식향 나무는 소태나무와 같이 크고 곧으며 잎은 羊桃와 같이 길며 중심에는 기름이 있어 향기가 난다.―원주)"고 했다.

5

임파절에 멍울이 생긴 병증엔 돌고래의 회를 많이 먹으면 반드시 차도가 있다 임파절에 멍울이 생긴 병증을 앓는 사람이 있으면 6월에서 9월까지 매일 이것을 회로 먹거나, 더러 삶아 먹거나 또는 구워 먹으면 마침내 그 뿌리가 제거되기에 이르러 목의 멍울이 모두 없어진다.

옴은 쥐(鼠)를 세 마리 구워서 먹으면 차도가 꼭 있다. 한 사람이 옴을 앓아 모든 약이 효험이 없었는데, 처음에 쥐 한 마리를 복용하였더니 조금 효험이 있었고 다시 한 마리를 복용하였더니 헌데딱지를 이루고 세 번째 한 마리를 복용하였더니 옴딱지가 떨어져 곧 나았다.

머루는 눈 가운데를 덮어 가리는 증상을 치료한다.(『본초강목』에 이르기를 "머루 덩굴을 물에 담갔다가 공기를 불어서 즙을 취해서 그 방울을 눈에 떨어뜨리면 열을 없애고 붉고 희게 눈을 가린 눈병을 없애준다."고 했다.―원주). 나의 외가인 해남(海南) 백련동(白蓮洞)의 윤씨(尹氏)의 아들이 7세가 되어 천연두를 앓고 난 뒤 하얀 막이 눈을 가렸는데 백약이 효험이 없었다. 한 마을 아낙네가 처방을 가리켜 주어서 머루 열매를 취하여 즙을 만들어 방울을 눈에다 떨구니 열흘 만에 나았다. 진실로 신묘한 처방이다. 옛날에는 그 덩굴을 썼는데 지금은 그 열매를 쓴다.

머루란 것은 산포도인데, 우리말로 그것을 마루(麻婁)라고 한다.

의학(醫學)에 대하여

옛날 의학(醫學)은 『본초경(本草經)』을 전문으로 익혔다. 모든 초목의 성질·기(氣)·독(毒)·변(變)의 법제를 강구하여 분명하게 알지 못하는 것이 없었다. 따라서 병에 닥쳐 약을 씀에 더러 병의 한 가지 빌미만 있어 단 한 가지 성질로 한 가지 병인을 치료할 수 있는 경우는 한 약재를 쓰고, 또는 병의 원인이 여러 갈래로 많이 결집하여 풀기 어려운 경우는 곧 여러 가지 약재를 써서 약제를 합쳐 도와 구제하게 했다. 그러므로 방법도 정통하면서 효험도 빨랐는데, 후세에는 『본초경』을 익히지 아니하고 오로지 옛 처방만 외운다.

가령 팔미탕(八味湯)은 성질이 따뜻한 약으로 보함이 되는 줄로만 알고, 승기탕(承氣湯)은 성질이 서늘한 약으로 설사하는 줄로만 알고, 곧장 전방(全方)을 들추어 마치 한 가지 약재를 사용하는 것처럼 하니, 어찌 일일이 병에 알맞을 수 있으리요. 그러므로 이렇게 말하겠다. "소학(小學)이 쇠미해지자 문장(文章)이 일어나지 않았고, 『본초경』이 쇠하여지자 의술(醫術)이 정밀하지 못해졌다."

<여유당전서 시문집 설>

종두법(種痘法)에 대하여

『강희자전(康熙字典)』에 "신두법(神痘法)은 무릇 두즙(痘汁)을 코에 들이밀고 호흡하면 곧 솟아난다."고 했다. 나는 일찍이 신묘한 방법이 있는데도 우리 나라에는 전해 오지 않는다고 의심하여 뜻을 잃고 있었다.

가경(嘉慶) 기미년(1799) 가을에 복암(茯菴) 이기양(李基讓)이 의주(義州)에서 돌아왔는데(이때 義州府尹으로 있다가 교체되어 돌아왔다.―원주) 그의 큰아들 창명(滄溟) 이총억(李寵億)이 말하기를 "의주 사람이 북경(北京)에 들어갔다가 종두법(種痘法)을 얻어왔는데 그 책이 서너 장에 지나지 않았다."고 하므로 재빨리 이를 구해 보았는데 그 방법은 다음과 같았다.

"천연두(天然痘)가 완전하게 이룬 자의 딱지 7, 8개를(작은 것은 10여 개.―원주) 사기 종지에 넣고 손톱으로 맑은 물 한 방울을 묻혀 떨어뜨린 다음 견고한 물체 곧 칼자루 같은 것으로 갈아 즙액을 만들되 되지도 않고 묽지도 않게 한다. 너무 되면 천연두 기운이 피어나지 못하고 묽으면 천연두 기운이 크게 줄어든다. 따로 햇솜(누에고치 솜이다.―원주)을 써서 대추씨 크기만큼 뭉친 다음 가느다란 실로 꽁꽁 매어 단단한 머리로 천연두의 즙액에 적셔 콧구멍에 들이미는데 남자에게는 왼쪽, 여자에게는 오른쪽으로(좌우의 콧구멍.―원주) 한다. 가령 자정(子正)에 들이밀었다면 오정(午正)에 이르러 빼버린다. 언제나 12시간(반 일.―원주)이 지나면 그 기운이 오장에까지 통하고, 며칠이 지나면(더러 2~3일, 또는 3~4일 만에 솟아나고 그 솟아남이 많거나 적거나 일정하지 않다.―원주) 그 아이가 약간의 아픈 기운이 있으며 턱 아래나 목 주위에 반드시 기핵(氣核)이 볼록 돋게 되는데 큰 것은 새알만하니, 이것이 그 징험인 것이다. 이미 얼굴 부분이나 몸뚱이에 3, 4알의 천연두 구슬진 알갱이가 돋아나오는데 많은 경우는 십수 알갱이가 되지만 또한 해로움은 없는 것이다. 며칠 못되어 부풀어오르고 고름이 차며 아물고 딱지가 떨어진다.

더러 다른 증세를 함께 띠고 나오면 본과(本科)의 치료법에 따라 증세에 맞추어 약을 쓰면 힘들이지 않고도 백 사람 접종하면 백 사람 다 살아나고, 천 사람 접종하면 천 사람이 다 살아 하나의 실패도 없다." 이것이 그 대략인 것이다.(그 큰 뜻이 이러한데 지금 자세히 기억하지 못하겠다.—원주)

경신년(1800) 봄에 이르러 마침 검서(檢書) 박초정(朴楚亭: 朴齊家—원주)이 서로 지나다가 이 책을 보고 매우 기뻐하면서 "우리 집에도 또한 이 처방이 있는데 일찍이 내각장서(內閣藏書) 가운데서 보고 베껴 둔 것이지만, 다만 그 책이 너무 간략하여 끌어당겨 시행할 수가 없었는데, 이제 이 책과 합하여 살펴보면 아마 그 요령을 얻을 것 같구려." 하였다. 돌아가서는 곧 사람을 보내어 자기 집의 소장본(所藏本)을 보내왔는데 또한 대여섯 장뿐이었다. 나는 마침내 두 책을 종합하여 한 편(編)을 지으면서 더러 그 뜻이 깊어 이해하기 어려운 것은 간략한 주석을 달기도 하고, 아울러 술가(術家)의 올바르지 못한 설(說)은 아울러 쪼개고 깨뜨려버렸다.(예를 들면 施術하는 날의 干支에 따라서 잡아매는 실의 빛깔을 다르게 한다는 것 등임.—원주) 책이 완성되자 초정(楚亭)에게 부쳐주었더니 초정은 다시 나에게 들러 "본서(本書)를 살펴보니, 그 두종(痘種)이 한겨울에는 떨어진 지 15일이 경과되어도 접종(接種)을 하면 구슬진이 돋아나올 수 있으나 만약 한여름이라면 5, 6일만 경과하여도 벌써 묵은 것이 되어 접종을 하여도 돋아나오지 않는다네. 지금 북경(北京)에만 두종(痘種)이 있는데 만일 우리 나라에 가져와서 접종을 하려면 비록 한겨울에 북경에서 막 떨어진 딱지를 가지고 나는 듯이 달려 전해오더라도 우리 나라에 도착하게 되면 벌써 묵은 것이(이미 15일을 지났다.—원주) 되어 사용할 수 없을걸세"라고 하였다.

또 그 책에 씌어 있었다.

"어린이가 드물어 더러 두종(痘種)이 도중에 끊어지면, 따로 새 두종을 만들어야 하는데 반드시 잘된 것을 전번의 방법에 따라 얻어내야 한다. 그러나 반드시 3, 4번이 경과한 뒤에야 바야흐로 훌륭한 두종을 얻을 수 있고, 만일 한두 차례 전해진 것이 더러 잘못될 때는 그 증거가 경핵(頸

核)에 나타나는데 한 번이나 두 번 정도 경과된 것은 경핵이 작고, 모름지기 서너 번 전한 것이라야 그 경핵이 분명하게 돋아난다. 이것이 그 증거인 것이오."

　나와 초정(楚亭)의 의논은 결말을 보지 못하고 끝났다. 초정은 이때 영평현감(永平縣監)이 되어 실의에 잠겨 부임하였는데 그 뒤 수십일 만에 초정이 다시 와서 기뻐하며 나에게 "두종이 완성되었네." 하므로, 나는 "어떻게 된 것이오?" 하였더니, 초정은 다음과 같이 말하였다.

　"내가 영평현에 이르러 이 일을 아전들에게 이야기하였더니 이방(吏房)이란 자가 흥분해하며 잘된 것 하나를 구하여 먼저 자기 아이에게 접종하였지. 그랬더니 종핵은 비록 작았으나 종두는 훌륭했다."

　두번째로 관노(官奴)의 아이에게 접종하고 세번째로 초정의 조카에게 접종하니, 종핵도 점점 커지고 종두도 더욱 훌륭하였다. 그제야 의사(醫師) 이씨(李氏: 李鍾仁)라는 이를 불러 처방을 주어 두종을 가지고 경성(京城)으로 들어와 북부의 지체 높은 집안에서 많이들 접종하였다 한다.

　이 해 6월 정조(正祖)께서 승하하셨다. 이듬해 봄에 나는 장기(長鬐)로 귀양가고 초정은 경원(慶源)으로 귀양갔다. 그런데 간사한 놈이 의사 이씨를 당시 사람들의 의론 곧 천주학쟁이로 무고하여 고문으로 거의 죽게 되고 두종도 마침내 끊어졌다.

　그로부터 7년이 지난 정묘년(1807)에 내가 강진(康津)에 있으면서 들으니 "상주(尙州)에 있는 의사가 종두를 접종하는데 100명 접종하여 100명이 살아나서 큰 이익을 얻었다."고 하니, 생각건대 그 처방이 영남에서 다시 시행되었던 것이다. 내가 편집한 본방(本方)을 난리통에 잃어버렸으므로 여기에 전말을 기록하여 아이들에게 보인다.

　초정이 말했다.

　"북경(北京)의 모든 종두(種痘)하는 의사는 각기 전담된 구역이 있어서 더러 갑 구역의 의사가 몰래 을 구역에 가서 종두를 하면 곧 을 구역의 의사는 관아에 송사를 제기하여 관아에서는 그 죄를 다스린다네."

<여유당전서 시문집 설>

맥(脈)과 오장육부의 관계

1. 맥의 허증·실증

맥(脈)은 혈기의 쇠약하고 왕성함과 병증(病證)의 허증과 실증을 살필 수 있는 것인데, 그 왼손의 촌맥(寸脈)[1]은 심장(心臟)을 진찰하고, 오른손의 촌맥은 폐장(肺臟)을 진찰하고, 왼손의 관맥(關脈)은 간담(肝膽)을 진찰하고, 오른손의 관맥은 비위(脾胃)를 진찰하고, 왼손의 척맥(尺脈)은 신장(腎臟)·방광(膀胱)·대장(大腸)을 진찰하고, 오른손의 척맥은 신장·명치·삼초(三焦)[2]·소장(小腸)을 진찰한다고 하지만, 이는 망녕된 것이다.

맥이 한번 움직였다가 한번 정지하는 것은 기혈(氣血) 때문이다. 기(氣)만으로는 위(衛)가 될 수 없는 것이고, 혈(血)만으로는 영(營)이 될 수 없는 것이기에, 혈(血)은 기(氣)에게 제어(制御)되고, 기(氣)는 혈(血)에게 함양(涵養)되어 영위(營衛)의 명칭이 성립된다.

그러나 기가 있으면 움직임이 없을 수 없고, 혈이 있으면 정지(靜止)함이 없을 수 없는데, 바야흐로 그것이 움직일 적에는 두루 돌아다니면서 널리 퍼지고, 바야흐로 그것이 정지할 적에는 적셔서 자양(滋養)하게 되니, 이것이 바로 사람의 몸에 맥이 있게 된 까닭인 것이다. 그런데 얕게 드러난 맥(脈)이 마침 손목에 있기 때문에 손목을 진맥(診脈)할 뿐이다. 하늘이 사람을 낼 적에 어찌 반드시 오장(五臟)과 육부(六腑)로 하여

---

1) 촌맥(寸脈): 한방(韓方)에서 일컫는 맥박의 하나. 집게손가락과 가운뎃손가락과 약손가락을 손바닥으로 뻗은 동맥(動脈)에 대었을 때, 집게손가락에 느껴지는 맥을 말한다. 가운뎃손가락에 느껴지는 맥은 관맥(關脈)이고, 약손가락에 느껴지는 맥은 척맥(尺脈)인 것이다.
2) 삼초(三焦): 한방(韓方)에서 일컫는 육부(六腑)의 하나로 상초(上焦)·중초(中焦)·하초(下焦)를 합해 일컫는 말인데, 이는 음식의 흡수·소화·배설 등을 맡는 기관이다.

금 그 모습을 손목 위에 환히 벌여놓게 하여 사람에게 이를 진맥하도록 하였겠는가.

맥에 대해서는, 그 맥경(脈經)을 저술한 사람부터 벌써 자기가 저술한 맥경을 믿지 않았고, 그리고 그 뒤에 무릇 의술(醫術)의 이치를 약간 통달한 사람도 반드시 맥경을 믿지 않았다. 그러나 그 마음엔 오히려 거기에 현묘(玄妙)하고 미오(微奧)한 이치가 있다고 의심하여 자기 자신에게도 깨달음을 속이고, 다시금 자기가 맥경을 높여 받들지 않는다면 세상 사람들과 후세 사람들이 자기에게 맥경의 뜻을 통달하지 못했다고 말할까 겁내어 이에 거짓으로 다른 사람이 알지 못한 것을 자기는 홀로 아는 것이 있는 것처럼 해서, 겉으로 맥경을 높이어 영구히 전(傳)할 책(冊)으로 삼아 그 설(說)을 부연(敷衍)하고서 그 뜻을 해석하되, 그 해석할 수 없는 것에 이르러서는 문득 "마음속에 스스로 깨닫는 묘리(妙理)는 말로써 전할 수 없다."고 했다. 어리석은 사람은 밝지 못하여 이를 받들어 믿고, 슬기 있는 사람도 다시 그 방법을 이용하게 되니, 이는 오직 맥경만 그런 것이 아니라, 모든 허위적인 술수는 다 그런 것이다.

그러므로 맥을 잘 진찰하는 사람은 손을 진맥하고 발을 진맥하고 뇌(腦)의 경맥에서 갈라진 큰 낙맥을 진맥하여, 그 맥박의 쇠약하고 왕성한 것만을 분변하고, 그 허약하고 왕성한 것만을 살필 뿐이니, 어찌 이른바 오장과 육부의 설(說)이 있을 수 있겠는가.

2. 맥의 조짐

대저 이른바 촌(寸)·관(關)·척(尺)이란 것은 우리는 이를 분별할 수가 없다. 의원(醫員)의 손가락으로 말하면 살이 쪄서 넓은 것도 있고, 야위어서 뾰족한 것도 있으므로 그 손가락이 차지한 부분도 많고 적음이 일정하지 못한 점이 있고, 환자(患者)의 손목으로 말해도 긴 것도 있고 짧은 것도 있으므로 그 촌·관·척의 한계를 나눈 것도 크고 작음이 일정하지 않다. 손가락이 큰 사람으로 하여금 손목이 짧은 사람의 맥을 진맥하게 하고, 손가락이 작은 사람으로 하여금 손목이 긴 사람의 맥을 진맥하게 한다면, 그 이른바 촌(寸)이라는 것을 우리가 어찌 관(關)이 아닌 줄을 알겠으며, 그 이른바 관이라는 것을 우리가 어찌 그 척(尺)이 아닌 줄을 알겠으며, 그 이른바 심장을 진찰한다는 것을 우리가 어찌 그것이 간장을 진찰함이 아닌 줄을 알겠으며, 그 이른바 비위(脾胃)를 진찰한다는 것을 우리가 어찌 그것이 신장(腎臟)과 방광(膀胱)을 진찰함이 아닌 줄을 알겠는가.

이에 배우지 못한 무리들은 일찍이 맥(脈)의 부(浮)·침(沈)·활(滑)·색(濇)도 잘 분별하지 못하면서 손바닥을 치면서 증세를 논하기를 "아무 장부(臟腑)가 상했으니 마땅히 아무 장부를 억눌러야 할 것이며, 무슨 기운이 부족하니 마땅히 어느 경락(經絡)을 보(補)해야 한다."고 하며, 또 일종의 괴이하고 망령된 무리들은 말하기를 "맥을 진찰해 보면 그 사람의 성정(性情)의 좋고 나쁜 것과 신명(身命)의 고귀하고 미천한 것을 분변할 수 있다."고 하며, 심지어는 수명(壽命)도 점치고 운수(運數)도 점쳐서 마치 두수(斗數)·성요(星曜)의 술(術)과 같이하는 것도 있는데, 사람들이 또 몽매하게 그렇다고 믿으면서 은미한 이치가 있다고 말하니, 어쩌면 그리도 어리석고 고루하여 쉽게 속아넘어가는가.

그러므로 맥을 진찰하는 것을 배우는 사람은 다만 그것이 힘이 있고 없는가와, 신(神)이 있고 없는가와, 법도(法度)가 있고 없는가만을 살핌에 그친다. 어찌 오장육부를 잘 분별할 수야 있겠는가. 대저 능히 움직여 능히 손가락을 마음대로 하는 것을 힘이라 이르고, 능히 화합(和合)하여 능히 생활(生活)하는 기관(機關)을 가진 것을 신(神)이라 이르고 능히 왕래(往來)하고 동작(動作)하고 정지(靜止)하면서 법도가 있어 어지럽지 않은 것을 법도라 이른다. 이 세 가지를 알고 나서 맥이 부동하고 가라앉음과, 더디고 빠름과, 크고 작음과, 미끄럽고 껄끄러움과, 팽팽하고 허한 것과, 긴장되고 완만함과, 맺히고 잠복하는 조짐만 자세히 주의한다면 맥가(脈家)의 할 일은 끝낸 셈인데, 또 무엇을 구하겠는가.

3. 맥과 오장육부

맥이 오장(五臟)에서 명령을 받아 지체(支體)에 통하는 것은 물이 여러 산에서 발원(發源)하여 하류에 도달하는 것과 같다.

대저 한강(漢江)의 근원이 한 가닥은 속리산(俗離山)에서 나오고, 한 가닥은 오대산(五臺山)에서 나오고, 한 가닥은 인제(麟蹄)에서 나오고, 한 가닥은 금강산(金剛山)에서 나와(麟蹄는 郡名이고, 나머지는 모두 산 이름이다.—원주) 용진(龍津: 양평 양수리에 있는 나루)에 이르러 합쳐지는데, 땅을 맡은 사람이 말하기를 "양화도(楊花渡)는 속리산에 속하고, 용산포(龍山浦)는 오대산에 속하고, 두모포(豆毛浦)는 인제와 금강산에 속한다."고 하여, 이에 양화도에서 물살이 세차게 솟구치면 "이는 속리산에서 산이 무너져 사태(沙汰)가 날 이변(異變)이 있다."고 하고, 용산포의 물이 혼탁해지면 "이는 오대산에서 물이 범람(汎濫)할 재앙이 있다."고 하며, 두모포에서 물결이 잔잔하면 "이는 인제와 금강산에서 비오고 볕나는 것이 고르고 알맞다."라고 한다면, 그 기후(氣候)를 점치는 방법이 과연 정밀하여 틀림이 없다고 이를 수 있겠는가.

맥을 가지고 오장과 육부를 진찰할 수 없는 것이 그 이치가 바로 이와 같은데도, 사람들은 오히려 깊고 어두운 가운데 마음을 붙여, 그 이치 밖에 또 이치가 있는가 의심하니, 또한 미혹된 것이 아니겠는가. 촌(寸)·관(關)·척(尺)이 한 길(一路)이 아니라면 그만이겠지만, 만일 그것이 한 길인데 한계만 나눈 것이라면, 그 이른바 오장(五臟)·육부(六腑)가 각기 따로 부위(部位)가 있다는 것을 우리는 선뜻 믿지 못하겠다.

<여유당전서 시문집 논>

이헌길(李獻吉)의 인술(仁術)

李蒙叟傳

　이헌길(李獻吉)의 자(字)는 몽수(夢叟)인데 따로 부르는 이름은 몽수(蒙叟)였다. 씨족의 계통은 왕족으로 공정왕(恭靖王: 定宗)의 별자(別子)[1]인 덕천군(德泉君) 이후생(李厚生)이 그의 선조다. 이후생의 후손은 대대로 혁혁했는데 이조판서(吏曹判書)를 지낸 이준(李準)은 더욱 이름이 난 분이다. 몽수는 젊은 시절에 총명하고 기억력이 뛰어났으며 장천(長川) 이철환(李嚞煥) 선생을 따라 노닐며 온갖 책을 널리 읽었다.

　오래 전에 천연두와 홍역 치료법을 읽고서 독자적으로 온 마음을 기울여 연구를 거듭했으나 남이 알아차리지 못하도록 했다. 영조 51년(1775) 봄에 일이 있어 서울에 왔는데 마침 홍역이 크게 번지고 있어 백성들이 많이 요절하고 있었다. 몽수는 마음으로는 구제해 주고 싶었으나 그때 부모의 상복(喪服)을 입고 있어 할 수 없다 하고는 입을 다문 채 돌아가려고 막 교외(郊外)로 나오자 어깨에 작은 관을 메고 등에다 들것을 지고 지나가는 사람이 잠깐 사이에 수백이 되었다. 몽수는 마음에 불쌍히 여기고 혼잣말로 말하기를 "내가 의술이 있으면 구제하는 일이 옳지 예법에 구애를 받아 그냥 가버리는 것은 어질지 못한 일이다."라고 하고는 마침내 되돌아가서 친척집에서 지내며 그 비방(祕方)으로 치료했다.

　이렇게 되자 몽수의 비방을 사용한 모든 사람 중 위험한 고비에 있던 사람은 안정을 되찾고 심한 증세였던 사람도 수월하게 해낼 수 있어 10여 일 사이에 명성이 크게 떨쳐 울부짖으며 도움을 요구하는 사람들이 날마다 문을 메우고 골목에 가득차 지체가 높은 사람이라야 겨우 방까지 들어갈 수 있었고 미천한 사람은 운좋게 섬돌 아래까지는 왔어도 더러는 저녁 때에야 비로소 그 얼굴이라도 볼 수 있는 지경이었다. 그러나 몽수는 홍역 증세에 대하여 귀에 익어버려 몇 마디만 듣고는 그만두라 하며 그 증세와 모습에 따라 적절하게 한 가지씩의 처방을 내려주고는 그냥 돌아가도록 하면 누구 하나 효험을 보지 않는 사람이 없었다.

몽수가 때로 집을 나와 다른 집으로 가면 무리진 남자나 아낙네들이 앞뒤를 빽빽히 둘러싸고 보호하여 마치 벌떼들이 모여 엉키어 가고 있는 것 같아 가는 곳마다 누런 먼지가 하늘을 가려, 바라보는 사람마다 이몽수(李蒙叟)가 오고 있음을 알아차리게 되었다. 하루는 못된 젊은애가 꾀를 부려 어떤 외진 곳에 몰아넣고 문을 잠가 그 자취가 없게 해버렸다. 이에 온 성안 사람들이 모두 함께 울부짖으며 이몽수 있는 곳을 찾아 헤맸고 알려주는 사람이 있자 군중들이 그곳으로 가 문을 때려부수고 나오게 했다. 성깔 거칠고 기운만 믿어 면전에서 욕설을 퍼붓는 사람도 있었고 심한 사람은 몽수를 두들겨패려는 사람도 있었으나 말리는 사람들의 힘을 입어 무사하게 되었다. 그렇지만 몽수는 모두에게 온순한 말로 허리 굽혀 사죄하며 재빨리 처방을 내려주었다.

그리고 또 몽수 자신의 힘만으로는 감당할 수 없게 되자 홍역 치료의 모든 방법을 입으로 불러주며 사람들로 하여금 살펴서 시행할 수 있도록 해주니, 이때부터 벽지 시골의 선비들까지 서로 다투어 베껴가서는 육경(六經)처럼 믿었다. 비록 의술에 어두운 사람도 그가 해준 말대로만 하면 효험을 보지 않는 경우가 없었다.

세상에서 말하는 소리로, 어떤 아낙네가 자기 남편을 위해서 병 고쳐주기를 청했는데, 몽수가 말하기를 "당신 남편의 병은 위독합니다. 단 한 가지 약이 있으나 당신은 쓸 수가 없을 거요."라고 했다. 아낙네가 한사코 가르쳐 달라고 했으나 몽수는 끝내 말해 주지 않았다. 아낙네는 살려낼 수 없는 일이라고 생각하고는 독약을 사가지고 집에 돌아와(곧 砒霜이다.-原註) 술에 타서 다락 위에 놓아두었다가 마시고 자살해버리려고 했다. 집 밖으로 나와 한창 울고는 들어가 술을 보니 술병이 벌써 비워 있었다. 그 남편에게 물어보니 목이 말라 마셔버렸다고 했다. 달려나가 이몽수에게 가서 살려내 달라고 하니 몽수가 말하기를 "이상도 하구나, 내가 한 가지 약이 있다고 했던 것은 바로 그가 마신 약이오. 아무리 생각해도 당신이 그 약을 사용하지 않을 걸로 알아 말해 주지 않았는데 이제 그 사람을 하늘이 살린 것이오."라고 했다. 부인이 집에 돌아와 보니 그 남편의 병이 나아 있었다.

몽수는 성품이 관대하여 사소한 예절을 거리끼지 않았다. 전에 말하기를 "12년 뒤에 홍역이 반드시 다시 발생한다."고 했는데 그때가 되고 보니 과연 그랬으며 천연두에도 또한 많은 치료법을 알고 있었다.

외사씨(外史氏)가 말하기를, 내가 몽수를 보았더니 그 사람됨이 얼굴은 파리하고 광대뼈가 나왔고 코는 주부코인데 남과 더불어 늘 웃으며 끊임없이 이야기했다. 홍역에 대한 말은 대체로 분별해 들을 만했고, 밤낮으로 눈을 붙이지 않아 정신이 흐려져 잘 살펴볼 수 없을 지경에도 오히려 응대함에 어긋남이 없었다. 그는 기억력이 다른 사람보다 뛰어남이 있었던 것이다.[2]

<여유당전서 시문집 전>

역주)
1) 별자(別子): 왕의 정처 소생이 아닌 아들. 후궁의 아들.
2) "홍역에 대한 말은~ 것이다.": 시문집 전(傳)에 나온 「몽수전」에서는 다음과 같은 구절로 바꾸었다. "선배로서는 유독 윤휴(尹鑴)를 숭모하여 일찍이 말하기를 '백호(白湖)는 덕(德)을 이룬 정암(靜菴: 趙光祖)이요 정암은 덕을 이루지 못한 백호'라고 했는데, 옛날부터 해오던 말이나 군자(君子)는 그렇게 여기지 않는다."

한의학상(漢醫學上)으로 본 다산 의학의 특색

조헌영(趙憲泳)

　정다산(丁茶山) 선생이 경세가로서 학자로서 탁월한 두뇌를 가지고 그 지식이 박흡(博洽)함이 정치・경제・법률・천문(天文)・지리(地理)・문학・종교・농학・박물학(博物學) 등에 통달하였으며, 의술(醫術)도 상당하였다는 것쯤은 대개 다 아는 바이다. 그러나 다산 선생이 한의학자(漢醫學者)로서 얼마만한 역량을 가졌으며, 어떠한 지위를 점하고 있는가 하는데 대해서는 자세히 알지 못하는 이가 많으리라고 생각한다.
　조선의 한의학자를 찾는다면 필자는 제일 먼저 다산 선생을 말하겠다. 이것은 결코 다산 선생이 장하다고 모두들 말하니까 덮어놓고 의학에도 다산 선생이 제일이라고 풍성학려(風聲鶴唳)로 떠드는 것이 아니요, 필자의 견문 좁은 탓인지는 모르나 사실에 있어서 다산만큼한 한의학자가 없었다.
　허준(許浚)의 『동의보감(東醫寶鑑)』이 있고, 강명길(康命吉)의 『제중신편(濟衆新編)』이 있고, 이경화(李景華)의 『광제비급(廣濟祕笈)』이 있고, 그 밖에 『의방활투(醫方活套)』니 무슨 경험방(經驗方)이니 무슨 치험록(治驗錄)이니 무슨 비방(祕方)이니 하는 것이 많이 있으나 거기에 한가지도 학술적으로 새로운 학설(學說)과 색다른 의견을 발견할 수 없으며, 그때 그때에 신의(神醫)라고 떠들던 유명한 임상의가(臨床醫家)는 얼마든지 있지마는 이론(理論)으로 전인의 설을 더 발전시킨 이는 별로 없으니, 자기 독특한 학자적 입장을 가진 한방의가(漢方醫家)로는 정다산 선생(비판론・실제론)과 이동무(李東武: 李濟馬, 四象論), 이석곡(李石谷: 李圭晙, 扶陽論) 들을 먼저 말할 수밖에 없다.
　다산 선생이 저술한 의서에 『마과회통(麻科會通)』이 유명하고 훌륭하나 그것을 평하는 것은 전문적이 되고 또 너무 길겠으므로 여기서는 다만 그 학자적 특색을 몇가지 소개하겠다.

1. 다산 선생의 비판적 태도

다산이 선철(先哲)의 학설에 대하여 비판적 태도를 취했다는 것은 우리가 깊이 경의를 표하지 않을 수 없다.

유학자(儒學者)를 비롯하여 조선의 한학자(漢學者)는 누구나 물론하고 모두가 중국서 온 것이라면 무조건하고 맹종 묵수(盲從墨守)하여 감히 비판할 생의(生意)도 못하였는데 다산 선생은 한의학계에 신성불가침인 『황제내경(黃帝內經)』에도 그 예리한 비판의 칼을 아끼지 않았으니 한둘의 예를 들면

(1) 『내경』에 "淸氣大來 金之勝也…… 金燥受邪 肺病生焉…… 濕氣大來 土之勝也…… 土濕受邪 脾病生焉"이라고 한 데 대하여 "'정자왈(丁子曰)' 비리야(非理也)"라 하고 그것을 평하되 "천하에 화(火)보다 더 조(燥)한 것이 없는데 금(金)이 조(燥)하다는 것이 무슨 말이며, 천하에 수(水)보다 더 습(濕)한 것이 없는데 토(土)가 습하다는 것이 무슨 말인가. 토가 습한 것은 물이 있기 때문이다. 토로 하여금 물을 얻지 못하게 하면 건조(乾燥)할 뿐이다. '토본습(土本濕)'이라고 한 것이 오류(誤謬)가 아닐까 보냐." 하였으며,

(2) 『내경』에 "春傷於風 夏生殄泄…… 秋傷於濕 冬生咳嗽"라고 한 데 대하여 "丁子曰 非理也"라고 하고 다음과 같이 비판하였다.

"春風和暢에 何所中毒인가 秋日淸涼에 何以得疾인가. 秋屬於金인대 旣云金燥하고 何謂秋濕인가. 四時之中에 秋氣特燥이거늘 何往得濕하여 而至中傷乎아" 하였다.

여기에 대해서는 한의학적으로 논평할 점이 없지 않으나 하여간 『내경』에 대하여 그런 태도를 가졌다는 것만 소개한다. 이상은 육기론(六氣論)이다.

(3) "不惟時醫可愼揀이요 雖古醫라도 亦當審其立心之正邪와 見理之精 蠹와 治術之專雜과 持論之通偏而選擇取捨之也니…… 不可以古醫而盡信 之也니라."(古醫論) 하였고, 장경악(張景岳) 평론 같은 것은 실로 적절하 다.

2. 다산 선생은 조선적 한의학자다

다산 선생은 무엇이든지 실제를 토대로 하여 사물을 관찰하고 판단하 였다. 그러므로 다산은 진정한 조선의 의학자이다. 『마과회통』에는 조선 서 두역(痘役)과 마진(痲疹)이 유행한 연표를 제시하여 조선의 기후와 발 병(發病)의 관계를 관찰하였으며, 제량론(劑量論)에 가서 약의 근량(斤兩) 은 약재(藥材)의 기미(氣味)를 관찰하여 중량(重量)을 가감(加減)할 것이 요, 고방(古方)의 중량에 집착해서는 못쓴다는 것을 말하였다. 가령 당황 련(唐黃連) 1전(錢)에 대해서 일본 황련은 고한(苦寒)이 배심(倍甚)하니 당 황련보다 적게 써야 할 것이요, 조선 황련은 기미(氣味)가 박렬(薄劣)하 니 중량을 더 써야 한다는 것을 말하였다.

3. 다산은 학자적 편견이 없었다

고의론(古醫論)에서 의가(醫家)를 선택하는 데는 그 지론(持論)의 통편 (通偏)을 심찰(審察)하라고 하였지마는 다산 자신은 정말 일호(一毫)의 편 견을 가지지 않은 공정한 학자였으니, 그 시대에 벌써 현대과학의 이론 을 참호(參互)하기를 조금도 서슴지 않았다.

"李明之曰 不能近視者는 陽不足也요 不能遠視者는 陰不足也라 하나 目之近視遠視는 唯係瞳丸之平突하니 平則視心이 會於遠故로 遠視하고 突則視心이 會於近故로 短視……"라고 하였는데, 이것은 안구(眼球) 수정 체(水晶體)의 초점의 원근에 의하여 근시·원시가 구별된다는 현대 서양 의학의 이론을 취한 것이다.

100년 전에 벌써 다산 선생은 그랬는데, 지금 조선 한의(漢醫) 가운데에 이 원시·근시의 동환평돌설(瞳丸平突說)을 이해하는 이가 과연 몇 사람이나 될 것인가.

조선의 한의들이여, 조선의 양의(洋醫)들이여, 하루바삐 다산을 배우라. 지식을 널리 구하는 데 다산 선생은 이렇게도 허심(虛心)하고 성실하고 현명하였다. 100년이 지난 오늘에 있어서도 오히려 한의는 한의학(漢醫學)만 양의는 양의학(洋醫學)만 들여다보고 있다는 것이 얼마나 애석한 일인가.

지면 관계로 이만 각필(擱筆)한다. 다산 선생을 이해하는 데 조금이라도 도움이 된다면 행심(幸甚)이겠다.

<조선일보 1935. 7.16~17, 2회>

『마과회통』 인명·서명 해설

ㄱ

가난봉(賈蘭峰): 미상.

감대문(甘大文): 중국 명(明)나라 때 의사로 만전(萬全)과 같은 시대 사람으로 만전을 좇아 의학을 배웠다.

강관(江瓘): 1503~1565. 중국 명(明)나라 때 흡현(歙縣) 사람. 자는 민영(民瑩)이며, 호는 황남(篁南). 제생(諸生)이었으나 병으로 과거 공부를 그만두고 오로지 시만 읊고 지냈다. 의술에 뛰어났는데, 저술로 『명의유안(名醫類案)』과 『강산인집(江山人集)』이 있다.

강명길(康命吉): 영조 13~순조 1(1737~1801). 의관(醫官). 자는 군석(君錫), 본관은 순천(順天). 양주 목사(楊州牧使)에 이르렀다. 정조 때 『제중신편(濟衆新編)』 5책을 저술했고, 순조 1년(1801) 정조의 병환을 잘못 치료하였다 하여 의관들이 처벌될 때 사형당했다.

강희자전(康熙字典): 중국 최대의 자전으로, 청나라 성조(聖祖)가 장옥서(張玉書)·진정경(陳廷敬) 등 30인의 학자에게 명하여 편찬케 하였다. 총 49,030자를 수록했으며, 42권 12집 119부. 강희 55년(1716)에 간행되었다.

경일진(景日昣): 중국 청(淸)나라 등봉(登封) 사람. 자는 동양(東陽)으로 강희 때 진사에 급제했으며, 벼슬은 호부시랑(戶部侍郎)에 이르렀다. 저술로 『설숭(說嵩)』 『숭악묘사(嵩嶽廟史)』 『숭양학(嵩陽學)』 등이 있다.

고금의감(古今醫鑑): 중국 명(明)나라 때 공신(龔信)이 편찬한 종합적인 의서인데 원작은 8권이다. 이를 공정현(龔廷賢)이 속편하고 왕긍당(王肯堂)이 증보했으나 편찬 연대는 미상으로 모두 16권이다.

고무(高武): 중국 명(明)나라 은(鄞) 사람. 호는 매고(梅孤)로 가정 때 무과에 급제했다. 만년에 의술에 전념하여 치료하는 사람이 낫지 않는 경우가 없었다. 당시까지의 침구(鍼灸)가 대체로 잘못됨이 많아서 직접 구리로 남자·여자·동자를 각기 하나씩 만들어 그 혈(穴)을 시험하고 인체를 미루어 시험해 보니 조금도 틀리지 않았다. 저서로 『사학지남(射學指南)』 『율려변(律呂辨)』 『두진정종(痘疹正宗)』 『침구취영(鍼灸聚英)』 『발휘직지(發揮直指)』 등이 있다.

공신(龔信): 중국 명(明)나라 때 의사로 자는 서지(瑞芝). 강서 금계(金谿) 사람. 의술로 일가를 이루어 그 지역에 이름났고, 태의원(太醫院)에 임명되었다. 『고금의감(古今醫鑑)』이 있는데, 그 아들 공정현(龔廷賢)이 속편을 완성했다.

공정현(龔廷賢): 중국 명(明)나라 때 의사로 강서 금계(金溪) 사람. 자는 자재(子才), 호는 운림(雲林)이다. 대대로 의사 집안에 태어났는데 그 아버지가 태의원을 지낸 공신(龔信)이다. 아버지의 의술을 이어받아 아버지의 저서인 『고금의감』 속편을 완성하고 『만병회춘(萬病回春)』 『수세보원(壽世保元)』 등을 편술했다.

곽지선(郭止善): 명종 8(1553)~?. 자는 거이(居易), 본관은 현풍, 곽율(郭慄)의 아

들. 선조 21년(1588) 문과에 급제하여 정랑(正郞)을 지냈다.

광로(鄭露): 1604~1650. 중국 명나라 남해(南海) 사람. 원이름은 서로(瑞露), 자는 담약(湛若). 당왕(唐王)이 복주(福州)에 있을 때 중서사인(中書舍人)이 되고 영력(永曆) 때 광주(廣州)에 사신으로 갔다 돌아왔다. 청나라 군사가 쳐들어오자 복건으로 고금(古琴)을 싸서 천천히 그가 살던 해설당(海雪堂)으로 돌아와 고기(古器)와 그림·책 및 거문고를 껴안고 죽었다. 저서로 『적아(赤雅)』 『교아(嶠雅)』가 있다.

광제비급(廣濟秘笈): 동의(東醫) 고전의 하나로 이경화(李景華)가 저술한 의서를 정조 14년경(1790)에 4권 1책으로 간행했다. 오랜 기간의 임상 치료 경험을 통하여 효과가 있다고 본 구급 치료법과 민간에서 손쉽게 쓸 수 있는 치료법들을 종합하여 편찬했다. 1권에는 300여 종의 병증에 대한 치료법을, 2권에 내과 병증 치료법, 3권에는 부인병과 소아과 병증에 대한 치료법을, 4권에는 민간약으로 병을 치료한 경험과 처방 등이 실려 있다.

구선(臞仙)→주권(朱權)

구선방(臞仙方): 『구선활인심법(臞仙活人心法)』이다. 중국 명(明)나라 주권(朱權: 臞仙)이 편찬한 의서로 2권이며 14세기 말에 간행되었다. 도가(道家)의 양생법(養生法)의 관점에서 이루어진 처방이다.

구편쇄언(救偏瑣言): 중국 청(淸)나라 비계태(費啓泰)가 편찬한 소아과 의서. 5권으로 1659년 간행되었다. 천연두와 홍역의 증세를 분별하는 원칙과 치료법을 쓰고 좋은 처방을 갖추어 놓았다.

구평(寇平): 중국 명나라 때 소아과 의사로 소아과 의서인 『전유심감(全幼心鑑)』

4권을 저술했다.

국방발휘(局方發揮): 중국 원(元)나라 때 의사 주진형(朱震亨)이 편찬한 의서로 1권이다.

국조보감(國朝寶鑑): 조선왕조 역대 군왕의 치적에서 모범이 될 만한 일을 실록(實錄)에서 뽑아 편찬한 편년체 역사책으로 정조 6년(1782)에는 68권 19책을 완성했고, 뒤에 더 보태서 90권 28책을 1909년 간행하였다.

권평(權坪): 영조 10(1734)~?. 본관은 안동(安東). 상언(尙彦)의 아들로 자는 맹교(孟郊), 양주(楊州) 태생. 영조 41년(1765) 식년문과에 급제, 승지(承旨) 등을 역임했다.

급암(汲黯): ?~기원전 112년. 중국 한(漢)나라 경제와 무제 때 복양(濮陽) 사람. 자는 장유(長孺), 동해(東海)·회양(淮陽)의 태수를 지냈으며 황로학(黃老學)에 심취하였다.

급유방(及幼方): 우리 나라 의학 고전의 하나로 조정준(趙廷俊)이 영조 25년(1749)에 자신의 50여 년에 걸친 치료 경험을 바탕으로 편찬한 소아과 저술이다. 13권 6책인데 필사본으로 전해 오다가 1964년에 북한 의학출판사에서 원문과 번역문을 배합해 출판되었다. 총론과 각론으로 나뉘어 있다.

ㄴ

남양활인서(南陽活人書): 『유증활인서(類證活人書)』로 중국 송(宋)나라 주굉(朱肱)이 편찬하여 1108년에 간행한 의서로 22권이다. 처음 이름은 『무구자상한백문(無求子傷寒百問)』이다.

노경린(盧慶麟): 중종 11~선조 1(1516~

1568). 자는 인보(仁甫), 호는 사인당(四印堂), 본관은 곡산(谷山), 노적(盧績)의 아들이다. 중종 34년(1539) 문과에 급제, 성주목사와 숙천부사를 지냈다.

ㄷ

단계심법부여(丹溪心法附餘): 종합적인 의서로 24권이다. 중국 명나라 방광(方廣)이 유별로 모아 중편(重編)하여 1536년에 간행했다. 간본이 많다.

대사공(戴思恭): 1324~1405. 중국 명(明)나라 초기의 의사로 자는 원례(原禮). 절강성 포강(浦江) 사람으로 주진형(朱震亨)에게 의술을 배웠으며 일찍이 태의원사(太醫院使)에 임명되었다. 『증치요결(證治要訣)』『증치요결유방(證治要訣類方)』『추구사의(推求師意)』등을 편찬 저술하였다.

도신(涂紳): 미상. 자는 수오(首吾)., 금(金溪) 사람으로 『백대의종(百代醫宗)』이란 의서가 있다.

도홍경(陶弘景): 456~536. 중국 남북조 시대 송(宋)·양(梁) 사이의 저명한 의학자·도가. 자는 통명(通明), 호는 화양은거(華陽隱居), 단양 말릉(秣陵) 사람. 일찍이 중국 본초학(本草學)의 중요한 문헌인 『본초경집주(本草經集注)』를 쓰고, 『양생연명록(養生延命錄)』『양생경(養生經)』등을 저술하여 연단(煉丹) 방면에 갈홍(葛洪) 이후 저명한 인물이다. 유·불·도 삼교의 합류를 주장했다. 저서로 『화양도은거집(華陽陶隱居集)』이 있다.

동원십서(東垣十書): 중국 금(金)나라 때 의사 이고(李杲)가 송나라·금나라·원나라 의사의 저작 10종을 모아 편찬해 1529년에 간행한 의서인데 이 가운데 비위론(脾胃論)·내외상변혹론(內外傷辨惑論)·난

실비장(蘭室秘藏)은 이고의 저작이다.

동의보감(東醫寶鑑): 광해군 5년(1613) 허준(許浚) 등이 편찬 저술한 우리 나라 한의학 백과전서로 모두 25권 25책이다. 같이 편찬한 사람은 정작(鄭碏)·양예수(楊禮壽)·김응탁(金應鐸)·이명원(李命源)·정예남(鄭禮男) 등이다.

두과석의(痘科釋意): 중국 명나라 때 사람 적량(翟良)이 홍역과 천연두에 대해 풀이한 의서이다. 원명은 『두과유편석의(痘科類編釋意)』로 3권이다.

두진금경록(痘疹金鏡錄): 중국 명나라 의사 옹중인(翁仲仁)이 편찬한 의서로 1579년에 간행했으며 3권이다.

두진론(痘疹論): 중국 송(宋)나라 때 소아과 의사 문인규(聞人規)가 편찬한 의서로 『문인씨백환선생두진론(聞人氏伯圜先生痘疹論)』이라고도 한다. 모두 2권으로 1235년에 간행되었다. 상권에 소아 두진의 주요한 임상병리 치료 문제 81문제를 제시하고 아울러 그 해답을 만들었다. 하권에는 치료할 처방제를 나열 기술했다.

두진백문(痘疹百問): 중국 청(淸)나라 때 사람 오학손(吳學損)이 1676년에 편찬 간행한 『두진백문비본(痘疹百問秘本)』을 말한다.

두진심법(痘疹心法)→마진심법(麻疹心法)

두진심인(痘疹心印): 중국 명나라 때 의사인 손일규(孫一奎)가 저술했다. 옛날 의사들의 두진방론을 종합한 것이다.

두진전서(痘疹全書): 중국 명(明)나라 담지(談志)가 선집(選輯)했다. 만전(萬全)의 두진쇄금부(痘疹碎金賦) 1권, 두진심법(痘疹心法) 12권 및 두진옥수(痘疹玉髓) 2권이다. 현재 남아 있는 것은 1610년에 간행

된 팽서오(彭瑞吾) 중간본(重刊本)이다.

두진정종(痘疹正宗): 2권짜리와 4권짜리 두 가지가 있는데 내용은 전부 같다. 중국 청나라 송인상(宋麟祥)이 편찬했으며 1695년에 간행되었다. 상권은 두진문(痘疹門), 하권은 진증문(疹症門)이다. 고무(高武)의 『두진정종』은 미상.

두치이변(痘治理辨): 중국 명(明)나라 때 의사 왕기(汪機)가 편찬해 1531년 간행한 소아과 의서로 3권이다. 현재 『왕석산의서8종(汪石山醫書八種)』본이 있다.

ㅁ

마원(馬援): 기원전 14~49. 중국 후한(後漢) 때 부풍(扶風) 사람. 자는 문연(文淵), 시호는 충성(忠成)으로 건무(建武) 연간에 복파장군(伏波將軍)이 되어 교지(交趾:월남)를 정복했다. 신식후(新息侯)에 책봉되었다.

마지기(馬之騏): 중국 명·청 사이 한단(邯鄲) 사람으로 『마과휘편(麻科彙編)』을 편찬했다 한다. 『마과회통』에는 『마진휘편(麻疹彙編)』으로 나오는데 조진미(趙進美)의 서문이 있다. 『진과찬요(疹科纂要)』를 편찬했다고도 한다.

마진기방(麻疹奇方): 우리 나라 영조·정조 때 의사인 몽수(蒙叟) 이헌길(李獻吉)이 지은 홍역 치료에 관한 책인데 영조 51년(1775)에 지었다는 설이 있다. 여러 종류의 필사본이 있었는데 처음에는 『마진방(麻疹方)』이라 했다가 수정 보완해서 『마진기방』이란 이름을 붙인 듯싶다. 현재 규장각도서에 규재장판(圭齋藏板) 필사본(38張) 1책이 있다. '규재'는 남병철(南秉哲, 1817~1863)의 호다. 여기에는 다산의 「마과회통서」와 비슷한 내용의 「마진기방서」가 앞에 나오고, 책 뒤에도 다산의 「이몽수전」(마과회통에 실려 있는)이 붙어 있다. 이 『마진기방』은 총론·인증편(因證篇)·변사편(辨似篇)으로 구성되어 있다. 북한판 『동의학사전』에서는 '마진방'으로 해제했다.

마진방(麻疹方): 중국 명나라 때 사람 황보중(皇甫中)이 저술한 홍역에 관한 처방서이다.

마진심법(麻疹心法): 중국 명나라 때 의사 만전(萬全)이 편찬 저술한 『두진세의심법(痘疹世醫心法)』을 말한다. 모두 12권이다. 1568년에 간행되었다.

마진전(麻疹詮): 『경악전서(景岳全書)』 권42에 실려 있는데, 중국 명나라 때 의사 장개빈(張介賓)이 지었다.

만광(萬筐): 중국 명나라 때 소아과 의사로 남창(南昌) 사람. 자는 공숙(恭叔), 호가 국헌(菊軒)이며 만전(萬全)의 아버지다. 집안의 의술을 계승했고 두과(痘科)에 정통해 이름을 날렸다. 『두진심요(痘疹心要)』가 있는데 아들 만전이 그의 평일 의론(醫論)을 수집해 『만밀재의학전서(萬密齋醫學全書)』에 편찬해 넣었다.

만병회춘(萬病回春): 중국 명나라 때 공정현(龔廷賢)이 저술한 종합적인 의서로 1587년에 간행했다. 8권이다.

만씨가초제세양방(萬氏家鈔濟世良方): 중국 명나라 때 의사 만표(萬表)가 지은 의서이다. 1609년에 간행되었으며 6권이다.

만전(萬全): 중국 명나라 때 의사로 호는 밀재(密齋)이며 나전현(羅田縣) 사람이다. 명대의 소아과 명의로 소아과 및 양생학(養生學)에 정통했다. 저술로 『유과발휘(幼科發揮)』 『육영비결(育嬰秘訣)』 『광사기요(廣嗣紀要)』『두진세의심법(痘疹世醫心法)』『양생사요(養生四要)』『보명가괄(保命歌括)』 등이 있다.

만표(萬表): 1498~1556. 중국 명(明)나라 때 은현(鄞縣) 사람. 자는 민망(民望), 호는 녹원(鹿園)으로 정덕 때 회시에 급제, 무신 가운데 유학에 통달한 인물이다. 저서로 『해구의(海寇議)』『완록정고(玩鹿亭稿)』『만씨가초제세양방(萬氏家鈔濟世良方)』이 있다.

맹개석(孟介石)→맹하(孟河)

맹하(孟河): 중국 청(淸)나라 초기 강녕(江寧) 사람. 자는 개석(介石)으로 소아과 여러 증세에 뛰어났다. 『유과직언(幼科直言)』을 1725년에 편찬 1726년에 간행했다. 매우 간명하고 요령 있게 저술했다. 또 『활유심법(活幼心法)』도 편찬 간행했다.

명의유안(名醫類案): 중국 명(明)나라 강관(江瓘)이 편찬한 의서로 그 아들 강응숙(江應宿)이 증보했다. 모두 12권으로 진(秦)나라 월 사람 순우의(淳于意) 이하 원·명에 이르는 명의들의 병을 치료한 경험방을 가지고 변증(辨證)했다.

묘중순(繆仲醇)→묘희옹(繆希雍)

묘희옹(繆希雍): 1546~1627?. 중국 명(明)나라 강소성 상숙(常熟) 사람. 자는 중순(仲醇), 호는 모대(慕臺), 의술에 정통했다. 저서로 『선성재광필기(先醒齋廣筆記)』『본초경소(本草經疏)』『본초단방(本草單方)』『사진론(痧疹論)』 등이 있다.

문인규(聞人規): 중국 송(宋)나라 때 소아과 의사. 절강 가흥(嘉興) 사람으로 『두진론(痘疹論)』 3권을 편찬했다.

문헌비고(文獻備考): 『동국문헌비고』를 약칭한 말로, 영조 46년(1770)에 김치인 등이 편찬하였으며 100권이다. 내용은 상위(象緯) 등 13개 부문으로 나누어 연대순으로 기술했으며, 이 책을 바탕으로 『증보문헌비고』가 1908년에 간행되었다.

ㅂ

박애심감(博愛心鑑): 『두진박애심감』『두신전서박애심감』이라고도 한다. 중국 명나라 위직(魏直)이 1525년에 편찬했다. 현재 '두진대전팔종(痘疹大全八種)'본이 남아 있다.

박제가(朴齊家): 영조 26~순조 5(1750~1805). 실학자로 자는 차수(次修)·재선(在先)·수기(修其). 호는 초정(楚亭)·정유(貞蕤)·위항도인(葦杭道人), 본관은 밀양. 19세 때 박지원의 문하에서 실학을 연구 이덕무·유득공·이서구 등 실학자들과 교유. 벼슬은 1795년 영평현감을 지냈다. 저서로 『북학의(北學議)』 등이 있다.

방광(方廣): 중국 명나라 때 의사로 자는 약지(約之), 호는 고암(古菴)으로 안휘성 휴녕(休寧) 사람. 먼저는 유학을 배우다 의학을 공부했다. 단계(丹溪) 주진형(朱震亨)을 추숭했으나 주진형의 단계심법의 모순이 더러 있음을 깨닫고 5년에 걸쳐 『단계심법부여(丹溪心法附餘)』를 편찬 완성하여 단계학의 전파와 연구에 일정한 영향을 끼쳤다.

백대의종(百代醫宗): 도신(涂紳)이 지은 의서라고 하여 다산이 인용하고 있으나 현재 전해지지 않은 듯하다.

범중엄(范仲淹): 989~1052. 중국 송(宋)나라 때 명신으로 자는 희문(希文), 시호는 문정(文正)이다. 벼슬은 참지정사를 지냈다. 저서로 『범문정공집(范文正公集)』이 있다.

벽역신방(辟疫神方): 허준이 광해군 5년

(1613)에 왕명을 받아 지은 의서로 내의원에서 간행했다. 1책이다.

보도자항(普渡慈航): 공정현의 의서라 했으나 미상.

보영촬요(保嬰撮要): 중국 명(明)나라 설개(薛鎧)가 편찬했다. 유과(幼科) 증세의 치료에 가장 자세한 것이다. 모두 8권이다. 또 그의 아들 설기(薛己)가 그가 치료한 처방을 각 부문의 뒤에 붙여 놓았다. 설기의 『설씨의안(薛氏醫案)』에 들어 있다.

본초강목(本草綱目): 중국 명나라 때 이시진(李時珍)이 지은 본초학(本草學)에 대한 연구서로 총 52권. 1590년에 간행되었다. 흙·옥(玉)·돌·초목·금수·충어 등 1892종을 7항목에 걸쳐 해설하였다.

북몽쇄언(北夢瑣言): 중국 송(宋)나라 손광헌(孫光憲)이 편찬 저술한 책으로 당말·오대의 일사(軼事)를 기록했는데 모두 20권이다.

비계태(費啓泰): 1590~?. 중국 명말 청초의 의생으로 오정(烏程) 사람. 자는 건중(建中). 나이가 젊어서 과거에 합격하지 못해 두진과(痘疹科)에 대한 의서를 주의해 연구했다. 70세 때 『구편쇄언(救偏瑣言)』(1659) 10권을 저술했다.

비급천금요방(備急千金要方): 중국 당(唐)나라 때 손사막(孫思邈)이 7세기 중반에 편찬한 의서로 30권이다. 『내경(內經)』 이후 당나라 초기 이전의 의학의 성과를 반영했다.

ㅅ

사조문견록(四朝聞見錄): 중국 송(宋)나라 엽소옹(葉紹翁)이 편찬 기록한 고종(高宗)·효종(孝宗)·광종(光宗)·영종(寧宗) 등 네 조정의 널리 알려지지 않은 일을 기록했는데, 270조목으로 모두 4권이다.

사진방(沙疹方): 중국 청나라 때 사람 연희요(年希堯)의 의서라 했다.

상한론(傷寒論): 중국 한(漢)나라 장기(張機)가 저술한 의서로 모두 10권이다. 진(晉)나라 때 왕숙화(王叔和)가 편집했으며, 장기의 원서 이름은 '상한잡병론(傷寒雜病論)' 16권이었다. 주로 급성인 발열성 질환의 치료법을 상세히 설명했다.

서용선(徐用宣): 중국 명(明)나라 구주(衢州) 사람. 호는 동고(東皐)이며 정통한 의사였다. 저서로 『수진소아방(袖珍小兒方)』이 있다.

서이정(徐爾貞): 미상. 『의회(醫匯)』가 있다고 나온다.

석명(釋名): 모두 8권인데, 중국 한(漢)나라 때 사람 유희(劉熙)가 편찬했다. 『일아(逸雅)』로도 불린다. 사물과 제도의 명칭이 각기 달라 이를 천지(天地)·음양(陰陽)·사시(四時)·방국(邦國)·도비(都鄙)·거복(車服)·상기(喪紀)와 아래로 백성들이 쓰는 기명에 이르기까지 그 뜻에 대해 해설했다.

설기(薛己): 1487~1559. 중국 명(明)나라 오군(吳郡) 사람. 자는 신보(新甫), 호는 입재(立齋)로 처음에는 양의(瘍醫)였으나 뒤에 내과(內科)로 이름났다. 정덕 때 어의(御醫)로 선발되어 가정 때 태의원사(太醫院使)로 승진했다. 저서로 『설씨의안(薛氏醫案)』과 9종의 의서가 있다.

설문해자(說文解字): 중국 후한(後漢)의 허신(許愼)이 지은 자해서(字解書)로 모두 30권이다. 육서(六書)의 의의를 추구하여 놓았다.

설부(說郛): 중국 원나라 말기와 명나라 초기의 총서로 도종의(陶宗儀)가 편찬했다.

수필·설화집 등에서 발췌했다. 모두 100권이다.

섭상항(聶尙恒): 1572~?. 중국 명(明)나라 때 소아과 의사로 강서 청강(淸江) 사람. 자는 구오(久吾)·유정(惟貞). 만년에 고향으로 돌아가 저술을 즐겼다. 저서로 『활유심법대전(活幼心法大全)』(活幼心法) 『두진자항(痘疹慈航)』 9권, 『두문방지(痘門方旨)』(부록으로 麻疹方旨) 『이문방지(痢門方旨)』 8권, 『두과자항(痘科慈航)』 3권이며, 판각된 것으로 『기효의술(奇效醫術)』(1616) 2권이 있다.

성무기(成無己): 중국 금(金)나라 때 의사로 요섭(聊攝) 사람. 의사 집안에서 태어나 장중경(張仲景)의 『상한론(傷寒論)』을 깊이 연구해 『주해상한론』 10권을 저술하고, 이 밖에도 『상한명리론(傷寒明理論)』 3권과 『상한론방(傷寒論方)』 1권이 있다.

성호사설(星湖僿說): 조선 영조 때 실학자 성호(星湖) 이익(李瀷)이 평소에 학문과 사물의 이치를 파악한 것과 제자들의 질문에 답한 것을 모아 엮은 것으로, 천지문(天地門) 3권, 만물문(萬物門) 3권, 인사문(人事門) 11권, 경사문(經史門) 10권, 시문문(詩文門) 3권으로 모두 30권이다.

세의심법(世醫心法)→마진심법(麻疹心法)

소아두진방론(小兒痘疹方論): 중국 송(宋)나라 진문중(陳文中)이 간략하게 편찬한 두진에 관한 의서로 1권이다.

소아직결(小兒直訣): 원명은 『소아약증직결(小兒藥證直訣)』 또는 『전씨소아약증직결』로 3권인데 송(宋)나라 때 의사 전을(錢乙)이 1119년 편찬했다.

소원방(巢元方): 중국 수(隋)나라 때 의 학자. 대업(大業: 605~616) 연간에 태의박사(太醫博士)에 임명되어 610년에 『제병원후론(諸病源候論)』의 편찬을 주관했다.

손쌍천(孫雙泉): 미상.

손일규(孫一奎): 중국 명(明)나라 안휘성 휴녕(休寧) 사람. 자는 문원(文垣), 호는 동숙(東宿)·생생자(生生子). 의술로 공경 사이에 놀았다. 저서로 『두진심인(痘疹心印)』 『적수현주(赤水玄珠)』 『의지서여(醫旨緖餘)』가 있다.

송영구(宋英耉): 명종 11~광해군 12 (1556~1620). 자는 인수(仁叟), 호는 표옹(瓢翁)·일표(一瓢)·백련거사(白蓮居士), 시호는 충숙(忠肅), 본관은 진천(鎭川), 성혼의 문인이다. 선조 17년(1584) 문과에 급제, 벼슬은 병조참판을 지냈다.

송인(宋寅): 중종 11~선조 17(1516~ 1584). 자는 명중(明仲), 호는 이암(頤菴)·녹비옹(鹿皮翁), 시호는 문단(文端), 본관은 여산, 송지한(宋之翰)의 아들이다. 중종의 서녀(庶女) 정순옹주(貞順翁主)와 결혼하여 여성위(礪城尉)가 되고 여성군(礪城君)에 봉해졌다. 시문과 글씨에 능했다. 저서로 『이암집(頤菴集)』이 있다. 그가 쓴 비문(碑文)이 많이 남아 있다.

수수잡록(隨手雜錄): 중국 송(宋)나라 사람 왕공(王鞏)이 지은 잡기(雜記)이다.

신기질(辛棄疾): 1140~1207. 중국 송(宋)나라 역성(歷城) 사람. 자는 유안(幼安), 호는 가헌거사(稼軒居士). 벼슬은 용도각대제(龍圖閣待制)에 이르렀다 시호는 충민(忠敏). 장단구가 아려하고 좋아 소식과 병칭된다. 저서로 『가헌사(稼軒詞)』 『가헌집(稼軒集)』이 있다.

신증동국여지승람(新增東國輿地勝覽): 중종 25년(1530)에 완성된 관찬 인문지리서(人文地理書)로서 총 55권이다. 성종 때

노사신(盧思愼)·양성지(梁誠之)·강희맹(姜希孟) 등에게 편찬케 하여 『동국여지승람』 50권이 성종 12년(1481)에 완성되었고, 중종 25년(1530) 이행(李荇) 등의 증보로 『신증동국여지승람』 55권 25책이 간행되었다. 책 머리에 전국 지도를 붙였으며, 이행의 진전문(進箋文), 서거정(徐居正)의 서문, 책 뒤에 김종직(金宗直)의 발문이 있다.

○

아담 샬(湯若望): 1592~1666. 독일 예수회 신부·천문역학자. 1622년 중국에 건너와 1630년 북경으로 가서 역서(曆書) 개정에 종사 숭정역서를 완성했다. 1644년에는 병자호란 때 볼모로 청나라에 가 있던 소현세자와 사귀고 천문 지식과 천주교 교리에 대해 알려 주었다. 1646년 흠천감정에 임명되어 대청시헌력(大淸時憲曆)을 만들고 1650년 선무문 안에 천주교회당을 신축했다.

애원영(艾元英): 중국 원(元)나라 때 의사로 산동 동평(東平) 사람으로 의술에 정통했으며 『여의방(如宜方)』 2권을 편찬했다.

약천집(藥泉集): 약천 남구만(南九萬)의 시문집으로 34권 17책인데 경종 3년(1723) 간행되었다.

양사영(楊士瀛): 중국 송(宋)나라 회안(懷安) 사람. 자는 등보(登父), 호는 인재(仁齋)로 대대로 의업을 했는데 양사영에 이르러 더욱 정통해졌고 인명을 살려내려고 마음을 썼다. 저서로 『활인총괄(活人總括)』 『의학진경(醫學眞經)』 『직지방론(直指方論)』이 있다.

양아만필(養疴漫筆): 중국 송(宋)나라 때 사람 조진(趙滸)이 편찬한 잡기(雜記)로 1권이다. 송나라 때 쇄사(瑣事)를 써놓았고 권말에 의방(醫方) 몇개 조목을 기록해 놓았다.

역로(易老)→장원소(張元素)

연희요(年希堯): ?~1738. 중국 청(淸)나라 때 관리로 광녕(廣寧) 사람. 자는 윤공(允恭), 호는 우재주인(偶齋主人). 공부우시랑(工部右侍郞)을 지냈다. 양방(良方)을 수집하기를 좋아하여 일찍이 『경험사종(經驗四種)』(1717)을 편찬 간행하고, 청대 관리 양문과(梁文科)와 자기가 수집 기록한 것을 합쳐 『집험양방(集驗良方)』이라 일컬었다. 또 『본초유방(本草類方)』을 모아 1735년에 판각해 간행했다.

엽계(葉桂): 1667~1746. 중국 청(淸)나라 오현(吳縣) 사람. 자는 천사(天士), 호는 향암(香嵒), 아버지는 엽조채(葉朝采)로 의술에 정통했는데, 천사는 젊어서부터 아버지의 의술을 배워 당시에 유명했다. 저서로 『허학사본사방주(許學士本事方注)』가 있는데 문인이 다시 그 경험방을 뽑아 『임증지남의안(臨證指南醫案)』을 만들었다. 『유과요략(幼科要略)』을 편찬했다.

엽소옹(葉紹翁): 중국 송(宋)나라 용천(龍泉) 사람. 자는 사종(嗣宗), 호는 정일(靖逸)이다. 그 학문은 엽적(葉適)에게서 나왔으며, 저서로 『사조문견록(四朝聞見錄)』이 있는데, 『조야잡기(朝野雜記)』 다음이 곧 이 책이다.

예기(禮記): 오경의 하나로 중국 주(周)나라 말기부터 진(秦)·한(漢) 시대의 유자(儒者)의 고례(古禮)에 관한 설을 수록했다. 한(漢)나라 무제(武帝) 때 하간(河間) 헌왕(獻王)이 고서 131편을 편술하여 나중에 214편으로 된 『대대례(大戴禮)』와, 대덕(戴

德)이 이를 85편으로 줄이고 대덕의 조카 대성(戴聖)이 다시 49편으로 줄인 『소대례(小戴禮)』가 있다. 현재의 『예기』는 『소대례』를 말하는데 『주례(周禮)』 『의례(儀禮)』와 함께 삼례(三禮)라 한다.

오겸(吳謙): 중국 청(淸)나라 때 명의(名醫)로 자는 육길(六吉), 안휘 흡현(歙縣) 사람. 벼슬은 태의원판(太醫院判)에 이르렀다. 청나라의 종합 의서인 『의종금감(醫宗金鑑)』을 주편(主編)했다.

오학손(吳學損): 중국 청나라 때 사람. 호는 손암(損菴), 『두진백문(痘疹百問)』을 1676년 편찬 간행했다고 한다.

옹중인(翁仲仁): 중국 명(明)나라 때 의사로 강서 상요(上饒) 사람. 자는 가덕(嘉德)이다. 소아과로 이름났다. 저서로 『두진심법(痘疹心法)』이 있으나 이미 없어졌고, 『두진금경록(痘疹金鏡錄)』이 있다.

왕계선(王繼先): 1098~1181. 중국 송(宋)나라 개봉(開封) 사람. 건염(建炎) 초기에 의사로 은총을 구해 얻었으며, 세상에서 왕의사(王醫師)라 일컬었으며 소경군승선사(昭慶軍承宣使)로 옮겼다. 권세가 진회(秦檜)와 더불어 필적했으나 뒤에 시어사 두신로(杜莘老)가 그를 열 가지 죄로 탄핵해 조서로 복주(福州)에 거주케 했다.

왕공(王鞏): 중국 송(宋)나라 사람. 자는 정국(定國), 호는 청허선생(淸虛先生)으로 시에 뛰어났으며 소식(蘇軾)을 좇아 놀았다. 저서로 『갑신잡기(甲申雜記)』 『문견근록(聞見近錄)』 『수수잡록(隨手雜錄)』이 있다.

왕긍당(王肯堂): 1549~1613. 중국 명(明)나라 진강(鎭江) 사람. 자는 우태(宇泰), 호는 손암(損菴)·울강당(鬱岡堂)·염서거사(念西居士)로 만력 때 진사에 급제, 복건참정(福建參政)을 지냈다. 독서를 좋아했으며 의학에 더욱 정통했다. 저서로 『유과증치준승(幼科證治準繩)』과 『울망재필주(鬱罔齋筆塵)』가 있다.

왕기(汪機): 1463~1539. 중국 명(明)나라 기문(祁門) 사람. 자는 성지(省之)로 석산선생(石山先生)이라 일컬어졌다. 의술에 정통했다. 저서로 『석산의안(石山醫案)』 『의학원리(醫學原理)』 『본초회편(本草會編)』 『소문초(素問鈔)』 『맥결간오(脈訣刊誤)』 『내경보주(內經補註)』 『외과이례(外科理例)』 『두치이변(痘治理辨)』 『침구문답(鍼灸問答)』 『상한선록(傷寒選錄)』 『운기역람(運氣易覽)』 등이 있다.

왕단(王旦): 957~1017. 중국 송(宋)나라 신현(莘縣) 사람. 자는 자명(子明), 저작랑(著作郞)으로 『문원영화(文苑英華)』 편찬에 참여했으며 『양조국사(兩朝國史)』를 감수했다. 벼슬은 참지정사를 지냈다. 시호는 문정(文正)으로 위국공(魏國公)에 봉해졌다.

왕세정(王世貞): 1526~1590. 중국 명(明)나라 태창(太倉) 사람. 자는 원미(元美), 호는 봉주(鳳洲)·엄주산인(弇州山人). 가정 때 진사에 급제, 형부상서를 지냈다. 이반룡(李攀龍)과 더불어 당시의 문맹(文盟)을 주도했다. 저서로 『엄산당별집(弇山堂別集)』 『고불고록(觚不觚錄)』 『엄주산인사부고(弇州山人四部稿)』 『독서후(讀書後)』 『왕씨서원(王氏書苑)』 『화원(畫苑)』 등이 있다.

왕인우(王仁宇): 쌍해산(雙解散)이란 약제를 처방했다. 인적 사항은 미상.

왕해장(王海藏)→왕호고(王好古)

왕호고(王好古): 1200~?. 중국 원(元)나라 조현(趙縣) 사람. 자는 진지(進之), 호는 해장(海藏)으로 의학을 좋아해서 일찍이 명의 이고(李杲)와 장원소(張元素)에게 배워 조예가 매우 정밀하고 본주(本州)의 의관에 임명되었다. 저서로 『의루원융(醫壘元戎)』『의가대법(醫家大法)』『탕액대법(湯液大法)』『탕액본초(湯液本草)』『반진론(斑疹論)』 등이 있다.

외대비요(外臺秘要): 중국 당(唐)나라 왕도(王燾)가 편찬한 의서로 모두 40권이다. 왕도가 업군(鄴郡)의 수령으로 나가 있을 때 지어서 '외대'라 했다. 모두 1400문(門)인데 옛날부터의 비법이 많이 수록되어 있다.

우단(虞摶): 1438~1517. 중국 명(明)나라 의오(義烏) 사람. 자는 천민(天民), 호는 화계항덕노인(花溪恒德老人)이다. 박학했는데 어머니 병으로 말미암아 의학에 정통해졌다. 저서로 『의학정전(醫學正傳)』『방맥발몽(方脈發蒙)』『백자음(百字吟)』『반재고(牛齋稿)』 등이 있다.

원구(袁句): 중국 청(淸)나라 때 낙양 의사. 자는 대선(大宣), 호는 쌍오주인(雙梧主人). 1753년 『천화정언(天花精言)』(일명 痘症精言)을 편찬하여 1755년 간행했다. 종두법(種痘法)에 대해 전문적으로 논술했다.

원두표(元斗杓): 선조 26~현종 5(1593~1664). 자는 자건(子建), 호는 탄수(灘叟)·탄옹(灘翁), 시호는 충익(忠翼), 원유남(元裕男)의 아들로 박지계(朴知誡)의 문인이다. 1623년 인조반정에 공을 세워 정사공신 2등으로 평원부원군(平原府院君)에 봉해지고 좌의정을 지냈다. 김육(金堉)의 대동법(大同法)을 반대했다.

원병식(原病式): 유완소(劉完素)가 지은 의서인데 원명은 『소문현기원병식(素問玄機原病式)』으로 1권이며 1152년 경에 완성되었다.

원사(元史): 중국 명(明)나라 송렴(宋濂) 등이 임금의 명령으로 편찬 저술했다. 애초에는 본기(本紀) 47권, 지(志) 53권, 표(表) 6권, 열전(列傳) 97권으로 완성하고, 뒤에 송렴·왕위(王偉) 등이 수정 보완했는데 모두 210권이다.

원탁(元鐸)→원황(元鋭)

원황(元鋭): 선조 10(1577)~?. 자는 경명(警鳴), 초명은 탁(鐸), 본관은 원주, 원경심(元景諶)의 아들. 선조 39년(1601) 문과에 급제하여 주서(注書)와 좌윤(左尹)을 지냈다.

위달재(危達齋)→위역림(危亦林)

위역림(危亦林): 1277~1347. 중국 원(元)나라 남풍(南豐) 사람. 자는 달재(達齋)로 의술에 정통해서 많은 사람을 살려냈다. 본고을의 의학교수에 임명되었다. 저서로 『세의득효방(世醫得效方)』이 있다.

위직(魏直): 중국 명(明)나라 때 의사. 자는 계암(桂巖)·정표(廷豹). 절강 소산(蕭山) 사람. 원래는 유생으로 시를 잘 지었다. 의학에도 통달했으며 두진(痘疹)에 밝았다. 저서로 『박애심감(博愛心鑑)』이 있다.

유과요략(幼科要略): 중국 청(淸)나라 엽계(葉桂)가 18세기 중기에 편찬한 의서이다. 2권인데 뒤에 주학해(周學海)가 증정한 『주씨의학총서(周氏醫學叢書)』 중에 편집되어 들어갔다.

유과준승(幼科準繩): 『유과증치준승(幼科證治準繩)』 중국 명나라 왕긍당(王肯堂)이 편찬해 1602년에 간행한 의서로 9권이다. 이 책은 명나라 시대 이전에 있었던 소아과(小兒科) 문헌을 종합해서 편성한 책이다.

『마과회통』 인명・서명 해설　587

유대정(兪大楨): 명종 7~광해군 8(1552~1616). 자는 경휴(景休), 본관은 기계, 유호(兪灝)의 아들이다. 선조 21년(1588) 문과에 급제, 충청도・황해도의 관찰사를 지냈다.

유동고(兪東皐): 미상.

유맹문(劉孟門): 미상.

유방(劉昉): 중국 남송 광동 조양(潮陽) 사람. 자는 방명(方明)으로 형호남로안무사(荊湖南路按撫使)를 지냈다. 왕력(王歷)・왕식(王湜) 등과 『유유신서(幼幼新書)』를 정리 편찬했다.

유수진(劉守眞)→유완소(劉完素)

유순(劉純): 중국 명(明)나라 때 의사. 자는 종후(宗厚)・경후(景厚). 홍무 연간(1386~1398) 함녕(咸寧)으로 이사해 살았다. 저서로 『상한치례(傷寒治例)』와 『의경소학(醫經小學)』 등이 있다.

유양잡조(酉陽雜俎): 중국 당(唐)나라 단성식(段成式)이 편찬 저술한 기괴이담록(奇怪異談錄)이다. 본집 20권, 속집 10권이다.

유완소(劉完素): 1120~1200. 중국 금(金)나라 때 하간(河間) 사람. 자는 수진(守眞), 자호는 통원처사(通元處士). 일찍이 이인(異人)을 만나 의술에 통달했다. 『운기요지론(運氣要旨論)』 『정요선명론(精要宣明論)』 『상한직격방(傷寒直格方)』 『소문약증(素問藥證)』 등을 편찬하고, 저술로는 『소문현기원병식(素問玄機原病式)』 등이 있다.

유유신서(幼幼新書): 중국 송(宋)나라 유방(劉昉)이 편찬 1132년에 간행한 소아과 저작으로 모두 40권이다.

유희(劉熙): 중국 동한(東漢) 시대 북해(北海) 사람. 자는 성국(成國)으로 『석명(釋名)』 20편을 저술했다.

윤선도(尹善道): 선조 20~현종 12(1587~1671). 자는 약이(約而), 호는 고산(孤山)・해옹(海翁), 시호는 충헌(忠憲), 본관은 해남(海南), 윤유심(尹惟深)의 아들로 유기(惟幾)에게 입양되었다. 인조 6년(1628) 별시 문과에 장원급제, 벼슬은 예조참의와 동부승지를 지냈다. 정치적으로는 불우하여 20여 년 동안 귀양살이를 했으나 국문학사상 정철(鄭澈)과 쌍벽을 이루는 시인으로 「산중신곡(山中新曲)」 「어부사시사(漁夫四時詞)」 등 유명한 작품이 많이 있다. 저서로 『고산유고(孤山遺稿)』 6권 등이 있다.

윤휴(尹鑴): 광해군 9~숙종 6(1617~1680). 자는 희중(希仲), 호는 백호(白湖)・하헌(夏軒). 본관은 남원, 윤효전(尹孝全)의 아들이다. 초명은 갱(鍞)으로 대학자이며 벼슬은 우찬성에 이르렀고, 송시열과 대립했다. 저서로 『백호전서(白湖全書)』가 있다.

을미신전(乙未新詮): 이헌길(李獻吉)이 영조 을미년(1775)의 홍역을 치료한 처방전을 정리한 『마진기방(痲疹奇方)』을 달리 부른 명칭인 듯하다.

의방활투(醫方活套): 황도연(黃度淵)이 고종 6년(1869)에 편찬 간행한 동약 처방에 관한 의서이다. 1권이다. 총 490개 처방이 들어 있다.

의종금감(醫宗金鑑): 중국 청(淸)나라 건륭 7년(1742) 임금의 명령으로 편찬 간행된 의서로 90권이다. 오겸(吳謙) 등이 주편(主編)했다. 금궤요략주(金匱要略注) 8권, 정정상한론주(訂正傷寒論注) 17권, 산보명의방론(刪補名醫方論) 8권, 사맥요결(四脈要訣) 1권, 운기요결(運氣要訣) 1권, 제과심법요결(諸科心法要訣) 51권, 정골심법요지(正骨心法要旨) 4권 등으로 각기 그림・해설·논의·처방이 있다.

의통(醫通)→한씨의통(韓氏醫通)

의학입문(醫學入門): 중국 명나라 때 이천(李梴)이 편찬하여 1575년에 간행한 종합적인 의서로 『의경소학(醫經小學)』의 기본이 된 책이다.

의학정전(醫學正傳): 중국 명(明)나라 때 우단(虞摶)이 편찬하여 1515년에 간행한 종합적인 의서로 8권이다.

이견지(夷堅志): 중국 송(宋)나라 사람 홍매(洪邁)가 신선과 괴귀에 관한 일을 적은 책으로 원래 420권이었으나 지금은 산일(散佚)되어 50권이다.

이경화(李景華): 인조 7~숙종 32(1629~1706). 의학자로 자는 여하(汝夏), 호는 풍계(楓溪), 본관은 진위, 성천 출신이다. 현종 1년(1660) 생원시에 합격하고 침구와 의술에 뛰어났다. 저서로 『광제비급(廣濟祕笈)』과 『풍계집』이 있다.

이고(李杲): 약 1180~1251. 중국 금(金)나라 때 진정(眞定) 사람. 자는 명지(明之), 자호는 동원노인(東垣老人)이다. 어려서부터 의학을 좋아했으며, 역인(易人) 장원소(張元素)를 따라 그 업을 전수받아 상한(傷寒)·옹저(癰疽)·눈 등의 병에 뛰어났으며, 당시에 신의(神醫)라 불렸다. 저서로 『내외상변혹론(內外傷辨惑論)』『비위론(脾胃論)』『난실비장(蘭室祕藏)』 등이 있다.

이규준(李圭晙): 철종 6(1855)~1923. 자는 숙현(叔玄), 호는 석곡(石谷), 영일 출생. 경사자집(經史子集)에 능통하고 의학(醫學)에 통달해 부양론(扶陽論)을 제창했다. 저서로 『석곡산고(石谷散稿)』(2책)와 『의감중마(醫鑑重磨)』(3책)가 있다.

이기양(李基讓): 영조 20~순조 2(1744~1802). 문신. 자는 사흥(士興), 호는 복암(茯菴), 본관은 광주(廣州), 1795년 정시문과에 급제, 1798년 의주부윤이 되었다. 1801년 예조참판을 지냈고, 신유박해로 단천에 유배되었다가 죽었다. 다산의 「복암묘지명」이 있다.

이덕무(李德懋): 영조 17~정조 17(1741~1793). 자는 무관(懋官), 호는 형암(炯菴)·아정(雅亭)·청장관(靑莊館)·영처(嬰處)·동방일사(東方一士), 본관은 전주, 이성호(李聖浩)의 아들이다. 서출이었기 때문에 크게 등용되지 못하고 정조 3년(1779) 규장각 검서관이 되어 박제가·유득공·이서구 등과 4검서관으로 유명하며, 적성현감(積城縣監)을 지냈다. 저서로 『청장관전서(靑莊館全書)』가 있다.

이명지(李明之): →이고(李杲)

이삼환(李森煥): 영조 11~순조 13(1735~1813). 자는 자목(子木), 호는 목재(木齋), 성호(星湖) 이익(李瀷)의 종손으로 성호의 학문 가운데 예학(禮學)을 이어받아 큰 이름이 있던 학자로서 예산(禮山)에서 살았다.

이수광(李睟光): 명종 18~인조 6(1563~1628). 자는 윤경(潤慶), 호는 지봉(芝峰), 시호는 문간(文簡), 본관은 전주, 이희검(李希儉)의 아들이다. 선조 18년(1585) 문과에 급제, 이조판서를 지냈다. 그의 저술 『지봉유설(芝峰類說)』에서는 우리 나라 최초의 천주교와 서양 문물을 소개함으로써 실학(實學)의 선구자가 되었다. 문집으로 『지봉집』이 있다.

이시진(李時珍): 1518~1593. 중국 명(明)나라 때 학자. 자는 동벽(東璧), 호는 빈호(瀕湖). 박물학과 의학에 조예가 깊어 『본초강목(本草綱目)』이라는 유명한 의서를 남겼는데, 이는 식물을 중심으로 하는

1800여 종 약재의 집해(集解)·변의(辨疑)·정오(正誤)를 강목(綱目)으로 나누어 서술한 책이다. 이 밖에도 『기경팔맥고(奇經八脈考)』 『빈호맥학(瀕湖脈學)』이 있다.

이실(李實): 『두진연원(痘疹淵源)』의 편자로 나와 있으나 미상.

이아주(爾雅注): 『이아』는 13경의 하나인 중국 고대의 자전(字典)인데, 이에 대해 곽박(郭璞)이 주석한 것을 가리킨다.

이언문(李言聞): 중국 명나라 때 의사로 기주(蘄州) 사람. 자는 자욱(子郁), 호는 월지(月池)로 명의 이시진(李時珍)의 아버지이다. 저서에 『사진발명(四診發明)』 『두진증치(痘疹證治)』 등이 있으나 없어졌다.

이정운(李鼎運): 영조 19~정조 24(1743~1800). 익운(益運)의 형. 자는 공저(公著), 호는 오사(五沙), 본관은 연안, 이징대(李徵大)의 아들. 영조 45년(1769) 문과에 급제, 벼슬은 판서에 이르렀으며 남인(南人)의 대가.

이제마(李濟馬): 헌종 4~고종 37(1838~1900). 자는 무평(務平), 호는 동무(東武), 본관은 전주, 함흥 출신으로 처음에는 무관으로 있다가 진해현감을 지냈다. 뛰어난 한의학자로 사상의학(四象醫學)의 이론을 연구해 완성했다. 의학 저술로 『동의수세보원(東醫壽世保元)』과 『격치고(格致藁)』가 있다.

이제방(李齊芳): 미상.

이제현(李齊賢): 충렬왕 13~공민왕 16(1287~1367). 초명은 지공(之公), 자는 중사(仲思), 호는 익재(益齋)·실재(實齋)·역옹(櫟翁), 시호는 문충(文忠), 본관은 경주, 이진(李瑱)의 아들, 백이정(白頤正)의 문인이다. 충렬왕 27년(1301) 성균시에 장원, 이어 문과에 급제, 벼슬은 문하시중(門下侍中)에 올랐다. 당대의 명문장가로 외교문서에 뛰어났고, 정주학의 기초를 확립했다. 『익재난고(益齋亂藁)』에 17수의 고려가요를 한시 7언절구로 번역하여 이것이 오늘날 고려가요 연구의 귀중한 자료가 되고 있다. 저서로 『익재집』 『역옹패설(櫟翁稗說)』 『서정록(西征錄)』 등이 있다.

이종인(李鍾仁): 자는 수보(壽甫), 본관은 완산(完山)으로 포천(抱川)에 살았다. 박제가(朴齊家)로부터 두종법(痘種法)을 전수받아 종두법(種痘法)을 만들었다. 1817년 종두서인 『시종통편(時種通編)』을 저술했다.

이준(李準): 인종 1~인조 2(1545~1624). 자는 평숙(平叔), 호는 뇌진자(懶眞子)·서파(西坡), 시호는 숙헌(肅獻), 본관은 전주, 이유정(李惟貞)의 아들. 선조 1년(1568) 증광문과에 급제, 개성부 유수와 이조판서를 지냈다.

이중식(李重植): 본관은 연안, 이인섭(李寅燮)의 아들로 정재원(丁載遠)의 사위.

이집(李㙫): 현종 5~영조 9(1664~1733). 자는 노천(老泉), 호는 취촌(醉村), 시호는 충헌(忠憲), 본관은 덕수, 이광하(李光夏)의 아들. 숙종 10년(1684) 사마시에 합격하고 숙종 23년(1697) 정시문과에 급제하여 좌의정에 이르렀다. 글씨에 뛰어났다.

이천(李梴): 중국 명나라 강서 남풍(南豐) 사람으로 의사이다. 자는 건재(健齋). 저서로 『의학입문(醫學入門)』이 있다.

이철환(李嘉煥): 경종 2~정조 3(1722~1779). 자는 길보(吉甫), 호는 예헌(例軒), 본관은 여주, 이광휴(李廣休)의 아들이다. 성호 이익에게 수학하여 경전과 제자백가를 두루 섭렵했다. 시와 그림과 글씨에 뛰어났다. 저서로 『물보(物譜)』 『섬사록(剡社錄)』이 각각 1책씩 필사본으로 남아 있다.

이총억(李寵億): 자는 창명(滄溟), 본관은 광주, 이기양(李基讓)의 아들. 다산과 비슷한 연배인 듯하다.

이해수(李海壽): 중종 31~선조 31(1536~1598). 자는 대중(大中), 호는 약포(藥圃)·경재(敬齋), 본관은 전의, 이탁(李鐸)의 아들. 명종 18년(1563) 문과에 급제, 예조참의와 홍문관 부제학을 지냈다. 시와 예서(隷書)에 뛰어났다.

이헌길(李獻吉): 영조 14~정조 8(1738~1784). 자는 몽수(夢叟)·몽수(蒙叟), 본관은 전주, 덕천군(德泉君) 후생(厚生)의 후손, 이기환(李基煥)의 아들로 이철환(李嘉煥) 문하에서 수학, 의학 방면에 정진하여 두진(痘疹) 치료법을 개발했고, 『마진기방(麻疹奇方)』을 저술했다. 1775년 홍역이 크게 유행할 때 서울에서 많은 인명을 구해냈다. 묘는 남양(南陽) 홍법동에 있으며 아들은 이명휘(李命徽)이다.

이후생(李厚生): 태조 6~세조 11(1397~1465) 정종대왕의 제10자. 어머니는 충주 지씨(池氏)로 성빈(誠嬪)이다. 시호는 적덕(積德), 군호는 덕천군(德泉君). 후손에 뛰어난 인물이 많이 나왔다. 묘는 광주(廣州) 서문밖 중대면 거여리에 있었는데, 1974년 공주시 의당면 태사리로 이장했다.

인재직지(仁齋直指): 중국 송(宋)나라 양사영(楊士瀛)이 편찬 저술한 의서로 79편 26권이다. 부록으로 상한유서활인총괄(傷寒類書活人總括) 7권이 있다.

임서봉(任瑞鳳): 조선 후기 소아과 의원으로 『임신진역방(壬申疹疫方)』을 저술했다. 영조 28년(1752) 홍역이 유행한 것을 실증적으로 관찰 기록했다. 이것이 『마과회통』에 인용되어 있다.

임신진역방(壬申疹疫方): 영조 28년(1752)에 홍역이 전국적으로 크게 유행했는데, 이 유행병의 증상을 임서봉(任瑞鳳)이 실증적으로 관찰하고 치료법을 기록한 방문인 듯하나 현재 남아 있지 않다.

임증지남의안(臨證指南醫案): 중국 청(淸)나라 때 의사인 엽계(葉桂)가 저술한 『허학사본사방주(許學士本事方注)』를 가지고 그 문인이 경험방을 뽑아 편집한 의서이다.

입문서(入門書)→의학입문(醫學入門)

ㅈ

장개빈(張介賓): 1552~1639. 중국 명(明)나라 절강 산음(山陰) 사람. 자는 회경(會卿), 호는 경악(景岳)이다. 13세에 아버지를 따라 북경에 이르러 김몽석(金夢石)에게 의술을 전수받았는데 원기를 북돋움을 위주로 삼았다. 숙지황(熟地黃)을 즐겨 써서 사람들이 '장숙지'라고 불렸다. 저서로 『마진전(麻疹詮)』 『유경(類經)』과 고방팔진(古方八陣) 신방팔진(新方八陣) 등이 있다. 만년에 『경악전서(景岳全書)』에 편집되었다.

장결고(張潔古)→장원소(張元素)

장기(張機): 중국 동한(東漢) 시대 남양(南陽) 사람. 자는 중경(仲景)으로 장백조(張伯祖)에게 의학을 배워 모두 전수받고 영제 때 효렴과에 천거되어 벼슬은 장사태수(長沙太守)에 이르렀다. 『상한론(傷寒論)』을 저술하자 화타(華陀)가 읽고 좋아서, 이는 참으로 사람을 살리는 책이라 했다. 이 밖에도 저서로 『금궤요략(金匱要略)』 3권이 있는데, 한(漢)·위(魏)로부터 오늘날까지 의술을 익히는 자가 지극한 보배로 받들고, 의사 가운데 아성(亞聖)이라고

『마과회통』 인명·서명 해설 591

추켜세운다.

장세남(張世南): 중국 송(宋)나라 파양(鄱陽) 사람. 자는 광숙(光叔)으로 일찍이 영복(永福)에서 관리를 지냈다. 저서로 『유환기문(遊宦紀聞)』이 있다.

장양신(蔣良臣): 중국 청(淸)나라 때 의사. 자는 양공(亮工), 금릉(金陵) 사람이다. 『종두선방(種痘仙方)』 3책을 보완 정리하고 종두의 여러 가지 방법을 자세히 실어 1732년에 간행했다.

장원소(張元素): 중국 금(金)나라 때 역주(易州) 사람. 자는 결고(潔古)로 진사에 급제하고 떠나 의학을 배워 의술에 정통했다. 이시진(李時珍)은 『영추(靈樞)』『소문(素問)』이후 제일인자가 된다고 했다. 저서로 『의학계원(醫學啓源)』『약주리경(藥注離經)』『병기기의보명집(病機氣宜保命集)』『반론(斑論)』 등이 있다.

장자(莊子): 중국 전국(戰國) 시대의 사상가 장자(莊子: 이름은 周)가 지은 책으로 『노자』와 더불어 도가(道家)의 대표적인 저술이다. 내편 7권, 외편 15권, 잡편 11권으로 되어 있다. 내편은 장자의 근본 사상을 기술했고, 외편·잡편은 내편의 뜻을 부연 설명했다. 일설에는 그의 문하생의 위작(僞作)이라고도 한다.

장중경(張仲景)→장기(張機)

적량(翟良): 중국 명(明)나라 익도(益都) 사람. 자는 옥화(玉華)로, 방서(方書)를 전심전력하여 모두 파헤치고 인명을 살려낸 것이 수없이 많았다. 저서로 『맥결휘편(脈訣彙編)』『경락휘편(經絡彙編)』『약성대답(藥性對答)』『본초고방강의(本草古方講意)』『두과유편(痘科類編)』 등이 있다.

적수현주(赤水玄珠): 중국 명(明)나라 때 의사 손일규(孫一奎)가 편찬 저술했다. 모두 30권으로 70문(門)으로 나누고 매 문을 또 조목을 나누어 분석 서술했다.

전겸(錢謙)→오겸(吳謙)

전유심감(全幼心鑑): 소아과 의서로 4권이다. 중국 명나라 구평(寇平)이 편찬하고 1468년에 간행했다.

전을(錢乙): 약 1032~1113. 중국 북송(北宋) 때의 저명한 소아과 의학자. 산동 동평(東平) 사람. 자는 중양(仲陽). 어릴 때 고아가 되어 고모가 거두어 길렀다. 자라서 고모의 아버지 여씨(呂氏)에게 의술을 배우고 각고 노력하여 소아과 의사가 되어 산동 일대에 이름났다. 원풍 연간에 공주와 황자의 병을 치료했다. 1114년경에 『소아약증직결(小兒藥證直訣)』을 편찬 완성하여 소아과 의학을 발전시켰다.

전중양(錢仲陽)→전을(錢乙)

정망이(鄭望頤): 미상. 『종두방(種痘方)』을 편찬했다 한다.

정신봉(程晨峰): 미상. 『두진방(痘疹方)』이 있다고 나온다.

정협(鄭協): 명종 10~광해군 3(1561~1611). 자는 화백(和伯), 호는 한천(寒泉), 본관은 동래, 정언신(鄭彦信)의 아들. 선조 18년(1585) 진사시에 장원으로 합격하고 선조 21(1588) 문과에 급제하여 이조판서에 이르렀다.

정형(程迥): 중국 송(宋)나라 영릉(寧陵) 사람. 자는 가구(可久). 진사에 급제하여 태흥(泰興)·덕흥(德興)·진현(進賢) 등의 수령을 지냈는데, 정사는 너그럽고 명령은 간단하여 이르는 곳마다 특이한 치적이 있었으며 조봉랑(朝奉郎)으로 죽었다. 학자들이 사수선생(沙隨先生)이라 일컬었으며 저서로 『고역고(古易考)』『고점법(古占法)』『고역장구(古易章句)』『역전외편(易傳外編)』

『순희잡지(淳熙雜志)』 『의경정본서(醫經正本書)』『남재소집(南齋小集)』 등이 있다.

제중신편(濟衆新編): 강명길(康命吉)이 정조 23년(1799)에 임상 치료 편람식으로 편찬 출판한 의서로 모두 8권이다. 1965년에 북한 의학출판사에서 번역 출판했다.

조광조(趙光祖): 성종 13~중종 14(1482~1519). 자는 효직(孝直), 호는 정암(靜菴), 본관은 한양(漢陽). 1515년 알성문과에 급제, 대사헌(大司憲)에 이르렀다. 희천(熙川)에 유배 중인 김굉필에게 수학하여 김종직의 학통을 이은 사림파(士林派)의 영수가 되고, 1519년 대사헌이 되어 훈구파를 외직으로 몰아내는 한편 급진적인 개혁정치를 폈다.

조맹부(趙孟頫): 1254~1322. 중국 원(元)나라 때 호주(湖州) 사람. 자는 자앙(子昻), 호는 송설도인(松雪道人)으로 벼슬은 한림학사승지(翰林學士承旨)에 이르렀으며, 죽은 뒤에 위국공(魏國公)에 봉해졌고 시호는 문민(文敏)이다. 저서로『송설재집(松雪齋集)』『상서주(尙書注)』『금원(琴原)』『악원(樂原)』이 있다. 시문에도 뛰어났고, 글씨도 고금에 뛰어났으며, 그림도 산수・목석・화죽(花竹)・인마(人馬)가 더욱 정치(精緻)했다. 아내 관씨(管氏)도 서화로 유명하다.

조야첨재(朝野僉載): 중국 당(唐)나라 장작(張鷟)이 편찬 저술한 책으로 6권이다. 그러나 장작이 죽은 뒤의 사실이 기록되어 있는데 이는 후세 사람이 보충한 듯싶다.

조엽(趙燁): 미상. 호는 희재(熙齋) 평원(平原) 사람으로『두진의안(痘疹醫按)』을 편찬했다고 나온다.

조정준(趙廷俊): 조선 영조 때 명의로 자는 중경(重慶), 본관은 횡성으로 영조 4년(1728) 동궁의 병을 진맥했다. 소아과 저서로『급유방(及幼方)』이 있다.

조진(趙溍): 중국 송(宋)나라 형산(衡山) 사람. 자는 원진(元晉), 호는 빙호(冰壺). 함순 연간에 건녕지부(建寧知府)를 지냈다. 저서로『양아만필(養痾漫筆)』이 있는데, 송나라 때 쇄사(瑣事)를 섞어 기록했다.

조진미(趙進美): 중국 청(淸)나라 때 익도(益都) 사람. 자는 억숙(嶷叔)・온퇴(韞退). 명나라 숭정 때 진사에 급제, 청나라에 들어 복건안찰사(福建按察使)를 지냈다. 저서로『청지각집(清止閣集)』이 있다.

조헌영(趙憲泳): 1900~1988. 동의학박사로 시인 조지훈의 아버지. 본관은 한양, 경북 영양 출신. 일찍이『통속한의학원론』을 저술하고, 1950년 북한으로 가서 동의학 발전에 크게 공헌했다.『의방유취』『동의보감』 등을 번역 출판하는 데 크게 기여하고『동의처방학』『동의용어사전』 등을 집필했다. 북한에서 1965년 동의학박사 학위를 받았다.

주굉(朱肱): 중국 송(宋)나라 의학자로 오정(烏程) 사람. 자는 익중(翼中), 호는 무구자(無求子)로 의술에 능통했으며 상한(傷寒)에 더욱 정통했다. 휘종 때 의학박사를 제수받았다. 1118년『상한백문(傷寒百問)』을 다시 교정(校正)을 하고 아울러 방문을 붙여『남양활인서(南陽活人書)』 20권을 간행했다.

주권(朱權): 1378~1448. 중국 명(明)나라 홍무제의 제17자로 영헌왕(寧獻王)에 봉해졌다. 자호는 구선(臞仙)으로 시문과 경사・의약에 통달했으며 단구선생(丹丘先生)・현주도인(玄洲道人)・함허자(涵虛子)

라고도 했다. 저서로 『한당비사(漢唐秘史)』 『신기비보(神奇秘譜)』 등이 있고, 의학 저술로 『구선활인심법(臞仙活人心法)』 『수역신방(壽域神方)』 『건곤생의비온(乾坤生意秘蘊)』이 있다.

주지임(朱之黯): 미상. 자는 장유(長孺). 『진과치법강(疹科治法綱)』을 편찬했다 한다.

주진형(朱震亨): 1281~1358. 중국 원(元)나라 때 의오(義烏) 사람. 자는 언수(彦修), 호는 단계(丹溪)로 허겸(許謙)에게 사사(師事)하여 큰 제자가 되었다. 의학에 더욱 정통했다. 저서로 『국방발휘(局方發揮)』 『금궤구원(金匱鉤元)』 『격치여론(格致餘論)』 『단계심법(丹溪心法)』 등이 있다. 장개빈(張介賓) 등이 그의 의설을 공격했다.

지봉유설(芝峰類說): 지봉(芝峯) 이수광(李睟光)이 1613년 저술한 책으로 고서(古書)·고문(古聞)·고실(故實)·기사(奇事)·일문(逸聞) 등 3,400항목을 25부문에 나누어 설명하고 있다. 20권 10책이다.

진문중(陳文中): 중국 송(宋)나라 숙주(宿州) 사람. 자는 문수(文秀)이며 의술에 정통했고 소아의 두진(痘疹) 치료에 더욱 정밀했다. 벼슬은 한림양의(翰林良醫)를 지냈으며 정혜경(鄭惠卿)과 같이 『유유신서(幼幼新書)』를 편찬했다. 저서로 『소아두진방론(小兒痘疹方論)』이 있다.

진전(疹詮) → 마진전(痲疹詮)

ㅊ

채유번(蔡維藩): 중국 명(明)나라 때 강서성 우이(盱眙) 사람. 소아과에 뛰어났으며, 저서로 『두진방론(痘疹方論)』 『두진집람(痘疹集覽)』이 있다.

천금요방(千金要方) → 비급천금요방(備急千金要方)

추연(鄒衍): 추(騶)라고도 한다. 중국 전국 시대(戰國時代) 제(齊)나라 임치(臨淄) 사람. 맹자(孟子)의 후손으로 태어났다. 성쇠(盛衰)를 논(論)하는 학술 연구로 참위(讖緯) 사상의 원조가 되었다. 저술로 『종시(終始)』 『대경(大經)』 『주운(主運)』 등이 있다.

춘추좌씨전(春秋左氏傳): 『춘추』의 해석서로서 노(魯)나라의 좌구명(左丘明)의 저술이라고 전한다. 춘추 삼전의 하나다.

치진대법(治疹大法): 중국 명나라 때 의사 섭상항(聶尙恒)이 홍역 치료법에 관해 저술한 의서이다.

ㅌ

탕형(湯衡): 중국 남송(南宋) 때 동양(東陽) 사람으로 의사이다. 조부의 이름이 민망(民望)이다. 소아과에 정통했다. 집안에 전승된 경험을 정리하여 『박제영해보서(博濟嬰孩寶書)』(20권)를 편찬했다.

ㅍ

풍씨금낭비록(馮氏錦囊秘錄): 『풍씨금낭』이라고도 하는데, 풍조장(馮兆張)이 1702년에 편찬했다. 모두 50권으로 내용이 풍부한 종합의서이다.

풍조장(馮兆張): 중국 청(淸)나라 의사. 자는 초첨(楚瞻)으로 해염(海鹽) 사람. 오랫동안 의술을 직업으로 삼아 의술이 정밀하고 소아과에 뛰어났다. 30년에 걸쳐 『풍씨금낭비록(馮氏錦囊秘錄)』을 편찬했다.

ㅎ

한무(韓懋): 중국 명(明)나라 노주(瀘州)

사람. 호는 비하도인(飛霞道人)으로 아미산(峨嵋山)의 의사를 찾아갔다. 양신(楊愼)이 진은(眞隱)이라 일컬었으며, 1522년 편찬 저술한 『한씨의통(韓氏醫通)』 2권이 있다.

한광부(韓光傳): 경종 3(1723)~? 자는 경선(景善), 본관은 청주(淸州). 영조 40년(1763) 대증광별시에 급제하였다. 예안현감(禮安縣監)을 지냈는데 다산의 아버지와는 관포지우(管鮑之友)로 지냈으며 효행(孝行)으로 이름났다.

한씨의통(韓氏醫通): 중국 명(明)나라 때 사람 한무(韓懋)가 1522년 편찬 저술한 종합적인 의서로 모두 상·하 2권이다.

허신(許愼): 약 58~약 147. 중국 동한(東漢) 소릉(召陵) 사람. 자는 숙중(叔重). 벼슬은 태위(太尉)와 남각좨주(南閣祭酒)에 이르렀다. 『설문해자(說文解字)』 14편을 저작했다.

허의후(許儀後): 중국 명(明)나라 객상(客商)으로 1571년 일본에 포로로 잡혀 살마주(薩摩州) 태수에게 있다가 임진왜란이 있을 것을 미균왕(米均旺)을 보내 중국에 알렸다. 그 기록은 『난중잡록(亂中雜錄)』에 실려 있다.

허자옹(許子翁): 조선 영정조 때 사람으로 이름은 복(澓), 허적(許積)의 후손으로 본관은 양천이다. 다산이 1796년 충주로 돌아가는 허복에게 송별시를 써주었다.

허준(許浚): 명종 1~광해군 7(1546~1615). 자는 청원(淸源), 호는 구암(龜巖), 본관은 양천이다. 선조 때 내의(內醫)가 되고 선조 25년(1592) 임진왜란이 일어나자 어의로 왕을 호종, 호성공신 3등이 되고, 1606년 양평군(陽平君)에 봉해졌다. 광해군 2년(1610) 세계적 명저인 『동의보감(東醫寶鑑)』 25권을 완성했다.

홍준(洪遵): 1120~1174. 중국 남송 때 의사로 파양(鄱陽) 사람. 자는 경엄(景嚴). 한림학사를 지내고 『홍씨집험방(洪氏集驗方)』 6권을 저술했다.

활유심법(活幼心法): 중국 명나라 의사 섭상항이 편찬한 소아과 의서로 1616년 간행되었다. 9권으로 『활유심법대전(活幼心法大全)』으로도 불린다. 『마과회통』에는 맹하(孟河)의 저술로 나온다.

황광회(黃光會): 미상. 자는 외암(畏巖)으로 『보적제이서(保赤第二書)』를 편찬했다 한다.

황렴(黃廉): 미상. 호는 동벽산인(銅壁山人)으로 서구(西丘) 사람이라고 하고 『두진전서(痘疹全書)』가 있다고 한다.

황보중(皇甫中): 중국 명나라 때 항주(杭州) 사람으로 자는 운주(雲洲). 3대가 의사 집안이었다. 옛날 의서를 참조하여 널리 고방(古方)을 채집하고 송·원·명대의 명가의 학설을 인용하고 변통하여 『명의지장(明醫指掌)』(10권)을 편찬했다. 따로 『상한지장(傷寒指掌)』이라는 책이 있으나 이미 없어졌다.

황제(黃帝): 중국 고대 전설적인 제왕의 이름. 성은 공손씨(公孫氏)로 헌원(軒轅)의 언덕에서 태어났으므로 헌원씨라고도 한다. 유웅씨(有熊氏)로도 부른다. 탁록(涿鹿)의 들에서 포악한 치우(蚩尤)를 잡아 죽였다. 재위 100년.

황제내경(黃帝內經): 중국 의학서로서는 가장 오래된 것으로 소문(素問)과 영추(靈樞) 2종으로 나뉘어 있다. 소문은 24권으로 황제와 기백(岐伯)이 서로 문답한 말이며, 영추는 12권으로 주로 침구(鍼灸)에 대해 자세히 설명했다. 실제로는 진·한(秦漢) 시대에 기록된 것이라 한다. '내경'

'황제소문' 등으로 불린다.

회남자(淮南子): 중국 한(漢)나라 때 회남왕 유안(劉安)이 저술한 책으로, 그 주지(主旨)는 노자(老子) 사상에 바탕을 두고 치란(治亂)·흥망(興亡)·길흉화복과 세상의 기괴한 일들을 다루었다. 모두 21권.

『마과회통』 처방 약재 해설

ㄱ

가시연밥→검실(芡實)
가위톱→백렴(白歛)
가자(訶子): 사군자과에 속하는 가자나무와 털가자나무의 익은 열매를 말린 것이다. 맛은 쓰고 시고 떫으며 성질은 따뜻하다.
가자육(訶子肉): 가자나무 열매의 속살.
가죽나무뿌리껍질→저근백피(樗根白皮).
간(干)→생강.
갈근(葛根): 칡뿌리. 칡의 뿌리를 말린 것이다. 맛은 달고 성질은 서늘하다.
갈매열매→우리자(牛李子).
갈뿌리→노근(蘆根).
감국(甘菊): 단국화. 단국화의 꽃을 말린 것이다. 맛은 달고 성질은 평하다.
감국화(甘菊花)→단국화.
감초(甘草): 콩과에 속하는 여러해살이풀인 감초 또는 곧은감초의 뿌리를 말린 것이다. 맛은 달고 성질은 평하다.
감초절(甘草節)→감초.
강(薑)→생강.
강잠(殭蠶)→백강잠(白殭蠶).
강호리→강활(羌活).
강활(羌活): 강호리. 미나리과에 속하는 여러해살이풀인 강호리의 뿌리를 말린 것이다. 맛은 쓰고 매우며 성질은 약간 따뜻하다.
개구리밥→부평(浮萍).
개미취→자원(紫菀).

개자(芥子): 겨자, 계자, 배추과에 속하는 두해살이풀인 겨자·갓·백겨자·흑겨자의 여문 씨를 말린 것이다. 맛은 맵고 성질은 따뜻하다.
갱미(粳米): 멥쌀.
갱미분(粳米粉): 멥쌀가루.
건갈(乾葛)→말린 칡뿌리.
건강(乾姜): 생강과에 속하는 여러해살이풀인 생강의 뿌리줄기를 말린 것이다. 맛은 맵고 성질은 따뜻하다. 건강(乾薑).
건섬(乾蟾): 마른두꺼비. 두꺼비과에 속한 두꺼비를 말린 것이다. 맛은 맵고 성질은 차며 독이 있다.
건칠(乾漆): 마른옷. 옻나무과에 속하는 옻나무의 진을 말린 것이다. 맛은 맵고 성질은 따뜻하며 독이 있다.
건홍조(乾紅棗): 대추. 갈매나무과에 속하는 잎지는 키나무인 대추나무의 익은 열매를 말린 것이다. 맛은 달고 성질은 평하다.
검실(芡實): 가시연밥. 수련과에 속하는 가시연꽃의 씨를 말린 것이다. 맛은 달고 성질은 평하다.
검정콩→흑대두(黑大豆).
견우(牽牛): 견우자. 나팔꽃씨. 메꽃과에 속하는 한해살이풀인 나팔꽃의 여문씨를 말린 것이다. 맛은 쓰고 성질은 차다.
견우말(牽牛末): 나팔꽃씨의 가루.
견우자(牽牛子)→견우.
경분(輕粉): 수은가루. 수은을 원료로 하여 만든 수은화합물이다. 맛은 맵고 성질은 차며 독이 있다.
　계두자(鷄頭子)→검실(芡實)
　계부활석(桂府滑石): 미상.
　계심(桂心): 계피의 겉껍질을 깎아버린 것이다.
　계지(桂枝): 계피나무가지. 녹나무과에 속하는 상록수인 계피나무의 어린 가지를 말린 것이다. 맛은 맵고 달며 성질은 따뜻하다.
　계피→육계(肉桂).
　계피나무가지→계지(桂枝).
　고금(枯芩): 속썩은풀. 꿀풀과에 속하는 여러해살이풀인 속썩은풀의 뿌리를 말린 것이다. 맛은 쓰고 성질은 차다.
　고련근(苦楝根): 멀구슬나무 뿌리.
　고련근백피(苦楝根白皮): 멀구슬나무 뿌리 흰껍질. 참죽나무과에 속하는 잎지는 멀구슬나무의 뿌리 또는 줄기껍질을 말린 것이다. 맛은 쓰고 성질은 차며 독이 있다.
　고련근피(苦楝根皮): 멀구슬나무 뿌리껍질.
　고백반(枯白礬): 구운백반. 백반을 100～160℃에서 가열하여 결정수를 날려보낸 것이다.
　고본(藁本): 미나리과에 속하는 여러해살이풀인 고본의 뿌리를 말린 것이다. 맛은 맵고 쓰며 성질은 따뜻하다.
　고삼(苦蔘): 너삼. 콩과에 속하는 여러해살이풀인 너삼의 뿌리를 말린 것이다. 맛은 쓰고 성질은 차다.
　고수→호수(胡荽).
　고위까람→곡정초(穀精草).
　고황금(枯黃芩): 속썩은풀 뿌리를 말린 것이다.
　곡정초(穀精草): 고위까람. 고위까람과에 속하는 한해살이풀인 고위까람의 꽃차례를 말린 것이다. 맛은 달고 성질은 평하다.
　골풀속살→등심(燈心).
　곱돌→활석(滑石).
　곱돌가루→활석말(滑石末).
　과루근(瓜蔞根): 하늘타리뿌리. 박과에 속하는 여러해살이 덩굴풀인 하늘타리의 뿌리를 말린 것이다. 맛은 쓰고 성질은 차다.
　과루인(瓜蔞仁): 하늘타리씨. 하늘타리의 여문 씨를 말린 것이다. 맛은 달고 쓰며 성질은 차다.
　곽향(藿香): 꿀풀과에 속하는 방아풀 곧 배초향과 광곽향의 옹근풀을 말린 것이다. 맛은 맵고 성질은 약간 따뜻하다.
　곽향엽(藿香葉): 방아풀 말린 잎새.
　관계(官桂): 육계(肉桂). 녹나무과에 속하는 사철 푸른 키나무인 육계나무 곧 계수나무의 껍질을 말린 것이다. 맛은 맵고 성질은 따뜻하다.
　관동화(款冬花): 국화과에 속하는 여러해살이풀인 관동의 꽃봉오리를 말린 것이다. 맛은 맵고 달며 성질은 따뜻하다.
　관음류(觀音柳): 능수버들. 버들과에 속하는 낙엽활엽교목.
　관중(貫衆): 면마(綿馬). 범고비의 뿌리 줄기를 잎 꼭지 밑부분과 함께 말린 것이다. 맛은 쓰고 성질은 약간 차다.
　괄루(栝蔞): 하늘타리. 열매. 박과에 속하는 여러해살이 덩굴풀인 하늘타리의 익은 열매를 말린 것이다. 맛은 달고 쓰며 성질은 차다.
　괄루인(栝蔞仁): 하늘타리씨. 하늘타리의 여문 씨를 말린 것이다. 맛은 달고 쓰며 성질은 차다.

괴자(槐子): 홰나무 열매. 홰나무의 익은 열매를 말린 것이다. 맛은 쓰고 시며 성질은 차다.
구기(枸杞)→구기자.
구기뿌리껍질→지골피(地骨皮).
구기자(枸杞子): 가지과에 속하는 여러해살이 떨기나무인 구기자나무의 익은 열매를 말린 것이다. 맛은 달고 성질은 약간 차다.
구릿대→백지(白芷).
구맥(瞿麥): 패랭이꽃. 패랭이꽃과에 속하는 여러해살이풀인 패랭이꽃과 술패랭이꽃의 옹근풀을 말린 것이다. 맛은 맵고 쓰며 성질은 차다.
구운백반→고백반(枯白礬).
굴조개껍데기→모려(牡蠣).
궁궁이→천궁(川芎).
귀전우(鬼箭羽): 화살나무껍질. 화살나무과에 속하는 잎지는 떨기나무인 화살나무의 가지에 붙은 코르크이다. 맛은 쓰고 성질은 차다.
귤껍질→귤피(橘皮)·귤홍(橘紅).
귤껍질→진피(陳皮).
귤피(橘皮): 귤껍질. 산초과에 속하는 사철푸른 작은키나무인 귤나무의 익은 매 껍질을 말린 것이다. 맛은 쓰고 매우며 성질은 따뜻하다.
귤홍(橘紅): 귤껍질 안쪽 면의 흰 부분만 긁은 것이다.
금쇄시(金鎖匙): 쥐방울과에 딸린 식물의 뿌리. 성질이 차다. 동약 처방의 하나로 목안이 붓고 아픈 데 쓴다.
금은화(金銀花): 인동화. 인동과에 속하는 사철푸른 떨기나무인 인동덩굴의 꽃을 말린 것이다. 맛은 달고 성질은 차다.
길경(桔梗): 도라지. 도라지과에 속하는 여러해살이풀인 도라지의 뿌리를 말린 것이다. 맛은 맵고 쓰며 성질은 평하다.
길짱구→차전자(車前子).
까치콩→백편두(白扁豆).
꽃다지씨→정력자(葶藶子).
꿀→석밀(石蜜).
끼무릇→반하(半夏).

ㄴ

나리→백합(百合).
나미(糯米): 찹쌀.
나복자(蘿菔子): 무우씨. 배춧과에 속하는 무우의 여문씨를 말린 것이다. 맛은 맵고 성질은 따뜻하다.
나팔꽃씨→흑축(黑丑).
남성(南星): 천남성(天南星). 천남성과에 속하는 여러해살이풀인 천남성과 같은 속 식물의 덩이줄기를 말린 것이다. 맛은 쓰고 매우며 성질은 따뜻하다.
남엽(藍葉): 쪽잎. 쪽의 잎을 말린 것이다. 맛은 쓰고 짜며 성질은 차다.
납가새열매→백질려(白蒺藜).
내복자(萊菔子): 무우씨.
너삼→고삼(苦蔘).
노근(蘆根): 갈뿌리. 벼과에 속하는 여러해살이풀인 갈의 뿌리를 말린 것이다. 맛은 달고 성질은 차다.
노사과(老絲瓜): 늙은 수세미오이. 천락사(天絡絲). 박과에 속하는 한해살이풀인 수세미오이의 열매를 말린 것이다. 맛은 달고 성질은 서늘하다.
노회(蘆薈): 나리과의 노회. 알로에와 알로에속 식물의 진을 졸여 말린 것이다. 맛은 쓰고 성질은 차다.
녹두(菉豆): 콩과에 속하는 녹두의 여문씨를 말린 것이다. 맛은 달고 성질은 차다.

녹승마(綠升麻): 푸른 승마. 승마(升麻).

뇌사(腦麝)→용뇌(龍腦).

뇌환(雷丸): 구멍버섯과에 속하는 뇌환균의 균핵을 말린 것이다. 맛은 쓰고 짜며 성질은 차다.

누로(漏蘆): 뻐꾹채. 국화과에 속하는 여러해살이풀인 뻐꾹채의 뿌리를 말린 것이다. 맛은 쓰고 짜며 성질은 차다.

능수버들→관음류(觀音柳).

능아(䅟莪): 쑥.

ㄷ

다엽(茶葉): 찻잎. 차나무과에 속하는 사철푸른 떨기나무인 차나무의 잎을 가공한 것이다. 맛은 쓰고 달며 성질은 서늘하다.

단국화→감국(甘菊).

단너삼→황기(黃芪).

단사→주사(朱砂).

단삼(丹蔘): 꿀풀과에 속하는 여러해살이풀인 단삼의 뿌리를 말린 것이다. 맛은 쓰고 성질은 약간 차다.

담두시(淡豆豉): 약전국. 콩과에 속하는 콩의 여문씨를 보조재료와 함께 발효시켜 말린 것이다. 맛은 쓰고 짜며 성질은 차다.

담성(膽星): 우담남성. 천남성의 가공품.

당귀(當歸): 미나리과에 속하는 여러해살이풀인 당귀의 뿌리를 말린 것이다. 맛은 달고 매우며 성질은 따뜻하다.

당귀두(當歸頭): 당귀의 윗부분 곧 대가리 부분만 잘라낸 것이다.

당귀미(當歸尾): 당귀의 꼬리 부분만 잘라낸 것이다.

당귀신(當歸身): 당귀의 윗부분과 꼬리 부분을 잘라버린 나머지 부분이다.

당귀초(當歸梢): 당귀의 우듬지 부분.

대극(大戟): 버들옻. 버들옻과에 속한 여러해살이풀인 뱀무와 큰뱀무의 옹근풀을 말린 것이다. 맛은 맵고 성질은 따뜻하다.

대나물뿌리→은시호(銀柴胡).

대력자(大力子): 우엉씨. 우방자. 국화과에 속하는 여러해살이풀인 우엉의 여문씨를 말린 것이다. 맛은 맵고 성질은 평하다.

대복피(大腹皮): 빈랑껍질. 종려과에 속하는 키나무인 빈랑의 익은 열매껍질을 말린 것이다. 맛은 맵고 성질은 약간 따뜻하다.

대청(大靑): 대청잎. 배추과에 속하는 두해살이풀인 대청의 잎을 말린 것이다. 맛은 쓰고 성질은 차다.

대청엽(大靑葉): 대청잎. 대청.

대청잎→대청(大靑).

대추→조(棗).

대추→홍조(紅棗).

대황(大黃): 여뀌과에 속하는 여러해살이풀인 대황의 뿌리와 뿌리줄기를 말린 것이다. 맛은 쓰고 성질은 몹시 차다.

더덕→사삼(沙蔘).

도꼬마리 잎새: 창이엽(蒼耳葉). 국화과에 속하는 한해살이풀인 도꼬마리의 잎새를 말린 것이다.

도라지→길경(桔梗).

독활(獨活): 따두릅. 오가피나무과의 여러해살이풀인 따두릅의 뿌리를 말린 것이다. 맛은 쓰고 달며 성질은 평하다.

동록(銅綠): 동청(銅靑). 구리그릇에 생긴 녹을 긁어 모은 것이다. 맛은 시고 성질은 평하며 독이 좀 있다.

동청(銅靑)→동록(銅綠).
두꺼비진: 하파(蝦蚆). 섬소(蟾酥). 두꺼비과에 속하는 두꺼비나 작은두꺼비의 진을 진을 말린 것이다. 맛은 맵고 성질은 차며 독성이 세다.
두시(豆豉): 약전국. 콩과에 속하는 콩의 여문씨를 보조재료와 함께 발효시켜 말린 것이다. 맛은 쓰고 짜며 성질은 차다.(=담두시)
들맨드라미씨→청상자(靑葙子).
등심(燈心): 골풀속살. 등심초. 골풀과에 속하는 여러해살이풀인 골풀의 줄기속살을 말린 것이다 맛은 달고 성질은 차다.
따두릅→독활(獨活).
띠꽃→모화(茅花).
띠뿌리→백모근(白茅根).
띠뿌리→모근(茅根).

ㅁ

마→산약(山藥).
마도령(馬兜鈴): 방울풀열매. 방울풀과에 속하는 방울풀 곧 쥐방울의 익은 열매를 말린 것이다. 맛은 쓰고 성질은 차다.
마디풀→편축(萹蓄).
마른두꺼비→건섬(乾蟾).
마른옻→건칠(乾漆).
마명퇴(馬鳴退): 잠세(蠶蛻). 누에가 벗은 허물.
마치현(馬齒莧): 쇠비름. 쇠비름과에 속하는 한해살이풀인 쇠비름의 옹근풀을 말린 것이다. 맛은 시고 성질은 차다.
마황(麻黃): 마황과에 속하는 풀 모양의 작은 나무인 풀마황·쇠뜨기마황·중마황의 옹근풀을 말린 것이다. 맛은 맵고 쓰며 성질은 따뜻하다.
만형자(蔓荊子): 순비기나무 열매. 말초리풀과에 속하는 잎지는 작은 떨기나무인 순비기나무의 열매를 말린 것이다. 맛은 쓰고 매우며 성질은 약간 차다.
말린 칡뿌리→갈근(葛根).
망강남자(望江南子)→석결명(石決明).
망초(芒硝): 박초(朴硝). 천연 황산나트륨 광석을 정제한 것이다. 맛은 짜고 성질은 몹시 차다.
매미허물→선각(蟬殼).
매자기→삼릉(三稜).
맥동(麥冬)→맥문동(麥門冬).
맥문동(麥門冬): 나리과에 속한 여러해살이풀인 맥문동과 좁은잎 맥문동의 덩이뿌리를 말린 것이다. 맛은 달고 약간 쓰며 성질은 약간 차다.
맥아(麥牙): 보리길금. 벼과에 속하는 보리의 여문씨를 싹을 틔워 말린 것이다. 맛은 달고 짜며 성질은 따뜻하다.
멀구슬나무뿌리→고련근(苦楝根)·고련근백피(苦楝根白皮).
멀구슬나무뿌리껍질→고련근피(苦楝根皮).
멀구슬나무열매→천련자(川楝子).
메대추씨→조인(棗仁).
메함박꽃뿌리→작약(芍藥).
면마(綿馬)→관중(貫衆).
면황기(綿黃耆): 황기(黃芪)의 처방명.
명반(明礬): 백반. 명반석을 정제하여 만든 것이다. 맛은 시고 떫으며 성질은 차다.
명웅황(明雄黃): 웅황의 처방명.
모과(木瓜): 배나무과에 속하는 명자나무와 모과나무의 익은 열매를 말린 것이다. 맛은 시고 성질은 따뜻하다.
모근(茅根): 띠뿌리. 벼과에 속하는 여러해살이풀인 띠의 뿌리줄기를 말린 것이다. 맛은 달고 성질은 차다.

모란뿌리껍질→모란피(牡丹皮).

모란피(牡丹皮): 모란뿌리껍질. 모란과에 속하는 모란의 뿌리껍질을 말린 것이다 맛은 맵고 쓰며 성질은 차다.

모려(牡蠣): 굴조개껍데기. 굴조개과에 속하는 참굴·민어굴 및 같은 속에 속하는 굴조개류의 조가비이다. 맛은 짜고 성질은 평하다.

모화(茅花): 띠꽃. 벼과에 속하는 여러해살이풀인 띠의 꽃이삭을 말린 것이다. 맛은 달고 성질은 따뜻하다.

모황우분첨(牡黃牛糞尖): 누런 수황소의 쇠똥 끝부분을 약제로 거두어 쓴다.

목적(木賊): 속새. 속새과에 속하는 사철푸른 여러해살이풀인 속새의 옹근풀을 말린 것이다. 맛은 약간 쓰고 성질은 평하다.

목적초(目賊草): 속새. 속새과에 속하는 사철푸른 여러해살이풀인 속새의 옹근풀을 말린 것이다. 맛은 약간 쓰고 성질은 평하다.

목통(木通): 으름덩굴줄기. 으름덩굴과에 속하는 덩굴나무인 으름덩굴의 줄기를 말린 것이다. 맛은 맵고 달며 성질은 평하다.(약간 차다고도 한다.)

목향(木香): 국화과에 속하는 여러해살이풀인 목향의 뿌리를 말린 것이다. 맛은 맵고 쓰며 성질은 따뜻하다.

몰약(沒藥): 감람과에 속하는 몰약나무와 몰약나무속 식물의 진을 말린 것이다. 맛은 쓰고 성질은 평하다.

무우씨→나복자(蘿葍子)·내복자(萊菔子).

무이인(蕪荑仁): 느릅나무 열매. 느릅나무의 익은 열매를 말린 것이다. 맛은 맵고 쓰며 성질은 평하다.

물푸레껍질→진피(秦皮).

민들레→지정(地丁).

밀몽화(密蒙花): 마전과에 속하는 밀몽화의 꽃 또는 꽃봉오리를 말린 것이다. 맛은 달고 성질은 평하다.(약간 차다고도 한다.)

밀타승(密陀僧): 일산화납이다. 맛은 짜고 매우며 성질은 평하고 독이 있다.

ㅂ

박초(朴硝)→망초(芒硝).

박하(薄荷): 꿀풀과에 속하는 여러해살이풀인 박하의 옹근풀을 말린 것이다. 맛은 맵고 성질은 서늘하다.

박하엽: 박하잎.

반하(半夏): 끼무릇. 천남성과에 속하는 여러해살이풀인 끼무릇의 덩이줄기를 말린 것이다. 맛은 맵고 성질은 평하다.

방기(防己): 새모래덩굴과에 속하는 분방기와 댕댕이덩굴의 뿌리를 말린 것이다. 맛은 맵고 쓰며 성질은 차다.

방아풀 말린 잎새→곽향엽(藿香葉).

방울풀뿌리→청목향(靑木香).

방울풀열매→마도령(馬兜鈴).

방풍(防風): 갯방풍. 미나리과에 속하는 여러해살이풀인 갯방풍의 뿌리를 말린 것이다.

배자연지(坏子臙脂): 홍화자(紅花子).

백강잠(白殭蠶): 누에나방의 새끼벌레가 흰가루병에 걸려 죽은 것을 말린 것이다. 맛은 짜고 매우며 성질은 평하다.

백단향(白檀香): 단향과에 속하는 사철푸른 작은키나무인 백단나무의 심재를 말린 것이다. 맛은 맵고 성질은 따뜻하다.

백렴(白斂): 가위톱. 포도과에 속하는 가위톱의 뿌리를 말린 것이다. 맛은 쓰고 달며 성질은 약간 차다.

백룡골(白龍骨): 큰 포유동물의 뼈 화석.

백모근(白茅根): 띠뿌리. 벼과에 속하는 여러해살이풀인 띠의 뿌리줄기를 말린 것이다. 맛은 달고 성질은 차다.

백무이(白蕪荑): 흰 느릅나무열매.

백반→명반(明礬).

백복령(白茯苓): 흰솔풍령. 솔풍령. 구멍버섯과에 속하는 복령균의 균핵을 말린 것이다. 맛은 달고 심심하며 성질은 평하다.

백복신(白茯神): 흰솔풍령. 백복령.

백분갈(白粉葛): 칡뿌리 녹말.

백붕사(白硼砂): 붕사.

백석지(白石脂): 고령토. 규산염.

백선뿌리껍질→백선피(白鮮皮).

백선피(白鮮皮): 백선뿌리껍질. 산초과에 속하는 여러해살이풀인 백선의 뿌리껍질을 말린 것이다. 맛은 쓰고 짜며 성질은 차다.

백작약(白芍藥): 집함박꽃뿌리. 바구지과에 속하는 여러해살이풀인 집함박꽃·산함박꽃의 뿌리를 말린 것이다. 맛은 쓰고 시며 성질은 약간 차다.

백지(白芷): 구릿대. 미나리과에 속하는 여러해살이풀인 구릿대의 뿌리를 말린 것이다. 맛은 맵고 성질은 따뜻하다.

백질려(白蒺藜): 납가새열매. 납가새과에 속하는 한해살이풀인 납가새의 익은 열매를 말린 것이다. 맛은 쓰고 매우며 성질은 따뜻하다.

백초상(百草霜): 풀이나 나무를 땐 아궁이나 굴뚝 안에 생긴 검댕이를 긁어 모은 것이다. 맛은 맵고 성질은 따뜻하다.

백출(白朮): 흰삽주. 국화과에 속하는 여러해살이풀인 삽주의 덩이줄기를 말린 것이다. 맛은 달고 쓰며 성질은 따뜻하다.

백편두(白扁豆): 까치콩. 콩과의 한해살이풀인 까치콩의 여문 씨를 말린 것이다. 맛은 달고 성질은 약간 따뜻하다.

백합(百合): 나리. 나리과에 속하는 참나리·하늘나리·털중나리·말나리 등의 비늘줄기를 말린 것이다. 맛은 달고 성질은 평하다.

백활석(白滑石): 활석.

버들옻→대극(大戟).

범부채→사간(射干).

변향부(便香附): 어린 사내아이의 오줌에 오래 담가 두었다가 꺼낸 향부자.

별갑(鱉甲): 자라등딱지. 자라과에 속하는 자라의 등딱지를 말린 것이다. 맛은 짜고 성질은 평하다.

별슬(鱉虱): 미상.

복신(茯神): 솔풍령. 구멍버섯과에 속하는 복령균의 균핵을 말린 것이다. 맛은 달고 심심하며 성질은 평하다.

봉출(蓬朮): 아출(莪朮). 생강과에 속하는 여러해살이풀인 아출 곧 봉출의 뿌리줄기를 말린 것이다. 맛은 쓰고 매우며 성질은 따뜻하다.

부자(附子): 바구지과에 속하는 여러해살이풀인 부자의 덩이뿌리를 말린 것이다. 맛이 맵고 달며 성질은 몹시 따뜻하고 독성이 세다.

부평(浮萍): 개구리밥. 개구리밥과에 속하는 한해살이풀인 머구리밥풀과 개구리밥풀의 옹근 풀을 말린 것이다. 맛은 맵고 성질은 차다.

분초(粉草)→감초.

붉나무벌레집→오배자(五倍子).

붉은팥→적소두(赤小豆).

붕사(硼砂): 천연 붕사광을 정제하거나 붕소광으로부터 만들어 정제한 것이다. 맛은 쓰고 매우며 성질이 차다.

비파엽(枇杷葉): 비파잎. 장미과에 속하는 비파나무의 잎을 말린 것이다. 맛은 쓰고 성질은 평하다.(차다고도 한다.)

비파잎→비파엽(枇杷葉).

빈랑(檳榔): 종려과에 속하는 사철푸른 키나무인 빈랑나무의 여문씨를 말린 것이다. 맛은 맵고 성질은 따뜻하다.

빈랑껍질→대복피(大腹皮).

빙편(氷片)→용뇌(龍腦).

뻐꾹채→누로(漏蘆).

뽕나무 뿌리껍질→상백피(桑白皮).

ㅅ

사간(射干): 범부채. 붓꽃과에 속하는 범부채의 뿌리줄기를 말린 것이다. 맛은 쓰고 매우며 성질은 차다.

사과등(絲瓜藤): 수세미오이 열매 속 줄기. 사과락(絲瓜絡).

사과락(絲瓜絡): 수세미오이속. 박과에 속하는 수세미오이의 익은 열매의 씨와 껍질을 버리고 말린 것이다. 맛은 달고 성질은 차다.

사군자(使君子): 사군자과에 속하는 덩굴 뻗는 떨기나무인 사군자나무의 익은 열매를 말린 것이다. 맛은 달고 성질은 따뜻하다.

사군자육(使君子肉): 사군자 익은 열매의 속살. 사군자.

사령(四苓): 택사·저령·적복령·백출.

사삼(沙蔘): 더덕. 도라지과에 속하는 여러해살이풀인 더덕의 뿌리를 말린 것이다. 맛은 달고 쓰며 성질은 약간 차다.

사원자(沙苑子)→사원질려(沙苑蒺藜).

사원질려(沙苑蒺藜): 사원자(沙苑子). 콩과에 속하는 여러해살이풀인 편경황기와 화황기의 여문씨를 말린 것이다. 맛은 달고 성질은 따뜻하다.

사인(砂仁): 축사씨. 생강과에 속하는 여러해살이풀인 축사 또는 양춘사의 여문씨를 말린 것이다. 맛은 맵고 성질은 따뜻하다.

사초근→향부자(香附子)

사퇴(蛇退): 뱀허물. 맛은 짜고 성질은 평하다.

사향(麝香): 사슴과에 속하는 사향노루 수컷의 사향주머니 속에 들어 있는 분비물을 말린 것이다. 맛은 맵고 성질은 따뜻하다.

산두근(山豆根): 금쇄시(金鎖匙).

산사(山査): 찔광이. 배나무과에 속하는 잎지는 작은 키나무인 찔광이나무의 익은 열매를 말린 것이다. 맛은 달고 시며 성질은 평하다.

산사육(山査肉): 산사나무의 익은 열매의 속살.

산사자(山査子)→산사.

산수유(山茱萸): 층층나무과에 속하는 잎지는 작은 키나무인 산수유나무의 열매를 말린 것이다. 맛은 시고 성질은 약간 따뜻하다.

산약(山藥): 마. 마과에 속하는 덩굴 뻗는 여러해살이풀인 마 또는 참마의 덩이뿌리를 말린 것이다. 맛은 달고 성질은 평하다.

산조인(酸棗仁): 메대추씨. 조인(棗仁)

산치인(山梔仁)→치자(梔子).

산치자→치자(梔子).

살구씨→행인(杏仁).

삼릉(三稜): 매자기. 사초과에 속하는

매자기와 흑삼릉과에 속하는 흑삼릉의 덩이줄기를 말린 것이다. 맛은 맵고 쓰며 성질은 평하다.

상백피(桑白皮): 뽕나무 뿌리껍질. 뽕나무과에 속하는 잎지는 키나무인 뽕나무와 산뽕나무의 뿌리껍질을 말린 것이다. 맛은 달고 성질은 차다.

상상기생(桑上寄生): 뽕나무겨우살이. 겨우살이과에 속하는 사철푸른 떨기나무인 꼬리겨우살이의 줄기와 잎을 말린 것이다. 맛은 쓰고 성질은 평하다.

상상양아등(桑上羊兒藤): 상상기생(桑上寄生). 뽕나무겨우살이.

상아(象牙): 코끼리 이빨.

상피(桑皮): 뽕나무 뿌리껍질.

새삼→토사(菟絲).

생감초(生甘草)→감초.

생강(生薑): 생강과에 속하는 여러해살이풀인 생강의 뿌리줄기이다. 맛은 맵고 성질은 약간 따뜻하다.

생강피(生薑皮): 생강껍질.

생리(生梨): 익지 않은 배.

생서각(生犀角)→서각.

생서설(生犀屑): 서각가루.

생석고(生石膏): 석고.

생지(生地)→생지황.

생지모(生知母): 지모(知母)의 말리지 않은 뿌리줄기.

생지황(生地黃): 현삼과에 속하는 여러해살이풀인 지황의 뿌리이다. 맛은 쓰고 약간 달며 성질은 몹시 차다.

생치나물뿌리→전호(前胡).

생호(生苄)→생지황(生地黃).

생황기(生黃芪): 단너삼의 말리지 않은 뿌리.

서각(犀角): 무소과에 속하는 무소의 뿔이다. 맛은 쓰고 시고 짜며 성질은 차다.

서점자(鼠粘子): 우엉씨. 우방자. 국화과에 속하는 여러해살이풀인 우엉의 여문씨를 말린 것이다. 맛은 맵고 성질은 평하다.

서하류(西河柳): 위성류. 위성류과에 속하는 잎지는 작은키나무인 위성류의 어린 가지를 말린 것이다. 맛은 맵고 달며 성질은 따뜻하다.

석결명(石決明): 망강남자(望江南子). 차풀과에 속하는 여러해살이풀인 망강남 곧 석결명의 여문씨를 말린 것이다. 맛은 달고 쓰며 성질은 서늘하고 독이 있다.

석고(石膏): 함수황산칼슘을 주성분으로 하는 천연 광석이다. 맛은 맵고 달며 성질은 차다.

석곡(石斛): 석골풀. 난초과에 딸린 늘푸른 여러해살이풀. 한방에서는 건위강장제로 쓰인다.

석련육(石蓮肉): 연밥 열매의 속살.

석련자(石蓮子): 연꽃과에 속하는 여러해살이풀인 연꽃의 여문 열매가 땅속에 묻혀 오래된 것을 말린 것이다. 맛은 쓰고 성질은 차다.

석류황→유황(硫黃).

석밀(石蜜): 꿀. 꿀벌과에 속하는 꿀벌의 벌집에서 얻은 당류 물질이다. 맛은 달고 성질은 평하다.

석웅황→웅황(雄黃).

석창포(石菖蒲): 천남성과에 속하는 여러해살이풀인 석창포의 뿌리줄기를 말린 것이다. 맛은 맵고 성질은 따뜻하다.

석회(石灰): 석회석을 가루내서 태워 탄산가스를 날려보내고 얻어진 생석회이다. 맛은 맵고 따뜻하며 독이 있다.

선각(蟬殼): 매미허물. 매미과에 속하는

말매미와 참매미의 새끼벌레가 땅속에서 나와 엄지벌레로 될 때 벗은 허물을 말린 것이다. 맛은 달고 성질은 평하다.
　선굴껍질→청피(靑皮).
　선복화(旋覆花): 여름국화. 국화과에 속하는 여러해살이풀인 금불초 또는 가는잎금불초·버들금불초 등의 꽃을 말린 것이다. 맛은 짜고 달며 성질은 약간 따뜻하다.
　선태(蟬蛻): 매미허물. 선각.
　선탱자→지실(枳實).
　선퇴(蟬退): 매미허물. 선각.
　세감초(細甘草): 어린 감초.
　세다(細茶): 어린 차.
　세비육(細榧肉): 비자나무 열매 속살. 비자는 비자나무과에 속하는 사철푸른 키나무인 비자나무의 익은 열매를 말린 것이다. 맛은 달고 성질은 평하다.
　세신(細辛): 족두리풀뿌리. 방울풀과에 속하는 여러해살이풀인 민족두리풀과 족두리풀의 뿌리를 말린 것이다. 맛은 맵고 성질은 따뜻하다.
　소경(蘇梗): 차조기. 자소(紫蘇).
　소자(蘇子): 차조기 씨. 차조기의 여문 씨를 말린 것이다. 맛은 맵고 성질은 따뜻하다.
　소천궁(小川芎): 천궁.
　소합유(蘇合乳): 소합향(蘇合香). 조롱나무과에 속하는 사철푸른키나무인 소합향나무의 진을 모은 것이다. 맛은 맵고 성질을 따뜻하다.
　소합향→소합유(蘇合乳).
　속미분(粟米粉): 좁쌀가루.
　속새→목적(木賊)·목적초
　속썩은풀→고금(枯芩)·황금(黃芩).
　속썩은풀뿌리→고황금(苦黃芩).

　솔풍령→복신(茯神).
　쇠비름→마치현(馬齒莧).
　수은가루→경분(輕粉).
　수홍화(水紅花): 털여뀌. 여뀌과에 속하는 한해살이풀인 털여뀌의 옹근풀을 말린 것이다. 맛은 맵고 성질은 서늘하며 독이 약간 있다.
　숙반하(熟半夏): 끼무릇을 익혀 말린 것이다.
　숙지(熟地): 찐지황(熟地黃).
　숙지황(熟地黃): 찐지황. 현삼과에 속하는 지황의 뿌리를 쪄서 말린 것이다. 맛은 달고 약간 쓰며 성질은 따뜻하다.
　숙호(熟芐)→숙지황. 찐지황.
　순비기나무열매→만형자(蔓荊子).
　순첨(笋尖): 대나무의 어리고 연한 싹. 죽순.
　승마(升麻): 바구지과에 속하는 여러해살이풀인 끼멸가리와 눈빛승마·황새승마·촛대승마의 뿌리줄기를 말린 것이다. 맛은 달고 쓰며 성질은 평하다.(약간 차다고도 한다.)
　시호(柴胡): 미나리과에 속하는 여러해살이풀인 시호와 참시호의 뿌리를 말린 것이다. 맛은 쓰고 성질은 약간 차다.
　신곡(神麯): 약누룩. 밀가루에 다른 동약재를 섞어서 발효시켜 말린 것이다. 맛은 달고 성질은 따뜻하다.
　신곡호(神麯糊): 약누룩풀.
　신국(神麯): 약누룩. 신곡.
　신승마(新升麻): 승마.
　쑥: 엉거싯과에 딸린 여러해살이풀로 옹근풀은 말려 약재로 쓴다.

　　　　　　　　ㅇ

　아교(阿膠): 갖풀. 소가죽으로 만든 갖

풀이다. 맛은 달고 성질은 평하다.(약간 따뜻하다고도 한다.)

아다(兒茶): 해아다(孩兒茶).

아위(阿魏): 미나리과에 속하는 여러해살이풀인 아위와 같은 속 식물의 줄기에서 흘러내린 진을 말린 것이다. 맛은 맵고 쓰며 성질은 따뜻하다.

아조각(牙皂角): 조각(皂角).

아출(莪朮)→봉출(蓬朮).

아편꽃열매깍지→앵속각.

악실(惡實): 우엉씨.

안식향(安息香): 때죽나무과에 속하는 사철푸른 키나무인 안식향나무의 줄기에서 흘러내린 수지이다. 맛은 맵고 쓰며 성질은 평하다.

애엽(艾葉): 약쑥. 국화과에 속하는 여러해살이풀인 약쑥의 옹근풀을 말린 것이다. 맛은 쓰고 성질은 따뜻하다.

앵속각(罌粟殼): 아편꽃 열매깍지. 아편꽃 곧 양귀비꽃의 익은 열매를 말린 것이다. 씨를 받고 껍질만 말린 것으로 맛은 시고 성질은 평하다.

약전국→담두시(淡豆豉)・두시(豆豉)

여름국화→선복화(旋覆花).

연교(連翹): 물푸레나무과에 속하는 잎지는 떨기나무인 세잎개나리의 익은 열매를 말린 것이다. 맛은 쓰고 성질은 차다.

연분(鉛粉)→정분(定粉).

연육(蓮肉): 연자육(蓮子肉). 연밥의 살.

영양각(羚羊角): 소과에 속하는 사이가영양의 뿔이다. 맛은 짜고 성질은 차다.

예피(蜺皮): 초파리 껍질.

오가피(五加皮): 오갈피. 오갈피나무과에 속하는 잎지는 떨기나무인 오갈피나무의 껍질을 말린 것이다. 맛은 맵고 쓰며 성질은 따뜻하다.

오갈피→오가피.

오령(五苓): 택사・백출・적복령・저령・육계.

오령지(五靈脂): 날다람쥐과에 속하는 날다람쥐의 똥을 말린 것이다. 맛은 짜고 성질은 따뜻하다.

오매육(烏梅肉): 오매의 씨를 발라버린 속살. 맛은 시고 성질은 따뜻하다.

오미자(五味子): 오미자과에 속하는 잎지는 덩굴 뻗는 나무인 오미자의 익은 열매를 말린 것이다. 맛은 시고 성질은 따뜻하다.

오배자(五倍子): 붉나무벌레집. 옻나무과에 속하는 잎지는 키나무인 붉나무의 잎에 생긴 벌레집을 말린 것이다. 맛은 쓰고 시며 성질은 평하다.

오서설(烏犀屑): 물소뿔의 잔 조각.

오수유(吳茱萸): 산초과에 속하는 잎지는 작은 키나무인 오수유나무의 선열매를 말린 것이다. 맛은 맵고 쓰며 성질은 따뜻하다.

오약(烏藥): 녹나무과에 속하는 사철푸른 떨기나무인 오약의 뿌리를 말린 것이다. 맛은 맵고 성질을 따뜻하다.

오이풀뿌리→지유(地楡).

용골(龍骨): 큰 포유동물의 뼈 화석이다. 맛은 달고 성질은 평하다.

용뇌(龍腦): 용뇌향과에 속하는 용뇌향 곧 용뇌수의 진 또는 줄기나 가지를 잘라서 수증기 증류하여 얻은 액을 식힐 때 생긴 덩어리를 모아 그늘에서 말린 것이다. 맛은 맵고 쓰며 성질은 약간 차다.

용담초(龍膽草): 용담. 용담과에 속하는 용담의 뿌리를 말린 것이다. 맛은 쓰고 성질은 차다.

용안육(龍眼肉): 용안의 익은 열매살을

말린 것이다. 맛은 달고 성질은 평하다.
우담남성(牛膽南星): 천남성 법제품.
우담남성→담성(膽星).
우리자(牛李子): 갈매열매. 갈매나무과에 속하는 잎지는 떨기나무인 갈매나무 또는 같은속 식물의 익은 열매를 말린 것이다. 맛은 쓰고 성질은 약간 차다.
우방자(牛蒡子): 우엉씨. 국화과에 속하는 여러해살이풀인 우엉의 여문 씨를 말린 것이다. 맛은 맵고 성질은 평하다.
울금(鬱金): 생강과에 속하는 여러해살이풀인 울금 곧 심황과 강황의 덩이뿌리를 말린 것이다. 맛은 맵고 쓰며 성질은 차다.
우엉씨→대력자(大力子).
우엉씨→서점자(鼠粘子).
우엉씨→우방자(牛蒡子).
웅황(雄黃): 석웅황. 삼류화비소를 주성분으로 한 광석이다. 맛은 달고 쓰며 성질은 평하고(차다고도 한다.) 독이 있다.
원삼(元蔘)→현삼(玄蔘).
원안육(圓眼肉)→용안육(龍眼肉)
원지(遠志): 원지과에 속하는 여러해살이풀인 원지의 뿌리를 말린 것이다. 맛은 쓰고 매우며 성질은 따뜻하다.
월석(月石)→붕사.
위령선(威靈仙): 으아리. 바구지과에 속하는 여러해살이 덩굴풀인 으아리와 외대으아리의 뿌리를 말린 것이다. 맛은 쓰고 성질은 따뜻하다.
위성류→서하류(西河柳).
유향(乳香): 옻나무과에 속하는 사철푸른 떨기나무인 유향나무의 진을 말린 것이다. 맛은 맵고 쓰며 성질은 따뜻하다.
유화(柳花): 버들꽃.
유황(硫黃): 석류황. 정제한 유황을 약으로 쓴다. 맛은 시고 매우며 성질은 따뜻하다.
육계(肉桂): 계피. 녹나무과에 속하는 사철푸른 키나무인 육계나무 곧 계수나무의 껍질을 말린 것이다. 맛은 맵고 성질은 따뜻하다.
육과(肉果→육두구(肉豆蔲).
육두구(肉荳蔲): 육두구과에 속하는 사철푸른 키나무인 육두구나무의 익은 열매를 말린 것이다. 맛은 맵고 쓰며 성질은 따뜻하다.
율무쌀→의이인(薏苡仁).
으름덩굴줄기→목통(木通).
으아리→위령선(威靈仙).
은시호(銀柴胡): 대나물뿌리. 패랭이꽃과에 속하는 여러해살이풀인 대나물의 뿌리를 말린 것이다. 맛은 달고 성질은 약간 차다.
의이인(薏苡仁): 율무쌀. 벼과에 속하는 한해살이풀인 율무의 여문씨를 말린 것이다. 맛은 달고 성질은 약간 차다.
인동화→금은화(金銀花).
인삼(人蔘): 오갈피나무과에 속하는 여러해살이풀인 인삼의 뿌리를 말린 것이다. 맛이 달고 약간 쓰며 성질은 따뜻하다.
인중백(人中白): 사람의 오줌버캐.
인중황(人中黃): 사람의 똥과 쌀겨와 감초 가루를 섞어서 대통에 넣고 두 끝을 봉하여 끓는 물에 두어 시간 끓인 약재. 금즙(金汁).
인진(茵蔯): 생당쑥. 국화과에 속하는 여러해살이풀인 생당쑥의 옹근풀을 말린 것이다. 맛은 쓰고 매우며 성질은 차다.
잇꽃→홍화(紅花).
잇꽃씨→홍화자(紅花子).

ㅈ

자라등딱지→별갑(鱉甲).

자령(赭苓): 붉은 복령. 솔풍령.

자소(紫蘇): 차조기. 꿀풀과에 속하는 한해살이풀인 차조기의 옹근풀을 말린 것이다. 맛은 맵고 성질은 따뜻하다. 차조기 잎이 옹근풀보다 해표 작용이 더 세므로 잎만 따로 쓰기도 한다.

자소경(紫蘇梗): 차조기.

자소엽(紫蘇葉): 차조기잎.

자원(紫菀): 개미취. 국화과에 속하는 여러해살이풀인 개미취의 뿌리를 말린 것이다. 맛은 쓰고 매우며 성질은 따뜻하다.

자원용(紫菀茸): 개미취싹.

자초(紫草): 지치. 지치과에 속하는 여러해살이풀인 지치의 뿌리를 말린 것이다. 맛은 쓰고 성질은 차다.

자화지정(紫花地丁): 제비꽃. 제비꽃과에 속하는 여러해살이풀인 제비꽃과 호제비꽃의 옹근풀을 말린 것이다. 맛은 쓰고 매우며 성질은 차다.

작약(芍藥): 집함박꽃뿌리·메함박꽃뿌리. 바구지과에 속하는 여러해살이풀인 집함박꽃·산함박꽃의 뿌리를 말린 것이다. 맛은 쓰고 시며 성질은 약간 차다.

잠강(蠶殭): 말라 죽은 누에. 강잠·백강잠.

잠견(蠶繭): 누에고치.

잠퇴지(蠶退紙): 잠세지(蠶蛻紙)·잠지(蠶紙)·잠련(蠶連)·잠고지(蠶故紙).

저고지(猪膏脂): 저지고(猪脂膏). 돼지기름.

저근백피(樗根白皮): 가죽나무 뿌리껍질. 소태나무과에 속하는 잎지는 키나무인 가죽나무의 뿌리껍질을 말린 것이다. 맛은 쓰고 성질은 서늘하다.

저령(猪苓): 주령. 구멍버섯과에 속하는 저령의 균핵을 말린 것이다. 맛은 달고 성질은 평하다.

적감초(炙甘草): 감초를 구워 약제로 가공한 것.

적석지(赤石脂): 규산알루미늄을 주성분으로 하는 붉은색 곱흙이다. 맛은 달고 시며 성질은 따뜻하다.

적소두(赤小豆): 붉은팥. 콩과에 속하는 한해살이풀인 팥의 여문씨를 말린 것이다. 맛은 달고 약간 시며 성질은 평하다.

적작약(赤芍藥): 작약. 미나리아재비과에 딸린 여러해살이풀로 뿌리가 굵고 자르면 붉은빛을 띤다. 뿌리를 한약재로 쓴다.

전갈(全蠍): 전갈과에 속하는 전갈을 말린 것이다. 맛은 달고 매우며 성질은 평하다. 독이 있다.

전두등(纏豆藤): 토사(菟絲)의 별명. 새삼.

전호(前胡): 생치나물뿌리. 미나리과에 속하는 여러해살이풀인 생치나물과 털생치나물의 뿌리를 말린 것이다. 맛은 쓰고 매우며 성질은 약간 차다.

정력자(葶藶子): 꽃다지씨. 배추과에 속하는 한해살이풀인 꽃다지와 다닥냉이의 여문씨를 말린 것이다. 맛은 맵고 쓰며 성질은 차다.

정분(定粉): 연분(鉛粉). 연을 가공해 만든 염기성 탄산연이다. 맛은 맵고 성질은 차며 독이 있다.

정향(丁香): 정향과에 속하는 사철푸른 키나무인 정향나무의 꽃봉오리를 말린 것이다. 맛은 맵고 성질은 따뜻하다.

제비꽃→자화지정(紫花地丁).

조(棗): 대추. 갈매나무과에 속하는 잎 지는 키나무인 대추나무의 익은 열매를 말린 것이다. 맛은 달고 성질은 평하다.

조각(皂角): 주염나무 열매. 차풀과에 속하는 잎지는 키나무인 주염나무의 익은 열매를 말린 것이다. 맛은 맵고 짜며 성질은 따뜻하다.

조각자(皂角刺): 주염나무가시. 차풀과에 속하는 잎지는 키나무인 주염나무의 가시를 말린 것이다. 맛은 맵고 성질은 따뜻하다.

조금(條芩): 속썩은풀. 황금. 고금.

조인(棗仁): 메대추씨. 산조인. 갈매나무과에 속하는 잎지는 작은키나무 또는 떨기나무인 메대추나무의 여문씨를 말린 것이다. 맛은 달고 시며 성질은 평하다.

조피열매→천초(川椒).

족두리풀뿌리→세신(細辛).

주령→저령(猪苓).

주사(朱砂): 진사. 단사. 황화수은을 주성분으로 하는 천연 광석이다. 맛은 달고 짜며 성질은 차다.

주염나무가시→조각자(皂角刺).

죽력(竹瀝): 참대기름. 대과에 속하는 사철푸른 키나무인 참대류 곧 왕대류의 줄기를 불에 쬐일 때 흘러내리는 즙액이다. 맛은 달고 성질은 차다.

죽여(竹茹): 참대속껍질. 대과에 속하는 사철푸른 키나무인 참대 곧 왕대의 속껍질을 말린 것이다. 맛은 달고 성질은 약간 차다.

죽엽(竹葉): 참대잎. 참대 곧 왕대의 잎을 말린 것이다. 맛은 쓰고 성질은 차다.

지각(枳殼): 탱자열매. 선탱자. 산초과에 속하는 잎지는 떨기나무인 탱자나무의 선 열매를 말린 것이다. 맛은 쓰고 시며 성질은 차다.

지골피(地骨皮): 구기뿌리껍질. 가지과에 속하는 여러해살이 떨기나무인 구기자나무의 뿌리껍질을 말린 것이다. 맛은 쓰고 성질은 차다.

지모(知母): 나리과에 속하는 여러해살이풀인 지모의 뿌리줄기를 말린 것이다. 맛은 쓰고 성질은 차다.

지실(枳實): 선탱자. 탱자열매.

지유(地楡): 오이풀뿌리. 장미과에 속하는 여러해살이풀인 오이풀의 뿌리와 뿌리줄기를 말린 것이다. 맛은 쓰고 달며 성질은 약간 차다.

지정(地丁): 민들레. 포공영(蒲公英). 국화과에 속하는 여러해살이풀인 민들레와 흰민들레의 옹근풀을 말린 것이다. 맛은 쓰고 달며 성질은 차다.

지치→자초(紫草).

지황(地黃): 마른지황. 현삼과에 속하는 여러해살이풀인 지황의 뿌리줄기를 말린 것이다. 맛은 달고 쓰며 성질은 차다.

진사→주사(朱砂).

진서각(眞犀角): 무소뿔. 서각.

진울금(眞鬱金)→울금(鬱金).

진창미(陳倉米): 여러 해 묵은 쌀.

진피(陳皮): 귤껍질. 산초과에 속하는 사철푸른 작은키나무인 귤나무의 익은 열매껍질을 말린 것이다. 맛은 쓰고 매우며 성질은 따뜻하다.

진피(秦皮): 물푸레껍질. 물푸레나무과에 속하는 잎지는 키나무인 물푸레나무의 줄기 또는 가지의 껍질을 말린 것이다. 맛은 쓰고 성질은 차다.

진호박(眞琥珀): 호박. 소나무과에 속하는 소나무속 식물의 나무진이 오랫동안 땅속에 묻혀 화석으로 된 것이다. 맛은 달고 성질은 평하다.
　질경이→차전자.
　집함박꽃뿌리→백작약(白芍藥). 작약(芍藥).
　쪽잎→남엽(藍葉).
　찐지황→숙지황(熟地黃).
　찔광이→산사(山査).

ㅊ

　차전(車前): 차전자(車前子). 길짱구. 질경이. 질경이과에 속하는 여러해살이풀인 길짱구의 옹근풀을 말린 것이다. 맛은 달고 성질은 차다.
　차전자(車前子): 길짱구씨. 길짱구의 여문씨를 말린 것이다. 맛은 달고 짜며 성질은 차다.
　차조기→자소(紫蘇).
　차조기잎→자소엽.
　참깨→호마자(胡麻子).
　참대기름→죽력(竹瀝).
　참대속껍질→죽여(竹茹).
　참대속진→천축황(天竺黃).
　참대잎→죽엽(竹葉).
　찹쌀→나미(糯米).
　찻잎→다엽(茶葉).
　창이엽(蒼耳葉): 도꼬마리 잎새.
　창출(蒼朮): 국화과에 속하는 여러해살이풀인 삽주와 조선삽주 및 같은 속 식물의 뿌리줄기를 말린 것이다. 맛은 쓰고 매우며 성질은 따뜻하다.
　천궁(川芎): 궁궁이. 미나리과에 속하는 여러해살이풀인 궁궁이나 산궁궁이의 뿌리줄기를 말린 것이다. 맛은 맵고 성질은 따뜻하다.
　천남성(天南星)→남성(南星).
　천대황(川大黃): 대황.

　천독활(川獨活): 독활.
　천련육(川棟肉): 천련자의 열매 속살.
　천련자(川棟子): 멀구슬나무열매. 고련자. 고련실. 멀구슬나무의 익은 열매를 말린 것이다. 맛은 쓰고 성질은 차며 독이 있다.
　천마(天麻): 난과에 속하는 여러해살이기생풀인 천마 곧 수자해좇의 뿌리줄기를 말린 것이다. 맛은 맵고 성질은 평하다.
　천문동(天門冬): 나리과에 속하는 여러해살이풀인 천문동 곧 호라지좇의 덩이뿌리를 말린 것이다. 맛은 달고 쓰며 성질은 차다.
　천산갑(穿山甲): 천산갑과에 속하는 산짐승인 천산갑의 비늘이다. 맛은 짜고 성질은 약간 차다.
　천초(川椒): 조피열매. 산초과에 속하는 잎지는 떨기나무인 조피나무와 왕조피나무의 열매를 말린 것이다. 맛은 맵고 성질은 따뜻하다.
　천축황(天竺黃): 참대속진. 대과에 속하는 사철푸른 키나무인 참대류 곧 왕대류의 진을 말린 것이다. 맛은 달고 성질은 차다.
　천패모(川貝母)→패모(貝母).
　천화분(天花粉): 하늘타리 뿌리. 과루근.
　천황련(川黃連): 바구지과에 속하는 여러해살이풀인 천황련과 같은속 식물의 뿌리줄기를 말린 것이다. 맛은 쓰고 성질은 차다.
　첨정력(甛葶藶): 정력. 정력자(葶藶子).
　청대(靑黛): 여뀌과에 속하는 한해살이풀인 쪽과 배추과에 속하는 한해살이풀인 대청의 옹근풀을 가공하여 만든 것이다. 맛은 짜고 성질은 차다.
　청목향(靑木香): 방울풀 뿌리. 방울풀과

에 속하는 방울풀의 뿌리를 말린 것이다. 맛은 맵고 쓰며 성질은 차다.

청상자(靑葙子): 들맨드라미씨. 비름과에 속하는 한해살이풀인 들맨드라미 곧 개맨드라미의 여문씨를 말린 것이다. 맛은 쓰고 성질은 약간 차다.

청주조(靑州棗): 조인(棗仁).

청피(靑皮): 선귤껍질. 산초과에 속하는 잎지는 떨기나무인 귤나무의 선열매껍질을 말린 것이다. 맛은 맵고 쓰며 성질은 따뜻하다.

초결명(草決明): 차풀. 차풀과에 딸린 한해살이풀인 차풀의 옹근풀을 말린 것이다. 맛은 달고 쓰며 성질은 평하다.

초룡담(草龍膽): 용담(龍膽).

촉초(蜀椒): 조피열매.

총(葱): 파.

총두(葱頭): 파대가리. 파대가리뿌리. 방동사니과에 속하는 여러해살이풀인 파대가리의 뿌리줄기를 말린 것이다. 맛은 맵고 성질은 평하다.

총백(葱白): 파흰밑. 파과에 속하는 두해살이풀인 파의 흰밑을 뿌리와 함께 잘라낸 것이다. 맛은 맵고 성질은 따뜻하다.

축사(縮砂): 축사씨. 생강과에 속하는 여러해살이풀인 축사 또는 양춘사의 여문씨를 말린 것이다. 맛은 맵고 성질은 따뜻하다.

축사씨→사인(砂仁).

춘근피(椿根皮): 고목창. 춘목피. 참죽나무과에 속하는 잎지는 키나무인 참죽나무의 뿌리껍질을 말린 것이다. 맛은 쓰고 성질은 서늘하다.

치인(梔仁): 치자.

치자(梔子): 산치자. 꼭두서니과에 속하는 사철푸른 떨기나무인 치자나무의 익은 열매를 말린 것이다. 맛은 쓰고 성질은 차다.

칡뿌리→갈근(葛根).

침향(沈香): 팥꽃나무과에 속하는 사철푸른 키나무인 침향과 백목향의 나무진이 스며든 나무조각이다. 맛은 맵고 쓰며 성질은 따뜻하다.

ㅋ

코끼리이빨→상아(象牙).

ㅌ

택사(澤瀉): 택사과에 속하는 여러해살이풀인 질경이택사와 택사의 덩이줄기를 말린 것이다. 맛은 달고 짜며 성질은 차다.

탱자열매→지각(枳殼).

토사(菟絲): 새삼. 메꽃과에 속하는 한해살이 기생하는 덩굴풀인 새삼을 말한다. 새삼은 주로 콩과 식물이나 국화과 식물에 붙어 산다.

토사자(菟絲子): 새삼씨. 메꽃과에 속하는 한해살이 기생하는 덩굴풀인 새삼의 여문 씨를 말린 것이다. 맛은 달고 매우며 성질은 평하다.

통초(通草): 등칡줄기. 방울풀과에 속하는 덩굴나무인 등칡의 줄기를 말린 것이다. 맛은 쓰고 성질은 차다.

ㅍ

파두→파두상(巴豆霜).

파두상(巴豆霜): 파두. 버들옻과에 속하는 사철푸른 키나무인 파두나무의 여문씨를 말린 것이다. 맛은 맵고 성질은 더우며 독성이 몹시 세다.

파흰밑→총백(葱白).
패랭이꽃→구맥(瞿麥).
패모(貝母): 나리과에 속하는 여러해살이풀인 조선패모와 부전패모 기타 패모속 식물의 비늘줄기를 말린 것이다. 맛은 맵고 쓰며 성질은 약간 차다.
편금(片芩): 속썩은풀. 황금. 고금.
편뇌(片腦): 용뇌향(龍腦香). 용뇌.
편두(扁豆): 까치콩. 백편두.
편축(萹蓄): 마디풀. 여뀌과에 속하는 한해살이풀인 마디풀의 옹근풀을 말린 것이다. 맛은 쓰고 성질은 평하다.
포공영(蒲公英)→지정(地丁).
포황(蒲黃): 부들꽃가루. 부들과에 속하는 여러해살이풀인 부들과 애기부들·넓은잎부들의 꽃가루를 말린 것이다. 맛은 달고 성질은 평하다.
피초(皮硝): 망초(芒硝).
필발(蓽撥): 후추과에 속하는 여러해살이 덩굴풀인 필발의 채 익지 않은 열매이삭을 말린 것이다. 맛은 맵고 성질은 따뜻하다.

ㅎ

하늘타리뿌리→과루근(瓜蔞根).
하늘타리뿌리→천화분(天花粉).
하늘타리씨→과루인(瓜蔞仁).
하늘타리씨→괄루인(栝蔞仁).
하늘타리열매→괄루(栝蔞).
하수오(何首烏): 붉은조롱과 은조롱을 합쳐 부른 말이다. ① 붉은조롱은 여뀌과에 속하는 여러해살이 덩굴풀인 붉은조롱의 덩이뿌리를 말린 것이다. ② 은조롱은 박주가리과에 속하는 여러해살이 덩굴풀인 은조롱 곧 큰조롱의 덩이뿌리를 말린 것이다. 둘 다 맛은 달고 쓰며 성질은 약간 따뜻하다.
하파(蝦蚆): 두꺼비진.
학슬초(鶴虱草): 여우오줌풀열매. 담배풀열매. 국화과에 속하는 한해살이풀인 담배풀의 익은 열매를 말린 것이다. 맛은 쓰고 성질은 평하다.
한방기(漢防己): 방기(防己).
한수석(寒水石): 응수석·작석. 산소산염동약으로 황산칼슘 또는 탄산칼슘을 주성분으로 하는 석고 또는 방해석이다. 맛은 맵고 짜며 성질은 몹시 차다.
합분(蛤粉): 조개껍데기 가루.
해아다(孩兒茶): 콩과에 속하는 잎지는 키나무인 아다(兒茶)의 줄기나 꼭두서니과의 사철푸른 덩굴나무인 아다구 곧 아선약나무의 가지와 잎을 졸여서 만든 마른 덩어리다. 맛은 쓰고 떫으며 성질은 서늘하다.
행인(杏仁): 살구씨. 벛나무과에 속하는 잎지는 키나무인 살구나무와 산살구나무의 씨를 말린 것이다. 맛은 쓰고 달며 성질은 따뜻하다.
향부(香附)→향부자(香附子).
향부자(香附子): 사초근. 사초과의 여러해살이풀인 향부자의 뿌리줄기를 말린 것이다. 맛은 달고 성질은 차다.
향시(香豉): 약전국. 두시.
향유(香薷): 노야기. 꿀풀과에 속하는 한해살이풀인 노야기의 옹근풀을 말린 것이다. 맛은 맵고 성질은 따뜻하다.
현명분(玄明粉): 망초를 가공하여 만든 가공품이다. 망초는 설사약으로 많이 쓴다.
현삼(玄蔘): 원삼. 현삼과에 속하는 여러해살이풀인 현삼의 뿌리를 말린 것이다. 맛은 쓰고 짜며 성질은 약간 차다.

형개(荊芥): 꿀풀과에 속하는 한해살이풀인 형개 또는 정가의 옹근풀을 말린 것이다. 맛은 맵고 쓰며 성질은 따뜻하다.

형개수(荊芥穗): 꿀풀과에 속하는 한해살이풀인 형개의 꽃이삭을 말린 것이다.

호마(胡麻): 참깨. 참깨의 여문씨를 말린 것이다. 맛은 달고 성질은 평하다.

호마자(胡麻子): 참깨.

호분(胡粉): 연분.

호수(胡荽): 고수. 미나리과에 속하는 한해살이풀인 고수의 옹근풀을 말린 것이다. 맛은 맵고 성질은 따뜻하다.

호황련(胡黃連): 현삼과에 속하는 여러해살이풀인 호황련의 뿌리줄기를 말린 것이다. 맛은 쓰고 성질은 차다.

홍아대극(紅牙大戟): 버들옻. 대극.

홍조(紅棗): 대추. 갈매나무과에 속하는 잎지는 키나무인 대추나무의 익은 열매를 말린 것이다. 맛은 달고 성질은 평하다.

홍화(紅花): 잇꽃. 국화과에 속하는 한해살이풀인 잇꽃의 꽃을 말린 것이다. 맛은 맵고 성질은 따뜻하다.

홍화자(紅花子): 잇꽃씨. 천연두와 홍역에 달여 먹는다.

화살나무껍질→귀전우(鬼箭羽).

화초(花椒): 조피열매. 산초(山椒). 야초(夜椒). 천초(川椒).

활석(滑石): 곱돌. 단사정계의 규산마그네슘을 주성분으로 하는 천연광석이다. 맛은 달고 성질은 차다.

활석말(滑石末): 곱돌가루. 활석(滑石).

황경피→황백(黃柏).

황과(黃瓜): 오이.

황금(黃芩): 속썩은풀. 고금.

황기(黃芪): 단너삼. 콩과에 속하는 여러해살이풀인 단너삼의 뿌리를 말린 것이다. 맛은 달고 성질은 약간 따뜻하다.

황련(黃連): 매자나무과에 속하는 여러해살이풀인 산련풀(깽깽이풀)의 뿌리줄기를 말린 것이다. 맛은 쓰고 성질은 차다.

황백(黃柏): 황경피. 산초과에 속하는 잎지는 키나무인 황경피나무 곧 황벽나무의 껍질을 말린 것이다. 맛은 쓰고 성질은 차다.

황벽(黃蘗): 황경피.

황기(黃蓍): 황기(黃芪).

황기(黃芪): 단너삼. 콩과에 속하는 여러해살이풀인 단너삼의 뿌리를 말린 것이다. 맛은 달고 성질은 약간 따뜻하다.

회향(茴香): 대회향. 미나리과에 속하는 한두해살이풀인 회향의 여문 열매를 말린 것이다. 맛은 맵고 성질은 따뜻하다.

후박(厚朴): 목련과에 속하는 잎지는 키나무인 후박나무의 줄기 또는 뿌리껍질을 말린 것이다. 맛은 맵고 쓰며 성질은 따뜻하다.

흑견우(黑牽牛): 나팔꽃씨. 견우(牽牛).

흑대두(黑大豆): 검정콩. 흑두(黑豆).

흑두(黑豆): 콩과에 속하는 검정콩의 여문씨이다. 맛은 달고 성질은 서늘하다.

흑산치(黑山梔): 치자(梔子).

흑축(黑丑): 나팔꽃씨(검은 것). 견우(牽牛).

흰삽주→백출(白朮).

흰솔풍령→백복령(白茯苓).

찾아보기

ㄱ

가감사백산(加減瀉白散) 322, 490
가감양격산(加減涼膈散) 187, 493
가난봉(賈蘭峰) 385
가미강활산(加味羌活散) 240, 459
가미금불초산(加味金沸草散) 113, 167, 183, 404
가미마황산(加味麻黃散)→마황산(麻黃散)
가미사령산(加味四苓散) 208, 212, 411
가미사물탕(加味四物湯) 183, 397
가미사백산(加味瀉白散) 321, 490
가미소시호탕(加味小柴胡湯) 224, 395
가미소요산(加味逍遙散) 131, 410, 480
가미승마탕(加味升麻湯) 318, 488
가미양격산(加味涼膈散) 388
가미오령산(加味五苓散) 224, 412
가미이중탕(加味理中湯) 230, 231, 422
가미지골피산(加味地骨皮散) 143, 410
가미패독산(加味敗毒散) 112, 375, 457
가미평위산(加味平胃散) 192, 494
가미해독탕(加味解毒湯) 151, 373
가미황금탕(加味黃芩湯) 208, 384
가씨황련탕(賈氏黃連湯) 147, 385
가알롱본초(加乞弄本草) 556
갈근귤피탕(葛根橘皮湯) 240, 247, 458
갈근맥문산(葛根麥門散) 58, 134, 140, 167, 178, 407
갈근탕(葛根湯) 41, 127, 239, 269, 464
갈근탕(葛根湯)→승마갈근탕(升麻葛根湯) ①
갈증(渴症) 166
감길우방탕(甘桔牛旁湯) 54, 185, 432
감길청금산(甘桔淸金散) 280, 476
감길탕(甘桔湯) 61, 175, 176, 182, 184~187, 216, 254, 279, 280, 289, 327, 431
감대문(甘大文) 93, 126, 130
감질병(疳瘵) 215
감창(疳瘡) 28
감초사심탕(甘草瀉心湯) 310, 374
강관(江瓘) 503, 504
강국산(羌菊散) 233, 435
강명길(康命吉) 573
강응숙(江應宿) 504
강조탕(薑棗湯) 418
강진(康津) 565
강창(糠瘡) 63, 64
강활구고산(羌活救苦散) 295, 477
강활산(羌活散) 222, 435
강활산울탕(羌活散鬱湯) 117, 477
강희자전(康熙字典) 511, 563
개두진(蓋頭疹) 255
개울도기탕(開鬱導氣湯) 192, 230, 425
개진(蓋疹) 252
건비비아환(健脾肥兒丸) 203, 220, 233, 437
경(經) 251
경락(經絡) 542
경술년(1730) 347, 357
경신년(1680) 348
경악전서(景岳全書) 342
경악해독탕(景岳解毒湯) 191, 373

찾아보기

경옥고(瓊玉膏) 546
경원(慶源) 565
경일진(景日昣) 37, 74, 105, 107, 129, 132, 139, 145, 171, 178, 182, 191, 203, 221, 344, 391
경일진방(景日昣方) 372, 378, 391, 424
계절에 따른 치료법 88
계지갈근탕(桂枝葛根湯) 88, 90, 271, 364
계지대황탕(桂枝大黃湯) 288, 476
계지탕(桂枝湯)→계지해독탕(桂枝解毒湯)
계지해독탕(桂枝解毒湯) 88, 372
계축년(1613) 348
고금의감(古今醫鑑)
고련계자법(苦楝鷄子法) 312, 449
고련탕(苦楝湯) 312, 485
고무(高武) 35
고뿔(鼻角) 545
고삼탕(苦蔘湯) 310
고의론(古醫論) 575
고장환(固腸丸)→서백환(樗白丸)
고태음(固胎飮) 152, 417
공신(龔信) 35, 119, 139, 238
공신방(龔信方) 399
공정왕(恭靖王) 570
공정현(龔廷賢) 36, 63, 68, 109, 112, 125, 133, 142, 145, 147, 152, 157, 165, 169, 192, 193, 198, 199, 202, 210, 216, 236, 343, 385, 386, 453
공정현방(龔廷賢方) 363, 372, 385, 395, 396, 411, 425, 430, 453
곽지선(郭止善) 554
곽향정기산(藿香正氣散) 544
관맥(關脈) 566
관원혈(關元穴) 241, 361
광로(鄺露) 555
광제비급(廣濟秘笈) 38, 322, 324, 326, 330, 331, 573
광제비급방(廣濟秘笈方) 495
구고산(捄苦散) 220, 447
구금(口噤) 49
구미노회환(九味蘆薈丸)→대노회환(大蘆薈丸)
구미이공전(九味異功煎) 277, 466
구선방(臞仙方) 34
구안와사(口眼喎斜) 537
구인(丘引) 548
구토(嘔吐) 188
구편쇄언(救偏瑣言) 508
구평(寇平) 35
국방발휘(局方發揮) 34
국방양격산(局方凉膈散)→하간양격산(河間凉膈散)
국조보감(國朝寶鑑) 355
궁지향소산(芎芷香蘇散) 316, 489
권평(權坪) 539
귀비탕(歸脾湯) 203, 233, 302, 308, 417
귤피탕(橘皮湯) 282, 481
근시(近視) 540
근시론(近視論) 539
금궤당귀산(金匱當歸散) 417
금기(禁忌) 155
금낭비결(錦囊秘訣) 38
금련소독음(芩連消毒飮) 46
금련연교탕(芩連連翹湯) 151, 493
금불초산(金沸草散) 341
금사창(金絲瘡) 251
금신상(金神像) 381
금창(金瘡) 558
금출사물탕(芩朮四物湯) 152, 153, 396
금치사백산(芩梔瀉白散) 223, 403
금화환(金花丸) 48
금화환자시령단(金花丸子是靈丹) 48

급경풍(急驚風) 196
급성열성 전염병의 얼룩점 240
급암(汲黯) 119
급유방(及幼方) 38, 344
기유년(1729) 349, 355
기침과 숨가쁨 174
기해(1719) 347
길경탕(桔梗湯) 186, 187, 432

ㄴ

난의창(爛衣瘡) 251
날짜와 시기 104
남아 있는 병인(病因) 145
남양활인서(南陽活人書) 34
남엽산(藍葉散) 250, 464
내마(奶麻) 251
내사(嬭痧) 353
내상(內傷) 531, 533
내장의 다침으로 인한 얼룩점 242
내진자(奶疹子) 64
내탁법(內托法) 253
내탁산(內托散) 136, 423
내탁소독탕(內托消毒湯) 136, 377
냉단(冷丹) 250
노경린(盧慶麟) 554
노창(虜瘡) 350
노회비아환(蘆薈肥兒丸) 217, 219, 437
녹두음(菉豆飮) 145, 168, 172, 434
녹두죽(菉豆粥) 170
누로탕(漏蘆湯) ① 462
누로탕 ② 241, 463
능수버들 97

ㄷ

단경(丹經) 553
단계심법부여(丹溪心法附餘) 35

단궁(檀弓) 352
단독(丹毒) 137, 251, 252, 353, 464
단시(短視) 540
단전(丹田) 361
단진(丹疹) 249
담도법(膽導法) 288, 450
담성포룡환(膽星抱龍丸) 322
당귀양심탕(當歸養心湯) 301, 474
당귀양혈탕(當歸養血湯) 197, 400
당귀육황탕(當歸六黃湯) 161, 164, 165, 272, 400
당독역(唐毒疫) 66, 350, 351
당창(唐瘡) 66
당학(唐瘧) 66
대노회환(大蘆薈丸) 220, 312, 436
대두온(大頭瘟) 295, 333, 334
대무비산(大無比散) 123, 143, 178, 410, 426
대변・소변 197
대사공(戴思恭) 64, 536
대시호탕(大柴胡湯) 198, 272, 394
대안(戴眼) 300
대연교음(大連翹飮) 197, 221, 271, 387
대영전(大營煎) 470
대천선화환(代天宣化丸) 78, 339, 438
대청사물탕(大靑四物湯) 240, 456
대청탕(大靑湯) ① 55, 131, 133, 138, 141, 403
대청탕 ② 133, 135, 403
대황고(大黃膏) 333
도신(涂紳) 36, 103
도인술(導引術) 31
도인승기탕(桃仁承氣湯) 226, 273, 476
도적산(導赤散) 61, 195~199, 201, 209, 234, 246, 284, 287, 290, 425
도적통기탕(導赤通氣湯) 280, 476

도홍경(陶弘景) 429
독성산(獨聖散) 119
독역(毒疫) 66, 74, 316, 344, 352
독조단(獨棗丹) 157, 164, 216, 218, 229, 338, 444
돈소(頓嗽) 181
동벽산인황금탕(銅壁山人黃芩湯)→황금탕(黃芩湯) ②
동원십서(東垣十書) 34
동원양격산(東垣涼膈散) 40, 94, 388
동의보감(東醫寶鑑) 348, 573
동환평돌설(瞳丸平突說) 576
두(痘) 65
두개진(痘蓋疹) 66
두과석의(痘科釋意) 37, 128
두구환(豆蔻丸) 201, 211, 442
두드러기(癮疹) 236, 247
두의(痘衣) 525
두종(痘種) 564
두즙(痘汁) 531
두진(痘疹) 30, 31, 65
두진금경록(痘疹金鏡錄) 36, 134, 343
두진론(痘疹論)
두진방(痘疹方) 35, 36
두진백문(痘疹百問) 37, 343
두진심요(痘疹心要) 36
두진심인(痘疹心印) 37
두진연원(痘疹淵源) 36
두진의안(痘疹醫按) 36
두진전서(痘疹全書) 36
두진정종(痘疹正宗) 35
두진증치(痘疹證治) 36
두진치언(痘疹卮言) 36
두창(痘瘡) 73
두치이변(痘治理辨) 36
등심지골탕(燈心地骨湯) 48

등심탕(燈心湯) 193, 194, 393, 439
등초탕(燈草湯) 440
딸꾹질(噦) 281
땀(汗) 160
똥물 치료 331

ㅁ

마(麻) 63, 64
마과회통(麻科會通) 573, 575
마과휘편(麻科彙編) 37
마도(魔道) 546
마루(痲瘻) 561
마명산(馬鳴散) 215, 447
마원(馬援) 350
마지기(馬之騏) 31, 37, 63, 67, 80, 81, 86, 87, 96, 102, 104, 108, 109, 121, 124, 126, 129~131, 133, 134, 136~138, 142, 146, 151, 152, 156, 161~164, 166~168, 170, 172, 175, 179, 184~187, 191, 193, 194, 198~201, 208, 210, 215, 216, 221, 223, 225, 232, 236~242, 247, 249~251, 255, 257, 340, 344, 347, 348, 351, 361, 363, 369, 378, 383, 384, 386, 387, 391~393, 397, 398, 404, 407, 417, 419, 421, 423, 427, 434, 444, 446, 451~463
마지기방(馬之騏方) 366, 368, 369, 375, 377, 378, 380~384, 386~389, 391~394, 396, 397, 400, 401, 403, 404, 407, 410, 412, 414, 417, 419, 421~423, 425, 427, 429, 431, 432, 434, 440, 442, 444~447, 451~463, 488
마진(痲疹) 32, 63~66, 343, 350~352, 354
마진기방(痲疹奇方) 114, 118
마진방(痲疹方) 38
마진심법(痲疹心法) 33, 357, 439

마진전(麻疹詮) 37, 342, 343, 351
마진효방(麻疹效方) 377
마풍창(麻風瘡) 221, 222
마행석감탕(麻杏石甘湯) 177, 494
마황산(麻黃散) 54, 116, 379
마황탕(麻黃湯) ① 85, 88, 117, 121, 133, 378
마황탕 ② 122, 123, 176, 379
만광(萬筐) 36, 339
만병회춘(萬病回春) 35
만씨 가초제세양방(萬氏家鈔濟世良方) 172
만응환(萬應丸) 310, 312, 482
만전(萬全) 30, 33, 36, 39, 49, 53, 67, 75, 77, 79, 80, 84, 88, 100, 101, 104, 106~108, 110~122, 124, 126, 128, 129, 131, 134, 137, 138, 141, 144~146, 148, 155, 160, 162, 163, 165, 166, 168, 171, 173~175, 178, 180, 181, 183, 184, 188~191, 193, 196, 197, 200, 205, 207, 209, 211, 214, 215, 218, 220, 221, 225, 231, 235, 242, 251, 268, 270, 272, 273, 275, 279, 280, 283, 285~290, 292, 293, 295~298, 304, 339, 341, 344, 347, 348, 351, 357, 374, 382, 384, 388~390, 393, 397, 398, 403, 412, 416, 421, 423, 425, 427, 428, 431, 436, 439~442, 447, 449, 450, 457, 465, 469, 476, 479, 481
만전방(萬全方) 363, 364, 368, 370, 374, 378~380, 382~384, 386~390, 393, 395, 397, 398, 403, 406, 408, 409, 411, 414~416, 420, 425, 427~429, 431, 433, 436, 438~443, 447, 448, 450, 453, 457, 464, 465, 467~469,
473, 476~478, 481, 483, 494
만표(萬表) 36, 78, 102, 151, 172
망호탕(蝱虎湯) 127, 381
맥(脈) 566, 567
맥과 오장육부 569
맥(脈)과 오장육부의 관계 566
맥경(脈經) 567
맥도(脈度) 100
맥동청폐음(麥冬淸肺飮) 170, 391
맥문동청폐음(麥門冬淸肺飮) 179, 180, 391
맥문동탕(麥門冬湯)→갈근맥문산(葛根麥門散)
맥의 조짐 567
맥의 허증·실증 566
맥전산(麥煎散) 150, 471
맥탕산(麥湯散) 257, 461
맹씨모시탕(孟氏募施湯) 85, 406
맹자(孟子) 361
맹하(孟河) 38, 85, 111, 117, 131, 149, 150, 165, 177, 183, 186, 189, 203, 212, 219, 220, 223, 232, 341, 370, 406, 418, 421, 424, 436
맹하방(孟河方) 369, 375, 382, 390, 398, 406, 410, 416, 417, 420, 421, 425, 430, 437, 447
머루 561
면견산(綿繭散) 218, 446
명위(名謂) 63
명의유안(名醫類案) 503
명칭의 분별 351
모근탕(茅根湯) 123, 321, 491
모양과 빛깔 128
모화탕(茅花湯) 160, 161, 163, 434
목안과 울대 184
목향대안환(木香大安丸) 224, 282, 288,

296, 297, 467
목향빈랑환(木香檳榔丸) 308, 467
목향탕(木香湯) 482
묘응환(妙應丸) 309, 483
묘희옹(繆希雍) 37, 73, 82, 94, 95, 99, 119, 120, 122, 127, 141, 149, 158, 176, 182, 189, 203, 204, 213, 217, 223, 233, 342, 361, 427, 471
묘희옹방(繆希雍方) 365, 381, 393, 398, 400, 409, 427, 436, 446, 447, 471
무가산(無價散) 42, 320, 331, 332, 361, 448
무술년(1718) 349
무신년(1668) 348
무이산(蕪荑散) 306, 308, 485
문동청폐탕(門冬淸肺湯) 180~182, 390
문인규(聞人規) 36, 64, 69
문장(文章) 562
문합산(文蛤散) 41, 216, 217, 446
문헌비고(文獻備考) 349
물소뿔(犀角) 552
미리 준비함 354
밀몽화산(密蒙花散) 479

ㅂ

박애심감(博愛心鑑) 36
박제가(朴齊家) 526, 564, 565
박제영해보서(博濟嬰孩寶書) 35
박하탕(薄荷湯) 188
반론(斑論) 34
반론췌영(斑論萃英) 34
반위(反胃) 541
반위설(反胃說) 541
반진(斑疹) 30, 39, 49, 54~56, 65~67, 113, 236, 350~355
반진 총론(斑疹總論) 235

반하사심탕(半夏瀉心湯)→감초사심탕(甘草瀉心湯)
발독고(拔毒膏) 293, 483
발독산(拔毒散) 250, 461
발반(發斑) 242, 352
발진을 거둠 138
발진(發疹)이 돋아나옴 114
발찌(髮際) 547
발회산(髮灰散) 164, 495
방광(方廣) 35, 249, 464
방광방(方廣方) 450, 463, 464
방음산(方蔭山) 503
방작감초탕(防芍甘草湯) 118, 228, 410
방풍발표탕(防風發表湯) 369
방풍탕(防風湯) 57
방풍통성산(防風通聖散) 40, 179, 198, 241, 248, 256, 369, 404
방풍해독탕(防風解毒湯) 88, 90, 293, 371
배독산(排毒散) 293, 483
배아픔 191
백대의종(百代醫宗) 36
백리(白痢) 156
백순환(百順丸) 308, 482
백일해 181
백장(白漿) 66
백출황금탕(白朮黃芩湯) 384
백호(白虎) 381
백호창출탕(白虎蒼朮湯) 61
백호탕(白虎湯) 40, 112, 119, 132, 142, 152, 167, 169, 175, 193, 194, 197, 237, 242, 246, 338, 359, 379
백호해독탕(白虎解毒湯) 141, 143, 169, 337, 373
번조(煩躁)와 헛소리 193
범중엄(范仲淹) 26, 27
벽역신방(辟疫神方) 38, 344, 350

변의부(辨疑賦) 43
별개의 증상 231
별자(別子) 570, 572
병력서 333
병술년(1706) 347, 348
병오년(1786) 349, 357
병을 미리 흩어지게 함 316
병인(病因) 67
보골지(補骨脂) 555
보도자항(普渡慈航) 36
보명방(保命方) 251
보법(補法) 40
보영촬요(保嬰撮要) 35, 343
보적서(保赤書 37)
보적제이서(保赤第二書) 38
보중익기탕(補中益氣湯) 203, 233, 276, 415
보폐산(補肺散)→전씨아교산(錢氏阿膠散)
보혈탕(補血湯) 473
본초(本草) 548, 554, 560
본초강목(本草綱目) 37, 561
본초경(本草經) 562
본초편(本草篇) 29
본초학(本草學) 342
부스럼딱지·뽀루지·땀띠(瘡 痤 疿) 256
부식지설(釜食之說) 536
부양론(扶陽論) 573
부인(婦人) 151
부자(附子) 550
부자를 법제하는 방법 550
부종위령탕(浮腫胃苓湯)→가미오령산(加味五苓散)
부진(膚疹) 64
부창(麩瘡) 63
부창(膚瘡) 64
북경(北京) 563~565

북몽쇄언(北夢瑣言) 555
분홍환(粉紅丸)→온경환(溫驚丸)
불환금정기산(不換金正氣散) 544
비계태(費啓泰) 508
비급천금요방(備急千金要方) 311
비급환(備急丸) 110, 287, 288, 289, 442
비망기(備忘記) 355
비상(鼻常) 42
비전별갑탕(秘傳鱉甲湯) 233, 234, 436
비전해독탕(秘傳解毒湯)→황련해독탕(黃連解毒湯) ②
비전황금탕(秘傳黃芩湯) 190, 208, 384
비창(痱瘡) 256
비풍론(非風論) 536

ㅅ

사(痧) 66
사간산(瀉肝散) 302, 475
사간서점자탕(射干鼠粘子湯) 61, 184~186, 409
사과신사산(絲瓜神絲散) 439
사군자탕(四君子湯) 61, 246, 276, 283, 291, 298, 304, 413, 548
사령산(四苓散) 411
사령탕(四苓湯) 124, 190, 193, 197, 198, 200~202, 205, 206, 211, 245, 246, 295, 410
사물탕(四物湯) 41, 127, 130, 131, 133, 135, 138, 139, 142, 145, 146, 151, 152~154, 162, 164, 166, 172, 173, 182, 196, 197, 200, 216, 280, 303, 317, 321, 324, 326, 328, 361, 396, 504, 548
사미소독음(四味消毒飲) 247, 376
사발(盂) 550
사백산(瀉白散) 85, 167, 168, 175, 176,

178, 179, 181, 392
사백소독산(瀉白消毒散) 113, 178, 377
사백소독음(瀉白消毒飲) 341
사법(瀉法) 39
사상론(四象論) 573
사순음(四順飲) 198, 199, 253, 285, 290, 428
사순청량음(四順淸涼飲)→사순음(四順飲)
사심산(瀉心散) 237, 460
사자(痧子) 497
사자(沙子) 63, 64
사조문견론(四朝聞見錄) 551
사진(痧疹) 497
사진론(痧疹論) 37, 342
사진방(沙疹方) 38
사진의안(痧疹醫案) 500
사창(痧脹) 371
사청환(瀉靑丸) 110, 287, 442
사폐산(瀉肺散)→사백산(瀉白散)
사풍진(痧風疹) 252
산치자탕(山梔子湯) 134, 403
삼강음(蔘薑飮) 277, 471
삼구탕(三拘湯) 497
삼두음(三豆飲) 78, 316, 447
삼두탕(三豆湯) 439
삼령백출산(蔘苓白朮散) 41, 275, 297, 305, 414
삼령오피산(蔘苓五皮散) 295, 477
삼류탕(蔘柳湯) 120, 471
삼미소독음(三味消毒飲) 125, 139, 181, 376
삼불제(三佛齊) 561
삼사화위산(蔘砂和胃散) 282, 469
삼선산(三仙散) 255, 462
삼소음(蔘蘇飲) 109, 118, 179, 276, 298, 303, 328, 365

삼승기(三承氣) 454
삼요탕(三拗湯) 126, 381, 427
삼을승기탕(三乙承氣湯)→승기탕(承氣湯)
삼초(三焦) 566
삼표법(三表法) 116
삼활산(蔘滑散) 257, 461
삼황석고가정엽탕(三黃石膏加檉葉湯) 127, 393
삼황석고탕(三黃石膏湯) 133, 194, 239, 453
삼황환(三黃丸) 206, 209, 210, 212, 242, 287, 290, 393
상아산(象牙散) 218, 446
상주(尙州) 565
상초약 498
상한곡서(傷寒縠黍) 236
상한론(傷寒論) 34
상한병(傷寒病) 43, 359, 379
상한병(傷寒病)의 얼룩점 236
상한부(傷寒賦) 268
상회황금탕(上蛔黃芩湯)→황금반하탕(黃芩半夏湯)
생기산(生肌散) 221, 447
생맥산(生脈散) 317, 491
생서지황탕(生犀地黃湯) 217, 400
생지황산(生地黃散) 61, 134, 397
생지황탕(生地黃湯) 397
서각석고탕(犀角石膏湯) 503
서각소독음(犀角消毒飲) 240, 250, 457
서각즙(犀角汁) 138
서각지황탕(犀角地黃湯) 139, 146, 164~166, 199, 245, 246, 399
서각해독탕(犀角解毒湯) ① 165, 200, 372
서각해독탕 ② 221, 372
서각해독화담청화환(犀角解毒化痰淸火丸) 165, 177, 425

서강월조(西江月調) 45
서강월증치가(西江月證治歌) 341
서래감로음(西來甘露飮) 138, 145, 184, 195, 433
서신(西神) 360
서용선(徐用宣) 35, 68, 86, 168, 193, 204, 307, 343
서이정(徐爾貞) 37
서하류(西河柳) 97, 98
석고육합탕(石膏六合湯) 240, 452
석고탕(石膏湯) 238, 452
석명(釋名) 349
석해(石蟹) 317
선독발표탕(宣毒發表湯) 117, 141, 370
선방(仙方) 546
선풍산(宣風散) 110, 271, 427
설기(薛己) 35, 60~62, 140, 252, 257, 305, 306, 343, 407~409, 459, 460
설기방(薛己方) 437, 459, 461, 466, 474, 485, 489
설문해자(說文解字) 349
설부(說郛) 548, 555
설사(泄瀉) 200
섭상항(聶尙恒) 37, 69, 83, 90, 95~99, 103, 111, 117, 119, 132, 148, 157, 196, 208, 252, 260, 267, 269, 278, 282, 285, 299, 312, 340, 341, 411, 468, 469, 479
섭상항방(聶尙恒方) 370, 411, 424, 449, 468, 469, 479
성무기(成無己) 309, 485
성성산(惺惺散) 41, 58, 110, 140, 368
성위령산(聖胃苓散) 48
성질이 찬 약 358
성호사설(星湖僿說) 76, 78, 86, 126
세간명목산(洗肝明目散) 299, 475

세심산(洗心散) 221, 436
세의심법(世醫心法) 36
소갈탕(蘇葛湯) 112, 113, 366
소계(苕溪) 527
소계어자(苕溪漁者)→정약용(丁若鏞)
소군서(蕭君瑞) 359
소내(苕溪) 27
소내(苕川) 541
소녀(素女) 42
소독보영단(消毒保嬰丹) 339, 438
소독산(消毒散) 118, 119, 123, 318, 327, 376
소독음(消毒飮) 61, 117, 124~126, 147, 151, 180, 375
소독탕(消毒湯)→내탁소독탕(內托消毒湯)
소무비산(小無比散) 123, 143, 178, 410, 426
소반(消斑) 352
소반청대음(消斑靑黛飮) 239, 456
소사음(疎邪飮) 113, 367
소승기탕(小承氣湯) 246, 323, 453
소시호탕(小柴胡湯) 58, 61, 137, 145, 178, 246, 272, 295, 302, 394
소아두진방론(小兒痘疹方論)
소아방(小兒方) 34
소아의성(小兒醫聖) 48
소아직결(小兒直訣) 34
소요산(逍遙散) 302, 480
소원방(巢元方) 307
소원해독탕(溯源解毒湯) 251, 457
소진(瘙疹) 251
소충전(掃蟲煎) 308, 487
소풍산(消風散) 223, 240, 248, 297, 460
소풍해독산(消風解毒散)→형방패독산(荊防敗毒散)
소학(小學) 562

소합원(蘇合元) 545
소합환(蘇合丸) 174, 201, 232, 440
소해산(蘇解散) 286, 479
속방(俗方) 449, 489~491
속집(續集) 558
손쌍천(孫雙泉) 430
손일규(孫一奎) 37, 63, 70, 71, 73, 78, 89, 102, 104, 109, 116, 118, 125, 131, 134, 135, 138, 139, 143, 145, 152, 155, 158, 160, 161, 163, 166, 168, 171, 177, 180, 181, 184, 187, 188, 190, 195, 196, 202, 207, 212, 216, 219, 220, 222, 232, 300~304, 311, 314, 341, 376, 382, 385, 393, 400, 401, 408, 426, 431, 433, 434, 437, 445, 473, 474, 475, 479, 480, 481
손일규방(孫一奎方) 364, 371, 372, 376, 380, 385, 389, 391, 392, 399~401, 417, 426, 430, 433~435, 437, 445, 473~475, 478~481
송 고종(宋高宗) 551
송영구(宋英耉) 554
송의숙(宋誼叔) 549
송인(宋寅) 554
송 효종(宋孝宗) 559
쇄금부(碎金賦) 39
수독전(搜毒煎) 133, 368
수두(水痘) 56, 235, 256, 547
수마(水摩) 557
수묘(水苗) 510, 519, 525
수사류(垂絲柳) 98, 355
수수잡록(隨手雜錄) 551
수진소아방(袖珍小兒方) 35
술의 약효 평론 328
숭애존생서(嵩崖尊生書) 37, 171, 344
승갈작약탕(升葛芍藥湯) 365

승갈화반탕(升葛化斑湯) 119
승기탕(承氣湯) 290, 298, 453, 562
승마갈근탕(升麻葛根湯) ① 58, 88, 108, 109, 112, 113, 124, 125, 130, 131, 144, 222, 247, 363, 365
승마갈근탕(升麻葛根湯) ② 364
승마별갑탕(升麻鱉甲湯) 238, 239, 452
승마소독탕(升麻消毒湯) 318, 319, 489
승마육합탕(升麻六合湯) 240, 452
승마자초탕(升麻紫草湯) 118
승마탕(升麻湯)→승마갈근탕(升麻葛根湯) ①
승마택사탕(升麻澤瀉湯) 207, 408
승마투반탕(升麻透斑湯) 117, 382
승마해독탕(升麻解毒湯) 88, 372
승해산(升解散) 140, 424
시갈계지탕(柴葛桂枝湯) 336, 489
시갈전(柴葛煎) 366
시귀음(柴歸飮) 113, 364, 366
시두(時痘) 517
시령론(時令論) 538
시령탕(柴苓湯) 61, 145, 205, 246, 323, 395
시묘(時苗) 512, 515, 520, 522, 526
시평탕(柴平湯) 233, 395
시호귤피탕(柴胡橘皮湯) 121, 123, 189, 205, 395
시호맥문산(柴胡麥門散) 144, 408
시호사물탕(柴胡四物湯) 139, 148, 218, 219, 397
시호청열음(柴胡淸熱飮) 144, 493
신기질(辛棄疾) 551
신두법(神痘法) 511, 563
신묘(信苗) 520
신방(神方) 552
신보환(神保丸) 326, 495

신수혈(腎兪穴) 544
신의(神醫) 573
신이화(辛夷花) 556
신증동국여지승람(新增東國輿地勝覽) 556
십기산(十奇散)→십선산(十宣散)
십미강활산(十味羌活散)→강활산(羌活散)
십선산(十宣散) 185, 293, 430, 482
십선탕(十仙湯) 147, 430
십선혈(十宣血) 54
십신탕(十神湯) 316, 491
12경맥(經脈) 532
십전대보탕(十全大補湯) 153, 254, 255, 272, 293, 300~304, 415
십전산(十全散) 185
십전산(十全散)→십선산(十宣散)
쌍해산(雙解散) 134, 255, 404

ㅇ

아교산(阿膠散) 41
아다산(兒茶散) 186, 187, 434
아미산(峨帽山) 509
아위적괴환(阿魏積塊丸) 314, 478
악성 종기 220
안문사요기(安文思要紀) 558
안식유(安息油) 561
안식향(安息香) 560
안신환(安神丸) 40, 195, 196, 285, 331, 440
안충산(安蟲散) 306, 308, 486
안태산(安胎散) 303, 480
애원영(艾元英) 501
야인건(野人乾) 330, 331, 335
약로기(藥露記) 558
약을 논함 326
약을 쓸 때의 경계 94
약천집(藥泉集) 86

양격산(涼膈散) 497, 502
양격소독음(涼膈消毒飲) 186, 493
양기(陽氣) 539
양독(陽毒) 237, 353
양독발반(陽毒發斑) 239, 353
양독승마탕(陽毒升麻湯) 238, 243, 451
양비개위음(養脾開胃飲) 233
양비탕(養脾湯) 174, 418
양비환(養脾丸) 282, 469
양사영(楊士瀛) 34, 249, 250
양아만필(養痾漫筆) 558
양영탕(養榮湯) 120, 130, 401
양영탕(養榮湯)→익영탕(益榮湯)
양의학(洋醫學) 575
양중전(養中煎) 291, 470
양진고(養眞膏) 183, 223, 420
양혈양영전(涼血養榮煎) 133, 401
양혈지황탕(涼血地黃湯) 310, 473
양혈해독탕(涼血解毒湯) 301, 473
양혈화반탕(養血化斑湯) 130, 382
어어리나모여름 556
여러 가지 학설 335
여성산(如聖散) 303, 480
여학(癘虐) 352
역경(易經) 529
역로방(易老方) 392
연교생지음(連翹生地飲) 40, 223, 398
연교탕(連翹湯)→대연교음(大連翹飲)
연석서여환(連石薯蕷丸) 409
연수서(延壽書) 547
연희요(年希堯) 38, 119
연희요방(年希堯方) 495
열의 조짐 141
엽계(葉桂) 497
엽소옹(葉紹翁) 551
엽충환(獵蟲丸) 308, 487

영양각산(羚羊角散) 233, 446
영진(影疹) 124
영초단(靈草丹) 463
영해보감(嬰孩寶鑑)→박제영해보서(博濟嬰孩寶書)
예기(禮記) 352, 528
옛날 의사 339
오겸(吳謙) 37, 68, 526
오경차(五更茶) 482
오교(吳橋) 503
오군자전(五君子煎) 206, 291, 308, 414
오동원(吳東園) 35
오령산(五苓散) 146, 147, 170, 189~191, 195, 199~201, 209, 224, 282, 289~291, 411
오매환(烏梅丸) 309, 310, 358, 484
오미자탕(五味子湯) 61
오석진(惡石疹) 349
오약순기음(烏藥順氣飮) 248, 458
오온단(五瘟丹) 77, 438
오온단(五瘟丹)→대천선화환(代天宣化丸)
오운육기(五運六氣) 75, 344, 346~348
오장(五臟) 529, 531~533, 566, 569
오적산(五積散) 114, 431
오피탕(五皮湯) 224, 295, 435
오학손(吳學損) 37, 66, 135, 154, 280, 294, 343, 475
오학손방(吳學損方) 475
오행(五行) 529
오호탕(五虎湯) 126, 176, 381, 427
옥분산(玉粉散) 256, 463
옥쇄시(玉鎖匙)→옥약시(玉鑰匙)
옥약시(玉鑰匙) 184, 445
옥온(獄瘟) 350
온경환(溫驚丸) 41, 442
온분박법(溫粉撲法) 272, 465

온위음(溫胃飮) 206, 291, 308, 310, 313, 419
온장환(溫臟丸) 306, 308, 314, 470
온중익기탕(溫中益氣湯) 286, 468
옹종(癰腫) 28
옹중인(翁仲仁) 36, 43, 81, 102, 117, 125, 134, 139, 151, 172, 182, 210, 216, 253, 343, 477
옹중인방(翁仲仁方) 419
완(碗) 556
왕계선(王繼先) 551
왕공(王鞏) 551
왕긍당(王肯堂) 37, 64, 74, 84, 89, 96, 98, 108, 113, 116, 122, 137, 143, 144, 150, 158, 160, 163, 167, 173, 176, 181, 185, 188, 198, 207, 212, 225, 232, 244, 249, 258, 305, 341, 384, 385, 410, 459, 464, 472, 478, 501
왕긍당방(王肯堂方) 365, 373, 377, 384, 386, 390, 403, 407, 410, 432, 434, 447, 459, 461, 464, 471, 478
왕기(汪機) 36, 500
왕단(王旦) 509
왕빈호(王賓湖) 35
왕세정(王世貞) 553
왕씨갈근탕(王氏葛根湯) 151, 191, 192, 364
왕씨사령산(王氏四苓散) 224, 411
왕씨소풍산(王氏疎風散) 436
왕씨쌍해산(王氏雙解散) 127, 222, 229, 405
왕씨오령산(王氏五苓散) 223, 412
왕씨원해산(王氏元解散) 218, 405
왕인우(王仁宇) 229
왕호고(王好古) 34, 56, 57, 59, 60, 118, 343, 344, 539

외감론(外感論) 531
외대비요(外臺秘要) 312
외사씨(外史氏) 572
용뇌고(龍腦膏) 285, 465
용담사간탕(龍膽瀉肝湯) 299, 474
용봉산(龍朋散) 217, 223, 447
우단(虞搏) 35, 248
우리고(牛李膏) 271, 465
우리 나라 풍습 316
우선단(遇仙丹) 308, 481
우옹공(虞雍公) 552
우전차(雨前茶) 556
우황고(牛黃膏) 319, 320, 328, 331, 332, 335, 491
우황사심탕(牛黃瀉心湯) 334, 491
우황양격환(牛黃涼膈丸) 322
우황청심환(牛黃淸心丸) 110, 323, 439
우황포룡환(牛黃抱龍丸)→포룡환(抱龍丸)
운두진(雲頭疹) 255, 462
운양귀작탕(鄖陽歸芍湯) 406
울금퇴화단(鬱金退火丹) 445
웅황산(雄黃散) 216, 217, 445
웅황태산(雄黃兌散) 311, 487
원구(袁句) 304, 500
원달(元達) 552
원두표(元斗杓) 553
원병식(原病式) 34
원사(元史) 359
원수주(芫荽酒) 434
원시(遠視) 540
원증(原證) 63, 317
원탁(元鐸) 554
원황(元鎤)→원탁(元鐸)
위관전(胃關煎) 206, 420
위령탕(胃苓湯) 224, 295, 296, 413
위성류(渭城柳) 98

위역림(危亦林) 34, 248, 256, 458, 460, 462
위역림방(危亦林方) 458, 460, 462
위직(魏直) 36, 253
유계영(兪季英) 360
유과요략(幼科要略) 497
유과유췌(幼科類萃) 35
유과준승(幼科準繩) 37
유대정(兪大楨) 554
유동고(兪東皐) 36
유맹문(劉孟門) 126
유방(劉昉) 35
유순(劉純) 539
유양잡조(酉陽雜俎) 560
유완소(劉完素) 34, 58, 211, 429, 502, 536
유유신서(幼幼新書) 35
유의(儒醫) 341
유향(乳香) 560
유화산(柳花散) 301, 479
유희(劉熙) 349
육경(六經) 532
육군자탕(六君子湯) 190, 294, 414
육기론(六氣論) 528, 574
육기음(六氣飮) 128, 277, 416
육물전(六物煎) 128, 402
육미소독음(六味消毒飮) 247, 377
육미지황환(六味地黃丸) 233, 398
육미탕(六味湯)→육미지황환(六味地黃丸)
육미회양음(六味回陽飮) 277, 468
육부(六腑) 532, 566, 569
육씨(陸氏) 211
육양맥(六陽脈) 532
육음맥(六陰脈) 532
육일산(六一散) 133, 141, 142, 146, 168, 180, 188, 190~195, 197, 200, 202,

205~208, 210, 211, 223, 245, 246, 319, 323, 336, 429
윤선도(尹善道) 553
윤회주(輪回酒) 554
윤휴(尹鑴) 572
은진(癮疹) 354
을미년(1775) 316, 330, 347~349, 360, 361
을미신전(乙未新詮) 38
음기(陰氣) 539
음식(食) 171
음식의 경계 330
의령(醫零) 528
의방활투(醫方活套) 573
의사 339
의생(醫生) 510
의서(醫書) 341, 342, 345, 350, 352, 537, 550
의술(醫術) 562
의약(醫藥) 26
의종금감(醫宗金鑑) 37, 507, 509, 511~526
의종서론(醫宗緖論) 55
의학(醫學) 562
의학(醫學)에 대하여 562
의학입문(醫學入門) 35, 343, 351
의학정전(醫學正傳) 35
의회(醫匯) 37
이각황룡산(二角黃龍散) 494
이견지(夷堅志) 552
이경화(李景華) 38, 318, 319, 321, 325, 327, 330, 331, 573
이경환(利驚丸) 334, 492
이고(李杲) 34, 59, 60, 114, 249, 343, 359, 361, 539, 575
이규준(李圭晙) 573
이기양(李基讓) 526, 548, 563

이덕무(李德懋) 556
이롱(耳聾) 558
이망산(二望散) 186, 430
이모산(二母散) 178, 430
이삼환(李森煥) 323
이선탕(二仙湯) 126, 192, 430
이성산(二聖散) 521
이수광(李睟光) 554
이시진(李時珍) 37, 342
이실(李實) 36
이씨패독산(李氏敗毒散) 117, 375
이아주(爾雅注) 556
이언문(李言聞) 36
이영규(李永逵) 557
이음(二陰) 553
이음전(理陰煎) 308, 313, 470
이정(李挺) 554
이정운(李鼎運) 541
이제마(李濟馬) 573
이제방(李齊芳) 43
이제현(李齊賢) 556
이종인(李鍾仁) 526, 565
이준(李準) 570
이중식(李重植) 360
이중탕(理中湯) 201, 225, 231, 271, 288, 291, 298, 308~310, 335, 358, 422
이증(裏證) 43
이증론(裏證論) 533
이진탕(二陳湯) 182, 278, 472, 548
이질(痢疾) 206
이집(李㙫) 355
이천(李梴) 35, 65, 68, 82, 102, 105, 112, 129, 235, 236, 239, 243, 245~248, 250, 256, 343, 415, 418, 454~457, 461, 462
이천방(李梴方) 366, 375, 415, 418,

451~456, 461, 462, 490
이철환(李嚞煥) 570
이총억(李寵億) 563
이폐양(李蔽陽) 544
이피삼육탕(二皮三肉湯) 325, 448
이해수(李海壽) 554
이헌길(李獻吉) 26, 27, 38, 74, 76, 85, 87, 90, 92~94, 96~99, 101, 105, 108, 114, 118, 120~123, 126, 127, 130, 133~138, 140, 142, 143, 145, 147, 151~154, 159, 161, 162, 164, 165, 168, 170, 172, 174, 176, 178, 182, 183, 186, 187, 190, 192~195, 198~200, 206, 208, 209, 214, 217, 219, 221~224, 226~234, 254, 319, 325, 327~329, 332, 333, 335~338, 340, 344, 347, 348, 352, 357, 358, 361, 365, 371, 376, 386, 388, 389, 393~395, 404, 409, 410, 413, 422, 428, 435, 448, 570~572
이헌길방(李獻吉方) 363~365, 371, 373, 376, 378~380, 383, 384, 387, 388, 392, 395~401, 403~405, 407, 410~413, 418, 419, 422, 423, 425, 431, 432, 434, 436, 443, 446, 448, 473, 495
이헌길(李獻吉)의 인술(仁術) 570
이화사천(二火司天) 347
이황즙(二黃汁) 325, 495
이후생(李厚生) 570
익영탕(益榮湯) 130, 400
익원산(益元散) 383, 404
익원산(益元散)→육일산(六一散)
익황산(益黃散) 282, 296, 469
인동차(忍冬茶) 170
인면창론(人面瘡論) 540

인삼강활산(人蔘羌活散) 253, 459
인삼맥문산(人蔘麥門散) 275, 407, 469
인삼백출산(人蔘白朮散)→삼령백출산(蔘苓白朮散)
인삼백호탕(人蔘白虎湯) ① 88, 120, 144, 145, 160, 166~170, 180, 201, 275, 321, 380
인삼백호탕(人蔘白虎湯) ② 131, 239, 381
인삼청격산(人蔘淸膈散) 180, 389
인삼청폐음(人蔘淸肺飮) 135, 281, 475
인삼패독산(人蔘敗毒散) 40, 117, 131, 140, 289, 374, 426
인재직지(仁齋直指) 34
인재직지방(仁齋直指方) 485
인중(人中) 553
인중백(人中白) 156, 217
인중황(人中黃) 332, 333, 361
인증(因證) 160, 321
일통지(一統志) 561
임(任) 500
임서봉(任瑞鳳) 38, 318, 322, 324, 325, 328, 329, 330~332
임신년(1752) 317, 347~349, 360
임신진역방(壬申疹疫方) 38, 60
임증지남의안(臨證指南醫案) 497

ㅈ

자오(子午) 402
자완(磁椀) 550
자이(資異) 259
자초음(紫草飮) 296, 481
작인중황법(作人中黃法) 450
잡론(雜論) 360
잡설(雜說) 543
장개빈(張介賓) 33, 37, 64, 65, 70, 71, 74, 84, 96, 100, 105, 107, 113, 114,

117, 128, 130, 132, 133, 140, 144, 147, 150, 158, 162, 171, 173, 178, 179, 182, 203~205, 213, 233, 235, 243~247, 254, 257, 261, 263~265, 272, 274, 276, 291, 298, 300, 306~309, 311~313, 342, 343, 351, 360, 364, 367, 371, 374, 375, 377, 379, 380, 384, 385, 387, 388, 390, 392, 398, 399, 402, 407, 408, 409, 413, 414, 416, 417, 419, 420, 424, 426, 428, 429, 430, 431, 435, 437, 441, 445, 466, 467, 468, 470, 471, 474, 479, 482~485, 487, 488, 502, 533, 534, 536, 538, 539, 556, 575

장개빈방(張介賓方) 363, 366~368, 373, 374, 376~378, 380, 382, 385, 387, 390, 392, 394~396, 399, 401, 402, 407, 408, 413, 414, 416, 417, 419, 420, 423, 424, 430, 431, 433, 435~437, 441, 445, 446, 454, 466~471, 479, 481~487, 491

장기(張機) 34, 309, 310, 358, 359, 394, 400, 474

장기(長髻) 565

장기방(張機方) 394, 474, 484

장세남(張世南) 553

장손(臧孫) 349

장양신(蔣良臣) 501

장원소(張元素) 34, 55, 57, 343

장자(莊子) 53

장종법(漿種法) 511

장태소(張太素) 553

저령탕(猪苓湯) 40, 207, 413

저마잠주(苧麻蘸酒) 115, 121

저미고(猪尾膏) 319, 323, 334, 448

저백환(樗白丸) 323, 491

저포도법(猪胞導法) 450

적량(翟良) 31, 32, 37, 70, 72, 92, 102, 117, 128, 132, 252, 259, 260, 265~267, 270~273, 275, 278, 279, 281, 283~285, 287, 289, 290, 292, 293, 295, 297~299, 340, 363, 364, 370, 374, 380, 387, 394, 396, 399, 405, 407, 411~414, 416, 418, 422, 425~429, 431, 433, 435, 440, 443, 466, 469, 472, 473, 475, 476, 479, 481, 489

적량방(翟良方) 365, 368, 387, 394, 396, 399, 404, 411, 413, 422, 435, 448, 466, 472, 475, 476, 488

적류(赤瘤) 115, 121, 250

적백리(赤白痢) 386

적수현주(赤水玄珠) 37, 341

적유단(赤游丹) 250

적창(赤瘡) 64

전씨(錢氏) 83, 103, 106, 117, 125, 128, 130, 133, 138, 141, 143, 150, 164, 169, 177, 185, 187, 189, 192, 194, 203, 208, 250, 308, 486

전씨감로음(錢氏甘露飮) 185, 186, 218, 221, 293, 294, 432

전씨방(錢氏方) 370, 486, 493~495

전씨아교산(錢氏阿膠散) 416

전씨이공산(錢氏異功散) 41, 306, 416

전약설(煎藥說) 542

전유심감(全幼心鑑) 35

전을(錢乙) 34, 56, 58, 343

전호감초탕(前胡甘草湯) 258, 459

전호지각탕(前胡枳殼湯) 61, 198, 246, 408

전홍환(剪紅丸)→묘응환(妙應丸)

점진(墊疹) 252

정(䟸) 98

정력환(葶藶丸) 48
정망이(鄭望頤) 38, 515, 526
정신봉(程晨峰) 36, 101, 157, 343
정씨종두방(鄭氏種痘方) 38, 507, 508, 510, 512, 514, 517~521, 523, 526
정약용(丁若鏞) 27, 351, 526, 529, 530, 539, 541
정엽산(檉葉散) 122
정원음(貞元飲) 179, 401
정전갈근탕(檉前葛根湯) 122, 176, 365
정조(正祖) 565
정중탕(定中湯) 136, 154, 230, 281, 422
정진(正疹) 65, 351, 352
정진자(正疹子) 64
정해년(1707) 347, 355
정향비적환(丁香脾積丸) 287, 288, 289, 468
정협(鄭協) 554
정형(程迥) 551
정효산(程曉山) 220
제감묘산(除疳妙散) 48
제량론(劑量論) 537, 575
제세양방(濟世良方) 36
제중신편(濟衆新編) 573
조광조(趙光祖) 572
조두사(罩痘痧) 252
조두진(罩痘疹) 252
조맹부(趙孟頫) 553
조변백상환(棗變百祥丸) 298, 478
조야첨재(朝野僉載) 555
조열(潮熱) 557
조엽(趙燁) 36, 119
조엽방(趙燁方) 382
조원건비보폐탕(調元健脾補肺湯) 149, 203, 219, 421
조원탕(調元湯) 40, 41, 271, 272, 298, 423
조위산(調胃散) 419
조위승기탕(調胃承氣湯) 237, 454
조자(瘄子) 63, 497
조정준(趙廷俊) 38, 316, 318, 319, 321~323, 326, 333~335, 344, 492
조정준방(趙廷俊方) 488, 490~492
조중익기탕(調中益氣湯) 243, 454
조중탕(調中湯) 172, 238, 239, 243, 421, 454
조진(趙溍) 558
조진미(趙進美) 31, 340
조태산(罩胎散) 303, 480
조헌영(趙憲泳) 573
종두(種痘) 506, 509, 511, 520
종두법(種痘法) 546, 563
종두법(種痘法)에 대하여 563
종두심법 요지(種痘心法要旨) 506
종두요지(種痘要旨) 526
종묘(種苗) 512
종사(種師) 510
종지(鐘) 550
종창(腫脹) 220
좌비창(座痹瘡) 256
주굉(朱肱) 34, 239, 248
주권(朱權) 35, 248
주도(州都) 43
주례(周禮) 554
주마아감(走馬牙疳) 48, 447
주발(椀) 550
주씨소독음(朱氏消毒飲) 119, 376
주씨황금탕(朱氏黃芩湯)→황금탕(黃芩湯) ③
주작(朱雀) 43
주지암(朱之黯) 37, 78, 117, 132, 163, 169, 174, 185, 188, 195, 198, 212,

217, 219, 223, 237, 250, 342, 365, 368, 371, 372, 375, 376, 381, 392, 399, 404, 410, 418, 427, 431, 433, 439, 463, 464
주지암방(朱之黯方) 373, 375, 384, 392, 399, 407, 409, 410, 426, 428, 431, 443~445, 451, 463, 464, 476
주진형(朱震亨) 34, 58, 242, 243, 305, 307, 312, 343, 358
죽여석고탕(竹茹石膏湯) 188, 189, 207, 321, 392
죽엽석고탕(竹葉石膏湯) 169, 170, 176, 393
준승황금탕(準繩黃芩湯)→비전황금탕(秘傳黃芩湯)
중악(中惡) 232
중초약 499
증상을 논함 355
지봉유설(芝峰類說) 350
지실주(枳實酒) 248, 462
지연조법(紙撚照法) 449
지황탕(地黃湯) 397
진(疹) 64, 497
진개두(疹蓋痘) 66
진과치법강(疹科治法綱) 37, 342
진독증치가(疹毒證治歌) 49, 53
진몰(疹沒) 353
진문중(陳文中) 34, 56, 257, 343, 467
진사오령산(辰砂五令散) 411
진씨목향산(陳氏木香散) 276, 291, 296, 298, 466
진씨이공산(陳氏異功散) 298, 466
진인양장탕(眞人養臟湯) 41, 420
진자(疹子) 56, 63, 64
진증선요방(疹症選要方) 502
진창(疹瘡) 503

진창미탕(陳倉米湯) 387, 418
진출(疹出) 353
진피산(秦皮散) 299, 484
진피오령산(陳皮五苓散)→위령탕(胃苓湯)
집고(集古) 551

ㅊ

차아산(搽牙散) 293, 488
참위가(讖緯家) 530
창류(瘡瘤) 250
창름(倉廩) 43
창름산(倉廩散) 324, 490
창이환(蒼耳丸) 464
채유번(蔡維藩) 66
천금감로음(千金甘露飮)→전씨감로음(錢氏甘露飮)
천금맥문탕(千金麥門湯) 490
천금요방(千金要方)→비급천금요방(備急千金要方)
천수산(天水散) 383
천수산(天水散)→육일산(六一散)
천연두(天然痘) 31, 32, 507, 509~511, 514~526, 563
천연두 구슬진이 잘 내돋지 못함 270
천연두로 말미암은 배아픔 287
천연두 병독의 열 259
천연두와 대변·소변 289
천연두와 별개의 증상 297
천연두와 부인 300
천연두와 회충 304
천연두의 가려움 281
천연두의 곪는 증세 292
천연두의 기침과 숨참 275
천연두의 목안 278
천연두의 번조·헛소리·경련 284
천연두의 부풀고 부음 295

천연두의 피가 섞인 땀과 갈증 272
천연두의 허증과 실증 261
천연두 치료법 264
천을환(天乙丸) 323, 492
천포창(天泡瘡) 350
청금강화탕(淸金降火湯) 175, 181, 186, 187, 391
청금영소탕(淸金寧嘯湯) 177, 494
청금음(淸金飮) 321, 490
청기산(淸肌散) 460
청기화독음(淸氣化毒飮) 177, 493
청동(靑童) 42
청량건비산(淸涼健肥散)→비전별갑탕(秘傳鼈甲湯)
청량음(淸涼飮) 61
청련국로탕(靑蓮國老湯) 150
청서육화탕(淸暑六和湯) 539
청수마(淸水摩) 557
청심환(淸心丸) 545
청양음(淸揚飮) 176, 427
청열도체탕(淸熱導滯湯) 149, 208, 212, 424
청열제감환(淸熱除疳丸) 219, 438
청위음(淸胃飮) 215, 216, 218, 338, 419
청위패독산(淸胃敗毒散) 220, 375
청폐감길탕(淸肺甘桔湯) 182, 391
청폐산(淸肺散) 389
청폐소독탕(淸肺消毒湯) 150, 378
청폐소독화담탕(淸肺消毒化痰湯) 150, 182, 183, 378
청폐신단(淸肺神丹) 48
청폐음(淸肺飮) ① 180, 181, 221, 389
청폐음 ② 150, 390
청폐탕(淸肺湯) 178, 180, 390
청해산(淸解散) 479
초매탕(椒梅湯) 230, 434

초씨시호사물탕(楚氏柴胡四物湯)→시호사물탕(柴胡四物湯)
초열(初熱) 108
초자(醋子) 64
촌·관·척 568, 569
촌맥(寸脈) 566
총백탕(葱白湯) 167~169
총훈법(葱薰法) 120, 495
추(鄒) 502
추신음(抽薪飮) 299, 310, 484
추연(鄒衍) 530
추충환(追蟲丸) 312, 486
춘추좌씨전(春秋左氏傳) 349
춘택탕(春澤湯) 61
출장기(出張記) 549
출험(出險) 120
취구단(吹口丹) 293, 488
치두시충가(治痘屎蟲歌) 304
치련이진탕(梔連二陳湯) 282, 472
치료법 79
치자대청탕(梔子大靑湯) 239, 455
치자인탕(梔子仁湯) 243, 455
치진대법(治疹大法) 37
칠물승마환(七物升麻丸) 123, 365
칠미안신환(七味安神丸)→안신환(安神丸)
칠정(七情) 533
침음창(浸淫瘡) 75

ㅌ

탁리산(托裏散) 423
탄산론(吞酸論) 535
탈갑산(脫甲散) 78, 494
탈명단(奪命丹) 41, 442
탑기환(塌氣丸) 296, 465
탕액편(湯液篇) 538
탕약(湯藥) 542

탕형(湯衡) 35
태독(胎毒) 43, 49, 67, 68
태류(胎瘤) 250
태을신명단(太乙神明丹) 316, 488
태평두(太平痘) 510
태화환(太和丸) 503
통관산(通關散)→팔정산(八正散)
통성산(通聖散) 41, 58, 237, 249, 368
퇴화단(退火丹) 195, 223, 444
투반화중탕(透斑和中湯) 203, 423
투사전(透邪煎) 113, 130, 367

ㅍ

팔미탕(八味湯) 562
팔십일론(八十一論) 36
팔정산(八正散) 199, 258, 271, 273, 290, 428
팔진탕(八珍湯) 233, 302~304, 416
패독산(敗毒散)→인삼패독산(人蔘敗毒散)
패방(浿方) 318, 319, 323, 324, 331, 489
패포산(敗蒲散) 272, 464
평범한 의사 345
평위산(平胃散) 61, 202, 276, 288, 413, 418
포룡환(抱龍丸) ① 41, 441
포룡환(抱龍丸) ② 196, 287, 297, 441
표증(表證) 43, 533
풍시혈(風市穴) 551
풍씨천화산(馮氏天花散) 280, 478
풍조장(馮兆張) 38, 103, 104, 149, 204, 217, 218, 222
풍진(風疹) 244
풍창(風瘡) 156
피(血) 163
필자탕(筆煮湯) 249

ㅎ

하간양격산(河間涼膈散) 41, 122, 137, 164, 173, 175, 179, 183, 197, 206, 215, 218, 245, 320, 388
하법(下法) 57
하소군(賀少君) 127
하수오(何首烏) 554
하초약 499
하회황금탕(下蛔黃芩湯)→황금탕(黃芩湯) ③
학록(學錄) 560
학정단(鶴頂丹) 151, 494
한광부(韓光傅) 545, 546
한리(寒痢) 559
한묘(旱苗) 510, 525
한무(韓懋) 35, 77
한생원(韓生員) 545, 546
한씨의통(韓氏醫通) 35, 77, 438
한의학(漢醫學) 576
한의학상(漢醫學上)으로 본 다산 의학의 특색 573
합제(合劑) 363, 403, 451, 493
해독도적산(解毒導赤散) 209, 425
해독방풍탕(解毒防風湯) 240, 457
해독백호탕(解毒白虎湯)→백호해독탕(白虎解毒湯)
해독연교탕(解毒連翹湯)→대연교음(大連翹飲)
해독쾌반탕(解毒快斑湯) 117, 382
해독탁리산(解毒托裏散) 223, 293, 473
해독탕(解毒湯) 61
해독탕(解毒湯)→황련해독탕(黃連解毒湯) ①
해독화체탕(解毒化滯湯) 173, 424
해방(海方) 317, 328

해소(咳嗽) 275
향귤환(香橘丸)→향련환(香連丸)
향련환(香連丸) 47, 49, 208, 211, 212, 386
향록(香錄) 560
허신(許愼) 349
허실론(虛實論) 534
허의후(許儀後) 556
허자옹(許子翁) 361
허준(許浚) 38, 66, 74, 75, 112, 148, 159, 169, 316, 321, 344, 348, 350, 352, 360, 489, 538, 556, 573
허준방(許浚方) 380, 393, 489, 491
헛구역(乾嘔) 281
혁희(赫曦) 347
현무(玄武) 43
현삼승마탕(玄蔘升麻湯) 61, 186, 187, 238, 241, 247, 451
현삼양격산(玄蔘涼膈散) 320, 489
현삼지황탕(玄蔘地黃湯) 153, 163, 273, 398
현삼해독탕(玄蔘解毒湯) 133, 373
혈리(血痢) 156
협반(夾斑) 137, 252
협진(夾疹) 252, 253
형개탕차(荊芥湯茶) 460
형방감초탕(荊防甘草湯) 118, 410
형방패독산(荊防敗毒散) 88, 93, 119, 124, 125, 134, 238, 374, 460
형방해독산(荊防解毒散) 493
호구자(胡韭子) 555
호도송(胡道松) 93
호마산(胡麻散) 248, 462
호박포룡환(琥珀抱龍丸)→포룡환(抱龍丸) ②
호수(胡荽) 355

호수주(胡荽酒) 115, 116, 118, 121~123, 125, 175, 176, 271, 336, 433
홍사창(紅絲瘡) 251
홍씨(洪氏) 317, 320
홍안상한(紅眼傷寒) 236
홍역(紅疫) 26~28, 32, 63, 66, 243, 352
홍역의 주기 연도 348
홍역 치료 개요(槪要) 60, 61
홍준(洪遵) 489
홍준방(洪遵方) 489
화개산(華蓋散) 497
화닉환(化䘌丸) ① 195, 215, 217, 218, 226, 227, 229, 230, 234, 304, 338, 443
화닉환 ② 216, 443
화독청표탕(化毒淸表湯) 132, 144, 370
화반탕(化斑湯) ① 40, 41, 47, 61, 112, 121, 124, 137, 139, 143, 190, 382
화반탕 ② 131, 134, 135, 143, 189, 238, 241, 320, 382
화반탕(化斑湯)→인삼백호탕(人蔘白虎湯)
화반해독탕(化斑解毒湯) 55, 139, 373
화중탕(和中湯) 189, 421
화충산(化蟲散) 308, 486
화충환(化蟲丸) ① 216, 230, 444
화충환 ② 216, 444
활룡산(活龍散) 322, 449
활명음(活命飮) 61, 253, 459
활유심법(活幼心法) 38, 341
활혈산(活血散) 124, 401
황광회(黃光會) 38
황금반하탕(黃芩半夏湯) 136, 137, 154, 190, 195, 225, 227, 228, 230, 304, 384
황금작약탕(黃芩芍藥湯) 40, 191, 204, 207, 209, 324, 385
황금탕(黃芩湯) ① 136, 209~212, 357, 383, 443

황금탕 ② 207, 209, 210, 231, 383
황금탕 ③ 123, 154, 188, 190, 191, 196, 207, 211, 225, 227, 230, 231, 291, 304, 383
황기건중탕(黃芪建中湯) 243, 288, 289, 455
황련귤피탕(黃連橘皮湯) 238, 458
황련맥문탕(黃連麥門湯) 133, 387
황련안신환(黃連安神丸) 197, 439
황련음닉환(黃連陰䘌丸) 305, 478
황련지모탕(黃連知母湯) 137, 386
황련탕(黃連湯) 61, 160, 385
황련해독탕(黃連解毒湯) ① 40, 90, 121, 132, 141, 142, 144, 146, 147, 153, 160, 164,~167, 174, 183, 186, 190, 192~194, 197, 199~201, 203, 206~210, 223, 225, 232, 246, 247, 320, 326, 327, 337, 370
황련해독탕 ② 88, 91, 371
황련행인탕(黃連杏仁湯) ① 134, 210, 385
황련행인탕 ② 134, 136, 168, 386
황련환(黃連丸) 548
황렴(黃廉) 36, 45, 49~53, 67, 78, 81, 88, 104, 109, 116, 130, 135, 137, 139, 147, 157, 160, 163, 168, 170, 180, 185, 188, 197, 207, 211, 216, 219, 232, 383, 403

황렴방(黃廉方) 371~373, 379, 381~383, 385, 391, 392, 400, 403, 413, 430, 432, 434, 438, 439, 443, 445, 446
황룡산(黃龍散) 217, 446
황보중(皇甫中) 38
황제(黃帝) 26
황제내경(黃帝內經) 70, 74, 75, 109, 159, 256, 274, 276, 283, 290, 294, 412, 501, 529~532, 535, 574
회남자(淮南子) 556
회충(蛔蟲) 225
회충병 357
회충병 증세 치료법 305
후비(喉痺) 558, 559
흑고(黑膏) 238, 247, 248, 456
흑신산(黑神散) 303, 481
흑정(黑疔) 540
흘답(疙瘩) 244
흡곡(歙谷) 556
흥덕왕(興德王) 556
희진사물탕(稀疹四物湯) 316, 317, 328, 490

현실총서 34

麻科會通   검인 생략

2009년 3월 15일 제1쇄 인쇄
2009년 3월 25일 제1쇄 발행

　　　　　　　저　자　丁　　若　　鏞
　　　　　　　역　자　金南一·安相佑·丁海廉
　　　　　　　발행자　丁　　海　　廉
　　　　　　　발행처　現　代　實　學　社

서울시 마포구 공덕동 404번지 풍림빌딩 515호
　　　　　　　　　　　전화 02-703-9815
　　　　　등록번호　1990. 4. 16　제12-386호

ⓒ 金南一·安相佑·丁海廉　　　값 20,000원
ISBN 978-89-86926-38-5

현실총서 목록

현실총서 1   정가 5,500원
韓龍雲散文選集   한용운 저／정해렴 편역   *초판 1991년／420면

제1부 조선불교유신론／제2부 불교정신과 그 개혁운동 : 내가 믿는 불교, 석가의 정신 외 9편／제3부 민족정기와 독립정신 : 조선독립에 대한 感想의 개요 외 13편／제4부 사회와 인생 : 고통과 쾌락, 自我를 해탈하라 외 11편／제5부 人生 歷程 : 나는 왜 중이 되었나, 북대륙의 하룻밤 외 8편／제6부 사회교화와 方便 : 정선강의 채근담(抄), 『黑風』에서, 『薄命』에서／연보.
  *원전을 대조하여『한용운전집』에서 누락된 문장을 보충했다. '정본'으로 인용할 수 있다.

현실총서 2   정가 13,000원
譯註 茶山 孟子要義   정약용 저／이지형 역주   *초판 1994년／611면

『孟子』7편(①양혜왕 ②공손추 ③등문공 ④이루 ⑤만장 ⑥고자 ⑦진심) 260장 가운데 난해하고 주석에 문제가 많은 150장을 다산이 선정하여 이에 대해 '근대적'인 새로운 해석을 해놓은 게『맹자요의』다. 이것을 번역 주석했으며, 매장마다 해설했다.
  *原文을 校註하여 읽기 편하게 하고『여유당전서』에 누락된 부분을 보충했다.

현실총서 3   정가 10,000원
申采浩 歷史論說集   신채호 저／정해렴 편역   *초판 1995년／466면

제1부 단재사학의 출발 : 讀史新論, 조선상고사 총론／제2부 고대사 연구 : 전후 三韓考, 조선 역사상 1천년래 대사건 외 6편／제3부 역사논설 : 조선민족의 전성시대, 舊書刊行論 외 4편／제4부 사회와 혁명 : 일본의 큰 충노 세 사람, 조선혁명선언 외 14편 ／제5부 문학과 소설 : 天喜堂詩話, 용과 용의 대격전 외 2편／연보.
  *원전을 대조하여 잘못을 바로잡고 현대 표기로 고쳤다. '정본'으로 인용할 수 있다.

현실총서 4   정가 15,000원
茶山論說選集   정약용 저／박석무·정해렴 편역   *초판 1996년／556면

제1부 論·說 : 토지제도 개혁의 방향(田論), 신기술 도입에 대하여(技藝論), 풍수 신앙의 허구성, 종두법에 대하여(種痘說), 화성의 성곽제도(城說) 외 24편／제2부 議·箚子·啓 : 호적제도에 대하여(戶籍議), 군포제도의 개혁(身布議), 화폐제도의 개혁, 경기암행어사 보고서 외 9편／제3부 대책·책문 : 문체개혁책, 인재 등용책 외 5편／제4부 疏 : 과거제도 개혁에 대하여 1·2, 사직 상소를 하려 하니 눈물이 앞을 가려 외 2편／제5부 原·辨 : 목민관이란 무엇인가 외 10편／다산논설선집 原文(校註本), 연보, 인명·지명·서명 해설 등.
  *原文을 校註하여 싣고, 자세한 색인이 붙어 있다.

현실총서 5　　　　　*1998년 우수학술도서 선정　　　　　정가 15,000원
茶山文學選集　정약용 저／박석무·정해렴 편역　*초판 1996년／582면
제1부 序·敍 : 목민심서 서, 흠흠신서 서, 방례초본 서 외 18편／제2부 記 : 서석산에 노닐다, 여유당기, 곡산 북쪽의 산수 외 25편／제3부 題·跋 : 정경달의 난중일기, 조선지도를 보고 나서, 택리지를 읽고 나서 외 19편／제4부 遺事·行狀·묘지명·傳 : 번암 채제공의 모습, 나의 삶 나의 길 외 7편／제5부 贈言·家誡 : 문장이란 어떤 물건인가 외 7편／제6부 書 : 두 아들에게 부치노라 1·2·3, 公厚 金履載에게 보낸다 1·2 외 9편／제7부 파리를 조문한다, 강진의 환경과 풍속 외 4편／다산문학선집 原文(校註本), 인명·지명·서명 해설 등
　*원문을 校註하여 싣고, 자세한 색인이 붙어 있다.

현실총서 6　　　　　　　　　　　　　　　　　　　정가 12,000원
安自山 國學論選集　안확 저／최원식·정해렴 편역　*초판 1996년／486면
제1부 문학사론 : 朝鮮文學史／제2부 文學論 : 조선 문학의 기원, 조선 문학의 변천, 고구려의 문학 외 2편／제3부 詩歌論 : 處容考, 時調詩學 외 2편／제4부 역사·음악·미술사론 기타 : 조선사의 개관, 조선 武藝考, 조선음악사, 조선미술사요, 조선문명사(抄), 언문의 기원과 그 가치／자산 안확 선생 연보와 색인이 붙어 있다.
　*자산 '국학'의 정수를 현대 독자들이 쉽게 읽을 수 있도록 했다.

현실총서 7　　　　　　　　　　　　　　　　　　　정가 12,000원
湖岩史論史話選集　　문일평 저／정해렴 편역　　*초판 1996년／450면
제1부 호암의 사론과 역사 탐구 : 史眼으로 본 조선, 담배고, 茶故事 외 5편／제2부 외교사와 역사산책 : 한미관계 50년사(抄), 史外異聞(抄) 외／제3부 예술가와 혁명가 : 역사상에 나타난 예술의 성격(抄), 역사상의 奇人(抄)／제4부 조선의 山水 : 조선의 名山 巨刹, 조선의 名瀑, 동해유기(抄) 외／제5부 역사만필 : 銷夏隨筆, 나의 半生 외 1편／부록 哭湖岩(洪命憙), 연보, 색인 등.
　*발표 원전과 일일이 대조하여 기왕의 오류를 교정했다.

현실총서 8　　　　　　　　　　　　　　　　　　　정가 13,000원
洪起文朝鮮文化論選集 홍기문 저／김영복·정해렴 편역　*초판 1997／431면
제1부 조선문화론 : 朝鮮文化叢話／제2부 조선 역사론 : 역사학의 연구, 3·1운동의 민족사적 의의 외 4편／제3부 국어학과 국문학 : 정음발달사(抄), 박연암의 예술과 사상 외 5편／제4부 서문·서평·기행 기타 : 국어연구의 苦行記, 아들로서 본 아버지(洪命憙), 故園紀行 외 6편／부록 정음발달사 서(金瑢俊), 연보, 색인 등.
　*홍기문이 1947년 北行할 때까지의 저술과 논문, 논설문 등을 정리했다.

현실총서 9   *문화공보부 우수 도서   정가 15,000원
金台俊 文學史論選集   김태준 저／정해렴 편역   *초판 1997년／553면
제1부 增補 朝鮮小說史／제2부 조선문학사론 : 조선문학의 특질, 조선문학의 역사성 외 4편／제3부 조선역사론 : 기자조선변, 진정한 정다산 연구의 길 외 4편／제4부 가요론 : 시조론, 별곡의 연구, 조선 민요의 개념 외 1편／부록 연보, 색인 등.
*발표 원전과 대조하여 바로잡고, 인용 원문을 번역하여 현대 독자들이 읽을 수 있게 했다.

현실총서 10   정가 13,000원
성호사설精選(상)   성호 이익 저／정해렴 편역   *초판 1998년／455면
역사인물지(文) 제1부 한국의 역사인물지 : 단군과 기자, 안시성주 양만춘, 임꺽정과 張吉山, 역관 홍순원 외 73편／제2부 중국과 일본의 역사인물지 : 관중과 포숙, 제갈량의 남방 정벌, 곽박과 이순풍 외 46편／제3부 시가와 문학 : 언어와 문장, 우리 나라 시의 도습, 박연폭포 시 외 55편／부록:인명·서명 해설, 색인.
*『성호사설』 3007항목에서 538항목을 추려낸 첫째권이다.

현실총서 11   정가 13,000원
성호사설精選(중)   성호 이익 저／정해렴 편역   *초판 1998년／463면
역사평론과 역사교훈(史) 제1부 역사 평론과 史實 : 사료에 나타난 성공과 실패, 지나간 역사의 성공과 실패, 역사는 기술하기 어렵다 외 34편／제2부 역사 용어의 고증과 평가 : 건주위 정벌, 과거법과 천거법의 합치, 균전제, 상평법 외 55편／제3부 역사·인문 지리지 : 단군과 기자의 영토, 백두정간, 울릉도 외 32편／제4부 역사의 교훈 : 간관의 직책, 쓸데없는 관직의 혁파 외 32편／부록:인명·서명 해설, 색인.

현실총서 12   정가 13,000원
성호사설精選(하)   성호 이익 저／정해렴 편역   *초판 1998년／415면
역사산책과 교양(哲) 제1부 성현의 교훈과 학문 : 시를 배워야 하는 뜻은, 백성 없는 임금은 없다 외 35편／제2부 인격 수양과 산업 : 독서하는 마음, 선비의 역할 외 34편／제3부 사물의 어원 탐구 : 18반 무예, 언문, 조선의 방언 외 62편／제4부 풍속과 역법 : 경상도 풍속, 사치하는 풍속 외 27편／제5부 문장과 서평 : 서적을 공경하고 아끼자, 정상기의 농포문답, 삼국지연의 외 22편／부록 인명·서명 해설, 색인.

현실총서 13   *2000년 우수학술도서 선정   정가 15,000원
역주 欽欽新書 1 정약용 저／박석무·정해렴 역주   *초판 1999년／422면
제1편 經史要義 : 경서와 사서의 중요한 뜻 1~3 ; 의살(義殺)은 복수하지 못한다, 아들이 아버지의 원수를 갚다, 형제가 죽기를 다투다 외 127항목／제2편 批詳雋抄 : 뛰어난 題詞와 牒報 1~5 ; 장일괴의 자살에 대한 판사, 양청의 뱃사공에 대한 비어(批語) 외 66항목／제3편 擬律差例 : 법률 적용이 틀린 사례 1·2 ; 주범·종범의 구분, 고의 과실의 판단, 웃어른에 대한 범죄 외 92항목／부록 인명·서명 해설, 색인.

현실총서 14　　　*2000년 우수학술도서 선정　　　정가 15,000원
역주 欽欽新書 2 정약용 저/박석무·정해렴 역주　*초판 1999년/375면
제3편 擬律差例(속) : 법률 적용이 틀린 사례 3·4 ; 부모나 남편을 죽인 가장 큰 재앙과 사고, 억세고 포악하고 잔인한 범죄 외 91항목/제4편 祥刑追議 : 형벌을 신중하게 적용하기 위해 덧붙인 논의 1~8 ; 주범과 종범의 구별, 자살과 타살의 구분, 고의냐 실수냐의 분별 등 80항목/부록 인명·서명 해설, 색인.

현실총서 15　　　*2000년 우수학술도서 선정　　　정가 15,000원
역주 欽欽新書 3 정약용 저/박석무·정해렴 역주　*초판 1999년/397면
제4편 祥刑追議(속) : 형벌을 신중하게 적용하기 위해 덧붙인 논의 9~15 ; 다른 사물로 핑계대다, 원수 갚음에 대한 용서, 인정과 도리에 대한 용서, 부부 사이의 죽임, 종과 주인의 관계, 오래된 시체의 검험 등 70항목/제5편 剪跋蕪詞 : 촛불을 밝히고 형사 사건을 심리하다 1~3 ; 수안군 김일택 형사 사건, 서울 함봉련 형사 사건을 철저히 심리한 회계(回啓) 등 17항목/부록 인명·서명 해설, 색인.

현실총서 16　　　*2000년 우수학술도서 선정　　　정가 15,000원
欽欽新書·原文 정약용 저/박석무·정해렴 교주　*초판 1999년/418면
經史要義 1~3, 批詳雋抄 1~5, 擬律差例 1~4, 祥刑追議 1~15, 剪跋蕪詞 1~3 등 총 5편 549항목의 원문을 현대 독자들이 조금이나마 쉽게 읽을 수 있도록 띄어쓰기를 하고 현대적인 체제로 편집 교주했다. 필사본과 대조하여 교주하는 과정에서 광무본과 신조선사본(활자본)에 빠져 있던 2개 항목을 새로 발굴 보충한 '정본'이다.
　*부록으로『흠흠신서』에 나오는 이두(吏讀)를 해석해 놓았다.

현실총서 17　　　　　　　　　　　　　정가 15,000원
지봉유설精選　이수광 저/ 정해렴 역주　　*초판 2000년/563면
제1부 天文/제2부 時令/제3부 災異/제4부 地理/제5부 諸國/제6부 君道/제7부 兵政/제8부 官職/제9부 儒道/제10부 經書/제11부 文字/제12부 文章/제13부 人物/제14부 性行/제15부 身形/제16부 語言/제17부 人事/제19부 技藝~제25부 禽蟲 등 25부 154장 799항목으로 '정선'되어 쉽게 번역되었다.
　*본문에 나온 인명·서명을 해설하고 자세한 색인을 붙였다.

현실총서 18　　　　　　　　　　　　　정가 15,000원
松都人物志　김택영 저/김승룡 편역주　　*초판 2000년/483면
제1부 고려 인물지 : 정몽주 외 64명의 전기(傳記)/제2부 조선 인물지 : 서경덕·한석봉 등 100명의 전기/제3부 역사 인물지 : 박지원·황현·안중근 등 36명의 전기
　*창강 김택영이『숭양기구전』『창강고』『소호당집』등에서 송도 인물과 역사 인물을 입전(立傳)한 266명의 전기를 편집 번역한 우리 나라 초유의 전기 문학이다.
　*송도인물지에 등장하는 역사 인물(한국·중국 등) 650여 명을 해설 부록으로 실었다.

현실총서 19 정가 15,000원
茶山詩精選 상 정약용 저／박석무·정해렴 편역주 *초판 2001년／416면
제1부 진주 기생의 칼춤 등 32편 50수／제2부 굶주린 백성 등 29편 79수／제3부 농가의 여름 노래 등 29편 82수／제4부 장기의 귀양살이 등 34편 107수(125편 318수)
　*다산 정약용 시 연보와 인명·서명 해설을 수록했다.

현실총서 20 정가 15,000원
茶山詩精選 하 정약용 저／박석무·정해렴 편역주 *초판 2001년／430면
제5부 율정의 이별 등 33편 133수／제6부 전간기사(田間紀事) 등 23편 85수／제7부 귀전시집(歸田詩集) 충주기행 등 8편 91수／제8부 가을 달밤에 배띄우다 등 28편 114수(총 92편 423수)

현실총서 21 정가 15,000원
我邦疆域考　정약용 저／정해렴 역주　　　*초판 2001년／516면
권1 조선고·사군총고·낙랑고·현도고／2 임둔고·진번고·낙랑별고·대방고／3 삼한총고·마한고·진한고·변진고／4 변진별고·옥저고／5 예맥고·예맥별고·말갈고／6 발해고／7 졸본고·국내고·환도고·위례고／8 한성고·팔도연혁총서 상／9 팔도연혁총서 하·패수변·백산보／10 발해속고／11 북로연혁／12 서북로연혁·구련성고／아방강역고 발문
　*인명·서명 해설을 수록하고 색인을 자세히 뽑았다.

현실총서 22 정가 15,000원
아름다운 우리말을 찾아서　이응백 저　　*초판 2001년／398면
제1부 말과 글의 명심보감, 우리말의 현주소, 가정에서 쓰이는 말, 편지·공문에 쓰이는 말／제2부 속담 에세이／제3부 숨어 있는 고운 우리말, 두시언해에 깃든 되살릴 말들, 사전에서 잠자는 쓸 만한 말 1·2
　*시인·소설가·수필가 등 문필가들이 이용하기 편리하도록 어휘 찾아보기를 실었다.

현실총서 23 정가 15,000원
임진왜란과 병자호란　정약용 저／정해렴 역주　*초판 2001년／343면
제1부 임진왜란 제1장 임진왜란~제6장 이순신의 한산도 승리~제8장 정문부의 함경도 수복／제2부 정묘호란과 병자호란 제1장 정묘호란~제3장 병자호란~제8장 강도가 무너진 사실／제3부 민보의(民堡議) 1. 전체의 뜻~17. 대둔산 축성의(大芚山築城議)／민보의 원문　　　　　*인명·서명 해설, 찾아보기

현실총서 24 정가 15,000원
의병운동사적 이정규·이조승 외저／이구영 편역주 *초판 2002년／440면
제1부 의병전쟁 종군기(從義錄)／제2부 서행일기(西行日記)／제3부 고시문·제문 장기렴에게 답한다, 한 나라에 알린다, 이강년 공을 통곡한다 전해산 공을 통곡한다 외／제4부 편지 의리를 같이한 여러 사우들에게 주노라, 동문 사우에게 드린다, 의암 선생님께 올립니다 외／제5부 기타 관련 사료 의병의 조선가, 1894년(甲午) 일기(抄) 외
　*호서의병운동 관련 기록을 간명하게 편역해 주석을 달았으며, 등장 인명과 서명을 해설했다.

현실총서 25　　　　　　　　　　　　　　　　　　　　　정가 15,000원
다산서간정선　정약용·정약전 저／정해렴 편역주　　*초판 2002년／426면
제1부 유배지에서 아들에게 보낸 편지 : 두 아들에게 부치노라 등 15편／제2부 유배지에서 형제간에 주고받은 편지 : 다산의 편지 8편, 손암 정약전의 편지 13편／제3부 선후배와 친지에게 보낸 편지 : 벼슬살이 시절 편지 25편, 유배지 강진 다산에서 6편, 고향에 돌아와서 6편／제4부 경서의 토론 : 덕수 김매순에게 답합니다 등 8편
　　*다산의 편지는 우리 인생살이의 교훈이요 등불이라 이 편지를 읽으면 그냥 감동을 받을 수 있다. 원문을 교주해 실었으며 인명·서명 해설도 해놓았다.

현실총서 26　　　　　　　　　　　　　　　　　　　　　정가 15,000원
押海丁氏家乘　정약용 편찬／정갑진·정해렴 역주　　*초판 2003년／560면
압해 정씨 연혁／제1부 고려 시대 : 제1세 丁允宗~제10세 丁衍／제2부 조선 시대 : 제11세 丁子伋, 제12세 丁壽崗, 제13세 丁玉亨, 제14세 丁應斗, 제15세 丁胤福, 제16세 丁好善, 제17세 丁彦璧, 제18세 丁時潤[이상이 茶山家 8대 玉堂], 제19세 丁道泰, 제20세 丁恒愼, 제21세 丁志諧, 제22세 丁載遠, 제23세 丁若鏞／가승 외편
　　*다산에 이르기까지 한 가문과 직계 선조 22대 700년 동안의 한 가문과 압해 정씨의 역사가 다산에 의해 정리되어 있다.

현실총서 27　　　　　　　　　　　　　　　　　　　　　정가 20,000원
역주 경세유표 1　　　　정약용 저／정해렴 역주　　*초판 2004년／440면
제1편 六官 제1부 天官 吏曹 제2부 地官 戶曹 제3부 春官 禮曹 제4부 夏官 兵曹 제5부 秋官 刑曹 제6부 冬官 工曹
제2편 天官 修制 제1장 東班 官階 제2장 西班 官階 제3장~제9장
제3편 地官 修制 1 제1장 田制 1~제4장 田制 4

현실총서 28　　　　　　　　　　　　　　　　　　　　　정가 20,000원
역주 경세유표 2　　　　정약용 저／정해렴 역주　　*초판 2004년／454면
제3편 地官 修制 2 제5장 田制 5~제12장 田制 12(井田議 1~4)
제3편 地官 修制 3 제1장 田制別考 1~제3장 田制別考 3
제3편 地官 修制 4 제1장 賦貢制 1~제5장 賦貢制 5

현실총서 29　　　　　　　　　　　　　　　　　　　　　정가 20,000원
역주 경세유표 3　　　　정약용 저／정해렴 역주　　*초판 2004년／518면
제3편 地官 修制 5 제6장 賦貢制 6~제7장 賦貢制 7
제3편 地官 修制 6 제1장 倉廩之儲 1~제3장 倉廩之儲 3
제3편 地官 修制 7 제1장 戶籍法
제3편 地官 修制 8 제1장 敎民之法／均役事目追議 1·2
제4편 春官 修制 제1장 科擧之規 1~제2장 科擧之規 2
제5편 夏官 修制 제1장 武科 제2장 鎭堡之制
　　* 인명·서명 해설／찾아보기

현실총서 30   정가 20,000원
經世遺表 原文   정약용 저/정해렴 교주   *초판 2004년/525면
天官 吏曹·地官 戶曹·春官 禮曹·夏官 兵曹·秋官 刑曹·冬官 工曹
天官 修制·地官 修制·春官 修制·夏官 修制
秋官 修制·冬官 修制(2편 未完)
  * 3卷 1冊의 冊末에 原文 校註가 되어 있음.

현실총서 31   정가 20,000원
목민심서精選 상   정약용 저/정해렴 편역주   *초판 2004년/574면
목민심서 서문/제1부 赴任 6장(제1장~제6장)/제2부 律己 6장(제1장~제6장)/
제3부 奉公 6장(제1장~제6장)/제4부 愛民 6장(제1장~제6장)/제5부 吏典 6장
(제1장~제6장)/제6부 戶典 6장(제1장~제6장)/제7부 禮典 6장(제1장~제6장)
  *다산 목민심서의 결정판

현실총서 32   정가 20,000원
목민심서精選 하   정약용 저/정해렴 편역주   *초판 2004년/587면
제8부 兵典 6장(제1장~제6장)/제9부 刑典 6장(제1장~제6장)/제10부 工典 6장
(제1장~제6장)/제11부 賑荒 6장(제1장~제6장)/제12부 解官 6장(제1장~제6장)
/인명·서명 해설 74면/찾아보기 89면
  *다산 목민심서의 결정판

현실총서 33   정가 15,000원
雅言覺非·耳談續纂   정약용 저/정해렴 역주   *초판 2005년/380면
제1편 아언각비 (1) 長安·洛陽 (2) 京口 등 199항목 및 보충 15개 항목
제2편 이담속찬 1. 중국 속담 177편/2. 우리 나라 속담 214편/3. 이담속찬 습유
30편 등 421편의 속담이 수록되어 있다.
아언각비 원문은 권말에, 이담속찬 원문은 각 속담 번역문 뒤에 붙여 놓았다.
  *인명·서명 해설과 찾아보기를 상세하게 달아 놓았다.

역사의 수레를 밀며(송하산문집) 정규철 저
                            *초판 2002년/432면/정가 15,000원
제1부 송하 수필 : 나무도 아닌 것이 풀도 아닌 것이 등 37편/제2부 한국사
위인 열전 : 5·18과 전두환 그리고, 단재 신채호 등 13편/제3부 선조의 모습
을 찾아서 : 1.『창랑집』에서, 2.『아산집』에서, 3.『용암집』에서, 4.『적송집』에
서, 5. 동사열전·봉산문집 등에서 40편(번역)/제4부 광주 민주항쟁 속에서
  *반민족·반역사적 행위 앞에서 단호히 저항했던 저자의 역사적 삶의 모습이다.

나의 어머니, 조선의 어머니 이건창·김만중·이이·이황 등 33인 지음/
박석무 편역·해설   *초판 1998년/265면/정가 8,000원
큰손가락이 가장 소중하다(숙인 파평 윤씨)·이건창/글짓는 것이 부인의 일은
아니다(정경부인 달성 서씨)·홍석주/과부의 자식이란 말을 뼈에 새겨라(정경
부인 해평 윤씨)·김만중/밤마다 달을 향해 기도하오니(사임당 신씨)·이이 등
조선의 어머니 33인의 전기로 모두 아들이 썼다.